大学赤本シリーズ

327

帝京科学大学

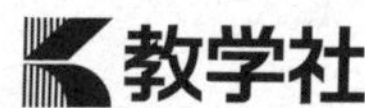

はしがき

おかげさまで，大学入試の「赤本」は，今年で創刊70周年を迎えました。

これまで，入試問題や資料をご提供いただいた大学関係者各位，掲載許可をいただいた著作権者の皆様，各科目の解答や対策の執筆にあたられた先生方，そして，赤本を使用してくださったすべての読者の皆様に，厚く御礼を申し上げます。

以下に，創刊初期の「赤本」のはしがきを引用します。これからも引き続き，受験生の目標の達成や，夢の実現を応援してまいります。

本書を活用して，入試本番では持てる力を存分に発揮されることを心より願っています。

編者しるす

＊　＊　＊

学問の塔にあこがれのまなざしをもって，それぞれの志望する大学の門をたたかんとしている受験生諸君！　人間として生まれてきた私たちは，自己の欲するままに，美しく，強く，そして何よりも人間らしく生きることをねがっている。しかし，一朝一夕にして，この純粋なのぞみが達せられることはない。私たちの行く手には，絶えずさまざまな試練がまちかまえている。この試練を克服していくところに，私たちのねがう真に人間的な世界がはじめて開かれてくるのである。

人生最初の最大の試練として，諸君の眼前に大学入試がある。この大学入試は，精神的にも身体的にも，大きな苦痛を感ぜしめるであろう。あるスポーツに熟達するには，たゆみなき，はげしい練習を積み重ねることが必要であるように，私たちは，計画的・持続的な努力を払うことによって，この試練を克服し，次の一歩を踏みだすことができる。厳しい試練を経たのちに，はじめて満足すべき成果を獲得できるのである。

本書は最近の入学試験の問題に，それぞれ解答を付し，さらに問題をふかく分析することによって，その大学独特の傾向や対策をさぐろうとした。本書を一般の参考書とあわせて使用し，まとはずれのない，効果的な受験勉強をされるよう期待したい。

（昭和35年版「赤本」はしがきより）

挑む人の、いちばんの味方

1954年に大学入試の過去問題集を刊行してから70年。赤本は大学に入りたいと思う受験生を応援しつづけてきました。これからも，苦しいとき落ち込むときにそばで支える存在でいたいと思います。

そして，勉強をすること，自分で道を決めること，努力が実ること，これらの喜びを読者の皆さんが感じることができるよう，伴走をつづけます。

そもそも赤本とは…

受験生のための大学入試の過去問題集！

70年の歴史を誇る赤本は，500点を超える刊行点数で全都道府県の370大学以上を網羅しており，過去問の代名詞として受験生の必須アイテムとなっています。

…………… なぜ受験に過去問が必要なのか？ ……………

大学入試は大学によって問題形式や頻出分野が大きく異なるからです。

赤本の掲載内容

傾向と対策

これまでの出題内容から，問題の「**傾向**」を分析し，来年度の入試に向けて具体的な「**対策**」の方法を紹介しています。

問題編・解答編

- 年度ごとに問題とその解答を掲載しています。
- 「**問題編**」ではその年度の試験概要を確認したうえで，実際に出題された過去問に取り組むことができます。
- 「**解答編**」には高校・予備校の先生方による解答が載っています。

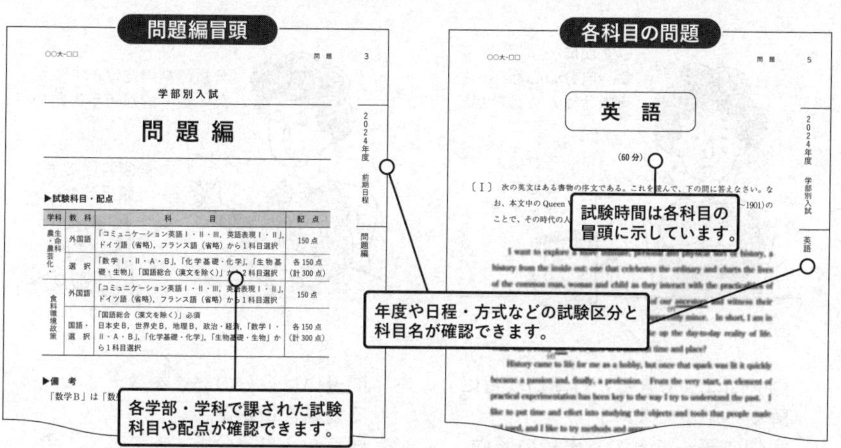

問題編冒頭
学部別入試
問題編
各学部・学科で課された試験科目や配点が確認できます。
各科目の問題
英 語
(60分)
試験時間は各科目の冒頭に示しています。
年度や日程・方式などの試験区分と科目名が確認できます。

他にも，大学の基本情報や，先輩受験生の合格体験記，在学生からのメッセージなどが載っていることがあります。

2024年度から
見やすい
デザインに！
NEW

掲載内容について

著作権上の理由やその他編集上の都合により問題や解答の一部を割愛している場合があります。
なお，指定校推薦入試，社会人入試，編入学試験，帰国生入試などの特別入試，英語以外の外国語科目，商業・工業科目は，原則として掲載しておりません。また試験科目は変更される場合がありますので，あらかじめご了承ください。

受験勉強は

過去問に始まり，

STEP 1

なにはともあれ

まずは解いてみる

しずかに…
今，自分の心と
向き合ってるんだから
ムーン
それは
問題を解いて
からだホン!

過去問は，**できるだけ早いうちに解く**のがオススメ！
実際に解くことで，**出題の傾向，問題のレベル，今の自分の実力**がつかめます。

STEP 2

じっくり具体的に

弱点を分析する

分析の結果だけど
英・数・国が苦手みたい
スリー
必須科目だホン
頑張るホン

間違いは自分の弱点を教えてくれる**貴重な情報源**。
弱点から自己分析することで，**今の自分に足りない力や苦手な分野**が見えてくるはず！

合格者があかす
赤本の使い方

傾向と対策を熟読
(Fさん／国立大合格)

大学の出題傾向を調べるために，赤本に載っている「傾向と対策」を熟読しました。

繰り返し解く
(Tさん／国立大合格)

1周目は問題のレベル確認，2周目は苦手や頻出分野の確認に，3周目は合格点を目指して，と過去問は繰り返し解くことが大切です。

過去問に終わる。

STEP 3

志望校にあわせて

苦手分野の重点対策

明日からはみんなで頑張るよ！
参考書も！ 問題集も！
よろしくね！
呼んだ？
なにを!?
どこから!?
グッ
グッ

参考書や問題集を活用して，苦手分野の**重点対策**をしていきます。**過去問を指針**に，合格へ向けた具体的な学習計画を立てましょう！

STEP 1▶2▶3

サイクルが大事!

実践を繰り返す

STEP 1～3を繰り返し，実力アップにつなげましょう！
出題形式に慣れることや，**時間配分を考えること**も大切です。

目標点を決める
（Yさん／私立大合格）
赤本によっては合格者最低点が載っているので，それを見て目標点を決めるのもよいです。

時間配分を確認
（Kさん／私立大学合格）
赤本は時間配分や解く順番を決めるために使いました。

添削してもらう
（Sさん／私立大学合格）
記述式の問題は先生に添削してもらうことで自分の弱点に気づけると思います。

新課程入試 Q&A

2022年度から新しい学習指導要領（新課程）での授業が始まり，2025年度の入試は，新課程に基づいて行われる最初の入試となります。ここでは，赤本での新課程入試の対策について，よくある疑問にお答えします。

Q1. 赤本は新課程入試の対策に使えますか？

A. もちろん使えます！

OK

旧課程入試の過去問が新課程入試の対策に役に立つのか疑問に思う人もいるかもしれませんが，心配することはありません。旧課程入試の過去問が役立つのには次のような理由があります。

● 学習する内容はそれほど変わらない

新課程は旧課程と比べて科目名を中心とした変更はありますが，学習する内容そのものはそれほど大きく変わっていません。また，多くの大学で，既卒生が不利にならないよう「経過措置」がとられます（Q３参照）。したがって，出題内容が大きく変更されることは少ないとみられます。

● 大学ごとに出題の特徴がある

これまでに課程が変わったときも，各大学の出題の特徴は大きく変わらないことがほとんどでした。入試問題は各大学のアドミッション・ポリシーに沿って出題されており，過去問にはその特徴がよく表れています。過去問を研究してその大学に特有の傾向をつかめば，最適な対策をとることができます。

出題の特徴の例	・英作文問題の出題の有無 ・論述問題の出題（字数制限の有無や長さ） ・計算過程の記述の有無

新課程入試の対策も，赤本で過去問に取り組むところから始めましょう。

Q2. 赤本を使う上での注意点はありますか？

A. 志望大学の入試科目を確認しましょう。

過去問を解く前に，過去の出題科目（問題編冒頭の表）と 2025 年度の募集要項とを比べて，課される内容に変更がないかを確認しましょう。ポイントは以下のとおりです。科目名が変わっていても，実際は旧課程の内容とほとんど同様のものもあります。

英語・国語	科目名は変更されているが，実質的には変更なし。 ▶▶ **ただし，リスニングや古文・漢文の有無は要確認。**
地歴	科目名が変更され，「歴史総合」「地理総合」が新設。 ▶▶ **新設科目の有無に注意。ただし，「経過措置」（Q３参照）により内容は大きく変わらないことも多い。**
公民	「現代社会」が廃止され，「公共」が新設。 ▶▶ **「公共」は実質的には「現代社会」と大きく変わらない。**
数学	科目が再編され，「数学 C」が新設。 ▶▶ **「数学」全体としての内容は大きく変わらないが，出題科目と単元の変更に注意。**
理科	科目名も学習内容も大きな変更なし。

数学については，科目名だけでなく，どの単元が含まれているかも確認が必要です。例えば，出題科目が次のように変わったとします。

旧課程	「数学Ⅰ・数学Ⅱ・数学 A・数学 B（数列・ベクトル）」
新課程	「数学Ⅰ・数学Ⅱ・数学 A・**数学 B（数列）・数学 C（ベクトル）**」

この場合，新課程では「数学C」が増えていますが，単元は「ベクトル」のみのため，実質的には旧課程とほぼ同じであり，過去問をそのまま役立てることができます。

Q3. 「経過措置」とは何ですか？

A. 既卒の旧課程履修者への対応です。

多くの大学では，既卒の旧課程履修者が不利にならないように，出題において「経過措置」が実施されます。措置の有無や内容は大学によって異なるので，募集要項や大学のウェブサイトなどで確認しておきましょう。

◯旧課程履修者への経過措置の例

- 旧課程履修者にも配慮した出題を行う。
- 新・旧課程の共通の範囲から出題する。
- 新課程と旧課程の共通の内容を出題し，共通範囲のみでの出題が困難な場合は，旧課程の範囲からの問題を用意し，選択解答とする。

例えば，地歴の出題科目が次のように変わったとします。

旧課程	「日本史 B」「世界史 B」から１科目選択
新課程	「**歴史総合**，日本史探究」「**歴史総合**，世界史探究」から１科目選択※ ※旧課程履修者に不利益が生じることのないように配慮する。

「歴史総合」は新課程で新設された科目で，旧課程履修者には見慣れないものですが，上記のような経過措置がとられた場合，新課程入試でも旧課程と同様の学習内容で受験することができます。

要チェックだホン

新課程の情報は WEB もチェック！
より詳しい解説が赤本ウェブサイトで見られます。
https://akahon.net/shinkatei/

科目名が変更される教科・科目

	旧課程	新課程
国語	国語総合 国語表現 現代文A 現代文B 古典A 古典B	現代の国語 言語文化 論理国語 文学国語 国語表現 古典探究
地歴	日本史A 日本史B 世界史A 世界史B 地理A 地理B	歴史総合 日本史探究 世界史探究 地理総合 地理探究
公民	現代社会 倫理 政治・経済	公共 倫理 政治・経済
数学	数学Ⅰ 数学Ⅱ 数学Ⅲ 数学A 数学B 数学活用	数学Ⅰ 数学Ⅱ 数学Ⅲ 数学A 数学B 数学C
外国語	コミュニケーション英語基礎 コミュニケーション英語Ⅰ コミュニケーション英語Ⅱ コミュニケーション英語Ⅲ 英語表現Ⅰ 英語表現Ⅱ 英語会話	英語コミュニケーションⅠ 英語コミュニケーションⅡ 英語コミュニケーションⅢ 論理・表現Ⅰ 論理・表現Ⅱ 論理・表現Ⅲ
情報	社会と情報 情報の科学	情報Ⅰ 情報Ⅱ

目　次

2023年度 問題と解答

掲載内容についてのお断り

総合型選抜は掲載していません。

基本情報

学部・学科の構成

大　学

学部	学科	コース	キャンパス
生命環境学部	生命科学科	生命コース	東京西
		臨床工学コース	千　住
		生命・健康コース	
	自然環境学科		東京西
	自然環境学科		千　住
	アニマルサイエンス学科	アニマルサイエンスコース	東京西
		アニマルセラピーコース	
		野生動物コース	
		動物看護福祉コース	千　住

（表つづく）

<table>
<tr><th>学部</th><th>学科</th><th>コース</th><th>キャンパス</th></tr>
<tr><td rowspan="7">医療科学部</td><td colspan="2">理学療法学科</td><td rowspan="3">東京西</td></tr>
<tr><td colspan="2">作業療法学科</td></tr>
<tr><td colspan="2">柔道整復学科</td></tr>
<tr><td colspan="2">東京理学療法学科</td><td rowspan="4">千　住</td></tr>
<tr><td colspan="2">東京柔道整復学科</td></tr>
<tr><td colspan="2">看護学科</td></tr>
<tr><td colspan="2">医療福祉学科</td></tr>
<tr><td rowspan="7">教育人間科学部</td><td rowspan="2">こども学科</td><td>小学校・幼稚園教諭コース</td><td rowspan="2">東京西</td></tr>
<tr><td>幼稚園教諭・保育士コース</td></tr>
<tr><td colspan="2">幼児保育学科</td><td rowspan="5">千　住</td></tr>
<tr><td rowspan="4">学校教育学科</td><td>小学校コース</td></tr>
<tr><td>中高英語コース</td></tr>
<tr><td>中高理科コース</td></tr>
<tr><td>中高保健体育コース</td></tr>
</table>

大学院

理工学研究科

医療科学研究科

大学所在地

千住キャンパス

東京西キャンパス

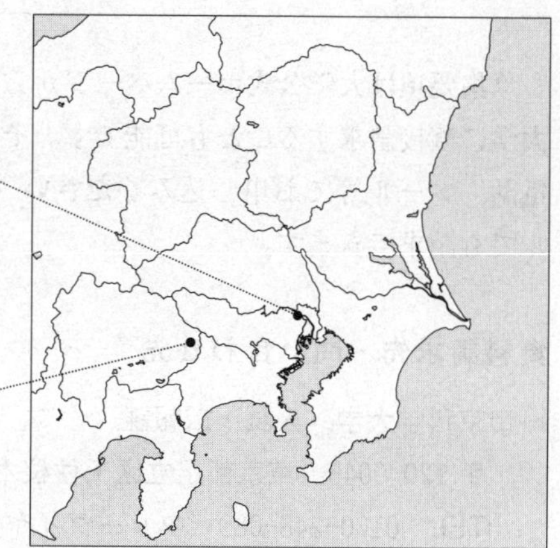

千住キャンパス　〒 120-0045　東京都足立区千住桜木 2-2-1

東京西キャンパス　〒 409-0193　山梨県上野原市八ツ沢 2525

募集要項の入手方法

募集要項は大学公式ホームページからダウンロードしてください。また，大学に直接請求することも可能です。その場合は，大学公式ホームページ，電話，メール等でお申し込みください（送料とも無料）。なお，テレメールでも請求できます。

資料請求先・問い合わせ先

帝京科学大学　入試・広報課
〒120-0045　東京都足立区千住桜木 2-2-1
TEL　0120-248-089（フリーダイヤル）
FAX　03-6910-3800
E-mail　koho@ntu.ac.jp
ホームページ　https://www.ntu.ac.jp/

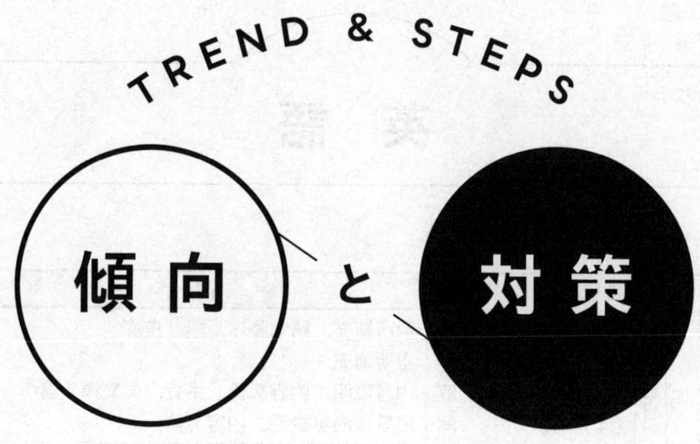

科目ごとに問題の「傾向」を分析し，具体的にどのような「対策」をすればよいか紹介しています。まずは出題内容をまとめた分析表を見て，試験の概要を把握しましょう。

注　意

「傾向と対策」で示している，出題科目・出題範囲・試験時間等については，2024 年度までに実施された入試の内容に基づいています。2025 年度入試の選抜方法については，各大学が発表する学生募集要項を必ずご確認ください。

英　語

年度	区分		番号	項　目	内　容
2024	I期	1月21日	〔1〕	文法・語彙	空所補充，語句整序，誤り指摘
			〔2〕	読　解	空所補充
			〔3〕	読　解	内容説明，内容真偽，主旨，欠文挿入箇所
			〔4〕	読　解	主旨，内容説明，内容真偽
		1月22日	〔1〕	文法・語彙	空所補充，語句整序，誤り指摘
			〔2〕	読　解	空所補充
			〔3〕	読　解	内容説明，主旨
			〔4〕	読　解	内容説明，内容真偽
		1月23日	〔1〕	文法・語彙	空所補充，語句整序，誤り指摘
			〔2〕	読　解	空所補充
			〔3〕	読　解	内容説明
			〔4〕	読　解	内容説明，内容真偽
	II期		〔1〕	文法・語彙	空所補充，語句整序，誤り指摘
			〔2〕	読　解	空所補充
			〔3〕	読　解	内容説明，同意表現
			〔4〕	読　解	主旨，内容説明
2023	I期	1月23日	〔1〕	文法・語彙	空所補充，語句整序，誤り指摘
			〔2〕	読　解	空所補充
			〔3〕	読　解	内容説明
			〔4〕	読　解	内容説明，内容真偽
		1月24日	〔1〕	文法・語彙	空所補充，語句整序，誤り指摘
			〔2〕	読　解	空所補充
			〔3〕	読　解	内容説明，欠文挿入箇所
			〔4〕	読　解	内容真偽，内容説明
		1月25日	〔1〕	文法・語彙	空所補充，語句整序，誤り指摘
			〔2〕	読　解	空所補充
			〔3〕	読　解	内容説明
			〔4〕	読　解	内容説明，主旨

II 期	〔1〕	文法・語彙	空所補充，語句整序，誤り指摘
	〔2〕	読　　解	空所補充
	〔3〕	読　　解	内容説明
	〔4〕	読　　解	内容説明

（注）〔1〕は必須。〔2〕～〔4〕から2題選択。

コミュニケーション力重視！
授業を大切にして，しっかりとした土台作りを

01 出題形式は？

各日程とも大問4題の出題で，〔1〕は必須，〔2〕～〔4〕のうち2題を選択する形式である。試験時間は2科目で120分。

02 出題内容はどうか？

各日程とも，〔1〕が文法・語彙問題，〔2〕～〔4〕が読解問題という構成になっている。

文法・語彙問題は，空所補充，語句整序，誤り指摘で，いずれも基本的なものである。

読解問題の内容は，親しみやすいテーマを扱った英文やウェブ上の通知・伝達，Eメールや案内表示など日常生活に関わりの深いものが多く取り上げられているのが特徴である。文章自体は読みやすく比較的理解しやすいものが多い。設問は内容説明，空所補充を中心に，内容真偽や主旨の選択も出題されている。

03 難易度は？

読解問題の分量はいずれも少なく，教科書程度のレベルである。内容を問う設問も，該当箇所は比較的特定しやすいが，時に紛らわしい選択肢もあるので，注意が必要である。文法・語彙問題においても基本的なレベルを超えることはなく，全般として平易と言える。

対策

01 学校の授業を大切に

学校の授業で用いるテキストの内容をしっかりと身につけることが大切である。参考書や問題集などを活用する場合にも，基本的な内容のものを１冊選び，じっくりと取り組むのがよいだろう。基本重視の出題がなされているので，地道に基礎力の充実を図っていこう。

02 長文に慣れよう

読解問題は，内容説明を中心に出題されている。平素の授業を通して，英文の内容の理解に重点をおいた学習をしよう。例えば，教科書の各レッスンに内容理解の確認のためのＱ＆Ａなどがあれば，予習の段階で必ず目を通して，自分なりの解答を考えておこう。そうすることで，内容面を意識して英文を読む習慣が少しずつ身についていく。また普段から，一文一文の意味をしっかりと把握する練習が必要である。単語や熟語を日本語に置き換えてよしとするのではなく，例えば，その一文の中の「５Ｗ１Ｈ」をいつも確かめながら読むように心がけておくと，訳しても意味がわからないレベルから一歩先に進むことができるだろう。『基礎英語長文問題精講　３訂版』（旺文社）は解説が詳しく，何度もくり返し解くことで力がつく。

03 文法・語彙も授業を中心に

例年，文法・語彙問題が出題されている。文法・語彙は長文や会話文を攻略するための土台でもある。基本的な事柄をくり返し学習してしっかりと身につけ，総合的な英語力を高めておこう。『総合英語 Evergreen 完全準拠文法問題集　文法の基礎力を身につけるトレーニング』（いいずな書店）は基本重視の良問が多く，取り組みやすいのでおすすめである。

04 生きた英語力を身につけよう

広告や街の掲示物を読み取らせる問題など，実際の生活の中で使われている英語を題材にした読解問題や，会話文が出題されている。コミュニケーションの手段としての英語がますます身近になってきている社会情勢などを考えると，いわゆる「生きた英語力」は入学試験でも今後ますます問われていくことだろう。日常の学習過程でも，様々な形式の英語をぜひ身につけておきたい。『TOEIC® テスト 新形式精選模試 リーディング２』（ジャパンタイムズ）などの問題集で練習しておくと，本番であわてず問題に取り組めるだろう。

日本史

年度	区分		番号	内容		形式
2024	Ⅰ期	1月21日	〔1〕	応仁の乱後の情勢	✓地図	選択・記述
			〔2〕	化政文化		選　択
			〔3〕	明治の憲法		選択・記述
			〔4〕	逆コース・いつか来た道		選択・記述
			〔5〕	弥生時代の諸相		選択・記述
		1月22日	〔1〕	室町文化		選択・記述
			〔2〕	江戸幕府の学問		選　択
			〔3〕	律令の支配構造		選択・記述
			〔4〕	1990年代以降の日本と世界情勢		選択・記述
			〔5〕	韓国併合までの日韓関係	✓年表	選択・記述
		1月23日	〔1〕	大蒙古国皇帝奉書	✓史料	選択・記述
			〔2〕	前期摂関政治		選択・記述
			〔3〕	織豊政権		選　択
			〔4〕	1980年代以降の日本経済	✓グラフ	選択・記述
			〔5〕	明治文化		選択・記述
	Ⅱ期		〔1〕	国風文化期の仏教		選択・記述
			〔2〕	幕藩体制		選択・記述
			〔3〕	執権政治		選択・記述
			〔4〕	近代の選挙制度	✓統計表	選択・記述
			〔5〕	1970年代の世界と日本	✓年表	選択・記述

年度	期	日程	番号	項目		内容
2023	I期	1月23日	〔1〕	中国史料に見る古代日本	⊘史料	選択・記述
			〔2〕	江戸時代後期の文化と社会		選択・記述
			〔3〕	鎌倉幕府の成立	⊘地図	選　　択
			〔4〕	高度経済成長	⊘グラフ	選択・記述
			〔5〕	大正政変・二十一カ条の要求		選択・記述
		1月24日	〔1〕	縄文時代		選択・記述
			〔2〕	室町文化		選択・記述
			〔3〕	江戸幕府の職制	⊘図	選択・記述
			〔4〕	幕末～明治初期の情勢	⊘年表	選択・記述
			〔5〕	1930 年前後の情勢		選択・記述
		1月25日	〔1〕	平安初期の改革		選択・記述
			〔2〕	織田信長		選択・記述
			〔3〕	開国	⊘グラフ	選択・記述
			〔4〕	日本の産業革命		選択・記述
			〔5〕	第二次世界大戦		選択・記述
	II期		〔1〕	平城京遷都		選択・記述
			〔2〕	中世の手工業		選択・記述
			〔3〕	列強の接近		選択・記述
			〔4〕	明治の美術・音楽・文学		選択・記述
			〔5〕	戦後の民主化改革		選択・記述

（注）　5 題中 4 題選択。

教科書の徹底した学習を 戦後史の学習を最後までやりきる

01　出題形式は？

例年，大問 5 題中 4 題を選択して解答する形式である。選択法を中心に記述法が加わる形式が基本であるが，過去には配列法もみられた。なお，2022 年度にみられた論述法は，2023・2024 年度にはみられなかった。試験時間は 2 科目で 120 分。

なお，2025 年度は出題科目が「歴史総合，日本史探究」となる予定である（本書編集時点）。

02 出題内容はどうか？

時代別では，2024 年度の大問 5 題の内訳は，原始・古代 1 題，中世 1 題，近世 1 題，近代 1 題，戦後史 1 題となっている。過去，この配分になっていない日程もないわけではないが，全体として満遍なく出題されているといえよう。注意したいのは，必ず戦後史が出題されていることであり，2024 年度でも 2010 年代まで出題された。また，大問の配列が必ずしも時代順にはなっていないこともある。

分野別では，政治史を中心としながらも，各分野から満遍なく出題されている。

史料問題は，いずれかの日程で必ず出題されており，グラフや年表，地図もよく取り上げられている。

03 難易度は？

多くは教科書レベルの標準的な問題である。選択法の問題では細かな知識が問われる難問も含まれるが，前後の文章をよく読んで，消去法を使用しながら解答していけば正答にたどりつける。標準的な問題から手早く解答していき，とりこぼしのないようにしよう。

対策

01 教科書の徹底した学習を

教科書で太字になっている重要事項を中心に出題されている。やや難と思われる設問も，教科書に記載されている場合が多い。教科書の本文・欄外の記述にまで気を配り，その内容を徹底して学習してほしい。また，教科書巻末の年表にも注意すること。教科書に準拠したサブノート（整理ノート）などを活用することも有効な学習法である。

02 近現代史対策を

例年，近現代史からの出題の割合が高く，大問をどのように選択しても近現代史を避けることができない以上，対策としては近現代史に重点をおくべきだろう。特に戦後史はどうしても学校の授業が追いつかない場合も多いだろうが，きちんと最後までやりきることが必要である。

03 年表・史料を使用した出題対策

年表を使用した出題は，近年減少しているが，年表が使われていない出題でも，設問の文章で項目が年代順に箇条書きされているものもあり，これらも年表に準じる出題と言えよう。しかし，年表だからといって，ただ年代を覚えることに躍起になるのではなく，歴史の流れの中で事項を確認する学習を意識してほしい。その際，過去問で使用されている年表を自分で作成したり，年表を参考に復習したりするのも有効な方法であろう。

史料を使用した出題も毎年みられる。史料問題への対策も必ず講じておこう。教科書に載っている史料は，キーワードを確認しながら，丁寧に学習しておくことを勧めたい。史料問題は，出題された史料を見て，何に関する史料なのかを判別することが重要である。できるだけ多くの史料に目を通しておくことを心がけたい。

世界史

年度	区分		番号	内　容	形　式
2024	Ⅰ期	1月21日	〔1〕	フランク王国の歴史	記述・選択
			〔2〕	トルコ系王朝の活動とインドのイスラーム化（40字）	記述・選択・論述
			〔3〕	第一次世界大戦後から中華人民共和国成立までの中国史	記述・選択
			〔4〕	モスクワ大公国とロマノフ朝	記　述
			〔5〕	第二次世界大戦とイギリス	記　述
		1月22日	〔1〕	ユーラシア大陸中央部の草原地域の歴史	記述・選択
			〔2〕	19世紀のラテンアメリカ	記　述
			〔3〕	平和について（100字）	記述・論述
			〔4〕	世界の一体化	記　述
			〔5〕	17～18世紀のドイツとフランス	記述・選択
		1月23日	〔1〕	20世紀のアメリカ合衆国	記述・選択
			〔2〕	イスラームの成立	選択・記述
			〔3〕	宋代史	記述・選択
			〔4〕	女性解放の歴史（70字）	記述・論述
			〔5〕	産業革命と労働運動	記　述
	Ⅱ期		〔1〕	ベトナム近現代史	選択・記述
			〔2〕	ポルトガルを中心とする17～19世紀の欧州	記　述
			〔3〕	ローマ帝国史（50字）	記述・論述
			〔4〕	20世紀の思想と核，平和運動	記述・選択
			〔5〕	古代ギリシア・ローマ	記　述

年度	期	日程	番号	内容	形式
2023	I期	1月23日	〔1〕	キエフ公国の歴史	記述
			〔2〕	東南アジアの歴史	記述・選択
			〔3〕	十字軍時代を中心とする西欧中世史	記述
			〔4〕	春秋・戦国～魏晋南北朝までの中国思想史（40字）	記述・選択・論述
			〔5〕	ロシア革命史	記述
		1月24日	〔1〕	ローマ帝国とキリスト教	記述
			〔2〕	産業革命	記述
			〔3〕	原子力と核兵器（70字）	選択・記述・論述
			〔4〕	12世紀ルネサンス	記述・選択
			〔5〕	西域と入竺求法僧	記述・選択
		1月25日	〔1〕	権威主義的国家	記述
			〔2〕	ローマ帝国と公会議	選択・記述
			〔3〕	植民地帝国と奴隷貿易	記述・選択
			〔4〕	イスラーム帝国史	記述・選択
			〔5〕	ジャガイモ・サトウキビ・コーヒー・茶の歴史（80字）	記述・論述
	II期		〔1〕	ルネサンス	記述
			〔2〕	イスラエル人とユダヤ教	選択・記述
			〔3〕	オスマン帝国史（40字）	選択・記述・論述
			〔4〕	パンデミックの歴史	記述・選択
			〔5〕	大航海時代のポルトガル	記述

（注）　5題中4題選択。

近現代史は必須 第二次世界大戦後も十分学習を

01　出題形式は？

各日程，大問5題中4題を選択する形式である。記述法と選択法中心で，論述法も出題されている。また，過去には配列法や正誤法も出題されていた。試験時間は2科目で120分。

なお，2025年度は出題科目が「歴史総合，世界史探究」となる予定である（本書編集時点）。

02　出題内容はどうか？

地域別では，欧米地域とアジア地域の比率は年度・日程によって異なる。欧米地域では西ヨーロッパとアメリカ合衆国中心の出題となっているが，日程によってはロシア・東欧地域からの出題もみられる。アジア地域では，中国史を中心に，西アジア・南アジア・東南アジアからも出題されている。なお，近年はアフリカからも出題されており，注意を要する。

時代別では，教科書の章などに準拠した比較的短期間の時代が大問となることが多いが，長い時代を対象とする通史が出題されることもある。古代から現代まで出題されているが，近世以降がやや重視される傾向がある。特に第二次世界大戦後の現代史は必ず出題されている。

分野別では，政治史が中心であるが，文化史も出題されている。文化史では芸術・思想・宗教といった分野だけでなく，科学・技術の発達に関する問題が目につく。また，イスラーム文化史ではイスラーム用語を問うものもみられる。

03　難易度は？

文化史などで一部詳細な知識が求められるものの，全体を通してみると，教科書の知識で対応できる基本的事項を中心とした標準レベルの問題である。ただし，論述法の難度は高めで，対策の有無で点差がついてしまうだろう。世界史１科目に60分使える計算なので，落ち着いて，じっくりと取り組むことが大切である。

対策

01　教科書中心の学習

基本的な問題が中心となっているので，教科書で大きな流れを把握し，重要事項を覚えることが必要である。詳細な知識が問われることもあるので，注にも目を通しておきたい。また，中国史の記述問題が出題されているので，漢字練習にも時間を割いておこう。

02 用語集の活用

「教科書学習」といっても，教科書は各社から何種類も出版されており，扱っている事項にも違いがある。自分が使用している教科書に掲載されていない歴史事項を確認・理解するためにも，『世界史用語集』（山川出版社）などの用語集を必ず利用したい。

03 各国史の縦の流れをつかむ

欧米地域においては，特定の国の歴史を軸とした問題が出題されることが多い。政治史を中心に，社会史・経済史・文化史への言及がみられる場合も多いため，政治史と社会・経済・文化史が別々の箇所で扱われている教科書や用語集だけを用いた勉強では流れがつかみにくい。また，アジア地域でも，その国や地域の歴史の流れを理解しているかどうかが問われることもある。そこで『新版 各国別世界史ノート』（山川出版社）などを用いて，各国別の歴史を古代から現代まで通して学ぶことが有用であろう。その際，政治史だけでなく，社会・経済史や文化史の流れも意識するようにしよう。

04 現代史対策を

現代史（第二次世界大戦以降の歴史）が例年出題されているので，しっかりと学習しておこう。03で言及した各国別の対策を主要国だけでもやっておけば，複雑な現代史学習もコツがつかめるだろう。「東西冷戦」「中華人民共和国の成立」「アジア・アフリカ諸国の民族運動」「中東戦争」「ソ連邦の崩壊と東欧」「ヨーロッパの統合」といった形で，テーマを自分でまとめて整理すると効果的である。また，現代史の理解には，日頃から国際ニュースに関心をもつ姿勢が大事である。

05 文化史の学習

各日程で文化史が出題されている。きちんと学習していなければ大きな失点につながるため，文化史の学習をおろそかにしてはならない。学習の際には，芸術・思想・宗教といった分野だけでなく，科学・技術の発達に関する分野にも留意したい。

06 論述問題の対策を

40〜100字の論述問題が出題されており，使用語句指定のある設問もみられる。単なる語句説明だけでなく，時代状況全般の幅広い把握や他地域との比較も求められており，難度は高い。教科書を深く読み込んで幅広い歴史認識を身につけるとともに，少ない字数で要領よく説明できるように，反復した訓練と添削を受けることが求められる。

07 過去問を解いておこう

過去問を解くことは，問題のレベルを知る上で欠かせないものである。特に選択肢に列挙されている正解以外の語句の意味をきちんと調べておくと，非常に有効な対策となるだろう。

数学

年度	区分		番号	項　目	内　容
2024	Ⅰ期	1月21日	〔1〕	小問5問	(1)因数分解　(2)2変数の条件付き最大値　(3)三角比の計算　(4)対数方程式　(5)接線の方程式
			〔2〕	場合の数，確率	色と数字の付いた玉を取り出す場合の数と確率
			〔3〕	図形と方程式	2円の交点を通る直線の方程式と円の方程式
			〔4〕	微・積分法	放物線と直線で囲まれた部分の面積とその最小値
		1月22日	〔1〕	小問5問	(1)4次方程式　(2)2次関数の決定　(3)2倍角の公式　(4)円の方程式　(5)微・積分と2次関数の決定
			〔2〕	場合の数	カードを取り出すときの最大値・最小値の場合の数
			〔3〕	図形と計量	余弦定理，角の二等分線と線分比，円に内接する四角形
			〔4〕	対数関数	一の位の数，常用対数と不等式，最高位の数
		1月23日	〔1〕	小問5問	(1)3次方程式　(2)2次関数の決定　(3)三角方程式　(4)対数方程式　(5)同じものを含む順列
			〔2〕	確率	反復試行の確率，確率の最大値
			〔3〕	図形と計量	正弦定理，円に内接する四角形，余弦定理，四角形の面積
			〔4〕	微・積分法	導関数，極大値・極小値，曲線と直線で囲まれた部分の面積
	Ⅱ期		〔1〕	小問5問	(1)式の値　(2)放物線が x 軸に接するための条件　(3)正弦定理　(4)指数方程式　(5)二項定理
			〔2〕	確率	数直線上の点の移動と反復試行の確率
			〔3〕	図形と計量	余弦定理，正弦定理，外接円の半径，三角形の面積
			〔4〕	積分法	平行移動，対称移動，2曲線で囲まれた図形の面積

2023	Ⅰ期	1月23日	〔1〕	小問5問	(1)4次式の因数分解　(2)解と係数の関係　(3)三角比の計算　(4)整数の桁数　(5)絶対値の付いた定積分の計算
			〔2〕	確率	座標平面上の点の移動と反復試行の確率
			〔3〕	対数関数	対数関数の最大値・最小値
			〔4〕	指数関数	指数関数の最大値・最小値
		1月24日	〔1〕	小問5問	(1)式の値　(2)約数の個数　(3)内接円の半径　(4)対数方程式　(5)定積分の値
			〔2〕	確率，数列	三角形の頂点上の点の移動と確率，確率漸化式
			〔3〕	2次関数	長方形の内部で2円が外接するときの面積の和の最大値・最小値
			〔4〕	微分法	3次関数のグラフに3本の接線を引くための条件
		1月25日	〔1〕	小問5問	(1)因数分解　(2)対称移動・平行移動　(3)三角方程式　(4)対数の計算　(5)接線の方程式
			〔2〕	確率	さいころの目の最大値・最小値の確率
			〔3〕	図形と計量	余弦定理，三角形の面積，外接円の半径，内接円の半径，角の二等分線と線分比
			〔4〕	微・積分法	導関数，4次関数の極大値・極小値，グラフと x 軸とで囲まれた部分の面積
	Ⅱ期		〔1〕	小問5問	(1)因数分解　(2)2次関数　(3)円に内接する四角形　(4)対数の計算　(5)三角関数の値
			〔2〕	確率	色の付いた球を取り出す組合せと確率
			〔3〕	2次関数	頂点の座標，平行移動，最大値・最小値となるための条件，2次不等式
			〔4〕	微分法	接線の方程式，点と直線との距離，相加平均・相乗平均の大小関係

(注)〔1〕は必須。〔2〕～〔4〕から2題選択。

出題範囲の変更

2025年度入試より，数学は新教育課程での実施となります。詳細については，大学から発表される募集要項等で必ずご確認ください（以下は本書編集時点の情報）。

2024年度（旧教育課程）	2025年度（新教育課程）
数学Ⅰ・Ⅱ・A・B（数列，ベクトル）	数学Ⅰ・Ⅱ・A・B（数列）・C（ベクトル）

旧教育課程履修者への経過措置

2025年度に限り，新教育課程と旧教育課程に共通する範囲から出題する。

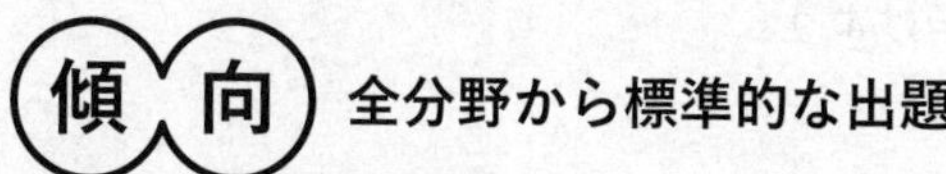

傾向　全分野から標準的な出題

01 出題形式は？

各日程とも大問４題が出題され，〔１〕が必須問題，〔２〕～〔４〕は選択問題（うち２題を選択）である。〔１〕は小問集合で５問，他の大問は基本的に誘導形式になっている。すべて空欄に当てはまる数や式を記入する空所補充形式の問題である。試験時間は２科目で120分。

02 出題内容はどうか？

例年，全分野からバランスよく出題されているが，特に，微・積分法，場合の数と確率は，大問で出題されることが多い。なお，2023年度以降，数列とベクトルの分野は出題されていない。

03 難易度は？

教科書の章末問題程度の標準問題であるが，大問によって難易度に若干差があることもある。計算問題中心になっているが，空所補充形式で部分点が期待できないだけに，計算ミスには十分気をつける必要がある。１科目60分とすると試験時間に対する問題量は適切と言える。

対策

01 基本事項の徹底を

教科書の基本事項・定義・定理・公式を徹底的に理解し，十分使いこなせるようにすること。その際，定理や公式は単に覚えるだけでなく，導き方も確かめて，それらを用いて応用できるようにしておきたい。また，教科書の例題や章末問題を確実に解き，問題集の基本レベルや頻出問題を繰り返し解いて，基礎力を身につけよう。

02 実戦力の養成

例年，計算力が必要な問題や思考力の問われる問題が出題されている。そこで，教科書傍用問題集や入試問題集の基本・標準問題を中心に，数多くの問題練習をこなす必要がある。数学では，文字がうまく使えるかどうか，整式をいかに整理して扱えるか，グラフや図をどのように利用できるかが勝負の分かれ目になる。したがって，一つの解き方にとどまらず，さまざまな解法に触れ，基本事項を一つ一つ総合的にまとめ上げる力を養うとよい。

03 過去問を解く

年度・日程を問わず比較的よく似た傾向の問題が出題されている。本書で過去問を解き，出題傾向・出題形式などに慣れておくことも大切である。その際，時間配分などに気を配って，本番の試験に備えよう。

04 計算力をつける

空所補充形式なので，結果のみが求められ，計算ミスは致命的である。普段から，最後まで計算して答えを求める習慣を身につけることが大切である。さらに，検算（例えば，方程式の解なら代入してみるなど）をしたり，計算が簡単になるように工夫することを心がけてほしい。

物　理

年度	区分		番号	項　目	内　容	
2024	Ⅰ期	1月21日	〔1〕	力　学	鉛直投げ上げ運動	
			〔2〕	力　学	気球の運動	
			〔3〕	電 磁 気	電池の起電力と内部抵抗	
			〔4〕	総　合	発電のエネルギー	⊘論述
		1月22日	〔1〕	力　学	斜方投射	
			〔2〕	力　学	運動方程式，静止摩擦力	
			〔3〕	電 磁 気	導体の抵抗，電流	
			〔4〕	総　合	エネルギーの変換と発電	⊘論述
		1月23日	〔1〕	力　学	なめらかな曲面上の運動，斜方投射	⊘論述
			〔2〕	力　学	おもりのつり合い	⊘描図
			〔3〕	電 磁 気	直流回路，抵抗率	⊘描図
			〔4〕	総　合	小問集合	⊘論述
	Ⅱ期		〔1〕	力　学	物体の落下運動，空気抵抗	⊘描図
			〔2〕	力　学	ばねの伸びと力のつり合い	
			〔3〕	電 磁 気	直流モーターと交流	⊘論述
			〔4〕	波　動	縦波	
2023	Ⅰ期	1月23日	〔1〕	力　学	等加速度直線運動，運動方程式	⊘描図
			〔2〕	力　学	3力のつり合い，浮力	
			〔3〕	電 磁 気	直流回路	
			〔4〕	波　動	波の基本，定在波	⊘描図
		1月24日	〔1〕	力　学	静止摩擦係数	
			〔2〕	力　学	鉛直投げ上げ運動	⊘描図
			〔3〕	電 磁 気	直流回路	
			〔4〕	総　合	小問集合	
		1月25日	〔1〕	力　学	浮力	⊘論述
			〔2〕	力　学	鉛直ばねの振動	⊘論述
			〔3〕	電 磁 気	磁力線，交流，ダイオード	⊘描図・論述
			〔4〕	熱 力 学	熱の仕事当量，熱効率	

II 期	〔1〕	力　　学	力のつり合い，ばね定数	
	〔2〕	力　　学	摩擦係数，運動方程式	
	〔3〕	電 磁 気	直流回路	
	〔4〕	熱 力 学	熱の小問集合	⊘論述

（注） 4題中3題選択。

幅広い分野から出題 描図問題や論述問題の出題も

01 出題形式は？

例年，各日程とも大問4題が出題され，そのうち3題を選択する形式となっている。試験時間は2科目で120分。

解答形式は，記述式を中心に，選択式や描図問題，論述問題も出題されている。計算して数値や文字式を求める問題のほとんどの解答欄には経過を書く欄があるので，途中経過も要領よくまとめられるようにしておきたい。

02 出題内容はどうか？

出題範囲は「物理基礎・物理（様々な運動，電気と磁気）」である。

出題分野は幅広く，いずれの分野についても，基本となる現象や事項・法則を正しく理解し活用できているかどうかを問う問題が多い。描図や論述などもその点に沿った出題となっている。

03 難易度は？

記述式の問題を中心に論述問題や描図問題などもみられるが，1科目60分とすると，問題量は試験時間に対して適切な量と言える。基本法則や原理を中心に，基礎的な理解を求める問題が多い。教科書の例題程度である。

対策

01 基本法則・原理の理解を確実に

教科書をよく読んで，例題や章末問題の演習を通して，基本法則をしっかりと理解しておくこと。また，物理にちなんだ基本的な知識を問われることや，日常生活の中での物理現象を説明する問題が出題されることもあるので，日頃の学習でも十分注意しておきたい。

02 解答の過程を大切に

解答の過程が要求される設問が多い。これらは単に答えだけを求めるものとは違い，立式や思考過程の記述など，ある程度の慣れが必要である。したがって，日頃の学習においても記述式の解答を意識し，文字を定義して用いるなど，丁寧な解答作りを心がけ，練習しておくことが必要である。

03 論述・描図の練習を

論述問題では字数を指定されることはないが，ポイントをおさえて過不足なく説明する練習をしておくこと。また，描図問題がよく出題されているので，図やグラフを描く練習も積極的に行っておきたい。

化　学

年度	区分		番号	項　目	内　容
2024	I期	1月21日	〔1〕	理論・無機	周期表，酸・塩基，コロイド溶液，分子の沸点，物質の性質
			〔2〕	理論・無機	物質量，固体の溶解度，物質の量的計算，酸・塩基，工業的製法 ⊘計算
			〔3〕	変　化	化学平衡（30字2問） ⊘論述・計算
			〔4〕	有機・高分子	脂肪族化合物，合成高分子（50字） ⊘計算・論述
		1月22日	〔1〕	理論・有機	物資の分離，原子の構造，化学の諸法則，触媒，不斉炭素原子，有機化合物の検出
			〔2〕	理　論	イオンの質量，濃度，物質の量的計算，気体の法則 ⊘計算
			〔3〕	変　化	弱酸の水溶液と緩衝作用（60字） ⊘計算・論述
			〔4〕	無　機	陽イオン分析（30字） ⊘論述
		1月23日	〔1〕	理論・無機	物質の構造，酸化還元，塩の液性，分子の沸点，ハロゲンの性質，両性元素
			〔2〕	理論・無機	水溶液の pH，鉛蓄電池，濃度，化学反応の量的関係，工業的製法 ⊘計算
			〔3〕	状　態	溶液，状態変化（50字） ⊘論述・計算
			〔4〕	有　機	糖（30字） ⊘論述・計算
	II期		〔1〕	理論・有機	原子の構造，酸化還元，気体の法則，物質の性質，有機化合物の検出反応，有機合成
			〔2〕	理論・有機	平均分子量，濃度，酸・塩基，化学反応の量的計算，高分子の結合数 ⊘計算
			〔3〕	構　造	化学結合，分子の極性（50字2問） ⊘論述
			〔4〕	無　機	工業的製法 ⊘計算

年度	期	日程	番号	項目	内容
2023	I期	1月23日	〔1〕	理論・無機	酸化還元，物質の状態図，溶液の性質，鉛蓄電池，陽イオン分析，気体の製法
			〔2〕	理論	酸化還元滴定，反応の量的関係，固体の溶解度，浸透圧，溶液の pH，工業的製法 ⊘計算
			〔3〕	構造・変化	結合，結晶の分類と性質（20 字） ⊘計算・論述
			〔4〕	有機・構造	油脂，セッケン（20 字） ⊘論述・計算
		1月24日	〔1〕	理論・有機	酸塩基，気体の法則，平衡状態，塩の液性，不斉炭素原子，高分子の性質や用途
			〔2〕	理論・有機	原子量，電気分解，反応の量的関係，水溶液の pH，凝固点降下，糖の計算 ⊘計算
			〔3〕	状態	溶解のしくみ，コロイド溶液の性質（30 字 2 問） ⊘論述
			〔4〕	構造・無機	14 族元素，結晶格子 ⊘計算
		1月25日	〔1〕	理論・無機	結合，実在気体，溶液の性質，電気分解，液性，ハロゲン
			〔2〕	理論	中和滴定，固体の溶解，気体の法則，工業的製法の計算，物質量計算，ヘスの法則 ⊘計算
			〔3〕	無機	遷移元素，工業的製法，陽イオン分析 ⊘計算
			〔4〕	有機	芳香族化合物，構造異性体，芳香族化合物の分離
	II期		〔1〕	総合	炭素の同素体，気体の溶解，合金，酸の分類，有機化合物の分類，合成高分子化合物
			〔2〕	理論・有機	逆滴定，物質量計算，気体の法則，反応速度，反応の量的計算，元素分析 ⊘計算
			〔3〕	変化	熱量計算，熱化学方程式，ヘスの法則 ⊘計算
			〔4〕	変化	酸化還元滴定（30 字） ⊘計算・論述

（注）　4 題中 3 題選択。

傾向　理論・無機・有機から偏りなく出題

01　出題形式は？

例年，各日程とも大問 4 題が出題され，そのうち 3 題を選択する形式となっている。試験時間は 2 科目で 120 分。

〔1〕は独立した五者択一の選択問題が 6 問出題され，〔2〕は計算問題が主に出題される。他の大問は主に記述式で，空所補充問題や計算問題，論述問題が出題されている。

02 出題内容はどうか？

出題範囲は「化学基礎・化学」である。

〔1〕〔2〕は化学の基本を問う小問集合問題や複雑な計算も含む基本～標準の小問集合問題，〔3〕〔4〕は理論・無機・有機分野の大問である。〔3〕〔4〕は記述式が中心であり，論述問題も含まれることがある。

03 難易度は？

基本～標準レベルの問題となっている。大問ごとの難易度は，〔1〕〔2〕は基本レベルだが，計算問題の中に標準レベルのものもある。〔3〕〔4〕もおおむね標準的なレベルであり，1科目60分とすると試験時間にも余裕がある。ただし，問題の選択によって難易度が変わってくるので，選択する問題は慎重に検討すること。

対策

01 理論（知識）

原子の構造，電子配置，物質の分類，酸・塩基の定義，酸化還元の定義，電池と電気分解など，基本的な事項を全範囲偏りなく学習し，例題などで演習して，しっかり基礎学力を身につけること。

02 理論（計算）

物質量，反応式と量的関係，溶液の濃度，反応熱，中和滴定，酸化還元滴定，水素イオン濃度とpH，気体の法則，溶液の性質（浸透圧，凝固点降下など），電池・電気分解，結晶など，典型的な例題を中心に問題集で演習し，解法をマスターしておくこと。特に，物質量，反応式と量的関係，溶液の濃度は必ずおさえておきたい。

03 無　機

無機物質の工業的製法・性質，陽イオン分析，気体の製法について，自分でまとめておくとよい。

04 有　機

有機化合物の名称・構造・性質・反応性を官能基中心に整理しておこう。エチレン，エタノール，アセチレンやベンゼンを中心にした反応経路図なども，描いて整理しておくとよいだろう。高分子の分野からは基本的な合成高分子が出題されるので，反応名，ポリマー名，構造式などをおさえておきたい。また，基本的な化合物の異性体にも注意が必要である。標準的な問題に数多く当たり，知識を確かなものとしておくことが大切である。

生 物

年度	区分		番号	項 目	内 容
2024	Ⅰ期	1月21日	〔1〕	遺伝情報	染色体とDNA（30字） ⊘計算・論述
			〔2〕	生 態	植生の遷移
			〔3〕	体内環境	自律神経系と内分泌系による調節（50字） ⊘論述・描図
			〔4〕	進化・系統	生物の系統と分類
		1月22日	〔1〕	遺伝情報	DNAの研究史と塩基数の割合（30字3問） ⊘論述・計算
			〔2〕	生 態	窒素同化，窒素の循環（40字） ⊘論述
			〔3〕	体内環境	自然免疫と獲得免疫（40字2問） ⊘論述
			〔4〕	生殖・発生	形態形成と誘導（20字3問） ⊘論述
		1月23日	〔1〕	生 態	バイオーム
			〔2〕	細 胞	細胞の構造と顕微鏡操作
			〔3〕	体内環境	体液の種類と循環（70字） ⊘論述
			〔4〕	生 態	生物多様性（40字） ⊘論述
	Ⅱ期		〔1〕	総 合	イネとデンプンの種類（20字，40字2問） ⊘論述
			〔2〕	体内環境	獲得免疫のしくみ（60字） ⊘論述
			〔3〕	生 態	生態系内の物質循環とエネルギーの流れ（60字） ⊘論述
			〔4〕	動物の反応	刺激の受容と反応（60字他） ⊘論述

年度	期	日程	番号	項目	内容
2023	I期	1月23日	〔1〕	代　　謝	酵素の成分とはたらき　✓描図
			〔2〕	生　　態	バイオームの水平分布と垂直分布　✓計算
			〔3〕	体内環境	恒常性と肝臓・腎臓のはたらき（60字）　✓論述・計算
			〔4〕	遺伝情報	遺伝子の発現調節（100字）　✓論述
		1月24日	〔1〕	遺伝情報	染色体とDNAの構造，細胞周期　✓計算
			〔2〕	体内環境	生体防御（40字）　✓論述
			〔3〕	植物の反応，生　　態	植物の光合成と遷移（40字）　✓論述
			〔4〕	動物の反応	動物の環境応答と学習（40字2問）　✓論述
		1月25日	〔1〕	細　　胞	原核細胞と真核細胞の構造
			〔2〕	体内環境	生体防御　✓描図
			〔3〕	生　　態	バイオームの水平分布と垂直分布
			〔4〕	遺伝情報	バイオテクノロジー（80字）　✓計算・論述
	II期		〔1〕	代　　謝	タンパク質の合成と酵素のはたらき（20・50字）　✓論述
			〔2〕	体内環境	すい臓の構造と消化酵素，ホルモン
			〔3〕	生　　態	レッドリストと生物多様性保全（30・40字）　✓論述
			〔4〕	動物の反応	ニューロンでの興奮と伝達（60字）　✓論述

（注）　4題中3題選択。

広い範囲から出題　幅広く正確な知識を身につけよう

01　出題形式は？

例年，各日程とも大問4題が出題され，そのうち3題を選択する形式である。試験時間は2科目で120分。

記述式と選択式の併用で，記述式では重要な用語など語句の記述問題が大半だが，短文での説明が求められる論述問題が頻出で，計算問題も出題されている。2023・2024年度は描図問題も出題された。

02　出題内容はどうか？

出題範囲は「生物基礎・生物」である。

体内環境，生態，遺伝情報の分野がやや多く出題され，他の分野からも満遍なく出題されている。具体的な生物種を問う問題や，実験データをもとにしたグラフや表を読み取る問題もみられる。

03 難易度は？

以前は標準レベルの問題であったが，字数制限のある論述問題の出題が多くあり，さらに2024年度は使用語句が指定される設問が増えてここ数年やや難化している。計算問題も出題されるが，基本的な事項を問う問題のため，出題の意図をきちんと理解して取り組めば答えられるだろう。

対策

01 基礎事項の徹底学習を

知識を問う問題が比較的多いので，教科書を中心に基礎的な事項を徹底的にマスターしよう。そのためには，教科書を読み込んで内容を理解し，生物の用語などを正しく覚え，教科書傍用の問題集を利用して知識の定着をはかろう。出題範囲全般にわたって満遍なく学習しておくことが大切である。

02 標準的な問題集や過去問で演習を，論述対策も

選択式，記述式の問題は問題集で演習を繰り返すことによって力をつけたい。論述問題は実際に自分で短文を書き，模範解答を利用して添削し，文章力を向上させよう。計算問題は様々な分野で出題されているので，積極的に計算問題に取り組みたい。そして，過去問で演習をしておけば万全であろう。

03 頻出分野への対策

体内環境，生態，遺伝情報などが頻出であるので，こうした分野は特に注意し，問題集を使って丁寧な学習をしておきたい。

国　語

年度	区分		番号	種　類	類別	内　容	出　典
2024	I期	1月21日	〔1〕	現代文	随筆	書き取り，語意，箇所指摘，内容説明（50字），文学史	「月と散文」　又吉直樹
			〔2〕	現代文	評論	空所補充，慣用句，対義語，箇所指摘	「科学の目 科学のこころ」　長谷川眞理子
			〔3〕	現代文	評論	語意，空所補充，内容説明，慣用句	「体力の正体は筋肉」　樋口満
			〔4〕	現代文	評論	対義語，四字熟語，空所補充，内容真偽	「会話を楽しむ」　加島祥造
		1月22日	〔1〕	現代文	評論	書き取り，内容説明（50字他），空所補充，四字熟語，語意	「現代人のための脳鍛錬」　川島隆太
			〔2〕	現代文	評論	空所補充，箇所指摘，内容説明，慣用句，内容真偽	「若者が〈社会的弱者〉に転落する」　宮本みち子
			〔3〕	現代文	評論	箇所指摘，慣用句，内容説明，空所補充	「言葉をおぼえるしくみ」　今井むつみ・針生悦子
			〔4〕	現代文	随筆	空所補充，国語常識，指示内容，内容説明	「スタートラインに続く日々」　今村彩子
		1月23日	〔1〕	現代文	評論	書き取り，内容説明（50字他），箇所指摘，空所補充	「建築に夢をみた」　安藤忠雄
			〔2〕	現代文	評論	空所補充，箇所指摘，書き取り，語意，四字熟語，内容真偽	「すばらしき日本語」清水由美
			〔3〕	現代文	評論	国語常識，箇所指摘，内容説明	「牧野富太郎の植物学」　田中伸幸
			〔4〕	現代文	評論	空所補充，内容説明，対義語，内容真偽	「現代の貧困」　岩田正美
	II期		〔1〕	現代文	随筆	書き取り，対義語，箇所指摘，空所補充，内容説明（50字）	「虐待の子だった僕」　ブローハン聡
			〔2〕	現代文	評論	空所補充，指示内容，箇所指摘，内容説明	「特別支援教育」　松本博雄
			〔3〕	現代文	評論	箇所指摘，慣用句，内容説明，書き取り，語意，内容真偽	「無思想の発見」　養老孟司
			〔4〕	現代文	評論	箇所指摘，四字熟語，空所補充，対義語	「人びとの自然再生」宮内泰介

年度	区分	日程	番号	種類	類別	内容	出典
2023	Ⅰ期	1月23日	〔1〕	現代文	評論	空所補充，書き取り，読み，指示内容，主旨，内容説明（50字）	「スポーツと君たち」森村和浩
			〔2〕	現代文	評論	空所補充，箇所指摘，内容説明，内容真偽，ことわざ	「動物たちのナビゲーションの謎を解く」デイビッド・バリー
			〔3〕	現代文	随筆	慣用句，段落挿入箇所，箇所指摘，内容説明	「思考の整理学」外山滋比古
			〔4〕	現代文	評論	空所補充，内容説明，語意	「ソーシャルブレインズ入門」藤井直敬
		1月24日	〔1〕	現代文	評論	書き取り，読み，文法（口語），箇所指摘，内容説明（50字），内容真偽，ことわざ	「孤独なバッタが群れるとき」前野ウルド浩太郎
			〔2〕	現代文	評論	内容説明，指示内容，空所補充，語意，主旨	「勉強する気はなぜ起こらないのか」外山美樹
			〔3〕	現代文	評論	空所補充，指示内容，対義語，内容説明，箇所指摘	「こんな日本でよかったね」内田樹
			〔4〕	現代文	評論	箇所指摘，慣用句，対義語，空所補充，内容説明	「ビッグデータと人工知能」西垣通
		1月25日	〔1〕	現代文	評論	書き取り，内容説明（50字他），四字熟語，箇所指摘，空所補充	「日本語は哲学する言語である」小浜逸郎
			〔2〕	現代文	評論	対義語，箇所指摘，ことわざ，内容説明	「偶然とは何か」竹内啓
			〔3〕	現代文	評論	文学史，内容説明，内容真偽	「壁とともに生きる」ヤマザキマリ
			〔4〕	現代文	評論	空所補充，内容説明，主旨	「クマ問題を考える」田口洋美
	Ⅱ期		〔1〕	現代文	評論	書き取り，空所補充，内容説明（50字他），対義語，箇所指摘	「『自分らしさ』と日本語」中村桃子
			〔2〕	現代文	評論	空所補充，内容説明，箇所指摘	「友だち地獄」土井隆義
			〔3〕	現代文	評論	内容説明，指示内容，類義語，箇所指摘，表題	「ハチミツの歴史」ルーシー・M・ロング
			〔4〕	現代文	評論	文法（口語），内容説明，熟語，箇所指摘	「学校はなぜ退屈でなぜ大切なのか」広田照幸

（注）〔1〕は必須。〔2〕～〔4〕から2題選択。

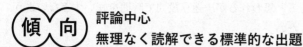

評論中心
無理なく読解できる標準的な出題

01 出題形式は？

例年，各日程とも大問４題で，いずれも現代文の問題が出されている。〔１〕が必須問題で，〔２〕～〔４〕は３題中２題を選択する形式となっている。解答形式は選択式が中心である。記述式は，字数や使用語句が指定された内容説明（50字）が〔１〕で出題されている。その他，箇所指摘（抜き出し），対義語などが記述式で出題されることがある。試験時間は２科目で120分。

02 出題内容はどうか？

評論を中心に出題されている。内容は，文化・文明・言語・社会・科学・哲学など多岐にわたっている。テーマによってはやや抽象的な内容になることもあるが，それほど難解なものはなく，論旨が明快で読みやすい文章が選ばれている。

設問は，空所補充，段落挿入箇所，箇所指摘，内容説明，内容真偽などである。2024年度は箇所指摘（傍線部の内容を表す箇所を本文から抜き出すなど）の設問が多かった。いずれも確かな読解力が必要になるが，箇所指摘では，抜き出す範囲の句読点の有無，あとに続く言葉などの条件を見逃さないようにして，丁寧に答えなくてはならない。抜き出すのが「部分」なのか「一文」なのかなどにも注意が必要。また使用語句を指定しての記述問題がみられるが，本文の表現や内容に沿った素直な解答が求められている。その他，書き取り，熟語や慣用表現，語意，文学史，対義語などの知識が問われる問題も出題されている。

03 難易度は？

とりわけ難解な文章や設問もなく，標準のレベルである。〔１〕の文章量がやや多く，〔２〕～〔４〕はそれほど変わらない。試験時間内に３題を解くことは十分可能であると思われるが，迷う設問で時間を使いすぎないよう，ペース配分に注意したい。

01 現代文

設問文は最後まで注意深く読み，設問の意図や指示を理解してから本文に根拠を求めること。箇所指摘では文脈把握がものをいう。その際，制限字数や設問の「この言葉に合う形で抜き出せ」「始め〔終わり〕の五文字を答えよ」というような様々な指示に注目して，抜き出す箇所に目星をつけること。内容説明では，本文と照らし合わせて一語一句を丁寧に検討する必要がある。ここでも，「当てはまらないもの」「最も適切なもの」といった設問の形に注意したい。また，「一つ選べ」「二つ選べ」「すべて選べ」など様々な形で出題されているので，これにも注意してほしい。段落挿入箇所を問う問題では，入れるべき段落の内容を受けて次の文が書かれているか，流れをよく検討してほしい。

本番で焦らないためにも，本書を活用して出題や設問の傾向を前もって把握しておきたい。『大学入試問題選 現代文 中堅私立大学レベル』（日栄社），『大学入試 ステップアップ現代文（標準）』（増進堂・受験研究社）なども一助となるであろう。

02 選択肢の吟味

問題に向かったら気持ちを集中させて，最初の一読で論旨を大きくつかむことが望ましい。その上で設問に当たり，本文の該当箇所の前後に着目して丁寧に細かく読むこと。こうした二段構えの読み方をマスターしたい。出題される文章には難解なものはほとんどなく，文章量も比較的少ないので，落ち着いて精読すれば読解するのに困難はないだろう。

選択肢の文章は比較的短いものが多いが，注意して読むこと。少しでも本文に沿わない，または本文に記述のない点があれば，消去あるいは保留にしておき，最も適切な選択肢を選ぼう。大事なのは，選択肢と本文とをよく照合して判断することである。

03 熟語や慣用表現，文学史の知識の充実を

四字熟語や慣用表現，対義語など語意についても問われている。こうした国語常識もしっかり身につけておくことが大切である。たくさんの文章を読む中で自然に身につけていくのが望ましいが，「国語便覧」などに載っている熟語・慣用句・故事成語などにひととおり目を通しておくと，まとまった知識が身につき，効果的である。また，『大学入試 国語頻出問題1200』（いいずな書店）などのような問題集で熟語や慣用表現の問題を集中的にやっておくのもよい。文学史については，各時代の主だった作家とその代表的な作品名をおさえておこう。昭和，平成などの現代文学史についても確認しておいてほしい。

2024年度

問題と解答

学校推薦型選抜（公募制）

問題編

▶選考方法

小論文（1000字程度の文章の読解問題ならびに，自分の意見を500字以内で論述），面接（時間：10分。形式：受験者1名に対し面接官2名）および書類審査（調査書等）を行い，総合的に合否を決定する。

小論文

（60分
解答例省略）

次の文章を読み、以下の問いに答えなさい。

たぶん「できること」は、みんな同じではない。それぞれの持ち場で、いろんな境界のずらし方、スキマのつくり方（ア）があるはずだ。

エチオピアと出会った「私」は、なにをどうずらそうとしているのか。最初にエチオピアに行ったときは大学生だった私も、教壇に立つ身になった。いま私は、この大学で「教える」という仕事を、なるべく対価を得るための「労働」とは考えないようにしている。

学生は、大学の授業の内容なんて、やがて忘れる。自分も大学で受けた講義の中身は、ほとんど覚えていない。それがどんな役に立つのか、目に見える成果がいつあらわれるのか、教員にも、学生にも、前もってわかるものばかりではない。

おそらく学生に残るのは、教壇の前で誰かがなにかを伝えようとしていた、その「熱」だけだ。学生のなかで、その「熱」が次のどんなエネルギーに変わるのか、教員の側であらかじめ決めることはできない。そもそも学生たちは、何者にでもなりうる可能性を秘めている。授業で語られる言葉、そこで喚起される「学び」は、相手の必要を満足させる「商品」ではない。どう受けとってもらえるかわからないまま、なににつながるかが未定のまま手渡される「贈り物（イ）」なのだ。

贈り物に込められた思いが、モノを介して間接的に受けとった人になんらかの感情を引き起こすように、授業で話されている中身は、予測できない別のことが聞き手のなかに生じるための媒介にすぎない。

教室にいる学生たちの感性や経験はとても多様だ。みんなに同じものを一様に届けることは、ほとんど不可能に近い。それでも、目に見えないなにかを伝えようとすること。たぶん、それしかできることはない。

贈与だからこそ、そのための「労力」は、時間やお金に換算できないし、損得計算すべき対象でもない。もし教育を市場交換される「労働」とみなせば、その「成果」がきちんと計量できない以上、最低限の労力しかかけない、というのがつねに「正解」になってしまう。それだと「教育」は、とたんにむなしい作業になる。

実際はほとんど届いていないかもしれないし、贈ったつもりのないものが届いているかもしれない。教員の側には、つねに「届きがたさ」だけが残る。［　①　］とは、この届きがたさに向かって、なお贈り物を贈り続ける行為なのだと思う。大学という学びの場を市場の論理からずらす。それがスキマづくりのためのささやかな抵抗だ。

〔出典：松村圭一郎『うしろめたさの人類学』ミシマ社　2017〕

【問１】

（１）　下線部（ア）の著者の境界のずらし方、スキマのつくり方を、文中の言葉を使い、20字以内で答えなさい。

（2）　空欄［　①　］に入る適語を文中から抜き出し、漢字２字で答えなさい。

【問２】

本文を読んで、下線部（イ）に関して、あなたが今まで受け取ったことがらを一つあげ、その内容とあなたの考えを、句読点を含めて 500 字以内で書きなさい。

一般選抜（Ⅰ期）

問題編

▶試験科目・配点

学部等	教　科	科　目	配　点
生命環境・医療科（医療福祉を除く）	選　択	「コミュニケーション英語Ⅰ・Ⅱ」,「数学Ⅰ・Ⅱ・A・B」,「物理基礎・物理」,「化学基礎・化学」,「生物基礎・生物」,「国語総合（古文，漢文を除く）」から2科目選択	200点（各100点）
医療科（医療福祉）	選　択	「コミュニケーション英語Ⅰ・Ⅱ」,「日本史A・B」,「世界史A・B」,「数学Ⅰ・Ⅱ・A・B」,「物理基礎・物理」,「化学基礎・化学」,「生物基礎・生物」,「国語総合（古文，漢文を除く）」から2科目選択	200点（各100点）
教育人間科（学校教育－中高英語）	英　語	コミュニケーション英語Ⅰ・Ⅱ	100点
	選　択	「日本史A・B」,「世界史A・B」,「数学Ⅰ・Ⅱ・A・B」,「物理基礎・物理」,「化学基礎・化学」,「生物基礎・生物」,「国語総合（古文，漢文を除く）」から1科目選択	100点
教育人間科（学校教育－中高理科）	選　択	「コミュニケーション英語Ⅰ・Ⅱ」,「日本史A・B」,「世界史A・B」,「数学Ⅰ・Ⅱ・A・B」,「物理基礎・物理」,「化学基礎・化学」,「生物基礎・生物」,「国語総合（古文，漢文を除く）」から2科目選択（ただし「数学Ⅰ・Ⅱ・A・B」,「物理基礎・物理」,「化学基礎・化学」,「生物基礎・生物」のうちいずれか1科目を必須とする）	200点（各100点）
教育人間科（その他）	選　択	「コミュニケーション英語Ⅰ・Ⅱ」,「日本史A・B」,「世界史A・B」,「数学Ⅰ・Ⅱ・A・B」,「物理基礎・物理」,「化学基礎・化学」,「生物基礎・生物」,「国語総合（古文，漢文を除く）」から2科目選択	200点（各100点）

▶備　考

- 「数学Ⅰ」は「データの分析」を除く。「数学A」は「整数の性質」を除く。「数学Ｂ」は「数列・ベクトル」から出題する。

- 「物理」は「様々な運動，電気と磁気」から出題する。
- **問題選択について**

「英語」「数学」「国語」はそれぞれ４題中１題必須・２題選択。

「日本史」「世界史」はそれぞれ５題中４題選択。日本史・世界史ともＡまたはＢのどちらかを履修していれば規定数の解答ができる。

「物理」「化学」「生物」はそれぞれ４題中３題選択。「物理」は「物理基礎」，「生物」は「生物基礎」だけの履修者でも規定数の解答ができる。

- 学力試験２科目（ただし，教育人間科学部こども学科は２科目のうち高得点の１科目を採用し100点満点とする）と書類審査（調査書等）を行い，総合的に合否を決定。

※試験日自由選択制

一般選抜（Ⅰ期）は３日間のうち，同一学部・学科（コース）を複数日受験することも，異なる学部・学科（コース）を１日ずつ受験することもできる。

同一学部・学科（コース）を複数日受験した場合は，選択科目２科目の合計得点が高い日の成績を合否判定に採用する。

英　語

◀1月21日実施分▶

（2科目 120分）

1　問題〔1〕は必ず解答すること。

2　問題〔2〕～〔4〕の中から2問を選択し、その問題番号を解答用紙の選択問題番号欄に記入して、解答すること。

〔1〕以下の問題（A）～（D）に答えよ。

（A）(1)～(10)の英文の空欄に当てはまる最も適切なものをA～Dの中から1つ選び、記号で答えよ。

(1) After the TV station bought new equipment for its weather department, the (　　) of its forecasts improved. Now, it makes fewer mistakes when reporting the weather.

A　accuracy　　B　discovery　　C　gravity　　D　prosperity

(2) Kayla wished to stay in the easy math class, but her teacher (　　) her to move up to the advanced class. He said that she would learn much more in the new class.

A　gained　　B　encouraged　　C　promised　　D　remained

(3) X：I heard that you bought a house.

Y：Yes. It's very comfortable. Best of all, our living room (　　) the Southeast.

A　brings　　B　faces　　C　pulls　　D　draws

(4) Logan Rogers is the coach of the local high school's basketball team. This year, the team lost a lot of games, and fans (　　) him for making too many coaching mistakes.

A　criticized　　B　matched　　C　hosted　　D　shared

(5) Frances promised to call Jacqueline, but she didn't. Her (　　) was that she had lost her cell phone.

A　essay　　B　effort　　C　practice　　D　excuse

(6) Lucas felt (　　　) after reading his sister's diary because he knew he should not have read something that was meant to be private.

A guilty　　B content　　C eager　　D gentle

(7) After working as a long-distance truck driver for 10 years, Ethan wanted to find an (　　　) that would let him spend more time at home with his family.

A expression　　B occupation　　C indication　　D impression

(8) A：When I was shopping last Sunday, I ran (　　　) Paul.
B：Wow! I haven't seen him since I graduated from high school.

A over　　B out　　C into　　D along

(9) The food in Thailand was very good. So I (　　　) a lot of weight during my vacation there.

A made up　　B put on　　C got on　　D gave up

(10) During his trip to Europe, Aaron chose not to stay in expensive hotels because his (　　　) was quite small. He wanted to spend $50 or less a day.

A budget　　B remark　　C shift　　D circuit

(B) (1)〜(10)の英文の空欄に当てはまる最も適切なものをA〜Dの中から1つ選び、記号で答えよ。

(1) Don't get off the bus till it (　　　).

A stop　　B stops　　C stopping　　D stopped

(2) As the man (　　　) down the street, the hat flew off his head.

A is walking　　B was walking　　C walking　　D is going to walk

(3) (　　　) don't we go for a walk?

A Why　　B What　　C Where　　D Which

(4) I (　　　) stay home and watch TV than go out.

A have better　　B ought to　　C would rather　　D would like

(5) Of all five violins, this one is (　　　) expensive.

A little　　B less　　C the less　　D the least

(6) The hotel (　　　) I stayed was comfortable and cheap.

A in that　　B how　　C where　　D when

(7) What I like best is to lie (　　　) the beach and relax.

A of　　B at　　C on　　D from

(8) They will not give up (　　　) they have solved the problem.

A because　　B only　　C until　　D whether

(9) She bought two (　　　) yesterday.

A furniture　　B furnitures
C pieces of furnitures　　D pieces of furniture

(10) Work hard so (　　　) you can pass the examination.

A as　　B because　　C that　　D for

(C) 次の(1)～(5)の日本語に合うように、カッコ内に与えられた語句を並べ替え、英文を完成させ、並べ替えた部分のみを答えよ。なお、文頭に来るべき語も小文字で示してある。

(1) 昨年からずっと本をインターネットで買っています。

I (been / books / buying / have / last year / online / since).

(2) 冷蔵庫の中にはたくさんの食材を保管する場所が十分にありません。

(enough / food / isn't / keep / a lot of / space / there / to) in the fridge.

(3) K2は世界で２番目に高い山です。

K2 is (highest / in / mountain / second / the / the / world).

(4) 困ったときにはいつでもスタッフがサポートしてくれます。

The (help / need / staff / supports / whenever / you / you).

(5) そんなに高い車を買うなんて、翔はお金持ちに違いない。

Sho (an / be / car / expensive / must / rich / such / to buy).

(D) 次の(1)～(5)の英文の下線部(A)～(C)のうち、１か所に誤りがある。誤っている箇所を記号で答え、正しく直しなさい。なお、指摘した下線部のみを修正することで、正しい英文になるようにすること。また、修正前後の語数が必ずしも同じとは限らない。

(1) Every time <u>I come across</u>(A) a word <u>whose meaning I do not know</u>(B) well, <u>look it up</u>(C) in my dictionary.

(2) Ken <u>refuses taking</u>(A) his children into the city because, <u>in his opinion</u>(B), the city is too dangerous and unhealthy <u>for children</u>(C).

(3) Every boy and every girl in the class were waiting (A) impatiently (B) for the appearance (C) of the new teacher.

(4) Mr. Smith is reputed (A) to be a good English teacher, and that is more (B), he is a (C) brilliant soccer coach.

(5) James is a man of his word (A); I don't recall any time which (B) he has broken (C) his promise.

〔2〕 次の空欄(1)〜(10)に当てはまる表現として最も適切なものをA〜Dの中から1つ選び、記号で答えよ。

The Western world is in an obesity crisis. With busy lifestyles people often do not have time to (1) properly, so they have to eat processed food. This is (2) of fat, salt and sugar. In other words, there are too many calories in the typical Western diet. Technology has made our lives more convenient. That also means that our lives are (3) active. This combination of overeating and underexercising has (4) in many Western people becoming overweight.

This has led to a new industry − the weight loss industry − and it is huge. In the U.S.A, it was worth $72 billion in 2020. Over the years, popular diets come and go. Low-fat, low-carb, and fasting diets have all been (5) over the last ten years. However, people remain overweight. People who diet often end up putting on even more weight when they finish their diet. This is because people often reduce their diet by too many calories: (6) themselves. When this happens, they reduce the carbohydrate that is stored in their muscles and liver. They also lose water. Glucose from carbohydrates is needed to metabolize fat. Without this glucose, the metabolic rate of fat slows (7). The body now needs to find glucose somewhere. It gets this from muscle. To summarize: a sudden drop in calories does make us lose weight, but first from carbohydrates and water, then from muscle, not from fat. The result is that 95% of all diets are (8).

So how can we lose weight successfully? The answer is through gentle lifestyle changes. (9) the amount of food we eat − maybe just by eating on a smaller plate. Start exercising − gently at first. We will notice small changes straight away. As those changes increase, so will the amount of (10) we want to do. Also, we will want to eat healthier food. So put down your smartphone and go out for a walk.

Source: ジュリアン・ナット・倉橋洋子・山本伸. (2022). *An Introduction to Sports Science in English*. 東京：南雲堂. pp. 30-31.

	A	B	C	D
(1)	cook	play	sleep	walk
(2)	free	full	luck	one
(3)	far	less	more	so
(4)	result	resulted	resulting	to result
(5)	cheap	ineffective	popular	traditional
(6)	feeding	gaining	lacking	starving
(7)	down	forward	off	up
(8)	famous	successful	unfamous	unsuccessful
(9)	Add	Enlarge	Reduce	Regain
(10)	drive	exercise	recovery	traveling

〔3〕次の各英文を読み、設問(1)～(5)に対する答えをそれぞれA～Dの中から1つ選び記号で答えよ。

〈Section 1〉

E-Mail Message

To:	Stephen Clayton＜stephen@claytongym.com＞
From:	Amanda Palmer＜apalmer@linkedmail.net＞
Date:	October 26
Subject:	Fitness Center Membership

Dear Mr. Clayton,

This e-mail is in response to your letter of October 14, which stated that my membership at your fitness center will expire on October 31. I wish to let you know that I have chosen not to renew it.

When I first became a member, the cost was $25 per month. Now the cost is $50 per month. Aside from this significant increase in cost, I have been dissatisfied with some of the services at the fitness center. There never seems to be enough equipment available for use at peak hours during the day. In addition, many of the new aerobics classes that I registered for were canceled due to low attendance.

Sincerely,

Amanda Palmer

Source: Educational Testing Service. (2009).『TOEICテスト新公式問題集 Vol. 4』. 東京：一般財団法人 国際ビジネスコミュニケーション協会. p. 60.

(1) Why did Ms. Palmer send the e-mail?

A To explain why she will not renew her membership

B To recommend an increase in staff

C To ask for information about the center

D To report that a machine is not working

(2) What is NOT one of Ms. Palmer's concerns?

A Fitness equipment is sometimes unavailable.

B Some aerobics classes were canceled.

C The membership fees are too high.

D The fitness trainers are inexperienced.

〈Section 2〉

Celebration of Excellence

— [1] —. Congratulations to all our employees! Bharati Corporation has been named the top manufacturer in India by *Tober Business Review*! This magazine, as you might already know, is one of the most highly regarded magazines in the business world. We want to thank you for your hard work and diligence. — [2] —. Because of all of you, we have been recognized internationally as a world-leading company.

Please join us in your building's cafeteria on Friday, 8 November, for a corporate-wide Celebration of Excellence. We will be closing all factories and offices in India, the United Kingdom, and the United States for two hours, starting 12:00 noon local time for this event. — [3] —. One of our board members will be speaking at each of our locations. — [4] —. This will be followed by music and a complimentary buffet luncheon for all employees.

Thank you again for making this our best year ever. We look forward to celebrating with you.

Source: ETS. (2022).『公式 TOEIC Listening & Reading 問題集 9』. 東京：一般財団法人 国際ビジネスコミュニケーション協会. p. 55.

(3) What is the purpose of the notice?

A To announce the opening of a new factory in India

B To ask for nominations of staff members for an award

C To express gratitude to all company employees

D To promote the use of corporate cafeterias

(4) What is indicated about Bharati Corporation?

A It was honored in a prestigious magazine.

B　It has multiple locations in South America.

C　It manufactures computer chips for vehicles.

D　It closes two hours early every Friday.

(5)　In which of the positions marked [1], [2], [3] and [4] does the following sentence best belong?

"We truly appreciate this team effort"

A　[1]　　B　[2]　　C　[3]　　D　[4]

〔4〕 次の英文の内容に関する質問に対して最も適切なものをA～Dの中から1つ選び、記号で答えよ。

There is a widespread belief that Japan is economically rich, but in recent years the number of children suffering from poverty has increased. It causes disparities in opportunities for children, such as in education, arts, travel and other cultural and social experiences, which eventually affects their future. Child poverty in Japan, therefore, requires our immediate attention.

According to Professor Yuma Konishi's study in 2016, problems resulting from financial distress are as follows: (1) inadequate housing, diet, and clothing, (2) health and developmental effects, (3) parental labor problems and stress, (4) child abuse and neglect, (5) lack of cultural resources, (6) low academic ability, (7) lack of various experiences, (8) low self-esteem, (9) isolation and exclusion. Additionally, these multiple factors interact, which can exacerbate[1] the difficult conditions children face in their lives.

There are two main types of poverty: absolute poverty and relative poverty. Absolute poverty is a condition in which maintaining a minimum requirement for survival is difficult. Relative poverty is living below the average socio-economic level in a country. It is defined as the point where a household's income is less than half of the median equivalized disposable income[2] of the country. This standard is called the poverty line. According to a survey conducted by the Ministry of Health, Labour and Welfare based on the Organization for Economic Co-operation and Development (OECD) standards, the poverty threshold in 2018 was 1.24 million yen, and the poverty rate for children was 14%. Specifically, one in seven children in Japan is living in relative poverty. In the case of single-mother households, about 50% of children are in this situation.

To resolve the child poverty problem in Japan, the government passed the Act on Promotion of Policy on Poverty among Children in 2014. The government is currently working on four priority measures. One of the measures is to improve the support system, mainly for educational support, such as guaranteeing access to a quality education during the compulsory education period, working to prevent high school dropouts, and providing support for them. In addition, the government is establishing a continuous support system for women who face difficulties any time from pregnancy through to childbirth. Secondly, self-reliance support for parents in low-income families is also provided. Another measure is employment support for parents. In particular, for single-parent families, the government of Japan is providing opportunities for obtaining qualifications, reeducation, and short-stay childcare services. The fourth measure is financial support, which should be seriously addressed as a public responsibility in terms of a social security issue in Japan. However, the public expenses to assist children and the child-rearing generation have not been sufficient compared to those in other developed countries. This concern must be addressed from this point on.

Japan's measures against child poverty have just begun, and while government programs have been in operation for several years, they are not sufficient. In response to this situation, many citizen groups provide direct support to families to help alleviate[3] the complex problems they face raising their children. For example, learning and dietary support are widely offered all over the country. Private scholarships are also increasing. But, at the same time there is insufficient understanding about child poverty in Japan, which is unfortunate. Therefore, it is important to raise awareness in order to enhance public support.

1. exacerbate：～を悪化させる
2. equivalized disposable income：等価可処分所得（世帯の可処分所得を世帯の人数の平方根で割ったもの）
3. alleviate：～を軽減する

Source: Ibaraki, S., Haugh, S., Nakano, Y., Nishimura, H., & Kobayashi, R. (2022). *Thinking about human life and society*. 東京：南雲堂. pp. 28-31.

(1) What is the main purpose of this article?

A　To show that there are many poor children in Japan.
B　To show that the government is not working hard to improve child poverty in Japan.
C　To raise awareness about child poverty in order to improve the situation.
D　To ask for donations.

(2) There are two types of poverty. What are they?

A　Absolute poverty and relative poverty.
B　Poverty line and socio-economic level.
C　Inadequate housing and inadequate diet.
D　Lack of various experiences and lack of cultural resources.

(3) Which of the following is NOT true about relative poverty?

A　It is a condition in which maintaining a minimum requirement for survival is difficult.
B　The poverty threshold in 2018 was an annual income below 1.24 million yen.
C　The poverty rate for children was 14% in 2018.
D　It is living below the average socio-economic level in a country.

(4) Which of the following is included in the Act on Promotion of Policy on Poverty among Children in 2014?

A To support inadequate housing.

B Employment support for parents.

C To prevent child abuse and neglect.

D To prevent isolation and exclusion.

(5) Who is making up for the shortcomings of inadequate government support programs?

A The Organization for Economic Co-operation and Development (OECD).

B The Ministry of Health, Labor and Welfare.

C Many citizen groups.

D Nobody.

◀1月22日実施分▶

（2科目 120分）

1　問題〔1〕は必ず解答すること。

2　問題〔2〕～〔4〕の中から2問を選択し、その問題番号を解答用紙の選択問題番号欄に記入して、解答すること。

〔1〕以下の問題 (A)～(D) に答えよ。

(A) (1)～(10)の英文の空欄に当てはまる最も適切なものをA～Dの中から1つ選び、記号で答えよ。

(1) When the teacher asked Chloe who the prime minister of Britain is, she answered (　　) because she was not sure if her answer was right.

A　considerably　　B　previously　　C　hesitantly　　D　literally

(2) Joanna woke up just before (　　) and went down to the beach to watch the sunrise.

A　sight　　B　existence　　C　dawn　　D　rhythm

(3) Mr. Winters has a wide (　　) of responsibilities and is always traveling around the world on business.

A　place　　B　measure　　C　country　　D　range

(4) Last Saturday was my parents' 20th wedding (　　). They went out for a special dinner together.

A　festival　　B　anniversary　　C　exhibition　　D　foundation

(5) Most of the scientific community now agrees that global warming is a dangerous (　　) that is a great threat to the health of the planet.

A　admission　　B　precision　　C　intention　　D　phenomenon

(6) Grant Falkner has directed many successful movies during his career. Last night, a special ceremony was held to celebrate his (　　).

A　achievements　　B　limitations　　C　estimates　　D　territories

(7) Mr. Kuznecovs is a really strict teacher. He does not (　　　) students who talk in his classroom.

A　contrast　B　delete　C　straighten　D　tolerate

(8) Seen from a (　　　), the mountain looks like a horse's back.

A　destination　B　distance　C　danger　D　direction

(9) X：I wonder when I'll visit you.
Y：Please come and see me when it is (　　　) for you.

A　helpful　B　convenient　C　polite　D　generous

(10) The TV news show (　　　) a report on the country's economic problems. The report included an interview with a leading member of the government.

A　implied　B　observed　C　pretended　D　featured

(B)　(1)〜(10)の英文の空欄に当てはまる最も適切なものをA〜Dの中から１つ選び、記号で答えよ。

(1) I'm afraid that it (　　　) a long time to get home.

A　take　B　took　C　taken　D　will take

(2) "Whose things are these?" "They (　　　) my parents."

A　are　B　are belonging to　C　belong to　D　owned by

(3) She didn't know (　　　) documents were on the desk.

A　whoever　B　who　C　whom　D　whose

(4) The water in this pond is not as clear as it (　　　) to be.

A　used　B　is　C　was　D　going

(5) Sorry we're late. Your house is much (　　　) than we thought.

A　far　B　the farthest　C　farther　D　the farther

(6) (　　　) careful you may be, accidents will happen.

A　Whatever　B　Whichever　C　Whoever　D　However

(7) Machu Picchu stands 2,430 meters (　　　) sea level.

A　on　B　over　C　above　D　up

(8) It is not ( ) we get sick that we start taking care of your health.

A even B until C provided D while

(9) I never heard ( ) story.

A a such sad B so a sad C so sad a D a so sad

(10) Watch your step, ( ) you will slip.

A even B but C or D nor

(C) 次の(1)〜(5)の日本語に合うように、カッコ内に与えられた語句を並べ替え、英文を完成させ、並べ替えた部分のみを答えよ。なお、文頭に来るべき語も小文字で示してある。

(1) 彼らはその議論を来年までには終わらせているでしょう。

(by / the discussion / finished / have / next / they / will / year).

(2) 間違えないように気をつけなくてはいけません。

(be / careful / have to / make / a mistake / not / to / we).

(3) 胸をドキドキさせながら、その映画を観ていました。

(heart / I / movie / my / the / watched / with) beating fast.

(4) 私のラケットが試合中に壊れました。

My (broken / during / got / match / racket / the).

(5) 両親の援助がなかったら、私は大学を卒業することはできなかっただろう。

(couldn't / from / graduated / have / I / my parents' / support, / without) college.

(D) 次の(1)〜(5)の英文の下線部(A)〜(C)のうち、1か所に誤りがある。誤っている箇所を記号で答え、正しく直しなさい。なお、指摘した下線部のみを修正することで、正しい英文になるようにすること。また、修正前後の語数が必ずしも同じとは限らない。

(1) He shouted at the top of his voice but could not <u>make himself</u>(A) <u>hear</u>(B) <u>over</u>(C) the traffic noise.

(2) He avoided <u>to return her call</u>(A), because he knew he would have to <u>argue with</u>(B) and <u>shout at</u>(C) her again.

(3) My roommate didn't want to go to the party, and I didn't, <u>neither.</u>(A) <u>Both of us</u>(B) stayed and watched a baseball game <u>on TV</u>(C).

(4) <u>The develop</u>(A) of a new teaching method <u>requires</u>(B) <u>much research</u>(C).

(5) It goes without saying (A) that the more you study (B) during the semester, the lesser (C) you have to study the week before the exams.

〔2〕次の空欄(1)〜(10)に当てはまる表現として最も適切なものをA〜Dの中から1つ選び、記号で答えよ。

If you are a Beatles fan, you will certainly know about three famous places that helped (1) their career. Originally, the group played in a small club in their hometown of Liverpool called the Cavern Club. After that, they (2) their performing skills playing in the Star Club in Hamburg. Finally, they became associated with a road in northwest London – Abbey Road. Before one of the biggest and most (3) bands in music history issued the *Abbey Road* album on September 26th, 1969, nobody could ever have imagined that a simple street name and one very (4) pedestrian crossing would come to mean so much to so many people.

It was a picture taken by Scottish photographer Iain Stewart Macmillan (5) made Abbey Road famous. On August 8th, 1969, he spent about 10 minutes taking just six pictures of the Beatles members walking across the pedestrian crossing to the left of the entrance of their recording studios. The result was the iconic image that became the (6) of their last album. The studios were called EMI Studios at the time. After that, their name was changed to Abbey Road Studios. Since then, a pilgrimage to Abbey Road to see the studios and the crossing has become a (7) for any real Beatles fan who visits London.

There is a dispute among Beatles fans over which album is actually their last. Many people think that it was *Let It Be*, but this is not exactly (8). Even though *Let It Be* was released (along with the film of the same name) in May, 1970, the tracks on it were mainly recorded in January, 1969, (9) was before *Abbey Road* was released in September, 1969. Actually, the songs that appeared on the finished Abbey Road album were recorded between February and August, 1969.

Although each of their albums sent a major shock wave (10) the music scene, it is the *Abbey Road* album that holds a special place for many Beatles fans, partly because this album was the very last one the group recorded.

Source: 湯舟英一・中井文子・新井眞知・人見憲司・Bill Benfield (2022). *Strategic Reading for Global Information.* 東京：成美堂. p.50.

(1) A break　B clean　C destroy　D shape
(2) A arrived　B developed　C finished　D stopped
(3) A influential　B insignificant　C slight　D trivial
(4) A abnormal　B exceptional　C ordinary　D usually
(5) A and　B so　C that　D what

	A	B	C	D
(6)	A coat	B cover	C shelter	D screen
(7)	A change	B might	C must	D problem
(8)	A false	B liar	C rumor	D true
(9)	A what	B when	C which	D who
(10)	A between	B throughout	C under	D without

〔3〕次の各英文を読み、設問(1)〜(5)に対する答えをそれぞれA〜Dの中から1つ選び、記号で答えよ。

〈Section 1〉

Caring for your Brewtime Supreme coffeemaker

Machine cleaning: Your Brewtime Supreme coffeemaker is designed to last many years, providing you with delicious coffee day after day. For optimal performance, clean your Brewtime Supreme on a monthly basis. While commercial cleaning solutions are available, a 50-50 mixture of white vinegar and water may also be used. First, pour the cleaning solution into the coffeemaker's reservoir, switch the coffeemaker on, and allow half of the solution to drip into the carafe. Then, switch the coffeemaker off and wait 30 minutes for it to cool. Next, refill the reservoir with more of the solution, and allow the brewing process to finish. Finally, with water only, repeat the brewing process so that any remaining residue is washed away. Perform this action twice if necessary.

Source: ETS. (2022).『公式 TOEIC Listening & Reading 問題集 9』. 東京：一般財団法人　国際ビジネスコミュニケーション協会. p.95.

(1) For whom are the instructions most likely intended?

A Appliance retailers

B Product owners

C Product designers

D Repair technicians

(2) According to the instructions, how often should cleaning be performed?

A Every day

B Every two weeks

C Once a month

D Twice a year

〈Section 2〉

To: All staff

From: Josh Rowe, Administrative Office

Date: October 16

Subject: Parking

From November 5, the Morrison Street parking facility will be temporarily closed to allow for construction of a covered walkway to the Kerr Street train station. Anyone who currently has a permit to park there must obtain a new permit to park in one of the other garages in the area.

To request a new permit, please fill out the form available on the company Web site before November 1. Remember that failure to display the appropriate permit in your vehicle could result in a parking violation ticket, so do not wait until November to complete the form. Permits will be issued on a first-come, first-served basis, and space is limited at some nearby garages. Therefore, make sure to write down the facilities you would like to use in order of preference on the form. If you would like a map showing available parking facilities in the area, please stop by the Administrative Office.

Source: 神崎正哉・TEX 加藤・Daniel Warriner (2012).『新 TOEIC TEST 読解　特急 4 ビジネス文書編』. 東京：朝日新聞出版. pp.30-31.

(3) What is the purpose of the memo?

A To explain designs for a new parking garage

B To provide information on parking fee changes

C To instruct staff on new parking arrangements

D To announce the completion of a company project

(4) What should employees provide on the form?

A An office address　　B A permit number

C A list of facilities　　D A department name

(5) How can employees obtain a map?

A By e-mailing a request　　B By printing one from a Web site

C By calling a train station　　D By visiting Mr. Rowe's office

〔4〕次の英文の内容に関する質問に対して最も適切なものを Section 1 はA～Dの中から、Section 2 はA～Cの中から1つ選び、記号で答えよ。

〈Section 1〉

You never know where inspiration will come from. Perhaps you keep some instant food in your kitchen cupboard for the times when you just don't feel like cooking. It may be useful around times of emergencies, like natural disasters. For many people around the world, that food is instant noodles. We can be lazy if we want, thanks to one man's inspiration. We won't go hungry in times of emergency thanks to Momofuku Ando, the inventor of Nissin instant noodles.

Ando's story is that of being inspired by ideas around him, anywhere in the world, to create something that everyone wants. In this case, it's convenience in a cup and a satisfied belly for a low price. Noodles have been in his life ever since he was born in 1910 in Taiwan, where there had been a tradition of eating deep fried noodles. One day in 1945, in Osaka, he was concerned by the sight of many poor people lining up on the street waiting for a hot bowl of ramen noodles. Japan was still recovering from the end of the Second World War. That scene inspired him to start experimenting with a second-hand noodle maker and a large wok. After a year of trial and error, he finally made a breakthrough thanks to his wife, who he saw cooking *tempura* in the kitchen. At that moment, a great idea came to him. By deep-frying noodles, they became hard and dry. He was one step closer to feeding hungry people quickly and cheaply.

It took much longer before he could create the first mass-market Nissin product. He suffered a major loss in another business, but he learned from his hardships. At age 47, about ten years after he first got the idea, Nissin Foods was born.

Ando, however, was not the only person who had thought of producing such convenient noodles. Another Taiwanese expatriate, Zhang Guowen, was selling a type of instant noodles called Choju men, or longevity noodles, several months before the launch of Nissin Chicken Ramen. Zhang registered his patent for the noodle making process one month before Ando. Choju men was also a staple for the third Japanese Antarctic Research Expedition. In 1961, Ando bought the rights to Zhang's patent and Nissin's instant noodles began their rapid rise.

The idea of putting these noodles in a cup came to him in 1966, when he tried to sell his noodles in the United States. When there were no bowls available for sampling the product, someone grabbed a paper cup, broke up the noodles, poured boiled water in the cup, and ate it with a fork. The cup was a great idea, but he had to consider a proper lid. That idea came to him when he was served Macadamia nuts on a flight. The nuts came in a container covered with a paper and aluminum lid.

"Always look around you with a great deal of curiosity," said Ando. His observations in daily life were a key part to the success of Nissin noodles. Every day, millions of people in the world enjoy instant noodles. What could be simpler than boiling water and waiting a few minutes for your next meal? The ultimate tribute is when Japanese astronaut Soichi Noguchi took instant noodles to space in 2005. "I've realized my dream that noodles can go into space," said Ando.

Source: 松尾秀樹・Alexander A. Bodnar・Jay C. Stocker・藤本温. (2022). *Reading Insight*. 東京：三修社. pp. 46-48.

(1) Why did Ando eat deep fried noodles in his childhood?

A Because he wanted to start a noodle company.

B Because he was always hungry.

C Because it was normal for people in his local area to eat it.

D Because it tasted better than other food.

(2) What idea did Ando get when he went to the United States?

A He got the idea of making instant noodles.

B He got the idea of using boiled water to make instant noodles.

C He got the idea of putting nuts in the noodles.

D He got the idea of putting noodles in a cup.

(3) Which is the true statement about the passage?

A Momofuku Ando is not the original owner of Nissin.

B During Ando's childhood, nobody ate fried noodles.

C In 1945, people in Osaka lined up on the street to eat Ando's noodles.

D Before Ando founded Nissin, another Taiwanese person named Zhang Guowen was already selling a type of instant noodles.

〈Section 2〉

Anyone who sends or receives packages will eventually come across bubble wrap. Bubble wrap is that sheet of plastic with small bubbles on it. All over the world, companies use bubble wrap to protect the products they deliver from one place to another. Some people, by the way, also enjoy "popping" the bubbles. Are you one of them?

Bubble wrap had a very different original purpose. In 1957, Alfred Fielding and Marc Chavannes decided to glue two plastic shower curtains together. When they did this, small air bubbles appeared between the sheets. The inventors believed that this bubble pattern would make a great new kind of wallpaper! Unfortunately, their design wasn't as popular as they had hoped. But Fielding and Chavannes did not want to give up their invention, and tried to find other purposes for it.

Their big break came in 1959. IBM was looking for a way to safely transport their latest computer models. Fielding and Chavannes suggested wrapping the computers in their bubble sheets. Today, Fielding's and Chavannes's company sells over $4 billion worth of bubble wrap every year!

Source: Arao, A・三原京・巳波義典・木村博是. (2022). *Answers to Everyday Questions 2.* 東京：南雲堂. pp. 62-63.

(4) Bubble wrap was originally designed to be ________.

A a toy

B protection for packages

C wallpaper

(5) How did Fielding and Chavannes make bubble wrap?

A They glued two shower curtains together.

B They pumped air into plastic sheets.

C They used an IBM computer.

◀1月23日実施分▶

（2科目 120分）

1　問題〔1〕は必ず解答すること。

2　問題〔2〕～〔4〕の中から2問を選択し、その問題番号を解答用紙の選択問題番号欄に記入して、解答すること。

〔1〕以下の問題 (A)～(D) に答えよ。

(A)　(1)～(10)の英文の空欄に当てはまる最も適切なものをA～Dの中から1つ選び、記号で答えよ。

(1) Mike is a really (　　) person, so he cleans his apartment every day.

A　savage　　B　vague　　C　temporary　　D　neat

(2) Emma's family's dog got out of the yard and ran away. Emma stayed at home to wait while her dad drove around the neighborhood to see if he could (　　) the dog.

A　bark　　B　spot　　C　count　　D　melt

(3) X：What time shall we start on Sunday?

Y：Let's leave at 5:30 in the morning. We should (　　) the rush hour.

A　avoid　　B　keep　　C　hurry　　D　reserve

(4) X：Mike, what would you like to have for dinner?

Y：(　　) will do, Helen.

A　Anything　　B　Everything　　C　Things　　D　Something

(5) X：Can you touch your toes without (　　) your knees?

Y：I don't think so. I'm not very flexible.

A　bending　　B　knitting　　C　rocking　　D　planting

(6) Derek has been studying French for two years, but his speaking skills are poor. When he visited Paris, he was (　　) of having conversations with the people there.

A　incapable　　B　ungrateful　　C　uninformed　　D　invisible

(7) In the 19th century, many (　　) arrived in the United States to find jobs and begin new lives.

A substitutes　B immigrants　C opponents　D candidates

(8) It'll make little (　　) whether Mike attends the next meeting or not.

A result　B effort　C difference　D happening

(9) X : When did you come back from America?
Y : Three days ago, but I'm still (　　) from jet lag.

A disappearing　B suffering　C escaping　D hurting

(10) Before Kyohei started his new job, he took a typing class. He thought that learning how to type quickly would help him to do his work more (　　).

A efficiently　B protectively　C emotionally　D centrally

(B) (1)～(10)の英文の空欄に当てはまる最も適切なものをA～Dの中から1つ選び、記号で答えよ。

(1) My brother often goes (　　) in winter.

A ski　B skied　C skiing　D to ski

(2) We (　　) for Hawaii about this time tomorrow.

A have left　B leaving　C will be leaving　D left

(3) She decided to buy the bicycle, (　　) it was expensive.

A after　B though　C that　D or

(4) I think you had better not (　　) out late at night.

A to go　B going　C gone　D go

(5) Japanese schools have (　　) more rules than American schools.

A much　B many　C well　D very

(6) There are few countries in the world (　　) he has never visited.

A where　B which　C what　D in which

(7) We hurried (　　) the house.

A on　B along　C up　D toward

(8) I wrote down her telephone number (　　) I forget it.

A in case　　B so that　　C unless　　D when

(9) We had (　　) today.

A a nice weather　　B nice weather　　C an nice weather　　D nice a weather

(10) It is a pity (　　) you don't believe me.

A so　　B that　　C whether　　D only

(C) 次の(1)～(5)の日本語に合うように、カッコ内に与えられた語句を並べ替え、英文を完成させ、並べ替えた部分のみを答えよ。なお、文頭に来るべき語も小文字で示してある。

(1) 自動運転車はこの町の空気をよりきれいにするでしょう。
(air / cars / city's /cleaner / make / self-driving / this / will).

(2) 大量の水を簡単に輸送することができる。
(a / be / can / lot / of / transported / water) easily.

(3) あまいものを間食せずにはいられません。
(between / can't / eating / help / I / meals / sweets).

(4) あなたが提案した方法は、話すのには効果的ではありません。
The way (effective / for / is / not / suggested / which / you) speaking.

(5) この辞書はあの辞書ほど役に立たない。
(is / less / one / than / that / this dictionary / useful).

(D) 次の(1)～(5)の英文の下線部(A)～(C)のうち、1か所に誤りがある。誤っている箇所を記号で答え、正しく直しなさい。なお、指摘した下線部のみを修正することで、正しい英文になるようにすること。また、修正前後の語数が必ずしも同じとは限らない。

(1) He is reading(A) a book for the past four hours straight(B). It must be a very amusing(C) book.

(2) One should shake hand(A) firmly, but not so strongly(B) as to cause(C) pain to the other person.

(3) I am convincing(A) that this one is by far(B) better than that in quality(C).

(4) Jim wanted to go to a hike (A) in the countryside but the other (B) boys in the class were against it (C): they wanted to have a day off instead.

(5) As a little boy, Mark Twain would walk (A) along the piers, watch the river boats, swim and fishing (B) in the Mississippi; much like (C) his famous character, Tom Sawyer.

〔2〕次の空欄(1)〜(10)に当てはまる表現として最も適切なものをA〜Dの中から1つ選び、記号で答えよ。

In 1934, a freight rail line opened that ran along the west side of Manhattan in New York City. The old rail line was called the High Line because most of the line ran on elevated railway tracks. Trains (1) food and manufactured goods ran along this line for decades. But as a result of the growth of interstate trucking in the 1950s, rail traffic (2) throughout America. Because of this, the High Line was used very (3) after the 1960s.

As a consequence, in the 1980s, a group of businessmen wanted to demolish the line and redevelop the area. This news had the (4) of spurring two local men into action. They were determined to save the High Line. So, in the fall of 1999, they (5) a grassroots group called Friends of the High Line. As New York recovered further from the trauma of September 11 in 2001, Friends of the High Line continued to grow, and thus attracted the attention of more people, including younger business professionals. In spring of 2006, the first piece of rail track was lifted off the High Line and (6) of the park began.

Due to the opening of the High Line as a public park in 2009, people have a new green space in the heart of the city, (7) they can enjoy observing nature as well as recreational activities such as walking or tai chi. The High Line has also attracted a lot of tourists from all over the world. The park looks like a hanging garden. Walking on the High Line is (8) any other experience in New York. You can stroll about eight meters above ground level enjoying this unique elevated public space.

Before the High Line was built, the area around it was in poor condition. (9) to the success of the High Line, the area began to improve. This caused real estate developers to take an interest in the area and launch construction projects. This has (10) to a rebirth of the area, with rising real estate values.

Source: 湯舟英一・中井文子・新井眞知・人見憲司・Bill Benfield. (2022). *Strategic Reading for Global Information*. 東京：成美堂. p.60.

	A	B	C	D
(1)	A buying	B carrying	C finding	D growing
(2)	A accepted	B brushed	C declined	D increased
(3)	A high	B little	C low	D much
(4)	A affect	B contrary	C effect	D success
(5)	A broke	B caught	C ended	D formed
(6)	A construction	B destruction	C instruction	D substruction
(7)	A what	B when	C where	D which
(8)	A like	B similar	C resemble	D unlike
(9)	A Because	B Despite	C Different	D Owing
(10)	A lead	B leading	C led	D to lead

〔3〕次の各英文を読み、設問(1)～(5)に対する最も適切なものをそれぞれA～Dの中から1つ選び、記号で答えよ。

〈Section 1〉

Pro Clean Dry Cleaners

Count the ways we work to serve you!

1．Customer drop-off 24 hours a day through our drop box

2．Expert stain removal using the most up-to-date cleaning equipment and solutions

3．Tailoring services, including button and zipper replacement

4．Long-term on-site garment storage

Monthly special：During the month of March, first-time customers get 30 percent off their dry-cleaning service, plus a free garment bag! Watch our mailings for future discounts.

Source: ETS. (2020).『公式 TOEIC Listening & Reading 問題集 7』 東京：一般財団法人 国際ビジネスコミュニケーション協会. p.49.

(1) What service does Pro Clean Dry Cleaners offer?

A Delivery of orders to customers' homes

B Removal of stains using current processes

C Free replacement of buttons and zippers

D Advice on proper long-term garment storage

(2) How can some customers receive a discount?

A By placing their first order in March

B By spending more than $30

C　By responding to a customer survey

D　By purchasing a garment bag

〈Section 2〉

MEMO

From: Alexander Huber, Manager

To: All Melodia Music Store employees

Date: May 24

Re: Summer store hours

The Cedarville Business Association recommends that downtown shops remain open for an extra hour on at least two days each week in the summer to foster more tourism and shopping in the commercial district. Accordingly, Melodia Music will close at 7:00 P.M. on Fridays, instead of at 6:00 P.M., and at 5:00 P.M. on Saturdays, instead of at 4:00 P.M. To accommodate the extra hour, the first shift of each day will be lengthened by half an hour, and the second shift will begin half an hour later than usual and end an hour later than usual. All affected employees will be compensated for the extra time. If you need to adjust your schedule because of this change, please see me as soon as possible.

Thank you for your cooperation.

Source: ETS. (2009).『TOEIC テスト新公式問題集 Vol. 4』 東京：一般財団法人 国際ビジネスコミュニケーション協会. p.61.

(3) Why will the store's hours be changed?

A　To accommodate shoppers' requests　　B　To allow staff to take time off

C　To boost business in town　　D　To reduce downtown traffic congestion

(4) At what time will the store close on Saturdays during the summer?

A　4:00 P.M.　　B　5:00 P.M.　　C　6:00 P.M.　　D　7:00 P.M.

(5) How will the change be implemented?

A　Each shift will be longer.

B　Another shift will be added.

C　Additional employees will be hired.

D　Employees will work fewer hours on other days.

〔4〕次の英文の内容に関する質問に対して、最も適切なものを Section 1 はA～D、Section 2 はA～C の中から1つ選び、記号で答えよ。

〈Section 1〉

The Japan Aerospace Exploration Agency (JAXA) successfully completed the Hayabusa-2 space mission at the end of 2020 with the return of samples to earth from the *Ryugu* asteroid, which is 800 times farther from the earth than the moon. It was a 6-year round-trip journey for the intrepid spacecraft. This incredibly difficult technological achievement was made possible by JAXA teaming up with over 300 private Japanese corporations.

After taking into consideration the relatively small budget of only 28.9 billion yen for the project, JAXA decided to work with private corporations to reduce costs for the mission. JAXA oversaw the project while NEC corporation was in charge of development and manufacturing. This partnering with private industry also proved essential after the first Hayabusa mission had many technical problems and nearly failed. As an NEC employee who worked on the development of the mission said, "we greatly improved its reliability to ensure there were no issues this time."

After studying the flaws of the first Hayabusa mission, JAXA, partnering with these private corporations, completely redesigned and built a new probe. Hayabusa-2 was equipped with four rather than three reaction wheels, an essential part that failed during the first mission. The ion engines received an upgrade to the gas delivery system that resulted in a 25% gain in thrust.

Chemical maker Nippon Koki developed the explosive device that was used to form a small crater on *Ryugu*'s surface. The company spent three years developing and testing the device to make the density of the blast uniform and dependable. A Nippon Koki worker said, "failure will not be tolerated." This proved to be true, as it worked exactly as intended during the mission.

The success of the Hayabusa-2 mission has ensured that public-private cooperation in space exploration will continue well into the future. JAXA and Mitsubishi Heavy Industries are currently developing the new H3 rocket, which is set to replace Japan's current heavy-launch vehicle, the H-IIA.

With stiff competition in the heavy-launch vehicle market from companies like Space-X, which has substantially reduced the cost of space flight with the reusability of key components of its Falcon 9 rocket, it is essential that JAXA reduce the cost of the H3 rocket to remain a viable competitor in the heavy-launch vehicle market. To this end, JAXA and Mitsubishi have pledged to reduce the cost of the H3 by at least half the cost of the H-IIA. They plan to use mass-produced components from the same manufacturing processes that have been perfected for making automobile and airplane parts to achieve this remarkable goal.

If JAXA and Mitsubishi can successfully harness the technological and manufacturing strength of the private sector, Japan will surely remain a strong competitor in the heavy-launch vehicle market for decades to come.

Source: 松尾秀樹・Alexander A. Bodnar・Jay C. Stocker・藤本温. (2022). *Reading Insight.* 東京：三修社. pp. 30-32.

(1) Why did JAXA team up with private corporations for the Hayabusa-2 project?

A They wanted NEC corporation to oversee the project.

B They wanted the private companies to pay for the cost of the mission.

C They wanted to reduce the cost of the mission.

D They had problems with private companies during the first mission.

(2) Why did chemical maker Nippon Koki spend three years making the explosive device?

A They wanted to downgrade the explosive device to meet JAXA specifications.

B They wanted to reduce the cost of the explosive device by at least half the cost of the previous device.

C They wanted to make it easier to use in space.

D They wanted to make the density of the blast uniform and dependable.

(3) Which is true according to the passage?

A The Ryugu asteroid is 300 times farther from the earth than the moon.

B JAXA will team up with NEC corporation to build the new H3 rocket.

C JAXA and Mitsubishi Heavy Industries plan to use mass-produced components to cut the cost of manufacturing the H3 rocket.

D JAXA and the private companies only made minor changes to the Hayabusa-2.

〈Section 2〉

It is used by fashion models to make their smiles brighter. Explorers took it along with them to the North Pole. Parents use it on babies' bottoms. What is it? It's "Vaseline," also known as petroleum jelly.

If you have had chapped lips, a burn, or a scratch, you have most likely used Vaseline or a similar product. Although Vaseline has all kinds of everyday uses, most people have no idea where it came from. Here's how it happened. In 1859, the American chemist Robert Chesebrough was visiting an oil field in Pennsylvania. He saw a worker scraping something off one of the oil pumps. The worker told Chesebrough that the material was called "rod wax" and that it accumulates over time. If it is not cleaned off, the pumps get stuck. Other workers said that they used rod wax to help cuts and burns heal faster.

This gave Chesebrough an idea, and he spent the next ten years trying to develop a "miracle cure" using rod wax. Eventually, in 1872, he succeeded. He traveled across the country, cutting, burning, and scratching himself to show others how amazing his new invention was. Today, Chesebrough's company, Vaseline, produces a large variety of health and beauty products.

Source: Arao, A・三原京・巳波義典・木村博是. (2022). *Answers to Everyday Questions 2.* 東京：南雲堂. pp. 44-45.

(4) What can be inferred true from the passage?

A Some explorers found Vaseline near the North Pole.

B The workers in the oil field used rod wax to help heal their injuries.

C Vaseline comes from a kind of wax made by oil field workers.

(5) When was Vaseline invented?

A In the late 18th century.

B In the middle of the 19th century.

C In the early 20th century.

日本史

◀1月21日実施分▶

（2科目 120分）

1　**問題〔1〕～〔5〕のうちから4問選択して解答すること。**

2　**選択した問題の番号を解答用紙の選択問題番号欄に記入すること。**

〔1〕 次の室町時代後期についての文章を読み、以下の問いに答えよ。

室町幕府では複数の有力大名を［ 1 ］に任命し将軍の補佐を担わせていた。細川氏，斯波氏，畠山氏の三氏は三［ 1 ］と呼ばれ、歴代その役に就いた。しかし、世襲の地位を持つ大名は次第に権力を強め、将軍家の家督争いにも介入するようになっていった。8代将軍［ 2 ］の時代には、弟の足利義視と息子の足利義尚との間で争いが起きた。幕府で［ 1 ］として実権をにぎっていた細川勝元が義視を、山名持豊が義尚を支持し、1467年には武力衝突に発展した。両軍は［ X ］を主な戦場として全国の守護大名や国人を集めて争った。この戦いは1477年の和議まで11年に及び後に［ 3 ］と呼ばれた。この乱は各地に広がって幕府の権威を失墜させ、日本は［ 4 ］時代となった。

戦乱により守護大名らが［ X ］に釘づけになる中で地方では<u>守護代や国人が力をのばし、守護大名を倒して自身が実権を握ることも増えた</u>①。こうして各地に生まれた戦国大名は地侍を家臣団として編成し、領土を支配するための明文化した規範となる［ 5 ］を定めるなど独自の支配権を確立した。

戦国大名は［ 6 ］を発布して商工業者を城下町に集めて自由に商業活動を行わせて経済の振興を図る一方、鉱山開発を行い貿易等も行った。中でも［ Y ］の銀山は当時国内で流通する銀の約1/5を占めていた。

戦国大名の中でも［ Z ］の守護代一族出身である織田信長は周囲の大名との争いに勝利し勢力をのばした。信長は［ 7 ］を15代将軍に就かせたが、後に対立し京都から追放した。これによって約240年続いた室町幕府は滅びた。

問1　空欄［ 1 ］～［ 7 ］に当てはまる最も適切な語句を次の空欄ごとの選択肢から1つ選び、記号で答えよ。

空欄［ 1 ］　a　執権　　b　老中　　c　摂政　　d　管領　　e　六波羅探題

空欄［ 2 ］　a　足利尊氏　　b　足利義政　　c　足利義満　　d　足利政知　　e　足利忠義

空欄 3　a 保元の乱　b 永享の乱　c 承久の乱　d 享徳の乱
e 応仁・文明の乱

空欄 4　a 戦国　b 安土・桃山　c 江戸　d 鎌倉　e 春秋戦国

空欄 5　a 分国法　b 御成敗式目　c 徳政令　d 武家諸法度
e 建武式目

空欄 6　a 喧嘩両成敗　b 検地　c 寄親・寄子制　d 楽市令　e 株仲間

空欄 7　a 織田信忠　b 足利義政　c 北条早雲　d 足利義昭
e 徳川家康

問2　空欄 X 〜 Z に当てはまる場所を次の地図から選び、記号で答えよ。

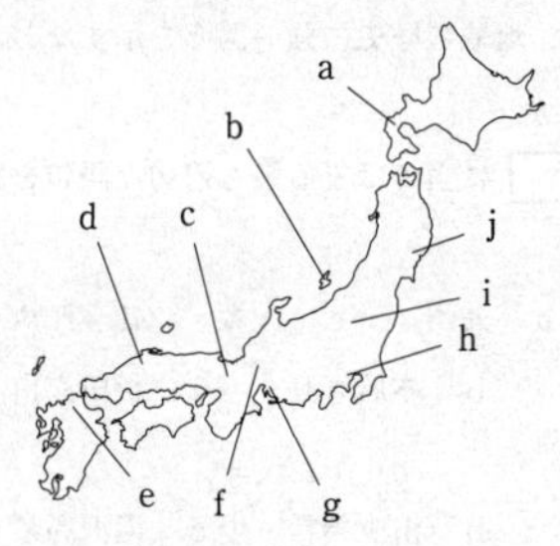

問3　下線部①のように立場が下の者が上の者にかち、取ってかわることを何とよぶか、漢字3文字で答えよ。

〔2〕次の江戸後期の文化と民衆に関する文章を読み、以下の問いに答えよ。

文化・文政年間は、[1]を中心とした町人の文化が最盛期をむかえ、華美な衣服や洒落た生活態度が好まれるようになった。[2]の『浮世風呂』などの滑稽本、[3]の「南総里見八犬伝」などのすぐれた作品が広く読まれた。浮世絵では、[4]の美人画や東州斎写楽の役者絵、[5]の『富嶽三十六景』、[6]の『東海道五十三次』などの風景画が広くうけいれられた。また、人々の社寺への巡礼、名所への物見遊山の旅もさかんとなり、大挙して伊勢神宮へ参拝する[X]も流行した。[7]の『東海道中膝栗毛』はそうした旅行ブームを反映した作品である。交通の発達①により都市と農村の交流が活発になり、文化が広がった。

俳諧では与謝蕪村が写生的な美しさの句をつくり、小林一茶も人間味豊かな句を残した②。豪農や豪商は俳句や和歌の結社をつくり、地域の歴史に強い関心を示すなど、地域文化を担った。

問1　空欄[1]～[7]に当てはまる最も適切な語句を次の空欄ごとの選択肢から選び、記号で答えよ。

空欄[1]　a　京都　b　九州　c　大坂　d　江戸　e　蝦夷

空欄[2]　a　式亭三馬　b　本居宣長　c　杉田玄白　d　松平定信　e　水野忠邦

空欄[3]　a　狩野探幽　b　清少納言　c　滝沢馬琴　d　平賀源内　e　石川啄木

空欄[4]　a　岡倉天心　b　渡辺崋山　c　井原西鶴　d　狩野永徳　e　喜多川歌麿

空欄[5]　a　葛飾北斎　b　正岡子規　c　千利休　d　市川團十郎　e　シーボルト

空欄[6]　a　松平定家　b　運慶　c　歌川（安藤）広重　d　千利休　e　与謝野晶子

空欄[7]　a　徳川慶喜　b　宮崎友禅　c　尾形光琳　d　野々村仁清　e　十返舎一九

問2　空欄[X]について、正しいものを次から1つ選び、記号で答えよ。

a　かわらばん（瓦版）　b　とりい（鳥居）　c　おかげまいり　d　目白押し

問3　下線部①について、誤っているものを次から1つ選び、記号で答えよ。

a　五街道とは東海道・伊勢街道・北国街道・日光街道・長崎街道をいう。

b　脇街道（伊勢街道・北国街道・中国街道・長崎街道）と呼ばれる街道には宿駅が置かれた。

c　街道には、里塚や橋・渡船場・関所などの施設が整えられた。

d　江戸・大坂・京都を中心に、各地の城下町をつなぐ全国的な街道の網の目が完成した。

問4　下線部②について、正しいものを次から1つ選び、記号で答えよ。

a　三河の出身であり、40年にわたって東北地方を旅し、その見聞を遊覧記として残した。

b　錦絵や出版物、三都の役者による地方興行などによって全国各地に伝えられた。

c　信濃の百姓であったことから村々に生きる民衆の生活をよんだ。「おらが春」などの作品がある。

d　世相や政治を批判する内容の作品も多く制作し、海外にも多く紹介された。

〔3〕明治期の動向について、以下の問いに答えよ。

A　1880年、民権派が［ 1 ］を結成し、政府に国会をすぐに開設するよう要求すると政府は［ 2 ］を定めて民権派の言論・集会・結社をおさえようとした。当時、政府内部では、［ 3 ］らがイギリスの議院内閣制を模範とする国会の開設をとなえていた。これに対し、［ 4 ］らは［ X ］のように君主権の強い立憲政治をめざし、対立していた。

B　政府は［ 5 ］が定める欽定（きんてい）憲法をつくろうとして、1882年［ 4 ］をヨーロッパに派遣した。［ 4 ］は帰国すると、［ 6 ］を定めて貴族院の土台をつくり、さらに翌年には内閣制度をつくった。憲法草案は、1886年末ころから［ 4 ］を中心に［ 7 ］らが外国人顧問である［ 8 ］の助言を得て作成した。草案ができると［ 9 ］で審議をかさね、1889年に大日本帝国憲法が発布された。統治機構①として行政は内閣、立法は帝国議会（［ 10 ］と貴族院）、司法は裁判所と、三権分立体制が確立し、国民は法律の範囲内ではあったが所有権の不可侵や信教の自由などさまざまな自由が認められた。

問1　空欄［ 1 ］～［ 10 ］に当てはまる最も適切な語句を次から選び、記号で答えよ。

a　伊藤博文　b　枢密院　c　森有礼　d　大審院
e　国会　f　天皇　g　治安警察法　h　ロエスレル
i　治安維持法　j　原敬　k　元老院　l　ボアソナード
m　華族令　n　井上毅　o　集会条例　p　国会期成同盟
q　大隈重信　r　太政官制　s　板垣退助　t　フェノロサ
u　立志社　v　衆議院

問2　［ X ］に当てはまる国名を答えよ。

問3　下線部①の統治機構において、天皇が陸海軍に対して行使できた権限を何とよぶか。漢字3文字で答えよ。

〔4〕次の文章を読み、以下の問いに答えよ。

A　1952（昭和27）年7月、[1]内閣は、労働運動や社会運動をおさえるため法整備を進め、「[2]」を契機に、暴力主義的破壊活動の規制をめざす破壊活動防止法を成立させ、その調査機関として公安調査庁を設置した。1954（昭和29）年MSA協定が締結され、日本はアメリカの援助を受けるかわりに、自衛力の増強を義務付けられ、同年7月新設された防衛庁の統括のもとに、[3]を発足させた。左右の社会党・共産党・総評などの革新勢力は、こうした[1]内閣の動きを占領期の改革の成果を否定する「[4]」ととらえ、反対運動①を組織した。

B　1957（昭和32）年に成立した[5]内閣は、教員の勤務成績の評定を1958（昭和33）年から全国いっせいに開始し、[6]の抵抗にあうなど革新勢力と対決する一方、「日米新時代」をとなえ、安保条約を改定して日米関係をより対等にすることをめざした。1958（昭和33）年[5]内閣は、安保改定の混乱を予想して、警察官の権限強化をはかる警察官職務執行法改正案を国会に提出したが、革新勢力の反対運動の高まりを受けて、改正を断念した。当初、安保改定にアメリカ側は消極的であったが、交渉の結果、1960（昭和35）年1月には日米相互協力及び安全保障条約（新安保条約）が調印②された。新条約ではアメリカの[7]が明文化され、さらに条約付属の文書で在日アメリカ軍の日本および「極東」での軍事行動に関する事前協議が定められた。

C　アメリカは、1947年にトルーマン大統領がソ連「封じ込め」政策（トルーマン＝ドクトリン）の必要性をとなえ、同年[8]にもとづいて西欧諸国の復興と軍備増強を援助することで、ヨーロッパにおける共産主義勢力との対決姿勢を鮮明にした。アメリカを盟主とする西側諸国とソ連を盟主とする東側の二大陣営が形成された。1949年、アメリカと西欧諸国の共同防衛組織である北大西洋条約機構（NATO）が結成され、1955年、ソ連と東欧7カ国の共同防衛組織である[9]が結成された。これ以降、核武装した東西両陣営は軍事的な対峙を維持し、勢力範囲の画定や軍備・経済力・イデオロギーなどあらゆる面で激しい競争を展開した。[10]と呼ばれる対立はしだいに世界に及び、戦後世界秩序の骨格を形づくった。

問1　空欄[1]～[10]に当てはまる最も適切な語句を次から選び、記号で答えよ。

a	自治体警察	b	池田勇人	c	マーシャル＝プラン	d	鳩山一郎
e	日本防衛義務	f	岸信介	g	自衛隊	h	血のメーデー事件
i	吉田茂	j	血盟団事件	k	日本教職員組合（日教組）		
l	造船疑獄事件	m	逆コース	n	教育委員会	o	警察予備隊
p	沖縄返還	q	民主化	r	駐留	s	ワルシャワ条約機構
t	冷戦	u	全学連（全日本学生自治会総連合）			v	ドッジ＝ライン
w	レッドパージ	x	三国協商	y	休戦		

問2　下線部①の運動として、第五福竜丸事件を契機として行われた運動名を答えよ。

問3　下線部②の承認に対する反対運動が起こり、連日デモ隊が国会を取り巻いた。それを何と言うか答えよ。

〔5〕次の文章を読み、以下の問いに答えよ。

［ 1 ］時代の集落には、まわりに濠(ほり)や土塁をめぐらしたものが少なくない。前期の福岡市［ 2 ］遺跡は南北370m、東西170mの外濠(そとぼり)と南北110m、東西80mの内濠(うちぼり)からなる2重の［ 3 ］をめぐらし、中期の奈良県田原本町［ 4 ］遺跡は直径400m～500mの<u>集落を4重ほどの濠がかこむ</u>①。こうした［ 5 ］用の施設を持つ集落は［ 6 ］時代には見られなかったものであり、<u>［ 1 ］時代が戦いの時代</u>②であったことを物語っている。

［ 1 ］の中期から後期には、瀬戸内海に面する海抜352mの山頂に位置する香川県三豊市の［ 7 ］遺跡のように、日常の生活には不便な［ 8 ］にも［ 9 ］と呼ばれる集落が出現する。こうした集落は瀬戸内海沿岸を中心とする西日本に多く分布するが、これも戦争に備えた逃げ城的な集落と考えられている。

問1　空欄［ 1 ］～［ 9 ］に当てはまる最も適切な語句を次から選び、記号で答えよ。

a　板付　　b　山上　　c　海中　　d　古墳　　e　灌漑(かんがい)
f　唐古・鍵　　g　貯蔵穴　　h　信仰　　i　防御　　j　荒神谷
k　自然堤防　　l　弥生　　m　紫雲出山　　n　三内丸山　　o　早水台
p　高地性集落　　q　縄文　　r　土壁　　s　城壁　　t　環濠(かんごう)

問2　下線部①に関して、こうした2重や4重に濠に囲まれた集落遺跡として有名な佐賀県の遺跡を次から1つ選び、記号で答えよ。

a　立屋敷遺跡　　b　池上曽根遺跡　　c　吉野ケ里遺跡

問3　下線部②に関して、「倭国大いに乱れ」(倭国の大乱) という記載のある中国史書の名前を答えよ。

問4　下線部②に関して、同時代のものと思われる金印が見つかった場所を次から1つ選び、記号で答えよ。

a　福岡市志賀島　　b　静岡市登呂　　c　福岡市須玖岡本

◀1月22日実施分▶

（2科目 120分）

1　**問題〔1〕～〔5〕のうちから4問選択して解答すること。**
2　**選択した問題の番号を解答用紙の選択問題番号欄に記入すること。**

〔1〕 次の室町時代の文化についての文章を読み，以下の問いに答えよ。

室町時代の初期には南北朝の対立が起き，その中で様々な書物があらわれた。鎌倉幕府の滅亡と南北朝の戦乱を描いた軍記物である［ 1 ］や，北畠親房が南朝の正当性を説いた［ 2 ］などがその代表である。

3代将軍［ 3 ］の時代には武家が公家を圧倒して，政治の実権を掌握し，武家・公家文化に加え，貿易を行う中国文化の三者が融合し北山文化が形成された。［ 3 ］は宋の制度にならって［ 4 ］を確立し禅僧を政治・外交の顧問にしたが，僧侶らは大陸文化にも精通しており明の文化を紹介した。その中で禅の境地を示す，宋・元風の絵画である［ 5 ］も流行しすぐれた作品が生まれた。観阿弥・世阿弥父子はそれまで祭礼の中などで演じられていた芸能を［ 6 ］という芸術として完成させた。建築において［ 3 ］が北山第に建てた鹿苑寺舎利殿は［ 7 ］と呼ばれ極楽浄土の出現とまで言われた。

15世紀後半頃には室町幕府の力が弱まる中で，禅宗の影響を受けた簡素で味わいの深い東山文化が生まれた。東山に建てられた観音殿（銀閣）は一層が採光の便を図りつつ襖(ふすま)で間仕切りされた［ 8 ］，二層が仏間となっている。屋内芸術としては足利義政らによって草庵でたしなむ［ 9 ］が確立され，供養や装飾のための立花とともに発展した。

間仕切りの襖や床の間の掛け軸には水墨画が好まれ，代表的な画家として［ 10 ］がいる。中でも「四季山水図巻」「天橋立図」などは代表作として知られている。また［ 11 ］元信らは水墨画に大和絵の技法を取り入れ，［ 11 ］派をおこした。

文芸の分野では宗祇が連歌集を編纂(さん)し，各地で武士や民衆を集めて連歌の寄合をひらき普及させた。①

問1　空欄［ 1 ］～［ 11 ］に当てはまる最も適切な語句を次の空欄ごとの選択肢から1つ選び，記号で答えよ。

空欄［ 1 ］　a　平家物語　b　北条五代記　c　八幡愚童訓　d　太平記　e　五輪書

空欄［ 2 ］　a　大鏡　b　神皇正統記　c　増鏡　d　大日本史　e　日本書紀

空欄［ 3 ］　a　足利義満　b　後醍醐天皇　c　足利氏満　d　足利持氏　e　足利直義

空欄 4 　a 五山・十刹の制　b 寺院法度　c 三世一身法　d 冠位十二階　e 奉公衆

空欄 5 　a 浮世絵　b 南蛮屏風　c 印象派　d 大和絵　e 水墨画

空欄 6 　a 白拍子　b 歌舞伎　c 浄瑠璃　d 猿楽能　e 京劇

空欄 7 　a 金の茶室　b 金色堂　c 妙喜庵待庵　d 金閣　e 鳳凰堂

空欄 8 　a 城郭建築　b 武家造　c 書院造　d 寝殿造　e 禅宗様

空欄 9 　a 高盛り　b 侘(わ)び茶　c 浮世草子　d 立場茶屋　e 浄瑠璃

空欄 10 　a 如拙　b 長谷川等伯　c 歌川広重　d 俵屋宗達　e 雪舟

空欄 11 　a 狩野　b 円山　c 裏千家　d 琳　e 白樺

問2　下線部①の連歌の伝統をいかして、江戸時代には松永貞徳や西山宗因が冒頭の発句のみを鑑賞する文芸の形式を作り、松尾芭蕉が民衆のことばを使いながら文化として発展させた。この文芸の名称を漢字2文字で答えよ。

〔2〕次の近世後期の「学問の発展」に関する文章を読み、以下の問いに答えよ。

18世紀後半には、西欧の学術をとりいれようとする動きが本格化した。 1 と前野良沢らは、苦心をかさねてオランダ語の解剖書を翻訳した『 2 』を完成させた。幕府も蛮書和解御用掛を設けて洋書の翻訳に取り組み、新しい知識の吸収につとめ、多くの諸藩もこれにならった。長崎の商館医 3 が開いた鳴滝塾には多くの門人が集まり、 4 らのすぐれた人材が輩出した。蘭学はしだいに全国に広まり、幕末には町人のあいだや村のなかにも蘭学を学ぶ人が増え、大村益次郎や福沢諭吉(①)など維新に活躍する人材が輩出した。彼らは世界へ目を向け、 5 制度や身分社会を批判するようになっていった。いっぽう、日本古典を研究する国学では、 6 が『古事記伝』を完成させ、塙保己一は歴史資料を編纂(さん)してその後の学問の発展の基礎をきずいた。また、 7 は復古神道を唱え、幕末の尊王攘夷の思想(②)に大きな影響を与えた。 8 は、町人や農民にむけて心の問題を分かりやすく説いたが（心学）、深刻な農村の荒廃に直面した関東地方の農民には、自身を律することによって農村の復興を実現していく、 9 の報徳思想や大原幽学の道心の思想がうけいれられていった。

問1　空欄 1 〜 9 に当てはまる最も適切な語句を次から選び、記号で答えよ。

a 井上馨　b 二宮尊徳　c 開国　d 杉田玄白
e 吉田松陰　f 仏教　g フランス　h シーボルト
i 鎖国　j スペイン　k フェノロサ　l 石田梅岩
m 前島密　n 解体新書　o 日本　p 平田篤胤(あつたね)
q イエス＝キリスト　r モース　s 本居宣長　t ドイツ
u オランダ　v 高野長英　w 物類品隲(しつ)

問２ 下線部①の説明について最も適切なものを次から１つ選び、記号で答えよ。

a 国立銀行条例を定め、翌年に第一国立銀行などを設立させた。

b 三菱（郵便汽船三菱会社）を経営した。

c 飛脚にかわる官営の郵便制度が発足し、これに大きく貢献した。

d 主な作品には『西洋事情』、『学問のすゝめ』などがある。

問３ 下線部②の説明について最も適切なものを次から１つ選び、記号で答えよ。

a 尊王論と攘夷論とを結びつけた幕末の水戸学の思想で、藤田東湖・会沢安らがその中心であった。

b 尊王論と攘夷論とを結びつけた幕末の彦根藩の思想で藤田東湖・会沢安らがその中心であった。

c 尊王論と攘夷論は結びつかないが幕末の江戸を中心とする思想で藤田東湖・会沢安らがその中心であった。

d 尊王論と攘夷論とを結びつけた幕末の松前藩の思想で、藤田東湖・会沢安らがその中心であった。

〔３〕 次の文章を読み、以下の問いに答えよ。

律令国家では、民衆は戸主を代表者とする戸に所属する形で［ 1 ］・計帳に登録され、［ 2 ］戸で１里が構成されるように里が構成された。この戸を単位として［ 3 ］が班給され、租税が課せられた。［ 1 ］は６年ごとに作成され、それにもとづいて６歳以上の男女に一定額の［ 3 ］が与えられた。(下線部①：「男女に一定額の［ 3 ］が与えられた」)

民衆に課せられた租税には次のものがある。［ 4 ］は［ 3 ］などの収穫から稲を納めるもので田１段につき稲［ 5 ］束［ 5 ］把である。［ 6 ］は、絹・布・糸や各地の特産物を中央政府に納めるものである。庸は［ 7 ］日の労役（歳役）にかえて布を納めるものである。(下線部②：「庸は［ 7 ］日の労役（歳役）にかえて布を納めるものである」)

兵役は、［ 8 ］３〜４人に１人の割合で兵士が徴発され、兵士は諸国の［ 9 ］で訓練を受けた。一部は宮城の警備に当たる衛士となったり、九州の沿岸を守る［ 10 ］となった。兵士の武器や食料も自弁が原則であり、家族内の有力な労働力をとられることから、民衆には大きな負担であった。

問１ 空欄［ 1 ］〜［ 10 ］に当てはまる最も適切な語句を次から選び、記号で答えよ。

a 庚午年籍	b 1	c 2	d 3	e 4	f 5
g 8	h 9	i 10	j 30	k 50	l 公営田
m 防人	n 庚寅年籍	o 正丁	p 租	q 中男	r 軍団
s 検非違使	t 調	u 出挙	v 戸籍	w 口分田	

問２ 下線部①に関して、男女に与えられる量には差があった。女子は男子の何分の何か答えよ。

問3　下線部②に関して、庸と類似した課税に国司の命令で行うものがある。その名称を答えよ。

問4　下線部②に関して、問3の労役は何日以下か答えよ。

〔4〕次の文章を読み、以下の問いに答えよ。

A　1985（昭和60）年に登場したゴルバチョフは国内体制の立直し（ 1 ）を試み、市場原理の導入、情報公開などを通じて政治・社会の自由化を進めた。さらに、積極的な外交で対米関係の改善をはかり、1987（昭和62）年には 2 を締結し、翌年にはアフガニスタンからの撤兵を始めた。そして、1989（平成元）年12月、 3 島での両国首脳会談の結果、「冷戦の終結」が米ソ共同で宣言された。ソ連での自由化の動きに刺激され、東欧諸国はつぎつぎに社会主義体制を放棄して東側陣営から離脱した（東欧革命）①。冷戦の象徴であった「 4 」は打ちこわされた。

B　1991（平成3）年、クウェートに侵攻したイラク②に対して、アメリカ軍を主力とする「多国籍軍」が、国連決議を背景に武力制裁を加えた（ 5 ）。日本は、アメリカに「国際貢献」を迫られ「多国籍軍」に多額の資金援助をおこなったが、続発する地域紛争に 6 で対応する動きが国際的に強まる中、1992（平成4）年からカンボジアへの停戦監視要員などとして自衛隊の海外派遣を開始した。さらに、2001（平成13）年のアフガニスタン紛争に対しては 7 を制定し、海上自衛隊の艦船をインド洋に派遣して給油をおこなった。

C　1995（平成7）年には 8 やオウム真理教団による地下鉄サリン事件がおこった。20世紀の日本は、未曾有の災害や大事件に見舞われつつ幕を閉じた。2001（平成13）年4月、内閣総理大臣となった 9 は、小さな政府をめざす新自由主義的な政策をとり、不良債権処理の抜本的な解決を掲げるとともに、財政赤字の解消と景気の浮揚をめざして大胆な民営化と規制緩和を進めた。景気後退に見舞われた日本は、2009（平成21）年8月、鳩山由紀夫が組閣して民主党政権が誕生したが、政権は安定せず、2010（平成22）年に菅直人が総理大臣となった。しかし、2011（平成23）年3月に 10 がおこると、震災処理の不手際もあって、菅内閣は総辞職に追い込まれた。

問1　空欄 1 ～ 10 に当てはまる最も適切な語句を次から選び、記号で答えよ。

a　湾岸戦争　　b　小泉純一郎　　c　ベルリンの壁
d　阪神・淡路大震災　　e　中距離核戦力（INF）全廃条約
f　東日本大震災　　g　関東大震災　　h　マルタ
i　小渕恵三　　j　ワシントン海軍軍縮条約　　k　国連平和維持活動（PKO）
l　核兵器拡散防止条約　　m　板門店　　n　テロ対策特別措置法
o　ペレストロイカ　　p　インド＝イラク戦争　　q　国家総動員法
r　ヤルタ　　s　アパルトヘイト　　t　ワルシャワ条約機構

u　北大西洋条約機構　　v　破壊活動防止法　　w　カイロ

x　麻生太郎

問2　下線部①について、旧ソ連邦諸国の多くは、ロシア共和国を中心とするゆるやかな連合を結成した。その名称を答えよ。

問3　下線部②について、2003（平成15）年から始まる戦争に対して日本は、人道支援にあたっているが、そのために制定された法律名を答えよ。

〔5〕明治期における日朝関係について、以下の問いに答えよ。

1873年　征韓論おこる
1875年　[1]事件
1876年　[2]を締結
1882年　壬午軍乱
1884年　甲申政変
1885年　天津条約
1894年　甲午農民戦争①
1895年　[3]虐殺事件
1897年　国号を朝鮮王国から[4]に改称
1904年　[5]（日本に軍事行動の自由を認め、軍事基地の提供を行う）を締結。第一次日韓協約
1905年　[6]協定。第二次日韓協約（保護条約）。韓国に[7]を設置
1907年　[8]事件（保護条約の不法を訴える）
1909年　伊藤博文暗殺②
1910年　日本の植民地となる（韓国併合）。漢城を[9]に改称し[10]を設置

問1　空欄[1]〜[10]に当てはまる最も適切な語句を次から選び、記号で答えよ。

a　関東都督府　　b　京城　　c　ハーグ特使（密使）　　d　日韓議定書
e　朝鮮総督府　　f　閔妃　　g　日朝修好条規　　h　大韓民国
i　統監府　　j　西太后　　k　大韓帝国　　l　桂＝タフト
m　江華島　　n　桂＝ハリマン　　o　ソウル　　p　楊貴妃
q　台北　　r　平壌　　s　日韓基本条約　　t　済州島

問2　下線部①をきっかけに起こった日本が大きく関わる戦争の名称を答えよ。

問3　下線部②を実行した人物を漢字で答えよ。

◀1月23日実施分▶

（2科目 120分）

1　問題〔1〕～〔5〕のうちから4問選択して解答すること。
2　選択した問題の番号を解答用紙の選択問題番号欄に記入すること。

〔1〕以下は1268年にモンゴル帝国から日本へ送られた大蒙古国皇帝奉書を書き下し文にしたものである。資料を見て以下の問いに答えよ。

> 上天の眷命せる大蒙古国皇帝、書を日本国王に奉る。朕①惟ふに古より小国の君は境土相接すれば、尚ほ講信修睦に務む、況んや我が祖宗、天の明命を受け、区夏を奄有す。
> 遐方異域の威を畏れ徳に懐く者、悉くは数う可からず②。
> ……［ 1 ］は朕の東藩なり。日本は［ 1 ］に密邇し、開国以来、亦時に中国に通ぜり③。朕が躬に至りては、一乗の使も以て和好を通ずること無し。尚ほ王の国これを知ること未だ審かならざるを恐る。故に特に使を遣はし、書を持して朕が志を布告せしむ。

問1　下線部①「朕」は王や皇帝を指す一人称である。ここではモンゴル帝国の5代皇帝であり、後に国号を元と改めた人物を指す。この人物の名前を次から1つ選び、記号で答えよ。

a　耶律阿保機　　b　ホンタイジ　　c　チンギス＝ハン　　d　楊堅
e　フビライ＝ハン

問2　下線部②ではモンゴル帝国が多くの国を従えてきたことを言及している。次の中でモンゴル帝国及び元によって滅亡あるいは服属されなかった国はどれか。次から1つ選び、記号で答えよ。

a　金　　b　アッバース朝　　c　西夏　　d　神聖ローマ帝国　　e　南宋

問3　下線部③では歴史上日本が中国の王朝と関係を保ってきたことに言及している。次の中でこの奉書より以前の日本と中国との関係として正しくない事項はどれか。次から1つ選び、記号で答えよ。

a　琵琶やガラスの器などの工芸品が伝わり正倉院に収められ、また僧の鑑真が迎えられて仏教の布教を行った。

b　摂津の大輪田泊を修築して貿易を行い、一時的に福原に都を移した。

c　小野妹子が国書を持って中国の王朝に派遣され、翌年には裴世清が中国から日本へ派遣された。

d　倭寇を区別するため、勘合符を発給して正式な朝貢船であることを証明する勘合貿易が行われた。

e　中国の王朝の衰退に伴って菅原道真の建議によって大使の派遣を停止し、日本独自の文化が発展するきっかけとなった。

問4　空欄 [1] には当時朝鮮半島にあった王朝名が入る。この王朝名を漢字2文字で答えよ。

問5　この奉書を受けた当時の鎌倉幕府の執権の名前を次から1つ選び、記号で答えよ。

a　北条守時　b　惟康親王　c　北条時宗　d　北条兼時　e　北条時行

問6　この奉書を受けて鎌倉幕府が九州の沿岸を防備するために行ったこととして正しいものを次から1つ選び、記号で答えよ。

a　九州探題を設置し九州の守護大名の統治を行った。

b　防人という徴兵制度を作り、大宰府を設置して指揮を行った。

c　名護屋城を築城し軍の拠点とした。

d　異国船打払令を発し、外国の船を攻撃した。

e　九州の武士を動員し異国警固番役として沿岸を防備させた。

問7　この奉書の後、モンゴル帝国は元と国号を変え、日本に1274年、1281年と2度の侵攻を行った。それぞれの戦乱を何と呼ぶか、次から選び、記号で答えよ。

a　弘安の役　b　治承・寿永の内乱　c　文禄の役　d　前九年の役

e　慶長の役　f　観応の擾乱　g　文永の役　h　承久の乱

i　後三年の役

問8　元軍が上陸して攻撃を行った地域に含まれる現在の県はどこか。次から1つ選び、記号で答えよ。

a　福岡　b　鳥取　c　神奈川　d　鹿児島　e　熊本

問9　元軍の襲来の前後より、鎌倉幕府は衰退していく。鎌倉幕府の衰退に関係ない事項はどれか。次から1つ選び、記号で答えよ。

a　両統迭立　b　永仁の徳政令　c　加賀一向一揆　d　霜月騒動

e　正中の変・元弘の変

〔2〕次の文章を読み、以下の問いに答えよ。

藤原冬嗣は嵯峨天皇の厚い信任を得て［ 1 ］になり、天皇家と姻戚関係を結んだ。ついでその子の［ 2 ］は、842年［ 3 ］で藤原氏の中での北家の優位を確立する一方、他氏族の勢力を退けた。①

858年に幼少の［ 4 ］天皇を即位させた［ 2 ］は、天皇の外祖父として臣下ではじめて［ 5 ］になり、866年の応天門の変においても他氏族の排斥が行われた。②

［ 2 ］の地位を継いだ［ 6 ］は、陽成天皇を譲位させて光孝天皇を即位させ、天皇はこれに報いるために、884年に［ 6 ］を［ 7 ］とした。

［ 6 ］の死後、藤原氏を外戚としない［ 8 ］天皇は［ 5 ］・［ 7 ］をおかず、学者でもある菅原道真を重く用いたが、続く［ 9 ］天皇の時、［ 10 ］は策謀を用いて道真を政界から追放した。

問1　空欄［ 1 ］～［ 10 ］に当てはまる最も適切な語句を次から選び、記号で答えよ。

a　左大臣　b　関白　c　藤原基経　d　藤原房前　e　醍醐
f　村上　g　阿衡事件　h　藤原広嗣　i　源高明　j　文徳
k　宇多　l　参議　m　太政大臣　n　藤原良房　o　嵯峨
p　承和の変　q　藤原時平　r　清和　s　検非違使　t　蔵人頭
u　右大臣　v　摂政　w　藤原忠平

問2　下線部①、②について以下の問いに答えよ。

(1)　下線部①に関して、この時排斥された人物としてふさわしい人物を以下の語群から2名選び、記号で答えよ。

(2)　下線部②に関して、この時排斥された人物としてふさわしい人物を以下の語群から1名選び、記号で答えよ。

語群　a　橘逸勢　b　伴善男　c　伴建岑　d　紀友則　e　源信　f　大伴家持

問3　下線部②に関して、この事件を描いた絵巻物が今日国宝としてある。その名称を答えよ。

〔3〕次の安土桃山時代に関する文を読み、以下の問いに答えよ。

16世紀後半には、全国統一をめざす戦国大名もあらわれた。［1］は有力な戦国大名を破り、室町幕府を滅ぼした。①［1］は安土城下に［2］を出して商工業者の自由な営業を認めた。また、［3］を焼き討ちし、一向宗の本拠の［4］を屈服させた。しかし家臣にそむかれ、京都の［5］で自害した。

豊臣秀吉は、［1］の事業を引き継ぎ、［6］城を築くと、1590年には全国を統一した。豊臣秀吉は［7］を実施し耕作者の持ち高に応じて年貢を課した。また、［8］を出して兵農分離②を進めた。秀吉は、［9］貿易を奨励し、当初はキリスト教の布教を黙認したが、長崎がイエズス会に寄進されたことを知り、バテレン（宣教師）追放令③を出した。また、朝鮮に朝貢を求め、出兵し、［10］とも戦った。

問1　空欄［1］～［10］に当てはまる最も適切な語句を次から選び、記号で答えよ。

a　北条氏政	b　平清盛	c　楽市・楽座	d　勘合	e　彦根
f　株仲間	g　方広寺	h　本能寺	i　佐竹寺	j　刀狩令
k　南蛮	l　織田信長	m　石山本願寺	n　織田信忠	o　太閤検地
p　高円寺	q　明	r　延暦寺	s　大坂	t　廃藩置県
u　徳川家康	v　江戸	w　唐		

問2　下線部①について、室町幕府最後の将軍は誰か、次から1つ選び、記号で答えよ。

a　足利尊氏　b　北条泰時　c　足利義満　d　足利義昭

問3　下線部②の説明として最も適切なものを次から1つ選び、記号で答えよ。

a　人掃令等により、兵・町人・百姓の職業にもとづく身分が定められ、いわゆる兵農分離が完成した。

b　特に職業等の身分は定められなかったため、百姓は武器を保持しながら農業を行った。

c　兵と町人・百姓の職業にもとづく身分は定められなかったが、いわゆる兵農分離が完成した。

d　兵農分離を行った結果、農民の一揆が多くなり、政策を見直す必要に迫られた。

問4　下線部③に関連して、改宗を拒否し領地没収となった人物は誰か、次から1つ選び、記号で答えよ。

a　石田三成　b　上杉景勝　c　浅野長政　d　高山右近

〔4〕次の文章を読み、以下の問いに答えよ。

問1　次の[1]～[10]の文中の空欄に当てはまる最も適切な語句を選び、記号で答えよ。

(1) 1982年、[1]内閣は、「臨調行革」を推進し、電電公社・専売公社・国鉄の民営化を断行した。

a　福田赳夫　b　田中角栄　c　中曽根康弘　d　竹下登

(2) 1980年代以降、日本の対欧米貿易黒字が拡大し、特に日米間で自動車、鉄鋼、半導体などを中心に[2]が激化した。

a　石油危機　b　ドッジ＝ライン　c　貿易摩擦　d　リーマン＝ショック

(3) 1975（昭和50）年の山陽新幹線に続いて1982（昭和57）年に[3]が開業した。

a　九州新幹線　b東北・上越新幹線　c　北陸新幹線　d　東海道新幹線

(4) 国際化が進展する中で、1994（平成6）年に[4]が開港した。

a　新東京国際空港　b　関西国際空港　c　中部国際空港　d　大阪国際空港

(5) 世界のGNP（国民総生産）に占める日本の比重は、1980（昭和55）年には約10％に達し、日本は、[5]となった。

a　経済大国　b　企業人間　c　不況　d　常任理事国

(6) 1980年代には日本の開発途上国に対する[6]の供与額も世界最大規模となった。

a　OECD　b　GDP　c　CTBT　d　政府開発援助（ODA）

(7) アメリカは「双子の赤字」と呼ばれる巨額の財政赤字と貿易赤字を抱え、1985年には貿易赤字が累積して純債務国に転落したため、G5でドル高是正をはかる[7]が発表された。

a　京都議定書　b　プラザ合意　c　南北共同宣言　d　パリ協定

(8) アジアでは、韓国・シンガポール・台湾・香港などが、外国の資本や技術を導入し、輸出指向型の工業化を進めて急激な経済成長を続け、[8]と呼ばれた。

a　ASEAN　b　国際連盟　c　EU　d　新興工業経済地域（NIES）

(9) 労働組合の再編が進み、1987（昭和62）年に労使協調的な全日本民間労働組合会が発足すると、1989（平成元）年には[9]となった。

a　日本労働組合総評議会（総評）　b　持株会社整理委員会
c　労働省　d　日本労働組合総連合会（連合）

(10) 大型間接税として、[10]が1989（平成元）年度から実施された。

a　所得税　b　消費税　c　酒税　d　法人税

問2　日本では、1980年代後半から地価・株価の異常な高騰がおこり、実態のない経済の膨張となった。これは何と呼ばれるか答えよ。

問3　右の図1のa～dのうち、日本はどれに当たるか、1つ選び、記号で答えよ。

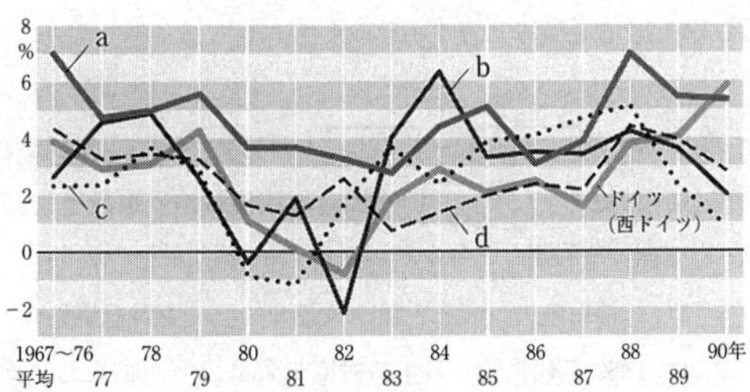

図1　日本と主要先進国の経済成長率（「昭和経済史」『近現代日本経済史要覧』より）

〔5〕明治期の文化について、以下の問いに答えよ。

A　1871年に文部省が設置され、早急に教育の普及を図るべく翌1872年に［1］を公布した。その後1886年に、文部大臣［2］のもとで一連の［3］が制定され、小学校から［4］までの体系的な学校制度が確立された。小学校令では保護者に尋常科［5］年を児童に受けさせる義務を課した。教育政策はしだいに国家主義を重視する方向を強めていき、1890年には、［6］が出されて「忠君愛国」「忠孝一致」が教育の目的として強調され、こののち長く教育の基本理念とされた。中等・高等教育機関の整備もすすみ、［4］が設立されたほかに民間でも大隈重信が設立した［7］などが設立された。女子教育でも［X］によって女子英学塾が設立された。

B　明治期には、新しい思想を表現するには新しい文章が必要となり［Y］運動が発生した。［Y］とは話すように書く、考えるように書く、文章は話し言葉と一致したものであるべきだ、という考え方であった。その最初の成功例が［8］の小説『浮雲』であった。［8］の「だ」調の文体は、［9］の「です」調、［10］などの「である」調とともに、代表的な口語文体となり、従来の文語文にかわる近代的な文章として、新しい日本文化の基礎が形成された。

問1　空欄［1］～［10］に当てはまる最も適切な語句を次から選び、記号で答えよ。

a	二葉亭四迷	b	3	c	明治法律学校	d	改正教育令
e	4	f	学校令	g	戊申詔書	h	教育令
i	6	j	尾崎紅葉	k	帝国大学	l	森有礼
m	東京大学	n	教育ニ関スル勅語	o	東京専門学校	p	内村鑑三
q	学制	r	高等師範学校	s	国民学校令	t	山田美妙

問2　空欄［X］には明治初期に岩倉使節団に同行して英語を習得した人物が当てはまる。この人物名を漢字で答えよ。

問3　空欄［Y］に当てはまる最も適切な語句を漢字4文字で答えよ。

世界史

◀1月21日実施分▶

（2科目 120分）

1　問題〔1〕～〔5〕のうちから4問選択して、解答用紙に解答すること。
2　選択した問題の番号を解答用紙の選択問題番号欄に記入すること。

〔1〕次の文章を読み、以下の問いに答えよ。

古代のヨーロッパの大半を含む地中海世界を支配したローマ帝国は395年に東西に分裂し、東ローマ帝国（ビザンツ帝国）はコンスタンチノープルを首都としてその後1,000年にわたり繁栄を続けた。一方、西ローマ帝国は、4世紀後半になるとフン人の圧迫を受けて西進してきたゲルマン人の侵入を受ける。そして、476年、ゲルマン人の傭兵隊長の［1］が西ローマ帝国を滅ぼした。

この時代、西ローマ帝国内にはゲルマン人の王国がいくつかあった。そのうち、ガリア北部に進出したフランク人はその勢力をのばし、［A］家の［2］が小国を統一して481年にフランク王国をきずいた。また、［2］はキリスト教を受容し、ローマ＝カトリックとのつながりを強めた。その後フランク王国では［B］家の［3］が力をつけ、732年に(ア)イベリア半島から進出してきたウマイヤ朝を撃退して名声を上げた。そして、その子・ピピン3世は、751年にローマ教皇の承認のもとで王位について、［B］朝がはじまった。

フランク王国は(イ)ピピン3世の子が王に即位し、勢力をさらに拡大し、西ヨーロッパ一帯を統一した。このピピン3世の子は、800年、ローマ皇帝レオ3世から戴冠され、［4］と称して旧西ローマ帝国を受け継いだ。しかし、フランク王国は［4］の死後、(ウ)3つの王国に分裂した。これらの王国は、それぞれ、現在のフランス・イタリア・ドイツの原型となっている。そのうち、東フランクでは、［C］家の［5］が力をつけ、962年にローマ教皇よりローマ皇帝として戴冠された。これが、神聖ローマ帝国の起源となった。

問1　空欄［1］～［5］に当てはまる最も適切な人名を答えよ。

問2　空欄［A］～［C］に当てはまる家名または王朝名を次の語群から選び、記号で答えよ。

語群

a　メディチ　　b　ザクセン　　c　ハプスブルク
d　カロリング　　e　メロヴィング　　f　チューダー

問3　下線部(ア)について、このフランク王国とウマイヤ朝との戦いの名称を答えよ。

問4　下線部(イ)について、この王はキリスト教の保護者を自任し、ラテン語や古典文化の復興に努めた。この文化復興運動の名称を答えよ。

問5　下線部(ウ)について、フランク王国の分割を取り決めた2つの条約の名称を答えよ。

〔2〕次の文章を読み、以下の問いに答えよ。

中央アジアでは、10世紀以降、トルコ系遊牧民が各地に王朝を建てるようになった。サーマーン朝を滅ぼした［ 1 ］は、東トルキスタンの地にイスラーム文化(ア)を導入した王朝である。

また、アフガニスタンに建てられた［ 2 ］は、北インドに侵入し、インドのイスラーム化(イ)の契機をつくった。11世紀に入ると、トゥグリル＝ベクが建てた王朝(ウ)が中央アジアから西方に進出し、1055年には［ 3 ］を退けてバグダードに入城し、アッバース朝のカリフから一定地域の世俗的権力を委託された者の称号である［ 4 ］の称号を授けられた。これが、アッバース朝がこの称号を公認した最初の事例であった。

問1　空欄［ 1 ］～［ 4 ］に当てはまる最も適切な語句を答えよ。ただし、［ 1 ］～［ 3 ］には、王朝名が入る。

問2　下線部(ア)について、ウマル＝ハイヤームの著作として適切なものを、次から一つ選び、記号で答えよ。

a　『ルバイヤート』　b　『世界史序説』　c　『集史』　d　『世界の記述』

問3　下線部(イ)について、インドにおけるデリー＝スルタン朝の時代に、外来宗教のイスラーム(教)が広まった要因について40字以内で述べよ。

問4　下線部(ウ)について、この王朝に関する文として正しいものを、次から一つ選び、記号で答えよ。

A　15世紀にビザンツ帝国を滅ぼした。

B　サラーフ＝アッディーンのとき最盛期だった。

C　アナトリアで建国された。

D　11世紀にイェルサレムを支配した。

〔3〕次の文章を読み、以下の問いに答えよ。

第一次世界大戦で中華民国は戦勝国になったが、ヴェルサイユ条約では［ 1 ］省における旧ドイツの利権は返還されなかった。それに反対する学生や労働者は北京(ぺきん)や上海(しゃんはい)で抗議のデモやストライキを行った(ア)。また、大戦中から中国では軽工業が発展して国民の意識が向上し、社会改革の必要性が広く論じられるようになった。それら知識人(イ)の運動はその後の中国人の青年に影響を与えた。

また、ロシアで社会主義革命が起き、［ A ］らによってマルクス主義が中国にも紹介された。そして、［ 2 ］年にはコミンテルンの指導により、中国共産党が結成された。これに対し、1919年に［ B ］らにより結成されていた中国国民党は、1923年にはソ連との提携を表明し、中央政府に対抗した。翌1924年には国民党は共産党員の個人資格での入党を認めた。こうして成立した第1次国共合作(こっきょうがっさく)(ウ)は、日本の支援を受けた北京の［ C ］政権に対抗するものであった。1925年には上海の労働争議をきっかけに、国民党と共産党は［ 3 ］運動を展開し、国民党は［ 4 ］に国民政府を自立し、［ D ］の率いる国民革命軍は北京政府打倒のための北伐を開始した。しかし、国民党内の内部抗争や外国人襲撃による米英の軍事介入が起こり、［ D ］は1927年の上海クーデタにより［ 5 ］に国民政府をたてて、共産党を排除したので、最初の国共合作は破綻した。

その後、日本は中国大陸への侵略を開始し、1937年には盧溝橋(ろこうきょう)事件が起こり、日中戦争が始まった。これに対して、国民党と共産党は再び手を結んで日本の侵略に対抗するために2回目の国共合作に踏み切った。しかし、この合作は、それぞれの組織と軍で日本に対抗したため、第二次世界大戦後は、共産党の人民解放軍と国民党の国民革命軍による内戦が勃発した。その結果、共産党が勝利し、1949年に中国大陸で中華人民共和国が成立した。それにより、国民党は大陸を追われ、1950年に台湾で［ D ］を総統として中華民国を存続させ、今日に至っている(エ)。

問1　空欄［ 1 ］～［ 5 ］に当てはまる最も適切な語句または数字を答えよ。ただし、［ 1 ］と［ 4 ］・［ 5 ］には地名、［ 2 ］には数字が入る。

問2　空欄［ A ］～［ D ］に当てはまる人名を次の語群から選び、記号で答えよ。

語群

a　孫文(そんぶん)　　b　周恩来(しゅうおんらい)　　c　蔣介石(しょうかいせき)　　d　袁世凱(えんせいがい)

e　李大釗(りたいしょう)　　f　毛沢東(もうたくとう)　　g　張作霖(ちょうさくりん)

問3　下線部(ア)について、この運動の名称を答えよ。

問4　下線部(イ)について、この運動に参加した知識人で、日本への留学経験があり、『狂人日記』や『阿Q正伝』などを著した作家の名前を答えよ。

問5　下線部(ウ)について、この時、国民党が掲げた3つの方針は、「連ソ」と「扶助工農」とあと一つは何か、答えよ。

問6　下線部(エ)について、1947年に、大陸から台湾に来た人々（外省人(がいしょうじん)）とそれ以前から台湾にいた人々（本省人(ほんしょうじん)）とのあいだで大規模な対立が起こり、国民党は本省人を徹底的に弾圧したため、多くの犠牲者がでた。この事件の名称を答えよ。

〔4〕次の文章を読み、以下の問いに答えよ。

[1] 世紀にタタール（モンゴル人）のくびきを脱したロシアのイヴァン3世は、ビザンツ帝国が滅亡したことによって、自らをローマ皇帝(ア)の後継者として、また、ロシア正教の擁護者と任じて自意識を高めた。とはいえ、17世紀末までのロシアは、未だバルト海、および、[2] 海には領土が達しておらず、独自の内陸的世界を形成する一方で、一年中活発に商活動を行うことを夢見て不凍港(イ)の獲得を渇望し続けた。[3] 帝の異名をもつイヴァン4世は、諸貴族の力を抑えて絶対王政への歩みを進め、かつ、モンゴル帝国崩壊後の権力の空白を利用して東方に領土を広げたが、王朝が断絶したために秩序が乱れ、ポーランドによる占領や飢饉など混乱の時代を経験した。1613年に始まった [4] 朝は、農奴制と官僚制を柱とするロシア型の絶対王政の確立に向かった。一連の領土拡張とそれに続く中央集権化に対して、南ロシアのコサックであるステンカ＝ラージンが、17世紀後半に反乱を起こしたが鎮圧された。

17世紀末に帝位についた [5] 1世（大帝）は、18世紀初めにかけて西欧化を開始した。[5] 1世は、自らオランダ・イングランドを視察して大量の技術者をつれて帰り、軍事・行政・財政改革を断行した。貴族と教会には厳しい国家統制を行う一方で、大帝は社会習慣の西欧化も推し進めた。大帝は国を富ませるために、全方位に商業ルートを求め、西はスウェーデンとの戦争(ウ)で勝利することによって、また、東は清の康熙帝(こうきてい)との間に条約(エ)を結ぶことによって押さえた。

問1 空欄 [1] ～ [5] に当てはまる最も適切な語句を答えよ。

問2 下線部(ア)について、イヴァン3世はローマ皇帝の後継者を自任したが、自らを皇帝として何と称したか、カタカナで答えよ。

問3 下線部(イ)について、クリミア半島南西部に位置する不凍港で、軍港、商業港としてきわめて重要な役割を持つ港を擁する都市名を答えよ。

問4 下線部(ウ)について、この時のスウェーデン王は誰か答えよ。

問5 下線部(エ)について、この条約の名称を答えよ。

〔5〕次の文章を読み、以下の問いに答えよ。

イギリスは、王室が血統的にドイツと強い結びつきを持っているせいか伝統的に親ドイツ的で、第二次世界大戦開戦直前にもドイツに対してあまり強硬な姿勢をとることをしなかった。1938年3月、ナチス=ドイツ(ア)がドイツ民族統合を名目にオーストリアを併合し、同年9月にドイツ人が多く居住するチェコスロバキアの［ 1 ］地方の割譲を要求した際にも、イギリスの［ 2 ］首相は、譲歩と話し合いによって解決を図ろうと宥和(ゆうわ)政策をとった。ミュンヘン会議において割譲が承認され、イギリスに帰国した［ 2 ］首相は、ヒトラーとの合議書を示して、ドイツと戦争はしないことを国民に告げた。しかしながら、1939年9月にドイツがポーランドに侵攻したため、結局イギリスとフランスはドイツに対して宣戦布告を行った。ここから、ドイツ・イタリア・日本などを中心とする枢軸国と、イギリス・ソ連・アメリカ、および、その他の連合国が激突する第二次世界大戦がはじまっていく。ドイツとの戦端が開かれたことにより［ 2 ］首相は国民の信を失い、1940年5月、イギリスでは［ 3 ］が戦時内閣の首相となった。彼のもと国民はドイツ空軍のはげしい空襲を耐えぬき、ヒトラーはイギリス上陸作戦を断念した。

そこで、ヒトラーは東方に目を転じて、1941年4月にイタリアを支援してユーゴスラヴィアとギリシアを制圧した。ドイツのバルカン進出に危機感を強めたソ連は、挟撃を避けるために日ソ中立条約を結んだ。1941年8月には、アメリカ大統領フランクリン=ローズヴェルトと［ 3 ］の会談が行われ、発表された大西洋憲章は、その後、ソ連など26カ国が加わり戦後構想の原則として確認された。1941年12月、日本はハワイの真珠湾を攻撃し、アメリカ合衆国とイギリスに対して宣戦し、戦線は太平洋へと拡大した。1942年後半から連合国軍は総反撃に移り、1943年初め、ソ連軍はスターリングラード（現ヴォルゴグラード）でドイツ軍を降伏させた。一方、アメリカ軍は日本軍をガダルカナル島から撤退させ、以後、太平洋地域の日本軍をつぎつぎと破っていった。北アフリカに上陸した連合軍がイタリア本土にせまると、イタリア国内では軍部やファシスト党(イ)内部からもムッソリーニに反対する動きがあらわれ、1943年7月、ムッソリーニは国王に解任され、ファシスト党は解散、同年9月に連合軍がイタリア本土に上陸すると、イタリア新政府、バドリオ政府は無条件降伏を申し出た。1943年11月、カイロ会談で対日処理方針を定めたカイロ宣言が発表され、［ 4 ］会談では連合軍の北フランス上陸作戦が協議された。これに基づいて1944年6月、アイゼンハワー指揮下の連合軍はノルマンディーに上陸、連合軍は8月にはパリに入り、［ 5 ］が臨時政府を組織した。1945年2月、米・英・ソ3国首脳はクリミア(ウ)半島の［ 6 ］で会談し、［ 6 ］協定を締結、この会談でソ連の対日参戦や、南樺太・千島のソ連帰属など多くの秘密協定が結ばれた。

1945年8月15日、日本が無条件降伏を受け入れ(エ)、第二次世界大戦は終結した。戦中において、何を失ってもイギリスは勝利すると述べた［ 3 ］は、戦後、莫大な戦費の返還に迫られてイギリスの経済的窮状を招き、首相の地位を失う結果になった。しかしながら、文才に恵まれた彼は『第二次世界大戦回顧録』を著わし、1953年にノーベル文学賞を受賞した。

問1　空欄［ 1 ］～［ 6 ］に当てはまる最も適切な語句を答えよ。

問2　下線部(ア)について、同党が左翼勢力を弾圧し、ナチ党以外の政党を解散させ、一党独裁への道をひらくきっかけとなった、1933年に起きた事件は何か、その名称を答えよ。

問3　下線部(イ)について、同党が成立したのは何年か、答えよ。

問4　下線部(ウ)について、1853年に起こったクリミア戦争で、ロシアと敵対して、オスマン帝国を支援した西ヨーロッパの国名を答えよ。

問5　下線部(エ)について、連合国の首脳が、ドイツの戦後処理と日本の降伏条件などについて討議した会議の名称を答えよ。

◀1月22日実施分▶

（2科目 120分）

1　**問題〔1〕～〔5〕のうちから4問選択して，解答用紙に解答すること。**
2　**選択した問題の番号を解答用紙の選択問題番号欄に記入すること。**

〔1〕 次の文章を読み、以下の問いに答えよ。

ユーラシア大陸中央部の草原地域には古来より、いくつもの遊牧民による国家が形成された。前6世紀ごろには、黒海北部でスキタイ(ア)という遊牧民が周辺地域に支配を広め、前4世紀ごろまで栄えた。このスキタイの文化はシベリアやモンゴル高原にも伝わり、前4世紀ごろには烏孫(うそん)や月氏(げっし)が活動をはじめる。

それらの遊牧民族のなかで、［ 1 ］に率いられた匈奴(きょうど)(イ)は、前3世紀末から前2世紀にかけて強力な遊牧国家をきずいた。匈奴は月氏や烏孫を支配下におき、漢(かん)の皇帝・［ 2 ］の軍とも闘ってこれを破った。また、オアシスの道(ウ)を通じた東西貿易により経済的利益を得るようになり、強大化した。しかし、漢の皇帝・［ 3 ］は、匈奴を挟み撃ちにするために、［ 4 ］を大月氏に派遣するなどして、匈奴を北に追いやることに成功した。そのため、匈奴は東西貿易の利権を失い、前1世紀半ば東西に分裂した。そのため、匈奴はその勢力を失ったが、一部は西方に移動し、のちにフン人(エ)と呼ばれるようになったといわれる。

この他にも、ユーラシア大陸中央部では、柔然(じゅうぜん)、突厥(とっけつ)(オ)、ウイグルなどが登場する。そして、これらユーラシア大陸の遊牧騎馬民族の活動は13世紀のモンゴル帝国の成立でピークを迎えた。

問1　空欄［ 1 ］～［ 4 ］に当てはまる最も適切な人名を答えよ。

問2　下線部(ア)について、前6世紀後半にイラン高原に興り、東方に勢力を拡大する過程でスキタイに対抗した国家の名称を答えよ。

問3　下線部(イ)について、次の文章を読んで、空欄［ ① ］・［ ② ］に当てはまる最も適切な語句を答えよ。

匈奴は、前3世紀末以降モンゴル高原を統一したが、唐(とう)の攻撃を受けて、東西に分裂した。匈奴のあとでモンゴル高原の覇権を握ったのは、［ ① ］であった。その後、3世紀ごろには、匈奴や［ ① ］が華北(かほく)で次々に王朝を立てて興亡をくり返す［ ② ］時代となった。

問4　下線部(ウ)について、サマルカンドなどのオアシス都市をつくり、オアシスの道で交易を行ったイラン系の民族の名称を答えよ。

問5 下線部(エ)について、現在のカザフスタンやウクライナのあたりで遊牧していたフン人が、4世紀になってさらに西に移動することになるが、このフン人の移動が引き金となり、ローマ帝国の弱体化、並びにヨーロッパにおける新しい国家形成をうながした歴史的出来事を答えよ。

問6 下線部(オ)の民族系統について、正しいものを次から一つ選び、記号で答えよ。

a イラン系　b トルコ系　c モンゴル系

〔2〕次の文章を読み、以下の問いに答えよ。

19世紀のラテンアメリカは、独立運動(ア)の時代であった。フランス領ハイチ(イ)では、フランス革命の影響のもとで黒人奴隷が反発し、1804年に独立して世界初の黒人共和国となった。1811年には、植民地生まれの白人(ウ)である［ 1 ］らの指導のもとで、ベネズエラの独立が宣言された。また、［ 2 ］の支援のもとに、1816年にアルゼンチン、1818年にチリ、［ 3 ］年にペルーがそれぞれ独立を宣言した。1826年には、［ 1 ］が中心になってラテンアメリカの連帯を強化するために［ 4 ］会議を開催したが、成果をあげることはできなかった。これらの国々では独立後、単一の商品作物を栽培する農業(エ)が一段と発達し、その結果、各国の経済は世界市場に深く組み入れられ、商品作物の価格は国際価格に大きく左右されることになった。こうしたあり方が、現在まで続くラテンアメリカ経済の停滞の一要因となっている。

メキシコでは、フランス軍を撃退した［ 5 ］大統領の後、1910年に武装蜂起が起こって革命に発展し、1917年には民主的憲法が制定され、勤労者の権利や政教分離などが定められた。

問1 空欄［ 1 ］～［ 5 ］に当てはまる最も適切な語句や数字を答えよ。ただし、［ 1 ］・［ 2 ］には、人名が入る。

問2 下線部(ア)について、1822年に独立し、19世紀末まで帝政をしいたラテンアメリカの国はどこか、国名を答えよ。

問3 下線部(イ)について、ハイチ独立運動の指導者の名前を答えよ。

問4 下線部(ウ)について、このような植民地生まれの白人を何と呼ぶか、名称を答えよ。

問5 下線部(エ)について、こうした農業を何と呼ぶか、名称を答えよ。

〔3〕 次の文章を読み、以下の問いに答えよ。

平和は、しばしば、次の戦争の準備のために多く語られることがある。また、平和ということばは、パクス＝ロマーナ（ローマの平和）や、パクス＝ブリタニカ（イギリスのもとでの平和）、パクス＝アメリカーナ（アメリカの力により維持される平和）というように、覇権国家による世界支配(ア)や国際秩序の維持を示すことがあり、そこでの平和は、必ずしも、戦争や侵略、圧迫や差別などがない状態を示すものではない。戦争が終わったあとで、当事国のあいだに平和条約（和平条約）が結ばれるが、ここでの平和は、次の戦争を準備するための実質的な一時休戦を意味することがしばしばある。

プロイセン出身の哲学者・カントは1795年に『永遠平和のために』を著したが、その背景には、彼の母国・プロイセンがフランス革命に干渉するために行った戦争(イ)で、フランスとのあいだでかわされた講和条約（バーゼルの和約）が背景にあった。カントはこの講和条約を将来の戦争への火種を残したままでの平和条約と理解して、自らの著作を公にすることで反論を行った。

カントは、この『永遠平和のために』のなかで、常備軍(ウ)の廃止や共和政国家の樹立、自由な言論と事実の公開の保障などを提唱した。なかでも、自由な諸国家による連合や世界市民(エ)の発想は、現代でも通用する重要な課題である。カントは世界市民の提言では、欧米諸国による帝国主義的侵略や植民地化を批判した。また、この考え方は、地球温暖化などの全地球的環境問題に直面する人類にとって考慮すべき課題である。また、自由な諸国による連合の発想は、後の国際連盟、国際連合(オ)、ヨーロッパ連合の統合理念の源流の一つともいえる。

近年、２国間の戦争は、単に両国の軍事的衝突のみならず、経済の分野でも世界的な打撃を与えている。加えて、頻発する異常気象は、多くの人命や財産を奪っている。このままでは、戦争ではなく、環境破壊による人類の滅亡のリスク(カ)もあるとも危惧されている。そのような社会に生きるわたしたちは、平和についての認識と理念を新たにして、単に、武力による衝突や破壊がないだけではなく、わたしたちの命や意思が尊重される世界をどのように実現すればいいか、お互いの知恵を出し合って、自由に議論するという大きな課題を与えられている。

問１　下線部(ア)について、近代以降の資本主義経済の発展にともなって世界の覇権を握った国家が登場したが、17世紀、19世紀、および20世紀の覇権国家をそれぞれ答えよ。

問２　下線部(イ)について、プロシアとともにフランス革命に反対し、ジロンド派主導の内閣によって宣戦布告された国家を答えよ。

問３　下線部(ウ)について、絶対王政時代の常備軍は王や王家を守る私的な傭兵による軍隊であったが、フランス革命で国家や国民を守るために国民に兵役の義務を課した制度を答えよ。

問４　下線部(エ)について、この世界市民という考え方の原型になり、国家や民族の境界を越えて世界を一つの共同体ととらえる考えについて、カタカナで答えよ。

問５　下線部(オ)について、国際連盟により設置され、現在は国際連合の主要機関の一つで、国家間の紛争を裁定・調停する機関としてオランダのハーグに設置されている機関を答えよ。

問6 下線部(カ)について、環境破壊のみならず、人類滅亡のリスクを回避し、私たちが安心して生活できるために私たちはどのように行動すべきか、「人間の安全保障」ということばを使って、100字以内で述べよ。

〔4〕次の文章を読み、以下の問いに答えよ。

「世界の一体化」は、[1]世紀に始まったと言われている。その理由は、第一に、それまでユーラシア大陸とほとんど交流をもたなかった[2]大陸が、ヨーロッパ人によって世界的交易網に組みこまれ、交流の範囲が地球の大部分を覆うものへと拡大したことである。第二に、この時期以降、大陸間交易が恒常化し、商品の流通が量的に拡大し多様化したことによって、上流の人々のみならず一般庶民の生活も世界経済と関わりを深めていったことが挙げられる。

この「世界の一体化」とは、政治的な一体化ではなく、市場の一体化への動きを意味しており、交易の利益をめぐる激しい競争を招き、政治的にはあちこちで衝突が起きた。そのため、16世紀から19世紀において、競争に勝つために各国の内部のまとまりがしだいに強まり、(ア)対外的な対抗意識が高まった。

東南アジアの場合、胡椒・香料や(イ)中国の生糸、インドの[3]布などは古くから知られた特産品であったが、16世紀には販路が拡大し、これら利ざやの大きい物品を求めてヨーロッパ各国の船がアジアに進出した。

活発な長距離交易を支えたのは通貨としても用いられる[4]の増産で、その背景にはスペインによるアメリカ大陸の征服、それに伴うラテンアメリカにおける[4]山の開発、そして、日本における[4]山の開発があった。ヨーロッパからは火縄銃や大砲などの新式の武器がアジア各地にもたらされ、新興政権の成立を支えた。日本においても、織田信長、豊臣秀吉が新式の鉄砲を用いて日本の統一を推し進めた。豊臣秀吉はさらに領土の拡大をめざして(ウ)朝鮮に侵攻したが、秀吉の死とともに日本軍は撤退した。豊臣家を滅ぼした徳川家康は、[5]貿易を促進し、日本人は東南アジアの各地に進出して日本町をつくった。

日本と中国とのあいだの[4]と生糸貿易は16世紀から17世紀にかけて大きな利益をあげ、中国人や日本人・ポルトガル人・オランダ人などがその利益をめぐって争った。東アジアでは、ポルトガル人が拠点とした(エ)マカオ、ついでオランダ人が拠点を築いた[6]など、あらたな貿易の中心が形成された。しかし、その後江戸幕府は対外的な方針を転換して、1630年代には日本人の海外渡航やポルトガル人の来航を禁じた(いわゆる(オ)「鎖国」)。

問1 空欄[1]～[6]に当てはまる最も適切な語句を答えよ。

問2 下線部(ア)について、19世紀以降に高まった、外国勢力に対抗して国民でまとまろうとする思想・運動のことを何と呼ぶか、名称を答えよ。

問3　下線部(イ)について、中国の生糸などを西方にもたらした「オアシスの道」などの交易ルートは、生糸から生みだされる製品と関連して何と呼ばれるか、名称を答えよ。

問4　下線部(ウ)について、朝鮮では豊臣秀吉の一連の侵攻は何と呼ばれているか、名称を答えよ。

問5　下線部(エ)について、マカオが正式に中国に返還されたのは何年か、答えよ。

問6　下線部(オ)について、鎖国前に南蛮貿易で栄えた、現在の長崎県北西部の島の名称を答えよ。

〔5〕次の文章を読み、以下の問いに答えよ。

17世紀前半、ドイツを戦場としてヨーロッパ諸国が参戦した国際的な宗教戦争を三十年戦争という。この戦争は、プロテスタントとカトリックの対立がきっかけで発生したが、のちには政治的な対立が強いものとなった。この戦争は1648年のウェストファリア条約(ア)をもって終結したものの、戦場となったドイツの荒廃はすさまじく、ドイツの近代化は大幅に遅れることとなった。しかし、北方のプロイセン(イ)は戦争の被害が比較的浅かったため、［ 1 ］家のもとで急速に台頭しはじめた。フリードリヒ2世の代にオーストリア継承戦争(ウ)に参戦し、その後の七年戦争(エ)で、ヨーロッパの強国になった。

フランスの絶対王政の体制は、コルベールを財務総監に任命したルイ14世の代に最盛期を迎えた。しかし、ルイ14世が1685年、信仰の統一をはかるために［ 2 ］を廃止したため、多数のユグノーの商工業市民が亡命し、フランスの産業は大きな打撃を受けた。また、ルイ14世が行った侵略戦争のなかでも、スペイン継承戦争(オ)は北米植民地にも飛び火することとなったが、1713年に、［ 3 ］条約を締結し、フランスとスペインの領土ないし植民地の一部は、イギリスに割譲（かつじょう）された。

問1　空欄［ 1 ］～［ 3 ］に当てはまる最も適切な語句を答えよ。

問2　下線部(ア)について、この条約によって国際的に独立が承認された二つの国名を答えよ。

問3　下線部(イ)について、地方行政を担当した領主層を一般に何と呼ぶか答えよ。

問4　下線部(ウ)について、プロイセンが獲得した領土はどこか、その名称を答えよ。

問5　下線部(エ)に関する記述として誤っているものを、次から一つ選び、記号で答えよ。

A　オーストリアのマリア＝テレジアはフランスと同盟した。

B　ロシアはオーストリア側についた。

C　1756年から1763年の7年間続いた。

D　スペインとイギリスはプロイセンを援助した。

問6　下線部(オ)について、スペイン継承戦争と並行して起きた、北アメリカにおけるイギリスとフランスとのあいだで生じた植民地戦争の名称を答えよ。

◀1月23日実施分▶

（2科目 120分）

1　**問題〔1〕～〔5〕のうちから4問選択して解答すること。**

2　**選択した問題の番号を解答用紙の選択問題番号欄に記入すること。**

〔1〕 次の文章を読み、以下の問いに答えよ。

アメリカ合衆国は、ヨーロッパからの入植者たちによって建国された。しかし、(ア)地理的にアメリカとヨーロッパは大西洋によって隔てられている。したがって、ヨーロッパが主戦場となった第一次世界大戦でも、アメリカは直接的な被害を受けなかった。そのため、戦後、アメリカは打撃を受けたヨーロッパ本土に替わって世界の工業生産の中心地となった。(イ)国際貿易の収支でも輸出額が輸入額を上まわり、国際社会でも大きな発言力を持つ国となった。また、(ウ)ニューヨークのウォール街は、金融における世界の中心となった。1920年代のアメリカは、こうして「[1]」とも表現される空前の経済的好況を迎えた。

アメリカは、こうして世界で最も豊かな国になり、それぞれの家庭では大量生産された電化製品が普及し、それらの大量消費につながった。20世紀初頭に[2]によって開発されたベルトコンベア方式で生産された自動車は、大量生産・低価格化により大量に販売され、電化製品などとともにアメリカ人の生活様式を一変させた。また、野球やボクシングなどのプロスポーツや、ジャズが盛んになり、ラジオ放送も始まり、さまざまな大衆文化が花開いた。ハリウッドで盛んにつくられた[3]がアメリカ各地で上映された。クリスマスに赤い服装のサンタクロースが飲料メーカーの宣伝で登場したのもこの頃であった。

その一方で、経済的繁栄により労働力が不足したために、(エ)南部の黒人が仕事を求めて経済的に発展していた北部の都市に移り住んできた。黒人たちはダウンタウンに集まって居住するようになり、ハーレムを形成する。こうした人口の激しい移動は人種暴動を引き起こし、白人のなかには(オ)白人至上主義を掲げて秘密結社を結成し、暴力をともなう過激な方法で黒人たちを排除するために直接行動に出る者もいた。このような出来事の背景には、アメリカ建国以降の白人主導の国家形成やキリスト教を基盤とした白人文化への郷愁や回帰の動きがあった。1919年に憲法を修正して制定された[4]法や、『聖書』に書かれた天地創造を否定する[5]を学校で教えることに対するキリスト教原理主義者たちによる批判なども同様の歴史的事情が背景にある。

こうした白人至上主義や排外主義的な考え方や行動は、日本や中国をはじめとするアジア系の人々にも及び、1924年には[6]法が制定され、日本からの[6]は事実上禁止された。

問1　空欄[1]～[6]に当てはまる最も適切な語句を答えよ。

問2　下線部(ア)について、このような地理的な位置関係だけではなく、ヨーロッパの政局に相互不介入の立場をとるアメリカ外交の基本的考え方を何と呼ぶか、答えよ。

問3　下線部(イ)について、その説明として正しいものを次から一つ選び、記号で答えよ。

① 第一次世界大戦後、アメリカは、同じ債務国のままであった。

② 第一次世界大戦後、アメリカは、同じ債権国のままであった。

③ 第一次世界大戦後、アメリカは、債務国から債権国になった。

④ 第一次世界大戦後、アメリカは、債権国から債務国になった。

問4　下線部(ウ)について、ウォール街で株価大暴落が起こった日の1929年10月24日のことを何と呼ぶか、答えよ。

問5　下線部(エ)について、南北戦争後南部で普及し、のちに白人農民にも広がり、最貧困層をつくりだした小作人制度の名称を答えよ。

問6　下線部(オ)について、白人至上主義の秘密結社で代表的なものを一つ挙げよ。

〔2〕次の文章を読み、以下の問いに答えよ。

中東のパレスチナ地方ではユダヤ教やキリスト教が生まれ、それ以降、その地域と接するアラビア半島では、それらの宗教が次第に浸透していった。それでも、7世紀ごろまでは、アラブ人たちの多くは先祖崇拝の多神教(ア)である在来の宗教を信じていた。また、アラビア半島の［ 1 ］沿岸の地域で盛んに国際貿易が行われていた。その貿易の中心地であった［ 2 ］のクライシュ族出身のムハンマド(イ)は、610年ごろ唯一神である［ 3 ］らから啓示を受けたとして、みずから預言者を名乗るようになる。そして、ムハンマドは［ 3 ］への絶対的帰依であるイスラームを説いた。しかし、当初は［ 2 ］の民に受け入れられず、同地の有力者からは迫害を受けた。

その後、ムハンマドは［ 4 ］に逃れ、イスラームを信じるムスリムたちとともに622年に同地に移住した。これを［ 5 ］（聖遷）と呼ぶ。これにより、イスラームの共同体である［ 6 ］が樹立されたと考えられている。そのため、この622年は、［ 5 ］暦（イスラーム暦）元年とされている。

ムハンマドが［ 3 ］から受けた啓示は、630年ごろにアラビア語(ウ)で書物にまとめられた。これが、イスラーム（教）の聖典『［ 7 ］』である。そして、『［ 7 ］』に定められた規定をイスラーム法学者が解釈をしたものが［ 8 ］（イスラーム法）と呼ばれる。また、ムスリムたちは六信五行(エ)を信仰者の義務として守るとともに、［ 9 ］（聖戦）への参加や協力も重要な義務と考えるようになった。

問1　空欄［ 1 ］～［ 9 ］に当てはまる語句を次から選び、記号で答えよ。

a　紅海	b　メディナ	c　ウンマ
d　アッラー	e　ヒジュラ	f　アラビア海

g　メッカ（マッカ）　h　メシア　i　ペルシャ湾
j　シャリーア　k　聖書　l　クルアーン（コーラン）
m　ラーマーヤナ　n　ジハード　o　ヴェーダ

問2　下線部(ア)について、かつてはこの多神教の神殿で、のちにムハンマドによってイスラーム（教）の聖殿となった建物の名称を答えよ。

問3　下線部(イ)について、ムハンマドの義父で、のちに初代正統カリフとなったのは誰か、答えよ。

問4　下線部(ウ)について、アラビア語で書かれた文学の代表的作品で、ササン朝時代の説話をまとめた書物の名称を答えよ。

問5　下線部(エ)について、次の文章を読んで、空欄 [A]・[B] に当てはまる最も適切な語句を答えよ。

六信五行のうち、六信とは、唯一神・天使・諸啓典・諸預言者・終末と来世・[A] を信じることである。また、五行は、信仰告白・礼拝・[B]・断食・メッカ巡礼という信仰にともなう行為を指す。

〔3〕次の文章を読み、以下の問いに答えよ。

唐滅亡後の争乱状態を終息させることとなる宋（北宋）(ア)を建国したのは武将の趙匡胤である。宋は、文治主義に基づく強力な中央集権体制をとった。それを支える文人官僚(イ)は [1] と呼ばれる試験によって採用された。この試験に合格者を多く出したのは、地主(ウ)などの富豪の子弟であった。12世紀に、女真（ジュシェン）が [2] を建国して遼を滅ぼした。その後、宋に侵入して、首都開封を奪い、皇族・重臣など多数を捕らえた(エ)。宋の皇帝の一族は、江南に逃れて南宋(オ)を建て、[2] と和議を結び、淮河を両国の国境とする一方、[2] に対しては臣下の礼をとり貢物をしなければならなかった。この時代には、儒学が [3] によって大成され、日本や朝鮮など周辺諸国にも影響を及ぼした。歴史の分野では [4] が『資治通鑑』を著した。白磁や青磁の陶磁器や山水画などの絵画が盛んになる一方、木版印刷技術も普及し、のちにムスリムの商人の手によってヨーロッパへ伝えられた [5] や、火薬・活版印刷術の実用化もこの時代に始まった。

問1　空欄 [1] ～ [5] に当てはまる最も適切な語句を答えよ。

問2　下線部(ア)について、宋代の都市経済に関して述べた文として、不適切なものを次から一つ選び、記号で答えよ。

A　都市のにぎわいが、北宋末の「清明上河図」などに描かれている。
B　唐の時代に紙幣として使われた交子や会子が、手形として使われ始めた。
C　鎮と呼ばれる商業の拠点が生まれた。
D　商人たちは行、手工業者たちは作という同業組合をつくって活動した。

問3　下線部(イ)について、文人官僚の一人で、11世紀後半に宰相に登用され、改革を試みた人物名を答えよ。

問4　下線部(ウ)について、地主はその所有地を小作人に貸して耕作させたが、当時、小作人のことを何と呼んだか答えよ。

問5　下線部(エ)について、この出来事を何と呼ぶか、答えよ。

問6　下線部(オ)について、南宋の首都名を答えよ。

〔4〕次の文章を読み、以下の問いに答えよ。

世界で最も美しい絵画とも評されるボッティチェリ(ア)の「ヴィーナスの誕生」を見ると、裸の女性が絵の中心に描かれている。特定の神話(イ)的モチーフ（題材）のなかで完ぺきな美を誇る裸の女性が描かれているということは、それが人間の女性ではなく女神であることを示していた。神ではなく、人間の裸の女性を高尚な絵画のモチーフにすることは、西洋では長くタブー（禁忌）とされてきた。そのタブーを破ったからこそ、マネが描いた「草上の昼食」は画壇の人々に衝撃を与え、轟轟（ごうごう）たる非難を浴びた。マネの新境地は一つの絵画の潮流となり、モネ、ルノワールなどの賛同者を得て、一般の人々の共感をも獲得した。このグループは、まるでスケッチのようだと揶揄された、日の出を描いたモネの絵のタイトルから［　1　］派と名付けられた。

現実の世界においても、女性が足を見せることは非常に「はしたない行為」と見なされていた。そのため、女性たちは足首までを覆ったロングドレスを着ていた。たとえば、写実主義(ウ)の名高い絵画のミレー作「落穂ひろい」に描かれている農婦を見ても、農作業には不向きと思われる長いドレスを着ている。また、19世紀後半における女性解放運動(エ)に参加して逮捕された女性たちを見ても、同じくロングドレスを着ている。この強固なタブーを打ち破り、短いスカートを女性がはくことが一般的になったのは20世紀以降のことであった。

タブーが破られるきっかけになった出来事として、［　2　］年に勃発した第一次世界大戦が挙げられる。世界的な規模で戦争が行われたために、多数の男性が戦場に狩りだされ、商工業の現場では人手が足りなくなり、女性労働者が求められた。工場などの現場ではロングドレスは不向きであり、もっと動きやすい服装が求められた。その先陣を切り、しかも、短いスカートとエレガンス（優雅さ、気品）を結びつけることができた女性、それがデザイナーのココ=シャネルであった。襟なしのジャケットとひざ丈のスカートを組み合わせた、いわゆるシャネルスーツが発表されたのは1923年のことであった。

選挙権について言えば、イギリスでは第一次世界大戦後まもなく、21歳以上の男性と30歳以上の女性に選挙権が拡大され、［　3　］年の第5回選挙法改正では、21歳以上のすべての男女の選挙権が認められ、ここに普通選挙が一応の完成をみた。

問1　空欄 [1] ～ [3] に当てはまる最も適切な語句、または、数字を答えよ。

問2　下線部(ア)について、同時期にフィレンツェにおいて活躍し、近代的な政治観を論じた『君主論』の著者名を答えよ。

問3　下線部(イ)について、ギリシア神話の世界観を基盤とし、神々と人間の関係をうたい上げた、ギリシア最古の叙事詩の著者とされる人物名を答えよ。

問4　下線部(ウ)について、写実主義について、ロマン主義と対比しながら70字以内で述べよ。

問5　下線部(エ)について、女性解放運動は、1960年代半ばには男性中心の価値観を批判する運動となったが、このような運動のことを指して何と呼ぶか、カタカナで答えよ。

〔5〕次の文章を読み、以下の問いに答えよ。

世界に先がけてイギリスで始まった産業革命は、伝統的な生活様式や価値観に重大な変化をもたらした。都市では大規模工場で働く賃金労働者が急増し、貧困者の人口集中によるスラム化が起こった。労働者は、利潤の追求を優先する資本家によって、不衛生な環境のもとで長時間労働と低賃金を強いられることが多く、労働争議(ア)が多発した。団結する機会が増えた労働者は、一つの階級としての意識を高めて労働組合を結成し、自らの手で労働条件の改善をめざすようになった。こうした状況のなかで、団結禁止法を制定して労働運動を弾圧していた政府も、1824年には同法を廃止して労働者の団結や団体行動を認めるようになった。また、数度にわたって工場法が制定され、労働条件の改善が進んだ。

こういった動きのなかから、資本主義そのものを批判し、富が公平に分配されるといった理想社会の実現をめざす社会主義思想が発展した。工場法の制定に尽力し、スコットランドのニューラナークでの経験をもとに自らも理想的協同社会の建設を試みたイギリスの工場経営者 [1] や、フランス(イ)の二月革命で活躍し、国立作業場の設置を推進した [2] など、社会主義の考えを実践する者も現れた。労働運動や社会主義運動の高揚(ウ)に直面したヨーロッパ各国は、ある程度の社会福祉政策を実践するようになった。たとえば、19世紀半ばごろから工業発展をとげたドイツでは、宰相 [3] が1878年に [4] 法を制定して労働運動に打撃を与える一方で、災害保険や疾病保険などの社会保険制度を実施した。

問1　空欄 [1] ～ [4] に当てはまる最も適切な語句を答えよ。

問2　下線部(ア)について、1810年代にイングランド中・北部の織物工場地帯で頻発した機械打こわし運動を特に何と呼ぶか、答えよ。

問3　下線部(イ)について、ファランジュと呼ばれる理想社会を実現させようとしたフランスの社会主義者は誰か、答えよ。

問4 下線部(ウ)について、次の①・②に答えよ。

① 1871年に成立した、史上初の労働者による自治政府は何か、その名称を答えよ。

② 特に19世紀末のフランスで盛んだった、労働組合による直接行動とゼネストによって社会変革を目指す運動を何と呼ぶか、答えよ。

数　学

◀1月21日実施分▶

（2科目 120分）

1　問題〔1〕は必ず解答し，さらに問題〔2〕～〔4〕のうちから2問選択して解答すること。

2　試験開始後，選択解答する問題を決めたあと，その問題番号を解答用紙の選択問題番号欄に記入すること。

3　解答の記入に際しては，次の指示に従うこと。

(1)　解答は，解答用紙の指定された解答欄に記入すること。

(2)　解答用紙の解答欄には解答に関係のない文字，記号，符号などを記入しないこと。

(3)　解答用紙の解答欄外の余白には何も記さないこと。

(4)　数は通常の記数法に従って記すこと。

(5)　0又は正の数には＋を付けないこと。

(6)　有理数は必ず既約分数で表すこと。

(7)　整数には分母を付けないこと。

(8)　式は最も簡単な形で表すこと。

〔1〕次の各空欄に当てはまる数または式を解答用紙の該当欄に記入せよ。

(1)　$(x-y-2z)(x-y-4z)-x(x-y-2z)+2xz$ を因数分解すると［ア］となる。

(2)　$x^2+y^2=6$ のとき，x^2+3y の最大値は［イ］である。

(3)　$\sin\theta+\cos\theta=\frac{1}{4}$ のとき，$\sin^3\theta+\cos^3\theta=$［ウ］である。

(4)　方程式 $\log_3(x-2)+\log_3(x-3)=2\log_9(x+1)$ の解は $x=$［エ］である。

(5)　関数 $f(x)=x^4-2x$ の $x=1$ における接線の方程式は［オ］である。

〔2〕 次の各空欄に当てはまる数または式を解答用紙の該当欄に記入せよ。

袋の中に赤玉5個，白玉5個，黒玉1個の合計11個の玉が入っている。赤玉と白玉にはそれぞれ1から5までの数字が一つずつ書かれており，黒玉には何も書かれていない。なお，同じ色の玉には同じ数字は書かれていない。この袋から同時に5個の玉を取り出す。取り出した5個の中に同じ数字の赤玉と白玉の組が2組あれば得点は2点，1組だけあれば得点は1点，1組もなければ得点は0点とする。

(1) 得点が0点となる取り出し方のうち，黒玉が含まれているのは ［ア］ 通りであり，黒玉が含まれていないのは ［イ］ 通りである。

(2) 得点が1点となる取り出し方のうち，黒玉が含まれているのは ［ウ］ 通りであり，黒玉が含まれていないのは ［エ］ 通りである。

(3) 得点が2点である確率は ［オ］ である。

〔3〕 次の各空欄に当てはまる数または式を解答用紙の該当欄に記入せよ。

2つの円 $x^2 + y^2 - 10 = 0$, $x^2 + y^2 + 2x - 2y - 6 = 0$ の2つの交点をA，Bとするとき，以下の問いに答えよ。

(1) 点A，Bの座標は，それぞれ ［ア］，［イ］ である。

(2) 点A，Bを通る直線の方程式は ［ウ］ である。

(3) 点A，Bと点(2, 2)を通る円の中心の座標は ［エ］ であり，半径は ［オ］ である。

〔4〕次の各空欄に当てはまる数または式を解答用紙の該当欄に記入せよ。

直線 $l : y = mx$ と放物線 $C : y = 2x^2$ がある。ただし，$0 < m \leqq 4$ とする。

(1) 直線 l と放物線 C の原点以外の交点の x 座標は［ア］である。

(2) $0 \leqq x \leqq$［ア］のとき，直線 l と放物線 C で囲まれた部分の面積を $S_1(m)$ とすると，$S_1(m) =$［イ］である。

(3) ［ア］$\leqq x \leqq 2$ のとき，直線 l，放物線 C，直線 $x = 2$ で囲まれた部分の面積を $S_2(m)$ とすると，$S_2(m) =$［ウ］である。

(4) $S(m) = S_1(m) + S_2(m)$ とすると，$S(m)$ は $m =$［エ］のとき，最小値［オ］をとる。

◀1月22日実施分▶

（2科目 120分）

1　**問題〔1〕は必ず解答し，さらに問題〔2〕〜〔4〕のうちから2問選択して解答すること。**

2　**試験開始後，選択解答する問題を決めたあと，その問題番号を解答用紙の選択問題番号欄に記入すること。**

3　**解答の記入に際しては，次の指示に従うこと。**

(1)　解答は，解答用紙の指定された解答欄に記入すること。

(2)　解答用紙の解答欄には解答に関係のない文字，記号，符号などを記入しないこと。

(3)　解答用紙の解答欄外の余白には何も記さないこと。

(4)　数は通常の記数法に従って記すこと。

(5)　0又は正の数には＋を付けないこと。

(6)　有理数は必ず既約分数で表すこと。

(7)　整数には分母を付けないこと。

(8)　式は最も簡単な形で表すこと。

〔1〕 次の各空欄に当てはまる数または式を解答用紙の該当欄に記入せよ。

(1)　方程式 $x^4 - 4x^3 + 7x^2 - 6x + 2 = 0$ の解は $x =$ [ア] である。

(2)　放物線 $y = x^2 + 2x - 3$ を平行移動した曲線で，2点 $(-1,\ 6)$，$(3,\ 2)$ を通る放物線の方程式は [イ] である。

(3)　$\sin\dfrac{\pi}{12}\cos\dfrac{\pi}{12} =$ [ウ] である。

(4)　3点 $(0,\ 0)$，$(1,\ 1)$，$(2,\ 4)$ を通る円の方程式は [エ] である。

(5)　2次関数 $f(x)$ について，$f(1) = 0$，$f'(1) = 2$，$\displaystyle\int_1^3 f(x)\,dx = 12$ が成り立つとき，$f(x) =$ [オ] である。

〔2〕次の各空欄に当てはまる数または式を解答用紙の該当欄に記入せよ。

1から10までの番号がつけられた10枚のカードから，5枚のカードを同時に取り出す。このとき，取り出した5枚のカードの番号の中で，最も大きな番号をL，最も小さな番号をSとして，得点を次のように定める。

・Lが偶数のとき，得点を0点とする。

・Lが奇数のとき，LとSの差$L-S$を得点とする。

(1) 5枚のカードの取り出し方は［ア］通りである。

(2) 取り出したカードのうち，Lが6となるカードの取り出し方は［イ］通りである。

(3) 得点が0点となるカードの取り出し方は［ウ］通りである。

(4) とり得る正の得点の中で最も低い得点となるカードの取り出し方は［エ］通りである。

(5) とり得る得点の中で最も高い得点となるカードの取り出し方は［オ］通りである。

〔3〕次の各空欄に当てはまる数または式を解答用紙の該当欄に記入せよ。

△ABCにおいて，AB = 1，BC = $\sqrt{7}$，AC = 2とし，∠CABの二等分線と辺BCとの交点をDとする。

このとき，∠CAB = ［ア］であり，BD = ［イ］，CD = ［ウ］である。

ADの延長と△ABCの外接円との交点のうちAと異なる点をEとする。このとき，BE = ［エ］，DE = ［オ］である。

〔4〕次の各空欄に当てはまる数または式を解答用紙の該当欄に記入せよ。

3^x について以下の問いに答えよ。ただし，x は整数とし，$\log_{10}2 = 0.3010$，$\log_{10}3 = 0.4771$ とする。

(1) $x = 10$ のとき，3^x の1の位の数字は ア である。

(2) $x = 20$ のとき，3^x の1の位の数字は イ である。

(3) 3^x が24桁の整数となる最小の x は ウ である。また，このとき 3^x の1の位の数字は エ で，3^x の 10^{23} の位の数字は オ である。

◀1月23日実施分▶

（2科目 120分）

1　**問題〔1〕は必ず解答し，さらに問題〔2〕～〔4〕のうちから2問選択して解答すること。**

2　**試験開始後，選択解答する問題を決めたあと，その問題番号を解答用紙の選択問題番号欄に記入すること。**

3　**解答の記入に際しては，次の指示に従うこと。**

(1)　解答は，解答用紙の指定された解答欄に記入すること。

(2)　解答用紙の解答欄には解答に関係のない文字，記号，符号などを記入しないこと。

(3)　解答用紙の解答欄外の余白には何も記さないこと。

(4)　数は通常の記数法に従って記すこと。

(5)　0又は正の数には＋を付けないこと。

(6)　有理数は必ず既約分数で表すこと。

(7)　整数には分母を付けないこと。

(8)　式は最も簡単な形で表すこと。

〔1〕 次の各空欄に当てはまる数または式を解答用紙の該当欄に記入せよ。

(1)　3次方程式 $x^3 + ax^2 - 17x + b = 0$ は，-3 と -1 を解にもつ。このとき，この方程式の他の解は [　ア　] である。

(2)　3点 (2, 2)，(3, 4)，$(-1, 8)$ を通る放物線の方程式は [　イ　] である。

(3)　$\sin\theta + \sqrt{3}\cos\theta = -1$ のとき，$\theta =$ [　ウ　] である。ただし，$0 < \theta < \pi$ とする。

(4)　$\log_3(x+2) + \log_3(x-1) = \log_3 4$ の解は，$x =$ [　エ　] である。

(5)　SCIENCE の7文字を横1列に並べる並べ方は [　オ　] 通りである。

〔2〕 次の各空欄に当てはまる数または式を解答用紙の該当欄に記入せよ。

$\dfrac{1}{3}$ の確率で当たるくじを続けて n 回引くとき，k 回当たりがでる確率を $P_{n(k)}$ とするとき，以下の問いに答えよ。

(1) $P_{3(1)}=$ [ア] である。

(2) $P_{5(2)}=$ [イ] である。

(3) $n=11$ のとき，$\dfrac{P_{11(k)}}{P_{11(k-1)}}=$ [ウ] である。

(4) $n=11$ のとき，$P_{11(k)}$ を最大にする k は $k=$ [エ] , [オ] である。

〔3〕 次の各空欄に当てはまる数または式を解答用紙の該当欄に記入せよ。

四角形 ABCD が，半径 6 の円に内接しているとする。$\cos\angle\mathrm{BAD}=\dfrac{1}{3}$ であり，$\mathrm{AB}:\mathrm{AD}=1:3$，$\mathrm{BC}:\mathrm{CD}=3:1$ であるとするとき，以下の問いに答えよ。

(1) 辺 BD の長さは [ア] である。また，$\cos\angle\mathrm{BCD}=$ [イ] である。

(2) 辺 AB の長さは [ウ] である。また，辺 CD の長さは [エ] である。

(3) 四角形 ABCD の面積は [オ] である。

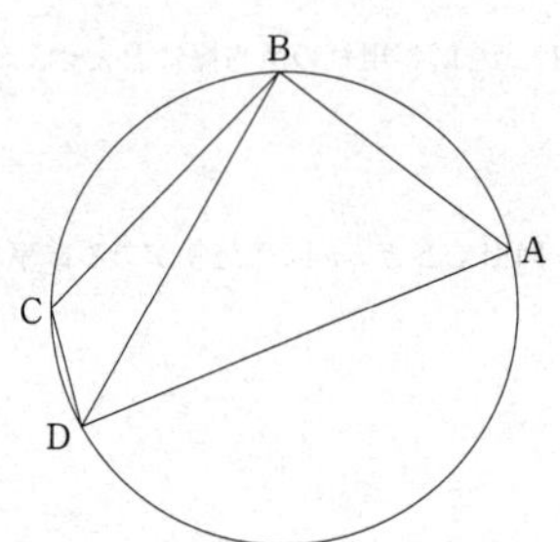

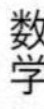

〔4〕次の各空欄に当てはまる数または式を解答用紙の該当欄に記入せよ。

関数 $f(x) = x^3 + 6x^2 + 9x$ について，以下の問いに答えよ。

(1) $f'(x) =$ [ア] である。

(2) $f(x)$ の極大値の座標をP，極小値の座標をQとすると，P [イ]，Q [ウ] である。

(3) 2点P，Qを通る直線 l の方程式は [エ] である。

(4) 直線 l と曲線 $C : y = f(x)$ で囲まれた領域の面積は [オ] である。

物　理

◀1月21日実施分▶

（2科目 120分）

（注）〔1〕(3)・(4)，〔2〕，〔3〕(2)～(6)の解答欄は「経過」欄を含む。

1　**問題〔1〕～〔4〕のうちから3問選択して解答すること。**

2　**選択した問題の番号を解答用紙1枚目の右側の3つの枠内に記入すること。**

〔1〕 地面からの高さが h_0 の地点において，小球を速さ v_0 で鉛直上向きに打ち出した。小球は最高点を通過したのち地面に落下した。重力加速度の大きさを g とし，空気抵抗は無視できるものとして以下の問いに答えよ。

(1)　鉛直上向きを正の向きとして考える。

(a)　時刻 t における速度 v を，v_0，g，t のうち必要なものを用いて表せ。

(b)　時刻 t における打ち出した地点からの変位 x を，v_0，g，t のうち必要なものを用いて表せ。

(2)　鉛直下向きを正の向きとして考える。

(c)　時刻 t における速度 v' を，v_0，g，t のうち必要なものを用いて表せ。

(d)　時刻 t における打ち出した地点からの変位 x' を，v_0，g，t のうち必要なものを用いて表せ。

(3)　$v_0 = 14\,\mathrm{m/s}$，$g = 9.8\,\mathrm{m/s^2}$，$h_0 = 30\,\mathrm{m}$ であるとき，以下の問いに答えよ。数値については有効数字2桁で答えよ。

(e)　小球を打ち出してから最高点に到達するまでの時間を求めよ。

(f)　地面から測った最高点の高さを求めよ。

(g)　小球を打ち出してから地面に到達するまでの時間を求めよ。

(h)　地面に衝突する直前の小球の速度は，どちら向きに何 m/s か。

(4)　この小球を打ち出したあとしばらくしてから，地面からの高さが h_0 の地点で別の物体を自由落下させたところ，物体と小球は同時に地面に到達した。小球を打ち出してから物体を自由落下させるまでの時間を，v_0，g，h_0 のうち必要なものを用いて表せ。

〔2〕図のような，質量 M の気球がある。気球には軽いひもが付いていて，ひもの他端には質量 m の荷物が吊されている。この気球には鉛直上向きに一定の力（浮力）がはたらく。

重力加速度の大きさを g，空気の抵抗及び荷物に働く浮力は無視できるものとして，以下の問いに答えよ。

(1) この気球が，図と同じ状態を保ったまま，時刻 $t=0$ に初速度0で，地面から鉛直上向きに上昇し始めた。時刻 $t=t_0$ のとき，荷物の地面からの高さは h になった。

(a) 気球の加速度の大きさを，h と t_0 を用いて表せ。

(b) 時刻 $t=t_0$ のときの気球の速さを M，m，g，h，t_0 のうち必要なものを用いて表せ。

(c) ひもの張力の大きさを，M，m，g，h，t_0 のうち必要なものを用いて表せ。

(d) 気球に働く浮力の大きさを，M，m，g，h，t_0 のうち必要なものを用いて表せ。

(2) 時刻 $t=t_0$ になったときに，気球と荷物を結ぶひもが切れた。

(e) 荷物の最高点の地面からの高さを，M，m，g，h，t_0 のうち必要なものを用いて表せ。

(f) 荷物が地面に到達する直前の速さを，M，m，g，h，t_0 のうち必要なものを用いて表せ。

(g) ひもが切れてから荷物が地面に達するまでの時間を，M，m，g，h，t_0 のうち必要なものを用いて表せ。

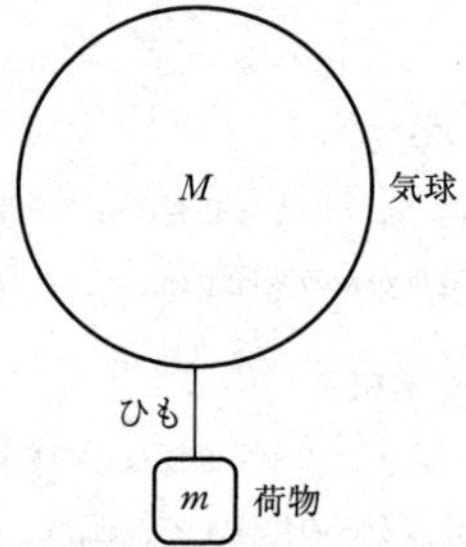

〔3〕以下の問いに答えよ。

(1) 抵抗 R_1 と R_2 を直列に接続した場合の合成抵抗を R_1，R_2 のうち必要なものを用いて表せ。また，並列に接続した場合の合成抵抗を R_1，R_2 のうち必要なものを用いて表せ。

(2) 実際の電池は起電力 E の電源と抵抗値 r の抵抗を直列に接続した回路で表すことができる（図1の点線の内部）。この抵抗は電池の内部抵抗と呼ばれる。図1のように，起電力 E，内部抵抗 r の電池に直列に抵抗値 R の抵抗を接続した。回路を流れる電流と抵抗値 R の抵抗で消費される電力を，それぞれ E，r，R のうち必要なものを用いて表せ。

(3) 図2のように，起電力 E，内部抵抗 r の電池を2個直列に接続し，さらに抵抗値 R の抵抗を接続した。回路を流れる電流と抵抗値 R の抵抗で消費される電力を，それぞれ E，r，R のうち必要なものを用いて表せ。

(4) 起電力 E，内部抵抗 r の電池を複数個，直列や並列に接続した回路と同じ働きをする，内部抵抗を持つ電池1つを「合成電池」と呼ぶことにする。(2)，(3)の結果をもとに，起電力 E，内部抵抗 r の電池を2個直列に接続した場合の合成電池の起電力と内部抵抗をそれぞれ E，r のうち必要なものを用いて表せ。

(5) 起電力 E，内部抵抗 r の電池2個を並列に接続した場合の合成電池の起電力は E，内部抵抗は $\frac{r}{2}$ である。図3のように，起電力 E，内部抵抗 r の電池を2個並列に接続し，さらに抵抗値 R の抵抗を接続した。抵抗値 R の抵抗を流れる電流と抵抗値 R の抵抗で消費される電力を，それぞれ E，r，R のうち必要なものを用いて表せ。

(6) 起電力 E，内部抵抗 r の電池を3個直列に接続した合成電池の起電力と内部抵抗を，それぞれ E，r のうち必要なものを用いて表せ。

(7) 起電力 E，内部抵抗 r の電池を n 個**直列**に接続した合成電池の起電力と内部抵抗を，それぞれ E，r のうち必要なものを用いて表せ。

(8) 起電力 E，内部抵抗 r の電池を n 個**並列**に接続した合成電池の起電力と内部抵抗を，それぞれ E，r のうち必要なものを用いて表せ。

(9) 起電力 E，内部抵抗 r の電池を m 個直列に接続した回路を n 個並列に接続し，電池を合計 mn 個使った回路を作成した。この mn 個の電池の合成電池の起電力と内部抵抗を，それぞれ E，r のうち必要なものを用いて表せ。

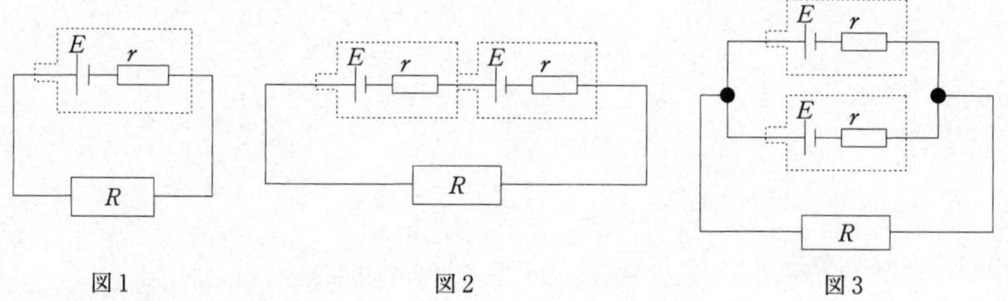

図1　図2　図3

〔4〕以下の問いに答えよ。

(1) 次の文章中の空欄 ア ～ オ に当てはまる適切な語句を語群から選択して答えよ。

私たちの日々の生活は電気エネルギーによって支えられている。電気エネルギーを得る方法としては，従来は大昔に動植物の死骸が堆積し，変成してできた ア の持つ イ を利用した ウ が主力であった。しかし，近年，この方法で発電する際に大量に排出される エ などによる地球温暖化が問題となってきた。そのため，発電する際に エ を排出しないさまざまな発電方法が利用されるようになってきた。

その代表的な発電方法として，水力発電，太陽光発電，風力発電が挙げられる。これらは， オ を発電に利用することで，環境に配慮した永続的な発電ができる。

語群

バイオマス燃料，化石燃料，植物性燃料，熱エネルギー，再生可能エネルギー，化学エネルギー，火力発電，地熱発電，水素，二酸化炭素，窒素

(2) 水力発電，太陽光発電，風力発電は，それぞれ何が持つ（何からの）どのようなエネルギーを電気エネルギーに変換しているか答えよ。また，発電のしくみと，それらが持つ問題点を簡潔に説明せよ。

◀1月22日実施分▶

（2科目 120分）

(注)　〔1〕(2)〜(5),〔2〕(1)(b),(2)・(3),〔3〕,〔4〕(2)(e)の解答欄は「経過」欄を含む。

1　**問題〔1〕〜〔4〕のうちから3問選択して解答すること。**

2　**選択した問題の番号を解答用紙1枚目の右側の3つの枠内に記入すること。**

〔1〕 水平面から小球を初速度 v_0 で水平から角度 45° の斜め方向に投げ上げた。重力加速度の大きさを g として，以下の問いに答えよ。

ただし，小球の初速度の水平方向成分は水平面内での小球の進行方向を正の向きとして $\dfrac{v_0}{\sqrt{2}}$，鉛直方向成分は鉛直上向きを正の向きとして $\dfrac{v_0}{\sqrt{2}}$ である。

(1)　小球の運動の水平方向成分，鉛直方向成分はそれぞれどのような運動になるか。次の中から当てはまるものを<u>すべて</u>選べ。

等速直線運動，等加速度直線運動，自由落下，鉛直投げ上げ，鉛直投げ下ろし

(2)　投げ上げた小球が水平面に落下するまでの時間を，v_0，g のうち必要なものを用いて表せ。

(3)　小球を投げ上げた場所から水平面上で落下した場所までの距離を v_0，g のうち必要なものを用いて表せ。

(4)　小球が到達した最高点の高さを v_0，g のうち必要なものを用いて表せ。

(5)　図のように，小球を投げ上げた場所から x 離れた場所に，水平面からの高さが h の崖がある場合を考える。

(a)　崖の上に小球が到達するために必要な最小の初速 v_0 を g，x，h のうち必要なものを用いて表せ。

(b)　$x = 30\,\mathrm{m}$，$h = 10\,\mathrm{m}$，$g = 9.8\,\mathrm{m/s^2}$ のとき，崖の上に小球が到達するために必要な最小の初速 v_0 はいくらか。

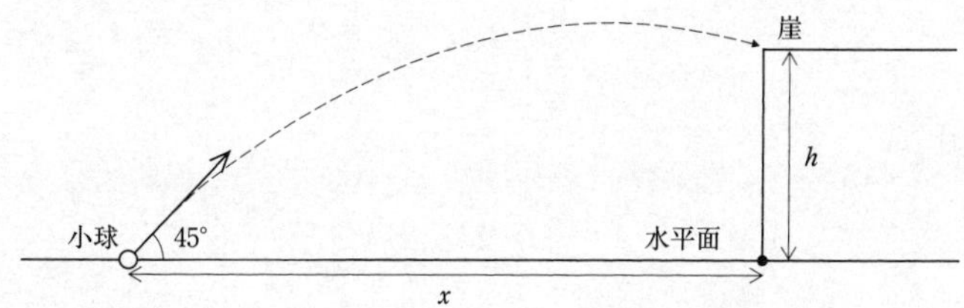

〔2〕 重力加速度の大きさを g として，以下の問いに答えよ。

(1) 図1のように，水平でなめらかな台の上に質量 M の物体Aを置く。物体Aに軽くて伸びないひもをつけ，台の端に固定した軽い滑車に通し，ひもの端に質量 m の物体Bをつるした。物体A，Bの加速度の大きさを a，ひもの張力の大きさを T とする。

(a) 物体Aの運動方程式の水平方向成分と，物体Bの運動方程式の鉛直方向成分を，それぞれ g，M，m，a，T のうち必要なものを用いて表せ。

(b) a，T を，それぞれ g，M，m のうち必要なものを用いて表せ。

(2) (1)とは別の水平な台を用意して，(1)と同様に，図1のように質量 M の物体Aを台の上に置き，物体Aにひもをつけて台の端の滑車を通し，ひもの端に質量 m の物体Bをつるした。今度は台と物体Aの間に摩擦力がはたらいたため，2つの物体は静止した。台と物体の間の静止摩擦係数を μ とする。

(c) ひもの張力の大きさを，g，M，m，μ のうち必要なものを用いて表せ。

(d) 物体Aと台の間にはたらく最大静止摩擦力を，g，M，m，μ のうち必要なものを用いて表せ。

(e) 2つの物体が静止するために μ が満たすべき条件を，g，M，m のうち必要なものを用いた不等式で表せ。

(3) 図2のように，水平面となす角が30°のなめらかな斜面の上に質量 M の物体Aを置き，物体Aにひもをつけて台の端の滑車を通し，ひもの端に質量 m の物体Bをつるした。物体Aが斜面を上昇するための条件を，g，M，m のうち必要なものを用いた不等式で表せ。

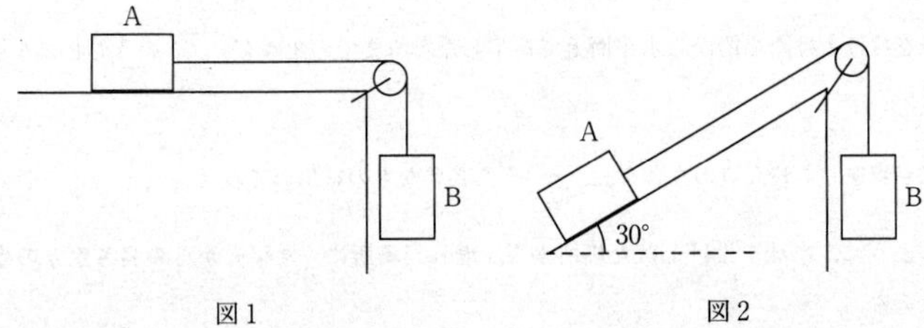

図1 図2

〔3〕抵抗率 $1.1\times10^{-6}\ \Omega\cdot\mathrm{m}$，断面積 $1.0\ \mathrm{mm}^2$，抵抗値が $0.55\ \Omega$ の導体に関する以下の問いに有効数字2桁で答えよ。

(1) 導体の長さは何 m か。

(2) 導体に1Vの電源を接続した。流れる電流は何Aか。

(3) 問(2)で1秒間に導体の断面を通過する電気量の絶対値は何Cか。

(4) 問(3)の電気量は電子何個分に相当するか。ただし，電流の担い手はすべて自由電子であり，電子1個の電気量の絶対値を 1.6×10^{-19} C とする。

(5) 導体 $1\ \mathrm{m}^3$ あたりの自由電子の数はいくらか。ただし，1Vの電源に接続したときの導体内での自由電子の平均的な速さを 0.10 mm/s とする。

(6) 導体を1Vの電源に接続して1分間電流を流したときに発生するジュール熱は何Jか。

(7) 導体の長さは同じまま，断面積を半分にしたものを2個直列につなぎ，1Vの電源に接続した。流れる電流は問(2)のときの何倍になるか。

〔4〕エネルギーに関する以下の問いに答えよ。

(1) 図1は，エネルギー変換について示したものである。

(a) A，Bに当てはまるエネルギーを次の中から選べ。

光エネルギー，運動エネルギー，位置エネルギー，電気エネルギー，
地熱エネルギー，核エネルギー

(b) a～dの矢印で示したエネルギー変換を行う道具として，最も適するものを次の中から選べ。

電動ドリル，使い捨てカイロ，スピーカー，乾電池，石油ストーブ，
温水器，充電器，LEDライト，手回し発電機，ガスストーブ，
ホットプレート

(2) 図2は，屋根に設置した太陽電池パネルによる発電電力の大きさを，ある日の9時から13時まで測定したものである。

(c) 9時から11時までの2時間に発電された電力量として最も適切なものを，次の①～⑤から一つ選べ。

①　0.5 kWh　②　1.0 kWh　③　2.0 kWh　④　4.0 kWh　⑤　5.0 kWh

(d) 12時過ぎに発電電力が急激に減少した理由を説明せよ。

(e) 12時における発電電力の状態が4時間継続したときの発電電力量を求めよ。

(3) 火力発電についての記述として**適切ではないもの**を，次の①～⑤の中から**2つ**選べ。

① 発電に使用するのは化石燃料であり，枯渇が問題となっている。

② 大気を汚染する物質や二酸化炭素を多く排出する。

③ 大きな電気エネルギーを得ることができるが，出力コントロールが難しい。

④ 電力の大消費地でも発電所をつくることができる。

⑤ 技術開発により，ほぼ 100 % 近いエネルギー変換効率が実現されている。

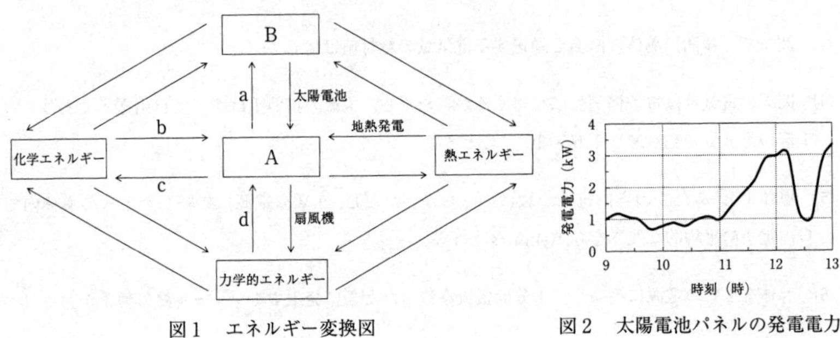

図１　エネルギー変換図　　図２　太陽電池パネルの発電電力

◀1月23日実施分▶

（2科目 120分）

（注）〔1〕(2)〜(4),〔2〕(3)〜(5),〔3〕(3)(a)・(c),(4)(e)の解答欄は「経過」欄を含む。

1　**問題〔1〕〜〔4〕のうちから3問選択して解答すること。**

2　**選択した問題の番号を解答用紙1枚目の右側の3つの枠内に記入すること。**

〔1〕 図のように質量 m の物体が高さ h の点Aにある。この物体がなめらかな曲面上を静かに運動し始めるとき，次の問いに答えよ。ただし最下点Bを重力による位置エネルギーの基準面，重力加速度の大きさを g とし，空気抵抗は無視できるものとする。

(1)　点Aでの物体の運動エネルギーと，重力による位置エネルギーを m，g，h のうち必要なものを用いて表せ。

(2)　点Bを通過するときの物体の速さを m，g，h のうち必要なものを用いて表せ。

(3)　最下点から高さ $\frac{h}{3}$ の点Cに達したときの物体の速さを m，g，h のうち必要なものを用いて表せ。

(4)　物体は点Cに達したあと，水平から45°の角度で空中に飛び出し，最高点に達した後，点Cと同じ高さの点Dを通過した。

(a)　点Cを飛び出してから最高点に達するまでの時間を m，g，h のうち必要なものを用いて表せ。

(b)　点Dと点Cの間の距離 x を m，g，h のうち必要なものを用いて表せ。

(5)　物体の質量を変えたら，この物体の運動はどうなるか。簡潔に説明せよ。

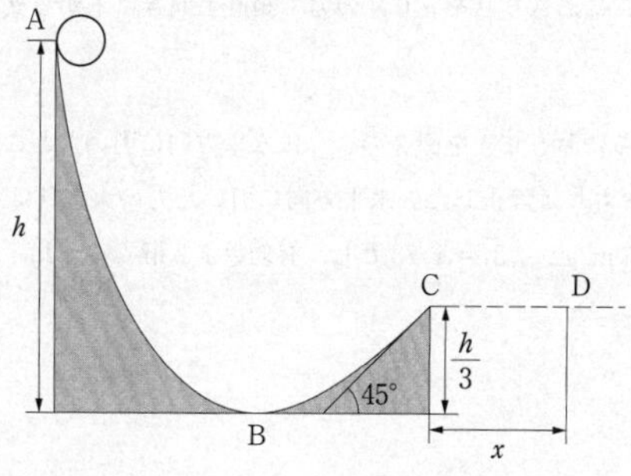

〔2〕図1のように，質量MのおもりAと質量mのおもりBを軽い糸でつるしたらおもりは静止した。糸1および糸2の張力の大きさはそれぞれT_1，T_2であった。重力加速度の大きさをgとして，以下の問いに答えよ。

(1) おもりAにはたらく力をすべて図示し，力のつり合いの式をM，m，T_1，T_2，gのうち必要なものを用いて表せ。

〔解答欄〕

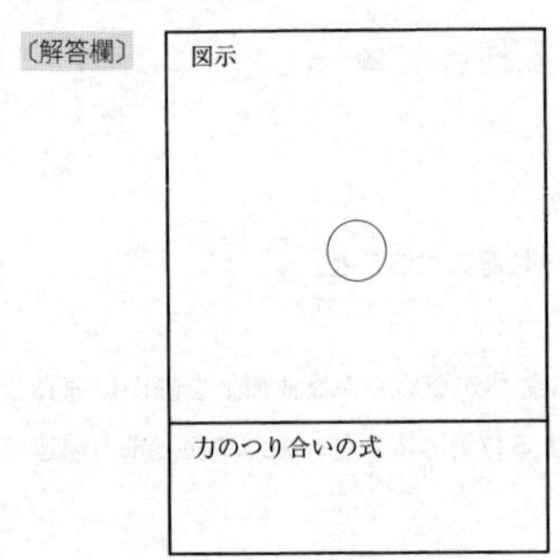

(2) おもりBにはたらく力をすべて図示し，力のつり合いの式をM，m，T_1，T_2，gのうち必要なものを用いて表せ。

〔解答欄〕

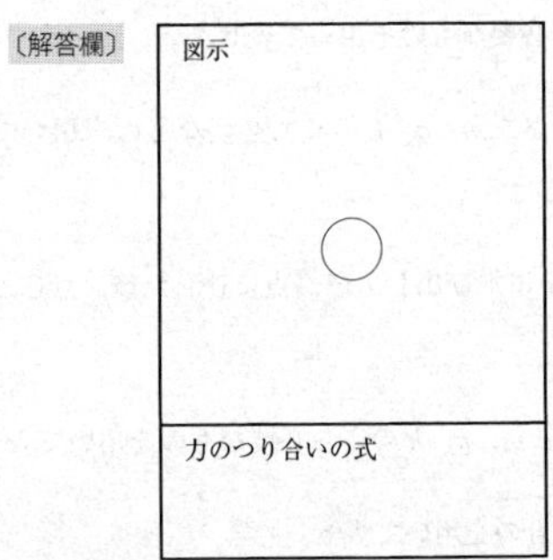

(3) $M = 1.0\,\text{kg}$，$m = 2.0\,\text{kg}$のとき，T_1，T_2を求めよ。ただし，$g = 9.8\,\text{m/s}^2$とする。

(4) 問(3)の状態からさらにおもりBを5.0Nの力で鉛直上向きに下から支えた。糸1の張力の大きさはいくらになるか。

(5) 問(3)の状態からさらにおもりAを図2のように水平方向に引いたところ，糸1が鉛直方向から30°傾いたところでおもりは静止した。水平方向に引いた力の大きさはいくらか。$M = 1.0\,\text{kg}$，$m = 2.0\,\text{kg}$，$g = 9.8\,\text{m/s}^2$，$\sqrt{3} = 1.73$とし，有効数字2桁で答えよ。

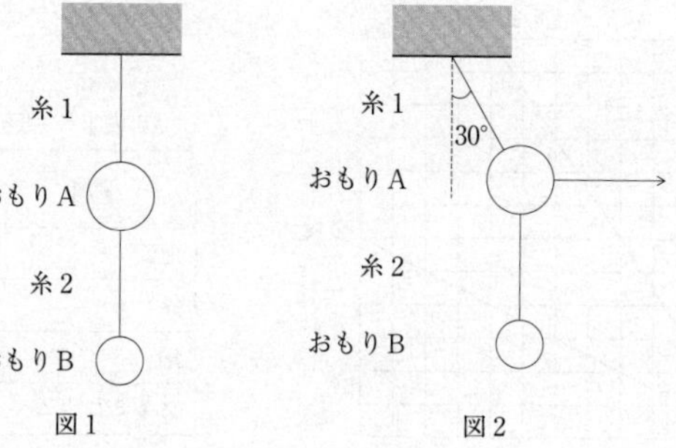

図1　　図2

〔3〕金属A，B，Cに電流を流す実験をおこなった。以下の問いに答えよ。

(1) 金属のように電流をよく流す物質を何というか。

(2) 金属を流れる電流と電圧の大きさを正確に調べる場合，どのような回路を組めばよいか。電圧計，電流計，電源，金属を用いた回路図を作図せよ。ただし，電流計の内部抵抗は無視でき，電圧計の内部抵抗は十分に大きいものとする。

電流計は Ⓐ，電圧計は Ⓥ，電源は ─┤├─，金属は ─▭─ の電気用図記号を用いること。

(3) 図1は，金属A，Bについての電流と電圧の関係を示したものである。電流，電圧の目盛りは，どちらも値が等間隔になるように振られている。

(a) 金属Aと金属Bの抵抗値の比を，最も簡単な整数比で表せ。

(b) 金属A，Bを直列に接続した場合，電流と全体の電圧の関係はどうなるか。グラフに実線で描き込んで答えよ。

〔解答欄〕グラフは図1と同様。

(c) 金属A，Bを並列に接続したとき，電源から流れ出る電流はIだった。金属Aに流れる電流をIを用いて表せ。

(4) 表1は，各金属について，温度20℃における抵抗率を示したものである。

(d) 表中の金属で，長さと断面積が等しいものに同じ電圧を加えたとき，最も大きな電流が流れる金属は何か。

(e) 気温20℃で長さ5.0 m，断面積0.2 m^2の金属Cの抵抗を調べたところ，6.8×10^{-7} Ωであった。金属Cは表1中の何の金属でできているか。

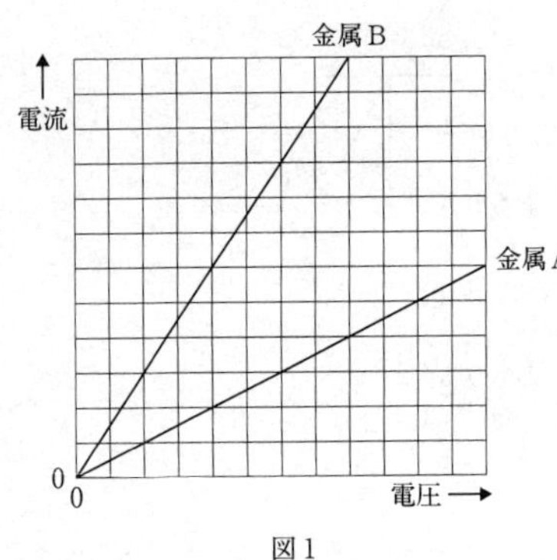

図1

表1　抵抗率（20℃）

金属	抵抗率 [Ω・m]
亜鉛	6.0×10^{-8}
鉄	1.0×10^{-7}
銅	1.7×10^{-8}
アルミニウム	2.7×10^{-8}

〔4〕以下の問いに答えよ。

(1) 気柱の長さが L の閉管に，節を m 個もつ定常波ができたとする。開口端補正は無視できるものとする。

(a) この定常波の波長を L，m のうち必要なものを用いて表せ。

(b) 気柱内の音速を V とするとき，固有振動数を L，m，V のうち必要なものを用いて表せ。

(2) 気柱の長さが L の開管に，節を m 個もつ定常波ができたとする。開口端補正は無視できるものとする。

(c) この定常波の波長を L，m のうち必要なものを用いて表せ。

(d) 気柱内の音速を V とするとき，固有振動数を L，m，V のうち必要なものを用いて表せ。

(3) 直線状の導体に電流を流した。電流の大きさを変えた場合，磁場の強さはどうなるか。また，導線からの距離により磁場の強さはどのように変わるか。簡潔に説明せよ。

(4) コイルの電磁誘導について，以下の問いに答えよ。

(e) 誘導起電力が発生するのはどんなときか。簡潔に説明せよ。

(f) コイルの巻き数を増やすと，誘導電流の向きと大きさはどうなるか。簡潔に説明せよ。

(g) 磁場の向きを反対にすると，誘導電流の向きと大きさはどうなるか。簡潔に説明せよ。

(5) 1つの媒質中を進んできた波が反射されるときに，入射波と反射波の位相はどうなるか。自由端の場合と固定端の場合に分けて説明せよ。

(6) 単位質量の物質の温度を1Kだけ上昇させるのに必要な熱量を何というか。

(7) 電流の大きさが一定のとき，電流 I と電気量 q 及び時間 t の関係を表す式を答えよ。

(8) 気体に加えられた（気体が吸収した）熱量 Q と，気体の内部エネルギー変化 ΔU，気体が外部にした仕事 W の間の関係式を答えよ。

化　学

◀1月21日実施分▶

（2科目 120分）

1　**問題〔1〕～〔4〕のうちから3問選択して解答すること。**

2　**選択した問題の番号を解答用紙の選択問題番号欄に記入すること。**

3　**容積（体積）の単位，リットルについては，ここではLを用いて表記する。**

〔1〕 次の設問(1)～(6)に答えよ。各設問に与えられたア～オから1つ選び，記号で答えよ。

(1)　正しいのはどれか。

ア　1族の元素はすべて金属元素である。

イ　3族の元素はすべて典型元素である。

ウ　14族の元素はすべて遷移元素である。

エ　窒素と酸素は同族元素である。

オ　ア～エの選択肢すべてが誤りである。

(2)　次の酸・塩基に関する記述のうち，正しいのはどれか。

ア　アンモニアは，水溶液中で一部が水と反応してオキソニウムイオンを生成する。

イ　1価の塩基よりも2価の塩基の方が強い塩基である。

ウ　塩酸にマグネシウム片を入れると激しく反応して水素を発生する。

エ　弱酸の電離度は濃度によらず，ほぼ1である。

オ　リン酸は2価の酸である。

(3)　次のイオンのうち，負に帯電したコロイドを最も凝析させやすいものはどれか。

ア　Al^{3+}　　イ　Ca^{2+}　　ウ　Na^{+}　　エ　PO_4^{3-}　　オ　SO_4^{2-}

(4)　沸点が最も高いのはどれか。

ア　HBr　　イ　HCl　　ウ　HF　　エ　HI　　オ　H_2S

(5)　誤りを含むものはどれか。

ア　銅の単体は湿った空気中で緑青を生じる。

イ　水酸化ナトリウムは湿った空気中で潮解する。

ウ　鉄の単体を湿った空気中に放置すると四酸化三鉄を生じ，鉄の表面を覆って内部を保護する。

エ　黄リンは空気中で自然発火する。

オ　ナトリウムの単体は空気中で速やかに酸化され金属光沢を失う。

(6)　硫酸の性質に関する次の記述のうち，<u>誤り</u>を含むものはどれか。

ア　塩化ナトリウムに濃硫酸を加えて熱すると塩化水素が発生する。

イ　スクロースに濃硫酸を加えると，炭素が残って黒くなる。

ウ　酢酸ナトリウム水溶液に希硫酸を加えると，酢酸が発生する。

エ　銅に濃硫酸を加えて熱すると水素が発生する。

オ　亜硫酸ナトリウムに希硫酸を加えると二酸化硫黄が発生する。

〔2〕 次の設問(1)～(6)に答えよ。必要があれば，原子量，ファラデー定数Fとして次の値を用いよ。
H = 1.0，C = 12，N = 14，O = 16，Na = 23，Al = 27，S = 32，K = 39，
$F = 9.65 \times 10^4$ C/mol

(1)　ある純粋な気体の標準状態における密度を測定したところ，3.75 g/L であった。この気体のモル質量（g/mol）を求めよ。答えは整数で記せ。

(2)　硝酸カリウムは，水 100 g に 80 ℃ で 169 g，25 ℃ で 38 g 溶ける。80 ℃ の飽和水溶液 100 g を 25 ℃ に冷却したとき，析出する硝酸カリウムの質量（g）を求めよ。答えは整数で記せ。

(3)　メタンとエタンの燃焼熱は，それぞれ 890 kJ/mol と 1560 kJ/mol である。標準状態でメタンとエタンの混合気体 44.8 L を完全に燃焼させたところ，2517 kJ の熱が発生した。この混合気体中の<u>メタン</u>の割合は物質量で何 % か。答えは整数で記せ。

(4)　水酸化ナトリウム 4.0 g を完全に中和するのに必要な 1.0 mol/L 硫酸の体積（mL）を求めよ。答えは有効数字 2 桁で記せ。

(5)　単体のアルミニウムは酸化アルミニウム Al_2O_3 を溶融塩電解することで製造される。この溶融塩電解で 193 A の電流を 150 時間流すときに得られるアルミニウムの単体の最大の質量（kg）を求めよ。答えは有効数字 3 桁で記せ。

(6)　過酸化水素水 50 mL を完全に水と酸素に分解すると，標準状態で 448 mL の酸素が得られた。反応に用いた過酸化水素水のモル濃度（mol/L）を求めよ。答えは有効数字 2 桁で記せ。

〔3〕次の文章を読み，設問(1)～(6)に答えよ。

分子が反応するためには，分子が互いに衝突し，さらに衝突した分子が［ア］と呼ばれるエネルギーの高い状態を経由しなければならない。反応物を［ア］にするのに必要な最小のエネルギーをこの反応の［イ］という。化学反応に伴って発生または吸収される熱量を［ウ］と呼ぶ。化学反応が起こり，反応物が生成物に変化すると，反応物がもつ化学エネルギーと生成物のもつ化学エネルギーとの差が［ウ］として現れることになる。

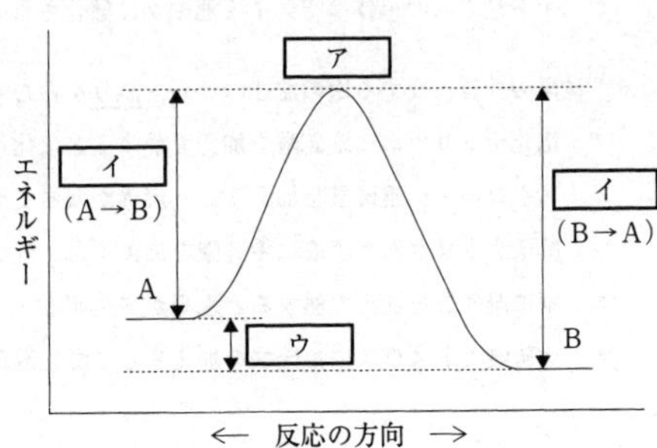

図1　反応の方向とエネルギーの変化

無色の四酸化二窒素 N_2O_4 は，常温常圧で一部が解離し，赤褐色の二酸化窒素 NO_2 を生じて平衡状態になる。

N_2O_4（気）$\rightleftarrows$ $2NO_2$（気）　・・・ ①

平衡状態にある N_2O_4 と NO_2 の混合気体を低温にすると色はしだいに薄くなり，高温にすると濃い赤褐色になる。①式のエネルギー変化を模式的に図1に示す。

設問

(1) 空欄［ア］～［ウ］に最も適する語句を記せ。

(2) 図中のA，Bは N_2O_4（気）と $2NO_2$（気）のどちらを表しているかを記せ。

(3) ①式において右向きの反応は発熱反応，吸熱反応のどちらであるかを記せ。また，その理由を30字程度で記せ。ただし，物質名は化学式ではなく名称を用いよ。

(4) この混合気体を容器に入れて圧力を増加させると色は濃くなるか，薄くなるか，どちらになるかを記せ。また，その理由を30字程度で記せ。ただし，物質名は化学式ではなく名称を用いよ。

(5) ①式の反応において平衡時の N_2O_4 の分圧を x Pa，NO_2 の分圧を y Pa とするとき，圧平衡定数 K_p を x と y を用いて記せ。

(6) 密閉容器に N_2O_4 のみを0.50 mol入れ，温度を27℃，圧力を 9.0×10^4 Pa に保つとその体積は16.6 L になった。N_2O_4 の何 % が解離したか求めよ。また，圧平衡定数 K_p を有効数字2桁で記せ。必要があれば，気体定数 R として次の値を用いよ。$R = 8.3 \times 10^3$ Pa・L/(mol・K)

〔4〕 次の文章を読み，設問(1)〜(5)に答えよ。必要があれば，原子量として次の値を用いよ。
H = 1.0，C = 12，O = 16

分子式 C_2H_6O を有し，消毒薬にも含まれるアルコール [A] に，濃硫酸を加えて 130〜140 ℃ で加熱すると，2分子間で [ア] が進行して，特徴的な甘い臭気を有する常温常圧で無色液体の [B] と水が生成した。[A] に濃硫酸を加えて 160〜170 ℃ で加熱すると，脱水反応が進行して，常温常圧で無色・無臭の可燃性気体 [C] が生成した。[C] を適切な触媒を用いて [イ] させると，高分子化合物Xが生成した。[A] を [ウ] すると，刺激臭を有する化合物 [D] が生成した。[D] は水によく溶けて [エ] を示した。[D] に脱水剤を加えて加熱すると，2分子間で [ア] が進行して [E] が生成した。

[E] はヒドロキシ基と反応してエステルを生成する。例えば，a) [E] をセルロースと反応させると，[D] とYが生成した。

設問

(1) 空欄 [A] 〜 [E] の化合物の名称と構造式を記せ。

(2) 空欄 [ア] 〜 [エ] に最も適切な語句を語群から選び，記せ。ただし，同じ語句を複数回使用してもよい。

［語群］　酸性　塩基性　中和　酸化　還元　縮合　縮合重合　付加重合

(3) 高分子化合物Xについて，次の設問①〜③に答えよ。

① 高分子化合物Xの名称を記せ。

② Xの構造式として正しいものを以下のア〜オから選び，記せ。

ア　イ　ウ　エ　オ

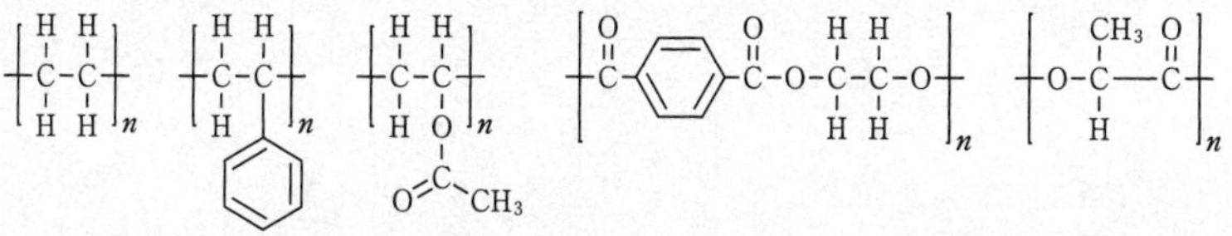

③ Xの平均分子量は 140000 であった。この分子量を有するXの重合度 n を整数で答えよ。

(4) 下線部a）の反応について，次の設問①，②に答えよ。

① Yの構造式を右図に示すセルロースの構造式を参考にして解答欄に記せ。ただし，セルロース中の全てのヒドロキシ基は完全にエステル化されるものとする。

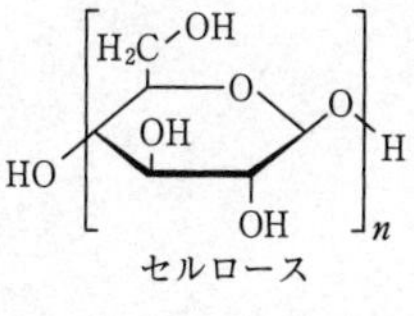

セルロース

② この反応において，セルロース 1.62 g を完全にエステル化するために少なくとも必要な [E] の質量（g）を求めよ。答えは有効数字3桁で記せ。

(5) Yは植物由来の高分子化合物として繊維や包装材などに用いられている。このような植物由来の高分子化合物（プラスチック）は，化石資源から製造されたプラスチックと異なり，b) 脱炭

<u>素社会の実現に必要な二酸化炭素排出量の削減に貢献する材料として期待されている。</u>

下線部 b）のように期待されている理由を 50 字程度で説明せよ。

◀1月22日実施分▶

（2科目 120分）

1　問題〔1〕～〔4〕のうちから3問選択して解答すること。

2　選択した問題の番号を解答用紙の選択問題番号欄に記入すること。

3　容積（体積）の単位，リットルについてはここではLを用いて表記する。

〔1〕 次の設問(1)～(6)に答えよ。各設問に与えられたア～オから1つ選び，記号で答えよ。

(1) 混合物の分離に関する記述として，誤りはどれか。

ア　クロマトグラフィーは，ろ紙やシリカゲルなどへの物質の吸着力の違いを利用している。

イ　再結晶は，物質の温度変化による溶解度の違いを利用している。

ウ　昇華法は，物質の融点の違いを利用している。

エ　抽出は，物質の溶媒に対する溶解度の違いを利用している。

オ　蒸留は，物質の沸点の違いを利用している。

(2) 正しいのはどれか。

ア　原子の中心には陽子を含む原子核があるので，原子は正に帯電している。

イ　原子の大きさは，原子核の大きさにほぼ等しい。

ウ　原子の質量は，原子に含まれる陽子と電子の質量の和にほぼ等しい。

エ　最も外側の電子殻がL殻である原子どうしでは，化学的性質が似ている。

オ　原子番号が同じで，質量数が異なる原子どうしを同位体という。

(3) 炭酸飲料水の入った容器の栓を開けるとき，泡が出る現象に最も関連する法則はどれか。

ア　シャルルの法則　　イ　ドルトンの分圧の法則　　ウ　ヘスの法則

エ　ヘンリーの法則　　オ　ボイルの法則

(4) 化学反応における触媒についての記述として，正しいのはどれか。

ア　化学平衡になった状態で触媒を加えると，平衡が移動し生成物の量が増加する。

イ　触媒の作用により，正反応の速度は増すが逆反応の速度は変わらない。

ウ　触媒の作用により，反応熱が大きくなる。

エ　触媒の作用により，反応の経路が変わる。

オ　触媒の作用をもつものは，すべて固体である。

(5) 不斉炭素原子を含むのはどれか。

ア　アニリン　　イ　グリセリン　　ウ　サリチル酸　　エ　シュウ酸　　オ　乳酸

(6) エタノールとフェノールに共通する性質はどれか。

ア ナトリウムと反応して水素を生じる。

イ ヨードホルム反応を示す。

ウ 常温常圧で液体である。

エ 水酸化ナトリウム水溶液と中和して塩をつくる。

オ 塩化鉄(Ⅲ)水溶液を加えると，紫色の呈色反応を示す。

〔2〕 次の設問(1)〜(6)に答えよ。必要があれば，原子量，アボガドロ定数 N_A，気体定数 R として次の値を用いよ。

H = 1.0，C = 12，N = 14，O = 16，S = 32，Cl = 35.5，Zn = 65，$N_A = 6.0 \times 10^{23}$/mol，

$R = 8.3 \times 10^3$ Pa·L/(mol·K)

(1) アンモニウムイオン1個の質量（g）を求めよ。答えは有効数字2桁で記せ。

(2) 1.0 mol/L の希硫酸を 100 mL つくるのに必要な質量パーセント濃度 98 % の濃硫酸（密度 1.8 g/cm³）の体積（mL）を求めよ。答えは有効数字2桁で記せ。

(3) 6.50 g の亜鉛に十分な量の塩酸を加えて完全に反応させたとき，発生する水素の標準状態での体積（L）を求めよ。答えは有効数字3桁で記せ。

(4) 内容積 2.49 L の容器に 27 ℃ で 1.0×10^5 Pa の二酸化炭素を入れてフタをした後，フタに小さな穴を開けた。1.0×10^5 Pa でこの容器をある温度まで加熱したところ，容器から 0.020 mol の二酸化炭素が追い出された。このときの温度（℃）を求めよ。答えは整数で記せ。

(5) メタノールを酸化したところ，ホルムアルデヒド 3.0 g とギ酸 4.6 g が生成した。反応に用いたメタノールの質量（g）を求めよ。ただし，反応後にメタノールは残っていないものとする。答えは有効数字2桁で記せ。

(6) 不飽和脂肪酸を含む油脂（トリグリセリド）0.10 mol に水素を完全に付加するのに標準状態で 11.2 L の水素が必要であった。この油脂1分子中に含まれる C=C 結合の数（個）を求めよ。答えは整数で記せ。

〔3〕次の文章を読み，設問(1)〜(6)に答えよ。必要があれば，原子量として次の値を用いよ。
H = 1.0, C = 12, O = 16

弱酸である酢酸は，水溶液中で①式の電離平衡の状態にある。

$$CH_3COOH \rightleftarrows CH_3COO^- + H^+ \quad \cdots ①$$

水溶液中の CH_3COOH, CH_3COO^-, H^+ のモル濃度を，それぞれ $[CH_3COOH]$, $[CH_3COO^-]$, $[H^+]$ とすると，①式の酢酸の電離定数 K_a は②式で表される。

K_a = [A] [mol/L]　・・・②

K_a の値は，一定温度では一定の値になる。

酢酸の初濃度を c [mol/L]，電離度を α とすると，電離平衡時の各成分の濃度は次のようになる。

$[CH_3COOH]$ = [B] [mol/L]
$[CH_3COO^-]$ = [C] [mol/L]
$[H^+]$ = [D] [mol/L]

したがって，酢酸の K_a は，c と α を用いて次のように表される。

K_a = [E] [mol/L]　・・・③

ここで α が1に比べて非常に小さい場合，③式を次の近似式で表すことができる。

K_a = [F] [mol/L]

したがって，α は次のように表される。

α = [G]　・・・④

④式から，酢酸は，水溶液の濃度が小さくなるほど電離度は [ア（小さく，大きく）] なることがわかる。

a）酢酸水溶液に酢酸ナトリウムを溶かすと，酢酸イオンの濃度が [イ（増加，減少）] し，①式の平衡は [ウ（右方向，左方向）] に移動する。よって，この混合水溶液中には，酢酸ナトリウムを加える前よりも [あ] と酢酸イオンが [エ（多く，少なく）] 存在する。この混合水溶液には，少量の強酸や強塩基を加えてもpHをほぼ一定に保つ [い] 作用がある。

設問

(1) 空欄 [A] 〜 [G] に最も適する式を記せ。

(2) 空欄 [ア] 〜 [エ] に最も適する語句を各空欄に示した語句から選び記せ。

(3) 空欄 [あ] と [い] に最も適する語句を下記から選び記せ。

還元　緩衝　酢酸　酸化　水素イオン　中和

(4) 弱酸であるフッ化水素の K_a は 2.1×10^{-3} mol/L（25℃）で，酢酸の K_a は 2.7×10^{-5} mol/L（25℃）である。25℃で0.1 mol/Lのフッ化水素の水溶液と0.1 mol/Lの酢酸水溶液では，どちらの酸性が強いか。K_a の値から判断して，酸性が強い方の酸の名称を記せ。

(5) 下線部a）の混合水溶液に少量の強酸を加えてもpHがほぼ一定に保たれる理由を60字程度で記せ。なお，物質名やイオン名は化学式ではなく，名称を用いよ。

(6) 0.27 mol/L の酢酸水溶液（25 ℃）の電離度，水素イオン濃度，pH をそれぞれ求めよ。ただし，酢酸の K_a は 2.7×10^{-5} mol/L（25 ℃），$\log_{10} 2.7 = 0.43$ とする。電離度と水素イオン濃度の答えは有効数字 2 桁で記せ。また，pH の答えは小数第 2 位を四捨五入して小数第 1 位まで記せ。

〔4〕次の文章を読み，設問(1)～(7)に答えよ。

Ag^+，Al^{3+}，Ca^{2+}，Cu^{2+}，Fe^{3+}，K^+，Pb^{2+} の 7 種類の金属イオンを含む混合水溶液から，各イオンを分離するために下図の操作を行った。

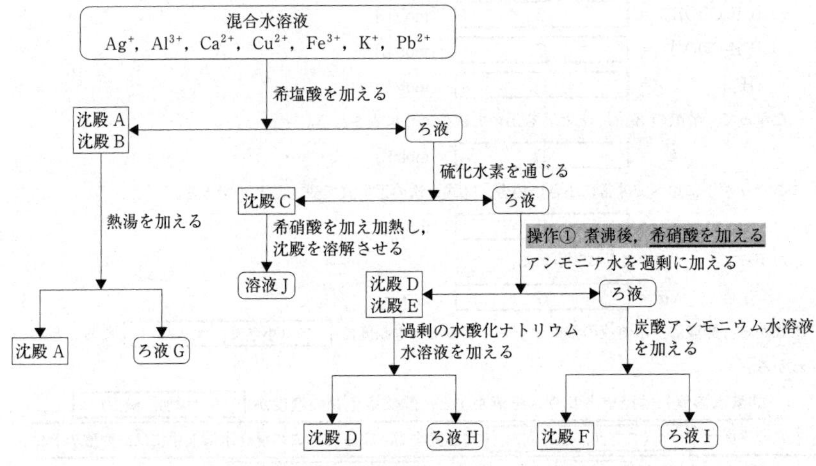

図　混合水溶液に含まれる金属イオンの系統分析

設問

(1) 沈殿A ～ 沈殿F の化学式を記せ。

(2) ろ液G にクロム酸カリウム水溶液を加えると，黄色沈殿が生成した。沈殿を化学式で記せ。

(3) 溶液J に過剰のアンモニア水を加えると深青色の溶液となった。この反応をイオン反応式で記せ。

(4) 操作①で希硝酸を加えるのはなぜか。理由を 30 字程度で記せ。ただし，イオン式は 1 文字としてよい。

(5) 沈殿D を酸に溶かし，［下欄］の試薬の水溶液を加えると濃青色の沈殿が生成した。その試薬を 1 つ選び，化学式で記せ。

［下欄］　アンモニア　　水酸化ナトリウム　　チオシアン酸カリウム
　　　　　ヘキサシアニド鉄(Ⅱ)酸カリウム

(6) 沈殿E は水酸化ナトリウム水溶液に溶け，ろ液H に分離される。下線部の反応を化学反応式で記せ。

(7) ろ液I に含まれる金属イオンをイオン式で記せ。また，ろ液I は何色の炎色反応を示すか記せ。

◀1月23日実施分▶

（2科目 120分）

1　**問題〔1〕～〔4〕のうちから3問選択して解答すること。**

2　**選択した問題の番号を解答用紙の選択問題番号欄に記入すること。**

3　**容積（体積）の単位，リットルについては，ここではLを用いて表記する。**

〔1〕 次の設問(1)～(6)に答えよ。各設問に与えられたア～オから1つ選び，記号で答えよ。

(1)　正しいのはどれか。

ア　アンモニア分子の形は正四面体形である。

イ　イオン結晶，共有結合結晶，金属結晶は，いずれも組成式で表される。

ウ　金属結晶中に存在するすべての電子は，結晶中を移動して電気や熱を伝える。

エ　二酸化炭素は共有結合結晶をつくる。

オ　メタンを構成するすべての原子は同一平面上にある。

(2)　正しいのはどれか。

ア　物質が水素と化合するのが酸化である。

イ　物質が電子を受け取るのが酸化である。

ウ　金属イオンが金属の単体になるのが酸化である。

エ　酸化還元反応において，酸化剤とは自分自身が酸化される物質のことである。

オ　酸化還元反応では，酸化された原子の酸化数の増加量の総和と還元された原子の酸化数の減少量の総和は等しい。

(3)　次の塩の水溶液で弱酸性を示すのはどれか。

ア　$CaCl_2$　　イ　$(CH_3COO)_2Ca$　　ウ　$NaCl$

エ　$NaHCO_3$　　オ　NH_4NO_3

(4)　常圧において，沸点の高い順に並べたものはどれか。

ア　エタノール ＞ エタン ＝ メタン　　イ　エタノール ＞ エタン ＞ メタン

ウ　エタン ＞ エタノール ＞ メタン　　エ　エタン ＝ メタン ＞ エタノール

オ　メタン ＞ エタン ＞ エタノール

(5)　ハロゲンの単体および化合物に関する次の記述のうち，<u>誤り</u>を含むものはどれか。

ア　ハロゲン原子は7個の価電子をもち，1価の陰イオンになりやすい。

イ　ハロゲン元素の単体は原子番号が大きくなるにしたがって，沸点や融点が上昇する。

ウ　フッ化水素酸はガラスを溶かす。

エ　塩化カリウムの水溶液にヨウ素を加えると，塩素が激しく発生する。

オ　鉄粉を触媒としてベンゼンに塩素を反応させると，クロロベンゼンが生じる。

(6) 亜鉛に関する記述として正しいのはどれか。

ア　周期表の11族に属し，原子は価電子を2個もつ。

イ　単体は希硫酸に溶けて，二酸化硫黄を発生する。

ウ　酸化物は塩酸に溶けない。

エ　水酸化物は過剰の水酸化ナトリウム水溶液に溶けて，テトラヒドロキシド亜鉛(Ⅱ)酸イオンを生じる。

オ　ダニエル電池において，亜鉛板の電極は正極になる。

〔2〕次の設問(1)〜(6)に答えよ。必要があれば，原子量として次の値を用いよ。
H = 1.0，C = 12，N = 14，O = 16，Na = 23，Al = 27，S = 32，Cl = 35.5，K = 39，Ca = 40，Mn = 55，Pb = 207

(1) 0.28 mol/L の水酸化ナトリウム水溶液 50 mL と 0.040 mol/L の水酸化ナトリウム水溶液 150 mL を混合した。得られた溶液の25℃でのpHを求めよ。ただし，水酸化ナトリウムは完全に電離するものとし，25℃での水のイオン積は $[H^+][OH^-] = 1.0 \times 10^{-14} (mol/L)^2$ とする。答えは整数で記せ。

(2) 鉛蓄電池の放電で正極の質量が 32 g 増加した。このとき，増加した負極の質量（g）を求めよ。答えは有効数字2桁で記せ。

(3) 濃度不明の過酸化水素水 15 mL を硫酸で酸性にした後，0.015 mol/L の過マンガン酸カリウム水溶液を 30 mL 加えたところで，溶液にうすく色がついた。この過酸化水素水のモル濃度（mol/L）を求めよ。答えは有効数字2桁で記せ。

(4) 標準状態で酸素 1.1 L と水素 1.6 L の混合気体を燃焼させると，どちらか一方の気体の一部が残り，液体の水が生じた。残った気体の標準状態での体積（L）を求めよ。答えは有効数字2桁で記せ。

(5) カルシウムとアルミニウムからなる合金があり，この合金中の元素比はカルシウム 1.00 mol に対してアルミニウムが 2.00 mol である。この合金 7.05 g を塩酸に完全に溶解させたところ，水素が発生した。発生した水素の標準状態での体積（L）を求めよ。答えは有効数字3桁で記せ。

(6) アンモニアソーダ法により炭酸ナトリウム 2.12 kg を得るときに塩化ナトリウムは少なくとも何 kg 必要か。ただし，反応は完全に行われるものとし，必要な他の物質は十分にあるものとする。答えは有効数字3桁で記せ。

〔3〕次の文章を読み，設問(1)～(7)に答えよ。必要があれば，気体定数Rとして次の値を用いよ。

$R = 8.3 \times 10^3$ Pa·L/(mol·K)

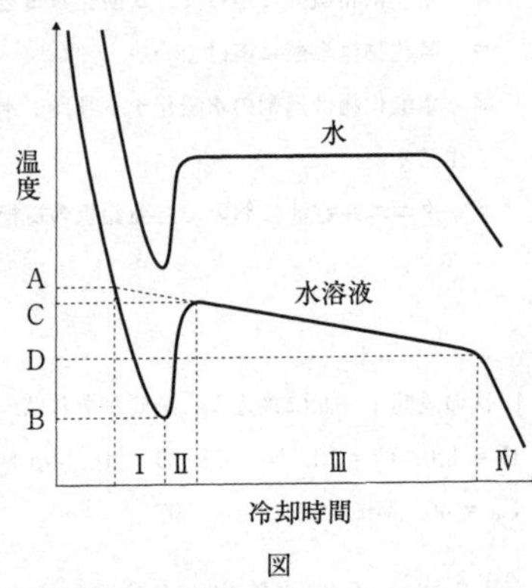

図

常圧において水の凝固点は0℃である。水を冷却したときの冷却時間と温度の関係を示す冷却曲線は図のようになる。一方，水に少量の不揮発性物質を溶かした溶液が凍る温度は0℃より低くなる。この現象を［ア］といい，低下した量を［ア］度という。非電解質を溶かした水溶液の場合には，［ア］度は溶質の種類に関係なく，溶液の［イ］に比例する。このような性質を溶液の束一的性質という。水と水溶液のいずれの冷却曲線においても，極小が見られるのは［ウ］によるものである。極小点を過ぎた後に，温度は一時的に上昇する。a) <u>領域IIIでの温度変化は水と水溶液では挙動は異なり，水では温度が一定になるが，水溶液では時間の経過とともに温度が徐々に低下する。</u>

タンパク質などの高分子が溶けている水溶液と純水をセロハン膜で仕切ると，高分子はセロハン膜を通り抜けることはできないが，水分子はセロハン膜を通って高分子溶液に拡散していく。セロハン膜のように，溶液中のある成分は通すが他の成分を通さない膜を［エ］という。［エ］を隔てて純水と水溶液が接しているとき，水分子の拡散を阻止するために加えなければならない圧力を［オ］という。温度T［K］において，n［mol］の非電解質が溶けている体積V［L］の溶液の［オ］Πは，気体定数R［Pa·L/(mol·K)］を用いて次式で表される。

$\Pi =$［i］　・・・①

①式をファントホッフの法則という。したがって，［オ］は溶液の濃度が高いほど［カ（大きく，小さく）］なる。また，純水側と溶液側の圧力がつり合った状態で［オ］よりも大きい圧力を［キ（純水，水溶液）］側に作用させると，水分子は上記とは逆の方向に拡散する。この挙動は果汁の濃縮や海水の淡水化などに応用されている。

設問

(1) 空欄［ア］～［キ］に最も適する語句を記せ。ただし，［カ］は（大きく，小さく），［キ］は（純水，水溶液）から，それぞれ選び記せ。

(2) 水溶液の凝固点として適するものを，図中のA～Dから選び記せ。

(3) 図中の領域I～IVの状態を最も適切に表しているものを，以下の（あ）～（う）からそれぞれ1つ選び記せ。同じ選択肢を複数回用いてよい。

（あ）均一な液体である

（い）固体と液体が混ざっている

（う）固体のみで液体は存在しない

(4)　下線部 a）について，水と水溶液で挙動が異なる理由を50字程度で記せ。

(5)　次の各物質1gを水100gに完全に溶かした溶液がそれぞれある。同圧のもとで，最も凝固点の高い溶液はどれか。以下の物質から選び，化学式で記せ。ただし，電解質は完全に電離しているものとする。

塩化カルシウム $CaCl_2$（式量111）　硝酸カリウム KNO_3（式量101）
尿素 $CO(NH_2)_2$（分子量60）　硫酸アルミニウム $Al_2(SO_4)_3$（式量342）
硫酸ナトリウム Na_2SO_4（式量142）

(6)　空欄 [i] に最も適する式を記せ。

(7)　0.154 mol/L の塩化ナトリウム（式量58.5）水溶液は生理食塩水とよばれ，血液と同じ [オ] を示す。37℃において，生理食塩水と同じ [オ] を示すグルコース溶液を100 mL つくるのに，グルコース $C_6H_{12}O_6$（分子量180）は何g必要か。答えは有効数字3桁で記せ。

〔4〕次の文章を読み，設問(1)～(6)に答えよ。必要があれば，原子量として次の値を用いよ。
H = 1.0，C = 12，O = 16

糖類は一般式 $C_mH_{2n}O_n$（$m \geqq 3$）で表される化合物である。グルコースのように，酸を加えて加熱してもそれ以上加水分解されない糖類を単糖という。単糖は糖類を構成する基本単位である。また，マルトースやスクロースのように，加水分解によって単糖2分子を生じる糖類を [ア] という。さらに，デンプンやセルロースのように，多数の単糖が縮合重合した高分子化合物を [イ] という。

グルコース，フルクトース，ガラクトースは，炭素数が6（$m = 6$）の単糖である六炭糖に分類され，すべて分子式は $C_6H_{12}O_6$ で示される。グルコースとフルクトースは互いに [ウ（立体，構造）] 異性体，グルコースとガラクトースは互いに [エ（立体，構造）] 異性体の関係にある。単糖は，分子中に多くのヒドロキシ基-OHを含むため，水によく溶ける。また，水溶液は還元性を示す。

グルコースは，結晶中では，5個の炭素原子Cと1個の酸素原子Oが環状に結びついた六員環構造をとり，α-グルコースとβ-グルコースの2種類の [オ（立体，構造）] 異性体がある。通常のグルコースの結晶はα型であり，α-グルコースを水に溶かすと下の図のように，その一部は鎖状構造（ii）を経由して，β-グルコースに変化し，やがて，a）これらの3種類の異性体が平衡状態となる。また，b）グルコースは，酵母のもつ酵素群のはたらきで，エタノールと二酸化炭素に分解される。

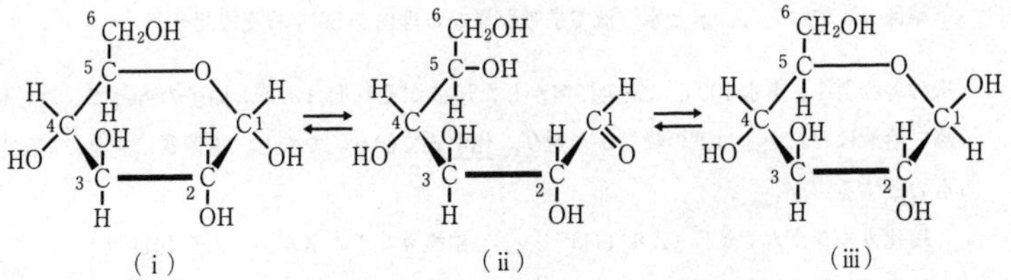

図 グルコース分子の水溶液中での構造変換

マルトースは，2分子のグルコースが1位の -OH と4位の -OH で脱水縮合により結合しており，スクロースは，1分子のグルコースと1分子の［ カ ］が脱水縮合した構造である。ともに分子式［ A ］で示され，互いに異性体である。［ ア ］には水溶液が還元性を示すものと示さないものがあり，マルトースは還元性を［ キ（示す，示さない）］。また，スクロースは還元性を［ ク（示す，示さない）］。

設問

(1) 空欄［ ア ］〜［ ク ］に最も適する語句を記せ。ただし，［ ウ ］〜［ オ ］は（立体，構造）から，［ キ ］と［ ク ］は（示す，示さない）から，それぞれ選び記せ。

(2) 下線部 a）について，α-グルコースは図の（ i ），（iii）のどちらであるか，記号で記せ。

(3) グルコースの水溶液が還元性を示すのはなぜか。還元性の原因となる官能基の名称を用いて30字程度で説明せよ。

(4) 下線部 b）の反応を何とよぶか。

(5) 空欄［ A ］の分子式を記せ。

(6) マルトース 513 g を完全に加水分解した後，下線部 b）の反応をさせると，理論上エタノールは何 g 得られるか。答えは整数で記せ。

生　物

◀1月21日実施分▶

（2科目 120分）

1　**問題〔1〕～〔4〕のうちから3問選択して解答すること。**

2　**選択した問題の番号を解答用紙の選択問題番号欄に記入すること。**

〔1〕次の文章を読み，以下の問いに答えよ。

ヒトやイヌのような真核生物の細胞において，DNAは染色体を形成している。体細胞の［ア］の中には，形と大きさが等しい染色体が2本ずつ対になって存在しており，［イ］染色体と呼ばれる。染色体の数は生物種によって異なり，ヒトの染色体数は［ウ］本，イヌの染色体数は78本である。染色体のDNA分子は長いが，［エ］と呼ばれるタンパク質と結合し，ヌクレオソームという単位を形成することで効率よく折りたたまれている。体細胞1個に含まれるDNAの塩基対の総数は，ヒトでは約［オ］億，イヌでは約50億であると推定されている。10塩基対からなるDNAの長さが3.4×10^{-9} mだとすると，イヌの体細胞1個に含まれるDNAの全長は約［カ］mであり，染色体1本に含まれるDNAの長さの平均は約［キ］cmである。

イヌやヒトなどのそれぞれの生物の生命活動を支えている一揃いの遺伝情報のことを，カタカナ表記で［ク］という。［ク］を構成するDNAの塩基配列のうちタンパク質のアミノ酸配列を指定する部分を遺伝子というが，その遺伝子の数も種によって異なる。1組のヒト［ク］に含まれる遺伝子数は約22,000，1組のイヌ［ク］に含まれる遺伝子数は約25,000とされている。各染色体上に均一に遺伝子が乗っていると仮定すると，染色体1本あたりの平均遺伝子数は，ヒトで約［ケ］，イヌで約［コ］と推定することができる。

問1　空欄［ア］～［コ］に当てはまる最も適切な語句や数値を答えよ。ただし，数値が小数の場合は，小数第二位を四捨五入して小数第一位まで求めよ。

問2　次の選択肢1～6の記述のうち適切でないものを3つ選び，番号で答えよ。

【選択肢】

1　体細胞分裂の前後で，細胞1個当たりのDNA量は最大で4倍に増える。

2　イヌの体細胞に含まれるDNAの半分は母方由来，もう半分は父方由来であると考えられる。

3　ヒトよりもイヌの方が染色体の数が多いので，遺伝子の数も多い。

4　ワトソンとクリックが明らかにしたDNAの二重らせん構造は，ヒトのDNAでもイヌのDNAでも同じである。

5　イヌもヒトも1個の遺伝子が平均で同じ数の塩基対からなると仮定すると，DNAに含まれる塩基対の総数に遺伝子が占める割合は，ヒトよりもイヌの方が大きい。

6　イヌでもヒトでも，インスリンをつくる体細胞と胆汁をつくる体細胞では，それぞれの体細胞がもっている全遺伝情報は異なる。

問3　生物の細胞におけるDNAとRNAの構造的な違いについて，次の文章(1)～(3)の空欄［サ］～［タ］に当てはまる最も適切な語句を次の選択肢から選び，番号で答えよ。ただし，同一語句を複数回選んではならない。また，文章(4)の理由を20字以上30字以内で簡潔に答えよ。

【文章】

(1)　鎖の本数：一般に，［サ］は1本鎖だが，［シ］は2本鎖である。

(2)　糖の種類：DNAは［ス］，RNAは［セ］をもつ。

(3)　塩基の種類：DNAは［ソ］をもたず，RNAは［タ］をもたない。

(4)　長さ：RNAはDNAより短い。

【選択肢】

1　RNA	2　DNA	3　リン酸	4　核酸
5　デオキシリボース	6　リボース	7　ヌクレオチド	8　エキソン
9　コドン	10　アンチコドン	11　アデニン	12　グアニン
13　チミン	14　シトシン	15　ウラシル	

〔2〕次の文章を読み，以下の問いに答えよ。

地表面をおおっている植生が，火山噴火などによって破壊されると，それまであった土壌や植物の種子などを含まない裸地ができる。しかし，そのような裸地にもやがて植物などが侵入し(a)，その場所の植生は時間とともに変化していく。このように，ある場所の植生が時間とともに移り変わり，一定の方向性をもって変化していく現象を遷移という。遷移が裸地から始まる場合は ア 遷移，耕作放棄地や森林伐採跡地などから始まる場合は イ 遷移と呼ばれる。一方，陸地から始まるのは ウ 遷移と呼ばれるのに対し，湖沼や河川などから始まる場合を エ 遷移という(b)。また，遷移の進行過程と植物の種子散布型には関連がある(c)ことも知られている。

伊豆諸島にある伊豆大島では，火山噴火によって植生が消失した場所においても時間が経つにつれて植生が回復し，クライマックス(d)に達した場所では光沢をもつ葉からなる常緑広葉樹が優占(e)している。1960年頃には，溶岩噴出年が異なる4地点において詳細な植生調査が行われ，それぞれの場所の特徴が下表のように明らかとなった。

表　伊豆大島における溶岩噴出年の異なる4地点（①～④）の特徴

調査地	①	②	③	④
代表的な植物	オオシマザクラ ヤブツバキ	ハコネウツギ A	ハチジョウイタドリ B	スダジイ C
植生の高さ（m）	9.2	2.8	0.6	12.5
地表照度（%）※	2.7	23	90	1.8
溶岩噴出年	D	E	F	G

※地表照度は植生の最上部の照度を100％とした時の相対的な値

問1　空欄 ア ～ エ に当てはまる最も適切な語句を，それぞれ漢字2字で答えよ。

問2　下線部(a)のように，遷移の初期段階で侵入する種を何というか答えよ。

問3　下線部(b)の進行過程について，次の選択肢にある5つの植物を最も適切な順番に並べたとき，1番目と4番目に位置する植物を選択肢から選んで答えよ。なお，最後の5番目の植物はハンノキである。また，同一選択肢を複数回選択してはならない。

【選択肢】　クロモ　スイレン　スゲ類　ハンノキ　ヨシ

問4　下線部(c)について，次の文章の空欄 オ ～ キ に当てはまる最も適切な語句を次の選択肢から選び，番号で答えよ。ただし，同一選択肢を複数回選択してはならない。

オ 散布型の種子をもつ植物は遷移の早い段階で出現することが多く，その後，カ 散布型の種子をもつ植物が侵入し，遷移の後期に現れる植物の種子は カ 散布型とともに キ 散布型のものも多くなる。キ 散布型の種子は，分布を広げる速度は低いが，光の少ない場所でも発芽して生育できるものが多い。

【選択肢】　1　雨　　2　風　　3　重力　　4　人為　　5　動物

問5　下線部(d)の別名を漢字2字で答えよ。

問6　下線部(e)が示すバイオームの名称を答えよ。

問7　表中の空欄 A ～ C に当てはまる最も適切な植物を次の選択肢から選び，番号で答えよ。ただし，同一選択肢を複数回選択してはならない。

【選択肢】

1　オオバヤシャブシ　　2　コマクサ　　3　ススキ　　4　タブノキ
5　トドマツ　　6　ハイマツ　　7　ブナ　　8　ミズナラ

問8　表中の空欄 D ～ G に当てはまる最も適切な溶岩噴出年を次の選択肢から選び，番号で答えよ。ただし，同一選択肢を複数回選択してはならない。

【選択肢】

1　1950年　　2　1778年　　3　684年　　4　およそ4000年前

〔3〕次の文章を読み，以下の問いに答えよ。

ホルモンは水への親和性の違いから A と B に分けることができる。 A には，グルカゴンや成長ホルモンのようにアミノ酸が連結した ア ホルモンが含まれる。これらは，細胞膜(a)を通過することが出来ないため，標的細胞の細胞膜に存在する イ に結合することで特定の生理反応を引き起こす。一方で B には，糖質コルチコイドや鉱質コルチコイド(b)のようなステロイドホルモンが含まれる。 B は細胞膜を通過し，細胞内の イ と結合することで，特定の遺伝子の発現を調節する。

多くのホルモンの分泌では間脳の視床下部が司令塔の役割を担っている。例えば，塩分を多く摂取し体液の塩分濃度が上昇した場合は，視床下部がこれを感知し，脳下垂体後葉から ウ の分泌が促進される。その結果，腎臓の集合管における水の再吸収が増加し，体液の塩分濃度がもとの値に戻る。一方，多量の水を飲むなどして，体液の塩分濃度が低下した場合は，視床下部がこれを感知し，脳下垂体後葉からの ウ の分泌が抑制される。このように，最終産物や最終的なはたらきの効果がはじめの段階に戻って作用を及ぼすことを C といい，身体の恒常性を維持するために欠かせない仕組みの一つである。

ホルモンの分泌には自律神経(c)も関わっている。空腹による血糖濃度の低下は，視床下部で感知される。この情報は， エ を介して副腎髄質へ伝えられ， オ が分泌される。また， エ や低血糖の血液による直接の刺激によってすい臓のランゲルハンス島 カ からグルカゴンが分泌される。これらのホルモンは，肝臓や筋肉に貯蔵されている キ をグルコースに分解する反応を促し，血糖濃度を上昇させる。また，視床下部は脳下垂体［ク］を介して［ケ］刺激ホルモンを放出し，［ケ］から糖質コルチコイドを分泌させて，組織中のタンパク質からのグルコース合成を促進する。このように血糖濃度を上げる場合には，多くのホルモンがはたらくが，上昇した血糖濃度を下げるはたらきをもつホルモンはインスリンだけである。そのため，インスリンの分泌不足や標的細胞での作用不全などは，糖尿病(d)の原因となる。

問1　空欄［A］，［B］に当てはまる適切な語句を答えよ。

問2　空欄［ア］～［ケ］に当てはまる最も適切な語句を次の選択肢から選び，番号で答えよ。ただし，同一語句を複数回選択してはならない。

【選択肢】

1　アドレナリン	2　ペプチド	3　運動神経	4　延髄
5　ミトコンドリア	6　感覚神経	7　グリコーゲン	8　交感神経
9　甲状腺	10　脂質	11　樹状突起	12　受容体
13　小脳	14　成長ホルモン	15　セクレチン	16　チロキシン
17　前葉	18　バソプレシン	19　副交感神経	20　副腎皮質
21　後葉	22　A細胞	23　B細胞	24　単糖
25　酵素	26　チャネル		

問3　下線部(a)を構成するリン脂質の並び方について，「親水性」と「疎水性」という2つの語句を用い30字以上50字以内で説明せよ。

問4　下線部(b)は腎臓において［X］イオンの再吸収およびカリウムイオンの排出を行って体液の塩類濃度を調整している。［X］に当てはまる語句をカタカナで答えよ。

問5　空欄［C］に当てはまる適切な語句をカタカナで答えよ。

問6　下線部(c)について，自律神経は交感神経と副交感神経からなる。次の選択肢から，副交感神経の作用として正しいものをすべて選び，番号で答えよ。

【選択肢】

1　気管支の収縮　　2　心拍数の増加　　3　瞳孔の拡大　　4　胃のぜん動促進
5　排尿促進

問7　下線部(d)は，Ⅰ型糖尿病とⅡ型糖尿病に分けることができる。Ⅰ型糖尿病患者では，インスリンがほとんど分泌されないのに対し，Ⅱ型糖尿病患者では，インスリン分泌量の低下や標的細胞のインスリンに対する感受性が低下する。解答用紙に示した実線のグラフ「健康な人の食後の血糖濃度と血中のインスリン濃度の変化」を参考にして，Ⅰ型糖尿病患者の食後の血糖濃度と血中のインスリン濃度の変化について点線のグラフで図示せよ。なお，解答欄に示したⅠ型糖尿病患者の食事前における血糖濃度・血中のインスリン濃度の点線グラフを出発点として，グラフを完成させよ。

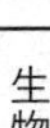

〔解答欄〕

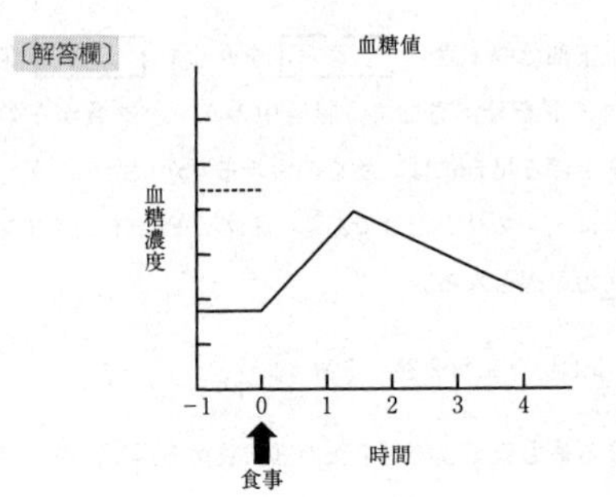

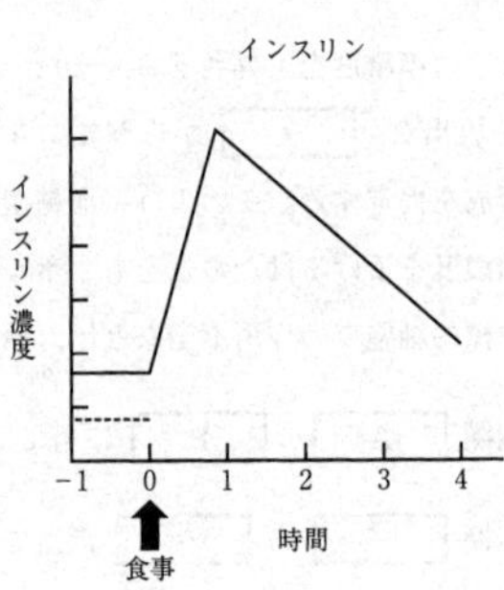

〔**4**〕次の文章を読み，以下の問いに答えよ。

生物種の正式な名前，すなわち学名には，今日では二名法が用いられている。私たちヒトの学名は，*Homo sapiens* であり，このうち *Homo* は［ア］名，*sapiens* は種小名である。

生物全体を，細胞の構造に着目して分類すると，大きく，［イ］生物と真核生物に分けられる。［イ］生物はさらに，大腸菌などを含む細菌（バクテリア）と，超高熱菌，メタン菌，高度好塩菌などを含む［ウ］に分けられる。生物全体を３分するこれらの分類群のことを［エ］と呼ぶ。

私たちヒトは，今からおよそ600～800万年前に，現生のチンパンジーやボノボとの共通祖先から分岐(a)し，独自の進化を遂げた霊長類の系統，すなわち人類のうちの一種である。

問１　空欄［ア］～［エ］に当てはまる最も適切な語句を答えよ。

問２　生物の階層的分類に用いられる中間的な階級を，上位の分類群から下位の分類群の順に左から右に並べたものとして正しいものを，次の選択肢から１つ選び，番号で答えよ。

【選択肢】

１　綱・目・科　　２　綱・科・目　　３　目・綱・科

４　目・科・綱　　５　科・綱・目　　６　科・目・綱

問３　最初期の人類が進化した地域として正しいものを，次の選択肢から１つ選び，番号で答えよ。

【選択肢】

１　アジア　　２　ヨーロッパ　　３　アフリカ

４　オーストラリア　　５　南アメリカ　　６　北アメリカ

問４　人類以外の霊長類とは一般には共有していないものの，最初期の人類がすでに獲得していたと考えられている形質として正しいものを，次の選択肢から２つ選び，番号で答えよ。

【選択肢】

１　言語の使用　　２　火の使用　　３　小さな犬歯　　４　拇指(ぼし)対向性

5　平爪をもつ　　6　直立二足歩行　　7　両眼視

問5　下線部(a)に関連して，単一の系統からさまざまな環境に適応し，複数の系統に分化することを指す語句を答えよ。

問6　下線部(a)に関連し，共通祖先から分岐して進化したことがわかっている4種の生物（種1，2，3，4）のDNAの塩基配列の一部を調べたところ，表のような結果になった。塩基配列の部位（サイト）のうち，サイト1，4～6，8～11，13～15は，種間で同一であった。種間で異なるサイト2，3，7，12の4つのサイトの情報から，最節約法を用いて分子系統樹を作成したい。最節約法とは，塩基配列の突然変異の回数が最も少なくなる系統樹を選択する方法である。種4は，これらの種の中で一番先に分岐したことがわかっているものとする。図中のX，Y，Zはそれぞれ種1，2，3のいずれかを表すものとし，a，b，c，dはその時点で生じた塩基配列のサイトの変化を表すものとするとき図中のZで表される種を番号で答えよ。また，dで変化したサイトとして最も適切なものを，次の選択肢から1つ選び，番号で答えよ。

【選択肢】

1　サイト2　　2　サイト3　　3　サイト7　　4　サイト12
5　サイト2と3　　6　サイト3と7　　7　サイト7と12

表　各種のDNAの塩基配列の一部

サイト（塩基）	1	2	3	4	5	6	7	8	9	10	11	12	13	14	15
種1	A	G	T	C	A	T	A	C	A	T	G	G	T	G	C
種2	A	C	C	C	A	T	C	C	A	T	G	G	T	G	C
種3	A	C	T	C	A	T	C	C	A	T	G	G	T	G	C
種4	A	G	T	C	A	T	C	C	A	T	G	A	T	G	C

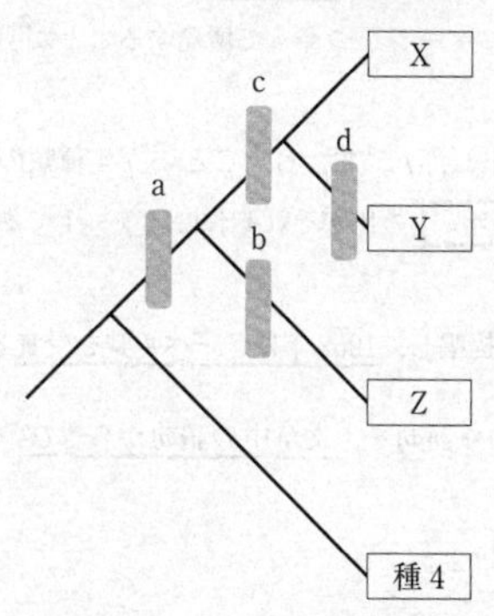

図　最節約法を用いて作成された分子系統樹

◀1月22日実施分▶

（2科目 120分）

1　**問題〔1〕～〔4〕のうちから3問選択して解答すること。**

2　**選択した問題の番号を解答用紙の選択問題番号欄に記入すること。**

〔1〕以下の問いに答えよ。

問1　次の文章を読み，以下の(1)～(5)の問いに答えよ。

1928年，グリフィスは肺炎双球菌(a)を用いた実験を行った。肺炎双球菌には病原性をもつS型菌と病原性をもたないR型菌があるが，加熱処理をして殺菌したS型菌と生きたままのR型菌とを混ぜてネズミに注射したところ，そのネズミは肺炎を起こして死に，その体内からは生きたS型菌が見つかることを発見した。これは，ネズミの体内で［ア］型菌が［イ］型菌の形質に変化したこと(b)，そして，形質を変化させる何らかの物質が［ウ］に強い物質であることを示していた。

さらに1944年，エイブリーらは，DNAを分解したS型菌抽出液とタンパク質を分解したS型菌抽出液を用いた比較実験を行い，形質を変化させる物質の本体に迫った。これら2種類の菌抽出液のそれぞれを生きたR型菌に加えたところ，［エ］を分解したS型菌を加えた場合にのみ，R型菌の一部が病原性のあるS型菌に変化することがわかった。

1952年，ハーシーとチェイスは，細菌に感染するウイルス(c)であるバクテリオファージの増殖過程を調べた。その結果，バクテリオファージが細菌に感染するときに，［オ］でできた殻は菌外に残り，［カ］が細菌内に入って遺伝子として働き，子ファージをつくって増殖することが明らかになった。

1949年，シャルガフはさまざまな生物からDNAを抽出し，A，T，G，Cという4種類の塩基の割合を比較した。その結果，Aと［キ］，Gと［ク］の比がそれぞれほぼ1：1であるという法則性を見出した。

1953年，クリックらはDNAの二重らせん構造モデルを提唱し，1962年にノーベル賞を受賞した(d)。

(1)　空欄［ア］～［ク］に当てはまる最も適切な語句を，文章中の語句から選び，答えよ。ただし，同一語句を複数回使用してもよい。

(2)　下線部(a)以外の原核生物の具体的な生物名を1つ挙げよ。

(3)　下線部(b)のような現象名を漢字4字で答えよ。

(4)　下線部(c)の大きさとして適切でないものを次の選択肢から1つ選び，番号で答えよ。

【選択肢】　1　50 nm　　2　100 nm　　3　10000 nm　　4　0.05 μm　　5　0.1 μm

(5)　下線部(d)について，クリック以外の共同受賞者の名前を1名答えよ。また，彼らが受賞したノーベル賞の部門名を，解答用紙の空欄に入るように漢字2字で答えよ。

〔解答欄〕

名前		部門名	ノーベル			学・医学賞

問２　次の表は，さまざまな生物試料（番号１～４）から得られたDNAに含まれる塩基の割合（%）と核１個あたりの平均DNA量を比較したものである。この表に基づき，以下の(1)～(4)の問いに答えよ。

表

生物試料	DNA中の塩基数の割合（%）				DNA量（$\times 10^{-12}$ g）
	A	G	C	T	
番号１	33.0	17.0	17.1	32.9	12.1
番号２	24.4	24.7	18.4	32.5	不明
番号３	32.8	17.7	17.3	32.2	6.1
番号４	17.0	33.0	32.9	17.0	12.8

(1)　表の生物試料（番号１～４）のうち，同じ生物に由来すると考えられる生物試料の番号の組み合わせを１組選び，番号で答えよ。また，そのように考える理由を20字以上30字以内で簡潔に述べよ。

(2)　表の生物試料には，同じ生物の肝臓から採取した試料と精子から採取した試料が一つずつ含まれている。この生物の精子から採取した生物試料を番号で答えよ。また，そのように考える理由を20字以上30字以内で簡潔に述べよ。

(3)　表の生物試料のうち，１本鎖のDNAをもつと考えられる生物試料を番号で答えよ。また，そのように考える理由を20字以上30字以内で簡潔に述べよ。

(4)　番号４の生物試料から抽出された２本鎖DNA中に含まれるアデニンの数が51万だった場合，このDNAの全長は何万塩基か，整数で答えよ。

〔2〕次の文章を読み，以下の問いに答えよ。

(a)窒素は，生物の体をつくる主要元素の一つである。生物体に含まれる窒素は，［ア］から［イ］へ，［ウ］を通じて移行する。生物の遺骸や排出物に含まれる窒素はアンモニウム塩（アンモニウムイオン）や硝酸塩（硝酸イオン）まで分解されたのち［ア］によって吸収される。このような窒素循環において大きな働きをしているのが［エ］である。［エ］は，(b)アンモニウム塩を硝酸塩に変えたり，(c)大気中の窒素ガスをアンモニウム塩に変えて他の生物が利用できるようにしたり，逆に，(d)硝酸塩を窒素ガスに変えて大気に放出したりしている。また，窒素は非生物的な方法でも移動する。例えば，森林では，枯葉や枯れ木などの植物遺骸に含まれていた窒素の一部は，(e)河川を通じて下流に移動し，やがて海に至る。

農地の作物を収穫すると，農地の窒素が作物の形で農地外へ移動し，農地に含まれる窒素が減少する。つまり，同じ農地で作物を繰り返し育てると，土が痩せて作物の育ちが悪くなるため，農地外へ移動した窒素を補わなければならない。このとき用いられるのが肥料である。肥料として農地に投入された窒素の一部は作物となり，残りは土壌に残る。作物は人によって食べられたり，畜産動物の飼料にされたりする。土壌に残された窒素は，雨水などとともに農地から水系へ移行し，川，湖，海に至る。

20世紀初頭，ハーバー・ボッシュ法により大気中の窒素ガスから人工的にアンモニウム塩がつくられるようになった。この方法によって，化学合成された窒素を含む化学肥料の大量生産・大量供給が可能になった。その結果，世界の農産物生産量が飛躍的に増え，世界の人口も増え続けるようになった。しかしながら，人工的に固定された窒素は，もともとの窒素循環に含まれない窒素である。そのため，自然の循環では処理できない窒素が，環境中に溢(あふ)れ出すことになった。これは廃棄窒素(nitrogen waste）と呼ばれ，地球規模の環境問題の一つとなっている。

肥料として化学肥料が用いられた場合，農地に投入された窒素全てが廃棄窒素となる。2015年の日本の食糧システム（農業，畜産業，漁業，食品加工業など）から出た廃棄窒素の3分の2は環境中に放出されており，3分の1が工業的方法などで回収されているにすぎない。工業的回収には化石燃料の燃焼によって得られるエネルギーが必要なため，［オ］対策の点からの問題もある。工業的回収にたよらない(f)廃棄窒素の回収率向上と廃棄窒素の削減が必要である。そこで，日本政府は2021年に，「みどりの食糧システム戦略」を定め，化学肥料使用の30％削減などの数値目標を掲げている。

問1　空欄［ア］～［オ］に当てはまる最も適切な語句を次の選択肢から選び，番号で答えよ。ただし，同一選択肢を複数回選択してはならない。

【選択肢】

1　温暖化	2　自然	3　分解者	4　消費者	5　生産者
6　真核生物	7　食物連鎖	8　原核生物	9　生息環境	10　生態系

問2　下線部(a)について，窒素を含まない物質を次の選択肢から2つ選び，番号で答えよ。

【選択肢】

1 DNA　2 ATP　3 アミノ酸　4 ブドウ糖　5 リン酸

問3　下線部(b)〜(d)をそれぞれ何と呼ぶか，それぞれ漢字2字または4字で答えよ。

問4　下線部(c)の能力をもち，主にマメ科植物に共生している生物名を答えよ。

問5　下線部(e)について，海の窒素を陸に運ぶ効果がある現象の説明として適切なものを次の選択肢から3つ選び，番号で答えよ。

【選択肢】

1　漁業により海産物が市場に運ばれ，人々がそれを食べる。
2　海洋上の落雷によって硝酸塩や亜硝酸塩がつくられる。
3　海で成長したサケが陸水に戻り，クマなど陸上動物の餌になる。
4　海で摂食した海鳥が陸に戻って排泄する。
5　植物プランクトンから始まる食物連鎖によって生物濃縮が起こる。
6　富栄養化により赤潮が発生する。
7　干潟の貝類が海水をろ過することで浄化作用が生じる。

問6　山から水を引いている水田では，肥料を入れなくても長期間にわたり収量が変わらない場合がある。その理由を20字以上40字以内で説明せよ。

問7　下線部(f)を実現する次の技術や取り組みのうち，廃棄窒素の回収率向上に直接貢献するものにはAを，廃棄窒素そのものの量を減らすことに直接貢献するものにはBを，どちらにも直接貢献するものにはCを，それぞれ答えよ。

ア　下水処理技術を向上させる。
イ　化学肥料の使用量の少ない有機農業を行う農地の面積割合を増やす。
ウ　廃棄された食材や食品を肥料として再利用する。
エ　動物性タンパク質の消費を，動物よりも低い栄養段階にある植物由来タンパク質の消費に置き換える。

〔3〕次の文章を読み，以下の問いに答えよ。

生体には異物の侵入を防止$_{(a)}$したり，侵入した異物を除去したりする生体防御の仕組みがある。体内に侵入した病原体を異物として認識して，除去する仕組みを免疫という。免疫は，自然免疫$_{(b)}$と獲得免疫$_{(c)}$に分けられる。獲得免疫のうち，体内に侵入した異物を抗体が排除する免疫を［ア］免疫といい，ウイルスなどに感染した自己の細胞をリンパ球が直接攻撃する免疫を［イ］免疫という。

抗原や抗体には生まれつき体内に存在するものもあり，異なる血液型の血液を混合すると起こる赤血球の凝集反応が代表例である。ヒトの血しょう中には，ほかの血液型の赤血球に反応する抗体が存在し，この抗体を凝集素と呼ぶ。赤血球の表面にあり凝集素と反応する抗原を凝集原と呼ぶ。2種類の凝集原A，Bと2種類の凝集素α，βがあり，Aとα，または，Bとβが共存すると赤血球が凝集する。

問1　次に示す免疫反応は，下線部(a)異物の侵入防止，(b)自然免疫，(c)獲得免疫のいずれに分類されるか。それぞれ最も適切なものを選び，アルファベットで答えよ。

【免疫反応】

1　ナチュラルキラー（NK）細胞によるウイルス感染細胞の攻撃と破壊

2　活性化したヘルパーT細胞やB細胞の一部が記憶細胞として残ること

3　涙や唾液に含まれるリゾチームによる抗菌作用

4　粘液による細菌の捕獲

問2　空欄［ア］，［イ］に当てはまる適切な語句を漢字3字で答えよ。

問3　自然免疫では，好中球やマクロファージによる異物の取り込み・消化・分解が起こるが，このはたらきを何と呼ぶか。漢字3字で答えよ。

問4　赤血球の凝集反応を利用したABO式血液型の判定において，以下の表の結果が得られた。検体ⅠからⅣに該当する血液型（A，B，AB，O）を答えよ。

	検体Ⅰ	検体Ⅱ	検体Ⅲ	検体Ⅳ
抗A血清（凝集素αを含む）に対する反応	反応なし	反応なし	凝集反応	凝集反応
抗B血清（凝集素βを含む）に対する反応	反応なし	凝集反応	凝集反応	反応なし

問5　獲得免疫の異常によって起こる疾患に自己免疫疾患がある。抗体やキラーT細胞が生体内でどのような反応を引き起こすと自己免疫疾患が起こるか，20字以上40字以内で説明せよ。

問6　一般に，ヒトの体内では，自己免疫疾患が起こらないようにする仕組みが存在する。この仕組みの名称を漢字4字で答えよ。

問7　アレルギーについて「アレルゲン」，「過敏」という2つの語句を用いて，20字以上40字以内で説明せよ。

〔4〕 次の文章を読み，以下の問いに答えよ。

多くの動物の体は，前後を結ぶ前後軸，背と腹を結ぶ背腹軸，そして左右軸の3つの軸で表すことができる。これらの軸は，どのようにして決定されていくのであろうか。

卵形成の過程で，一次卵母細胞は卵と極体になる(a)。卵の極体が放出された側を［ア］極，その反対側を［イ］極といい，球形の卵においても体軸の一部はすでに運命づけられていることになる。カエルの卵の場合，［ア］極側の表層がメラニン色素で覆われ，［イ］極側には［ウ］と呼ばれるタンパク質が局在し，すでに物質に偏りがある。［ア］極側に精子が侵入して受精が起こると，卵の表層が内部の細胞質に対して約30°回転する。この回転は，精子の侵入地点から［イ］極の向きに起きるため，反対側は［ア］極に向かって回転することになり，その結果，精子侵入地点の反対側に灰色三日月環が生じる。卵全体には［エ］のmRNAが母性因子として蓄えられており，これがつねに合成されては分解されるため，卵の細胞質には，ほぼ一定量の［エ］が存在することになる。一方，［イ］極側に局在していた［ウ］は，表層回転により灰色三日月環領域に移動する。［ウ］は，［エ］の分解を阻害するため，灰色三日月環領域では［エ］が高く，反対側では低くなるような濃度勾配が生じる。卵割が進むと，［ア］極側と［イ］極側で細胞内の［エ］の濃度が異なることになり，［エ］が核に移動して調節タンパク質としてはたらくようになると，コーディン遺伝子など背側に特徴的な遺伝子が発現し，［エ］がはたらかないと腹側に特徴的なBMP遺伝子などが発現するようになる。

こうして胚の発生が進むと胚内の位置によって細胞は特定の遺伝子を発現するようになり，細胞の役割が決まる(b)。その結果，胚は，外胚葉，中胚葉，内胚葉といった異なる発生運命をもつ領域に分かれる。しかし，発生過程における細胞は，その細胞自身が発現する遺伝子の違いのみではなく，隣接あるいは近傍の細胞からも影響を受ける(c)ことが知られている。たとえば，カエルの初期原腸胚の原口背唇部から分泌されるノギンやコーディンタンパク質は，上述のBMPタンパクに結合することで，近傍にある外胚葉域の細胞膜上のBMP受容体への結合を阻害する。BMPがBMP受容体に結合した細胞群はその後［オ］となり，結合しない細胞群は［カ］になる。

問1　空欄［ア］～［カ］に当てはまる最も適切な語句を次の選択肢から選び，番号で答えよ。ただし，同一選択肢を複数回選択してはならない。

【選択肢】

1　植物	2　ディシェベルド	3　表皮	4　ビコイド	5　ナノス
6　神経	7　骨	8　レプチン	9　βカテニン	10　動物

問2　下線部(a)～(c)の過程をそれぞれ何と呼ぶか。

問3　脊椎動物における次の器官1～9は，主に外胚葉，中胚葉，内胚葉のいずれから発生するか，解答用紙の最も適切な胚葉欄に，番号を記入せよ。

【器官】

1　筋肉	2　眼球	3　脳・脊髄	4　肺	5　心臓・血管
6　肝臓	7　腎臓	8　胃・小腸・大腸	9　生殖器官	

〔解答欄〕

外胚葉	中胚葉	内胚葉

問4　図に示すように，両生類の胞胚期の胚葉を切り出し，A，B，Cの３条件で培養する実験を行った。それぞれどのような結果が生じると予想されるか，それぞれ20字以内で答えよ。

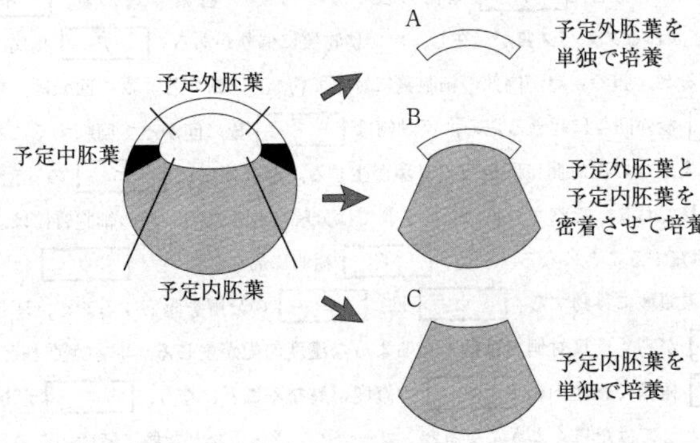

図　両生類の胞胚期の予定外胚葉領域と予定内胚葉領域を切り出し，A～Cの３種類の条件で培養した様子を示す。

◀1月23日実施分▶

（2科目 120分）

1 **問題〔1〕～〔4〕のうちから3問選択して解答すること。**

2 **選択した問題の番号を解答用紙の選択問題番号欄に記入すること。**

〔1〕 次の文章を読み，以下の問いに答えよ。

地球上には，地域ごとに様々な植生がみられ，その地域の植生とそこに生息する動物などを含めた全生物の集まりをバイオームという。陸上のバイオームは植生の相観に基づいて3つに大別(a)され，気候の違いに対応してさらに細かく分けられている（図）。

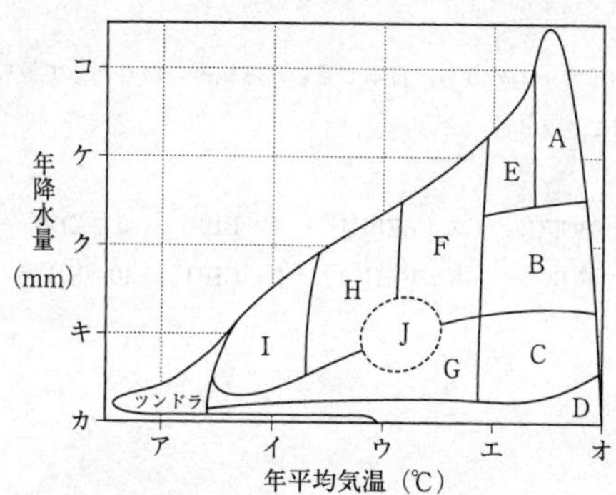

図　世界における陸上のバイオームと気候の関係

問1　下線部(a)が示す3つについて，それぞれの名称を漢字で答えよ。

問2　図について，0℃を示す目盛りをア～オの中から1つ選び，記号で答えよ。

問3　図について，1000 mm を示す目盛りをカ～コの中から1つ選び，記号で答えよ。

問4　図のA～Dのバイオームについて，それぞれを代表する植物/動物の組み合わせとして最も適切なものを次の選択肢から選び，番号で答えよ。ただし，同一選択肢を複数回選択してはならない。

【選択肢】

1	アカシア類/ライオン	2	エゾマツ/ニホンザル
3	カエデ類/トナカイ	4	ガジュマル/エゾシカ
5	ゲッケイジュ/チーター	6	コルクガシ/ヒグマ
7	サボテン類/ヒトコブラクダ	8	タブノキ/シベリアトラ
9	チーク類/アジアゾウ	10	フタバガキ類/オランウータン

問5　図のＦ～Ｉのバイオームについて，それぞれの説明文として最も適切なものを次の選択肢から選び，番号で答えよ。ただし，同一選択肢を複数回選択してはならない。

【選択肢】

1　冬の寒さが厳しい冷温帯に分布し，秋から冬に落葉する広葉樹からなる。

2　降水量の少ない温帯に分布し，イネの仲間の草本植物が優占する。

3　極端に乾燥した熱帯や温帯に分布し，乾燥に適応した植物からなる。

4　熱帯に分布し，一年中高温多湿で，多種多様な常緑広葉樹からなる。

5　冬が長く，寒さの厳しい亜寒帯に分布し，耐寒性の高い針葉樹からなる。

6　雨季と乾季のある熱帯や亜熱帯に分布し，乾季に落葉する広葉樹からなる。

7　冬に雨が多く，夏に乾燥する暖温帯に分布し，硬い葉をもつ常緑広葉樹からなる。

8　降水量が少ない熱帯や亜熱帯に分布し，草本植物が優占し，木本植物が点在する。

9　極端に気温の低い寒帯に分布し，地下には永久凍土の層があり，植物の成長が遅い。

10　夏に雨が多く，冬に乾燥する暖温帯に分布し，葉に光沢のある常緑広葉樹からなる。

問6　図のＥとＪに当てはまるバイオームの名称を答えよ。

問7　図のＡ～Ｊのバイオームのうち，日本で見られる組み合わせとして最も適切なものを次の選択肢から選び，番号で答えよ。

【選択肢】

1	ABE	2	BCFGJ	3	BEFHJ	4	BFH	5	CDG
6	EFHI	7	FHI	8	FHIJ	9	GHIJ	10	HIJ

〔2〕次の文章を読み，以下の問いに答えよ。

すべての生物は細胞からできている。細胞の最外層にある細胞［ア］は，細胞内部と外界を仕切り，物質の出入りを調節することで，細胞にとって有用な物質の流出を防いでいる。細胞内では，外部から取り込んだ有機物を［A］して得た化学エネルギーを利用するなどして，単純な物質から生命活動に必要な物質を［B］している。この過程において細胞内でのエネルギーの受け渡しを担うのは，エネルギーの通貨ともいわれる［イ］である。なお，植物細胞においては，化学エネルギーに加え，［ウ］エネルギーを利用できる。

細胞内における化学反応をまとめて［C］という。それぞれの反応を可能にしているのは，多数の［D］である。［D］は，［E］として働いて化学反応を促進するが，反応の前後でそれ自身は変化しないため，繰り返し［E］として作用することができる。

［D］には，消化［D］のように細胞外に放出されて働くものもあるが，その多くは，細胞内構造物の間を満たし，流動性に富んだ化学反応の場である［エ］で働く。［D］は，［オ］が多数結合した［カ］を主体として構成されており，特定の物質のみに作用する［キ］をもつ。この［キ］には，［カ］の立体構造が関係している。［カ］の種類は多く，筋肉の構成成分であるアクチンやミオシン，生体防御で働く抗体も［F］グロブリンという［カ］である。これら［カ］の設計図としての役割は，［ク］が担っている。

生物は，からだが1個の細胞からできている［ケ］生物と，複数の細胞からできている［コ］生物の2つに大別される。［ケ］生物の多くは，分裂によって自分と同じ［ク］をもつ新個体をつくるが，［コ］生物個体の多くは，同種の別個体との間で生殖細胞を合体させることで，自身の［ク］を半分受け継ぐ新個体をつくり出す。細胞の構造に注目すると，生物は，［G］生物と［H］生物の2つに分類される。［G］生物の細胞では，［ア］に包まれた球形の構造の中に折りたたまれた［ク］が収められている。一方，［H］生物の細胞では，［ク］が［エ］中に局在している。また，［G］生物には，［ケ］生物と［コ］生物の両方が含まれる。多くの細胞は小さく，肉眼では見えないため，<u>光学顕微鏡を用いて観察する</u>(a)。

問1　空欄［A］～［H］に当てはまる最も適切な語句を漢字2字で答えよ。ただし，問2の選択肢中の語句を用いてはならない。

問2　空欄［ア］～［コ］に当てはまる最も適切な語句を次の選択肢から選び，番号で答えよ。ただし，同一語句を複数回用いてはならない。

【選択肢】

1　熱	2　脂質	3　核酸	4　ADP	5　細胞膜	6　アミノ酸
7　光	8　濃度	9　発酵	10　DNA	11　単細胞	12　基質特異性
13　膜	14　核膜	15　同化	16　RNA	17　細胞壁	18　タンパク質
19　核	20　糖質	21　異化	22　ATP	23　多細胞	24　細胞質基質

問3　下線部(a)に関して，次の手順①～⑦は，図の光学顕微鏡を用いてプレパラートを観察する方法を示したものである。空欄［a］～［k］に当てはまる最も適切な語句を以下の選択肢

から選び，番号で答えよ。ただし，同一語句を複数回選択してはならない。さらに，手順①～⑦を正しい観察の順番に並べ替え，番号で答えよ。

図の鏡筒上下式光学顕微鏡は，おおまかにピントを合わせる [a] と正確にピントを合わせる [b] の2つの調節ねじをもつ。顕微鏡の [c] を利き手でしっかり握り，もう一方の手を [d] の下側に添えてもち運び，水平な実験台の上に置き，次の手順で観察した。

【手順】

① [e] をのぞきつつ [a] を回して，[f] をゆっくりプレパラートから遠ざけながらピントを合わせる。

② [e] をのぞきつつ [g] を光源に向け，視野全体を明るくする。

③観察に際してピントをより細かく調整をするときは [b] を回して微調整する。

④ [h] を回して [f] を最も低倍率のものにした後，[i] を開く。

⑤ [j] の真横から見つつ，[a] を回して [f] の先端をプレパラートに近づける。このとき，[f] とプレパラートを接触させないようにする。

⑥プレパラートを [j] にのせ，観察部分が [f] の真下，視野の中央にくるように位置を正して [k] でとめる。

⑦観察したいものを探しだし，視野の中心にくるようにプレパラートを慎重に動かす。さらに，見やすいように [i] を調節する。

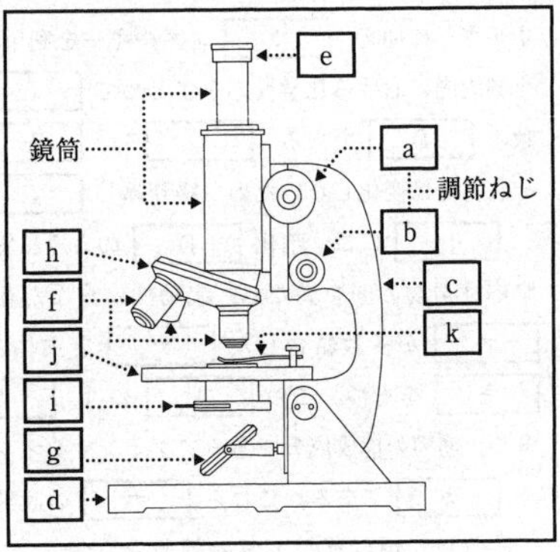

図　鏡筒上下式光学顕微鏡

【選択肢】

1　鏡体	2　しぼり	3　反射鏡	4　微動ねじ	5　クリップ	6　レボルバー
7　鏡台	8　アーム	9　凹面鏡	10　粗動ねじ	11　ステージ	12　対物レンズ
13　光源	14　ライト	15　平面鏡	16　固定ねじ	17　スイッチ	18　接眼レンズ

〔3〕次の文章を読み，以下の問いに答えよ。

ヒトを含む多くの動物では，皮膚などの一部の細胞が外部環境と接しているだけで，それ以外の細胞は体液に囲まれている。体液は細胞にとっての環境であり，これは，外部環境に対して［A］と呼ばれる。体液は［A］を一定に保つために重要な役割をもち，血液(a)，組織液，［ア］に分けることができる。私たちの体は，この体液の温度，pH，酸素濃度，二酸化炭素濃度や浸透圧などの変化を感知している。この変化に対して体の様々な働きを主に調節しているのは脳の［イ］という領域である。［イ］は自律神経系と内分泌系に指示を与え，［A］を維持している。自律神経系を構成する［ウ］と［エ］は，多くの器官に共に分布して拮抗(きっこう)的に働く。例えば，激しい運動をした場合，［ウ］は心臓のペースメーカー(b)に信号を伝え心臓の拍動を促進する。一方，［エ］は，心臓の拍動を抑制する。

心臓において，二酸化炭素を多く含む血液は，右心室から［オ］を通り肺に運ばれ，二酸化炭素を放出するとともに肺から酸素を取り込み，［カ］に戻る。これを［キ］と呼ぶ。肺から戻った血液は，次に左心室から出ている［ク］を通り全身に運ばれ，各組織に酸素を供給するとともに二酸化炭素を取り込み，［ケ］に戻る。これを［コ］と呼ぶ。この心臓から全身をまわって心臓に戻る経路において重要な役割を担っているのが動脈，静脈(c)および毛細血管(d)である。

毛細血管は，薄い内皮のみから構成されるため，その構造上の特徴から擦り傷などで出血を起こしやすい。出血すると，まず血管の傷口に［サ］が集まる。次に，［シ］や血球成分により血ぺい(e)が形成され傷口をふさぐことで止血される。このような反応を［B］反応と呼ぶ。一方で，［B］は血管を狭くし，ふさぐことで血流阻害の要因になるため，［シ］を分解して血ぺいなどを溶かす［C］という機序も体には備わっている。

問1　空欄［A］～［C］に当てはまる最も適切な語句をそれぞれ漢字で答えよ。ただし，［A］，［B］は漢字4字，［C］は漢字2字とする。

問2　空欄［ア］～［シ］に当てはまる最も適切な語句を，次の選択肢から選び，番号で答えよ。ただし，同一語句を複数回選択してはならない。

【選択肢】

1　右心房	2　運動神経	3　感覚神経	4　血小板	5　交感神経
6　左心房	7　視床下部	8　小脳	9　体循環	10　大動脈
11　中脳	12　肺循環	13　肺動脈	14　白血球	15　ビリルビン
16　フィブリン	17　副交感神経	18　肝門脈	19　リンパ液	20　中枢神経
21　肺静脈	22　消化液	23　末梢神経		

問3　下線部(a)に含まれる有形成分について，1 mm³あたりの数の多いものを左から順に並べよ。

問4　下線部(b)の役割を担う心臓の部位の名称を漢字4字で答えよ。

問5　下線部(c)の構造の違いを「血管壁」，「血圧」，「弁」という語句をすべて用いて50字以上70字以内で説明せよ。

2024年度　一般Ⅰ期　生物

問6　下線部(d)は，貝殻をもつ動物や節足動物などの血管系には存在せず，動脈の血液は組織に流れ出てから再び静脈に入り心臓に戻る。このような血管系の名称を漢字5字で答えよ。

問7　下線部(e)は，採血した血液を試験管に入れて静置した場合にも見られる。このときに生じる淡黄色の上澄み液の名称を漢字2字で答えよ。

〔4〕次の文章を読み，以下の問いに答えよ。

生物にみられるさまざまな違いや複雑さを，生物多様性という。この生物多様性のうち，同種内の遺伝的変異の大きさを，遺伝的多様性と呼ぶ。一般に遺伝的多様性が高い個体群は，環境の変化などに対応して生存できる可能性が［ア］。また，ある地域における生物の種数の多さのことを種多様性と呼ぶ。多くの生物の分類群（ある属，ある科，ある目など）において，低緯度の方が高緯度よりも種多様性が［イ］傾向がある。

ヒトが自然から受ける恩恵や利益のことを，生態系サービスという。この生態系サービスのうち，たとえば，食料や木材，医薬品，燃料などといった人間の生活にとって有用な自然資源を生態系がもたらすことを［ウ］サービスといい，土壌流出の軽減や水質浄化といった生態系の働きを［エ］サービスという。

近年，世界各地において，生態系の破壊や生物多様性の低下，それにともなう生物の絶滅が報告されているが，これらはさまざまな要因によって引き起こされる。たとえば，もともと有力な地上性の肉食動物が存在しなかった沖縄本島へ，20世紀初頭に海外からフイリマングースを導入したところ，沖縄県北部のいわゆる「やんばるの森」にまで侵入し，その地にのみ生息し，国内唯一の無飛翔性（むひしょうせい）鳥類であるヤンバルクイナなどの在来生物が捕食されることになった。その結果，<u>ヤンバルクイナの個体数は大きく減少した。</u>(a)

ある生物の個体群の個体数が著しく減少したり，<u>密度が減少したり</u>(b)すると，血縁の近い個体同士が交配するようになる。これを［オ］という。［オ］は，出生率の低下，奇形の個体や病気に対する耐性が低い個体が生まれる可能性を高める。こうした現象のことを［カ］と呼ぶ。また，こうした個体群は遺伝的多様性がきわめて低い状態であるといえる。

問1　空欄［ア］，［イ］の組み合わせとして最も適切なものを次の選択肢から選び，番号で答えよ。

【選択肢】

1　ア：高い　イ：高い　　2　ア：高い　イ：低い

3　ア：低い　イ：高い　　4　ア：低い　イ：低い

問2　空欄［ウ］，［エ］に当てはまる最も適切な語句を次の選択肢から選び，番号で答えよ。ただし，同一選択肢を複数回選択してはならない。

【選択肢】

1　供給　　2　調節（調整）　3　文化的　　4　基盤　　5　物理的

問3　空欄 オ に当てはまる語句を漢字で答えよ。また，空欄 カ に当てはまる最も適切な語句を次の選択肢から選び，番号で答えよ。

【選択肢】

1　密度効果　　2　相変異　　3　種内競争　　4　アリー効果　　5　近交弱勢

問4　下線部(a)のような状況が生じたのはどのような理由と考えられるか。次の3つのキーワードを必ず用いて，20字以上40字以内で説明せよ。

【キーワード】　外来生物　　在来生物　　捕食

問5　下線部(b)に関連して，以下の問いに答えよ。個体群密度は，その個体群に含まれる生物各個体の生存率の変動によって大きく影響をうける。それぞれの齢層において，ある生物種の個体の生存数が時間とともに減少していく様子をグラフ化したものを生存曲線という。右図内のA，B，Cは，ある生物の生存曲線を表している。

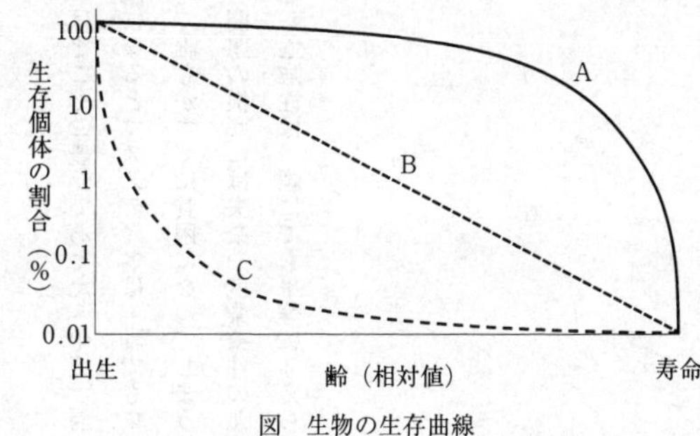

図　生物の生存曲線

(1)　図のCで表される生物の特徴として最も適切なものを，次の選択肢から選び，番号で答えよ。

【選択肢】

1　出生初期に死亡する個体は少ない。

2　出生初期に死亡する個体は多い。

3　生存期間全体にわたって生存率はほぼ一定している。

4　生存率に明確な傾向が見られない。

(2)　図のAで表される生物として正しいものを，次の選択肢から2つ選び，番号で答えよ。

【選択肢】

1　イワシ　　2　ミツバチ　　3　スズメ　　4　トカゲ　　5　アサリ　　6　ゾウ

ア　権利　イ　債権　ウ　流行　エ　可動　オ　債券　カ　流動

問四　傍線部②「一見個人的な出来事」として本文の内容と異なるものを次のア〜キの中から一つ選び、記号で答えよ。

ア　DVや家族関係の悪化からの家出　イ　ギャンブルでの失敗　ウ　経済環境の悪化　エ　詐欺にあったこと
オ　他人の保証人になって失敗したこと　カ　アルコール依存　キ　病気や事故

問五　本文の内容と合致しているものを次のア〜オの中からすべて選び、記号で答えよ。

ア　いわゆる「格差社会」はそこそこ豊かであった「中流」層の生活基盤を不安定にはしていない。
イ　ホームレスが社会問題になるとマスメディアは「誰でもワーキングプアになる」と騒ぎ立てる。
ウ　日本はリストラによって誰もがすぐに貧困になってしまう社会である。
エ　今日のワーキングプア問題の根底には失業や就業条件の悪化など経済構造の変化がある。
オ　貧困や社会的排除に陥る危険性は、誰にでも平等に与えられている。

けれども最後はハッピーエンド、となれば問題はない。だが現実の人生は、それよりはるかに不公平である。ちょっとした出来事でも簡単に貧困に陥ってしまう「不利な人々」が存在する一方で、常に豊かな人々もいる。

いわゆる「格差社会」は、そこそこ豊かであった「中流」層の生活基盤を不安定にしているが、だからといって中流層に属する人が一律に貧困化しているわけではない。「格差社会」の進行やその背後にある経済社会の大きな変化が、むしろある特定の「不利な人々」を、真っ先に「貧困という名のバス」に閉じこめてしまい、そこから出られなくしていることに目を向ける必要がある。

もちろん、ここでいう「特定の人々」とは、それらの人々の個人的な資質を指すのではない。「特定の人々」とは、（中略）「状況」を共通して抱える人々であり、現代日本では、こうした相似た「状況」が、人を貧困へと落とし込む「装置」と化してしまっているのである。

（岩田正美『現代の貧困―ワーキングプア／ホームレス／生活保護』による）

※　路上ホームレスの3類型…ホームレスになる前には3つの型がある。①常用雇用者で一般の住宅に住んでいた「安定型」、②職場の提供する寮や住み込みなどに住んでいた「労働宿舎型」、③長期間不安定な職業を転々とし、住宅も不安定であった「不安定型」

問一　空欄［A］～［C］に当てはまる最も適切な語句を次のア～オの中から一つずつ選び、記号で答えよ。ただし、同じ記号は二度使わない。

ア　ところで　　イ　なぜなら　　ウ　しかし　　エ　いまだに　　オ　また

問二　傍線部①「社会保障」のうち貧困の予防として筆者が示す内容とは異なるものを次のア～オの中からすべて選び、記号で答えよ。

ア　生活保護　　イ　年金保険　　ウ　貧困調査　　エ　児童手当　　オ　雇用保険

問三　傍線部a「債務」・b「固定」の対義語を次のア～カの中から一つずつ選び、記号で答えよ。ただし、同じ記号は二度使わない。

[A] 貧困は、こうした予測可能な要因だけから生み出されるのではない。最近ではカード破産など多重債務[a]の問題もある。この問題は通常の貧困調査では把握されにくく、返済によって実質的な生活水準がどれだけ落ちるのかもよく分かっていない。しかし、ここからホームレスなどの貧困が生まれている（中略）。

[B]、長期にわたる病気や事故によって働けなくなったり、多額の治療費で生活が苦しくなることもある。アルコール依存など、②一見個人的な出来事が貧困に結びつくこともある。他人の保証人になって失敗した人、詐欺にあった人、ギャンブルでの失敗、DVや家族関係の悪化からの家出等々、貧困はさまざまな要素と結びついて生まれてくる。

このように貧困と結びつく要因や出来事は多様なので、貧困は予防できるように見えるが予防しにくい面がある。生活保護のような事後的な救済策が必要なのはそのためである。

[C]、こうした貧困要因を抱えていても、貧困になる世帯とそうならない世帯がある。もちろん多くの勤労者世帯にとって、失業や経済環境の悪化は貧困の主因である。しかしだからといって、リストラによって誰もがすぐ貧困になるわけではない。

現代日本で貧困に陥る可能性が高いのは「特定の人々」である。たとえば社会的排除を伴う極貧としてのホームレスは、決してあらゆる社会集団から生まれているのではなく、ある特定の社会集団との結びつきが強い。

ワーキングプアやホームレスが社会問題になると、マスメディアは「誰でもワーキングプアになる危険がある」などと騒ぎ立てるが、もちろん事実はそうではない。（中略）

しかも、※路上ホームレスの3類型（中略）のうち、②労働宿舎型と③不安定型の場合、仕事がなくなったり、病気になっただけで簡単にホームレスになっている。しかし、①安定型では倒産や失業に加え借金やアルコール依存など複数の問題が絡まり合わないと、ホームレスのような貧困には至らない。

女性の貧困経験の調査でも、貧困ラインよりもいつも上の方にいる安定層、貧困ラインを上下している一時貧困層、貧困ラインをいつも下回っている固定[b]貧困層があるということ、貧困ラインをはさんでその上には安定層が、下側には一時貧困と固定貧困のリスクを抱えた人々が位置づけられ、それぞれかなり異なった社会集団として存在していることが明らかであった。

つまり、貧困や社会的排除に陥る危険性は、誰にでも平等に分け与えられているわけではないのである。誰もが人生行路の中で一度は貧困を経験する

問四　傍線部③「植物分類学」の説明に当てはまらないものを次のア〜オの中からすべて選び、記号で答えよ。

ア　スーパーマーケットの野菜や果物は、植物分類学を起点とした研究の上に存在している。
イ　野菜の安全な栽培と出荷の過程は、植物分類学と自然科学とその基盤となる農学の研究で成り立っている。
ウ　役立つ植物と役に立たない植物の二つを柱に植物分類学は成り立っている。
エ　植物分類学は、植物のまとまり（実体）を系統的に正しく理解するための最善のシステムを構築する試みである。
オ　植物分類学はその情報を人間同士で共有、管理、維持するといった行為を学術的に発展させたものである。

問五　傍線部④「ある名前を与えて呼んでいる」人間を本文中から四文字で抜き出し、答えよ。

〔四〕　次の文章を読んで設問に答えよ。

貧困は、さまざまな要因によって生まれる。（中略）貧困の「発見」や「再発見」のなかで、貧困の主たる要因として確認されてきたのは、次の二つである。

一つは失業や就業条件の悪化など、経済構造から生み出された要因である。それらが人々の収入を途絶えさせたり、低下させたりすることが貧困に結びつく。今日のワーキングプア問題の根底にも、こうした経済構造の変化がある。

もう一つは、子どもの養育などによる生活費の増加や、定年退職による収入の減少など、生きていく上で多くの人が遭遇する生活の変化が貧困を生む、というものである。

これらはいわば予測可能で、決まった一定の型で捉えることができる。したがって、その出現をあらかじめ予測して貧困を予防しようとする雇用保険や年金保険、児童手当などの①社会保障が、多くの国で制度化されてきた。

学名というのは、その生物に与えられた世界共通の学術上の名前であるが、自然科学が、科学として認識する以前に、人間がその植物なり動物に、④ある名前を与えて呼んでいることは驚くことではない。

繰り返しになるが、食べられる実をつける樹木や、怪我(けが)をしたときに葉を潰して塗る薬草など、地域の人にとって役に立つ植物には、本能的にその「かたち」を見分け、対象となる植物が多くなれば、それぞれに名前をつけて理解する必要があったに違いないからである。無意識的あるいは意識的に、人の身の回りの自然物を理解しようとするとき、すでにそれは分類学的な行為を行っているということである。

分類学は、自然を理解しようとするときに真っ先に行う、名前をつけ、その情報を人間同士のコミュニケーションで共有したり、管理・維持したりするという、極めて基底にある行為を学術的に発展させたものと捉えることもできよう。

（田中伸幸『牧野富太郎の植物学』による）

問一　傍線部ａ・ｂの漢字について、部首の名前と画数の組み合わせが、正しいものを次のア～エの中から一つずつ選び、記号で答えよ。

ａ　ア　部首：りっとう　画数　十七画　　イ　部首：りっとう　画数十九画
　　ウ　部首：おおがい　画数　十七画　　エ　部首：おおがい　画数十八画

ｂ　ア　部首：くさかんむり　画数　十画　　イ　部首：くさかんむり　画数十一画
　　ウ　部首：うかんむり　画数　十画　　エ　部首：うかんむり　画数九画

問二　傍線部①「運に任せることのない文化」を言い換えている言葉を本文中から漢字四文字で抜き出し、答えよ。

問三　傍線部②「容易に想像できる」ことがわかる一文を本文中から抜き出し、その始めの五文字を抜き出し、答えよ。

たいと思う。こうして、目の前にある果実が、以前食べたのと同じ植物のものかどうかを物を見分ける「自然眼」を身につける必要が生じるのである。このとき、「かたち」が類似している有毒な植物を間違えて採取し、食してしまったことも多々あっただろうことが②容易に想像できる。

現に、現代社会においても、山野に分け入って山菜を採取する際、有毒な植物と間違えて中毒する事例があとを絶たない。中毒するだけではなく、ときに命を落とす。園芸植物としてよく栽培されるイヌサフランは、全体にコルヒチンというアルカロイドを含む猛毒を持つが、葉や球根がギョウジャニンニクと非常によく似ているため、間違えて食し、死に至る場合もある。

したがって、植物の種類を確実に識別する眼が命を救うこともあっただろう。正しく生物の「かたち」を認識し、生物の種類を見分けられることは、元来生死に関わる、生きるために必要な能力だったといってよい。

森の中の植物のどれが食べることができて、どれが有毒で食べられないか、その知識はおそらく多くの先人たちの犠牲の上に成立してきた。さらには、その植物がどのような性質を持っているのか。山野で野生採取をするのとは異なり、植物を栽培化しようとしたときには、特にその性質をよく知ることが必要となる。

私たち人間は、役立つ植物を見つけるため、つまり生きていくために、周囲にはどんな植物が生えていて、どんな性質を持っているのか、その情報を集めて生活に活かしてきた。そう考えると草花に興味を持つこと自体が、ある種の本能的な好奇心と捉えられよう。

生物は静的に進化し続けている。一方で、私たちが目にしている自然は、いまこのときの姿でしかない。③植物分類学は、植物がたどってきた進化の道筋を明らかにし、現時点で人間が目の当たりにしている植物のまとまり（実体）を、系統的に正しく理解するための最善のシステムを構築する試みといえる。

分類学では、自然界に不連続に存在する、ある一定のまとまりを「種」という「分類群（タクソン）」として認識するのである。客観的に境界線を引いた単位である種が、自然界の真理に限りなく近いことが望ましいわけであり、それを追究することが分類学である。

しかし、学名をつけるという分類学の基礎的行為は、また、実用学に直結していることも意識されなければならないだろう。「かたち」で認識され、名前がついたその植物が今度はどのような生き方をしているのか、その植物が持つ生命現象を理解しようとする好奇心が、やがて、さまざまな植物学の分野に発展する。そして、それらすべての研究成果を、自然界に存在する植物の実体の理解にフィードバックするのもまた分類学である。

植物学は分類学に始まり分類学に終わる。そして、「かたち」で認識される一定のまとまりには、名前が不可欠であり、それを学名という世界共通の呼び名で呼んでいる。

エ 公共空間で「やさしい日本語」が使われることで、日本語を母語としない外国人や手話を第一言語とする聾者のためだけではなく、日本語を母語とする日本人にとっても社会が「やさしく」なる。

オ 無駄に難解な日本語が公共空間のさまざまな場面で情報伝達のさまたげになっていたことがわかってきたため、共生社会の実現に向けて日本語教師は「やさしい日本語」を使っている。

カ 日本語を母語とする人たちにも日本語を学ぶ人たちにも「わかりやすい」日本語が使われることは、社会のさまざまな場で理解しやすい日本語になるという共生社会の実現につながっていく。

〔三〕

次の文章を読んで設問に答えよ。

人間にとって、身の回りの生物を「見分ける」ことや、身の回りの生物に起こる「現象」を理解することは、生きていくために必要なことである。そして、これは、おそらくすべての生き物にいえる。

スーパーマーケットで、当たり前のように名前がついて並んでいる野菜や果物、パックされたエディブルフラワーやハーブ類が、分類[a]学を起点として、これまでのさまざまな研究の上に存在していることは、日常あまり意識されていないだろう。それぞれの野菜、つまり植物がきちんと分類され、安全な栽培方法で栽培され、衛生的なプロセスで出荷[b]される。これらは、自然科学とその応用学である農学の研究とによって成立している。中でも、名前をつけるということは、物事を整理し体系的に理解しようとする行為であり、自然科学の最も根底にあって、基盤となる行為だ。

人間が、最初に植物に求めた裨益（ひえき）はおそらく、腹を満たしてくれる食糧、そして、傷を癒（いや）してくれる薬草であったと考えるのが自然である。農耕文明は、植物を栽培化し、日々の食糧の獲得を①運に任せることのない文化を発展させた。野生採取であった時代は、森で食べることができる果実を見つけると、それを再び見つけて採取するために、初めは場所を覚えていればいいわけである。

しかし、さらに同じ植物を探してもっと多くの果実を得ようとする。また、それがいつしか枯死（こし）してしまったときのために、別の個体も見つけておき

問二 傍線部①「あたらしい『やさしい日本語』」と同義である語句を本文中から十四文字で抜き出し、答えよ。

問三 傍線部②「セイ度」の「セイ」と同じ漢字を使用するものを次のア～オの中から一つ選び、記号で答えよ。

ア セイ廉　イ セイ備　ウ セイ養　エ セイ米　オ セイ職

問四 傍線部③「長けている」を漢語で言い換えた場合に最も適切なものを次のア～オの中から一つ選び、記号で答えよ。

ア 精進している　イ 卓越している　ウ 助長している　エ 繁茂している　オ 相関している

問五 空欄 B に当てはまる「都合の良い」という意味を含む四字熟語を次のア～オの中から一つ選び、記号で答えよ。

ア 当意即妙　イ 自画自賛　ウ 傍若無人　エ 同工異曲　オ 我田引水

問六 本文の内容と合致しているものを次のア～カの中からすべて選び、記号で答えよ。

ア 「やさしい日本語」のための書き換え・言い換えには知識と訓練も必要であるため、母語でない人が日本語を学ぶ際の文構造や語彙選択等の的確な判断ができる日本語教師は役に立つ存在である。

イ お役所での文書や国会での発言・答弁がふつうの成人の日本人にとってわかりやすい「やさしい日本語」になれば、社会に対する理解が深まっていき、情報伝達と共生社会が可能になる。

ウ 被災地での外国人住民や訪日客に日本語で情報を届けるために生まれた「やさしい日本語」であるが、今はスマホの翻訳アプリでの情報共有が可能になり定型的な日本語の言い換えが行われている。

か「いいえ」で答えていただきたいものです。

ちと脱線しましたが、「やさしい日本語」は、耳で聞くときにも威力を発揮します。アナウンスなどは、格段に聞き取りやすくなります。防災無線のようにエコーのかかる音声も、すっきり伝わる率が高くなります。ざわついた空間でのアナウンスは難聴者には聞き取りにくいものですが、それを「やさしい日本語」にすると、聴覚障害者だけでなく一般の聴者にも聞き取りやすくなります。生まれつき耳の聞こえない聾者（ろうしゃ）の第一言語は多くの場合手話ですが、たとえその場に手話のできる人がいなくても、「やさしい日本語」で話せば※口形が読み取りやすくなるため、それだけでも聾者の情報保障の一助になります。

つまり、「やさしい日本語」は、ことばのユニバーサルデザインなのです。そしてそのための書き換え・言い換えは、誰でも心がければできます。が、それでも一定の知識はあったほうがうまくいくし、少しは訓練も必要です。それに③長（た）けているのは、そう、日本語教師です。外国人学習者や、日本人であっても手話などのほかの言語を母語とする人たち、つまり日本語を母語としないすべての人たちにとって、どのような文構造がわかりやすいか、どのような語彙選択が適切か、的確に判断する知識を持っているからです。

いかがでしょう。［B］が過ぎるでしょうか。

日本語を学ぶ人たちは、日本の文化を知るために、あるいは日本で生活するために、毎日がんばっています。日本語を母語とする人たちも、がんばってみませんか。お互いが「やさしい日本語」のほうへ半歩ずつ歩み寄ればいいのです。そうすれば、街が、学校が、政治の場が、今よりずっと「やさしく」なるでしょう。日本語教師は、そんな共生社会を実現するために、役に立つことのできる職業だと思います。

（清水由美『すばらしき日本語』ポプラ社による）

※口形…発声や発語の際の口や唇、舌の形のこと

問一　空欄［A］に当てはまる最も適切な語句を次のア～オの中から一つ選び、記号で答えよ。

ア　優美　　イ　冗長　　ウ　簡潔　　エ　粗略　　オ　丁寧

〔二〕　次の文章を読んで設問に答えよ。

「やさしい日本語」という運動をごぞんじでしょうか。さまざまな公共空間で使われる日本語を、なるべく平易でわかりやすいものにしましょう、という運動です。漢字にはフリガナをつける、一文を短くする、接続詞を積極的に使って文と文の関係を明確にする、耳で聞いてわかりにくい同音異義語は避ける、年号は西暦に統一する、コテコテした敬語表現を使わない、などが基本となります。

この「やさしい日本語」は、もともとは阪神淡路大震災のとき、被災地の外国人住民や訪日客に情報が行きわたらなかったという反省から生まれました。当時も英語での発信はある程度なされていましたが、当然ながら、外国人＝英語を解する人ばかりではありません。しかし、英語以外のいくつもの外国語で情報を発信することは、ことに地震や台風などの緊急時にはとうてい無理です。そこで、日本に住んでいる外国人、あるいは興味を持って旅行に来ているほどの外国人なら、何とか理解できる程度の日本語を使って情報を発信しよう、となりました。それが「やさしい日本語」です。

その後、災害などの緊急時だけでなく、ふだんの生活でも、無駄に難解な日本語がさまざまな場面で情報伝達のさまたげになっていることがわかってきました。そこで、災害時の避難指示や避難所の掲示ばかりでなく、街なかの各種案内表示、駅や電車のアナウンス、お役所からの通知、学校から保護者へのお知らせなどなど、そこで使われる日本語表現を、なるべく平易に、［A］にしましょう、という流れが生まれました。①あたらしい「やさしい日本語」が展開し始めているのです。

その過程で、うれしい副産物も生まれてきました。まず「やさしい日本語」にすると、機械翻訳の②セイ度がぐんと上がります。つまり英語やそのほかの外国語ができなくても、いつもの日本語を「やさしい日本語」に置き換えることさえできれば、あとはスマホの翻訳アプリがやってくれます。それだけでかなりの情報提供ができるのです。

さらに、「やさしい日本語」は、外国人にやさしいだけではないことがわかってきました。たとえば、お役所の文書を「やさしい日本語」に書き換えてみると、なんと、ふつうの成人の日本人にとってもぐっとわかりやすくなるのです。思うに、国会などでの政治家や官僚の発言・答弁も、すべて「やさしい日本語」にしたなら、きっとあの人やかの人の答弁時間は大幅に短縮されることでしょう。いや、もしかしたら何の中身も残らなくなるかもしれませんが、それならそれで、問題のありかが今よりずっと明確になることでしょう。ともかく、一文を短く、無駄な修飾を省き、空虚なだけで一片の敬意もこもらない敬語も取り除き、論理関係を明確に、ゆっくりはっきりしゃべっていただきたい。「はい」か「いいえ」で答えられる質問には、「はい」

イ　現代的価値観からすると経験に基づく差異は住居の機能性を阻害するように見える。
ウ　技術の進歩や社会制度の発達で住環境は多様化されるので経験に基づく差は広がる。
エ　人々が長い時の中で葛藤と工夫を積み重ねた経験に基づく差異にこそ豊かさがある。
オ　地域ごとの経験に基づく差異を否定して快適な現代の住居を形成することができた。

問六　傍線部⑤「商品としての住まい」に対する筆者の評価を、「近代建築」と「理想」という二つの語句を用い、三十五文字以上五十文字以内で答えよ。

問七　空欄［X］・［Y］に当てはまる最も適切な語句を次のア～オの中から一つずつ選び、記号で答えよ。ただし、同じ記号は二度使わない。

ア　土着性　イ　画一性　ウ　合理性　エ　夢　オ　秩序

b「ソ」　ア　祖　イ　素　ウ　疎　エ　訴　オ　粗
c「ボク」　ア　僕　イ　北　ウ　牧　エ　朴　オ　木
d「タク」　ア　択　イ　卓　ウ　宅　エ　拓　オ　託
e「カン」　ア　幹　イ　勘　ウ　観　エ　環　オ　貫

問二　傍線部①「住まいこそが、私の建築の原点なのです」という筆者の考え方を最も適切に説明したものを次のア～オの中から一つ選び、記号で答えよ。

ア　近代建築の最重要な課題は独立専用住居という住まいの新しい形式によって始まった。
イ　生活や気候風土の違いが表れる土着の住まいの多様性にこそ建築を考える土台がある。
ウ　便利で快適な生活を求める人間の欲求に応える住まいの提供にこそ建築の使命がある。
エ　建築に必要な技術の進歩や社会制度の発達を最も敏感に反映できるのが住まいである。
オ　世界中を歩いて経済効率の良い画一的な住まいを見ることによって近代建築を学んだ。

問三　傍線部②「常に西洋建築の根底に流れている秩序」を端的に示している語句を本文中から七文字で抜き出し、答えよ。

問四　傍線部③「ヴァナキュラー（土着的）」な住まいを説明した一文を本文中から抜き出し、その始めの五文字を答えよ。

問五　傍線部④「地域につちかわれてきた経験に基づく差異」に対する見解として本文の内容を踏まえて適切なものを次のア～オの中からすべて選び、記号で答えよ。

ア　地域につちかわれた経験には非合理で不便なものが含まれているので無視すべきだ。

密集することで、実に不思議な住まいの風景が形成されています。他にも、タイのバンコクの河川につくられた水上の家、インドネシアの漂海民の住む海上の家、アフリカ西部ニオフォイン村の赤土の家、放牧で暮らすモンゴルの人々の移動式住居パオ、アメリカのプエブロ族の日干し煉瓦(れんが)の集合住居、モロッコの土と石の家など、挙げ出すときりがありません。世界を旅し、自分の持つ住まいの常識を覆すような家々に出会うと、その度に、「人間とは、生まれた場所が違っただけで、これほど異なる風景の中で生きていくのか」というソボクな驚きを覚えます。人々の、最も直截(ちょくせつ)なかたちでの「住まう」という意思表明、人々が長い時の中で積み重ねてきた葛藤と工夫の積み重ねがかたちとなって、強く心を動かすのです。

一方、現代日本に生きる私達の住環境を考えてみると、便利ではあるけれども、ヴァナキュラーな住まいの持つような、④地域につちかわれてきた経験に基づく差異は失われつつあります。そこには、多様性という豊かさも、住まうことへの思いも、夢も感じられません。ただ代価に見合った機能を供するだけの⑤商品としての住まいがあるだけです。地域風土に根差した住まい方から、このような画一化された住環境へと転換させたものが何だったのかといえば、それこそが一七世紀、西欧に誕生した〈近代〉という理念です。

近代の根本にあったのは、［X］、論理性をもって世界を捉え直し、理にかなった［Y］を与えようとする精神でした。そのモデルとなったのは、機能、構造、普遍性を象徴する〈機械〉です。これによって住まいは、ただ寝食の場として効率良く機能することのみを求められるようになり、新たに独立専用住居という形式が誕生します。それはまた、工業化社会の生み出した職住分離の生活形態に従ったものでもありました。

また近代とは、一部の特権階級に代わって初めて大衆が主役となった時代です。それゆえ近代草創期を生きた建築家にとって、この独立専用住居こそが最大かつ最重要な課題となり、この住宅建築を軸として、近代建築は発展していきます。かつて、パルテノン神殿のようなモニュメンタルな建造物のみをつくってきた建築家が、初めて住まいを自らの創造の対象として捉えたのです。彼らの描いた理想と現実との葛藤の軌跡を、最も端的に象徴しているのが、近代建築の巨匠と称されるル・コルビュジェの今世紀初頭の一連の活動のように思えます。

（安藤忠雄『建築に夢をみた』による）

問一　傍線部a～eのカタカナを漢字に直した時、最も適切なものを次のア～オの中から一つずつ選び、記号で答えよ。

a「セツ」　ア 説　イ 切　ウ 接　エ 節　オ 摂

建築を始めて以来、これまで〈住まい〉という主題は、私にとって常に思考の根カン(e)となるものであり、またこれからもそうあり続けるものです。①住まいこそが、私の建築の原点なのです。

旅は人間をつくります。建築を学ぶ上においても、建築とは実際に現地を訪れ、自らの五感を通じてその空間を体感して初めて理解できるものですから、建築家はとにかく歩かねばならないと思います。近代建築の巨匠ル・コルビュジェもまた、二四歳のときに、半年間に及ぶ長い旅にでておりますが、後年発表されたその旅日記「東方への旅」を見ると、彼が旅からいかに多くのものを得たかが良く分かります。

二〇代で、私が建築の道を進もうと考えたとき、私を含めた当時の日本人にとって、建築とはすなわち西洋建築であり、西欧の建築文化を土壌として生まれてきた近代建築のことでした。西洋建築史の多くはギリシャの時代から記述が始められています。ですから、実際に自分の目で見てみようと渡欧を決心したとき、まず心に浮かんだのは、ギリシャ、アテネのアクロポリスの丘であり、西洋建築の原点と言われるパルテノン神殿でした。

有名なアクロポリスの丘を登り、その頂に築かれた基壇の上に、厳然と立ち並ぶ列柱群を目にしたときの感動は今も忘れません。紺碧の空、群青の海と強烈なコントラストを織り成す白い大理石、造形物一つ一つに、全体から細部にまで貫徹されたシンメトリーの美。ここには、古代から現代に至るまで、②常に西洋建築の根底に流れている秩序というものが、最も純粋なかたちで体現されているように感じました。

パルテノンに代表される様式的な造形美は、決して自然発生的に生まれるものではなく、人間の理性、強い意志の力の積み重ねによってつくりだされるものです。しかしギリシャへの旅の中でパルテノンと同じく、むしろそれ以上に私を惹きつけたのが、同じエーゲ海に存在しながらパルテノンの明晰さと全く対極的な構成を持つ、サントリーニ島やミコノス島の③ヴァナキュラー（土着的）な集落でした。そこでは家々が島の急斜面に重なり合い、張りつくように建てられており、そのすべてが石灰汁によって一様に塗り固められていました。上下左右に自由に積み重ねられた家々の間を、ぬうように走る路地空間は、複雑に入り組んだ迷路のようになっています。私は進むにつれ絶えず変化する光景に、飽きることなく町を歩き続けました。

土地の人々が地元の材料を使い、自分達の生活に即して、自分達の手でつくる住まい。それは、おのずとその場所その共同体に固有の形式を持ちますから、世界にはその地域独自の住まいが、実に多様な表情をもって営まれているのです。

イタリア南部のプーリア地方のトゥルッリと呼ばれる民家は、ミコノス島と同じ石灰岩質の土地柄と、古くからギリシャ文化の影響を強く受けていたことから、同じく石灰汁を用いて白く塗り込まれた住居となっています。しかしここで、おもしろいのはその頭上に戴く、とんがり帽子のような組積造の屋根です。アルベロベロという町は、このトゥルッリが数多くあることで知られています。ここでは、同じ形状のトゥルッリが様々に組み合わされて

▲一月二十三日実施分▼

（二科目一二〇分）

問題〔一〕～〔四〕のうち、〔一〕は必ず解答すること。また、〔二〕～〔四〕のうち二つを自由に選んで解答すること。
なお、問題の中で字数が指定されている場合は、特に指示のない限り、句読点等を字数に含めること。

〔一〕　次の文章を読んで設問に答えよ。

建築の原点は住まいにあると私は考えています。人間の最も根源的な欲求から生まれる住まいとは、そこに住む人々の生活や気候風土の違いがそのままに表れる土着のものでした。世界各地にある土着の住まいを眺めてみると、ときに驚くような表現のものもあり、改めて人間の生活の多様な在り方に気づかされます。それらは現代的価値観からすると確かに前近代的で非合理なものに見えるかもしれません。しかし、私はそこに人々の生きること、住まうことへの欲求のセツ[a]実さ故の力強さと、現代の私達の住環境にはないソ[b]ボク[c]な豊かさを感じるのです。

ひるがえって現代の住まいはと言えば、そのほとんどは合理性、機能性を第一とする近代的思考のもとにつくられたものです。技術の進歩、社会制度の発達によって、それらは近代以前の住居とは比較にならぬほどに便利で快適なものとなっています。また誰もが同じような快適さを求めたがために、地域による差異のない、画一的な住環境が世界中に形成されています。

しかし便利であることが、すなわち豊かなことなのでしょうか。そしてまた、近代に生まれたいわゆる近代建築が描いた理想とは、現代あるような無個性で、ただ経済効率のみから生産される商品のような住まいの在り方だったのでしょうか。私には、そうは思えません。人間の魂の拠（よ）り所となるべき住まいが、商品であって良いわけはなく、また今世紀につくられた近代住宅建築の名作の数々は、決して無批判に教科書通りつくられたものではない、未来への夢がタク[d]されたつくり手の精神の葛藤の末に生み出されたものでした。

オ　正義感を抱き、どんどん行動に移している人と見られ、勇気を与えたいと考えている。
カ　泣き叫び、尻込みする自分が出てくる「架け橋」という映画を撮った。

問五　傍線部④「喜んだ」理由について次の一文の空欄に当てはまる最も適切な語句を本文中から漢字三文字で抜き出し、文章を完成させよ。

［　　　］の自分が受け入れられたから。

「素晴らしい講演だった」という感想に慣れていた私にとって、最大の賛辞だったからだ。
自身の経験を話してくれる観客もいた。へえ、そんなことがあったのか。この方のお話をもっと聞きたい、話したいと思った。

（今村彩子『スタートラインに続く日々』桜山社による）

※本文の作者は、ろう者であり、映画監督である今村彩子である。

問一 空欄 A ・ B に当てはまる語句を次のア～オの中から一つずつ選び、記号で答えよ。

ア すると　イ また　ウ なぜなら　エ はたまた　オ しかし

問二 傍線部①「エッセイ」とは文章のジャンルを指すが、日本語ではどのように呼ばれているか。次のア～オの中から一つ選び、記号で答えよ。

ア 論説文　イ 随筆　ウ 小説　エ 評論文　オ 説明文

問三 傍線部②「彼ら」が指すものを本文中から八文字で抜き出し、答えよ。

問四 傍線部③「今村」に当てはまる最も適切なものを次のア～カの中から一つ選び、記号で答えよ。

ア 聞こえない人を暗い人と思われたくないと被災地に出かけた。
イ 被災者の支援活動ができず、苦しんでいるろう者の姿を伝えたいと考えている。
ウ 立派な人間じゃないと告白して、握手やサインを求められないようになりたいと考えている。
エ 自分の心の状態を把握できないまま、ろうの世界で頂点へと担ぎ出され、戸惑いや恐怖を覚えた。

上映の合間に自宅から600キロも離れた東北を訪れ、取材し、帰ってきて映像をつないでは上映会場へ向かい、状況を報告する。そして、また東北へ向かう。

伝えなければという使命感に突き動かされ、目の前のことを一生懸命やりこなした。自分の心の状態を把握できないまま。

そして、2013年の夏、ドキュメンタリー「架け橋　きこえなかった3.11」を完成させた。

「テレビで見ました」「素晴らしい活動、応援しています」「これからも取材を続けて状況を教えてください。期待しています」

観客から握手やサインを求められるようになり、戸惑った。私はあなたと同じ人間で、自分ができることをしているだけ、という思いがあった。

世間からは、「正義感を抱き、どんどん行動に移している人」と見られるようになり、上映会場に向かうのが少しずつ億劫(おっくう)になっていった。一気にろうの世界で頂点へと担ぎ出された私は傲慢になったりしていないかという恐怖もあり、地元の主催者が企画した交流会も辞退してそそくさと家路に着くことが多くなった。

その状況に変化をもたらしてくれたのは「架け橋」の次に制作した「Start Line」である。この映画では伴走者に叱られてふてくされている自分、目の前の壁から逃げている自分、泣き叫ぶ自分、尻込みをする自分が出てくる。勇気凛々(りんりん)の③今村はどこにもいない。

公開前は、映画制作を応援してくれた方々を失望させてしまう、私から離れていく人もいるだろうと思っていた。でも、私は立派な人間じゃない。そのことを告白して重い看板を下ろしたかった。

映画が公開されると観客は親しみの眼差(まなざ)しで近づき、「実は私もコミュニケーションが苦手なんですよ」「なかなか人の中に飛び込めない気持ち、よく分かります」とこっそり打ち明けてくれた。「勇気をもらいました。私も頑張ろうと思いました」と言う観客もいた。

その時、情けなくてみっともない私でも受け入れてもらえるんだということを知った。

壁を作っていたのは自分だったのだ。ただでさえ、「ろう者」「映画監督」という肩書がある。人々は私を相当努力した素晴らしい人、自分には真似できないわと距離を持つのが当然かもしれない。それに気づかず、自分から距離を縮めようとしなかった。何とも浅はかである。

こんなことを言ったら否定されるかもしれない、呆(あき)れられるかもしれないと怖がっていたけれど、もっと人を、世界を信じてもいいんだ。

自分の思いや迷い、考えていることを共有したいと、講演で等身大の言葉で語るようにした。［B］、「あなた、考え過ぎじゃないの〜」と観客のおばちゃんに笑われた。照れ笑いを返しながらも心の中で④喜んだ。ちぎれんばかりにシッポを振る犬のように。

〔四〕　次の文章を読んで設問に答えよ。

2012年から2015年は、雑誌やフリーペーパーに20本ほどの①エッセイを寄稿した。生い立ちから映画制作の舞台裏を執筆したもので、「輝いています、私！」というオーラが出ている。今回出版するこの本でも、このように「明るく楽しく前向き」になれる中身をという要望が、編集者にはあったようだ。

［A］、いつも明るく楽しく前向きで生きている訳ではない。弱い自分、愚かな自分もいる。混沌とした感情もある。本を書く機会をいただいたのであれば、きちんとその部分も言葉にして伝えようと決めていた。私に興味を抱き、読んでみようと本を手にしてくれた読者にウソをつきたくない。私は自分の思いを伝える言葉を選び、紡いでいった。かっこつけたりしてないか？　自分は本当にそう思っているのか？と確認しながら。

そうする理由は、1つの反省から来ている。

20代の頃、私は「聞こえない人を暗い人と思い込まないでほしい」と明るい前向きな作品を撮り、発表し続けてきた。「登場人物の明るく頑張っている姿に感動しました」「これまでのイメージが変わりました」という感想が次々と寄せられた。そうそう、そうなんだよという思いで嬉しくメールを拝読した。

そして、2011年3月11日、東日本大震災が起きた。

その11日後に宮城を訪れ、被災した聞こえない人たちを取材した。被災した人だけでなく、支援活動に飛び回るろう者の存在も伝えるために名古屋の自宅から宮城に通い続けた。テレビ局の報道班が、取材する私を通して聞こえない人たちの状況を伝えたいと、名古屋や静岡からカメラを担いでやって来た。被災者を撮る私を撮影するのだ。非常にやりづらい。でも、テレビで放映されることでより多くの人たちに伝えられるなら、断る理由などない。

私と東北の被災者を取材するテレビ局の数は増えていき、多い時は5台のカメラに狙われながら被災者を撮影するという異常な状況もあった。でも、②彼らのお蔭で全国に伝えられる。有り難い気持ちで取材に応じた。

テレビで放送され、新聞でも取り上げられると、全国各地から上映や講演の依頼が舞い込んできた。東北の被災した聞こえない人たちの状況を1人でも多くの人に届けたい。スケジュールが重ならない限り全ての依頼を受けた。その数は年間60回以上にも上った。

ア　アメリカの高校生は生活の中で外来語を使わないから。
イ　固有名詞は自由に作られるため語彙には入らないから。
ウ　スラングは辞書に掲載されていない可能性が高いから。
エ　外来語や固有名詞、スラングは増え続けるものだから。
オ　外来語や固有名詞、スラングなどは不要なものだから。

問四　空欄 Y に当てはまる最も適切な語句を次のア〜オの中から一つ選び、記号で答えよ。

ア　母語　イ　概念　ウ　語彙　エ　対象　オ　現代用語

問五　傍線部④「その2歳児は、すぐに葉っぱばかりか、花までも、〝葉っぱ〟と呼ぶようになってしまった」理由を説明した箇所を「〜から。」に続くように本文中から十七文字で抜き出し、その始めの五文字で答えよ。

かし、ことばを学び始めたばかりの子どもには、大人の説明を理解するのも難しいので、単語の意味は自分で推測するしかない。それにもかかわらず、そのような段階の子どもも、多いときには1日に9～10語もの新しい語を身につけていくというのは驚異的なことである。

（今井むつみ・針生悦子『言葉をおぼえるしくみ　母語から外国語まで』による）

※母語…幼少期に親など身近な人から自然に身につける言葉。国の教育によって学習する母国語と区別して用いられる用語。

問一　傍線部①「この辞書」と同じ意味で使用されている辞書を本文中の傍線部a～dの中からすべて選び、記号で答えよ。

問二　傍線部②「［X］も折れ」について、次の(1)・(2)を答えよ。

(1)　空欄［X］に入る慣用句を完成させる最も適切な漢字を次のア～オの中から一つ選び、記号で答えよ。

ア　紙　イ　心　ウ　骨　エ　髪　オ　枝

(2)　完成した慣用句の「［X］も折れ」の意味に合致するものを次のア～オの中から一つ選び、記号で答えよ。

ア　次第に慣れてくること　イ　意欲がなくなること　ウ　手間がかかること
エ　心労が絶えないこと　オ　支えがなくなること

問三　傍線部③「実際に高校3年生が知っている語の数は、この推定よりさらに2～3万語は多いだろう」と推定する理由として本文に照らして最も適切なものを次のア～オの中から一つ選び、記号で答えよ。

た。そのような場合はたいてい、大辞典からサンプルの単語を抜き取って、そのサンプルについて知っているかどうかをチェックしてもらい、その結果からその人が知っている語彙がどのくらいなのかを推定しようとした。たとえば、20万語の辞書の中から1％（2000語）を抜き出し、その中で700語について「知っている」という答えが得られたとする。この場合、700語というのは2000語の35％であるから、その人は辞書全部をチェックして調べたら見出し語の35％、つまり7万語を「知っている」と答えるだろうと推測するのである。そして、このようなやり方をした研究をつきあわせてみると、アメリカの高校3年生は、少なくとも4万語前後の単語を知っているといえるそうである。もっとも、この調査でも、外来語や固有名詞、スラングなどは、調査対象になっていない。したがって、③実際に高校3年生が知っている語の数は、この推定よりさらに2～3万語は多いだろう。

ところで、高校3年生が知っている単語の数が6万語というのは、「多い」のだろうか、それとも「少ない」のだろうか。このことを、18歳の誕生日までにこれだけの数の単語を身につけたと考えるなら、どうだろう。人間は生まれて最初の1年間はほとんど話せないので、この6万語は実質17年間で獲得したということになる。すると、これは1日平均9．7語のペースで新しい単語を覚えていった計算になる。これがどれほどの偉業であるかは、今まで知らなかった言語の単語を1日に9～10語覚えていくことの大変さを想像していただければ、おわかりいただけると思う。

ところで、外国語の単語を学習する場合と母語の単語を学習する場合とでは、決定的に違うことがある。それは、外国語の学習の場合には、（少なくとも大人は）母語の単語を学習するなかで作り上げてきた概念※を利用できるということである。つまり、英語の‘rabbit’という語の意味を知るために、英和辞典を引けば、そこには、‘ウサギ’と出ている。我々はすでに、日本語の‘ウサギ’が何を指すのかを知っているので、‘rabbit’とは、典型的には耳が長く目が赤く全身がふかふかした毛で覆われている四本足の小動物のことで、ネズミは含まれないこともすぐわかる。

これに対して、母語の単語を学習する場合には、その単語に対応づけるべき［Y］は、自分で作り上げなければならない。もちろん、この場合も、辞書は、大人にとっては大いに役立つ。たとえば手もとの広辞苑で‘ヤク’を引いてみると、「ウシ科の哺乳類、体長3メートル、雌はそれより小形。毛色は灰色ないし暗褐色で、頭は白っぽい。体側の毛は長くのびている。肩が盛り上がった体形。（以下省略）」とあり、それがウシに似ているがウシではない動物の名前であることがわかる。

しかし、ことばを学び始めたばかりの子どもは自分で辞書を引くこともできないし、大人が単語の意味を説明してやろうとしても、うまくいかない。たとえば、ある2歳児は、花でも葉でも‘花’と呼んでいたので、一緒にいた大人は葉を指さして一生懸命説明した。「この緑色のところは‘葉っぱ’って言うのよ」。すると、ものわかりのよい④その2歳児は、すぐに葉っぱばかりか、花までも、‘葉っぱ’と呼ぶようになってしまったのである。もちろん、この子どももさまざまな場面で‘花’とか‘葉っぱ’が使われるのを見るうちに、やがてはその正しい使い分けを身につけることだろう。し

問五　本文の内容と合致しているものを次のア～オの中からすべて選び、記号で答えよ。

ア　昭和一八年のある調査では、平日子どもはわずか一〇分たらずの仕事しかしていなかった。
イ　「ミニ社会」の授業は、年度初めに教室の中にバーチャルなひとつの町をつくるところから始まる。
ウ　五感を使ってものごとを見て、身体を使って仕事をするという訓練は確かな自信と深い思考力を培う。
エ　豊かさを実現した社会では、親世代も子ども世代も手に入れた豊かさを失うまいとして保守化して活力を失っていく。
オ　生涯学習社会とは、若者が長期間学校に通い続けることが必要であるという思想を組み込むことである。

〔三〕　次の文章を読んで設問に答えよ。なお、出題の都合上、本文章は、横書きのものを縦書きに直して出題している。

我々はみな頭の中に、それぞれの単語はどのような音声形式をとり、どのような概念に対応しているかを記した辞書をもっている。だからこそ、我々は、耳にした発話の流れがどのような意味かを解読したり、話したいことに応じて単語を選んだりすることができる。

では、①この辞書は、どれほどの語数を含むのだろうか。たとえば、Aさんがどれだけの語彙をもっているかを調べるには、次のようなやり方をすればよいかもしれない。日本語の大きな辞書[a]をもってきて、その見出し語を順に見ていってもらい、知っているものをすべてチェックしてもらうのである。これはかなり②［X］も折れ、時間もかかる作業になるだろう。しかし、こうして、Aさんがチェックしてくれた見出し語の数が、Aさんの知っている語のすべてといえるだろうか。権威ある辞書[b]は、'マジ'とか'ヤバイ'といったスラングは掲載していないかもしれないが、現代を生きる若者であるAさんは、辞書[c]でチェックした語に加えて、これらの語も知っているかもしれない。また、Aさんが、子ども時代、仲間うちで'農業用スパイク'（長靴）ということばが流行ったことを覚えていれば、それも立派にAさんの辞書[d]に含まれるといえるだろう。このように考えていくと、我々の知っている語彙の数がどれだけのものかを正確に捉えるのはいかに難しい作業であるか、おわかりいただけるだろう。

もっとも、困難を覚悟のうえで、やはり人間はいったいどれだけの単語を知っているのかを知りたいと考え、研究をおこなった人たちは少なからずい

まえ、母子家庭や父子家庭の増加もみこまれるなかで、家庭の一員として子どもに役割や責任を与えるとともに、生きた社会にかかわることを積極的に進める方向へ転換がのぞまれる。

生涯学習社会とは、いたずらに学校教育期間を延長させることではない。むしろ、若者が長期間学校にいつづける状態を避けるという思想を組み込むことこそが必要なのだ。

自分の頭で考え、回答をみつけ、自分の道を選択しながら進んでいく時代がすでに始まっている。だから大人は、子どもの生活に根っこを生やすさまざまな試みをしなければ、次代の大人たちは生きる力を身につけることができないのだ。

（宮本みち子『若者が《社会的弱者》に転落する』による）

問一　空欄 A ・ B に当てはまる最も適切な語句を次のア～オの中から一つずつ選び、記号で答えよ。ただし、同じ記号は二度使わない。

ア　ところが　　イ　なぜなら　　ウ　だから　　エ　いまだに　　オ　また

問二　傍線部①「『ミニ社会』という教育実践」を見た学生たちの反応について示す一文を抜き出し、その始めの六文字を答えよ。

問三　傍線部②「『古き良き子ども』の時代」のこととして筆者が考える内容を次のア～エの中から一つ選び、記号で答えよ。

ア　子どもには生活管理のノウハウをきちんと教えること　　イ　子どもも家族の一員として役割を分担すること

ウ　社会の主人公としてより良く生きる市民をつくること　　エ　子どもが親に守られて育つこと

問四　傍線部③「腕」を用いた「力を試したくてじっとしていられない」という意味を持つ慣用句を次のア～オの中から一つ選び、記号で答えよ。

ア　腕を上げる　　イ　腕が鳴る　　ウ　腕が立つ　　エ　腕に覚えがある　　オ　腕を磨く

「ミニ社会」の授業は、年度初めに教室の中にバーチャルなひとつの町をつくるところから始まる。議会、銀行、郵便局、商店など実社会がそのまま縮図として映される。子どもたちは法律（ルール）に基づき、疑似通貨を使って、一年間町を運営しながら暮らしと社会の仕組みを学ぶのである。米国では、共働き家庭、一人親家庭が多く、親に守られて育つ②「古き良き子ども」の時代は終わった。子どもも家族の一員として、役割を分担することを求められている。だからこそ、子どもには生活管理のノウハウをきちんと教えるべきであり、こうした教育が社会の主人公としてより良く生きる市民をつくる。これが「ミニ社会」教育の精神である。

カナダの高校の労働教育は、新しい方向を示している。無償の労働にも評価を与えようという社会の動きが、学校教育にも広がったのである。社会生活上必要な労働をカリキュラムに組み入れ、その技能の習得に狭義の学力と同等の評価を与える。生徒会活動だけでなく、たとえば実験準備の手伝い、図書館運営の手伝い、カフェテリアの料理づくり、小さな家をつくって売ること（建築科）、電気工事（電気科）などを生徒がやる。学校は社会生活と密接につながっているのである。いわゆる主要教科以外の教科も非常に高く評価されている。

北海道瀬棚町の過疎の山奥に、瀬棚フォルケホイスコーレという小さな学校（フリースクール）がある。デンマーク語で「国民高等学校」を意味する。一八八四年に、生涯教育の試みとして、グルニトヴィによって始められ、北欧を中心に広まった教育の流れを汲んでいる。酪農を通して人生の目標につながるものを尋ね学びあう一年間の学校である。

年齢は一六歳以上で上限はない。農業の仕事は筋肉を総動員させる。はじめは③腕を出すのも恥ずかしかったような都会の子が三ヵ月たつ頃には身体の大きな変化に驚き、握力がついていることに素朴な感動をするようになる。そして、「腕をもっと鍛えれば一人立ちできるかもしれない」「この体力でがんばれば家族を養えるかもしれない」とわくわくした予感を感じるようになる。

五感を使ってものごとを見、身体を使って仕事をするという訓練は、確かな自信と深い思考力を培い、いたずらに空想に耽（ふけ）ることのないバランスのとれた健康な判断力を身につけさせる。若者たちは一年間で確実に物静かな大人の雰囲気をもつようになる。
豊かさを実現した社会ではややもすると、親世代も子世代も手に入れた豊かさを失うまいとして保守化し、活力を失っていく。とりわけ学歴や偏差値だけがよりよい生活実現の条件ととらえられている社会では、子どもたちは勉強をする機械となり、そこから落ちこぼれる大量の子どもたちは、生きる場がない。落ちこぼれない子どもたちも、親にとっての「いい子」を守ろうとして、限られた生き方しかできない。

子育ては、転換すべき段階にある。厳しい労働の世界から子どもを遠ざけ、もっぱら教育の場に隔離した時代は、終わっている。共働き家庭があたり

問六　空欄 X に当てはまる四字熟語について本文の内容に合致するものを次のア〜オの中から一つ選び、記号で答えよ。

ア　半信半疑　　イ　当意即妙　　ウ　傍若無人　　エ　右往左往　　オ　支離滅裂

問七　傍線部④「ロジカル」と同義となる語句を本文中から四文字以内で抜き出し、答えよ。

〔二〕　次の文章を読んで設問に答えよ。

学校を卒業して就職し、経済的自立を果たし、やがて結婚をして親になる、という大人になるプロセスが、先進国ではいまや大幅に変わりつつある。そこから新しい問題が発生する。各国が経験を交換しあい、新しい青年政策を打ち立てる必要があるはずだ。

（中略）昭和一八年のある調査によれば、平日子どもたちは平均一時間以上の仕事を手伝い、二〜三時間働く子どももめずらしくなかった。 A 今、子どもは家庭でわずか一〇分たらずの仕事しかしていない。先進国のなかでも子どもがこれほど役割を奪われた国は日本をおいてほかにはない。そのうえ周囲からは仕事をしている大人たちが姿を消してしまった。 B 、社会は仕事を軸にして成り立っているという事実を生活を通して理解する機会がない。見えるのは、金銭で動く現実だけだ。

「子どもは勉強が仕事、その他のことは教育期間を終えてからで結構」となれば、子どもたちにはほかの世界に興味をもつ意欲すらなくなってしまう。いつどうやって親離れをし、自立していくのかという道筋が子どもはもちろん、大人にさえわからなくなっている。それにもかかわらず、子育ての価値は旧（ふる）い時代のままである。

アメリカの小学校に①「ミニ社会」という教育実践がある。これが高い評価を受けてすでに一〇年以上がたっている。私は毎年、大学で学生にこの授業のビデオをみせるが、面白いことに一九八五年に行なわれた「ミニ社会」に賛同する学生が年々増えている。つねに受け身の教育を受けてきた学生たちは、小学二年生が、ミニ社会の主人公として生き生きと活動する姿をみて感動する。

問二 傍線部①「個体の生存を図るためのシステム」の説明として適切なものを次のア～オの中からすべて選び、記号で答えよ。

ア 人間に限らずすべての動物は心と脳が関係し合って判断するため、生きるためには感情が必要となる。
イ 「怒り」や「恐れ」は生きるための源となる感情で、ファイトとフライトの二つの「F」に結びつく。
ウ 辺縁系はすべての動物がもっていることから、原始的な感情は個と種を守るための反応のひとつである。
エ 「喜び」という感情はすべての動物がもっているが、「笑い」という感情は人間だけがもっている。
オ 脳を持つ動物は自分を脅かす源となる感情により生存が左右されるので、原始的な反応で判断をする。

問三 傍線部②「大いに納得できる」理由として本文中で説明されている内容について文末を「ことによる。」にした形で、三十五文字以上五十文字以内でまとめて答えよ。その際、「笑い」「感情」という語句を必ず用いること。ただし、「ことによる。」は文字数に含めない。

問四 傍線部③「大切な力」に当てはまらないものを次のア～カの中からすべて選び、記号で答えよ。

ア 集団に溶け込む「笑い」の力　　イ 相手の意図を読み取る力
ウ 他者の感情を理解する力　　エ 相手の顔色や声から感情をつかむ力
オ 好きか嫌いかを判断する力　　カ 瞬時に反応し、情報処理をする力

問五 空欄 A ～ E に当てはまるものを次のア・イの中からそれぞれ選び、記号で答えよ。ただし、同じ記号を何度用いてもよい。

ア 右側　　イ 左側

子どもたちの脳の前頭前野は、自分の親と話をしているときには大いに活性化するけれど、知らない他人と話をさせると、［A］の前頭前野の反応はあまり上がらなかったのです。先ほど説明したように、前頭前野は、［B］は言語のコミュニケーション、［C］は非言語のコミュニケーションに関係しています。

そこから、親と子の「心と心」の通ったコミュニケーションの様子を読み取ることができます。つまり、子どもは自分の親と話しているときは、言葉の裏にある感情なども読み取っているから非言語のコミュニケーションに関連した［D］が活発になるけれど、知らない他人と話をするときには、照れやコミュニケーションの未熟さなどから、相手の心を読み取ることができず、［E］が活性化しなかったというわけです。

また、さらにおもしろいことに、とても緊張した状態で話をさせると、前頭前野はまったく働かなくなるということもわかってきました。

例えば、だれか偉い人などと会って緊張していると、自分でも何を言っているかわからなくなり、相手の考えていることも読み取れず、［X］なことを口走ってしまうことがあります。前頭前野が働かなくなるとこうした状態に陥るということは、④ロジカルにものを考えたり、言葉であれ感情であれ相手から情報をくみ取る働きを前頭前野が行なっていると考えられます。

（川島隆太『現代人のための脳鍛錬』による）

※1　脳機能イメージング…血流動態の観察など、脳内の生理学的な活性を測定して画像化する技術のこと

※2　近赤外計測装置（光トポグラフィー）…脳内の血流量がわかる検査装置のこと

問一　傍線部a～eのカタカナを漢字に直した時、最も適切なものを次のア～オの中から一つずつ選び、記号で答えよ。

a「ギ」　ア　義　イ　偽　ウ　儀　エ　議　オ　疑

b「ソ」　ア　粗　イ　素　ウ　疎　エ　礎　オ　組

c「アイ」　ア　愛　イ　会　ウ　相　エ　合　オ　哀

d「ハン」　ア　範　イ　反　ウ　繁　エ　搬　オ　煩

e「ショク」　ア　食　イ　植　ウ　職　エ　殖　オ　触

だのです。
するど、右の脳の前頭前野が大いにかかわっているというデータが出てきました。この領域は、左の脳にある、言葉を作りだしたり言葉を理解したりするブローカ野の反対に位置しています。そこから、前頭前野の左に言語のコミュニケーションのための脳、右に非言語のコミュニケーションのための脳が、ちょうど左右対称に位置しているのではないかという仮説を私たちは持っています。
また、私たちは、好きか嫌いか、気にいるか気にいらないかということを判断しているときの脳活動も調べています。例えば、いろいろな写真を見せて気にいるか気にいらないかを判断させたり、服装の色合とか化粧の具合を見せて好きか嫌いかを判断してもらったりして、そのときの脳の働きを調べました。
そこから私たちは、「嫌い」という反応がいちばん早く生じることを確認しました。よく「生理的に嫌い」という言い方をしますが、これは、人が瞬時に「嫌い」と判断していることの表れかもしれません。ですから、「好き」は「嫌い」よりも多少論理的というか、脳の中で情報処理に時間がかかるところが、「好き」という判断はそれよりも少し遅れます。ですから、「好き」は「嫌い」よりも多少論理的というか、脳の中で情報処理に時間がかかる感情なのだろうと考えています。
また、「嫌い」という感情を示すときは、対象によって脳のいろいろな場所がかかわっていて、特定化するのが難しいのですが、「好き」という判断には必ず右の脳の前頭前野がかかわっていることがわかりました。これは対象によって左右されず、例えば顔であろうが、化粧であろうが、服装であろうが、色の組み合わせであろうが、共通して言えることです。しかもその場所は、他者の感情を理解しようとするときに働く場所にちょうど接していることもわかってきました。
こうした「好き」や「嫌い」などの感情に関する研究から、まさにかなり高次の「心」に近い反応が前頭前野の中にあり、言葉で表せないような感情を得たり出したりしているのではないかと、今われわれは考えています。
また、私たちは研究を通じて、「感情表現はコミュニケーションのためにある」ことを確かめました。脳とコミュニケーションの関係という観点から研究を見直してみると、例えば言語と脳の研究は言葉を使ったコミュニケーションの研究と考えられますし、感情と脳の研究は非言語のコミュニケーションの研究と言えます。
その中で私たちは、実際に他者と会話をしているときに脳がどう働くか、近赤外計測装置[※2]（光トポグラフィー）を使って調べてみました。すると、非常におもしろい結果が出てきました。

こうした感情は、人間に限らずすべての動物がもっています。それも、個体の生存をはかるという目的を考えればうなずけます。「喜び」も、ほかの動物たちももっている感情で、おそらく(d)ハン(e)ショク等と関係があると考えられています。つまり、「怒り」や「恐れ」と同様、自分の個と種を守るための反応のひとつと言えます。それらのことから、感情というものはまず、生きるために存在するのだと考えることができます。

一方、そうした感情と少し違うのが「笑い」です。実は、動物の中で笑うことができるのは人間だけです。「喜び」という感情をすべての動物がもっているなら、「笑い」も同じように思われますが、そうではありません。類人猿だけが唯一の例外で、チンパンジーの赤ちゃんなどが、笑いに近い表情を見せることが知られています。しかし、チンパンジーの笑いは、成長するにつれて消えてしまいます。人間だけが、大人になっても笑う動物なのです。

その「笑い」という感情がいったいどこから出るのか、脳機能イメージング[※1]の実験で調べたことがあります。実際に装置の中で大笑いをさせると頭が動いてデータがとれないので、フフッとおかしさがこみ上げるようなものを見せたときの反応を調べました。そうすると、「笑い」が、前頭前野の前方から出てくるということがわかりました。人間ならではの感覚である「笑い」が、人間ならではの脳と言える前頭前野から出るというのは、②大いに納得できる話です。

では、どうして人間はほかの動物と違い、「笑い」という感情をもっているのでしょうか。それは高次なコミュニケーションのためではないかと、私たちは考えています。ちょっとした笑いで集団の雰囲気が和み、話が弾むようになった経験は、多くの方がもっていることでしょう。

このように、円滑なコミュニケーションを図って自分自身が集団の中に溶け込むために「笑い」が役立つことがあります。そして、人間は動物の中でも特にコミュニケーションが複雑だからこそ、ほかの動物はもっていない「笑い」という感情をもっていると考えられるのです。

感情については、自分が抱く感情ではなく、他者の感情に対して脳がどう働くかという研究も、私たちは行なっています。

例えば乳幼児のときには、相手の顔色や声の調子などから感情をつかむことはなかなかできません。しかし、私たちは成長するにつれ、次第に相手の意図を読み取ることができるようになります。これは心理学で「心の理論」と呼ばれ、コミュニケーションをはかるうえで非常に③大切な力とされています。

そこで、私たちは他者のこまやかな感情を理解するときに脳のどこを使っているかという研究を行なってきました。相手の顔を見て、もしくは相手の声を聞いて、その相手がうれしくて、喜んでいるような気持ちなのか、それとも怒ったり悲しんだりする気持ちなのかを判断するという課題に取り組ん

▲一月二十二日実施分▼

（二科目　一二〇分）

問題〔一〕〜〔四〕のうち、〔一〕は必ず解答すること。また、〔二〕〜〔四〕のうち二つを自由に選んで解答すること。なお、問題の中で字数が指定されている場合は、特に指示のない限り、句読点等を字数に含めること。

〔一〕　次の文章を読んで設問に答えよ。

私たちの研究の目標は、脳科学の技術を使い、脳と心の関係を調べることです。しかし、それは簡単ではありません。なぜなら、心というものを定ギ[a]することはなかなかできないからです。

「心とは何か、文章に表しなさい」と言われると、どんな心理学者でも考え込んでしまうでしょう。ですから私たちは、心を構成していると思われるさまざまな要ソ[b]を挙げ、それが脳の中でどう表現されているかを見極めることにしか脳と心の関係を調べる道はないだろうと考え、研究を進めています。

そこで私たちが注目したのが「感情」です。

喜怒アイ[c]楽などの感情がそれぞれどこからどのように起きるかは、脳科学である程度わかっています。例えば原始的な「怒り」や「恐れ」といった感情は、大脳からではなく、大脳の内側にある辺縁系と呼ばれる場所から出てきます。人間に限らず、脳を持つ動物はすべて辺縁系をもっています。その目的は、ファイト（fight＝戦い）とフライト（fright＝恐怖）という二つの「F」に結びつきます。

私たちは自分を脅かすものに対して、怒りや恐れの感情を抱きます。そこで勝てると判断したときには「怒り」が強くなって戦いを選び、負けそうだと感じたときには「恐れ」が先にたって逃げる——つまり、戦うか逃げるかという選択をし、①個体の生存を図るためのシステムがはたらき、その源になっているのが怒りや恐れの感情というわけです。

ア　それとも　イ　たしかに　ウ　しかし　エ　さらに　オ　そして

問四　空欄 Y ・ Z に当てはまる語句を本文中から漢字二文字で抜き出し、答えよ。

問五　本文の内容と合致しているものを次のア～オの中からすべて選び、記号で答えよ。

ア　心を開くとは必ずしも深い心情（ハート）を打ち明ける場合のみを意味しない。
イ　会話が面白くなるのは閉じた心が未知の領域を呼び込むからである。
ウ　開いた心とは「隠す心」であり、閉じた心とは「隠さない心」のことである。
エ　「輝かしい会話」に加わった人々の心はみな「楽しかった」という印象を抱く。
オ　自分の領域に自分の心を閉じ込めた人の心は他人の言葉や考えを受け容れない。

話し方をしない。自分の場合でも自分の心が固くなる原因を除去すれば、ずっと自由な会話ができるのに、原因である恐怖心はそのままにして、ぎこちない会話をつづける。これは恐怖心が心の習性となり、無意識な支配力となっているからだ。

開いた心は他を受け容れる。これも当然のことだが、閉じがちの人にはよく理解できない。「他」とは自分のよく知る相手ばかりではない。未知の人や外国の人、未知の意見や意外な驚きまでをふくむ。それは広大な領域であり、閉じがちの心の人にはほとんど見えない。会話が面白くなるのは、開いた心がこの未知の領域を呼びこむからであって、すでに知っているワクのなかにあるかぎり、会話は必ず色褪(あ)せたものに転落してゆく。子供との話が面白いのは、そこに恐怖や隠す心がなくて、いつも心が未知の領域へ開かれているからだ。逆に、すでに少年少女期に閉じた心におちた子ほど、悲惨な姿はほかにない。

再び言い直したいが、心を開くとは必ずしも深い心情（ハート）を打明ける場合のみを意味しない。もっと軽快な心の働きを指してもいる。ものごとにこだわらずに心を遊ばせる態度と言えよう。単なる浅いお喋りと違う。なぜなら浅いお喋りは溝を流れる水のように平たく走ったり澱(よど)んだりするが、心を開いた軽快さはスパイラルに話が上昇したり、飛躍したり、そして時には滝となって落下し、深い沈黙(b)におちることさえあるからだ。

（加島祥造『会話を楽しむ』による）

問一　傍線部a「会話」・b「沈黙」の対義語を次のア～カの中から一つずつ選び、記号で答えよ。ただし、同じ記号は二度使わない。

ア　聴聞　イ　作話　ウ　独白　エ　発言　オ　発信　カ　作法

問二　空欄 X に当てはまる四字熟語について本文の内容に合致するものを次のア～オの中から一つ選び、記号で答えよ。

ア　一意専心　イ　真実一路　ウ　馬耳東風　エ　馬鹿正直　オ　正真正銘

問三　空欄 A ～ C に当てはまる最も適切な語句を次のア～オの中から一つずつ選び、記号で答えよ。ただし、同じ記号は二度使わない。

〔四〕　次の文章を読んで設問に答えよ。

自分の領域に自分の心を閉じこめた人の心は、他の人の言葉や考えを受け容（い）れず、それで会話[a]は、まったく発展性がないものとなりがちなのだ。

こんなことを言うのも、知脳にだけ偏った人は会話を生動させないと指摘したいからだ。会話には当意即妙の閃（ひらめ）きや、空想力や想像性、経験や体験からくる他への共感力、情緒やユーモアへの転化など、数々の要素がその場に応じて織りこまれてゆくが、それらは己れひとりの頭脳の働きだけでは生じない。共に楽しむ開いた心が第一の条件なのだ。

もし開いた心の男女幾人かが集まって、ゆったりした食事やお茶のなかで話をはじめ、それがやがて空想力で一転したり、想像力で伸長したり、情緒の深みやユーモアの軽さで綾どられながら、つづくとする。それは幾つかの小川のせせらぎがいつしか淵（ふち）となり、野をへめぐって海へそそぐ変化と似ている。そういう会話を私は「輝かしい会話」という。そんな会話に加わった人々の心はみな「楽しかった」という印象を抱くが、その会話の内容をあまり記憶しないだろう。年月がたつと「楽しかった」という覚えだけが残ってあとは忘れてしまうだろう。逆に言えば、その会話の内容は忘れても「楽しかった」という印象はけっして消えない。

私たちはこんな理想の会話をなかなか経験しないけれども、この理想の断片に近い経験は誰にも覚えがあることだ。私もまたそうであり、わずかの「楽しかった会話」や「実に面白かった対話」の断片を思い起こして、私は常にこの会話論をすすめてきた。

開いた心とは「隠さない心」であり、閉じた心とは隠す心だ。ただし会話の領域では、いずれにしろ程度（ほどあい）のことなのであり、開けっぱなしの［ X ］とか天衣無縫の人がひとりいたからとて、会話が活発になるとはかぎらない。他の人々の心が閉じていたとすれば、会話は開放的な人のひとり合点に終わるかもしれない。ほかの人々は不愉快な思いで、［ A ］黙りがちとなるかもしれない。［ B ］誰かもうひとりが少しでも心を開いて応じたら、その場の会話は生気の加わるものとなる。［ C ］話がはずみはじめて他の人も連られて心を開くとなれば、その場の会話は思いがけぬ面白いものに転じるであろう。

開いた心とは［ Y ］感から生じる。閉じた心は［ Z ］感から生じる。その関係は会話のなかに最もよく表われる。他の行為では分からなくとも、会話のなかではそれが明瞭に出る。気持よく喋（しゃべ）りあえる時は安心感のある場合であり、話がぎこちない時はそこに恐怖感があるからだ。これは常識で知っていることだけれども、それを実際の会話では応用しない。相手の心が閉じているのは恐怖心のせいだと知っても、その恐怖心を取り除くような

ア　猿　イ　亀　ウ　犬　エ　猫　オ　馬

問五　空欄 X ・ Y に当てはまる最も適切な漢字一字を次のア～カの中から一つずつ選び、記号で答えよ。

ア　超　イ　進　ウ　抗　エ　真　オ　共　カ　対

問六　傍線部④「超高齢社会が破綻してしまう」という理由について最も適切なものを次のア～オの中から一つ選び、記号で答えよ。

ア　生活の質（ＱＯＬ）を高めることにより、元気な高齢者がもっと増加して平均寿命がのびるため。
イ　アクティブ・シニアには運動習慣と食生活の見直しが必要で、そのための人手が求められるため。
ウ　すべての人が平均寿命をのばせるわけではないので、高齢者の要介護リスクが上がっていくため。
エ　日常生活の制限がなく、自立した高齢者を増やしていかないと支援し切れなくなってしまうため。
オ　平均寿命と健康寿命と自立寿命の考え方を学ぶことで、ライフスタイルが多様になっていくため。

1人でも多くの人がアクティブ・エイジングを実践する「アクティブ・シニア（元気な高齢者）」を目指さなければ、④超高齢社会が破綻してしまうのは目に見えています。

（樋口満『体力の正体は筋肉』による）

問一　傍線部①「懸念」の本文の意味として最も適切なものを次のア～オの中から一つ選び、記号で答えよ。

ア　歓喜　イ　反省　ウ　落胆　エ　焦燥　オ　心配

問二　空欄 A に当てはまる最も適切な語句を本文中から四文字で抜き出し、答えよ。

問三　傍線部②「私が少し気になっている」ということの理由として当てはまらないものを次のア～カの中から一つ選び、記号で答えよ。

ア　年齢を重ねると「亜健康」であることが多くなるから。
イ　体の不調があっても日常生活の制限なく過ごしている中高齢者がいるから。
ウ　中高齢者では健康診断での異常がまったくないということは少ないから。
エ　健康診断での「要経過観察」の検査結果を気にしすぎてしまうから。
オ　完全な健康状態よりも自立した生活を送れていることが重要であるから。
カ　検査の数値で判断すると中高齢者で健康な人は少ないから。

問四　傍線部③「年の功」を含む慣用句に関連する動物について次のア～オの中から一つ選び、記号で答えよ。

たとえば、高血圧症で降圧剤を飲み続けていたり、がんや糖尿病にかかっていたりする患者さんは「完全な健康状態にある」とはいえません。

そうした病気を抱えながら、あるいは「亜健康」と呼ばれる、健康とも病気ともいえない体の不調と上手に付き合いながら、長期にわたって周囲に面倒をかけず、日常生活も制限されずに、可能な限り〝自立した〟生活を送っている人はたくさんいます。

そうした現実を踏まえれば、検査の数値を基準にして健康であるかどうかというより、むしろ自立した生活を送れているかどうかのほうが問われることで、その意味で健康寿命というより「自立寿命」と言ったほうが適切ではないかと思うのです。

自立寿命を、どれだけ長くのばせるか——。

そのためにできることは、第一に運動やトレーニング、食事によって筋肉をきたえて体力をつけ、衰えてしまった体力を回復させることです。（中略）

超高齢社会に突入した日本では、老いに対する意識は、近年だいぶ変わってきたように思います。

老いに抗（あらが）って若返りをはかろうとする「アンチ・エイジング（anti-aging）」はよく知られた言葉で、特に見た目において、年齢よりも若く見えることをよしとして、並々ならぬ努力を重ねている人を多く見かけます。

しかしここにきて、なにもそこまで老いを否定的にとらえなくてもいいのではないか、「年相応」でも魅力的なたたずまい、輝きがあるのではないかという意見が聞かれるようになりました。

老いを自然の流れとして、よいことは「③年の功」として受け入れ、不自由なことがあったら知恵を絞って解決し、その人らしさを保ちながら老いと上手に付き合っていこう——それが、「ウィズ・エイジング（with-aging）」です。そんなにあくせくしないで、もっと穏やかに暮らしていこうではないかという響きが感じられます。

さらにそこに、「アクティブ・エイジング（active-aging）」という新たな価値観が加わりました。

アンチ・エイジングが「［X］・老化」ならば、ウィズ・エイジングは「［Y］・老化」、アクティブ・エイジングは「脱・老化」といえるかもしれません。

この言葉は、WHOが2002年の4月にスペインのマドリードで開催した「第2回高齢者問題世界会議」で、高齢者に対する支援の決意表明として採用したものです（国際連合広報センター総括資料）。

年齢を重ねても、運動習慣や食生活といったライフスタイルを見直し、健康を保ち、閉じこもらずにさまざまな社会の分野に積極的に参加し、それによって生活の質（QOL）を高め、自立寿命をのばす機会が常になければならない——。

〔三〕　次の文章を読んで設問に答えよ。

最近、「健康寿命」という言葉をよく耳にしませんか。

２０００年にＷＨＯ（世界保健機関）が提唱したもので、「健康上の問題で日常生活が制限されることのない期間」という意味で使われています。

２０１３年時点での日本人男性の平均寿命は80・２１年、日本人女性の平均寿命は86・６１年。同じ時点での健康寿命は、男性が71・１９年、女性が74・２１年です（『平成27年版高齢社会白書』内閣府、『健康日本21（第二次）』厚生労働省）。

平均寿命と健康寿命との間には、男性は9・02年、女性は12・4年の開きがあります。男女どちらも10年ほどのこの開きは、ＷＨＯの定義を裏返して言えば、「健康上の問題で日常生活に制限が出てしまった健康でない期間」ということになります。

この健康でない期間が長くなるほど要介護のリスクが高まり、精神的、肉体的な負担ばかりでなく、医療費や介護費といった経済的な負担もより大きくなってしまう①懸念があります。

超高齢社会においては、社会全体として平均寿命をただのばせばいいというのではなく、「［Ａ］に支障がなく丈夫で長生き」という意味の健康寿命をのばして、平均寿命との差をできるだけ短くすることが望まれています。

しかしながら、自分が将来、いつどのようなケガをしたり、病気にかかったりしてから、どのくらいの期間を経て最期を迎えるのかはだれにも分かりません。

長野県は、「健康で長生きし、病気に苦しまずにコロリと死のう」という「ピンピンコロリ運動」の普及に力を入れていますが、そう願ったとしても、すべての人がかなえられるとは限りません。

はっきりいえるのは、大半の人は年齢を重ねるにつれて体力が衰え（その状態を「虚弱」「フレイル：frailty」といいます）、なんらかの病気にかかり、いつかは必ず最期を迎えることはだれにも避けられない、それが事実だということです。

そこで、②私が少し気になっているのは、「健康寿命」という言い方です。

若い人なら、健康診断でなんの異常も見つからなければ健康といえるでしょうが、40歳を過ぎたあたりから「要経過観察」の項目が少しずつ目立つようになり、やがては「再検査」「治療」にいたるといったように、異常がまったく見つからない中高齢者はごくごく稀（まれ）ではないでしょうか。

※「至難の業」表記が一般的であるが、本文のまま「至難の技」としている。

問一　空欄 A ～ D に当てはまる最も適切な語句を次のア・イから一つずつ選び、記号で答えよ。ただし、同じ記号を何度使ってもよい。

ア　大和言葉　　イ　漢語

問二　傍線部①の慣用句「至難の技」の意味に合致するものを次のア～オの中から一つ選び、記号で答えよ。

ア　難題を周囲に強いること　　イ　だますのが難しいこと　　ウ　越えがたく高い障害
エ　このうえなく難しいこと　　オ　説明困難な当然の理由

問三　傍線部②「くろうと」の対義語としての意味をもつ本文中の語句を五文字で抜き出し、答えよ。

問四　空欄 X ・ Y に当てはまる最も適切な語句を本文の意図を踏まえて次のア～オの中から一つずつ選び、記号で答えよ。ただし、同じ記号は二度使わない。

ア　それゆえ　　イ　たとえば　　ウ　しかも　　エ　ところが　　オ　やはり

問五　傍線部③「先に述べたようなコミュニケーションのむずかしさ」ゆえに必要とされてきた対応の仕方を具体的に説明している一文を抜き出し、その最初の五文字を答えよ。

別宮貞徳著『こんな翻訳に誰がした』を読んで、笑いこけたり、深くうなずいたりしたものだ。そのときは、②くろうとのくせにヒドイ人たちがいるものだと笑っていたが、そのうち、自分が少しは翻訳を手がけるようになり、今度は、自分自身の産物が他人からそのような目でみられる立場になってしまった。もちろん、私の訳したものにもいろいろ誤訳があるだろうし、人のことばかりいってはいられないのだが、それでも、確かに翻訳書の日本語は相変わらず読みにくい。

英語で書かれた科学の啓蒙書の中には、よいものがたくさんある。専門家からも高い評価をうけ、［ X ］、本当におもしろく書けているものがある。そのような本を翻訳すれば、日本の人々に科学をよりよく理解してもらうための、大きな助けとなるはずだ。［ Y ］、翻訳書の多くは読みにくい。その理由は三つある。

一つは、明らかな英語の誤訳が決して少なくないこと。たとえば、二重否定を否定のまま訳したりするような、学術用語以前の誤りである。

二つ目は、学術用語、またはその分野で常用される日常語を知らないために起こる誤訳。先の別宮氏の著作のなかには、「放射性の」という意味で使われる"hot"という言葉を、日常語的に誤訳した「できたてのホヤホヤの分子」というのが挙げられていた。

三つ目は、意味は正しくとも日本語として非常にまずいので、結局は意味が伝わらないもの。これも非常に多い。たとえば、「現代人の乳幼児が進化による賦与(ふよ)の一部として有している第二の仕組み」というような文章は間違いではないだろうが、意味が素直に入ってこない。

自然科学という分野そのものが、③先に述べたようなコミュニケーションのむずかしさを抱えているのに、このような翻訳上の問題が重なると、日本での科学の普及は大きな損失を被っていることになる。わかりやすく、楽しく読むことができれば、もっと多くの人々を科学に惹きつけることができるだろうし、科学者どうしの間でも他の分野の理解がもっと楽に進むだろうに、と思われる。

翻訳者だけが馬鹿だ、物知らずだ、といっているわけではない。翻訳者の責任はもちろんあるが、なぜそのまま出版されてしまうのか、ということも問題である。日本の出版社、編集者は、自分が読んで素直に理解できないものはもっとどんどん断るべきだ。よくわからない文章というものには、訳している本人にも、それを読む第三者にも、直観的に変だと感じられるものがあるはずだ。

つきつめていくと、これは、英語の問題ではなく、日本語の問題だろう。日本語に対する感覚、論理的でわかりやすい日本語と、そうでない日本語とを見分ける感性を養うことが、翻訳者にも、編集者にも、読者にも、一番必要とされているのではないだろうか？

（長谷川眞理子『科学の目　科学のこころ』による）

(2) 芥川龍之介にまつわる文学賞として「芥川賞」がある。次の作家のうち同賞を受賞していない作家名をア〜オの中から一つ選び、記号で答えよ。

ア　高瀬隼子　イ　又吉直樹　ウ　綿矢りさ　エ　太宰治　オ　安部公房

〔二〕 次の文章を読んで設問に答えよ。

もうずいぶん昔にどこかで聞いた話だが、明治時代に、初めて科学が日本に紹介されたとき、当然のことだが、「水素」だの「炭素」だのという言葉はなかった。そこで、どのような言葉に翻訳しようかと、いろいろな人々が案を出した。ある人々は、現在使われているような、「水素」、「炭素」という漢語を提案したが、他の人々は、科学もすべて大和言葉で書くことを提案した。その派の人々は、なにかのもとになる最小単位のようなものを表わす A は、「ね」(根)という言葉であるということから、「水素」、「炭素」の替わりに「みずね」、「すみね」という訳語を提案したそうだ。結局のところ B 派が勝ったので、私たちは、現在、「水素」、「炭素」という言葉を使っている。「みずね」、「すみね」が勝っていたら、いまの私たちは、どんな科学の教科書を手にすることになっていただろうか?

科学は、もともと日本が生み出したものではないので、科学で使われる言葉の多くは翻訳である。「水素」以来の伝統なのか、翻訳は C が多く、科学の用語は、それだけでも一般の人々にはとっつきにくい。しかし、たとえふだんは縁のないような奇妙な D ではないとしても、学術用語には定義があり、その定義を知り、ひいてはその学問分野全体を知っていることを前提に使われている。そのような学術用語を使わずに科学を表現することは至難の技※①である。

そこで、科学を一般の人々に伝える書物では、さまざまな学術用語をていねいに説明し、それらの最小限は覚えてもらって、それ以後は説明なしに話を続けていくようにしながら、最後まで人々の興味を惹(ひ)きつけねばならなくなる。それだけでも、科学の啓蒙(もう)書のもつ本質的なむずかしさがわかる。それに加えて、地の文がわかりにくく、日本語としておかしかったら、およそ、一般に理解を得るなどは望むべくもないだろう。

昔から、科学に限らず学術的な訳書の日本語の悪さ、誤訳の多さについては、いろいろなところで取り上げられてきた。これもずいぶん昔になるが、

c「ズイ」　ア 随　イ 髄　ウ 限　エ 防　オ 遂
d「ロウ」　ア 露　イ 労　ウ 郎　エ 老　オ 朗
e「ズ」　ア 子　イ 豆　ウ 頭　エ 図　オ 主

問二　傍線部①「また」を言い換える語句として最も適切なものを次のア〜オの中から一つ選び、記号で答えよ。

ア どちらか　イ それにしても　ウ および　エ ならびに　オ さらに

問三　傍線部②「僕」が指すものを本文中から十文字で抜き出し、その始めの五文字を答えよ。

問四　傍線部③「中学時代に好きだった女の子」との恋が、中学時代から手紙を書いている年齢まで成就していないことがわかる箇所を七文字で抜き出し、答えよ。

問五　傍線部④「コンビ名を『線香花火』とした理由を「線香花火は」を書き出しにして、「考えたから。」で終わるように三十五文字以上五十文字以内でまとめよ。その際、「完成」「永遠」という語句を必ず用いること。ただし、「線香花火は」「考えたから。」は文字数に含まないこととする。

問六　傍線部⑤「芥川龍之介」について、次の(1)・(2)を答えよ。

(1) 空欄 A に当てはまる最も適切な芥川龍之介の作品名を次のア〜オの中から一つ選び、記号で答えよ。

ア 風と共に去りぬ　イ 車輪の下　ウ 或阿呆の一生　エ 人間失格　オ 春琴抄

があるなら自分のことをしろ。トリートメントしても無駄だ。人のせいにしても無駄だ。調子に乗るな。解散しても原くんとはまた会うことになる。風邪の初期症状が出たら薬を飲め。街で声を掛けてくるのは宗教の勧誘と悪質な物売りだから全部無視しろ。幾度となく面白くないと言われるが気にするな。悲観しても良いから止まるな。信じられないくらい人に裏切られる。自分が人を傷付けることもある。だが時間がもったいないから人を恨むな。人を羨(うらや)むな、おまえはそんなもんだ。期待も絶望もするな。※ノストラダムスの大予言は当たらないから大丈夫。東京はキミをズイ分と苦しめるが、最高と思える夜も必ずある。

と、メールを作成したが、送信ボタンは押さなかった。未来が変わってしまう可能性があるからだ。僕は、※『バック・トゥ・ザ・フューチャー』を三回以上観ているからね。そんなことをしていると誰かからメールが届いた。未来の僕からだった。どうやら、未来は楽しいことが沢山あるらしい。いっぱいデートできるらしい。生きてみよう。

なるほど。これが、十一年前の自分の感覚なのか。二〇二二年四十二歳になった僕が、二〇一一年に三十一歳だった自分にメールを送るとしたら、どんな内容になるだろう。

草々

（又吉直樹『月と散文』による）

※ノストラダムスの大予言…五島勉の著書。予言の中に、一九九九年に世界が終わると書かれていた。

※バック・トゥ・ザ・フューチャー…一九八五年公開のSF映画。デロリアンというタイムマシンによって過去の世界に行くこととなる。

問一　傍線部a〜eのカタカナを漢字に直した時、最も適切なものをア〜オの中から一つずつ選び、記号で答えよ。

a「セマ」　ア 攻　イ 責　ウ 迫　エ 的　オ 狭

b「オク」　ア 臆　イ 億　ウ 錯　エ 憶　オ 奥

信じてもらえただろうか？　僕はキミで、キミは僕で、キミの現実が僕の想い出だったりするから、なかなか説明が難しい。どうしてもキミに伝えたいことはないけれど、キミの役に立ちそうなことをいくつか書いてみます。

　これから東京で芸人を目指すというのに、キミは信じられないくらいの不安を抱えている。まず自分が芸人を目指しているわりに、個性のない平凡な人間であることに対する恐怖。だが、大丈夫。なぜだかは僕も分からないが、キミは養成所の入学式から信じられないくらい変人としての扱いを受ける。キミの容貌や言動は自分が想像するよりも遥かに気味が悪いらしい。

　キミは十四歳の時、京都の知恩院にある『未完の瓦』に感銘を受けましたね。完成されたものは滅びに向かって行くだけだから、敢えて瓦を重ねて未完成にしているという例のあれだ。だがキミは完成されていないという状態を良しとすることにも納得できず、悩んだ。そして、「完成して強い光を放つものは、たとえ終わりを迎えたとしても、その一瞬の強い輝きに永遠が宿るんじゃないか」という考えに至る。それこそが恰好良いんじゃないかと思った。

　そして、④コンビ名を『線香花火』としましたね。一部から線香花火という名前は、「縁起が悪い」と指摘される。一瞬に永遠が宿るのに縁起が悪いというのはどういうことだろうと疑問に思ったキミは、広辞苑を引いてその意味を調べることになる。そこには、「一時的で、すぐに勢いのなくなるもののたとえ」と書いてあり驚くことになる。若手芸人が最も付けてはいけない名前だった。

　キミは数年後、初めての単独ライブで、「永遠に続くものほど退屈なものはない」という言葉を掲げ、同じようなことを言っている⑤芥川龍之介の『　A　』の一節を絶叫してライブの幕を開ける。それは、お客さんに全くウケないから止めた方が良い。言霊の仕業か、ほどなくしてキミ達は解散する。キミは芸人を辞めて京都でお坊さんになりたいと考えるが、周りに止められる。キミは止めてくれて良かったと思う。その止めてくれた少し胡散臭そうな人が新しい相方になる人だ。

　新しいコンビで活動を始めても、相変わらずキミは、「一瞬の輝きを掴み取りたい、そこに永遠は宿る」ということを信じ、人生に於いて「絶景」と呼べる、風景や状況を求め続けている。だが、未来のキミが思う「絶景」は少しずれているのか、もしくは余りにも平凡なのか、今のところ大きな共感は得られていない。

　色々と書いてみたが、創作に関しては、キミが思うようにやれば良い。あと、職務質問は協力的に対処した方が早く終わる。バイトに受からないから坊ズ(e)刈りは止めた方がいい。東京には古本屋が沢山あるから、沢山本が読める。人にお金を借りてはいけない。サッカーは諦めろ。恋愛は全て上手くいかない。汚い靴は置いといても履かないから捨てろ。人の悪口を言う暇

長文のメールになるけど、迷惑メールではないから読んでください。

②僕は十二年後のキミです。疑い深いキミは信じてくれないかも知れないけれど、きっとキミの精神内部に刻まれた藤子・F・不二雄魂に作用して最後まで読んでくれることだろう。新しい携帯電話のサービスで過去にメールが送れるようになったそうだから、送ってみようと思った。取りあえず証拠を提示してみます。

今、キミは地元大阪から一緒に上京することになった原くんのお父さんが運転するバンで夜の高速道路を東京に向かって走っているだろう。中学の同級生だったキミと原くんは一緒に吉本興業の養成所に入りコンビを組む。車のステレオからは原くんが大好きなザ・ブルーハーツとミッシェル・ガン・エレファントが流れている。キミは窓の外の風景を眺め、「これからどんな生活が待っているのだろう?」と考えながら、後ろに積んだ自分の原付からガソリンの匂いが漏れていることが気になっているはずだ。bオク病なキミは爆発しないか不安を感じて無口になっていると思うけど、爆発しないから安心してください。

東京に出発する最後の夜、つまりキミにとっての数時間前、キミは待ち合わせ場所である原くんの家に向かう途中で③中学時代に好きだった女の子とすれ違った。女の子から、「どこ行くん?」と聞かれたキミは、「東京」と答えた。女の子はcズイ分と驚いていた。「駅前にビデオ返しに行くねん」とか、「友達の家に行くねん」などというありきたりな返答を予想していたのかも知れない。

「たっちゃんと行くねん。漫才しに」とキミが言うと、全てを察した女の子は、「え〜! 東京進出!?」と大きな声を出した。その東京進出という言葉が妙に恥ずかしかった。そんな大層なことちゃうねん。そう思いながらも、その女の子は中学二年の時に、キミと原くんが初めて教室で披dロウした漫才を目撃した人だったから漫才を続けることを知っていて欲しかった。それに彼女とは二人でマクドナルドに行ったことがあった。クリスマスイブの夜だった。帰り際に勇気を出して告白しようとすると、「今日、ウチと遊んだこと絶対に誰にも言わんといてな」と衝撃の一言を放たれる。キミは胸に痛みを感じながら、「そんなん言うはずないやんか」というような歪(ゆが)んだ微笑みを浮かべて頷(うなず)いたはずだ。そんな時、「俺が好きな子の方が圧倒的に可愛い」という独特の方法で慰めてくれたのは原くんだった。

この人と会うのはこれが最後かも知れないと思っただろ?

同時にまた会えるかもと微(かす)かな期待を抱いただろ?

もう会えないよ。

国語

▲一月二十一日実施分▼

（二科目一二〇分）

問題〔一〕〜〔四〕のうち、〔一〕は必ず解答すること。また、〔二〕〜〔四〕のうち二つを自由に選んで解答すること。
なお、問題の中で字数が指定されている場合は、特に指示のない限り、句読点等を字数に含めること。

〔一〕　次の文章を読んで設問に答えよ。

喫茶店の窓際の席に座って、道行く人をなんとなく眺めながら、昔のことを思い出していた。本当は締め切りがセマ[a]った原稿を書くためにこの席に座ったはずなのに、携帯電話に保存された過去のメールを読み返し、「まだ、この時はこの人と連絡取っていたんだ」などと一人で懐かしがったりしている。メールをスクロールしていくと未送信のままになっているメールに目が留まった。それは十年以上前に書かれたものだった。

タイトルは、『前略』となっている。少しだけ読んでみると、二〇一一年に三十一歳だった頃の僕から、一九九九年の十八歳だった自分に向けて書かれた内容のようだった。これを読み返すと、①また原稿は進まなくなるだろう。どうしようかと考える素振りをしてみるが、当然読むことになる。

タイトル『前略』

解答編

英 語

◀1月21日実施分▶

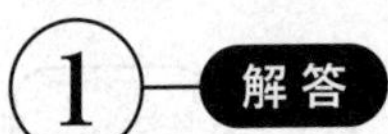

(A)(1)—A (2)—B (3)—B (4)—A (5)—D
(6)—A (7)—B (8)—C (9)—B (10)—A

(B)(1)—B (2)—B (3)—A (4)—C (5)—D (6)—C (7)—C (8)—C
(9)—D (10)—C

(C)並べかえた英文全体は次のようになる。( ) 部分以外が求められる解答。

(1)(I) have been buying books online since last year(.)

(2) There isn't enough space to keep a lot of food (in the fridge.)

(3)(K2 is) the second highest mountain in the world(.)

(4)(The) staff supports you whenever you need help(.)

(5)(Sho) must be rich to buy such an expensive car(.)

(D) (誤,正の順に) (1)—(C), I look it up (2)—(A), refuses to take
(3)—(A), was waiting (4)—(B), what is more (5)—(B), any time when

解説

(A)(1) accuracy「正確さ」

(2) encourage *A* to *do*「*A* が〜するのを励ます」

(3) face「〜の方角を向いている」

(4) criticize *A* for 〜「〜のことで *A* を批判する」

(5) excuse「言い訳」

(6) feel guilty「罪悪感を覚える」

(7) occupation「職業」

(8)　run into ～「～に偶然出会う」

(9)　put on weight「太る」

(10)　budget「予算」

(B)(1)　till は時を表す副詞節を導き，未来のことも現在形で表す。中の動詞は主語に合わせて三人称単数の現在形にする。

(2)　as「～するとき」

(3)　Why don't we ～?「～しませんか」

(4)　than があるので would rather *A* than *B*「*B* するより *A* したい」の構文に。

(5)　of「～の中で」より，最上級を選ぶ。

(6)　先行詞が the hotel（場所）で，後に続く節が完全文なので，関係副詞 where を選ぶ。

(7)　lie on the beach「ビーチで横になる」

(8)　until「～まで」

(9)　furniture は不可算名詞。

(10)　so that S can ～「S が～できるように」

(C)(1)　have been *doing*「ずっと～している」

(2)　There is not enough space to *do*「～する十分な場所がない」

(3)　the second＋最上級「２番目に～」

(4)　whenever ～「～するときはいつでも」

(5)　must be ～「～にちがいない」

(D)(1)　主語が抜けている。

(2)　refuse は目的語に動名詞ではなく to 不定詞を取る。

(3)　〈every＋単数名詞〉は単数扱い。

(4)　what is＋比較級「さらに～なことに」

(5)　he has broken his promise は完全文なので，which ではなく関係副詞の when を選ぶ。

2 解答

(1)—A　(2)—B　(3)—B　(4)—B　(5)—C　(6)—D
(7)—A　(8)—D　(9)—C　(10)—B

解説

《体重を減らすための方法》

(1)　cook properly「適切に調理する」

(2)　full of fat「脂肪でいっぱいの」

(3)　less active「あまり活動的ではない」

(4)　has の後なので過去分詞形にする。

(5)　popular「人気がある」

(6)　starve *oneself*「食べないでいる」 空欄直前の：の前に「人々は食事から多くのカロリーを取り除き過ぎている」とある。

(7)　slow down「速度が落ちる」

(8)　unsuccessful「うまくいかない」

(9)　reduce「～を減らす」

(10)　amount of exercise「運動の量」

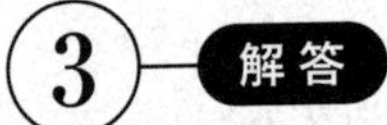

3 解答

〈Section 1〉 (1)—A　(2)—D
〈Section 2〉 (3)—C　(4)—A　(5)—B

解説

〈Section 1〉《フィットネス会員への連絡》

(1)「Palmer さんはなぜメールを送ったか」

第1段第2文（I wish …）に「メンバーシップを更新しないことに決めた」とある。

(2)「Palmer さんが心配していることに含まれないものは何か」

D.「トレーナー達の経験が不足している」は本文にない。

〈Section 2〉《従業員に対するお礼》

(3)「この告知の目的は何か」

第1段第4文（We want to …）に「全ての従業員に感謝する」とある。

(4)「Bharati Corporation について述べられていることは何か」

第1段第2・3文（Bharati Corporation … the business world.）を参照。第3文（This magazine …）に，この雑誌はビジネスの世界で非常に高く評価されているものの一つだとある。be honored「栄誉を受ける」

prestigious magazine「一流の雑誌」

(5)「次の文は［1］から［4］のどこに入れたらよいか」

"We truly …"「このチームの努力を本当に嬉しく思う」

空所［2］の直前の文（We want to …）で挿入文と同様のことが述べられており，直後の文（Because of all …）でその理由が説明されている。

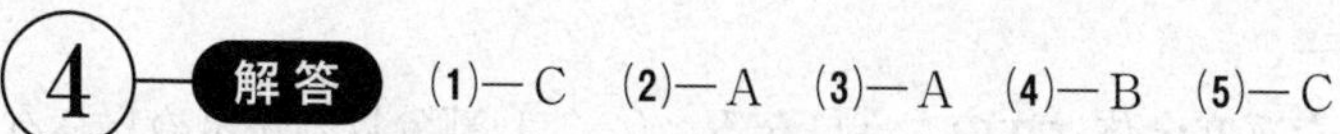

4 解答 (1)―C (2)―A (3)―A (4)―B (5)―C

解説

《子供の貧困問題》

(1)「この記事の主な目的は何か」

最終段最終文（Therefore …）に「公的なサポートの質を高めるために関心を持たせることが重要」とある。raise awareness「関心を持たせる」

(2)「貧困には2つのタイプがある。それらは何か」

第3段第1文（There are …）参照。absolute poverty「絶対的貧困」relative poverty「相対的貧困」

(3)「相対的貧困について正しくないものはどれか」

Aは第3段第2文（Absolute poverty is …）にあるように absolute poverty を表す。

(4)「2014年の『子どもの貧困対策の推進に関する法律』に含まれているものはどれか」

第4段第6文（Another measure …）を参照。

(5)「不十分な政府の援助プログラムの欠点を補っているのは誰か」

最終段第2文（In response to …）に，多くの市民団体が，助けを必要としている家族を援助しているとある。

◀1月22日実施分▶

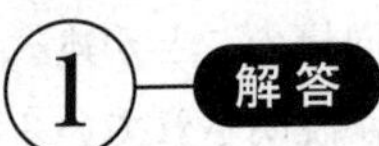

(A)(1)—C　(2)—C　(3)—D　(4)—B　(5)—D
(6)—A　(7)—D　(8)—B　(9)—B　(10)—D

(B)(1)—D　(2)—C　(3)—D　(4)—A　(5)—C　(6)—D　(7)—C　(8)—B
(9)—C　(10)—C

(C)並べかえた英文全体は次のようになる。(　　)部分以外が求められる解答。

(1) They will have finished the discussion by next year(.)

(2) We have to be careful not to make a mistake(.)

(3) I watched the movie with my heart (beating fast.)

(4)(My) racket got broken during the match(.)

(5) Without my parents' support, I couldn't have graduated from (college.)

(D)（誤，正の順に）(1)—(B)，heard　(2)—(A)，returning her call
(3)—(A)，either　(4)—(A)，The development　(5)—(C)，the less

解説

(A)(1)　hesitantly「ためらって，躊躇して」

(2)　dawn「夜明け」

(3)　a wide range of responsibilities「様々な責任」

(4)　wedding anniversary「結婚記念日」

(5)　phenomenon「現象」

(6)　achievement「功績」

(7)　tolerate「大目に見る」

(8)　from a distance「遠くから」

(9)　it is convenient「都合のよい」

(10)　feature「特集する」

(B)(1)　be afraid that S will ～「～ではないかと心配する」

(2)　belong to ～「～の所有である」は進行形にしない。

(3)　whose document「誰の書類」

(4)　it used to be ～「以前の～」

(5) farther は far の比較級。much＋比較級「かなり～」

(6) 〈However＋形容詞〔副詞〕＋S may ～〉で「どんなに～しても」。careful は形容詞。

(7) above sea level「海抜」

(8) It is not until ～ that …「～して初めて…」

(9) 〈so＋形容詞＋a＋名詞〉の語順にする。

(10) 命令文, or ～「…しなさい，さもないと～」

(C)(1) will have finished「終わらせているだろう」

(2) not to *do*「～しないように」

(3) with *A doing*「*A* を～した状態で」

(4) get *done*「～される」

(5) Without＋名詞句「もし～がなければ」

(D)(1) make *oneself* heard「自分の声が届く」

(2) avoid は動名詞を目的語に取る。

(3) not ～ either「…もまた～でない」

(4) 主語なので名詞形にする。

(5) lesser は価値や程度などに用いる。*cf.* a lesser nation「弱い国」

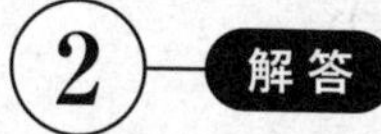

(1)―D (2)―B (3)―A (4)―C (5)―C (6)―B
(7)―C (8)―D (9)―C (10)―B

解説

《ビートルズの聖地》

(1) shape *one's* career「キャリアを築く」

(2) develop skills「技術を高める」

(3) influential「大きな影響力のある」

(4) ordinary「平凡な」

(5) It was ～ that … の強調構文。

(6) cover of their last album「最後のアルバムの表紙」

(7) a must「必見の物，不可欠のもの」

(8) true「本当の，真実の」

(9) 後ろが主語のない不完全な文なので関係副詞 when は来ない。

(10) throughout「至る所に，隅々まで」

3　解答

〈Section 1〉 (1)—B　(2)—C
〈Section 2〉 (3)—C　(4)—C　(5)—D

解説

〈Section 1〉 《コーヒーメーカーの取り扱い方》

(1)「誰に宛てた説明書か」

product owners「製品の所有者」

(2)「説明書によると，どれくらいの頻度でクリーニングをすべきか」

第2文（For optimal …）に on a monthly basis「月に1回」とある。

〈Section 2〉 《駐車場の変更の告知》

(3)「メモの目的は何か」

第1段第2文（Anyone who …）に新しい駐車場の許可を取らなければならないとある。

(4)「従業員は書類に何を記入する必要があるか」

第2段第4文（Therefore, …）に希望の駐車場所を記入せよとある。

(5)「どのようにして従業員は地図を手に入れることができるか」

第2段最終文（If you …）に the Administrative Office（＝Mr. Rowe's office）に立ち寄るように書いてある。

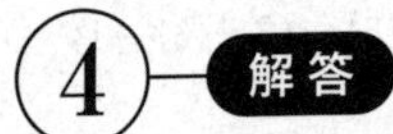

4　解答

〈Section 1〉 (1)—C　(2)—D　(3)—D
〈Section 2〉 (4)—C　(5)—A

解説

〈Section 1〉 《インスタントラーメンの由来》

(1)「安藤はなぜ子供の頃に揚げた麺を食べたのか」

第2段第3文（Noodles have …）に台湾で生まれてからずっと彼の人生には麺があり，台湾には揚げた麺を食べる伝統があったとある。

(2)「アメリカに行ったとき安藤が得た考えは何か」

第5段第1文（The idea …）に，1966年にアメリカで麺を売ろうとしたときにカップに麺を入れる考えを思いついたとある。

(3)「この文章について正しいものを選べ」

第4段第2文（Another Taiwanese …）に，Zhang Guowen が，安藤が会社を始める前にインスタントタイプの麺を売っていたとある。

〈Section 2〉 《包装に使うプチプチ》

⑶ 「プチプチはもともと…のためにデザインされた」

第２段第４文（The inventors…）にこの泡の模様が新しいタイプの壁紙に良いと信じたとある。

⑷ 「Fielding と Chavannes はどのようにしてプチプチを作ったのか」

第２段第２・３文（In 1957, … the sheets.）に２枚のビニールのシャワーカーテンをのり付けすることに決めて，そうすると小さな空気の泡がシートの間に現れたとある。

◀1月23日実施分▶

1　解答　(A)(1)―D　(2)―B　(3)―A　(4)―A　(5)―A
(6)―A　(7)―B　(8)―C　(9)―B　(10)―A

(B)(1)―C　(2)―C　(3)―B　(4)―D　(5)―B　(6)―B　(7)―D　(8)―A
(9)―B　(10)―B

(C)並べかえた英文全体は次のようになる。(　　) 部分以外が求められる解答。

(1) Self-driving cars will make this city's air cleaner(.)
(2) A lot of water can be transported (easily.)
(3) I can't help eating sweets between meals(.)
(4)(The way) which you suggested is not effective for (speaking.)
(5) This dictionary is less useful than that one(.)

(D)(誤，正の順に) (1)―(A)，has been reading　(2)―(A)，shake hands
(3)―(A)，am convinced　(4)―(A)，go on a hike　(5)―(B)，swim and fish

解説

(A)(1)　neat「きれい好きな」
(2)　spot「～を見つける」
(3)　avoid「～を避ける」
(4)　Anything will do.「なんでもいいです」
(5)　bend *one's* knees「両膝を曲げる」
(6)　be incapable of *doing*「～することができない」
(7)　immigrant「(外国からの) 移民」
(8)　make little difference「ほとんど違いはない」
(9)　suffer from ～「～で苦しむ」
(10)　efficiently「効率的に」

(B)(1)　go skiing「スキーに行く」
(2)　this time tomorrow は未来進行形 (will be *doing*) のキーワード。
(3)　though「～だけれども」
(4)　had better *do*「～した方がよい」
(5)　「さらに多くの～」は，可算名詞では many more ～，不可算名詞では much more ～ を使うため，ここでは much ではなく many が適切。

(6) visit は他動詞で後ろに目的語を取るが，ここではないので，visit の目的語となる関係代名詞 which を選ぶ。

(7) hurry toward ～「～へ駆け寄る」

(8) 「～しないように」の意味は in case S V で表せる。unless「～しない限り」は文の流れに合わない。

(9) weather は不可算名詞。

(10) It is a pity that ～「～は残念だ」

(C)(1) make O C「OをCにする」

(2) 無生物主語なので受動態にする。

(3) can't help *doing*「～せずにはいられない」

(4) the way which S V「SがVする方法」

(5) less＋形容詞＋than ～「～ほど…ない」

(D)(1) for the past ～ は「これまでの～間」で完了形のキーワード。read は動作動詞なので has been *doing* の形にする。

(2) shake hands「握手をする」

(3) be convincing that ～ では意味をなさないので，be convinced that ～「～を確信している」に変更する必要がある。by far は最上級だけでなく比較級の強調に使うこともできるので，修正の必要はない。

(4) go on a hike「ハイキングに行く」

(5) コンマと and でつながれている walk，watch，swim は原形なので fish も形をそろえて原形にする。

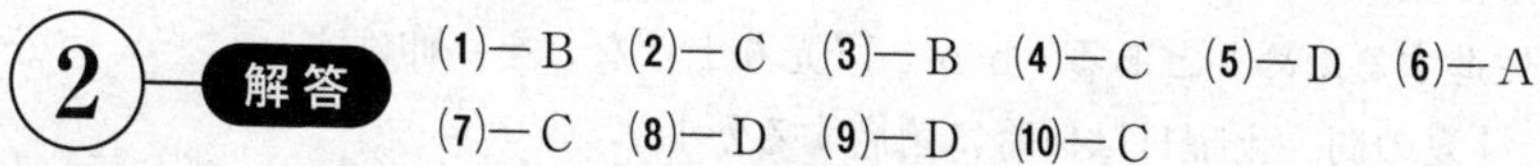

2 解答　(1)―B　(2)―C　(3)―B　(4)―C　(5)―D　(6)―A　(7)―C　(8)―D　(9)―D　(10)―C

解説

《High Line：ニューヨークの線形公園》

(1) carry food and manufactured goods「食べ物や製品を運ぶ」

(2) decline「減少する」 interstate trucking「州間のトラック輸送」が増えたため，rail traffic「鉄道交通」が減少した，となる。

(3) the High Line was used very little after 1960s「(古い鉄道である)ハイラインは 1960 年代以降ほとんど使われなくなった」

(4) have the effect of ～「～の影響をもたらす」

(5) form a group「グループを形成する」

(6) construction of the park「公園の建設」

(7) 空欄の後が完全文なので関係副詞 when か where にしぼり，先行詞は場所なので where を選ぶ。

(8) unlike「～とは異なって」

(9) owing to ～「～のために」

(10) lead to ～「～につながる」 has があるので lead の過去分詞 led を選ぶ。

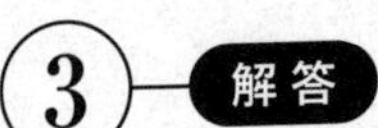

〈Section 1〉 (1)—B (2)—A

〈Section 2〉 (3)—C (4)—B (5)—A

解説

〈Section 1〉《ドライクリーニングの宣伝》

(1) 「Pro Clean Dry Cleaners で提供しているサービスは何か」

項目 2（Expert stain …）に，「最新の器具を使ってシミを取り除く」とある。up-to-date「最新の」 current「現在の，最新の」

(2) 「客はどのようにして割引を得られるか」

Monthly special に「3月中，新規の客は30％割引を受けられる」とある。

〈Section 2〉《夏の営業時間延長の告知》

(3) 「なぜ店の営業時間が変更されるのか」

第1文（The Cedarville Business …）に，「商業地域での観光と買い物を促進するため」とある。boost「（売り上げなどを）伸ばす」

(4) 「夏の間，土曜日は何時に閉店するか」

第2文（Accordingly, Melodia Music …）に，「土曜日は午後5時に閉店する」とある。

(5) 「この変更はどのように行われるか」

第3文（To accommodate …）より，前半のシフトも後半のシフトも勤務時間が30分延びることがわかるので，正解はA。別のシフトが追加になるという記述はないので，Bは不適。

〈Section 1〉 (1)―C　(2)―D　(3)―C
〈Section 2〉 (4)―B　(5)―B

解説

〈Section 1〉 《JAXA と民間企業の協力》

(1) 「なぜ JAXA は，はやぶさ 2 プロジェクトのために民間企業と連携したのか」

第 2 段第 1 文（After taking …）に，そのミッションの費用を減らすために連携したとある。

(2) 「なぜ日本工機は爆発装置を作るのに 3 年かかったのか」

第 4 段第 2 文（The company …）に，to make the density of the blast uniform and dependable「爆発の密度を均一かつ信頼性の高いものにするため」とある。

(3) 「この文章によると，正しいものはどれか」

第 6 段（With stiff competition …）より，C.「JAXA と三菱重工は，H3 ロケットの製造費用を抑えるために大量生産されたコンポーネントを使用することを計画している」が正解。

〈Section 2〉 《ワセリンの由来》

(4) 「この文章から正しいと思われるものはどれか」

第 2 段最終文（Other workers …）に，そこの従業員はやけどや傷を早く治すために rod wax を使うとある。

(5) 「ワセリンはいつ発明されたか」

第 3 段第 2 文（Eventually, …）に 1872 年に rod wax を使った「奇跡の治療薬」の開発に成功したとある。

日本史

◀1月21日実施分▶

1 解答 《応仁の乱後の情勢》

問1. **1**―d **2**―b **3**―e **4**―a **5**―a **6**―d **7**―d

問2. **X**―c **Y**―d **Z**―g **問3.** 下剋上

2 解答 《化政文化》

問1. **1**―d **2**―a **3**―c **4**―e **5**―a **6**―c **7**―e

問2. c **問3.** a **問4.** c

3 解答 《明治の憲法》

問1. **1**―p **2**―o **3**―q **4**―a **5**―f **6**―m **7**―n **8**―h **9**―b **10**―v

問2. ドイツ〔プロイセン，プロシア〕 **問3.** 統帥権

4 解答 《逆コース・いつか来た道》

問1. **1**―i **2**―h **3**―g **4**―m **5**―f **6**―k **7**―e **8**―c **9**―s **10**―t

問2. 原水爆禁止運動 **問3.** 安保闘争〔60年安保闘争〕

5 解答 《弥生時代の諸相》

問1. **1**―l **2**―a **3**―t **4**―f **5**―i **6**―q **7**―m **8**―b **9**―p

問2. c **問3.**『後漢書』東夷伝 **問4.** a

◀1月22日実施分▶

1　解答　《室町文化》

問1． **1**－d　**2**－b　**3**－a　**4**－a　**5**－e　**6**－d　**7**－d
8－c　**9**－b　**10**－e　**11**－a

問2． 俳諧〔俳句〕

2　解答　《江戸幕府の学問》

問1． **1**－d　**2**－n　**3**－h　**4**－v　**5**－i　**6**－s　**7**－p
8－l　**9**－b

問2． d　**問3．** a

3　解答　《律令の支配構造》

問1． **1**－v　**2**－k　**3**－w　**4**－p　**5**－c　**6**－t　**7**－i
8－o　**9**－r　**10**－m

問2． 3分の2　**問3．** 雑徭　**問4．** 60日以下

4　解答　《1990年代以降の日本と世界情勢》

問1． **1**－o　**2**－e　**3**－h　**4**－c　**5**－a　**6**－k　**7**－n
8－d　**9**－b　**10**－f

問2． CIS〔独立国家共同体〕　**問3．** イラク復興支援特別措置法

5　解答　《韓国併合までの日韓関係》

問1． **1**－m　**2**－g　**3**－f　**4**－k　**5**－d　**6**－l　**7**－i
8－c　**9**－b　**10**－e

問2． 日清戦争　**問3．** 安重根

◀1月23日実施分▶

1 解答 《大蒙古国皇帝奉書》

問1. e **問2.** d **問3.** d **問4.** 高麗 **問5.** c **問6.** e
問7. 1274年：g 1281年：a **問8.** a **問9.** c

2 解答 《前期摂関政治》

問1. **1**－t **2**－n **3**－p **4**－r **5**－v **6**－c **7**－b **8**－k **9**－e **10**－q
問2. (1)－a・c (2)－b **問3.** 伴大納言絵巻（絵詞）

3 解答 《織豊政権》

問1. **1**－l **2**－c **3**－r **4**－m **5**－h **6**－s **7**－o **8**－j **9**－k **10**－q
問2. d **問3.** a **問4.** d

4 解答 《1980年代以降の日本経済》

問1. **1**－c **2**－c **3**－b **4**－b **5**－a **6**－d **7**－b **8**－d **9**－d **10**－b
問2. バブル経済 **問3.** a

5 解答 《明治文化》

問1. **1**－q **2**－l **3**－f **4**－k（rも可） **5**－e **6**－n **7**－o **8**－a **9**－t **10**－j
問2. 津田梅子 **問3.** 言文一致

世界史

◀1月21日実施分▶

1 解答 《フランク王国の歴史》

問1． **1．** オドアケル　**2．** クローヴィス　**3．** カール=マルテル
4． カール大帝〔カール1世，シャルルマーニュ〕　**5．** オットー1世

問2． **A**—e　**B**—d　**C**—b

問3． トゥール・ポワティエ間の戦い

問4． カロリング=ルネサンス　**問5．** ヴェルダン条約・メルセン条約

2 解答 《トルコ系王朝の活動とインドのイスラーム化》

問1． **1．** カラハン朝　**2．** ガズナ朝　**3．** ブワイフ朝　**4．** スルタン

問2． a

問3． イスラームのスーフィズムがインドのバクティ信仰やヨーガと共通性を持っていたため。(40字以内)

問4． D

3 解答 《第一次世界大戦後から中華人民共和国成立までの中国史》

問1． **1．** 山東　**2．** 1921　**3．** 五・三〇　**4．** 広州　**5．** 南京

問2． **A**—e　**B**—a　**C**—g　**D**—c

問3． 五・四運動　**問4．** 魯迅　**問5．** 容共　**問6．** 二・二八事件

4 解答 《モスクワ大公国とロマノフ朝》

問1． **1．** 15　**2．** 黒　**3．** 雷　**4．** ロマノフ　**5．** ピョートル

問2． ツァーリ　**問3．** セヴァストーポリ　**問4．** カール12世

問5． ネルチンスク条約

5 解答 《第二次世界大戦とイギリス》

問1． **1．** ズデーテン　**2．** ネヴィル=チェンバレン　**3．** チャーチル
4． テヘラン　**5．** ド=ゴール　**6．** ヤルタ
問2． 国会議事堂放火事件　**問3．** 1919年
問4． イギリス・フランス・サルデーニャ
問5． ポツダム会談

◀1月22日実施分▶

1 解答 《ユーラシア大陸中央部の草原地域の歴史》

問1． **1．** 冒頓単于　**2．** 高祖　**3．** 武帝　**4．** 張騫

問2． アケメネス朝ペルシア　**問3．** ①鮮卑　②五胡十六国

問4． ソグド人　**問5．** ゲルマン人の民族大移動　**問6．** b

2 解答 《19世紀のラテンアメリカ》

問1． **1．** シモン=ボリバル　**2．** サン=マルティン　**3．** 1821
4． パナマ　**5．** フアレス

問2． ブラジル　**問3．** トゥサン=ルヴェルチュール

問4． クリオーリョ　**問5．** モノカルチャー

3 解答 《平和について》

問1． 17世紀：オランダ　19世紀：イギリス　20世紀：アメリカ

問2． オーストリア　**問3．** 徴兵制度　**問4．** コスモポリタニズム

問5． 国際司法裁判所

問6． 人類滅亡のリスク要因である戦争や環境破壊をなくすため，その根本的な原因である飢餓や貧困，経済的搾取や差別・弾圧を根絶する「人間の安全保障」を確実にするための行動を国際的に展開してゆく必要がある。(100字以内)

4 解答 《世界の一体化》

問1． **1．** 16　**2．** アメリカ　**3．** 綿　**4．** 銀　**5．** 朱印船　**6．** 台湾

問2． ナショナリズム　**問3．** シルク=ロード

問4． 壬辰・丁酉倭乱　**問5．** 1999年　**問6．** 平戸

5 解答 《17～18世紀のドイツとフランス》

問1．1．ホーエンツォレルン　**2．**ナントの王令（勅令）
3．ユトレヒト
問2．スイス・オランダ　**問3．**ユンカー
問4．シュレジエン　**問5．**D　**問6．**アン女王戦争

◀1月23日実施分▶

1 解答 《20世紀のアメリカ合衆国》

問1． **1．** 永遠の繁栄　**2．** フォード　**3．** 映画　**4．** 禁酒　**5．** 進化論　**6．** 移民（国別割当て）

問2． 孤立主義またはモンロー主義　**問3．** ③　**問4．** 暗黒の木曜日

問5． シェア=クロッパー（制度）

問6． クー=クラックス=クラン〔KKK〕

2 解答 《イスラームの成立》

問1． **1**－a　**2**－g　**3**－d　**4**－b　**5**－e　**6**－c　**7**－l　**8**－j　**9**－n

問2． カーバ聖殿　**問3．** アブー=バクル

問4． 千夜一夜物語〔アラビアン=ナイト〕

問5． **A．** 神の予定〔定命〕　**B．** ザカート〔喜捨〕

3 解答 《宋代史》

問1． **1．** 科挙　**2．** 金　**3．** 朱熹〔朱子〕　**4．** 司馬光　**5．** 羅針盤

問2． B　**問3．** 王安石　**問4．** 佃戸　**問5．** 靖康の変

問6． 臨安〔杭州〕

4 解答 《女性解放の歴史》

問1． **1．** 印象　**2．** 1914　**3．** 1928

問2． マキァヴェリ　**問3．** ホメロス

問4． 写実主義は，感情を重視するロマン主義を現実の動向を見ていないと批判し，人間や社会の抱える問題に向き合って，対象を写実的に描写しようとした。(70字以内)

問5． フェミニズム

5 解答 《産業革命と労働運動》

問1． **1．** オーウェン　**2．** ルイ=ブラン　**3．** ビスマルク
4． 社会主義者鎮圧

問2． ラダイト運動　**問3．** フーリエ

問4． ①パリ=コミューン　②サンディカリズム

数学

◀1月21日実施分▶

1 解答

(1)ア．$-(y+2z)(x-y-4z)$　(2)イ．$\dfrac{33}{4}$

(3)ウ．$\dfrac{47}{128}$　(4)エ．5　(5)オ．$y=2x-3$

解説

《小問5問》

(1)
$$(x-y-2z)(x-y-4z)-x(x-y-2z)+2xz$$
$$=(x-y-2z)(x-y-4z)-x(x-y-4z)$$
$$=-(y+2z)(x-y-4z)\quad\rightarrow ア$$

(2) $x^2+y^2=6$ より
$$x^2=6-y^2$$
$x^2\geqq 0$ より
$$6-y^2\geqq 0$$
$$y^2-6\leqq 0$$
$$-\sqrt{6}\leqq y\leqq\sqrt{6}\quad\cdots\cdots①$$
よって
$$x^2+3y=-y^2+3y+6$$
$$=-\left(y-\frac{3}{2}\right)^2+\frac{33}{4}$$
したがって，①より $y=\dfrac{3}{2}\left(x=\pm\dfrac{\sqrt{15}}{2}\right)$ のとき，最大値 $\dfrac{33}{4}$ をとる。

→イ

(3) $\sin\theta+\cos\theta=\dfrac{1}{4}$ の両辺を2乗して
$$\sin^2\theta+2\sin\theta\cos\theta+\cos^2\theta=\frac{1}{16}$$

$$1+2\sin\theta\cos\theta=\frac{1}{16}$$

$$\sin\theta\cos\theta=-\frac{15}{32}$$

よって

$$\sin^3\theta+\cos^3\theta=(\sin\theta+\cos\theta)(\sin^2\theta-\sin\theta\cos\theta+\cos^2\theta)$$

$$=\frac{1}{4}\left\{1-\left(-\frac{15}{32}\right)\right\}$$

$$=\frac{47}{128}\quad\to ウ$$

(4)　真数は正であるから

$x-2>0$　かつ　$x-3>0$　かつ　$x+1>0$

すなわち　　$x>3$　……①

与えられた方程式は

$$\log_3(x-2)(x-3)=2\cdot\frac{\log_3(x+1)}{\log_3 3^2}$$

$$\log_3(x^2-5x+6)=\log_3(x+1)$$

$$x^2-5x+6=x+1$$

$$x^2-6x+5=0$$

$$(x-1)(x-5)=0$$

$$x=1,\ 5$$

①より　　$x=5$　→エ

(5)　$f(x)=x^4-2x$ より，$f'(x)=4x^3-2$ なので

$f(1)=-1$，$f'(1)=2$

よって，求める接線の方程式は

$$y-(-1)=2(x-1)$$

$$y=2x-3\quad\to オ$$

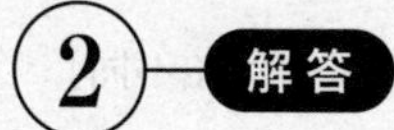

(1)ア. 80　**イ.** 32　**(2)ウ.** 120　**エ.** 160　**(3)オ.** $\frac{5}{33}$

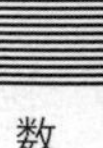

解説

《色と数字の付いた玉を取り出す場合の数と確率》

(1)　黒玉が含まれている場合

異なる数字の取り出し方は${}_5C_4$通り，それぞれの数字で白玉，赤玉のどちらを取り出すか2通りずつあるので

$${}_5C_4\times 2^4=5\times 16=80 \text{ 通り}\quad\to ア$$

黒玉が含まれていない場合

1から5までの数字で白玉，赤玉のどちらを取り出すか2通りずつあるので

$$2^5=32 \text{ 通り}\quad\to イ$$

(2)　黒玉が含まれている場合

同じ数字になる玉の取り出し方は5通り，異なる数字の取り出し方は，残りの4つの数字から2つ選べばよいので${}_4C_2$通り，それぞれの数字で白玉，赤玉のどちらを取り出すか2通りずつあるので

$$5\times{}_4C_2\times 2^2=5\times 6\times 4=120 \text{ 通り}\quad\to ウ$$

黒玉が含まれていない場合

同じ数字になる玉の取り出し方は5通り，異なる数字の取り出し方は，残りの4つの数字から3つ選べばよいので${}_4C_3$通り，それぞれの数字で白玉，赤玉のどちらを取り出すか2通りずつあるので

$$5\times{}_4C_3\times 2^3=5\times 4\times 8=160 \text{ 通り}\quad\to エ$$

(3)　起こりうるすべての場合の数は

$${}_{11}C_5=462 \text{ 通り}$$

得点が2点となる取り出し方は，(1)，(2)以外の場合だから

$$462-(80+32+120+160)=70 \text{ 通り}$$

よって，求める確率は

$$\frac{70}{462}=\frac{5}{33}\quad\to オ$$

3 **解答** (1)**ア・イ.** $(-3,\ -1)$, $(1,\ 3)$（ア・イは順不同）

(2)**ウ.** $y=x+2$　(3)**エ.** $\left(-\frac{1}{2},\ \frac{1}{2}\right)$　**オ.** $\frac{\sqrt{34}}{2}$

解説

《2円の交点を通る直線の方程式と円の方程式》

(1)　$x^2+y^2-10=0$　……①

$x^2+y^2+2x-2y-6=0$　……②

②−①より

$2x-2y+4=0$

$y=x+2$　……③

③を①に代入して

$x^2+(x+2)^2-10=0$

$x^2+2x-3=0$

$(x+3)(x-1)=0$

$x=-3,\ 1$

③より，$x=-3$ のとき $y=-1$，$x=1$ のとき $y=3$ となるから，点A，Bの座標は

$(-3,\ -1)$，$(1,\ 3)$　→ア，イ

(2)　点A，Bの座標はともに③を満たしているので，求める直線の方程式は

$y=x+2$　→ウ

(3)　K を定数として

$K(x^2+y^2-10)+x^2+y^2+2x-2y-6=0$　……④

は，2点A，Bを通る。

点 $(2,\ 2)$ も通るから

$-2K+2=0$

$K=1$

これを④に代入して整理すると

$x^2+y^2+x-y-8=0$

$\left(x+\frac{1}{2}\right)^2+\left(y-\frac{1}{2}\right)^2=\frac{34}{4}$

よって，中心の座標は $\left(-\frac{1}{2}, \frac{1}{2}\right)$ であり，半径は $\frac{\sqrt{34}}{2}$ である。

→エ，オ

4 **解答** **(1)ア.** $\frac{m}{2}$　**(2)イ.** $\frac{1}{24}m^3$　**(3)ウ.** $\frac{1}{24}m^3-2m+\frac{16}{3}$

(4)エ. $2\sqrt{2}$　**オ.** $\frac{16-8\sqrt{2}}{3}$

解説

《放物線と直線で囲まれた部分の面積とその最小値》

(1)　$mx=2x^2$ を解くと

$$2x\left(x-\frac{m}{2}\right)=0$$

$$x=0,\ \frac{m}{2}$$

よって，原点以外の交点の x 座標は $\frac{m}{2}$ である。　→ア

(2)　$0 \leqq x \leqq \frac{m}{2}$ のとき，$mx \geqq 2x^2$ であるから

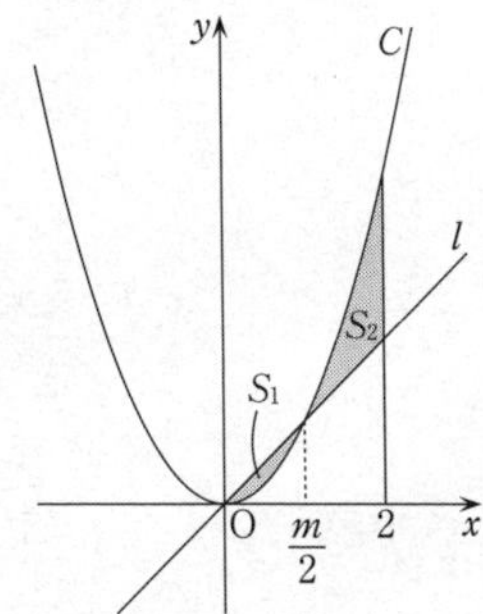

$$S_1(m)=\int_0^{\frac{m}{2}}(mx-2x^2)\,dx$$

$$=-2\int_0^{\frac{m}{2}}x\left(x-\frac{m}{2}\right)dx$$

$$=-2\times\left(-\frac{1}{6}\right)\left(\frac{m}{2}-0\right)^3$$

$$=\frac{1}{24}m^3 \quad \text{→イ}$$

(3)　$\frac{m}{2} \leqq x \leqq 2$ のとき，$mx \leqq 2x^2$ であるから

$$S_2(m)=\int_{\frac{m}{2}}^{2}(2x^2-mx)\,dx$$

$$=\left[\frac{2}{3}x^3-\frac{m}{2}x^2\right]_{\frac{m}{2}}^{2}$$

$$=\frac{1}{24}m^3-2m+\frac{16}{3} \quad \text{→ウ}$$

(4)　$S(m)=S_1(m)+S_2(m)=\dfrac{1}{12}m^3-2m+\dfrac{16}{3}$

$S'(m)=\dfrac{1}{4}m^2-2=\dfrac{1}{4}(m+2\sqrt{2})(m-2\sqrt{2})$

$S(2\sqrt{2})=\dfrac{(2\sqrt{2})^3}{12}-2\cdot 2\sqrt{2}+\dfrac{16}{3}=\dfrac{16-8\sqrt{2}}{3}$

$S(4)=\dfrac{4^3}{12}-2\cdot 4+\dfrac{16}{3}=\dfrac{8}{3}$

$0<m\leqq 4$ においての $S(m)$ の増減表は右のようになる。

m	0	$\cdots$	$2\sqrt{2}$	$\cdots$	4
$S'(m)$		$-$	0	$+$	
$S(m)$		↘	$\dfrac{16-8\sqrt{2}}{3}$ 極小	↗	$\dfrac{8}{3}$

よって，$S(m)$ は $m=2\sqrt{2}$ のとき，最小値 $\dfrac{16-8\sqrt{2}}{3}$ をとる。　→エ，オ

◀1月22日実施分▶

1 **解答** (1)**ア．** $1\pm i,\ 1$　(2)**イ．** $y=x^2-3x+2$　(3)**ウ．** $\frac{1}{4}$

(4)**エ．** $x^2+y^2+6x-8y=0$　(5)**オ．** $3x^2-4x+1$

解説

《小問5問》

(1)　与式より

$$(x-1)(x^3-3x^2+4x-2)=0$$

$$(x-1)^2(x^2-2x+2)=0$$

$$x=1\pm i,\ 1 \quad \to ア$$

(2)　求める放物線の方程式は，$y=x^2+bx+c$ とおける。

2点 $(-1,\ 6)$，$(3,\ 2)$ を通るから

$$1-b+c=6,\ 9+3b+c=2$$

これを解いて

$$b=-3,\ c=2$$

よって，求める放物線の方程式は

$$y=x^2-3x+2 \quad \to イ$$

(3)

$$\sin\frac{\pi}{12}\cos\frac{\pi}{12}=\frac{1}{2}\times 2\sin\frac{\pi}{12}\cos\frac{\pi}{12}=\frac{1}{2}\times\sin\left(2\times\frac{\pi}{12}\right)$$

$$=\frac{1}{2}\sin\frac{\pi}{6}$$

$$=\frac{1}{4} \quad \to ウ$$

(4)　求める円の方程式を $x^2+y^2+lx+my+n=0$ とおく。

3点 $(0,\ 0)$，$(1,\ 1)$，$(2,\ 4)$ を通るから

$$n=0,\ l+m+n=-2,\ 2l+4m+n=-20$$

これを解いて

$$l=6,\ m=-8,\ n=0$$

よって，求める円の方程式は

$$x^2+y^2+6x-8y=0 \quad \to エ$$

(5)　求める2次関数を $f(x)=ax^2+bx+c$ $(a\neq 0)$ とおくと

$$f'(x)=2ax+b$$

$f(1)=0$, $f'(1)=2$ より

$$a+b+c=0,\ 2a+b=2$$

これより

$$b=2-2a,\ c=a-2$$

よって

$$\int_1^3 f(x)\,dx=\int_1^3\{ax^2+(2-2a)x+a-2\}\,dx$$

$$=\left[\frac{a}{3}x^3+(1-a)x^2+(a-2)x\right]_1^3$$

$$=\frac{8}{3}a+4$$

$\int_1^3 f(x)\,dx=12$ より

$$\frac{8}{3}a+4=12$$

$$a=3$$

したがって，求める2次関数は

$$f(x)=3x^2-4x+1\quad\rightarrow オ$$

2　解答

(1)ア．252　(2)イ．5　(3)ウ．166　(4)エ．3
(5)オ．35

解説

《カードを取り出すときの最大値・最小値の場合の数》

(1)　10枚のカードから5枚のカードを選ぶ組合せで

$${}_{10}C_5=252 \text{ 通り}\quad\rightarrow ア$$

(2)　$L=6$ のとき，残りのカードは5以下のカードから4枚選ぶ組合せで

$${}_5C_4=5 \text{ 通り}\quad\rightarrow イ$$

(3)　$L=2$, $L=4$ のとき　　0通り

(2)と同様に求めると

$L=8$ のとき　　${}_7C_4=35$ 通り

$L=10$ のとき　　${}_9C_4=126$ 通り

よって，求める取り出し方は，(2)の $L=6$ のときも含めて

$5+35+126=166$ 通り　→ウ

(4)　とり得る正の得点の中で最も低い得点となるカードの取り出し方は，L が奇数で5枚連続した数のカードを取り出す場合で

(1, 2, 3, 4, 5)，(3, 4, 5, 6, 7)，(5, 6, 7, 8, 9)

の3通りである。→エ

(5)　とり得る得点の中で最も高い得点となるカードの取り出し方は，$L=9$，$S=1$ のときで，残りのカードの取り出し方は，2から8までの7枚のカードから3枚のカードを取り出せばよいので

${}_7C_3=35$ 通り　→オ

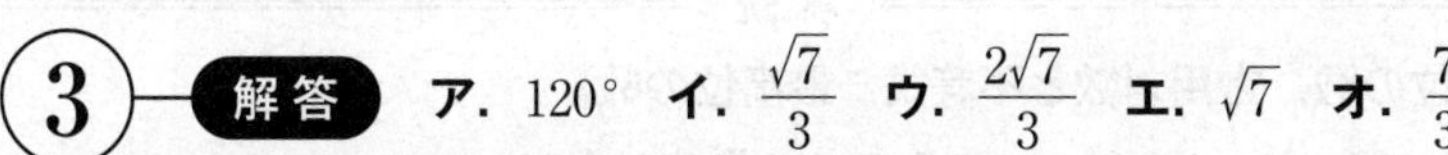

3　**解答**　**ア.** $120°$　**イ.** $\dfrac{\sqrt{7}}{3}$　**ウ.** $\dfrac{2\sqrt{7}}{3}$　**エ.** $\sqrt{7}$　**オ.** $\dfrac{7}{3}$

解説

《余弦定理，角の二等分線と線分比，円に内接する四角形》

△ABC において，余弦定理より

$$\cos\angle CAB=\frac{2^2+1^2-(\sqrt{7})^2}{2\cdot 2\cdot 1}=-\frac{1}{2}$$

$0°<\angle CAB<180°$ より

$\angle CAB=120°$　→ア

直線 AD は ∠CAB の二等分線より

BD：DC＝AB：AC＝1：2

よって

$BD=\dfrac{\sqrt{7}}{3}$，$CD=\dfrac{2\sqrt{7}}{3}$　→イ，ウ

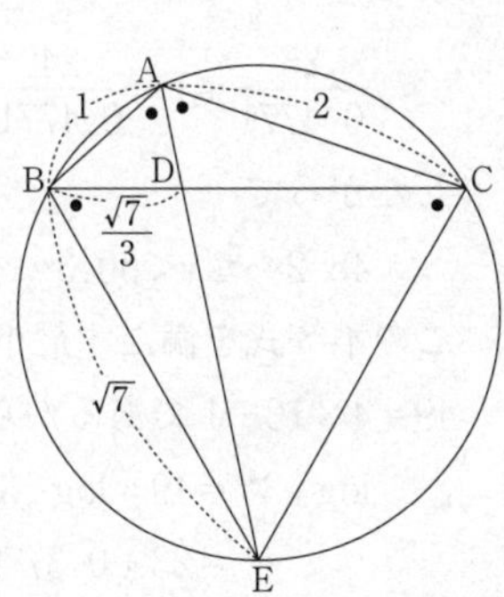

円周角の定理を用いると

$\angle BAD=\angle CAD=60°$ より

$\angle EBC=\angle ECB=60°$ であるから，△BCE は正三角形である。

よって

$BE=\sqrt{7}$　→エ

△BDE において，余弦定理より

$$\mathrm{DE}^2=\mathrm{BD}^2+\mathrm{BE}^2-2\cdot\mathrm{BD}\cdot\mathrm{BE}\cdot\cos\angle\mathrm{DBE}$$

$$=\left(\frac{\sqrt{7}}{3}\right)^2+(\sqrt{7})^2-2\cdot\frac{\sqrt{7}}{3}\cdot\sqrt{7}\cos 60^\circ$$

$$=\frac{49}{9}$$

DE>0 より

$$\mathrm{DE}=\frac{7}{3}\quad\rightarrow オ$$

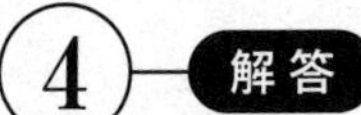

4 解答 (1)**ア.** 9 (2)**イ.** 1 (3)**ウ.** 49 **エ.** 3 **オ.** 2

解説

《一の位の数，常用対数と不等式，最高位の数》

(1) 3^1, 3^2, 3^3, 3^4, 3^5, …の 1 の位の数字は順に

　　3，9，7，1，3，…

となり，4 つの数 3，9，7，1 を順にくり返す。

　$10=4\times2+2$ であるから，3^{10} の 1 の位の数字は 9 である。 →ア

(2) $20=4\times5$ であるから，3^{20} の 1 の位の数字は 1 である。 →イ

(3) 3^x が 24 桁の整数であるとき

$$10^{23}\leqq 3^x<10^{24}$$

　各辺の常用対数をとると

$$23\leqq x\log_{10}3<24$$

$$23\leqq 0.4771x<24$$

　よって

$$\frac{23}{0.4771}\leqq x<\frac{24}{0.4771}$$

　したがって

$$48.2\cdots\leqq x<50.3\cdots$$

　この不等式を満たす最小の整数 x は 49 である。 →ウ

　$49=4\times12+1$ であるから，3^{49} の 1 の位の数字は 3 である。 →エ

$$\log_{10}3^{49}=49\times\log_{10}3=49\times0.4771=23.3779$$

$$=23+0.3779$$

$\log_{10}2=0.3010$, $\log_{10}3=0.4771$ より

$\log_{10}2<0.3779<\log_{10}3$

$2<10^{0.3779}<3$

$2\cdot10^{23}<10^{23.3779}<3\cdot10^{23}$

$2\cdot10^{23}<3^{49}<3\cdot10^{23}$

したがって，3^{49} の 10^{23} の位の数字は 2 である。 →オ

◀1月23日実施分▶

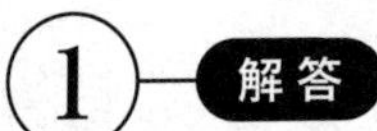

(1)**ア.** 5 (2)**イ.** $y=x^2-3x+4$ (3)**ウ.** $\dfrac{5}{6}\pi$

(4)**エ.** 2 (5)**オ.** 1260

解説

《小問5問》

(1) -3と-1が解であるから

$$(-3)^3+a(-3)^2-17(-3)+b=0$$
$$(-1)^3+a(-1)^2-17(-1)+b=0$$

すなわち

$$9a+b=-24,\ a+b=-16$$

これを解いて

$$a=-1,\ b=-15$$

このとき，方程式は

$$x^3-x^2-17x-15=0$$
$$(x+3)(x+1)(x-5)=0$$

したがって，他の解は5である。 →ア

(2) 求める放物線の方程式を$y=ax^2+bx+c$ $(a\neq 0)$とする。

3点$(2,\ 2)$，$(3,\ 4)$，$(-1,\ 8)$を通るから

$$4a+2b+c=2$$
$$9a+3b+c=4$$
$$a-b+c=8$$

これを解いて

$$a=1,\ b=-3,\ c=4$$

したがって，求める放物線の方程式は

$$y=x^2-3x+4 \quad \text{→イ}$$

(3) 三角関数の合成公式より

$\sin\theta+\sqrt{3}\cos\theta=2\sin\left(\theta+\dfrac{\pi}{3}\right)$ であるから

$$2\sin\left(\theta+\frac{\pi}{3}\right)=-1$$

ゆえに

$$\sin\left(\theta+\frac{\pi}{3}\right)=-\frac{1}{2}$$

$0<\theta<\pi$ より，$\frac{\pi}{3}<\theta+\frac{\pi}{3}<\frac{4}{3}\pi$ であるから

$$\theta+\frac{\pi}{3}=\frac{7}{6}\pi$$

よって

$$\theta=\frac{5}{6}\pi \quad \to ウ$$

(4)　真数は正であるから，$x+2>0$ かつ $x-1>0$ より　　$x>1$

$$\log_3(x+2)(x-1)=\log_3 4$$
$$(x+2)(x-1)=4$$
$$x^2+x-6=0$$
$$(x+3)(x-2)=0$$
$$x=-3,\ 2$$

$x>1$ より

$$x=2 \quad \to エ$$

(5)　7文字のうち，CとEは2個ずつあるから，求める並べ方は

$$\frac{7!}{2!2!1!1!1!}=1260 \text{ 通り} \quad \to オ$$

2　解答

(1)ア. $\frac{4}{9}$　**(2)イ.** $\frac{80}{243}$　**(3)ウ.** $\frac{12-k}{2k}$

(4)エ・オ.　3，4（エ，オは順不同）

解説

《反復試行の確率，確率の最大値》

くじを続けて n 回引くとき，ちょうど k 回当たる確率 $P_{n(k)}$ は

$$P_{n(k)}={}_n\mathrm{C}_k\left(\frac{1}{3}\right)^k\left(1-\frac{1}{3}\right)^{n-k}={}_n\mathrm{C}_k\left(\frac{1}{3}\right)^k\left(\frac{2}{3}\right)^{n-k}$$

$$=\frac{n!}{k!(n-k)!}\left(\frac{1}{3}\right)^k\left(\frac{2}{3}\right)^{n-k}$$

(1) $P_{3(1)}={}_3C_1\cdot\frac{1}{3}\cdot\left(\frac{2}{3}\right)^2=\frac{4}{9}$ →ア

(2) $P_{5(2)}={}_5C_2\left(\frac{1}{3}\right)^2\left(\frac{2}{3}\right)^3=\frac{80}{243}$ →イ

(3) $$\frac{P_{11(k)}}{P_{11(k-1)}}=\frac{11!}{k!(11-k)!}\left(\frac{1}{3}\right)^k\left(\frac{2}{3}\right)^{11-k}\cdot\frac{(k-1)!(12-k)!}{11!}3^{k-1}\left(\frac{3}{2}\right)^{11-k+1}$$

$$=\frac{12-k}{2k}$$ →ウ

(4) $\frac{P_{11(k)}}{P_{11(k-1)}}>1$，$\frac{P_{11(k)}}{P_{11(k-1)}}=1$，$\frac{P_{11(k)}}{P_{11(k-1)}}<1$ を解くと，それぞれ $4>k$，$k=4$，$4<k$ で，これらのとき

$$P_{11(k-1)}<P_{11(k)},\quad P_{11(k-1)}=P_{11(k)},\quad P_{11(k-1)}>P_{11(k)}$$

が成り立つから

$$P_{11(0)}<P_{11(1)}<\cdots<P_{11(3)}=P_{11(4)}>P_{11(5)}>\cdots>P_{11(11)}$$

したがって，$P_{11(k)}$ を最大にする k は，$k=3$，4 である。 →エ，オ

3 解答

(1)ア． $8\sqrt{2}$ **イ．** $-\frac{1}{3}$ **(2)ウ．** 4 **エ．** $\frac{4\sqrt{6}}{3}$

(3)オ． $\frac{80\sqrt{2}}{3}$

解説

《正弦定理，円に内接する四角形，余弦定理，四角形の面積》

(1) $0°<\angle BAD<180°$ より，$\sin\angle BAD>0$ であるから

$$\sin\angle BAD=\sqrt{1-\cos^2\angle BAD}=\sqrt{1-\left(\frac{1}{3}\right)^2}=\frac{2\sqrt{2}}{3}$$

△ABD の外接円の半径は 6 であるから，正弦定理より

$$\frac{BD}{\sin\angle BAD}=2\times6$$

$$BD=12\times\frac{2\sqrt{2}}{3}=8\sqrt{2}$$ →ア

$\angle BAD+\angle BCD=180°$ であるから

$$\cos\angle BCD=\cos(180°-\angle BAD)$$
$$=-\cos\angle BAD$$
$$=-\frac{1}{3}\quad \to イ$$

(2)　AB$=x$とするとAD$=3x$であるから，△ABDにおいて余弦定理より

$$BD^2=AB^2+AD^2-2\cdot AB\cdot AD\cdot\cos\angle BAD$$
$$(8\sqrt{2})^2=x^2+(3x)^2-2\cdot x\cdot 3x\cdot\frac{1}{3}$$
$$x^2=16$$

$x>0$より

$$x=4$$

よって

$$AB=4\quad \to ウ$$

CD$=y$とするとBC$=3y$であるから，△BCDにおいて余弦定理より

$$BD^2=BC^2+CD^2-2\cdot BC\cdot CD\cdot\cos\angle BCD$$
$$(8\sqrt{2})^2=(3y)^2+y^2-2\cdot 3y\cdot y\left(-\frac{1}{3}\right)$$
$$y^2=\frac{32}{3}$$

$y>0$より

$$y=\frac{4\sqrt{6}}{3}$$

よって

$$CD=\frac{4\sqrt{6}}{3}\quad \to エ$$

(3)　
$$\sin\angle BCD=\sin(180°-\angle BAD)=\sin\angle BAD$$
$$=\frac{2\sqrt{2}}{3}$$

よって，求める面積は

$$\triangle ABD+\triangle BCD=\frac{1}{2}\cdot AB\cdot AD\cdot\sin\angle BAD+\frac{1}{2}BC\cdot CD\cdot\sin\angle BCD$$
$$=\frac{1}{2}\cdot 4\cdot 12\cdot\frac{2\sqrt{2}}{3}+\frac{1}{2}\cdot 4\sqrt{6}\cdot\frac{4\sqrt{6}}{3}\cdot\frac{2\sqrt{2}}{3}$$

$$=\frac{80\sqrt{2}}{3}\quad \rightarrow オ$$

4　**解答**　**(1)ア.** $3x^2+12x+9$　**(2)イ.** $(-3,\ 0)$　**ウ.** $(-1,\ -4)$

(3)エ. $y=-2x-6$　**(4)オ.** $\dfrac{1}{2}$

解説

《導関数，極大値・極小値，曲線と直線で囲まれた部分の面積》

(1)　$f'(x)=3x^2+12x+9$　→ア

(2)　$f'(x)=3(x+3)(x+1)$

$f(-3)=-27+54-27=0$

$f(-1)=-1+6-9=-4$

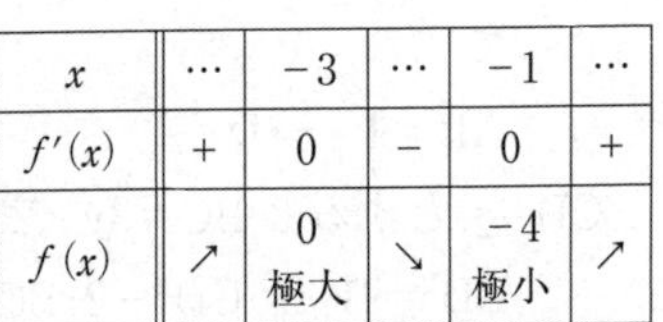

x	$\cdots$	-3	$\cdots$	-1	$\cdots$
$f'(x)$	$+$	0	$-$	0	$+$
$f(x)$	↗	0 極大	↘	-4 極小	↗

$f(x)$ の増減表は右のようになるから

P$(-3,\ 0)$，Q$(-1,\ -4)$　→イ，ウ

(3)　2点P，Qを通る直線の方程式は

$$y-0=\frac{-4-0}{-1-(-3)}\{x-(-3)\}$$

$$y=-2x-6\quad \rightarrow エ$$

(4)　$y=f(x)$ と直線 l の交点の x 座標は

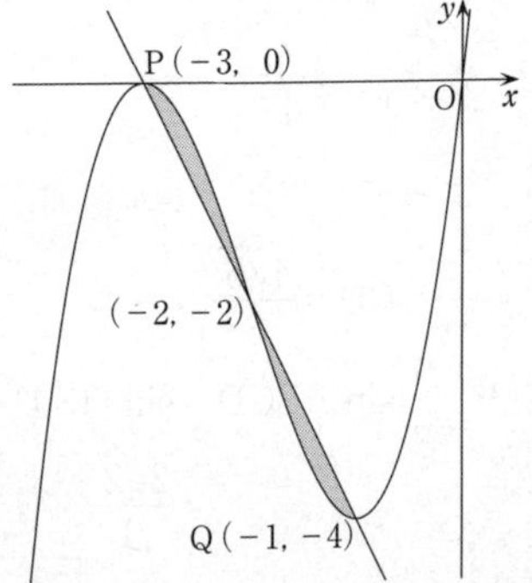

$x^3+6x^2+9x=-2x-6$

$x^3+6x^2+11x+6=0$

$(x+3)(x+2)(x+1)=0$

$x=-3,\ -2,\ -1$

$-3\leqq x\leqq -2$ のとき

$-2x-6\leqq x^3+6x^2+9x$

$-2\leqq x\leqq -1$ のとき

$x^3+6x^2+9x\leqq -2x-6$

であるから，求める面積は右図の網かけ部分で

$$\int_{-3}^{-2}\{x^3+6x^2+9x-(-2x-6)\}\,dx+\int_{-2}^{-1}\{-2x-6-(x^3+6x^2+9x)\}\,dx$$

$$=\int_{-3}^{-2}(x^3+6x^2+11x+6)\,dx+\int_{-2}^{-1}(-x^3-6x^2-11x-6)\,dx$$

$$=\left[\frac{x^4}{4}+2x^3+\frac{11}{2}x^2+6x\right]_{-3}^{-2}+\left[-\frac{x^4}{4}-2x^3-\frac{11}{2}x^2-6x\right]_{-2}^{-1}$$

$$=\frac{1}{4}+\frac{1}{4}$$

$$=\frac{1}{2}\quad\rightarrow\text{オ}$$

物 理

◀1月21日実施分▶

1 解答 《鉛直投げ上げ運動》

(1)(a) $v=v_0-gt$ (b) $x=v_0t-\frac{1}{2}gt^2$

(2)(c) $v'=-v_0+gt$ (d) $x'=-v_0t+\frac{1}{2}gt^2$

(3)(e) 求める時間を t とすると，(a)式より

$0=14-9.8t$

∴ $t=1.42\fallingdotseq 1.4$〔s〕 ……(答)

(f) 打ち出した場所から最高点までの高さを x とする。(b)式より

$$x=14\times 1.42-\frac{1}{2}\times 9.8\times 1.42^2$$
$$=19.8-9.88=9.92$$

∴ $9.92+30=39.9\fallingdotseq 4.0\times 10$〔m〕 ……(答)

(g) 求める時間を t とする。(b)式より

$$-30=14\times t-\frac{1}{2}\times 9.8t^2$$

$$t=\frac{7\pm\sqrt{7^2+4.9\times 30}}{4.9}=\frac{7\pm 14}{4.9}$$

$t>0$ より $t=4.28\fallingdotseq 4.3$〔s〕 ……(答)

(h) 求める小球の速さを v とすると，(a)式より

$v=14-9.8\times 4.28=-27.9\fallingdotseq -28$

ゆえに，鉛直下向きに 2.8×10 m/s ……(答)

(4) 打ち出してから地面に到達するまでの時間を t とする。(b)式より

$$-h_0=v_0t-\frac{1}{2}gt^2$$

$t>0$ より　$t=\dfrac{v_0+\sqrt{v_0{}^2+2gh_0}}{g}$

自由落下する時間 t_0 は，$h_0=\dfrac{1}{2}gt_0{}^2$ より

$$t_0=\sqrt{\frac{2h_0}{g}}$$

よって求める時間は

$$t-t_0=\frac{v_0+\sqrt{v_0{}^2+2gh_0}-\sqrt{2gh_0}}{g}\quad\cdots\cdots(\text{答})$$

2　解答　《気球の運動》

(1)(a)　気球の加速度の大きさを a とする。等加速度運動の式より

$$h=\frac{1}{2}at_0{}^2\qquad\therefore\quad a=\frac{2h}{t_0{}^2}\quad\cdots\cdots(\text{答})$$

(b)　求める気球の速さを v_0 とする。等加速度運動の式より

$$v_0=at_0=\frac{2h}{t_0}\quad\cdots\cdots(\text{答})$$

(c)　ひもの張力の大きさを T とする。荷物の運動方程式より

$$ma=T-mg\qquad\therefore\quad T=m\left(g+\frac{2h}{t_0{}^2}\right)\quad\cdots\cdots(\text{答})$$

(d)　浮力の大きさを F とする。気球と荷物の全体の運動方程式より

$$(M+m)a=F-(M+m)g$$

$$\therefore\quad F=(M+m)\left(g+\frac{2h}{t_0{}^2}\right)\quad\cdots\cdots(\text{答})$$

(2)(e)　求める高さを H とする。ひもが切れたときの荷物の高さは h，速さは v_0 なので，力学的エネルギー保存則より

$$mgH=\frac{1}{2}mv_0{}^2+mgh$$

(b)の v_0 の式を用いて H を求めると

$$H=h+\frac{v_0{}^2}{2g}=h+\frac{2h^2}{gt_0{}^2}\quad\cdots\cdots(\text{答})$$

(f)　地面に到達する直前の速さを v とすると，力学的エネルギー保存則と

(b)の v_0 の式より

$$\frac{1}{2}mv^2=\frac{1}{2}m{v_0}^2+mgh$$

$$\therefore\quad v=\sqrt{2gh+\frac{4h^2}{{t_0}^2}}\quad\cdots\cdots(答)$$

(g) 求める時間を t とすると，鉛直上向きを正として

$$-v=v_0-gt$$

$$\therefore\quad t=\frac{v_0+v}{g}=\frac{2h}{gt_0}+\sqrt{\frac{2h}{g}+\left(\frac{2h}{gt_0}\right)^2}\quad\cdots\cdots(答)$$

3 解答 《電池の起電力と内部抵抗》

(1) 直列の合成抵抗：R_1+R_2 並列の合成抵抗：$\dfrac{R_1R_2}{R_1+R_2}$

(2) 求める電流を I_1 とする。図1の回路について

$$E=I_1R+I_1r\qquad\therefore\quad I_1=\frac{E}{R+r}\quad\cdots\cdots(答)$$

抵抗で消費される電力は $\quad {I_1}^2R=\dfrac{E^2R}{(R+r)^2}\quad\cdots\cdots(答)$

(3) 求める電流を I_2 とする。図2の回路について

$$2E=I_2R+I_2r+I_2r\qquad\therefore\quad I_2=\frac{2E}{R+2r}\quad\cdots\cdots(答)$$

抵抗で消費される電力は $\quad {I_2}^2R=\dfrac{4E^2R}{(R+2r)^2}\quad\cdots\cdots(答)$

(4) 合成電池の起電力を E_0，内部抵抗を r_0 とする。(2)の電流の式の E を E_0，r を r_0 とした式と I_2 が等しいとすると

$$\frac{E_0}{R+r_0}=\frac{2E}{R+2r}$$

$$\therefore\quad E_0=2E,\ r_0=2r\quad\cdots\cdots(答)$$

(5) 求める電流を I_3 とする。図3の回路について，合成電池として

$$E=I_3R+I_3\frac{r}{2}$$

$$\therefore\quad I_3=\frac{2E}{2R+r}\quad\cdots\cdots(答)$$

抵抗で消費される電力は　$I_3{}^2R=\dfrac{4E^2R}{(2R+r)^2}$　……(答)

(6)　(4)と同様に合成電池の起電力は3個直列なので　$3E$　……(答)

内部抵抗も，3個直列なので　$3r$　……(答)

(7)　起電力：nE

内部抵抗：nr

(8)　起電力：E

内部抵抗：$\dfrac{r}{n}$

(9)　起電力：mE

内部抵抗：$\dfrac{m}{n}r$

4 ─ 解答 《発電のエネルギー》

(1)**ア．** 化石燃料　**イ．** 化学エネルギー　**ウ．** 火力発電　**エ．** 二酸化炭素　**オ．** 再生可能エネルギー

(2)　水力発電

水が持つ重力による位置エネルギー

発電のしくみの説明：

ダムなどに蓄えた水を落下させ，水の運動エネルギーで発電機を回す。

問題点の説明：

ダムをつくることができる場所が限られること。

太陽光発電

太陽からの光エネルギー

発電のしくみの説明：

光を吸収する半導体素子を利用して光エネルギーを電気エネルギーに変換する。

問題点の説明：

天候や時間帯により，太陽光の量が変動すること。

風力発電

大気の持つ運動エネルギー

発電のしくみの説明：

大気の運動エネルギーで風車を回し発電する。

問題点の説明：

台風などの暴風にも耐えられる強度の設備が必要になること。

◀1月22日実施分▶

1　解答　《斜方投射》

(1)　水平方向成分：等速直線運動

鉛直方向成分：等加速度直線運動，鉛直投げ上げ

(2)　求める時間を t とすると，鉛直方向について

$$0=\frac{v_0}{\sqrt{2}}t-\frac{1}{2}gt^2$$

$t>0$ より　　$t=\dfrac{\sqrt{2}v_0}{g}$　……(答)

(3)　(2)の時間 t を用いると，水平方向について

$$\frac{v_0}{\sqrt{2}}t=\frac{{v_0}^2}{g}\quad\text{……(答)}$$

(4)　最高点に到達する時間は $\dfrac{t}{2}$ である。鉛直方向について

$$\frac{v_0}{\sqrt{2}}\frac{t}{2}-\frac{1}{2}g\left(\frac{t}{2}\right)^2=\frac{{v_0}^2}{4g}\quad\text{……(答)}$$

(5)(a)　崖の上に到達する時間を t_0 とする。水平方向について

$$x=\frac{v_0}{\sqrt{2}}t_0\qquad\therefore\quad t_0=\frac{\sqrt{2}x}{v_0}$$

鉛直方向について

$$h=\frac{v_0}{\sqrt{2}}t_0-\frac{1}{2}g{t_0}^2$$

t_0 の値を代入して v_0 を求めると

$$h=x-\frac{gx^2}{{v_0}^2}\qquad\therefore\quad v_0=x\sqrt{\frac{g}{x-h}}\quad\text{……(答)}$$

($x\leqq h$ のとき，v_0 は求まらない。)

(b)　(a)の答えの式に数値を代入すると

$$v_0=30\times\sqrt{\frac{9.8}{30-10}}=21\text{〔m/s〕}\quad\text{……(答)}$$

2 解答 《運動方程式，静止摩擦力》

(1)(a)　物体A：$Ma=T$　物体B：$ma=mg-T$

(b)　(a)の2式より T を消去すると

$$(M+m)a=mg \qquad \therefore \quad a=\frac{m}{M+m}g \quad \cdots\cdots(\text{答})$$

これを(a)の物体Aの式に代入すると

$$T=M\frac{m}{M+m}g=\frac{Mmg}{M+m} \quad \cdots\cdots(\text{答})$$

(2)(c)　ひもの張力は物体Bの重力とつり合うので　mg　……(答)

(d)　最大静止摩擦力＝静止摩擦係数×物体Aの垂直抗力，また物体Aの垂直抗力は Mg より　μMg　……(答)

(e)　静止する条件は，最大静止摩擦力≧ひもの張力 より

$$\mu Mg \geqq mg \qquad \therefore \quad \mu \geqq \frac{m}{M} \quad \cdots\cdots(\text{答})$$

(3)　物体Aが斜面を上昇するための条件は，Bの重力＞Aの重力の斜面方向成分 より

$$mg>Mg\sin 30° \qquad \therefore \quad m>\frac{1}{2}M \quad \cdots\cdots(\text{答})$$

3 解答 《導体の抵抗，電流》

(1)　抵抗＝抵抗率×導体の長さ÷導体の断面積 より

$0.55\times1.0\times10^{-6}\div(1.1\times10^{-6})=5.0\times10^{-1}$〔m〕　……(答)

(2)　電流＝電圧÷抵抗 より

$1\div0.55=1.81\fallingdotseq1.8$〔A〕　……(答)

(3)　通過する電気量＝電流×時間 より

$1.81\times1=1.81\fallingdotseq1.8$〔C〕　……(答)

(4)　電気量＝電子1個の電気量×電子の個数 より

$1.81\div(1.6\times10^{-19})=1.13\times10^{19}$

$\fallingdotseq1.1\times10^{19}$ 個　……(答)

(5)　電流＝電子1個の電気量×自由電子の密度×導体の断面積×自由電子

の平均的な速さ より

$$1.81 \div (1.6\times10^{-19}) \div (1.0\times10^{-6}) \div (0.10\times10^{-3})$$
$$=1.13\times10^{29}$$
$$\fallingdotseq 1.1\times10^{29}\,[\text{個}/\text{m}^3]$$ ……(答)

(6) ジュール熱＝消費電力×時間＝電圧×電流×時間 より

$$1\times1.81\times60=1.08\times10^{2}$$
$$\fallingdotseq 1.1\times10^{2}\,[\text{J}]$$ ……(答)

(7) 断面積を半分にすると抵抗は2倍になる。これを2個直列につなぐと抵抗は4倍となる。よって，電流は$\dfrac{1}{4}$倍になる。……(答)

4 解答 《エネルギーの変換と発電》

(1)(a) **A．**電気エネルギー　**B．**光エネルギー

(b) **a．**LEDライト　**b．**乾電池　**c．**充電器　**d．**手回し発電機

(2)(c)—③

(d) 生じた雲などにより太陽光の強さが急激に減少したから。

(e) 　$3\times4=12\,[\text{kWh}]$ ……(答)

(3)—③・⑤

◀1月23日実施分▶

1　解答　《なめらかな曲面上の運動，斜方投射》

(1)　運動エネルギー：0　重力による位置エネルギー：mgh

(2)　求める速さを v_B とすると，力学的エネルギー保存則より

$$\frac{1}{2}mv_B{}^2=mgh \qquad \therefore\quad v_B=\sqrt{2gh} \quad \cdots\cdots(\text{答})$$

(3)　求める速さを v_C とすると，力学的エネルギー保存則より

$$\frac{1}{2}mv_C{}^2+mg\frac{h}{3}=mgh$$

$$\therefore\quad v_C=\frac{2}{3}\sqrt{3gh} \quad \cdots\cdots(\text{答})$$

(4)(a)　求める時間を t とすると，鉛直方向の運動について

$$0=v_C\sin 45°-gt$$

$$\therefore\quad t=\frac{v_C}{\sqrt{2}g}=\frac{1}{3}\sqrt{\frac{6h}{g}} \quad \cdots\cdots(\text{答})$$

(b)　点Cから点Dまでの時間は $2t$ なので，水平方向の運動について

$$x=v_C\cos 45°\times 2t=\frac{4}{3}h \quad \cdots\cdots(\text{答})$$

(5)　力学的エネルギー保存則より求める物体の速さは質量に無関係なので，物体の運動は同じである。

2　解答　《おもりのつり合い》

(1)　図示：

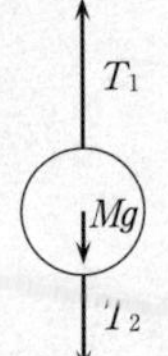

力のつり合いの式：$T_1=Mg+T_2$

(2)　図示：

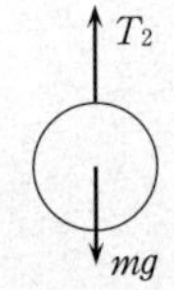

力のつり合いの式：$T_2=mg$

(3)　(2)の力のつり合いの式より

$T_2 = 2.0 \times 9.8 = 19.6$〔N〕　……(答)

(1)の力のつり合いの式より

$T_1 = 1.0 \times 9.8 + 19.6 = 29.4$〔N〕　……(答)

(4)　おもりBにはたらく力のつり合いより，糸2の張力の大きさは

$19.6 - 5.0 = 14.6$〔N〕

おもりAにはたらく力のつり合いより，糸1の張力の大きさは

$1.0 \times 9.8 + 14.6 = 24.4$〔N〕　……(答)

(5)　求める力の大きさを F，糸1の張力の大きさを T_1' とする。

おもりBにはたらく力のつり合いより，糸2の張力の大きさは

19.6N

おもりAにはたらく力の鉛直方向のつり合いより

$T_1' \cos 30^\circ = 1.0 \times 9.8 + 19.6$

$\therefore \quad T_1' = \dfrac{29.4}{\cos 30^\circ}$

おもりAにはたらく力の水平方向のつり合いより

$F = T_1' \sin 30^\circ = 29.4 \tan 30^\circ$

$= 16.9 \fallingdotseq 1.7 \times 10$〔N〕　……(答)

3　解答　《直流回路，抵抗率》

(1)　導体

(2)　次のどちらでも可。

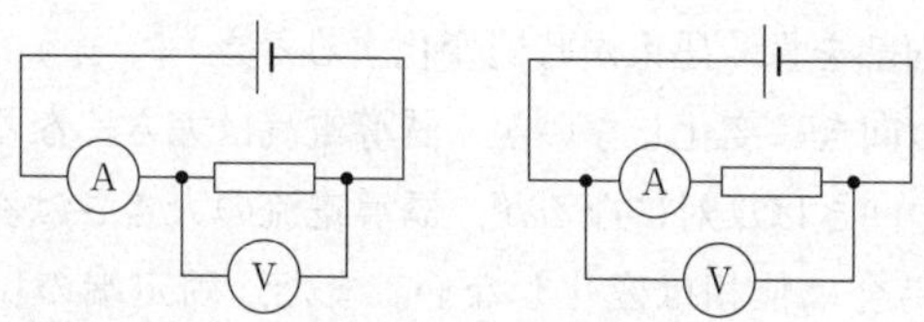

(3)(a)　$抵抗値 = \dfrac{電圧}{電流}$ より，金属AとBの抵抗値の比は

$\dfrac{12}{6} : \dfrac{8}{12} = 3 : 1$　……(答)

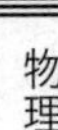

(b)

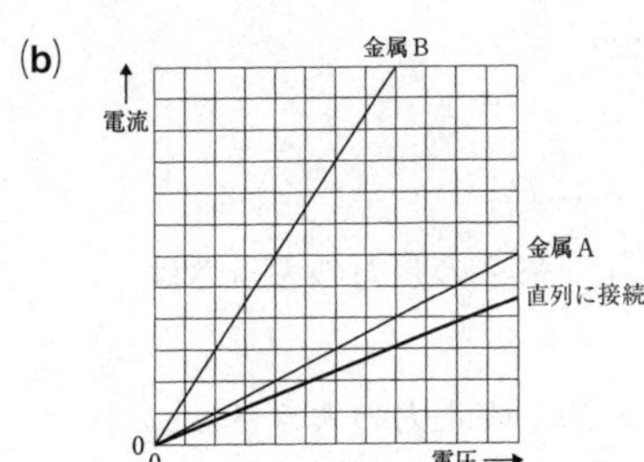

(c)　並列のとき電圧が等しいので，金属AとBの電流の比は1：3より

$$I\times\frac{1}{1+3}=\frac{I}{4}\quad\cdots\cdots(答)$$

(4)(d)　銅

(e)　　抵抗率＝抵抗×断面積÷長さ

$$=6.8\times10^{-7}\times0.2\div5.0=2.72\times10^{-8}〔\Omega\cdot\mathrm{m}〕$$

よって，表1より金属Cはアルミニウム。　……(答)

4　解答　《小問集合》

(1)(a)　$\dfrac{4L}{2m-1}$　(b)　$\dfrac{(2m-1)V}{4L}$

(2)(c)　$\dfrac{2L}{m}$　(d)　$\dfrac{mV}{2L}$

(3)　磁場の強さは電流の大きさに比例する。また，磁場の強さは直線状の導体からの距離に反比例する。

(4)(e)　コイル内部を貫く磁束が時間変化するとき。

(f)　誘導電流の向きは変化しないが，誘導電流は大きくなる。

(g)　誘導電流の向きは反対になるが，誘導電流の大きさは変化しない。

(5)　自由端の場合は位相は変化しない。また，固定端の場合は位相がπ変化する。

(6)　比熱

(7)　$I=\dfrac{q}{t}$

(8)　$Q=\Delta U+W$

化　学

◀1月21日実施分▶

1 解答 《周期表，酸・塩基，コロイド溶液，分子の沸点，物質の性質》

(1)―オ　(2)―ウ　(3)―ア　(4)―ウ　(5)―ウ　(6)―エ

2 解答 《物質量，固体の溶解度，物質の量的計算，酸・塩基，工業的製法》

(1)　84g/mol　(2)　49g　(3)　45％　(4)　50mL　(5)　9.72kg
(6)　0.80mol/L

3 解答 《化学平衡》

(1)**ア．**活性化状態〔遷移状態〕　**イ．**活性化エネルギー　**ウ．**反応熱
(2)**A．**$2NO_2$（気）　**B．**N_2O_4（気）
(3)　吸熱反応　理由：高温にすると吸熱方向である右に平衡が移動し，二酸化窒素が増加するから。(30字程度)
(4)　色の変化：薄くなる　理由：粒子数が減少する方向である左に平衡が移動し，二酸化窒素が減少するから。(30字程度)
(5)　$K_p=\dfrac{y^2}{x}$
(6)　解離したN_2O_4の割合：20％　圧平衡定数 $K_p=1.5\times10^4$〔Pa〕

4 解答 《脂肪族化合物，合成高分子》

(1)**A．**名称：エタノール

構造式：$\begin{array}{ccccc} & H & H & & \\ & | & | & & \\ H- & C- & C- & OH \\ & | & | & & \\ & H & H & & \end{array}$

B. 名称：ジエチルエーテル

構造式：$\begin{array}{cccccc} & H & H & & H & H & \\ & | & | & & | & | & \\ H- & C- & C- & O- & C- & C- & H \\ & | & | & & | & | & \\ & H & H & & H & H & \end{array}$

C. 名称：エチレン

構造式：$\begin{array}{ccc} H & & H \\ & \rangle C=C\langle & \\ H & & H \end{array}$

D. 名称：酢酸

構造式：$\begin{array}{cccc} & H & & \\ & | & & \\ H- & C- & C- & OH \\ & | & \| & \\ & H & O & \end{array}$

E. 名称：無水酢酸

構造式：$\begin{array}{ccccccc} & H & & & & H & \\ & | & & & & | & \\ H- & C- & C- & O- & C- & C- & H \\ & | & \| & & \| & | & \\ & H & O & & O & H & \end{array}$

(2)**ア.** 縮合　**イ.** 付加重合　**ウ.** 酸化　**エ.** 酸性

(3)①ポリエチレン　②―ア　③5000

(4)①

O
‖
O－C－CH₃
H₂C
O
O
O
‖
O－C－CH₃
C－CH₃
‖
O
CH₃－C－O
‖
O
n
O
O
‖
C－CH₃

②3.06 g

(5)　成長の過程の光合成で二酸化炭素を吸収しているため，燃焼による二酸化炭素の排出量が削減されるから。(50字程度)

◀1月22日実施分▶

1 解答 《物質の分離，原子の構造，化学の諸法則，触媒，不斉炭素原子，有機化合物の検出》

(1)―ウ　(2)―オ　(3)―エ　(4)―エ　(5)―オ　(6)―ア

2 解答 《イオンの質量，濃度，物質の量的計算，気体の法則》

(1)　3.0×10^{-23}g　(2)　5.6mL　(3)　2.24L　(4)　102℃　(5)　6.4g

(6)　5個

3 解答 《弱酸の水溶液と緩衝作用》

(1)**A.** $\dfrac{[CH_3COO^-][H^+]}{[CH_3COOH]}$　**B.** $c(1-\alpha)$　**C.** $c\alpha$　**D.** $c\alpha$　**E.** $\dfrac{c\alpha^2}{1-\alpha}$

F. $c\alpha^2$　**G.** $\sqrt{\dfrac{K_a}{c}}$

(2)**ア.** 大きく　**イ.** 増加　**ウ.** 左方向　**エ.** 多く

(3)**あ.** 酢酸　**い.** 緩衝

(4)　フッ化水素

(5)　強酸から生じる水素イオンは水溶液中の酢酸イオンと反応し，酢酸になる反応が起こるため水素イオン濃度が変化しにくいから。(60字程度)

(6)　電離度：0.010　水素イオン濃度：2.7×10^{-3}mol/L　pH：2.6

4 解答 《陽イオン分析》

(1)**A.** AgCl　**B.** $PbCl_2$　**C.** CuS　**D.** $Fe(OH)_3$　**E.** $Al(OH)_3$

F. $CaCO_3$

(2)　$PbCrO_4$

(3)　$Cu^{2+}+4NH_3 \longrightarrow [Cu(NH_3)_4]^{2+}$

(4)　硫化水素により還元され生じたFe^{2+}を酸化し，Fe^{3+}に戻すため。

(30字程度)

(5)　$K_4[Fe(CN)_6]$

(6)　$Al(OH)_3 + NaOH \longrightarrow Na[Al(OH)_4]$

(7)　イオン式：K^+　色：赤紫色（紫色）

◀1月23日実施分▶

1　解答　《物質の構造，酸化還元，塩の液性，分子の沸点，ハロゲンの性質，両性元素》

(1)―イ　(2)―オ　(3)―オ　(4)―イ　(5)―エ　(6)―エ

2　解答　《水溶液の pH，鉛蓄電池，濃度，化学反応の量的関係，工業的製法》

(1)　13　(2)　48g　(3)　0.075mol/L　(4)　0.30L　(5)　6.72L

(6)　2.34kg

3　解答　《溶液，状態変化》

(1)**ア．**凝固点降下　**イ．**質量モル濃度　**ウ．**過冷却　**エ．**半透膜

オ．浸透圧　**カ．**大きく　**キ．**水溶液

(2)―A

(3) **Ⅰ**―(あ)　**Ⅱ**―(い)　**Ⅲ**―(い)　**Ⅳ**―(う)

(4)　水では，濃度は変化せず凝固点一定であるが，水溶液では溶媒のみが凝固するので濃度が上昇し凝固点が下がるから。(50字程度)

(5)　$Al_2(SO_4)_3$

(6)　$\dfrac{nRT}{V}$

(7)　5.54g

4　解答　《糖》

(1)**ア．**二糖（類）　**イ．**多糖（類）　**ウ．**構造　**エ．**立体　**オ．**立体

カ．フルクトース　**キ．**示す　**ク．**示さない

(2)―(i)

(3)　水溶液中では鎖状構造が還元性を有するホルミル基をもつから。(30字程度)

(4)　アルコール発酵

(5)　$C_{12}H_{22}O_{11}$

(6)　276g

生 物

◀1月21日実施分▶

1 解答 《染色体とDNA》

問1. **ア**. 核 **イ**. 相同 **ウ**. 46 **エ**. ヒストン **オ**. 60 **カ**. 1.7 **キ**. 2.2 **ク**. ゲノム **ケ**. 956.5 **コ**. 641.0

問2. 1・3・6

問3. **サ**―1 **シ**―2 **ス**―5 **セ**―6 **ソ**―15 **タ**―13

(4)の理由：RNA は DNA の一部を転写してつくられたものだから。(20字以上30字以内)

2 解答 《植生の遷移》

問1. **ア**. 一次 **イ**. 二次 **ウ**. 乾性 **エ**. 湿性

問2. 先駆種（パイオニア種）

問3. 1番目：クロモ 4番目：スゲ類

問4. **オ**―2 **カ**―5 **キ**―3

問5. 極相

問6. 照葉樹林

問7. **A**―1 **B**―3 **C**―4

問8. **D**―3 **E**―2 **F**―1 **G**―4

3 解答 《自律神経系と内分泌系による調節》

問1. **A**. 水溶性ホルモン **B**. 脂溶性ホルモン

問2. **ア**―2 **イ**―12 **ウ**―18 **エ**―8 **オ**―1 **カ**―22 **キ**―7 **ク**―17 **ケ**―20

問3. リン脂質の疎水性の部分が内側に，親水性の部分が外側に向くよう

にして並んだ二重層から構成されている。(30字以上50字以内)

問4. ナトリウム

問5. フィードバック

問6. 1・4・5

問7.

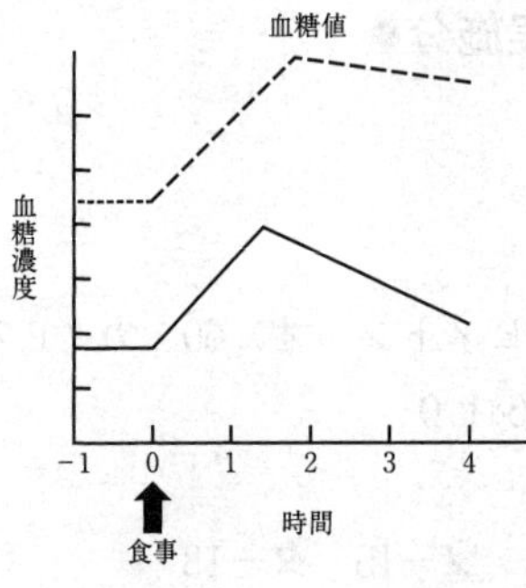

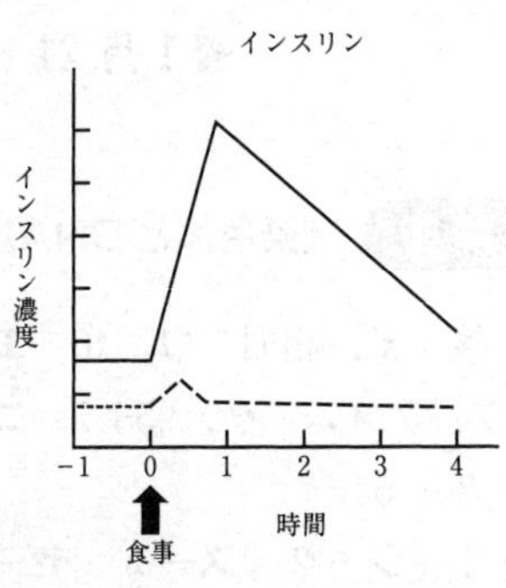

4 解答 《生物の系統と分類》

問1. **ア.** 属　**イ.** 原核　**ウ.** 古細菌(アーキア)　**エ.** ドメイン

問2. 1

問3. 3

問4. 3・6

問5. 適応放散(種分化)

問6. Z：種1　dの変化：2

◀1月22日実施分▶

1　解答　《DNAの研究史と塩基数の割合》

問1．(1)**ア．** R　**イ．** S　**ウ．** 熱　**エ．** タンパク質　**オ．** タンパク質　**カ．** DNA　**キ．** T　**ク．** C

(2)　大腸菌，メタン菌，乳酸菌などから1つ。

(3)　形質転換

(4)―3

(5)　名前：ワトソン（ウィルキンス）　部門名：生理

問2．(1)　番号：1と3　理由：DNAの塩基組成の割合が番号1と番号3で類似しているから。(20字以上30字以内)

(2)　番号：3　理由：精子は一倍体であり，番号3は番号1のDNAの半量だから。(20字以上30字以内)

(3)　番号：2　理由：塩基組成の割合がAとT，GとCで一致していないから。(20字以上30字以内)

(4)　300万塩基

2　解答　《窒素同化，窒素の循環》

問1． **ア**―5　**イ**―4　**ウ**―7　**エ**―8　**オ**―1

問2． 4・5

問3． (b)硝化　(c)窒素固定　(d)脱窒

問4． 根粒菌

問5． 1・3・4

問6． 山の土壌中の窒素化合物が雨水などに溶け込み水路を通じて水田に流入するため。(20字以上40字以内)

問7． **ア**―A　**イ**―B　**ウ**―C　**エ**―B

3 解答 《自然免疫と獲得免疫》

問1． **1**—(b)　**2**—(c)　**3**—(a)　**4**—(a)

問2． **ア．** 体液性　**イ．** 細胞性

問3． 食作用

問4． **Ⅰ．** O　**Ⅱ．** B　**Ⅲ．** AB　**Ⅳ．** A

問5． 自己成分に対する抗体産生や，自己細胞に対するキラーT細胞の攻撃によって起きる。(20字以上40字以内)

問6． 免疫寛容

問7． 通常は無害な物質であるアレルゲンに対して免疫が過敏に反応することで起きる。(20字以上40字以内)

4 解答 《形態形成と誘導》

問1． **ア**—10　**イ**—1　**ウ**—2　**エ**—9　**オ**—3　**カ**—6

問2． **(a)** 減数分裂　**(b)** 分化　**(c)** 誘導

問3． 外胚葉：2・3　中胚葉：1・5・7・9　内胚葉：4・6・8

問4． **A．** 外胚葉性の組織が分化する。(20字以内)

B． 予定外胚葉に中胚葉性の組織が分化する。(20字以内)

C． 内胚葉性の組織が分化する。(20字以内)

◀1月23日実施分▶

1 解答 《バイオーム》

問1. 森林，草原，荒原

問2. イ

問3. キ

問4. **A**―10　**B**―9　**C**―1　**D**―7

問5. **F**―10　**G**―2　**H**―1　**I**―5

問6. **E.** 亜熱帯多雨林　**J.** 硬葉樹林

問7. 6

2 解答 《細胞の構造と顕微鏡操作》

問1. **A.** 分解　**B.** 合成　**C.** 代謝　**D.** 酵素　**E.** 触媒　**F.** 免疫　**G.** 真核　**H.** 原核

問2. **ア**―13　**イ**―22　**ウ**―7　**エ**―24　**オ**―6　**カ**―18　**キ**―12　**ク**―10　**ケ**―11　**コ**―23

問3. **a**―10　**b**―4　**c**―8　**d**―7　**e**―18　**f**―12　**g**―3　**h**―6　**i**―2　**j**―11　**k**―5

順序：④→②→⑥→⑤→①→⑦→③

3 解答 《体液の種類と循環》

問1. **A.** 体内環境（内部環境）　**B.** 血液凝固　**C.** 繊溶（線溶）

問2. **ア**―19　**イ**―7　**ウ**―5　**エ**―17　**オ**―13　**カ**―6　**キ**―12　**ク**―10　**ケ**―1　**コ**―9　**サ**―4　**シ**―16

問3. 赤血球＞血小板＞白血球

問4. 洞房結節

問5. 動脈は静脈に比べて血管壁の筋肉層が発達しているため心臓からの高い血圧にも耐えられる。静脈には血液の逆流を防ぐための弁が存在して

いる。(50字以上70字以内)

問6. 開放血管系

問7. 血清

 **《生物多様性》**

問1. 1

問2. **ウ**―1 **エ**―2

問3. **オ.** 近親交配 **カ**―5

問4. 外来生物には天敵がいないため個体数が増加し，在来生物の捕食を続けたから。(20字以上40字以内)

問5. (1)―2 (2)―2・6

問五 オ
問六 ア・エ・カ

三

出典 田中伸幸『牧野富太郎の植物学』〈第一章 植物分類学者・牧野富太郎〉（ＮＨＫ出版新書）

解答

問一 a—エ b—ア
問二 農耕文明
問三 現に、現代
問四 イ・ウ
問五 地域の人

四

出典 岩田正美『現代の貧困――ワーキングプア／ホームレス／生活保護』〈5章 不利な人々〉（ちくま新書）

解答

問一 A—ウ B—オ C—ア
問二 ア・ウ
問三 a—イ b—カ
問四 ウ
問五 イ・エ

▲一月二十三日実施分▼

一

出典 安藤忠雄『建築に夢をみた』〈住まい〉（ＮＨＫライブラリー）

解答

問一 a―イ b―イ c―エ d―オ e―ア

問二 イ

問三 様式的な造形美

問四 土地の人々

問五 エ

問六 近代建築の理想の実現を試みたが、現実的要求との葛藤の中で、ただ画一的な寝食の場として機能している。（三十五文字以上五十文字以内）

問七 X―ウ Y―オ

二

出典 清水由美『すばらしき日本語』〈第６章 日本語教室の窓から〉（ポプラ新書）

解答

問一 ウ

問二 ことばのユニバーサルデザイン

問三 エ

問四 イ

問五　イ・ウ・エ

三

出典　今井むつみ・針生悦子『言葉をおぼえるしくみ——母語から外国語まで』〈第1章　はじめに　1　心の中の辞書〉（ちくま学芸文庫）

解答

問一　d

問二　(1)―ウ　(2)―ウ

問三　ウ

問四　イ

問五　単語の意味

四

出典　今村彩子『スタートラインに続く日々』〈はじめに〉（桜山社）

解答

問一　A―オ　B―ア

問二　イ

問三　テレビ局の報道班

問四　エ

問五　等身大

▲一月二十二日実施分▼

一

出典　川島隆太『現代人のための脳鍛錬』〈第6章　脳と心〉（文春新書）

解答

問一　a―ア　b―イ　c―オ　d―ウ　e―エ

問二　イ・ウ

問三　人間のコミュニケーションは複雑なため、ほかの動物にはない「笑い」という感情をもっていると考えられる（ことによる。）（三十五文字以上五十文字以内）

問四　ア・オ・カ

問五　A―ア　B―イ　C―ア　D―ア　E―ア

問六　オ

問七　論理的

二

出典　宮本みち子『若者が〈社会的弱者〉に転落する』〈3　家族・親子から「若者の危機」を読む〉（新書y）

解答

問一　A―ア　B―ウ

問二　つねに受け身

問三　エ

問四　イ

問三 一般の人々
問四 X―ウ Y―エ
問五 そこで、科

三

出典 樋口満『体力の正体は筋肉』〈第1章 だれにも避けられない体力の衰え〉（集英社新書）

解答

問一 オ
問二 日常生活
問三 エ
問四 イ
問五 X―ウ Y―オ
問六 エ

四

出典 加島祥造『会話を楽しむ』〈13 オープンな心について〉（岩波新書）

解答

問一 a―ウ b―エ
問二 エ
問三 A―エ B―ウ C―オ
問四 Y、安心 Z、恐怖
問五 ア・エ・オ

国語

▲一月二十一日実施分▼

一

出典　又吉直樹『月と散文』〈満月　生きてみよう。〉（KADOKAWA）

解答

問一　a―ウ　b―ア　c―ア　d―ア　e―オ

問二　オ

問三　三十一歳だ

問四　もう会えないよ

問五　（線香花火は）完成したときに強い光を放つので、たとえ終わりを迎えたとしても、その一瞬の強い輝きに永遠が宿ると（考えたから。）（三十五文字以上五十文字以内）

問六　(1)―ウ　(2)―エ

二

出典　長谷川眞理子『科学の目　科学のこころ』〈Ⅱ　科学・人間・社会〉（岩波新書）

解答

問一　A―ア　B―イ　C―イ　D―イ

問二　エ

一般選抜（II期）

問題編

▶試験科目・配点

学部等	教科	科目	配点
生命環境・医療科（医療福祉を除く）	選択	「コミュニケーション英語Ⅰ・Ⅱ」,「数学Ⅰ・Ⅱ・A・B」,「物理基礎・物理」,「化学基礎・化学」,「生物基礎・生物」,「国語総合（古文，漢文を除く）」から2科目選択	200点（各100点）
医療科（医療福祉）	選択	「コミュニケーション英語Ⅰ・Ⅱ」,「日本史A・B」,「世界史A・B」,「数学Ⅰ・Ⅱ・A・B」,「物理基礎・物理」,「化学基礎・化学」,「生物基礎・生物」,「国語総合（古文，漢文を除く）」から2科目選択	200点（各100点）
教育人間科（学校教育－中高英語）	英語	コミュニケーション英語Ⅰ・Ⅱ	100点
	選択	「日本史A・B」,「世界史A・B」,「数学Ⅰ・Ⅱ・A・B」,「物理基礎・物理」,「化学基礎・化学」,「生物基礎・生物」,「国語総合（古文，漢文を除く）」から1科目選択	100点
教育人間科（学校教育－中高理科）	選択	「コミュニケーション英語Ⅰ・Ⅱ」,「日本史A・B」,「世界史A・B」,「数学Ⅰ・Ⅱ・A・B」,「物理基礎・物理」,「化学基礎・化学」,「生物基礎・生物」,「国語総合（古文，漢文を除く）」から2科目選択（ただし「数学Ⅰ・Ⅱ・A・B」,「物理基礎・物理」,「化学基礎・化学」,「生物基礎・生物」のうちいずれか1科目を必須とする）	200点（各100点）
教育人間科（その他）	選択	「コミュニケーション英語Ⅰ・Ⅱ」,「日本史A・B」,「世界史A・B」,「数学Ⅰ・Ⅱ・A・B」,「物理基礎・物理」,「化学基礎・化学」,「生物基礎・生物」,「国語総合（古文，漢文を除く）」から2科目選択	200点（各100点）

▶備　考

- 「数学Ⅰ」は「データの分析」を除く。「数学A」は「整数の性質」を除く。「数学B」は「数列・ベクトル」から出題する。

- 「物理」は「様々な運動，電気と磁気」から出題する。
- **問題選択について**

　「英語」「数学」「国語」はそれぞれ4題中1題必須・2題選択。

　「日本史」「世界史」はそれぞれ5題中4題選択。日本史・世界史ともAまたはBのどちらかを履修していれば規定数の解答ができる。

　「物理」「化学」「生物」はそれぞれ4題中3題選択。「物理」は「物理基礎」，「生物」は「生物基礎」だけの履修者でも規定数の解答ができる。

- 学力試験2科目（ただし，教育人間科学部こども学科は2科目のうち高得点の1科目を採用し100点満点とする）と書類審査（調査書等）を行い，総合的に合否を決定。

英語

（2科目 120分）

1　問題〔1〕は必ず解答すること。

2　問題〔2〕～〔4〕の中から2問を選択し、その問題番号を解答用紙の選択問題番号欄に記入して、解答すること。

〔1〕以下の問題（A)～(D）に答えよ。

(A)　(1)～(10)の英文の空欄に当てはまる最も適切なものをA～Dの中から1つ選び、記号で答えよ。

(1) Joseph's finger wouldn't stop (　　) after he cut it when he was chopping vegetables. He had to get a bandage from the medicine cabinet.

A　bleeding　　B　pretending　　C　figuring　　D　wasting

(2) When Laura heard that her friend Josh had been accepted to a top university, she called to (　　) him.

A　fascinate　　B　illustrate　　C　appreciate　　D　congratulate

(3) X：How did you like the jazz concert last night, Tony?
Y：It was really wonderful. I (　　) enjoyed the drummer. He was great.

A　necessarily　　B　particularly　　C　suddenly　　D　regularly

(4) Our class (　　) the matter for a long time, but we didn't come to a conclusion.

A　closed　　B　needed　　C　developed　　D　discussed

(5) Agnes's grandmother lived from 1907 to 2009. She (　　) the events of an entire century in her lifetime.

A　revolved　　B　attached　　C　witnessed　　D　imitated

(6) Jill believes it was her (　　) that she ran into Chris on the street that day because three months later they got married.

A　destiny　　B　desire　　C　benefit　　D　custom

(7) A：How much is the bus (　　) to the National Museum?

B：Five hundred and thirty yen.

A fee　　B price　　C cost　　D fare

(8) X：Could you (　　) me a few minutes?

Y：I'm sorry, I can't. I have to go out right now.

A spend　　B leave　　C borrow　　D spare

(9) Although the players on Dean's basketball team were not as good as the players on the other teams, they had an excellent coach. Everyone says it was his great coaching that (　　) the team to win the tournament.

A blamed　　B offended　　C enabled　　D recognized

(10) The scientist was famous as a (　　) in the study of solar power. He had written the first book on how to use the sun to create electricity.

A citizen　　B pioneer　　C commuter　　D psychologist

(B) (1)～(10)の英文の空欄に当てはまる最も適切なものをA～Dの中から1つ選び、記号で答えよ。

(1) If it (　　) tomorrow, the tennis match will be postponed.

A rain　　B rains　　C rained　　D raining

(2) She hurt her leg while she (　　) her bike to school.

A rides　　B riding　　C rode　　D was riding

(3) "How (　　) is the post office from here?" "About three kilometers."

A long　　B big　　C heavy　　D far

(4) I pushed hard, but the door (　　) not open.

A could　　B might　　C should　　D would

(5) We should eat (　　) rice as meat.

A as　　B as many　　C as more　　D as much

(6) The father didn't know the day (　　) his son was graduating from school.

A at which　　B for that　　C of that　　D on which

(7) They come from all (　　) the world.

A in　B on　C over　D along

(8) She is (　　) kind a girl that she is loved by everybody.

A as　B how　C so　D such

(9) You will miss the train (　　) you leave at once.

A if　B that　C unless　D till

(10) I didn't go fishing (　　) stayed at home.

A or　B but　C nor　D either

(C) 次の(1)～(5)の日本語に合うように、カッコ内に与えられた語句を並べ替え、英文を完成させ、並べ替えた部分のみを答えよ。なお、文頭に来るべき語も小文字で示してある。

(1) ボトルの水と食料が欲しいのですが。
(and / bottled / I / like / some / water / would) some food.

(2) 新しいビルが私たちの大学のそばに建設中です。
(being / building / built / campus / is / near / a new / our).

(3) 安いＴシャツは傷みやすいものもあります。
(cheap / damaged / get / some / T-shirts) easily.

(4) 歩き回るには混雑しすぎていました。
(around / crowded / it / to / too / walk / was).

(5) 健は私に一緒に昼食を食べたいかどうかを尋ねました。
Ken (asked / have / I / if / lunch / me / to / wanted) with him.

(D) 次の(1)～(5)の英文の下線部(A)～(C)のうち、１か所に誤りがある。誤っている箇所を記号で答え、正しく直しなさい。なお、指摘した下線部のみを修正することで、正しい英文になるようにすること。また、修正前後の語数が必ずしも同じとは限らない。

(1) "What do you think of(A) the book Prof. White has written(B) last year?"
"Well, I have a poor opinion(C) of it."

(2) The professor is not popular with his students(A).
Only one-third of the three hundred seats in the hall was(B) taken(C) today.

(3) The amount of rainfall (A) here is not enough to grow (B) good crops and to meeting (C) other requirements for a pleasant life.

(4) I am sure I would enjoy (A) the movie we went to (B) last night even more if I had read (C) the novel before seeing it.

(5) Despite for (A) a tremendous decrease in fertility rates, (B) China's population growth still outpaces (C) economic production.

〔2〕次の空欄(1)～(10)に当てはまる表現として最も適切なものをA～Dの中から1つ選び、記号で答えよ。

Today Europeans are facing a major refugee crisis. Because of the (1) in the Middle East and parts of Africa, hundreds of thousands of men, women and children are fleeing these dangerous areas. The closest and safest place (2) they can go is Europe.

While most Europeans want to help the refugees, they cannot (3) security risks. It's important to do background checks on individuals who are (4) asylum*. It's imperative to know where they are from, what they used to do, and (5) whom they associated in their own country. Hopefully, this vetting will identify individuals that may have terrorist connections.

As the refugee crisis (6), more and more Europeans wonder about who is going to pay for feeding, housing, and educating the newcomers. Nobody likes to pay higher taxes.

Europeans are also (7) about assimilation. Will the refugees learn the language of their new home? Will they obey the laws, which may be different from the ones in their homeland? Whose customs will they follow?

These complex questions create a kind of "war" (8) heart and mind. On the one hand, our heart tells us to help the refugees. On the other hand, our mind warns us that this help is expensive, difficult and not (9) successful.

The refugee crisis will continue as long as there is violence and unrest in the world. The challenge for everyone, not just Europeans, is (10) to bring peace to these troubled areas. If this happens, then people won't have to leave their homes.

*asylum：保護、亡命

Source: Joan McConnell・山内圭. (2018). *Good Reading, Better Grammar.* 東京：成美堂. p. 80.

(1) A illness B kindness C violence D wealth

	A	B	C	D
(2)	A what	B when	C where	D which
(3)	A acknowledge	B ignore	C obey	D satisfy
(4)	A request	B requested	C requesting	D to request
(5)	A in	B of	C to	D with
(6)	A diminishes	B increases	C remains	D stands
(7)	A concerned	B devoted	C insisted	D limited
(8)	A between	B during	C through	D within
(9)	A also	B always	C but	D only
(10)	A how	B what	C when	D where

〔3〕 次の各英文を読み、設問(1)～(5)に対するものをそれぞれA～Dの中から１つ選び、記号で答えよ。

〈Section 1〉

Attention All Zandpro Technology
Employees and Visitors

Welcome to our Product Innovation Factory.

・To safeguard our designs, no cameras or audio- and video-recording devices are permitted on the factory floor.

・Please leave all such devices, including mobile phones, in the safe in room 332.

Source: ETS. (2020).『公式 TOEIC Listening & Reading 問題集７』東京：一般財団法人 国際ビジネスコミュニケーション協会. p.49.

(1) According to the sign, why most likely are recording devices prohibited on the factory floor?

A To ensure privacy for factory floor workers

B To minimize distractions for factory floor workers

C To avoid interference with assembly line equipment

D To protect unreleased product information

(2) What is suggested about room 332?

A It has no Internet access.

B It contains a secure storage location.

C It is available to employees only.

D It is used for large meetings.

〈Section 2〉

MEMO

To: All Lawson's Repair Technicians

From: Joel Gaos

Subject: New Process

Date: 3 April

Beginning on 5 April, our cost estimates for repairs will be processed electronically and sent to customers via e-mail. Whenever you visit customers to assess damage to their items, be sure to have your mobile phone or a tablet with you so that you can take pictures of the damage. You will fill out the estimate form on our Web site, attach the photos, and e-mail the estimate to the customer. Estimates should be filled out within 24 hours of your visit to a customer's home or business. We will likely have a few customers who will want handwritten estimates. If this is the case, you will still need to fill out the electronic form for our records and upload a copy of the handwritten estimate.

As always, carefully check warranties to find out which repairs are covered and which repairs the customer is responsible for. The computer desks now have only a three-month warranty, and the sofas, chairs, and dining sets have a much more limited warranty than before.

Source: ETS. (2020).『公式 TOEIC Listening & Reading 問題集 7』東京：一般財団法人 国際コミュニケーション協会. p.97.

(3) What is indicated about Lawson's customers?

A They must provide photographs of damaged items.

B They must send an e-mail request for repair service.

C They may request that technicians write out an estimate.

D They may record complaints about the warranties electronically.

(4) The word "covered" in paragraph 2, line 1, is closest in meaning to

A replaced B included C retrieved D concealed

(5) What do Lawson's technicians repair?

A Cameras B Mobile phones C Homes D Furniture

〔4〕 次の英文の内容に関する質問に対して最も適切なものをA～Cの中から１つ選び、記号で答えよ。

〈Section 1〉

Food diplomacy is a tool that uses food and cuisine to mend political divides, foster relationships, and break down barriers. This activity can involve everyone from heads of state to the family unit. Food is more than just sustenance; it represents a person's national identity, culture, and heritage.

Culinary diplomacy has been used since ancient times and continues to be used today. Ancient Greece solidified negotiations and peace treaties over wine and lunch with foreign leaders. In ancient Rome, peace was made with enemies through a shared meal. Former US president Ronald Reagan (1981-1989) served former leader of the Soviet Union, Mikhail Gorbachev (1985-1991), Russian caviar and wine from the Russian River Valley in California to offer a sign of respect and honor the influence of Russian immigrants in this area. The soft power of food has been leveraged for millennia.

In the early 21st century (2002-2003), food began to be used to positively influence international perspectives through nation branding. The aim was increasing countries' cultural influence through food. Thailand, for example, began promoting its unique cuisine worldwide in hopes of increasing exports, tourism, and international recognition of Thai food and culture. Since the campaign began, the number of Thai restaurants has increased from 5,500 (2001) to 15,000 (2019), and tourism has increased by 200%. Other countries have used similar nation-branding strategies, such as Japan, Malaysia, Peru, South Korea, Taiwan, and even North Korea.

While food can be used to strengthen social ties and reduce hostility, not every conflict can be solved in this way. Disputes of some nations are so significant that leaders are not yet ready to negotiate a solution around the dinner table. In other cases, leaders are simply not interested in delicious food. In these scenarios, this type of diplomacy cannot work.

Overall, the use of food diplomacy is exploding across the globe as a serious tool for international relations in both the public and private sectors. Universities are beginning to develop courses around the power of food, such as "Conflict Cuisine: An Introduction to War and Peace Around the Dinner Table" by Johanna Mendelson-Forman of the American University's School of International Service. Des Moines Public School tossed out the traditional parent-teacher conferences for Culture Night, when teachers and student's families bond over a shared meal from the students' home countries.

Whether connecting governments or citizens, the soft power of food continues to be a successful tool for breaking down barriers. It has the power to foster compassion and make friends of enemies. It goes without saying that culinary diplomacy will continue to grow as a valuable tool in international relations.

Politics divide men, but a good meal unites them.
Motto of Le Club des Chefs des Chefs

Source: Joshi, A.(2023). *Reading for a Bright Future*. 東京：南雲堂. pp. 45-50.

(1) What is the main idea?

A Food can be used to influence people at all levels to make friends or enemies.

B Food is for sustenance only.

C Not every conflict can be solved through culinary diplomacy.

(2) How has promoting its unique cuisine worldwide helped Thailand commercially?

A By increasing exports, tourism and growth in its restaurants.

B Only international recognition of Thai food and culture.

C By increasing its number of restaurants.

(3) Why are Universities developing courses around the power of food?

A To strengthen social ties and reduce hostility.

B People are viewing its success.

C Because of its exploding effect in both the public and private sectors, globally.

〈Section 2〉

Some people believe that fire is humanity's greatest invention. They may be right. Thanks to fire, we can heat our homes, cook foods, drive our cars, and even fly to the moon. People have always looked for better ways to make fire quickly. Two inventions that people still use today are the match and the lighter. Today's question is: Which came first, the lighter or the match?

Lighters were invented almost four hundred years ago, in the 17th century. They didn't look at all like modern lighters. They were made from the parts of old pistols. In 1823, a German chemist, Johann Wolfgang Döbereiner, created the first real lighter, which he called "Döbereiner's lamp."

The first friction match, the successor of which we use today, was invented three years later by English inventor John Walker. Before the friction match, people put flammable chemicals on wooden sticks. When these chemicals were combined, the sticks would catch fire. But these burning sticks were not only difficult to make, they also smelled very bad and were dangerous to use.

Over the years, inventors have come up with safer and more dependable matches and lighters. Both are still widely used today, and will probably be used for many years to come.

Source: Arao, A・三原京・巳波義典・木村博是. (2022). *Answers to Everyday Questions 3.* 東京：南雲堂. p. 68.

(4) When were friction matches invented?

A In 1820.

B In 1823.

C In 1826.

(5) How did the first matches catch fire?

A By combining chemicals.

B By rubbing sticks together.

C By using lighters.

日本史

（2 科目 120 分）

1　**問題〔1〕～〔5〕のうちから4問選択して解答すること。**
2　**選択した問題の番号を解答用紙の選択問題番号欄に記入すること。**

〔1〕 次の文章を読み、以下の問いに答えよ。

摂関時代の仏教は、［ 1 ］と［ 2 ］の2宗が圧倒的な勢力を持ち、現世利益を求める貴族と強く結びついていた。また、現世の不安から逃れようとする［ 3 ］も流行してきた。［ 3 ］は、来世において［ 4 ］に往生し、そこで悟りを得て苦がなくなることを願う教えである。
①10世紀半ばに［ 5 ］が京の市でこれを説き、ついで［ 6 ］が［ 7 ］を著して念仏往生の教えを説くと、［ 3 ］は貴族をはじめ庶民の間に広まった。
この信仰は、［ 8 ］思想によっていっそう強められた。盗賊や乱闘が多くなり、災厄がしきりに起こった世情が、②仏教の説く［ 8 ］の世の姿に良くあてはまると考えられ、③来世で救われたいという願望をいっそう高めたのである。そして、めでたく往生をとげたと信じられた人びとの伝記を集めた［ 9 ］の［ 10 ］をはじめ、多くの往生伝がつくられた。

問1　空欄［ 1 ］～［ 10 ］に当てはまる最も適切な語句を次から選び、記号で答えよ。

a　法相宗	b　律	c　玄昉	d　鑑真	e　法皇
f　源信（恵心僧都）	g　時宗	h　歎異抄	i　空也	j　唯円
k　聖徳宗	l　浄土教	m　末法	n　慶滋保胤	o　天台宗
p　日本往生極楽記	q　明恵	r　極楽浄土	s　往生要集	t　真言宗
u　梁塵秘抄	v　顕戒論	w　三論宗		

問2　下線部①に関して、［ 5 ］の人物が6文字の言葉を説くと仏として現れたと伝えられる6文字を答えよ。

問3　下線部②に関して、仏教は正しく伝わる時代から正しく伝わらなくなる時代へと分けられていた。［ 8 ］の世は西暦何年から始まると考えられたか答えよ。

問4　下線部③に関して、来世に思いを託すために経典を容器に入れて埋めたものを何というか答えよ。

〔2〕 次の江戸幕府の成立に関する文を読み、以下の問いに答えよ。

秀吉の死後、将軍 [1] のもと、大名と旗本によって全国は支配された。[1] は武家諸法度を制定して大名を統制①し、さらに3代将軍 [2] は参勤交代②の制度を整えた。また、[3] で朝廷を規制し、[X] で仏教を統制した。

江戸時代には、武士・百姓・町人（商人と職人）がそれぞれ職能によって区分され、居住地も区別された。死牛馬の処理や皮革製造、芸能や番人などで生活した差別の対象となった人々を [4] や [5] と呼んだ。百姓は [6] に編成され、相互の監視や扶助の体制に組み込まれた③。また城下町のほか、港町・門前町・宿場町などが発達した。

問1 空欄 [1] ～ [6] に当てはまる最も適切な語句を次から選び、記号で答えよ。

a	徳川家光	b	徳川吉宗	c	八人組	d	徳川家康
e	えた	f	株仲間	g	非人	h	最澄
i	七人組	j	五人組	k	徳川家重	l	村八分
m	空海	n	真言宗	o	島原の乱	p	橘諸兄
q	延暦寺	r	薬師寺	s	国家総動員法	t	版籍奉還
u	禁中並公家諸法度	v	分国法				

問2 下線部①の説明として最も適切なものを、次の中から1つ選び、記号で答えよ。

a 南禅寺金地院の崇伝に起草させた。

b 主な内容は元老院の設置、大審院の設置、地方官会議の開催などであった。

c 植木枝盛の起草といわれ、抵抗権や革命権を盛り込んでいた。

d 公家から選ばれた二人の武家伝奏をつうじて朝廷を操作した。

問3 下線部②の説明として誤っているものを次から1つ選び、記号で答えよ。

a 交通が発達し、江戸は大都市として発展した。

b 多くの家臣をつれての往来には、多額の出費をともなった。

c 宿駅には、通過する大名の宿泊のための関所が設けられた。

d 大名は、江戸に屋敷をかまえて妻子をおいた。

問4 空欄 [X] に当てはまる語句を漢字4文字で答えよ。

問5 下線部③の百姓・村の説明として最も適切なものを次から1つ選び、記号で答えよ。

a 村は、名主（庄屋・肝煎）や組頭・百姓代からなる村役人で構成された。

b 村は、名主（庄屋・肝煎）以外の組頭・百姓代・町人（年寄）からなる村役人で構成された。

c 村は、名主（庄屋・肝煎）以外の組頭・百姓代・職人からなる村役人で構成された。

d 村は、名主（庄屋・肝煎）のみで構成され、百姓は相互の監視や扶助の体制に組み込まれた。

〔3〕次の鎌倉時代についての文章を読み、以下の問いに答えよ。

鎌倉幕府の初代将軍[1]の死後、幕府の主導権を握ったのは伊豆出身の北条氏であった。[1]の妻政子の父である北条時政は、他の有力な御家人を滅ぼし幕府の政所の長官にあたる[2]となった。

その頃、京都では[3]が朝廷の権威をたて直すため、皇室領荘園を一手におさめ、軍事力を強化していた。鎌倉幕府の3代将軍[4]が暗殺されたのち、1221年に畿内・西国の武士や大寺院の僧兵、北条氏に反発する東国の武士の一部を味方につけ幕府を倒そうとした①。しかし逆に幕府の北条泰時が軍を率いて京都に進軍し勝利した。これに負けた[3]は[5]に配流され嫡流の仲恭天皇も廃位されるなど朝廷の権威は失墜した。幕府は朝廷側に属した人びとの所領を没収して御家人達に与えた②。没収した所領は畿内や西国に広がっており、幕府の支配が全国に及ぶきっかけとなった。京都を攻めた北条泰時はそのまま京都にとどまって朝廷の監視と京都の警護を行い、[6]の始まりとなった。

鎌倉幕府の4代目以降は[1]の子孫が将軍に就くことはなく藤原氏や皇族が形式上の将軍となった。一方で実際には北条氏を中心に幕府の体制がととのっていった。まず[2]を補佐する[7]をおき、こちらも代々北条氏の一族が就いた。さらに有力御家人や実務官僚から選んだ[8]をおき、幕府の政策決定を行う最高機関として、将軍がもつ権限の多くを移した。1232年には判例や道理を集大成した51か条の[9]が定められた。これは武家独自の最初の法典となった。

問1　空欄[1]～[9]に当てはまる最も適切な語句を次の空欄ごとの選択肢から1つ選び、記号で答えよ。

空欄[1]　a　平清盛　b　源頼朝　c　源義朝　d　後白河上皇　e　源義経

空欄[2]　a　大老　b　管領　c　鎌倉公方　d　摂政　e　執権

空欄[3]　a　後白河上皇　b　安徳天皇　c　後醍醐天皇　d　白河上皇　e　後鳥羽上皇

空欄[4]　a　源頼家　b　平重盛　c　藤原頼経　d　源義仲　e　源実朝

空欄[5]　a　隠岐　b　琉球　c　土佐　d　佐渡　e　対馬

空欄[6]　a　六波羅探題　b　大宰府　c　侍所　d　鎮西奉行　e　京都所司代

空欄[7]　a　地頭　b　連署　c　老中　d　武者所　e　関白

空欄[8]　a　大目付　b　引付衆　c　問注所　d　太政官　e　評定衆

空欄[9]　a　家中軍法　b　建武式目　c　延喜格式　d　御成敗式目　e　徳政令

問2　下線部①の反乱を何の乱と呼ぶか、漢字2文字で答えよ。

問3　下線部②のような幕府と御家人の関係について次から誤った記述を1つ選び、記号で答えよ。

a　御家人たちはこのように相手側から没収した所領を分け与えられた。これを班田収授と呼ぶ。

b　御家人たちは先祖から受けついできた所領の支配を保証された。これを本領安堵と呼ぶ。

c　将軍が土地などの恩賞を与えることを御恩、それに対して御家人が番役を務めたり軍役に従うなどの役割を担うことを奉公と呼ぶ。

d　鎌倉幕府は武士一門の長である惣領を御家人とし、惣領を通じて間接的に一門を掌握した。これを惣領制と呼ぶ。

e　土地の給与を通じてむすばれる主従関係に基づく秩序はヨーロッパ封建制度の主従関係によく似たところがあるため、封建制と呼ばれる。

〔4〕近代の選挙制度について、以下の問いに答えよ。

公布年	公布時の内閣	実施年	選挙人			
			直接国税	性別年齢(歳以上)	総数(万人)	全人口比(%)
1889	黒田清隆	1890	[3]円以上	男性[2]	45	[4]
1900	山縣有朋	1902	10円以上	男性[2]	98	2.2
1919	[X]	1920	3円以上	男性[2]	306	5.5
1925	[6]	1928	制限なし	男性[2]	1240	20.8
1945	[7]	1946	制限なし	男女[10]	3688	50.4

A　1889年の[1]と同時に公布された衆議院議員選挙法では、選挙人は[2]歳以上の男性で直接国税[3]円以上の納税者に限られた。有権者は全人口の[4]%で、中農以上の農民か都市の上層民だけが参政権をあたえられた。また、被選挙権は[5]歳以上の男性で、納税資格は選挙人と同じであった。

B　1924年に総辞職した清浦奎吾内閣にかわり、衆議院第一党の憲政会総裁の[6]が連立内閣を組織した。[6]は[7]外相による協調外交を基本とし、1925年、いわゆる[8]を成立させた。一方でこの内閣のもとで、「国体」の変革や私有財産制度の否認を目的とする結社と参加者を処罰すると定めた①[9]が成立した。その後、1945年に女性参政権が認められ、[10]歳以上の成年男女に選挙権が与えられた。

問1　空欄[1]～[10]に当てはまる最も適切な語句を次から選び、記号で答えよ。

a　教育ニ関スル勅語	b　民法	c　5	d　治安警察法
e　4	f　1.1	g　幣原喜重郎	h　普通選挙法
i　25	j　刑法	k　15	l　0.1
m　田中義一	n　治安維持法	o　加藤高明	p　30

q 若槻礼次郎 r 大日本帝国憲法 s 3 t 35
u 公職選挙法 v 高橋是清 w 20

問2 空欄 X に当てはまる華族でも藩閥でもない南部藩出身の首相の名を漢字で答えよ。

問3 下線部①の対象として当てはまる最も適切な政党を次から1つ選び、記号で答えよ。

a 立憲民政党 b 日本共産党 c 立憲政友会 d 自由党

〔5〕次の文章を読み、以下の問いに答えよ。

1971（昭和46）年8月、アメリカからの国際収支黒字国に対する、大幅な為替レートの切り上げ要求（ 1 ）。
1972（昭和47）年9月、田中角栄首相による 2 の発表。
1973（昭和48）年1月、 3 協定の調印。
1973（昭和48）年10月、 4 による、原油価格の段階的な引き上げ開始①。
1973（昭和48）年、ドル不安による日本や西欧諸国の 5 への移行。
1974（昭和49）年、第二次世界大戦後初の日本経済の 6 。
1974（昭和49）年、「クリーンな政治」を掲げる 7 が内閣総理大臣就任。
1975（昭和50）年、米・日・独・英・仏・伊の6カ国の首脳による 8 の開催。
1976（昭和51）年、 9 の問題化。田中角栄逮捕。
1978（昭和53）年、 10 調印。

問1 空欄 1 ～ 10 に当てはまる最も適切な語句を次から選び、記号で答えよ。

a 日中平和友好条約 b 先進国首脳会議（サミット）
c 日中共同声明 d 日韓基本条約
e リーマン＝ショック f ニクソン＝ショック
g 三木武夫 h マイナス成長
i ベトナム和平 j アラブ石油輸出国機構（OAPEC）
k 大平正芳 l 固定相場制
m 高度経済成長 n 変動相場制
o サウジアラビア p 金本位制
q インドシナ休戦 r 北大西洋条約機構（NATO）
s リクルート事件 t 石油輸出国機構（OPEC）
u ロッキード事件 v 造船疑獄事件
w 大東亜会議

問2 下線部①により、日本経済は大きな打撃を受け、石油製品をはじめ、「狂乱物価」が国民生活を直撃した。この衝撃のことを何というか答えよ。

問3　「人類の進歩と調和」をテーマに掲げ、日本の経済・文化面での日本の発展を世界に示すこととなった1970（昭和45）年に大阪で開催された出来事は何か答えよ。

世界史

（2科目 120分）

1　**問題〔1〕〜〔5〕のうちから4問選択して解答すること。**

2　**選択した問題の番号を解答用紙の選択問題番号欄に記入すること。**

〔1〕 次の文章を読み、以下の問いに答えよ。

インドシナ半島の東側、南北に細長く延びているベトナムは、19世紀まで独自の王国(ア)を営んできた。しかし、1858年、［ 1 ］の皇帝・［ A ］のインドシナ出兵にともなって、激しい戦闘の末に、1862年のサイゴン条約によりベトナム南部の一部が［ 1 ］の直轄領（植民地）となり、その後、［ 1 ］はコーチシナ一帯を支配した。その後、［ 1 ］本国は帝政から共和政に移行したが、ベトナムの植民地支配は拡大し、ベトナムに宗主権を主張してきた清との戦争(イ)を経て、1887年に［ 1 ］領インドシナ連邦が成立した。［ 1 ］の植民地下のベトナムでは自立を求める民族運動(ウ)が起こっていたが、1940年9月には［ 2 ］軍が北部に進入し、翌年7月にはベトナム全土を［ 1 ］に代わって支配するようになる。

1945年の第二次世界大戦終了にともなって、［ 2 ］軍は撤退し、その年の9月には［ B ］がベトナム民主共和国設立を宣言した。しかし、植民地の復活をめざす［ 1 ］とのあいだで戦端が開かれ、インドシナ戦争が始まった。1949年、［ 1 ］はバオ=ダイを擁立してベトナム国に傀儡(かいらい)政権を樹立させた。この年の10月、ベトナムの北側の隣国では共産主義国家である［ 3 ］が成立し、インドシナ半島やアジア全体の共産主義化を恐れたアメリカ合衆国のトルーマン政権は［ 1 ］を支援してベトナムへ軍事的に介入した。ベトナムの独立運動のリーダーであった［ B ］らベトナム労働党などはゲリラ戦を戦い、［ C ］の戦いで［ 1 ］軍を追い出すことに成功したが、アメリカは南部の一部を引き続き支配した。

ジュネーブ休戦協定が1954年7月に成立し、北緯17度線を暫定的な境界線とした。しかし、ベトナムの南北の統一に反対したアメリカは、翌1955年に［ D ］を支援してベトナム共和国を誕生させた。これにより、北緯17度線を境にベトナムの分裂が決定的となり、米ソの対立(エ)がベトナムとインドシナ半島全体に持ちこまれ、社会主義勢力と自由主義勢力のあいだで激しい戦争が戦われることになる。ベトナムでは、1964年8月2日のトンキン湾事件を口実にアメリカが爆撃を開始し、1965年から北爆も始まった。この年、アメリカの陸上戦闘部隊が南ベトナムに上陸し、北ベトナムとの全面戦争が始まった。この戦争では、［ 2 ］の軍事基地が米軍の出撃拠点となり、1964年からは韓国軍もアメリカの要請で参戦した。

問1　空欄 1 ～ 3 に当てはまる国名を次から選び、記号で答えよ。

a　中華民国　b　イギリス　c　フランス　d　オランダ　e　日本
f　中華人民共和国　g　ドイツ　h　イタリア

問2　空欄 A ～ D に当てはまる最も適切な語句を答えよ。

問3　下線部(ア)について、ベトナム最後の王朝名を答えよ。

問4　下線部(イ)について、この戦争の名称を答えよ。

問5　下線部(ウ)について、1904年に維新会を組織し、植民地宗主国に対する抵抗運動を展開した人物は誰か、答えよ。

問6　下線部(エ)について、第二次世界大戦後、米ソを中心とするイデオロギーによる対立を何と呼ぶか、答えよ。

〔2〕次の文章を読み、以下の問いに答えよ。

1755年11月1日、大西洋に面したポルトガルの首都・リスボン一帯は、マグニチュード9クラスの巨大地震に見舞われ、その後襲ってきた大津波による被害を含めて数万人の死者が出たといわれる。ヨーロッパでは、18世紀になっても人々へのキリスト教の影響は強く残っていた。ポルトガルはカトリック国家で、異郷の地である海外植民地(ア)にもキリスト教を布教していた。そのキリスト教国ポルトガルの首都が地震の直撃を受けたわけだが、大きな被害を人々にもたらした自然災害を、神罰ととらえる人も多かった。

この巨大地震は、ヨーロッパの啓蒙思想家(イ)たちにも強い影響を与えることになった。フランスの啓蒙思想家ヴォルテール(ウ)は『リスボンの災厄に関する詩篇(へん)』という長篇詩や『ガンディード』でその衝撃を語った。ヴォルテールは、多くの人命を無慈悲に奪っていった自然災害に直面して、ライプニッツたちの次のような主張を批判した。数学者でもあったライプニッツは、 1 を唱えて、キリスト教信仰と自然現象の調和を主張したのだった。『社会契約論』などを著したフランスの思想家 2 は、この地震を人間のおごりが招いた人災であると考えた。

ルネサンス以後、世界の自然科学(エ)の研究は著しい進歩を示してきた。しかし、人々の身近に起こった自然現象について、未知の課題が多く残っていることが、大地震に直面して突きつけられたことになった。そのため、この大地震を神罰ととらえるだけではなく、自然現象として科学的に説明しようとする試みもはじまった。

また、この地震による経済的な影響も大きかった。リスボンは、すでに17世紀には世界貿易の中心的な位置をオランダの貿易港のある都市 3 に奪われていた。そして、地震後はその経済的打撃で海外植民地の経営は困難を極め、大航海時代以降のポルトガルの繁栄(オ)は終わりを迎えることになった。こうした混乱のなかで、19世紀に入るとフランスから侵略を受けることになった。

問1　空欄 1 ～ 3 に当てはまる最も適切な語句を答えよ。

問2　下線部(ア)について、1822年にポルトガルの皇太子が皇帝に即位してポルトガルから独立した南米の国家名を答えよ。

問3　下線部(イ)について、この時代の啓蒙思想家で1755年に亡くなったモンテスキューが三権分立を説き、王権を制限するように主張した著作の書名を答えよ。

問4　下線部(ウ)について、ヴォルテールは同時代の啓蒙専制君主たちに影響を与えたが、彼と親交があったロシアの君主は誰か、答えよ。

問5　下線部(エ)について、19世紀に入ると自然科学の方法を哲学に採り入れることがコントなどによって試みられた。このような考え方を何と呼ぶか、答えよ。

問6　下線部(オ)について、15世紀、アフリカ西岸を探検し、インド航路開拓へ道を開いたポルトガルの王子は誰か、答えよ。

〔3〕次の文章を読み、以下の問いに答えよ。

ローマは「ローマの平和」（パクス＝ロマーナ）と呼ばれる繁栄を享受し、五賢帝(ア)の時代に最盛期を迎えた。しかし、3世紀に入ると帝国のまとまりがほころびはじめ、帝国領内では各属州が皇帝を擁立して互いに争う時代になった。この混乱に乗じて、ゲルマン人や 1 朝ペルシアが国境をおびやかすようになった。内乱と異民族の侵入は、都市の経済の弱体化をも招いた(イ)。「ローマの平和」による戦争の減少は、戦争で獲得される奴隷を減少させたため、奴隷を労働力とする大農場経営は困難になっていった。奴隷に代わり、貧困化して都市から逃げ出した下層市民などの小作人が、有力者の大所領の農場での耕作を担うようになった(ウ)。こうした中、ディオクレティアヌス帝は、帝国を東西に分割し、それぞれ正帝と副帝の二人が統治する 2 を導入した。コンスタンティヌス帝(エ)は313年にミラノ勅令を出し、それまで迫害されてきたキリスト教を公認した。また，首都を 3 に移してコンスタンティノープルと改称し、さらにさまざまな改革を行った。経済分野では純度の高い金貨を発行し、経済の活性化を促した。行政分野では、官僚制を整備し、皇帝が官吏を通じて帝国を支配する体制を確立した。4世紀後半に始まる「ゲルマン人の大移動」(オ)により帝国内はさらに混乱し、テオドシウス帝は、帝国を東西に分割した。このあと、東ローマ帝国は1453年まで続いたが，西ローマ帝国は皇帝がゲルマン人傭兵隊長の 4 により退位させられ、476年に滅亡した。

問1　空欄 1 ～ 4 に当てはまる最も適切な語句を答えよ。

問2　下線部(ア)のうち、ストア派の哲学者でもあり、『自省録』を著した皇帝は誰か、答えよ。

問3　下線部(イ)について、このような状況になった理由について50字以内で述べよ。

問4　下線部(ウ)について、このような農業生産体制を何と呼ぶか、答えよ。

問5　下線部(エ)について、コンスタンティヌス帝が325年に開いたニケーア公会議で異端とされたのは何派か、答えよ。

問6　下線部(オ)を引きおこしたとされるアジア系の騎馬遊牧民の名称を答えよ。

〔4〕次の文章を読み、以下の問いに答えよ。

20世紀を代表する思想の1つである実存主義は、デンマークの哲学者［ 1 ］を先駆けとし、合理主義などへの批判として生まれたものであるが、とりわけ西欧文明への信頼を揺るがした(ア)二度の世界大戦を経て広まった。一方アメリカでは、プラグマティズムがさまざまな分野に影響を与え、哲学者で教育学者としても知られる［ 2 ］はシカゴに「実験学校」を設立した。

20世紀には科学技術・医学(イ)のめざましい進歩が見られたが、それが人類にもたらしたものはかならずしも恩恵ばかりではない。原子物理学の発達は核兵器の開発につながり、第二次世界大戦末期には広島と長崎に原子爆弾が投下された。しかし大戦後も核兵器開発競争(ウ)はエスカレートする一方であったため、この状況に危機感をもったバートランド=ラッセルとアインシュタインが主導した宣言を契機に、1957年以降著名な科学者による［ 3 ］会議が開催されている。

また、二度の世界大戦の経験をふまえ、教育、科学、文化の振興などを通じて世界に平和をもたらすことを目的に国際連合(エ)の専門機関としてユネスコが設立された。ユネスコの活動のなかには世界遺産の選定・保全(オ)なども含まれている。

問1　空欄［ 1 ］～［ 3 ］に当てはまる最も適切な語句を答えよ。

問2　下線部(ア)について、『西洋の没落』を著したドイツの歴史学者は誰か、人物名を答えよ。

問3　下線部(イ)について、抗生物質であるペニシリンを発見したイギリスの細菌学者は誰か、人物名を答えよ。

問4　下線部(ウ)について、1968年に核拡散防止条約が締結されたが、その時核兵器の保有を認められた国を次から一つ選び、記号で答えよ。

A　パキスタン　　B　中国　　C　西ドイツ　　D　インド

問5　下線部(エ)について、1795年に『永遠平和のために』を著して国際平和機構の設立をうったえた哲学者は誰か、人物名を答えよ。

問6　下線部(オ)について、ポーランドにあるナチス=ドイツの強制収容所跡で、ビルケナウと並んで1979年に負の世界遺産に登録された収容所名を答えよ。

〔5〕次の文章を読み、以下の問いに答えよ。

フェニキア人はシドン・ティルスなどの都市国家をつくり、クレタ(ア)・[1]文明が衰えた後をうけて地中海貿易を独占し、また、北アフリカの現在のチュニジア近辺にあった[2]をはじめとする多くの植民都市を建設して栄えた。フェニキア人の文化史における功績は、カナーン人の使用した表音文字から線状のフェニキア文字をつくり、これをギリシア人に伝えて、のちに商活動、および文学の成立に重大な貢献し、その文字は[3]の起源となった。

一方、ローマ(イ)が力をつけるとともに、地中海西方を支配していたフェニキア人の植民市[2]の勢力と衝突し、前264年以降、3回にわたる[4]戦争が起こった。

[2]の将軍で軍事の天才ハンニバルがイタリアに侵入してローマは一時危機に陥ったものの、ローマの将軍スキピオの活躍などで戦局を挽回し、ついにローマが勝利した。ローマは、その後[2]に塩をまいて不毛の地とし、地中海の覇者となって大帝国建設の道をひたはしっていく。

ただし、ローマは一日にして成ったわけではない。ローマ軍の中核を成していた重装歩兵の中小農民は、打ち続く戦争と出征によって多くが没落し、都市ローマに流入した。都市民の胃袋を満たしたのは、属州から安く輸入された穀物であった。パン（食料）とサーカス（娯楽）を求める都市民を怒らせないためには、常に征服戦争を行って、さらに属州と奴隷を獲得する必要があった。一方、ローマの支配層を形成していた[5]院議員と、属州での徴税を請け負った騎士階層は、没落農民から土地を買うなどして大土地所有制(ウ)を展開し、支配層とそれ以外の者たちとの格差はどんどん広がっていった。巨大な格差は政治的不安定さを招きよせ、その結果、内乱をおさめうる強大な権力をもった人物が待望されていくことになる。カエサルの登場と暗殺を経て、彼の甥で彼の養子となった[6]が、帝政(エ)を開始する。

問1　空欄[1]～[6]に当てはまる最も適切な語句、または数字を答えよ。

問2　下線部(ア)に関連して、クレタ文明を象徴し、エヴァンズによって発掘された壮大な宮殿の名称を答えよ。

問3　下線部(イ)に関連して、王を追放して、合議制に基づく政治体制を構築したが、その政治体制を何と呼ぶか、その名称を答えよ。

問4　下線部(ウ)に関連して、この大土地所有制度を何と呼ぶか、カタカナで答えよ。

問5　下線部(エ)に関連して、帝政が開始されたのは何年か、答えよ。

数　学

（2科目 120分）

1　問題〔1〕は必ず解答し，さらに問題〔2〕～〔4〕のうちから2問選択して解答すること。

2　試験開始後，選択解答する問題を決めたあと，その問題番号を解答用紙の選択問題番号欄に記入すること。

3　解答の記入に際しては，次の指示に従うこと。

(1)　解答は，解答用紙の指定された解答欄に記入すること。

(2)　解答用紙の解答欄には解答に関係のない文字，記号，符号などを記入しないこと。

(3)　解答用紙の解答欄外の余白には何も記さないこと。

(4)　数は通常の記数法に従って記すこと。

(5)　0又は正の数には＋を付けないこと。

(6)　有理数は必ず既約分数で表すこと。

(7)　整数には分母を付けないこと。

(8)　式は最も簡単な形で表すこと。

〔1〕次の各空欄に当てはまる数または式を解答用紙の該当欄に記入せよ。

(1)　$\sqrt{2}+1$ の整数部分を a，小数部分を b とするとき，$\dfrac{1}{b}-\dfrac{1}{a+b}=$ ［ア］ である。

(2)　a を定数とする。2次関数 $y=2x^2-4(a+1)x+10a+1$ のグラフが x 軸と接するのは $a=$ ［イ］ のときである。

(3)　△ABCにおいて，$\mathrm{BC}=\sqrt{2}$，$\mathrm{CA}=2$，$\angle\mathrm{CAB}=30^\circ$ のとき，$\angle\mathrm{ABC}=$ ［ウ］ である。

(4)　不等式 $4^x-2^x \geqq 2^{x+3}-8$ を満たす実数 x の値の範囲は ［エ］ である。

(5)　$\left(x^2-\dfrac{1}{x}\right)^3$ の展開式における定数項は ［オ］ である。

〔2〕 次の各空欄に当てはまる数または式を解答用紙の該当欄に記入せよ。

点Pは数直線上の原点にあり，毎秒右（正の方向）に確率 $\dfrac{2}{3}$ で距離1だけ移動し，左（負の方向）に確率 $\dfrac{1}{3}$ で距離1だけ移動する。

(1) 点Pが4秒後に原点にある確率は [ア] である。

(2) 点Pが5秒後に +1の位置にある確率は [イ] である。

(3) 点Pが5秒後に初めて +1の位置に到達する確率は [ウ] である。

(4) 点Pが負の部分を通らず6秒後に原点にある確率は [エ] である。

(5) 点Pが負の部分を通らず6秒後に初めて原点に戻る確率は [オ] である。

〔3〕 次の各空欄に当てはまる数または式を解答用紙の該当欄に記入せよ。

四角形ABCDは，円Oに内接し，$AB = 3$，$BC = CD = \sqrt{3}$，$\cos\angle ABC = \dfrac{\sqrt{3}}{6}$ とする。このとき，AC = [ア] ，AD = [イ] であり，円Oの半径は [ウ] である。

また，△ABCの面積を S_1，△ACDの面積を S_2 とすると，$S_1 =$ [エ] ，$S_2 =$ [オ] である。

〔**4**〕 次の各空欄に当てはまる数または式を解答用紙の該当欄に記入せよ。

放物線 $y = x^2 + 4x + 4$ を C_1 とする。C_1 を x 軸方向に 1，y 軸方向に -1 だけ平行移動した放物線を C_2 とする。また，C_2 を x 軸に関して対称移動した放物線を C_3 とする。

(1) C_2 の方程式は [ア] である。

(2) C_3 の方程式は [イ] である。

(3) C_1 と C_3 の共有点の座標は [ウ] と [エ] である。

(4) C_1 と C_3 で囲まれた図形の面積は [オ] である。

物理

（2科目 120分）

(注) 〔2〕(2)〜(4), (6), 〔3〕(4)(b)・(c), 〔4〕(2)の解答欄は「経過」欄を含む。

1 **問題〔1〕〜〔4〕のうちから3問選択して解答すること。**

2 **選択した問題の番号を解答用紙1枚目の右側の3つの枠内に記入すること。**

〔1〕 以下の問いに答えよ。

(1) 次の文章中の空欄 [あ] 〜 [え] に当てはまる適切な式を書け。また空欄 [ア] 〜 [カ] に当てはまる最も適切な語句を【語群】の中からそれぞれ選び答えよ。同じものを何度使っても構わない。

ただし，鉛直下向きを正の向きとし，重力加速度の大きさを g とする。

ある高さの地点で静止している質量 m の物体を時刻 $t = 0$ で静かに離し自由落下させた。このとき物体にはたらく力の大きさを F とすると，空気抵抗が無視できるときに成り立つ運動方程式は

[あ]

と書き表される。また時刻 $t = t_1$ でこの物体の落下速度が v のとき，

$v =$ [い]

と書き表される。この式から時間が経過するほど物体の鉛直下向きの速さは速くなると考えられる。しかし，実際の自由落下運動では物体は鉛直 [ア] 向きに [イ] を受けながら落下する。このとき，物体の加速度の大きさを a, [イ] の大きさを f と書き表すと，物体の運動方程式は，

[う]

と書き表される。時間がたつにつれて，物体の落下速度が [ウ] とともに [イ] の大きさが [エ] 。十分に時間が経過すると，

$f =$ [え]

となり，加速度が [オ] ため，物体の落下速度は一定になる。この速度を [カ] 速度という。

【語群】

上，下，垂直抗力，空気抵抗，浮力，変わらない，0になる，大きくなる，小さくなる，終端，末端，落下

(2) 前問で あ の運動方程式が成り立つ場合と う の運動方程式が成り立つ場合について，時間と落下速度の関係を表すグラフを同一の図にそれぞれ図示せよ。また，どちらが あ の場合でどちらが う の場合であるかを明示せよ。

〔解答欄〕

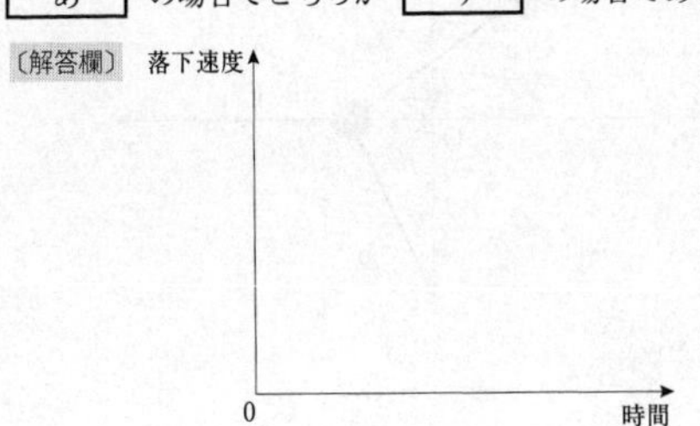

〔2〕 重力加速度の大きさを g として，以下の問いに答えよ。

(1) 質量の無視できるばね定数 k のばねに質量 m の物体を吊り下げた。自然長からの伸びを，g，k，m のうち必要なものを用いて表せ。

(2) (1)で用いたばねを図1のように2本直列につなげて，質量 m の物体を吊り下げた。2本のばねの伸びの合計を，g，k，m のうち必要なものを用いて表せ。

(3) (1)で用いたばねを図2のように2本並列につなげて，質量 m の物体を吊り下げた。図2の右側のばねの伸びを，g，k，m のうち必要なものを用いて表せ。

(4) 図3のように(1)で用いたばねを糸aにつなげ，3本の糸a，b，cを物体につないでなめらかな xy 平面上に置いたところ，物体が原点Oで静止した。糸cの張力の大きさを f_c，糸aと y 軸のなす角を θ とするとき，糸aの張力の大きさ f_a と，ばねの伸び x' を，それぞれ k，f_c，θ のうち必要なものを用いて表せ。

(5) (4)において糸cの張力を強くしたところ，図4のようになった。このときの力のつり合いの式の x 成分，y 成分はそれぞれどのようになるか。糸a，b，cの張力の大きさをそれぞれ f_a'，f_b'，f_c'，糸a，bが x 軸の負の方向となす角をそれぞれ α，β として，f_a'，f_b'，f_c'，α，β のうち必要なものを用いて書け。

(6) (5)において $\alpha = 30°$，$\beta = 60°$ のとき，f_a' と f_b' をそれぞれ f_c' を用いて表せ。

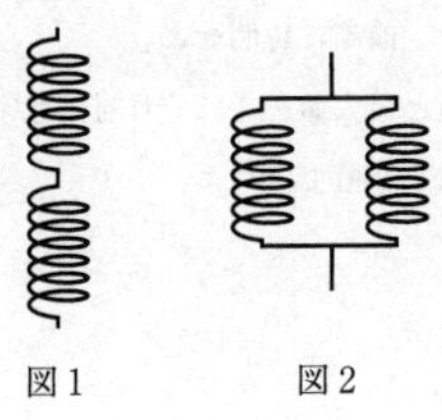

図1　　図2

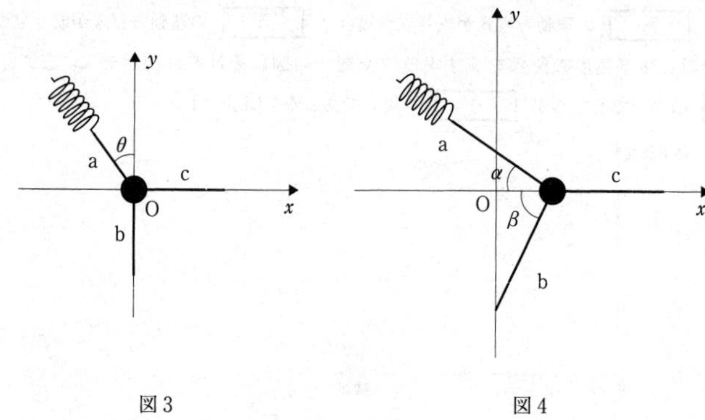

図３　　図４

〔3〕以下の問いに答えよ。

(1) 図１～２のようにモーターに電流を流した。次の文章の空欄 ア ～ コ に当てはまるものを【語群】の中からそれぞれ選び答えよ。

図１の状態において，AB 間では ア ，CD 間では イ の方向に電流が流れるため，AB 間の導線にはたらく力の向きは図１の ウ 向き，CD 間の導線にはたらく力の向きは図１の エ 向きとなる。よってモーターは図１の オ の方向に回転する。

図１からモーターが半回転した図２の状態では，AB 間では カ ，CD 間では キ の方向に電流が流れるため，AB 間の導線にはたらく力の向きは図２の ク 向き，CD 間の導線にはたらく力の向きは図２の ケ 向きとなる。よってモーターは図２の コ の方向に回転する。

【語群】

A→B，B→A，C→D，D→C，上，下，左，右，手前，奥，X，Y

(2) 図１のPの部分にある，電流の向きを切りかえる部品は何というか。名称を答えよ。

(3) 図３のように，コイルの面が磁力線の向きに対して垂直になった場合，導線には力が働かない。この状況でもコイルが回り続けるのはなぜか。簡潔に説明せよ。

(4) 家庭用 100 V の交流電源に 2 kΩ の抵抗を接続した。$\sqrt{2} = 1.41$ とする。

(a) 交流電源とはどのようなものか。簡潔に説明せよ。

(b) 抵抗を流れる交流電流の実効値と最大値をそれぞれ有効数字２桁で求めよ。

(c) 抵抗で消費される電力を有効数字２桁で求めよ。

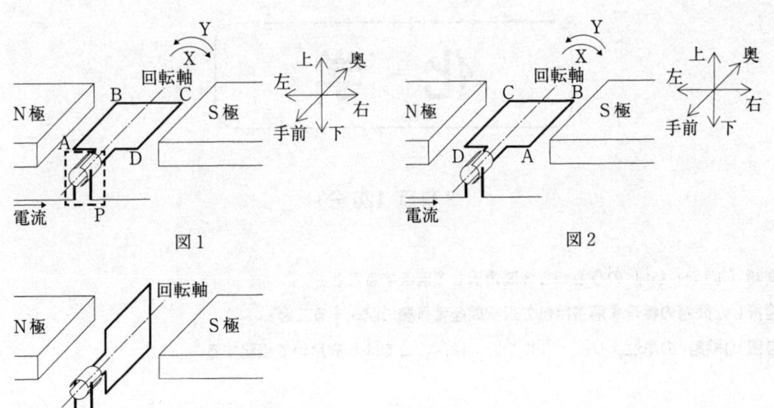

〔4〕図は，x 軸の正の方向に進む縦波の時刻 $t=0$ における変位を示したものであり，x 軸正方向の変位を y 軸正方向の変位として表している。図のグラフは正弦波で，AB，BC，CD，DE，EF 間の距離はすべて 0.1 m，波の進む速さは 2 m/s であった。以下の問いに答えよ。

(1) この波の振幅と波長を答えよ。

(2) この波の振動数と周期を求めよ。

(3) 時刻 $t=0$ において，

(a) 最も密な点をA～Fの中からすべて選べ。

(b) 媒質の速度が0となる点を，A～Fの中からすべて選べ。

(c) 媒質の速さが最大となる点を，A～Fの中からすべて選べ。

(d) 媒質の速さが最大で，速度の向きが x 軸正方向である点を，A～Fの中からすべて選べ。

(4) 時刻 $t=0.1$ s において，

(e) 最も密な点をA～Fの中からすべて選べ。

(f) 媒質の速度が0となる点を，A～Fの中からすべて選べ。

(g) 媒質の速さが最大となる点を，A～Fの中からすべて選べ。

(h) 媒質の速さが最大で，速度の向きが x 軸正方向である点を，A～Fの中からすべて選べ。

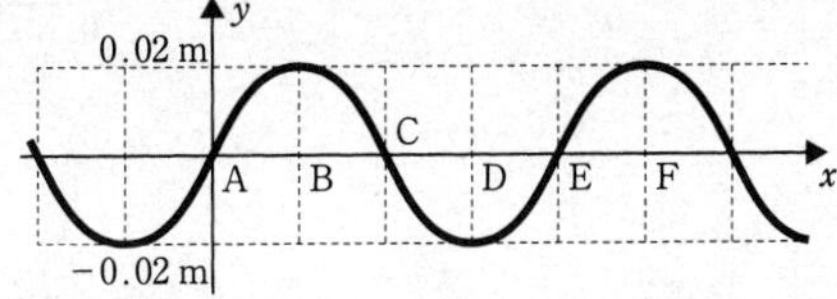

化　学

（2科目 120分）

1　**問題〔1〕～〔4〕のうちから3問選択して解答すること。**

2　**選択した問題の番号を解答用紙の選択問題番号欄に記入すること。**

3　**容積（体積）の単位，リットルについては，ここではLを用いて表記する。**

〔1〕 次の設問(1)～(6)に答えよ。各設問に与えられたア～オから1つ選び，記号で答えよ。

(1)　誤りはどれか。

ア　原子の質量の大部分は原子核の質量である。

イ　原子番号35の原子がもつ陽子の数は必ず35個である。

ウ　原子番号35の原子がもつ中性子の数は35個になるとは限らない。

エ　重水素がもつ陽子の数と中性子の数は等しい。

オ　すべての放射性同位体が壊変するのに要する時間は半減期の2倍である。

(2)　酸化還元反応に関する次の記述のうち，正しいのはどれか。

ア　過酸化水素は硫酸酸性下で過マンガン酸カリウムに対し酸化剤としてはたらく。

イ　二酸化硫黄は硫化水素，過酸化水素のいずれに対しても還元剤としてはたらく。

ウ　塩素，臭素はいずれもヨウ化物イオンに対し酸化剤としてはたらく。

エ　銀イオンは銅に対し酸化剤としてはたらき，銀は銅(II)イオンに対して還元剤としてはたらく。

オ　希硫酸中の水素イオンは銅，亜鉛，鉄のすべてに対し酸化剤としてはたらく。

(3)　一定量の理想気体について圧力を一定としたとき，体積 V と絶対温度 T の関係を示すグラフはどれか。

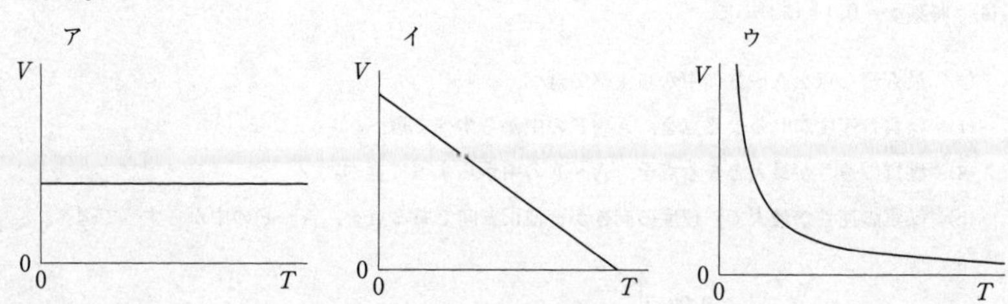

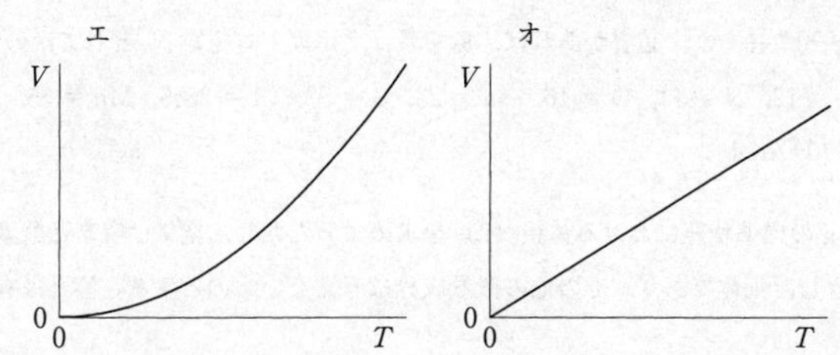

(4)　アルミニウムに関する記述として，誤りはどれか。

ア　アルミニウムの粉末と酸化鉄(Ⅲ)の粉末を混合して点火すると，鉄の単体が得られる。

イ　単体は，濃硝酸には不動態となって溶けない。

ウ　水酸化物は，アンモニア水に溶けない。

エ　酸化物は，水酸化ナトリウム水溶液に溶けない。

オ　アルミニウムと少量の銅，マグネシウムなどとの合金はジュラルミンという。

(5)　次の化合物のうち，塩化鉄(Ⅲ)水溶液を加えたときに呈色しないのはどれか。

ア　安息香酸

イ　*o*-クレゾール

ウ　サリチル酸

エ　サリチル酸メチル

オ　フェノール

(6)　次の有機化合物の中でエタノールを出発原料として，酸化あるいは縮合反応によって合成できないものはどれか。ただし，これらの反応を複数回行ってもよい。

```
    H     H          H H     H H              H O                H O
     \   /           | |     | |              | ‖                | ‖
ア    C=C       イ  H-C-C-O-C-C-H        ウ  H-C-C-OH       エ  H-C-C-H
     /   \           | |     | |              |                  |
    H     H          H H     H H              H                  H

    H O   O H
    | ‖   ‖ |
オ  H-C-C-O-C-C-H
    |       |
    H       H
```

〔2〕次の設問(1)~(6)に答えよ。必要があれば，原子量，アボガドロ定数 N_A として次の値を用いよ。
H = 1.0，C = 12，N = 14，O = 16，Na = 23，S = 32，Cl = 35.5，Mn = 55，Br = 80，
$N_A = 6.0 \times 10^{23}$/mol

(1) 空気13.5gの標準状態における体積（L）を求めよ。ただし，空気は窒素と酸素が4：1（物質量比）で混合した気体であり，その他の微量成分は考えないものとする。答えは有効数字3桁で記せ。

(2) 質量パーセント濃度3.40％の過酸化水素水100gに酸化マンガン(Ⅳ)を加えて過酸化水素を完全に分解させた。発生した酸素の標準状態での体積（L）を求めよ。答えは有効数字3桁で記せ。

(3) 0.30mol/Lの塩酸10mLに0.10mol/Lの水酸化ナトリウム水溶液10mLを加えた。この混合水溶液のpHを求めよ。答えは整数で記せ。

(4) 58.5gの塩化ナトリウムに濃硫酸を加えて加熱し塩化水素を発生させた。発生した塩化水素をすべて水に溶解させたとき，質量パーセント濃度36.5％の塩酸は何g得られるか。ただし，反応は完全に行われるものとし，必要な他の物質は十分にあるものとする。答えは有効数字3桁で記せ。

(5) 5.60gのアルケンに臭素を完全に反応させ，37.6gの化合物を得た。このアルケンの分子量を求めよ。答えは整数で記せ。

(6) 分子量1.13×10^4のナイロン66 $\left[CO-(CH_2)_4-CO-NH-(CH_2)_6-NH \right]_n$ の1分子中にあるアミド結合の数（個）を求めよ。答えは整数で記せ。

〔3〕次の文章を読み，設問(1)～(6)に答えよ。

2個の水素原子はそれぞれ1個の価電子を出し合い，それらを共有して共有電子対を形成する。このとき，どちらの水素原子も［A］と同じ安定な電子配置になり，水素分子 H_2 が形成される。1個の水素原子と1個の塩素原子でも同様にそれぞれ1個の価電子を出し合い，水素原子は［A］原子と同じ，塩素原子は［B］原子と同じ安定な電子配置となり，塩化水素分子 HCl が形成される。

水素分子のように同じ原子どうしで共有結合をつくると，共有電子対は2つの原子から同じように引き寄せられる。一方で，塩化水素分子のように異なる原子が共有結合をつくると，共有電子対は一方の原子に偏る傾向を示す。原子が共有電子対を引きつける強さを相対的な数値で表したものを［ア］という。

a)周期表上で［ア］は［I］族元素を除いて［イ（左上，左下，右上，右下）］側にある元素ほど大きくなる。そのため，塩化水素分子の共有電子対は［ア］の大きな［ウ（塩素，水素）］原子の方へ少し引き寄せられ，［ウ］原子はわずかに［エ（正，負）］電荷を帯び，もう一方の［オ（塩素，水素）］原子はわずかに［カ（正，負）］電荷を帯びる。このように共有電子対が一方の原子に偏っているとき，結合に極性があるという。

二原子分子の場合，水素分子のように結合に極性がない分子を無極性分子といい，一方，塩化水素分子のように結合に極性がある分子を極性分子という。また，b)二酸化炭素と水はすべての結合に極性がある三原子分子であるが，二酸化炭素は無極性分子であり，水は極性分子である。

設問

(1) 空欄［A］，［B］に最も適する元素を元素記号で記せ。

(2) 空欄［ア］～［カ］に最も適する語句を記せ。ただし，［イ］は（左上，左下，右上，右下），［ウ］と［オ］は（塩素，水素），［エ］と［カ］は（正，負）からそれぞれ選び記せ。

(3) 空欄［I］に最も適する数字を記せ。

(4) 水素分子および塩化水素分子の電子式を記せ。

(5) 下線部a）について，［ア］が最も大きい元素を元素記号で記せ。

(6) 下線部b）について，次の設問①～③に答えよ。

① 二酸化炭素分子および水分子の電子式を記せ。

② 二酸化炭素分子が無極性分子である理由を，「分子の形」という語句を用いて50字程度で記せ。

③ 水分子が極性分子である理由を，「分子の形」という語句を用いて50字程度で記せ。

〔4〕次の文章を読み，設問(1)～(5)に答えよ。必要があれば，原子量として次の値を用いよ。

H = 1.0，N = 14，O = 16

アンモニアNH_3は刺激臭をもつ［ア］色の気体である。水によく溶け，水溶液は［イ］を示す。アンモニアを得るためには，a)実験室では塩化アンモニウムと水酸化カルシウムの混合物を加熱して発生させ，［ウ］置換で捕集する。b)工業的には四酸化三鉄［A］などの鉄を含む［エ］を用いて，窒素と水素から直接合成される。この製造方法を［オ］法という。アンモニアは尿素［B］などの窒素肥料の原料や硝酸［C］の原料として多量に使われている。

硝酸の工業的製法は［カ］法とよばれ，白金を［エ］としてアンモニアから次のように製造される。

$4NH_3 + 5O_2 \rightarrow 4$［D］$+ 6H_2O$　・・・①

2［D］$+ O_2 \rightarrow 2$［E］　・・・②

3［E］$+ H_2O \rightarrow 2$［C］$+$［D］　・・・③

設問

(1) 空欄［ア］～［カ］に最も適する語句を記せ。
ただし，［イ］は（強酸性，弱酸性，中性，弱塩基性，強塩基性）から選び記せ。

(2) 化合物［A］～［E］を化学式で記せ。

(3) 下線部a）とb）の反応を化学反応式で記せ。

(4) アンモニアから出発して硝酸ができるまでの［カ］法の①式～③式を1つの化学反応式で記せ。

(5) ［カ］法の反応が完全に進むと，標準状態で560 Lのアンモニアから生成される硝酸は最大で何kgか。答えは有効数字2桁で記せ。

生物

（2科目 120分）

1　問題〔1〕～〔4〕のうちから3問選択して解答すること。
2　選択した問題の番号を解答用紙の選択問題番号欄に記入すること。

〔1〕次の文章を読み，以下の問いに答えよ。

イネは，主要な栄養源として世界中で栽培されている。イネは，数千年前に野生種(a)からヒトが選別・交配を繰り返して栽培化されたと考えられる。世界で栽培されているイネには，大きく「アフリカイネ」と「アジアイネ」の2種類がある。このうちアジアイネからは，寒さに強い日本型のジャポニカ米，暑さに強いインド型のインディカ米，中間のジャワ型のジャバニカ米が作られている。ふだん私たちが食べているジャポニカ米は，丸みを帯びて短く，加熱すると粘り気が出るが，世界の生産量の8割を占めるインディカ米は，扁平(へんぺい)で細長く，加熱しても粘り気が少ない。

米の主成分は，エネルギー貯蔵物質(b)の［ア］であり，［イ］（図1）が多数結合したアミロースとアミロペクチン(c)という2種類の高分子の集合体である（図2）。［ウ］は，数百から数万の［イ］がα-1,4結合(d)で連結し，α-1,6結合(e)による分岐をわずかに（1％未満）含む。［エ］は，数万の［イ］がα-1,4結合とα-1,6結合で連結した多数の枝分かれ構造をもつ。

米には，米飯用の「うるち米」と，おこわや餅に使われる「もち米」がある。両者の大きな違いは米に含まれる［ア］の成分で，うるち米は［オ］を2割ほど含んでいるが，もち米は［カ］の割合がほぼ0となっている。なお，米飯用のインディカ米は，ジャポニカ米に比べてやや［キ］が少ない上，分岐鎖の鎖長がジャポニカ米よりも長くなっていることが知られている。

元来，水生植物であるイネは，葉・茎から根まで十分に酸素を行き渡らせる組織が発達しているため，畑でも栽培（陸稲）されるが，水田で栽培（水稲）されることが多い(f)。水田は，周囲を畦(あぜ)で囲って水を蓄え，入水口と排水口で水の流れと水量を調節している。

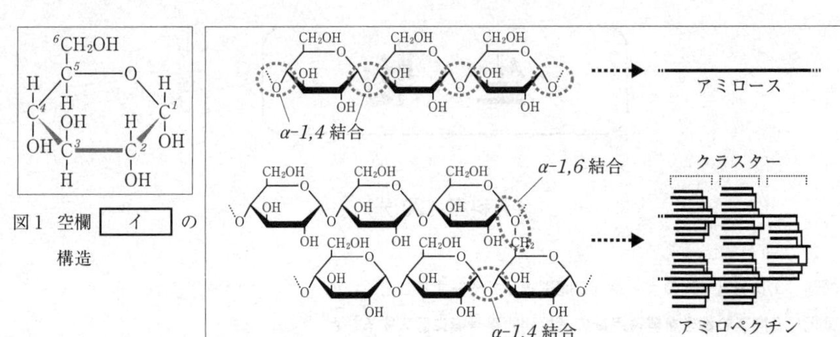

図1　空欄［ イ ］の構造

図2　アミロース（上）とアミロペクチン（下）の構造

問1　下線部(a)の種とは，生物の基本的な分類の単位を表す。次の選択肢から適切な語句を3つ用い，一般的な種の定義「……個体の集まりを指す。」の点線部分に当てはまる適切な文を20字以内で答えよ。

【選択肢】　共通　交配　細胞　子孫　雌雄　進化　相互　地域

問2　下線部(b)に関して，次の問いに答えよ。

空欄［ ア ］，［ イ ］に当てはまる最も適切な物質の名称をそれぞれカタカナで答えよ。また，図1を構成単位とするヒトのエネルギー貯蔵物質の名称，および，その貯蔵場所を2つ答えよ。

問3　下線部(c)に関する次の解説文を参考にして，空欄［ ウ ］～［ キ ］に当てはまるエネルギー貯蔵物質の名称を，アミロースは1，アミロペクチンは2として，番号で答えよ。

【解説文】

［ ア ］を水に入れて加熱すると，のり状化して粘性（粘り気）を示す。このとき，アミロースよりアミロペクチンの方が高い粘性を示す。また，加熱したのちに冷却すると，アミロペクチンよりアミロースの方が硬くなりやすい。

問4　図1に示す分子の各炭素には，1から6の番号がつけられている。炭素1に結合するヒドロキシ基（-OH）が下向きの分子をα型と呼ぶ。下線部(d)と(e)は，単糖間の結合の形を表し，α型の炭素1と炭素4の間，α型の炭素1と炭素6の間でそれぞれ結合していることを指す。隣りあう単糖どうしは，アミノ酸間のアミノ基とカルボキシ基の間でできるペプチド結合（-CO-NH-）と同様に，分子Xがとれて結合する。この分子Xとは何か，分子式で答えよ。

問5［ ア ］を分解する次の酵素があるとする。分岐のないアミロース溶液に1種類の酵素のみを加えた場合，図1の分子を得ることができる酵素を次から選び，番号で答えよ。

1　端からα-1,4-結合を順次分解する酵素。

2　ほとんどのα-1,6 結合を分解するが，α-1,4 結合は分解しない酵素。

3　端から2つ目のα-1,4 結合を順次分解し，α-1,4 結合を1つもつ分子をつくる酵素。

4　内部のα-1,4 結合を順不同に分解し，α-1,4 結合を1つ以上もつ分子をつくる酵素。

問6　下線部(f)の水稲栽培には，陸稲栽培に比べ様々な利点がある。例えば，水稲栽培は，乾燥に強く，降る雨の量にあまり影響を受けない。これ以外の水稲栽培の2つの利点について，それぞれ利点①，②の【　】内のキーワードをすべて用いて，40字以内で説明せよ。

利点①【気温の急激な変化，比熱，緩和】

利点②【雑草や有害な土壌微生物，酸素，生育】

〔2〕次の文章を読み，以下の問いに答えよ。

獲得免疫は，異物に対して［ア］が特異的に作用して除去するしくみであり，一度体内に侵入した病原体を認識・記憶して，再び同じ病原体が侵入すると強く反応し病原体を除去する。獲得免疫は，主にB細胞がはたらく体液性免疫とT細胞がはたらく細胞性免疫に分けられる。獲得免疫は，自然免疫において病原体に反応した樹状細胞から，T細胞が病原体の情報を受け取ることによってはじまる。(a)樹状細胞は病原体を取り込むことで活性化し，細胞内で分解した病原体の断片を細胞表面に提示することで，他の細胞に情報を提供する。この樹状細胞からの情報を受け取った［イ］細胞や［ウ］細胞が，活性化されて増殖する。活性化した［イ］細胞は，同じ抗原を認識したB細胞を活性化させる。活性化されたB細胞は，分裂して増殖したのちに［エ］細胞となって抗体を放出する。病原体を認識して活性化されたT細胞やB細胞の一部は，［オ］細胞として長期間体内に残る。活性化した［ウ］細胞は，感染細胞を認識し直接攻撃する。

問1　空欄［ア］～［オ］に当てはまる最も適切な語句を次の選択肢から選び，番号で答えよ。ただし，同一語句を複数回選択してはならない。

【選択肢】

1　マクロファージ　　2　ホルモン　　3　ヘルパーT　　4　ナチュラルキラー

5　リンパ球　　6　赤血球　　7　キラーT　　8　マスト

9　好中球　　10　形質　　11　顆粒球　　12　血清

13　記憶　　14　造血幹

問2　下線部(a)の樹状細胞からT細胞への病原体情報の受け渡しを何と呼ぶか，漢字4字で答えよ。またこの過程が行われる器官の名称を答えよ。

問3　抗体について説明している次の選択肢から，正しいものを2つ選び，番号で答えよ。

【選択肢】

1　抗体はアルブミンというタンパク質である。

2　抗体はY字型のタンパク質である。

3　1種類の抗体で約10種類の病原体タンパク質に結合することができる。

4　個々のB細胞は1種類の抗体しか作らない。

5　A型の血液型のヒトの血液中には，凝集原Aに対する抗体が存在する。

問4　T細胞の成熟に必須の器官の名称を答えよ。

問5　皮膚移植実験に関する次の文章を読み，以下の問いに答えよ。

白い皮膚のマウスと黒い皮膚のマウスを準備し，皮膚移植の実験をおこなった。白い皮膚のマウスに自分の皮膚を移植した場合には移植した皮膚が定着したが，黒いマウスの皮膚を白いマウスに移植すると脱落した。一度，黒い皮膚のマウスから皮膚移植を受けた白いマウスに，再び黒い皮膚のマウスから皮膚移植をおこなうと，一度目よりも早く脱落した。

【問い】

別のマウスから移植された皮膚が脱落する反応の名称を漢字4字で答えよ。また，再度皮膚移植をおこなった際に，一度目よりも早く脱落を起こす免疫反応の名称を漢字4字で答えよ。

問6　後天性免疫不全症候群（エイズ）について，原因となるウイルスとそのウイルスが感染する細胞の名称を用いて，40字以上60字以内で説明せよ。

〔3〕次の文章を読み，以下の問いに答えよ。

ある地域の生物とそれをとりまく環境との全体を［ア］と呼ぶ。環境には［イ］環境と［ウ］環境があり，後者には化学的・物理的環境が含まれる。そのため，［ア］におけるエネルギーの流れ（図1）[(a)]や物質の移動は，重要な研究テーマである。

太陽から注ぐエネルギーは最終的に宇宙空間に放出される。ただし，その過程で，地表から放出されたエネルギーが大気中の水蒸気や二酸化炭素などの［エ］によっていったん地表に戻される。このため［エ］が多いと地球に滞留するエネルギーが増えて気温が上昇し，地球は温暖化する。

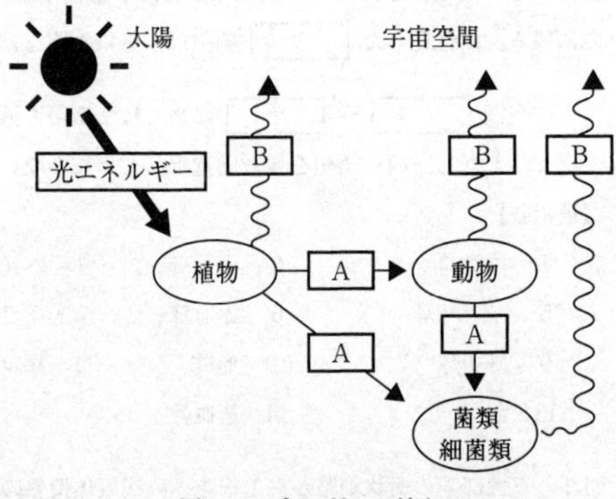

図1　エネルギーの流れ

［ア］において炭素は，大気中では主に二酸化炭素として存在し，水中には二酸化炭素や炭酸イオンなどの形で溶け込んでいる。二酸化炭素としての炭素は光合成によって固定され[(b)]，有機物として生物に取り込まれ，［オ］連鎖を通して生物内を移動する。［オ］連鎖のうち，生きた生物を起点とするものは［カ］連鎖と呼ばれる。これに対し，死んだ生物や生物の排出物などから始まるものは［キ］連鎖と呼ばれる。例えば，［ク］は枯葉を食べ，それら自身は鳥，ムカデ，トカゲ，モグラなどの［オ］になる。［ク］は，菌類や細菌類とともに死んだ生物や排出物などの［ケ］に不可欠な役割をはたしており，［ア］における［ケ］者とみなすことができる。有機物に含

まれる炭素は，このように生物内を移動し，それぞれの生物が行う(c)呼吸によって再び二酸化炭素として環境中に放出される。

一方，この生物による従来の炭素循環とは別に，(d)生物由来の有機物が化石化したものを，(e)人間が燃料として使用するようになったことにより，大気中の二酸化炭素濃度がここ200年の間に急激に増加している。日本を含む64ヶ国200人以上の科学者たちは，最新研究結果をもとに，直近の報告書（IPCC AR6-WG1）において「人間活動が温暖化の原因であることに疑いの余地はない」と断定するに至った。温暖化により，海水面の上昇，気象災害の甚大化，［　コ　］の減少がすでに生じている。［　コ　］の減少に関し，2019年に(f)オーストラリアの齧(げっ)歯類の1種の絶滅が確認された。これは，温暖化による哺乳類の絶滅の最初の例と考えられる。現在，国際社会の協力の下，人間による二酸化炭素の排出を抑えるための努力が行われている。

問1　空欄［　ア　］～［　コ　］に当てはまる最も適切な語句を次の選択肢から選び，番号で答えよ。

【選択肢】

1　生産	2　消費	3　分解	4　個体群
5　生態系	6　気候	7　生食	8　人工
9　非生物的	10　メタン	11　フロン	12　非自然
13　温室効果ガス	14　熱帯雨林	15　生物量	16　生物多様性
17　バランス	18　腐食	19　自然	20　食物
21　生物的	22　工業	23　バイオーム	24　捕食
25　植物プランクトン	26　キノコやカビ	27　草食動物	28　ミミズやダンゴムシ

問2　下線部(a)に関する図1の空欄［　A　］，［　B　］に当てはまる最も適切なエネルギーの名称を答えよ。

問3　下の図2は地球における炭素移動の概略を示したものである。W，X，Y，Zは，それぞれ下線部(b)，(c)，(d)，(e)のどれに相当するか，相当するものを選びアルファベットで答えよ。

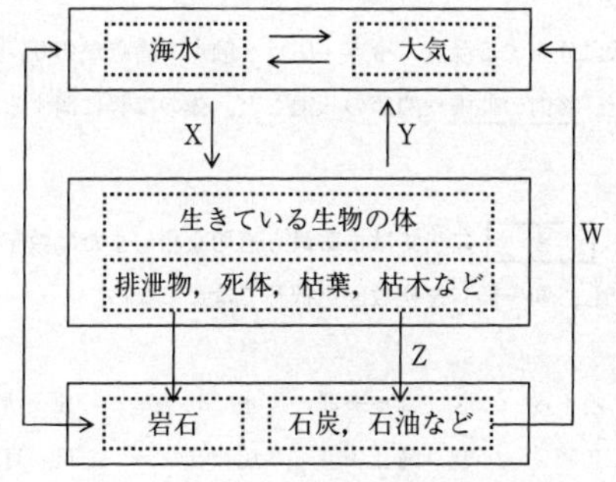

図2　炭素の移動

問4　下線部(f)の齧歯類はサンゴ礁の平らで小さな島に住み，主に植物を食べていた。推測される絶滅の原因を40字以上60字以内で述べよ。ただし，「高潮」「海水面の上昇」「温暖化」の3つの語句を用いること。

〔4〕次の文章を読み，以下の問いに答えよ。

鼻・眼・耳などの受容器は，受けとる外界からの刺激の種類によって特化している。(a)動物の進化の上で最も初期に発達し，現存する動物にとってもいまだ重要な役割を果たしているのは，化学物質を感知する嗅覚であろう。嗅覚は，離れたところの食物や同種他個体，捕食者などの情報を得ることや，魚類においては繁殖のための帰巣場所の情報獲得にも関わっており，鼻腔内の［ア］にある嗅細胞の細胞膜上には，私たちヒトでも350種類以上，動物によっては1000種類以上の匂いの受容体がある。一方，同じ化学物質でも口腔内の舌が受け取ると，味覚が生じる。ヒトの味覚は，甘味や塩味など［イ］種類に分類することができ，それらの化学物質を検出するための受容体をもつ味細胞がある。私たちがトウガラシを食べて感じる‘辛い’という感覚は，43℃以上の温度受容体であり，かつトウガラシの辛味成分カプサイシンの受容体でもあるTRPV1というイオンチャネルの作用によるものであり，味覚とは異なる。

視覚は光刺激による感覚系であり，受容器である眼球は，外界の画像情報を取り入れるためにレンズの役割をする［ウ］，光量を調節する虹彩，実際に光情報を感知する網膜から構成される。さらに網膜は，光受容体をもつ視細胞(b)を含む5種類3層の細胞からなり，末梢器官であらかじめ情報処理が行われてから脳に信号が送られるという特殊性が際立つ。耳には空気の振動を音として感知するうずまき管，からだの回転を感知する［エ］，そして，からだの傾きを感知する［オ］がある。音としての空気の振動は鼓膜から耳小骨を介してうずまき管内のリンパ液の振動として伝えられ，その結果，有毛細胞の感覚毛の動きが電気信号に変換される。また，からだの回転や傾きも［エ］および［オ］内のゼリー状の物質が動いて有毛細胞の感覚毛を刺激することで電気信号に変えられる。

皮膚には，モザイク状に分布する温点・冷点・圧点・触点・痛点があり，これらの感覚点を介して皮膚感覚が生じる。また，筋肉の伸張(c)や関節の状態など，体の姿勢に関する感覚は固有感覚と呼ばれる。

問1　空欄［ア］～［オ］に当てはまる最も適切な語句または数字を次の選択肢から選び，番号で答えよ。ただし，同一語句を複数回選択してはならない。

【選択肢】

1　半規管　2　嗅上皮　3　コルチ器　4　効果器　5　前庭　6　水晶体
7　3　8　角膜　9　瞳孔　10　5　11　盲斑　12　聴神経
13　黄斑　14　4

問2　下線部(a)で示す受容器が特異的に受け取る刺激のことを何というか。

問３　下線部(b)の視細胞には大きく２種類あるが，その名前と性質を簡潔に述べよ。

問４　下線部(c)の受容器を介した反応にしつがい腱反射があり，次の文章はその説明である。空欄 [カ] ～ [ケ] に当てはまる最も適切な語句を答えよ。

【しつがい腱反射の説明文】

しつがい腱を叩くと，伸筋が伸び，これを [カ] が受容して [キ] ニューロンが興奮する。この刺激は，脊髄にある伸筋の [ク] ニューロンを興奮させて伸筋を収縮させる一方，[ケ] ニューロンを介して屈筋の [ク] ニューロンを抑制して弛緩させる。

問５　右図は眼球のレンズ構造を示したものである。眼球ではレンズに当たる [ウ] の厚みはチン小帯と筋肉である毛様体の働きで調節されている。近くを見るときは，毛様体が収縮してチン小帯がゆるみ，[ウ] が厚くなる。遠くを見るときは，毛様体が弛緩してチン小帯が緊張し，[ウ] が薄くなる。私たちが高齢になって筋肉が衰えてくるとこれらにどのような影響が起こるか，40字以上60字以内で説明せよ。

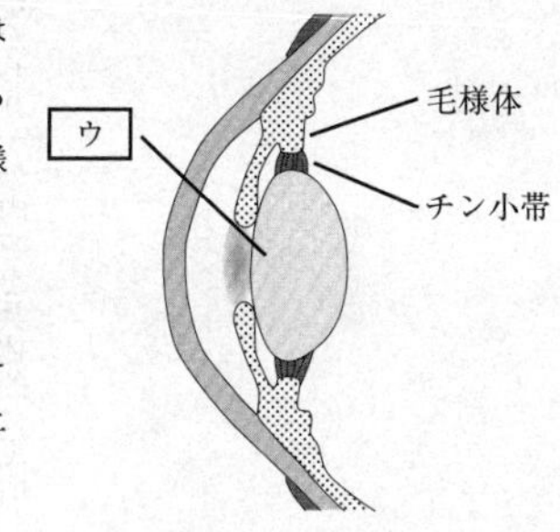

図　眼球のレンズ構造

き出し、その終わりの四文字を答えよ。

問二　空欄 X に当てはまる最も適切な語句を次のア～オの中から一つ選び、記号で答えよ。

ア　有名無実　イ　自業自得　ウ　異口同音　エ　言語道断　オ　本末転倒

問三　空欄 A ～ C に当てはまる最も適切な語句を本文の意図を踏まえて次のア～オの中から一つずつ選び、記号で答えよ。ただし、同じ記号は二度使わない。

ア　しかし　イ　単に　ウ　かえって　エ　かなり　オ　明らかに

問四　傍線部②「広義」の対義語を二文字で答えよ。

問五　傍線部③「実に多様なかかわり」の内容を具体的に説明している一文を本文中から抜き出し、終わりの九文字で答えよ。

「所有」することはできない。

こうした例は無数に考えることができる。【C】、ここには確実に「私たちの景観」という意識が働いている。

たとえば、たまたま拾った小石は自分のものか、家の玄関先に咲く花はその家の人のものか、カフェで先に座った席は自分のものか、子どもは親のものか、自分の体は自分のものか、などなど、「誰々のもの」の問題、「所有」の問題はどこまでも広がりそうだ。

考えてみると、他人が存在しなければ「所有」も存在しない。この世に自分しかいなければ、「所有」を主張する必要もない。つまり「所有」は、あくまで人間と人間との間の関係である。

②広義の「所有」、ということを考えてみると、それは、「人がモノ・コトに及ぼす関係について社会的に承認された状態」だと言うことができる。しかし、人がモノ・コトに及ぼす関係も多様だし、それが社会的に承認されるさまも多様だ。法律的な所有、つまり「自由にその所有物の使用、収益及び処分をする権利」（民法第二〇六条）は、実はそうした多様な「所有」のごく一部にすぎない、と見ることができる。

山や川や植物、海洋資源といった自然については、なおさら、その「所有」の幅は大きくなる。「人がモノ・コトに及ぼす関係」には、採取する、植栽する、栽培する、手入れする、保全する、監視する、嗅ぐ、触れる、愛（め）でる、などなど、「使用」という言葉に収まりきらない、多様な関係がある。

また、そうしたかかわりのどこまでが社会的に承認されているのかについても多様だ。処分する権利は認められないが利用は認められる、利用は認められるがそこから収益を得ることは認められない、収益を得ることも認められる、監視する権利を認められる、ものを言う権利を認められる、などなど幅広い。さらにはその認められ方についても、法律で認められている、法律にはないが広く社会的に認められている、その地域だけで認められているかどうか曖昧（あいまい）なところがある、認める人たちと認めない人たちの間に対立がある、など、これまた幅広い。

自然は所有できない、と言ってしまえば簡単なように見えるが、私たちは自然に対して、ある程度排他的なかかわりを持っている場合が少なくないし、そのかかわりについて社会的な取り決めや承認をしている。「所有」を最大限広義にとれば、私たちは自然を「所有」しているのである。そしてその広義の「所有」には、③実に多様なかかわり、多様な社会的承認が含まれている。

（宮内泰介『歩く、見る、聞く　人びとの自然再生』による）

問一　傍線部①「世界の人びとはなぜ非難の声を上げたのか」という問いの答えを述べている個所を「〜から。」に続く形で本文中から二十六文字で抜

〔四〕 次の文章を読んで設問に答えよ。

自然をめぐる社会のしくみを考えていると、いつも「所有」にぶちあたる。

そもそも、「所有」とはいったい何だろうか？

ビンセント・ヴァン・ゴッホの作品に「医師ガシェの肖像」という絵がある。一八九〇年、ゴッホが死の一ヶ月あまり前に書いた作品だ（ゴッホは三七歳だった）。医師ガシェは、ゴッホを診ていた精神科医。この絵は生前、ゴッホの手によって売られることはなかったが、死後親族によって売られ、その後転々とする。この絵が改めて脚光を浴びたのは、一九九〇年五月、ニューヨークでおこなわれた競売だった。この競売で、大昭和製紙（現日本製紙）の名誉会長（当時）、齊藤了英氏が八二五〇万ドル（約一二五億円）という高額で落札し、世界を驚かせた。

しかし、世界がもっと驚いたのは購入後、齊藤氏が「おれが死んだら、棺桶（かんおけ）にいっしょに入れて焼いてやってくれ」と発言したことだった（『朝日新聞』一九九一年五月一日夕刊）。当然世界中から非難の声が上がる。フランス美術館連盟のジャック・サロワ会長（当時）は「古代エジプトのファラオ（王）たちでさえ、副葬美術品の保存には細心の注意を払っていた。〔中略〕文化遺産の保護という人類の権利を侵害するものであり、憤激に値する」と批判した（『北海道新聞』一九九一年五月一四日）。

このエピソードは面白い。①<u>世界の人びとはなぜ非難の声を上げたのか</u>。絵を買ったのは齊藤氏だから、煮ようが焼こうが法律的には何の問題もない。ゴッホの絵がこの世からなくなることは、少なくとも人々の生き死にには関係ない。

しかし、私たちはゴッホの絵を焼くなど［ X ］だ、という気持ちをもっている。この発言を非難することを要らぬ干渉とは考えない。つまり私たちはゴッホの絵を「所有」を超えたものだと見ているのである。誰が所有していようが、それは人類の財産である、と。所有していなくても、それについて発言したり、あるいは権利を行使したり、利用したりすることがある。

少し考えただけでも、「所有」とは何かという問題は実におもしろい。

たとえば、ある町の景観問題の例を考えてみよう。そこの住民たちは自分たちの町の町並みを気に入っていて、町並みは自分たちの生活の大事な側面だと考えていた。そこにある鉄塔が建つことになった。住民たちからすれば、［ A ］それは「自分たちの景観」を壊すものだった。［ B ］「好きな景観が壊れる」ということを越えて、自分たちの体の一部が壊されるような感覚すらもった。住民たちは反対運動に立ち上がる。もちろん景観を

問三　傍線部③「周囲の空気の分子のランダムな運動を増やす」という現象と同じ内容を指すものを次のア〜オの中から一つ選び、記号で答えよ。

ア　無秩序の意識活動　イ　エネルギーの消費　ウ　エントロピーの増大　エ　廃棄物処理場へ移行するゴミ　オ　秩序の発生

問四　傍線部④「カン定にいれていない」について、次の(1)・(2)を答えよ。

(1)「カン」の漢字と同じであるものを次のア〜エの中から一つ選び、記号で答えよ。

ア　カンの戻り　イ　カンが鋭い　ウ　カンを尽くす　エ　カンに堪えない

(2)「カン定にいれていない」の意味として本文の内容に合致するものを次のア〜オの中から一つ選び、記号で答えよ。

ア　考慮していない　イ　説明していない　ウ　仲間に入れていない　エ　話題にしていない　オ　遠慮していない

問五　本文の内容と合致するものを次のア〜カの中からすべて選び、記号で答えよ。

ア　寝ている間に脳が休息をとることで、意識活動が回復していく。
イ　デタラメなウソをつくことにより、意識活動の無秩序が生まれる。
ウ　眠っているときは意識がないため、休んでいると思ってしまう。
エ　意識活動で生じる無秩序は、寝ているときに片付けられている。
オ　秩序状態を保つために、整理するという意識活動が行われている。
カ　全世界の無秩序量は、秩序とのバランスで増減を繰り返していく。

ないのである。その掃除機のなかをさらに「掃除する」と、今度は掃除機のなかのゴミが廃棄物処理場に移行して、処理場がゴミだらけになる。そこで仮にゴミを燃やしたとすると、ゴミを作っていた「高級な」分子が、炭酸ガスやら水やらという「下等な」分子に変わり、その過程で熱を発生して、③周囲の空気の分子のランダムな運動を増やす、という結果になる。つまりゴミを燃やしてゴミが目には見えなくなった分だけ、全世界の無秩序量はふえたことになる。その無秩序をさらに秩序に戻すことはできない。これを「エントロピーは増大する」という。

説明が面倒だから、意識を図書館の業務と考えよう。

朝になると、図書館が開く。そうすると、お客が勝手に出入りして、勝手に本を出し、いろいろ調べごとや勉強をする。そして本を机の上に出しっぱなしで帰ってしまう。すなわちお客の頭の中は整理される、つまり秩序が生じるが、図書館の中の無秩序が増える。そこで夜になると、書庫は空、机の上はいっぱいということになる。そうすると図書館は「眠くなって」、寝てしまう。つまり閉館する、すなわち「意識がなくなる」。閉館したら、今度は司書たちが机の上の本を元に戻す作業を始める。すべての本がきちんと元に戻り、昨日の朝と同じ秩序状態になるまで、片づけを続ける。そうすれば、今朝からふたたび「業務がはじめられる」。つまり意識が再開する。司書がはたらいている間、図書館は閉まっているので、「意識がない」。ただし司書がはたらくのだから、その分だけ「寝ていても、エネルギーが要る」ことになる。ところが意識は司書のはたらきを④カン定にいれていない。自分がその間、留守にしているものだから、「寝ている間は、すべてが休んでいる」と勝手に思っている。意識というのは、そういう風に勝手なものである。

（養老孟司『無思想の発見』による）

※エントロピー…熱力学から導入された考え方で、秩序のなさを表す量

問一　傍線部①「なぜそんなことになるのか」についての理由が説明されている一文を本文中から抜き出し、その始めの五文字を答えよ。

問二　傍線部②「下手の考え休むに似たり」の慣用句に含められている感情を次のア～オの中から一つ選び、記号で答えよ。

ア　尊重　　イ　共感　　ウ　憎悪　　エ　嫉妬　　オ　嘲笑

〔三〕 次の文章を読んで設問に答えよ。

突然のようだが、人はなぜ眠らなければならないか、それを考えたことがある。ふつうの人は、「眠るとは休むことだ」と考えているであろう。ところが奇妙なことに、寝ていても起きていても、脳が消費するエネルギーはさして違わないのである。休んでいるならエネルギー消費は減るはずで、じゃあ①なぜそんなことになるのか、私は長らく疑問に思っていた。②「下手の考え休むに似たり」で、起きていても寝ていても、さして頭を使ってないせいか、と思ってもみたが、それではやはり納得がいかない。そこではじめて気がついた。起きているというのは、当たり前だが、意識があるということである。意識があるということは、秩序活動があるということで、秩序活動があるなら、それは※エントロピーを増やすはずだ、ということである。増えたエントロピーはいわば脳に溜まるから、脳はそれを片付ける必要がある。そう思ったときに「なぜ人は眠らなければならないか」、やっとその納得がいったのである。

これでは説明不足だとわかっているから、もう少し話を付け加えよう。前提としてまず重要なことは、「意識は秩序活動だ」ということである。つまりまったく無秩序に意識活動をすることはできない。無秩序とはデタラメということだが、このデタラメはランダムという意味である。意識的にデタラメなウソをつくことはできる。しかしこの場合のデタラメとは、「事実とはまったく違う」という意味であって、話それ自体はデタラメつまり無秩序ではない。日本語の文法に即しているし、ともあれ話になっているからである。ランダムな話というものはない。ランダムなら五十音をまさにデタラメに並べなければならないが、意識的にはそれは不可能である。単語ですら、デタラメに並べることはできない。すぐに連想ゲームになって、じつは筋がつながってしまう。つまり意識活動それ自体が、どうしても秩序的活動になってしまうのである。

ところが熱力学によれば、どこかに秩序が生じるということは、その分の無秩序がどこかに生じたということなのである。部屋を掃除すれば、部屋からはゴミがなくなって、きれいになる、つまり秩序が生じる。ところが掃除機の中を調べると、掃除をする以前の数百倍、数千倍のゴミが溜まっている。ふつうは掃除機のなかの「秩序」までは考えないから、部屋がきれいになってメデタシ、メデタシで終わるのだが、世界全体を見れば、そうはいか

ア　また　イ　一方で　ウ　きっと　エ　たやすく　オ　大変　カ　つまり

問二　傍線部①「その」が指すものを本文中から七文字で抜き出し、答えよ。

問三　傍線部②「多様な手段」を説明している一文を本文中から抜き出し、その始めの五文字を答えよ。

問四　傍線部③「『生徒（student / pupils）の声』というフレーズ」の持つ課題について、本文の意図を踏まえ、適切でないものを次のア～エの中から一つ選び、記号で答えよ。

ア　子どもが教師に従う地位に留め置かれているから。
イ　大人に比べ、子どもは力がないと仮定されているから。
ウ　子どもと大人のコミュニケーションの頻度や親密さだけをさすから。
エ　教え手―学び手という両者の関係が固定化されたものになるから。

問五　次のア～エの内容をX「voice」Y「voices」に分類し、それぞれ記号で答えよ。

ア　子どもの個々の多声性を前提にしている。
イ　子どもの視点が、子ども間で共有されていることが前提である。
ウ　子ども集団の声を標準化するものである。
エ　マイノリティを含めた多様な声を尊重している。

ということです。［B］子どもの「声」に耳を傾け聴き取る営みとは、ある子ども集団、たとえば特定の学年集団において子どもが必要とするものを標準化し、ひとくくりにして理解しようとするものではなく、マイノリティの子どものそれも含めた多様な「声」を尊重し、教育実践に反映させていく営みだということができるでしょう。

3点目は、子どもの「声」を聴き取る営みは、子どもたち自身のこれからの生活に影響する決定に実質的に結びつく内容を含んだものだということです。一般に教育実践の現場で、子どもと教師が親しげにやりとりする様子など、良好に思えるコミュニケーションが教師―子ども間に高頻度で確立されているケースは珍しくないと思います。同様に、「声」を聴き取る営みを教師―子ども間のコミュニケーションの機会の多寡としてとらえるならば、特別支援教育の教師・支援員と子どもの比率や、教育相談室の存在などの面を考慮すると、支援を要する子どもたちのほうが、その他大勢の子どもたちより「声」を聴かれる機会が多いと感じられるかもしれません。［C］、そのような一見親密なやりとりの機会の多さがすなわち、ここで論じられている意味での子どもの「声」を聴き取ることに結びついているかどうかは丁寧に検討する必要がありそうです。

クラダスは、子どもの「声」を示すいくつかの表現のうち③「生徒（student / pupils）の声」というフレーズが用いられるとき、子どもが学び手として、教師に従う地位に留め置かれがちである傾向を指摘します。つまりそこでは、教師が学ぶこと、そして生徒が教えることはなく、大人に比べ子どもは力がないと仮定されているわけです。ここから考えると、教育実践において子どもの「声」を聴き取る営みとは、ときに子どもの「声」から大人も学び、子どもへの働きかけ方を振り返ったり、再考したりするきっかけを得た際に初めて成立するものだといえるでしょう。その結果聴き取られた子どもの「声」は、その後の子どもたち自身の学校生活のねらいや内容に欠かせない要素として含み込まれていくことになるはずです。つまり子どもの「声」を聴き取るとは、子どもと大人の単なるコミュニケーションの頻度や親密さを指すのではなく、コミュニケーションを通じて、教え手―学び手という両者の関係をときに流動化させる営みとして理解できます。

（都筑学　監修　加藤弘通、岡田有司、金子泰之　編著『教育問題の心理学　何のための研究か？』より松本博雄「第1章　特別支援教育：子どもの『声』という視点から」による）

問一　空欄［A］～［C］に当てはまる最も適切な語句をア～カの中から一つずつ選び、記号で答えよ。ただし、同じ記号は二度使わない。

〔二〕　次の文章を読んで設問に答えよ。なお、出題の都合上、本文章は、横書きのものを縦書きに直して出題している。

教育実践において子どもの「声」に耳を傾け聴き取るとは、具体的にはどのような営みを指すのでしょうか。

子どもの「声」(children's voices) とは、国連総会にて1989年に採択された、子どもの権利条約（児童の権利に関する条約）における「権利主体としての子ども」という視点と、それに深くかかわる、参加し、意見を表明する権利の保障という考え方を1つの契機として広く知られるようになった概念です。それは、子ども自身が発する言葉や音声のみを指すのではなく、子ども自身の興味・関心や要求、それを相手とのやりとりを通じて表現する行為の総体を指します。たとえばブルックスとマリーは、子どもの「声」を、大人により積極的に聴き取られ、子どもたちの生活に影響する決定に対する実質的な貢献として価値づけられる子どもの意見・視点として定義しています。 A マリーは、子どもの「声」に関し、子どもに対する見方の多元的共存と、子どもの感情、信念、志向、希望、好みや態度を単に聴き取るにとどまらず、注意を向けることに責任をもつことを強調します。これらに代表される子どもの「声」と教育実践にかかわる近年の論考を踏まえると、①その特徴は以下の3点に整理することができます。

1点目は、それは単に子どもが何かを口頭で話すことや、そのための能力を指すのではなく、大人によって聴き取られる構えや、手段の提供とセットだということです。先述した「子どもの権利条約」において、その基盤をなす一般原則の1つとして第12条に明記されている意見表明権は、子どもの「声」という考え方と深くかかわるものです。第12条の理念を詳しく説明している、国連子どもの権利委員会によって示された一般的意見には、「意見表明権」が年齢や能力、その他の背景にかかわらず、すべての子どもに対し保障されていることがはっきり述べられています。つまり子どもの「声」は、年齢や知的発達・言語発達を前提として成り立つものではなく、②多様な手段によって表現され、かつ聴き取られるべきものです。実際に、国連子どもの権利委員会による一般的意見でも、話し言葉の未発達など、仮に何らかの理由で言葉による表現が難しい場合には、遊びや身振り、表情、描画など、当該の子どもが理解し、選ぶことができるコミュニケーション方法が尊重される必要があると指摘されています。

2点目は、「声」とは、一人ひとりのもつ思いや意見の違いが尊重されている状態を指すこと、すなわち「多声性」を前提にした概念だということです。マリーでは、ロシアの文学・哲学研究者バフチン (Bakhtin, M.M.) の論を参照しながら、ともに子どもの「声」を示す表現である〝children's voice〟と〝children's voices〟の2つが比較されています。その要点は、前者の〝voice〟においては、本来多様であるはずの個々の子どもの視点が1つに束ねられ、子ども間で共有されていることが前提となっており、それは個々の「声」を尊重する表現である後者の〝voices〟と根本的に異なるものだ

問三　傍線部②「その立場」が指す内容を示す箇所を本文中から二十文字で抜き出し、その始めの五文字を答えよ。

ア　供給　イ　主幹　ウ　主体　エ　景観　オ　不要　カ　主観

問四　空欄［A］・［B］に当てはまる最も適切な語句を次のア〜オの中から一つずつ選び、記号で答えよ。ただし、同じ記号は二度使わない。

ア　やはり　イ　それとも　ウ　でも　エ　なぜなら　オ　だから

問五　空欄［X］・［Y］に当てはまる最も適切な語句を次のア〜エの中から一つずつ選び、記号で答えよ。ただし、同じ記号は二度使わない。

ア　番組　イ　意図　ウ　言葉　エ　出演

問六　傍線部④「ただ出演することに興味はない」とする理由について、「〜から」に続くように本文中から三十二文字で抜き出し、その始めの六文字を答えよ。

問七　傍線部⑤「変化している」と筆者が考える理由について、「〜から」に続くように「客観的」「多角的」という二つの語句を用いて三十五文字以上五十文字以内で記述せよ。ただし、「から」は文字数に含まない。

そうして多角的にものごとを見られるようになって、「また成長したな」と自分でも思います。自分と向き合うなかで、人とも向き合えているんだと思います。

（ブローハン聡『虐待の子だった僕―実父義父と母の消えない記憶』さくら舎による）

※山田さん…山田さんは筆者の義父。筆者には母の結婚相手（義父）から虐待を受けた過去がある。
※当事者活動…同じような経験を持つ当事者たちが主体となって、グループを形成して課題を共有し解決していくための活動。
※社会的養護…保護者がいない、または児童虐待等で保護者に養育させることが不適当な子どもを国や地方自治体の責任で社会的に養育・保護して、家庭を支援すること。
※「ハゲワシと少女」の写真…内戦が続いていたアフリカのスーダンで撮影された、うずくまる少女をハゲワシが狙うような写真で、新聞や雑誌等での功績に対する賞が授与された。
※パワーワード…人にインパクトを与える言葉のこと。破壊力がある言葉、頭から離れない言葉という意味で使用される。

問一　傍線部a～eのカタカナを漢字に直した時、最も適切なものを次のア～オの中から一つずつ選び、記号で答えよ。

a「カク」　ア　核　イ　各　ウ　覚　エ　角　オ　拡
b「ヘン」　ア　偏　イ　編　ウ　片　エ　変　オ　遍
c「シン」　ア　新　イ　信　ウ　真　エ　芯　オ　心
d「ロク」　ア　緑　イ　縁　ウ　六　エ　鉛　オ　録
e「キ」　ア　期　イ　企　ウ　希　エ　機　オ　基

問二　傍線部①「需要」・③「客観」の対義語を次のア～カの中から一つずつ選び、記号で答えよ。ただし、同じ記号は二度使わない。

生放送ならともかく、[d]収ロクの場合には、一部の発言だけを切り取って使うことがあります。僕は端的に語るのが苦手で、つい説明が長くなってしまうところがあるので、カットされるのはしかたがない部分もあります。

[B]、ちゃんと順番を経てその言葉を発しているのに、背景部分は全部カットして「そこだけ切り取るの?」ということがあるんです。そうなると、同じ[X]もまったくちがう意味になってしまい、誤ったメッセージとして伝わってしまう。

「そんな※パワーワードだけ切り取っても、本当のことは伝わらないよ」

と思いますが、そうやって切り取られた言葉だけが自分の言葉として残ってしまう。だから、最初に[e]キ画の[Y]をよく伺って、出演すべきかどうか、判断するようにしています。

そうして選んで出演した番組でも、製作者側が「意図的にこういう答えを出させようとしてるな」というのを感じると、あえてそれには答えず、自分の言いたいことだけを答えます。何を聞かれても同じことしか言わなければ、どうカットしても結局その言葉を使わざるを得ない状況になりますから。

それでもし製作サイドの人たちから「こいつはおもしろくない」と思われて、その後声がかからなくなっても、それはしかたありません。僕はタレントですが、この問題に関しては、④ただ出演することに興味はないんです。つまらないと感じるのは向こうの都合であって、当事者である僕らは僕らでちゃんと考えて発信していかないといけない。

安易に切り取られた僕の言葉が、すべての養護施設出身者の言葉として受け取られたら、全体がそのイメージになってしまう。それはすごくもったいない。

僕はそのときに言いたいことを言っていますが、1ヵ月前と2ヵ月前とでは、内容がちがっていたりします。でも、決してぶれているわけではなく、⑤変化しているんです。

当事者活動を始めてから自分の過去を話すようになったことで、気持ちの整理がどんどんつくようになってきました。またそれと同時に、相手の反応を見ることで自分のことを客観的に見られるようにもなった。それでいまになって、

「自分はこういうふうに思っていたんだな」

と改めて気づくことがけっこうあるんです。

また、ほかの当事者の子たちと会うことで、自分とはまたちがう考え方を取り入れることもできるようになりました。

Oの活動を見にいくことで、人とのつながりもどんどん増えてきました。僕自身が当事者であることで、すごくつながりやすいんです。団体側は、虐待を受け社会的養護のもとで育った子どもたちの経験談や意見を求めているので、①需要があるんですね。

自分が②その立場であることをよく理解したうえで、自分のほうからいろいろ出向いていくと、僕を必要としてくれる人たちとのつながりができ、その人たちからさまざまな活動の場を与えられることで自分の居場所がたくさん増えていく……そういういい流れのなかにいることを感じるようになりました。

その一環で、文化放送の「大竹まこと　ゴールデンラジオ！」でも僕の話が紹介されました。このときは、事前に放送作家の方とお話をして、その方がまとめてくれた僕の人生のストーリーを、大竹さんが生放送で朗読してくれるという形式でした。

全部で1分ぐらいでしたが、大竹さんの優しい声で語られると、自分のことだけど自分のことじゃないようなふしぎな感覚になりました。また、プロの方が僕の話をヘン集をしてくれているので、自分では使わないような言葉や表現が含まれていて、「こういう言葉使い、いいな」とか「こういうふうにまとめるとスッキリするな」とか、すごく参考にもなりました。

番組をとおして、自分のライフストーリーを③客観的に聞いたことで、14歳のときに思いえがいていたように、自分も※「ハゲワシと少女」の写真のように誰かに影響を与えられるようになるかもしれないと感じました。

「自分が当事者として語ることもひとつの発信になるんだ」

そう確シンするようになりました。

でも、だからこそ、気をつけていることがあります。

プロデューサーさんによっては、僕の話を聞く前から「こういうもんでしょ」とストーリーを押しつけてこようとする人もいます。番組の構成上「かわいそうな子」として描いて、感動ものにしようとするんです。でも、僕はそういう売り方は嫌いです。 A はじめに、

「申し訳ありませんが、僕の考え方を話させてください」

とお願いをします。

国語

（二科目一二〇分）

問題〔一〕～〔四〕のうち、〔一〕は必ず解答すること。また、〔二〕～〔四〕のうち二つを自由に選んで解答すること。
なお、問題の中で字数が指定されている場合は、特に指示のない限り、句読点等を字数に含めること。

〔一〕　次の文章を読んで設問に答えよ。

山田※さんは、自分も虐待されていたから、自分のしたことがそんなにひどいことだとは思っていないんだと思います。それどころか「そうさせたまわりが悪い」くらいにしか思っていない。
そういう器の小さな人物だったということに気づくことができたのは、やはり僕がこの15年間にいろいろな経験をして、たくさんの人と出会ってきたおかげでしょう。（中略）
起こった過去の事実はずっと変わりませんが、その過去のもつ意味は、自分のなかでどんどん変わっているんだな、ということを感じました。
「いまの自分にとって、山田さんはもうどうでもいい」
そういう境地になれたことで、僕の義父への執着は終わり、僕を支配していた過去もなくなりました。（中略）
「義父という過去」から解放され、前に進めたことで、これからは「自分らしく当事者※活動をやっていくんだ」というカク悟[a]のようなものができてきました。
そうして、それまで以上に、※社会的養護の支援や当事者活動をしているさまざまな団体の講演会に参加をし、勉強をしました。また、いろいろなNP

解答編

英語

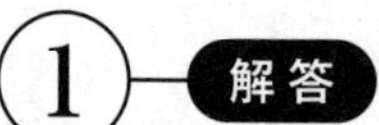

(A)(1)―A　(2)―D　(3)―B　(4)―D　(5)―C
(6)―A　(7)―D　(8)―D　(9)―C　(10)―B

(B)(1)―B　(2)―D　(3)―D　(4)―D　(5)―D　(6)―D　(7)―C　(8)―C
(9)―C　(10)―B

(C)並べかえた英文全体は次のようになる。(　　) 部分以外が求められる解答。

(1) I would like some bottled water and (some food.)
(2) A new building is being built near our campus(.)
(3) Some cheap T-shirts get damaged (easily.)
(4) It was too crowded to walk around(.)
(5)(Ken) asked me if I wanted to have lunch (with him.)

(D)（誤，正の順に）(1)―(B)，wrote　(2)―(B)，were　(3)―(C)，to meet
(4)―(A)，would have enjoyed　(5)―(A)，Despite

解説

(A)(1)　bleed「出血する」
(2)　congratulate「～におめでとうを言う」
(3)　particularly「特に」
(4)　discuss「～について議論する」
(5)　witness the event「出来事を目撃する」
(6)　destiny「運命」
(7)　bus fare「バスの料金」
(8)　Could you spare me a few minutes?「少しお時間よろしいですか」
(9)　S enables O to *do*「SのおかげでOが～できる」

⑽ pioneer「先駆者，草分け」

(B)⑴ if は条件を表す副詞節を導き，中の動詞は未来のことでも現在形で表す。主語に合わせて三人称単数の現在形にする。

⑵ この hurt は，主語が三人称単数なのに s が付いていないことから，過去形とわかる。「〜している間に」と考えて，*doing* の形にする。

⑶ How far 〜?「どれくらい離れているか」

⑷ would not 〜「どうしても〜しようとしなかった」

⑸ rice は不可算名詞なので much を用いる。

⑹ the day on which 〜「〜する日」

⑺ all over the world「世界中で」

⑻ so＋形容詞＋a＋名詞＋that の語順にする。

⑼ unless「もし〜でなければ，〜しない限り」

⑽ not *A* but *B*「*A* ではなく *B*」

(C)⑴ I would like 〜「〜が欲しい」

⑵ be being *done*「〜されている最中だ」

⑶ get damaged「傷む」

⑷ too 〜 to …「あまりに〜すぎて…できない」

⑸ ask *A* if 〜「*A* に〜かどうかたずねる」

(D)⑴ last year があるので過去形にする。

⑵ of 以下に可算名詞（seats）がきているので複数扱い。

⑶ and で結ばれている to grow に合わせて to *do* の形にする。

⑷ 条件節が仮定法過去完了，帰結節が仮定法過去になっているが，帰結節に last night があるので，帰結節も仮定法過去完了が正しい。よって，(A)は would have *done* の形にする。

⑸ despite「〜にもかかわらず」

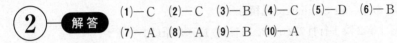

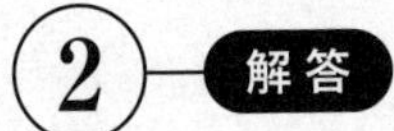

⑴―C ⑵―C ⑶―B ⑷―C ⑸―D ⑹―B
⑺―A ⑻―A ⑼―B ⑽―A

解説

《難民問題》

⑴ the violence in the Middle East and parts of Africa「中東やアフリカの一部地域での暴力」

(2) 空欄の後が完全文なので，place を先行詞に取る関係副詞 where を入れる。

(3) while「～の一方で」 ignore security risks「安全保障を脅かすものを無視する」

(4) be 動詞が前にあり，後に目的語があるので *doing* の形にする。

(5) associate with ～「～とともに行動する」

(6) the refugee crisis increases「難民危機が増大する」

(7) be concerned about ～「～を心配する」

(8) between *A* and *B*「*A* と *B* の間に」

(9) not always ～「いつも～とは限らない」

(10) how to bring ～「どのように～をもたらすか」

〈Section 1〉 (1)―D (2)―B
〈Section 2〉 (3)―C (4)―B (5)―D

解説

〈Section 1〉《工場見学時の注意事項》

(1)「この掲示によると，なぜ工場フロアでは記録機器が禁じられているのか」

1つ目の注意事項（To safeguard …）に，「我々のデザインを守るため」とある。

(2)「332 号室について，何が示唆されているか」

2つ目の注意事項（Please leave …）より，332 号室に金庫があることがわかる。a secure storage location「安全な保管場所」

〈Section 2〉《技術者に向けて新たな方針の告知》

(3)「Lawson の客について何が示されているか」

第1段第5文（We will …）に手書きの見積書を希望する客もいるだろうとある。an estimate「見積もり」

(4)「第2段1行目の covered に近い意味の語は」

ここでの cover は「～を含める」の意味なので included を選ぶ。warranty「保証」

(5)「Lawson の技術者は何を修理するか」

第2段最終文（The computer …）で，コンピュータデスク，ソファ，います，ダイニングセットの保証期間にふれている。

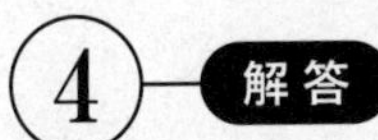

〈Section 1〉 (1)―A　(2)―A　(3)―A
〈Section 2〉 (4)―C　(5)―A

解説

〈Section 1〉《食べ物を通じての外交》

(1) 「主題は何か」

最終段第2文（It has …）に食べ物の力は思いやりを育み，敵を友達にする力があるとある。

(2) 「タイ独自の食を世界に広めたことが商業的にどのように役立ったか」

Aは，第3段第4文（Since the campaign …）に一致する（タイ料理レストランが増えたことで輸出も増えたと考えられる）。Cは，タイ国のレストラン数が増えたとは本文に書かれていないので不適。

(3) 「なぜ大学は食の力をテーマにしたコースを展開しているのか」

食の力を利用することの利点について，最終段第1文（Whether connecting …）に「障壁をなくす」，第2文（It has the …）に「思いやりを育み，敵を味方にする」とあることから，A．「社会的結びつきを強め，敵意を減らすため」が正解。Cは，食の力が international relations ではなく the public and private sectors に影響を与えるという意味なので，不適。

〈Section 2〉《マッチの由来》

(4) 「摩擦マッチはいつ発明されたか」

第2段最終文（In 1823, …）と第3段第1文（The first …）を参照。1823年に最初のリアルなライターが作られ，その3年後に最初の摩擦マッチが発明された。

(5) 「最初のマッチはどのようにして火をつけたのか」

第3段第3文（When these …）に，薬品を組み合わせるとマッチに火がつくとある。

日本史

1 解答 《国風文化期の仏教》

問1. **1・2**—o・t（順不同） **3**—l **4**—r **5**—i **6**—f **7**—s **8**—m **9**—n **10**—p

問2. 南無阿弥陀仏 **問3.** 1052年 **問4.** 経塚

2 解答 《幕藩体制》

問1. **1**—d **2**—a **3**—u **4・5**—e・g（順不同） **6**—j

問2. a **問3.** c **問4.** 寺院法度 **問5.** a

3 解答 《執権政治》

問1. **1**—b **2**—e **3**—e **4**—e **5**—a **6**—a **7**—b **8**—e **9**—d

問2. 承久 **問3.** a

4 解答 《近代の選挙制度》

問1. **1**—r **2**—i **3**—k **4**—f **5**—p **6**—o **7**—g **8**—h **9**—n **10**—w

問2. 原敬 **問3.** b

5 解答 《1970年代の世界と日本》

問1. **1**—f **2**—c **3**—i **4**—j **5**—n **6**—h **7**—g **8**—b **9**—u **10**—a

問2.（第一次）石油危機〔オイルショック〕

問3. 日本万国博覧会〔大阪万博〕

世界史

1 解答 《ベトナム近現代史》

問1． **1**－c　**2**－e　**3**－f

問2． **A．** ナポレオン3世　**B．** ホー=チ=ミン

C． ディエンビエンフー　**D．** ゴ=ディン=ジエム

問3． 阮朝　**問4．** 清仏戦争　**問5．** ファン=ボイ=チャウ

問6． 東西冷戦〔冷戦〕

2 解答 《ポルトガルを中心とする17～19世紀の欧州》

問1． **1．** 単子論　**2．** ルソー　**3．** アムステルダム

問2． ブラジル（帝国）　**問3．** 法の精神　**問4．** エカチェリーナ2世

問5． 実証主義　**問6．**（航海王子）エンリケ

3 解答 《ローマ帝国史》

問1． **1．** ササン　**2．** 四帝分治制〔テトラルキア〕

3． ビザンティウム　**4．** オドアケル

問2． マルクス=アウレリウス=アントニヌス

問3． 内乱や異民族の侵入に対応する手段として軍事力を強化するために，都市に重税が課されたため。(50字以内)

問4． コロナートゥス　**問5．** アリウス派　**問6．** フン人

4 解答 《20世紀の思想と核，平和運動》

問1． **1．** キェルケゴール　**2．** デューイ　**3．** パグウォッシュ

問2． シュペングラー　**問3．** フレミング　**問4．** B　**問5．** カント

問6． アウシュヴィッツ収容所

5　解答　《古代ギリシア・ローマ》

問1. **1.** ミケーネ　**2.** カルタゴ　**3.** アルファベット　**4.** ポエニ
5. 元老　**6.** オクタウィアヌス〔アウグストゥス〕

問2. クノッソスの宮殿　**問3.** 共和政

問4. ラティフンディア〔ラティフンディウム〕　**問5.** 前27年

数　学

1 解答

(1)ア．2　(2)イ．$\frac{3\pm\sqrt{7}}{2}$　(3)ウ．45°，135°

(4)エ．$x\leqq 0$，$3\leqq x$　(5)オ．3

解説

《小問5問》

(1)　$\sqrt{1}<\sqrt{2}<\sqrt{4}$ より，$2<\sqrt{2}+1<3$ であるから

$$a=2,\ b=\sqrt{2}+1-a=\sqrt{2}-1$$

よって

$$\frac{1}{b}-\frac{1}{a+b}=\frac{a}{b(a+b)}=\frac{2}{(\sqrt{2}-1)(\sqrt{2}+1)}=2\quad \to ア$$

(2)　$2x^2-4(a+1)x+10a+1=0$ の判別式を D とする。

$$\frac{D}{4}=\{-2(a+1)\}^2-2(10a+1)=4a^2-12a+2$$

x 軸と接するのは，$D=0$ のときだから

$$4a^2-12a+2=0$$

$$a=\frac{3\pm\sqrt{7}}{2}\quad \to イ$$

(3)　△ABC において，正弦定理より

$$\frac{\mathrm{BC}}{\sin\angle\mathrm{CAB}}=\frac{\mathrm{CA}}{\sin\angle\mathrm{ABC}}$$

$$\sin\angle\mathrm{ABC}=2\times\frac{1}{\sqrt{2}}\times\sin 30^\circ=\frac{1}{\sqrt{2}}$$

$0^\circ<\angle\mathrm{ABC}<150^\circ$ より

$$\angle\mathrm{ABC}=45^\circ,\ 135^\circ\quad \to ウ$$

参考　$\angle\mathrm{ABC}=45^\circ$ のとき $\mathrm{AB}=\sqrt{3}+1$，$\angle\mathrm{ABC}=135^\circ$ のとき $\mathrm{AB}=\sqrt{3}-1$ である。

(4)　$4^x=(2^2)^x=(2^x)^2$，$2^{x+3}=2^x\cdot 2^3=8\cdot 2^x$ であるから

$$(2^x)^2-9\cdot 2^x+8\geqq 0$$

$$(2^x-1)(2^x-8)\geqq 0$$

$$2^x\leqq 1,\ 8\leqq 2^x$$

底について，$2>1$ より

$$x\leqq 0,\ 3\leqq x \quad \to エ$$

(5) $\left(x^2-\dfrac{1}{x}\right)^3$ の展開式の一般項は

$${}_3C_r(x^2)^{3-r}\left(-\frac{1}{x}\right)^r=(-1)^r\cdot{}_3C_r\cdot\frac{x^{6-2r}}{x^r}=(-1)^r\cdot{}_3C_r\cdot x^{6-3r}$$

定数項は，$6-3r=0$ より　　$r=2$

したがって，求める定数項は

$$(-1)^2\cdot{}_3C_2=3 \quad \to オ$$

2 ―解答

(1)ア. $\dfrac{8}{27}$　**(2)イ.** $\dfrac{80}{243}$　**(3)ウ.** $\dfrac{16}{243}$　**(4)エ.** $\dfrac{40}{729}$

(5)オ. $\dfrac{16}{729}$

解説

《数直線上の点の移動と反復試行の確率》

n 秒間に右に r 回移動したとすると，左に $n-r$ 回移動するから，n 秒後の点Pの位置は

$$r-(n-r)=2r-n$$

そのときの確率は

$${}_nC_r\left(\frac{2}{3}\right)^r\left(\frac{1}{3}\right)^{n-r}={}_nC_r\frac{2^r}{3^n}$$

(1) 4秒後に原点にあるのは

$$2r-4=0$$

より　　$r=2$

よって，求める確率は

$${}_4C_2\frac{2^2}{3^4}=\frac{8}{27} \quad \to ア$$

(2) 5秒後に $+1$ の位置にあるのは

$$2r-5=1$$

より　$r=3$

よって，求める確率は

$${}_5\mathrm{C}_3\frac{2^3}{3^5}=\frac{80}{243}\quad\to イ$$

(3)　これ以降，右に移動することを →，左に移動することを ← で表すことにする。

5秒後に初めて+1の位置に到達するのは

(←, →, ←, →, →), (←, ←, →, →, →)

−1　0　−1　0　1　　−1　−2　−1　0　1

の2通りであるから，求める確率は

$$2\left(\frac{2}{3}\right)^3\left(\frac{1}{3}\right)^2=\frac{16}{243}\quad\to ウ$$

(4)　負の部分を通らず6秒後に原点にあるのは

(→, ←, →, ←, →, ←), (→, ←, →, →, ←, ←)

1　0　1　0　1　0　　1　0　1　2　1　0

(→, →, ←, ←, →, ←)

1　2　1　0　1　0

(→, →, ←, →, ←, ←), (→, →, →, ←, ←, ←)

1　2　1　2　1　0　　1　2　3　2　1　0

の5通りあるから，求める確率は

$$5\left(\frac{2}{3}\right)^3\left(\frac{1}{3}\right)^3=\frac{40}{729}\quad\to エ$$

(5)　負の部分を通らず6秒後に初めて原点に戻るのは，(4)の3段目の2通りである。

よって，求める確率は

$$2\left(\frac{2}{3}\right)^3\left(\frac{1}{3}\right)^3=\frac{16}{729}\quad\to オ$$

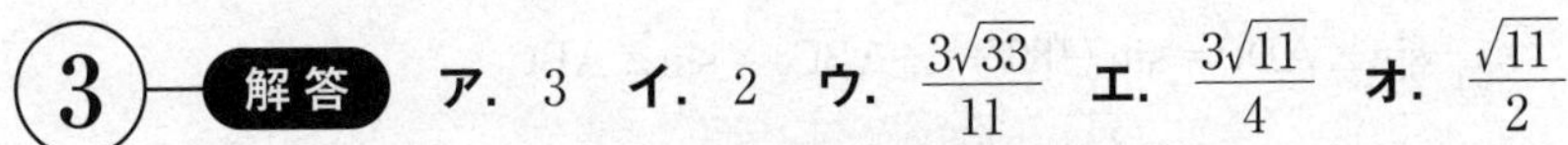

3
解答
ア. 3　イ. 2　ウ. $\frac{3\sqrt{33}}{11}$　エ. $\frac{3\sqrt{11}}{4}$　オ. $\frac{\sqrt{11}}{2}$

解説

《余弦定理，正弦定理，外接円の半径，三角形の面積》

△ABC において，余弦定理より

$$\mathrm{AC}^2=\mathrm{AB}^2+\mathrm{BC}^2-2\mathrm{AB}\cdot\mathrm{BC}\cdot\cos\angle\mathrm{ABC}$$

$$=3^2+(\sqrt{3})^2-2\cdot 3\cdot\sqrt{3}\cdot\frac{\sqrt{3}}{6}=9$$

AC>0 より

$$AC=3 \quad \to ア$$

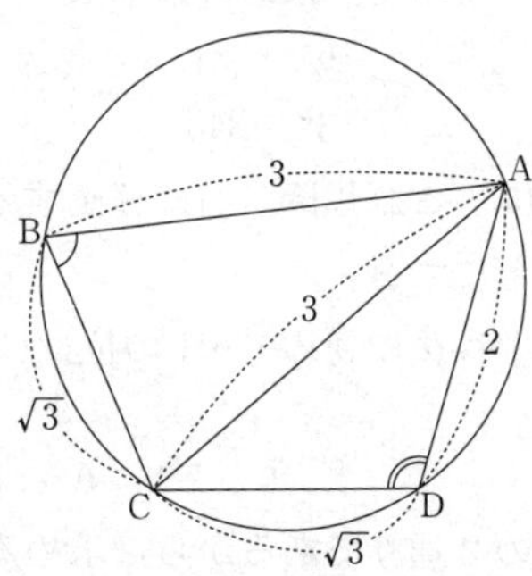

四角形 ABCD は円Oに内接しているので

$$\angle ABC+\angle ADC=180°$$

$$\cos\angle ADC=\cos(180°-\angle ABC)$$

$$=-\cos\angle ABC$$

$$=-\frac{\sqrt{3}}{6}$$

△ACD において，余弦定理より

$$3^2=AD^2+(\sqrt{3})^2-2AD\cdot\sqrt{3}\cos\angle ADC$$

$$AD^2+AD-6=0 \qquad (AD+3)(AD-2)=0$$

$$AD=-3,\ 2$$

AD>0 より

$$AD=2 \quad \to イ$$

sin∠ABC>0 より

$$\sin\angle ABC=\sqrt{1-\cos^2\angle ABC}=\sqrt{1-\left(\frac{\sqrt{3}}{6}\right)^2}=\frac{\sqrt{33}}{6}$$

△ABC の外接円が円Oであるから，その半径を R とすると正弦定理より

$$\frac{AC}{\sin\angle ABC}=2R$$

$$R=\frac{1}{2}\times 3\times\frac{6}{\sqrt{33}}=\frac{3\sqrt{33}}{11} \quad \to ウ$$

また

$$\sin\angle ADC=\sin(180°-\angle ABC)=\sin\angle ABC$$

$$=\frac{\sqrt{33}}{6}$$

よって

$$S_1=\frac{1}{2}\cdot 3\cdot\sqrt{3}\sin\angle ABC=\frac{3\sqrt{11}}{4} \quad \to エ$$

$$S_2=\frac{1}{2}\cdot 2\cdot\sqrt{3}\sin\angle\mathrm{ADC}=\frac{\sqrt{11}}{2}\quad\to オ$$

4 解答

(1)**ア.** $y=x^2+2x$　(2)**イ.** $y=-x^2-2x$

(3)**ウ・エ.** $(-2,\ 0)$，$(-1,\ 1)$（ウ，エは順不同）　(4)**オ.** $\frac{1}{3}$

解説

《平行移動，対称移動，2曲線で囲まれた図形の面積》

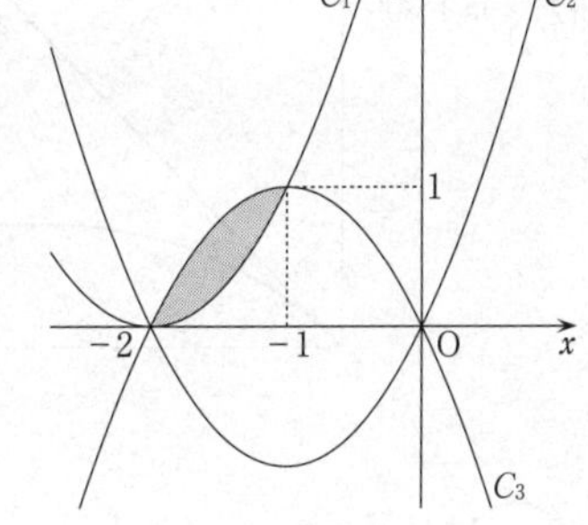

(1)　C_1 を x 軸方向に 1，y 軸方向に -1 だけ平行移動すると

$$y-(-1)=(x-1)^2+4(x-1)+4$$

$$y=x^2+2x\quad\to ア$$

(2)　C_2 を x 軸に関して対称移動すると

$$-y=x^2+2x$$

$$y=-x^2-2x\quad\to イ$$

(3)　C_1 と C_3 の共有点の x 座標は

$$x^2+4x+4=-x^2-2x$$

$$x^2+3x+2=0$$

$$(x+2)(x+1)=0$$

$$x=-2,\ -1$$

よって，求める共有点の座標は

$$(-2,\ 0),\ (-1,\ 1)\quad\to ウ，エ$$

(4)　$-2\leqq x\leqq -1$ のとき，$x^2+4x+4\leqq -x^2-2x$ であるから，求める面積は

$$\int_{-2}^{-1}\{-x^2-2x-(x^2+4x+4)\}\,dx$$

$$=-2\int_{-2}^{-1}(x^2+3x+2)\,dx$$

$$=-2\left[\frac{x^3}{3}+\frac{3}{2}x^2+2x\right]_{-2}^{-1}$$

$$=-2\left\{-\frac{1}{3}+\frac{3}{2}-2-\left(-\frac{8}{3}+6-4\right)\right\}$$

$$=\frac{1}{3}\quad\to オ$$

物　理

1 解答 《物体の落下運動，空気抵抗》

(1) **あ.** $mg=F$　**い.** gt_1　**う.** $ma=F-f$　**え.** F

ア. 上　**イ.** 空気抵抗　**ウ.** 大きくなる　**エ.** 大きくなる　**オ.** 0になる
カ. 終端

(2)

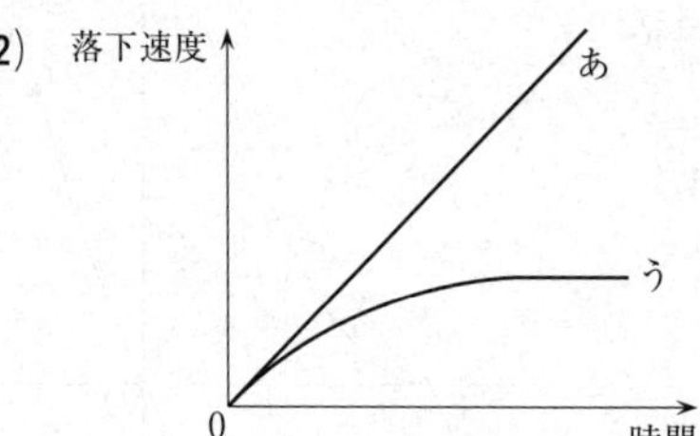

2 解答 《ばねの伸びと力のつり合い》

(1) $\dfrac{mg}{k}$

(2) 各ばねを伸ばす力は mg なので，伸びの合計は

$$\frac{mg}{k}+\frac{mg}{k}=\frac{2mg}{k}\quad \cdots\cdots(\text{答})$$

(3) 各ばねを伸ばす力は $\dfrac{1}{2}mg$ なので，右側のばねの伸びは

$$\frac{1}{2}mg\div k=\frac{mg}{2k}\quad \cdots\cdots(\text{答})$$

(4) x 方向の物体の力のつり合いより

$$f_c-f_a\sin\theta=0\qquad \therefore\quad f_a=\frac{f_c}{\sin\theta}\quad \cdots\cdots(\text{答})$$

ばねの伸びについて

$$kx'=f_a\qquad \therefore\quad x'=\frac{f_c}{k\sin\theta}\quad \cdots\cdots(\text{答})$$

(5)　力のつり合いの式の x 成分：$f_c'-f_a'\cos\alpha-f_b'\cos\beta=0$

力のつり合いの式の y 成分：$f_a'\sin\alpha-f_b'\sin\beta=0$

(6)　y 成分の式より

$$f_b'=\frac{\sin 30^\circ}{\sin 60^\circ}f_a'=\frac{\sqrt{3}}{3}f_a'$$

x 成分の式へ代入して f_a' を求める。

$$f_c'-f_a'\cos 30^\circ-\frac{\sqrt{3}}{3}f_a'\cos 60^\circ=0$$

よって

$$f_a'=\frac{\sqrt{3}}{2}f_c' \quad \cdots\cdots(答)$$

$$f_b'=\frac{1}{2}f_c' \quad \cdots\cdots(答)$$

3 解答 《直流モーターと交流》

(1)**ア.** A→B　**イ.** C→D　**ウ.** 下　**エ.** 上　**オ.** Y　**カ.** B→A
キ. D→C　**ク.** 上　**ケ.** 下　**コ.** Y

(2)　整流子

(3)　このときコイルは回転運動エネルギーをもっているので回り続ける。

(4)(a)　電流や電圧の向きが周期的に変化する電源。

(b)　交流電源の実効値は100Vであるので，電流の実効値は

$$100\div(2\times10^3)=5.0\times10^{-2}〔\mathrm{A}〕 \quad \cdots\cdots(答)$$

最大値は実効値の $\sqrt{2}$ 倍であるから

$$5.0\times10^{-2}\times\sqrt{2}=7.05\times10^{-2}$$
$$\fallingdotseq 7.1\times10^{-2}〔\mathrm{A}〕 \quad \cdots\cdots(答)$$

(c)　消費電力＝実効電圧×実効電流 より

$$100\times5.0\times10^{-2}=5.0〔\mathrm{W}〕 \quad \cdots\cdots(答)$$

4　解答　《縦　波》

(1)　振幅：0.02m　波長：0.4m

(2)　振動数＝速さ÷波長 より　　2÷0.4＝5〔Hz〕　……(答)

周期＝1÷振動数 より　　1÷5＝0.2〔s〕　……(答)

(3)(a)—C　(b)—B・D・F　(c)—A・C・E　(d)—C

(4)(e)—A・E　(f)—B・D・F　(g)—A・C・E　(h)—A・E

化　学

1　解答　《原子の構造，酸化還元，気体の法則，物質の性質，有機化合物の検出反応，有機合成》

(1)—オ　(2)—ウ　(3)—オ　(4)—エ　(5)—ア　(6)—ア

2　解答　《平均分子量，濃度，酸・塩基，化学反応の量的計算，高分子の結合数》

(1)　10.5L　(2)　1.12L　(3)　1　(4)　100g　(5)　28　(6)　100個

3　解答　《化学結合，分子の極性》

(1)**A.** He　**B.** Ar

(2)**ア.** 電気陰性度　**イ.** 右上　**ウ.** 塩素　**エ.** 負　**オ.** 水素　**カ.** 正

(3)　18

(4)　水素分子：H:H　塩化水素分子：$\mathrm{H:\ddot{\underset{..}{Cl}}:}$

(5)　F

(6)①　二酸化炭素分子：$\mathrm{\ddot{\underset{}{O}}::C::\ddot{\underset{}{O}}}$　水分子：$\mathrm{H:\ddot{\underset{..}{O}}:H}$

②　二酸化炭素は，炭素と酸素間の結合に極性をもつが分子の形が直線形のため，その極性が打ち消されるから。(50字程度)

③　水は，酸素と水素間の結合に極性をもつが分子の形が折れ線形のため，その極性は打ち消されないから。(50字程度)

4　解答　《工業的製法》

(1)**ア.** 無　**イ.** 弱塩基性　**ウ.** 上方　**エ.** 触媒

オ. ハーバー・ボッシュ法（ハーバー法）

カ. オストワルト（アンモニア酸化）

(2)**A.** Fe_3O_4　**B.** $(NH_2)_2CO$　**C.** HNO_3　**D.** NO　**E.** NO_2

(3) a) $Ca(OH)_2 + 2NH_4Cl \longrightarrow CaCl_2 + 2H_2O + 2NH_3$

b) $N_2 + 3H_2 \rightleftarrows 2NH_3$

(4) $NH_3 + 2O_2 \longrightarrow HNO_3 + H_2O$

(5) 1.6kg

生　物

1　解答　《イネとデンプンの種類》

問1． 雌雄の交配により繁殖可能な子孫ができる（個体の集まりを指す。）（20字以内）

問2． **ア．** デンプン　**イ．** グルコース

エネルギー貯蔵物質：グリコーゲン　貯蔵場所：肝臓，筋肉

問3． **ウ**－1　**エ**－2　**オ**－1　**カ**－1　**キ**－2

問4． H_2O

問5． 1

問6． 利点①：気温の急激な変化が起きても，水の比熱が高いので稲への温度変化の影響を緩和できる。（40字以内）

利点②：酸素が少ない水中では雑草や有害な土壌微生物が生育しにくく，稲が被害を受けにくい。（40字以内）

2　解答　《獲得免疫のしくみ》

問1． **ア**－5　**イ**－3　**ウ**－7　**エ**－10　**オ**－13

問2． 名称：抗原提示　器官名：リンパ節

問3． 2・4

問4． 胸腺

問5． 移植皮膚が脱落する反応の名称：拒絶反応

一度目より早い免疫反応の名称：二次応答

問6． ヒト免疫不全ウイルスがヘルパーT細胞に感染し，破壊するため獲得免疫が働きにくく，日和見感染，がんなどを発症しやすい。（40字以上60字以内）

3 解答 《生態系内の物質循環とエネルギーの流れ》

問1． **ア**－5　**イ**－21　**ウ**－9　**エ**－13　**オ**－20　**カ**－7　**キ**－18　**ク**－28　**ケ**－3　**コ**－16

問2． **A．** 化学エネルギー　**B．** 熱エネルギー

問3． **W**－(e)　**X**－(b)　**Y**－(c)　**Z**－(d)

問4． 温暖化により海水面の上昇が起きた結果，高潮の被害を受けやすくなり，生息地が浸水，餌の植物も枯死するなどしたから。(40字以上60字以内)

4 解答 《刺激の受容と反応》

問1． **ア**－2　**イ**－10　**ウ**－6　**エ**－1　**オ**－5

問2． 適刺激

問3． (細胞名－細胞の性質の順) 錐体細胞－明所で働き光の色を感知する。

桿体細胞－弱光でも働き光の明暗を感知する。

問4． **カ．** 筋紡錘　**キ．** 感覚　**ク．** 運動　**ケ．** 介在

問5． 毛様体筋の収縮力の低下や，水晶体の弾性力が失われて水晶体が厚くなりにくくなり，近くを見るのにピントが合わせにくくなる。(40字以上60字以内)

問三　実際に、国

問四　ウ

問五　**ア**―Y　**イ**―X　**ウ**―X　**エ**―Y

三

出典　養老孟司『無思想の発見』〈第6章　無思想の由来〉（ちくま新書）

解答

問一　増えたエン

問二　オ

問三　ウ

問四　(1)―イ　(2)―ア

問五　ウ・エ

四

出典　宮内泰介『歩く、見る、聞く――人びとの自然再生』〈第2章　コモンズ――地域みんなで自然にかかわるしくみ〉（岩波新書）

解答

問一　見ている

問二　エ

問三　**A**―オ　**B**―イ　**C**―ア

問四　狭義

問五　多様な関係がある。

国語

一

出典　ブローハン聡『虐待の子だった僕――実父義父と母の消えない記憶』〈第7章　過去との対峙／第8章「当事者」として生きていく〉（さくら舎）

解答

問一　**a**―ウ　**b**―イ　**c**―イ　**d**―オ　**e**―イ

問二　①―ア　③―カ

問三　虐待を受け

問四　**A**―オ　**B**―ウ

問五　**X**―ウ　**Y**―イ

問六　当事者である

問七　自分の過去を話すことで自分を客観的に見られるようになり、多角的にものごとを見られるようにもなる（から）
（三十五文字以上五十文字以内）

二

出典　松本博雄「特別支援教育：子どもの『声』という視点から」〈第1部　学校の中の問題　第1章〉（都筑学監修、加藤弘通・岡田有司・金子泰之編著『問いからはじまる心理学2　教育問題の心理学――何のための研究か？』福村出版）

解答

問一　**A**―ア　**B**―カ　**C**―イ

問二　子どもの「声」

2023年度

問題と解答

2023

問題と解答

■学校推薦型選抜（公募制）

問題編

▶選考方法

小論文（1000字程度の文章の読解問題ならびに，自分の意見を500字以内で論述），面接（時間：10分。形式：受験者1名に対し面接官2名）および書類審査（調査書等）を行い，総合的に合否を決定する。

小論文

（60分　解答例省略）

次の文章を読み、以下の問いに答えなさい。

教師が模倣すべき規範体現者であるかぎり、絶対的に信頼できる存在でなければならない。信頼感の強さこそが、学習者の内発的な模倣への熱意を生むからである。要するに信頼し、尊敬してやまない先生であるからこそ、子どもはその先生を自分のあるべきモデルと考えることができるのである。私も自分の子ども時代をふりかえってみれば、好きな尊敬する先生の授業では、いつのまにかその先生が黒板に書く文字の書体まで真似しようと努めていた。信頼感があれば、子どもは放っておいてもやる気を出して勉強するのである。益軒※は教師と子どもの関係において、教師への信頼感こそ、絶対的に必要な条件だと考えていたのである。（中略）

このように、学習する側から教育の問題をとらえる益軒においては、教師とは何事かを積極的に教える主体とは考えられていない。その意味において、教えることを専門とする職業としての教師は、必ずしも必要と考えられているわけではない。ただし師匠（教師）という存在を無用視しているわけではなく、むしろ逆であることは、急いで付け加えておかなければならない。

（中略）いかなる小さな「術」でも学ばなければ知ることができない。人はあらゆることを学ぶことが必要なのである。学ぶためには必ずよき師を必要とする、というのが益軒の持論であった。

ただその「師」は、学習者に面と向き合って言葉や理論で知識を「教え込む」関係の存在ではなく、よき「手本」として学習者の前を進む、いわば先行者というべき教師の姿であった。学習者はその姿を後ろ側から見て、感化影響をうけながらみずから学んでいくのが望ましいとみなされていた。教えない教師、教えない教育、まさに「滲（し）み込み型」の教師像が描かれているのである。

※ 益軒 …… 貝原益軒。江戸時代の本草学者・儒学者。多くの教育書を残した。

〔出典：辻本雅史『「学び」の復権－模倣と習熟』岩波書店　2012〕

【問１】

（１）　著者は教師と学習者との関係で，最も大切なものを何と言っていますか。文中の言葉を使い３字で答えなさい。

（２）　著者は教師にどのような役割を期待していますか。文中の言葉を使い３字で答えなさい。

【問２】

あなたは、今までに多くのことを学び、様々な指導者に出会ったと思います。今までを振り返り、自分にとって一番心に響いた学びをひとつあげ、その学びの内容と「手本」になった人について、句読点を含めて500字以内で書きなさい。

■一般選抜（Ⅰ期）

問題編

▶試験科目・配点

学部等	教　科	科　　目	配　点
生命環境・医療科（医療福祉を除く）	選　択	「コミュニケーション英語Ⅰ・Ⅱ」，「数学Ⅰ・Ⅱ・A・B」，「物理基礎・物理」，「化学基礎・化学」，「生物基礎・生物」，「国語総合（古文，漢文を除く）」から2科目選択	200点（各100点）
医療科（医療福祉）	選　択	「コミュニケーション英語Ⅰ・Ⅱ」，「日本史A・B」，「世界史A・B」，「数学Ⅰ・Ⅱ・A・B」，「物理基礎・物理」，「化学基礎・化学」，「生物基礎・生物」，「国語総合（古文，漢文を除く）」から2科目選択	200点（各100点）
教育人間科（学校教育－中高英語）	英　語	コミュニケーション英語Ⅰ・Ⅱ	100点
	選　択	「日本史A・B」，「世界史A・B」，「数学Ⅰ・Ⅱ・A・B」，「物理基礎・物理」，「化学基礎・化学」，「生物基礎・生物」，「国語総合（古文，漢文を除く）」から1科目選択	100点
教育人間科（学校教育－中高理科）	選　択	「コミュニケーション英語Ⅰ・Ⅱ」，「日本史A・B」，「世界史A・B」，「数学Ⅰ・Ⅱ・A・B」，「物理基礎・物理」，「化学基礎・化学」，「生物基礎・生物」，「国語総合（古文，漢文を除く）」から2科目選択（ただし「数学Ⅰ・Ⅱ・A・B」，「物理基礎・物理」，「化学基礎・化学」，「生物基礎・生物」のうちいずれか1科目を必須とする）	200点（各100点）
教育人間科（その他）	選　択	「コミュニケーション英語Ⅰ・Ⅱ」，「日本史A・B」，「世界史A・B」，「数学Ⅰ・Ⅱ・A・B」，「物理基礎・物理」，「化学基礎・化学」，「生物基礎・生物」，「国語総合（古文，漢文を除く）」から2科目選択	200点（各100点）

▶備　考

- 「数学Ⅰ」は「データの分析」を除く。「数学A」は「整数の性質」を除く。「数学B」は「数列・ベクトル」から出題する。
- 「物理」は「様々な運動，電気と磁気」から出題する。

• 問題選択について

「英語」「数学」「国語」はそれぞれ4題中1題必須・2題選択。

「日本史」「世界史」はそれぞれ5題中4題選択。日本史・世界史ともAまたはBのどちらかを履修していれば規定数の解答ができる。

「物理」「化学」「生物」はそれぞれ4題中3題選択。「物理」は「物理基礎」,「生物」は「生物基礎」だけの履修者でも規定数の解答ができる。

• 学力試験2科目（ただし，教育人間科学部こども学科は2科目のうち高得点の1科目を採用し100点満点とする）と書類審査（調査書等）を行い，総合的に合否を決定。

※試験日自由選択制

一般選抜（Ⅰ期）は3日間のうち，同一学部・学科（コース）を複数日受験することも，異なる学部・学科（コース）を1日ずつ受験することもできる。

同一学部・学科（コース）を複数日受験した場合は，選択科目2科目の合計得点が高い日の成績を合否判定に採用する。

英語

◀1月23日実施分▶

（2科目 120 分）

1　問題〔1〕は必ず解答すること。

2　問題〔2〕～〔4〕の中から2問を選択し、その問題番号を解答用紙の選択問題番号欄に記入して、解答すること。

〔1〕以下の問題（A)～(D）に答えよ。

(A)　(1)～(10)の英文の空欄に当てはまる最も適切なものをA～Dの中から一つ選び、記号で答えよ。

(1)　My boss is a reasonable person. I have never had a big (　　) with her.

A　speech　　B　argument　　C　comment　　D　introduction

(2)　If I don't invite my aunt to my wedding, she'll never (　　) me.

A　avoid　　B　complain　　C　expect　　D　forgive

(3)　Ron chose to (　　) accounting at college because he wanted to work in the banking industry.

A　come out　　B　aside from　　C　look for　　D　major in

(4)　The journal provides information for people who (　　) sheep.

A　raise　　B　rise　　C　grow up　　D　bring

(5)　Tracy had to write a paper about the moon science class. She (　　) the Internet to find more information about the topic.

A　noted　　B　announced　　C　packed　　D　searched

(6)　A long time ago, many people thought the world was flat. However, they (　　) to be wrong. The world is actually round.

A　turned out　　B　looked up　　C　watched out　　D　came up

(7)　The football match was called (　　　) due to the heavy snow. The team agreed to play the match the next weekend instead.

A　along　　B　under　　C　out　　D　off

(8)　Many people did not believe Amelia when she said she saw the (　　　) of her grandfather in her house. They said that it was probably her imagination.

A　career　　B　record　　C　prayer　　D　ghost

(9)　While Santi is not the top student in his science class, his grades are always higher than the (　　　) for the class.

A　package　　B　average　　C　journey　　D　order

(10)　There is a meeting tomorrow morning for students who are going to participate (　　　) the English Day event.

A　at　　B　in　　C　for　　D　by

(B)　(1)～(10)の英文の空欄に当てはまる最も適切なものをA～Dの中から一つ選び、記号で答えよ。

(1)　I am sorry for (　　　) you the truth.

A　don't tell　　B　haven't told　　C　not telling　　D　didn't telling

(2)　We had a very nice conversation (　　　) lunch.

A　than　　B　over　　C　while　　D　when

(3)　(　　　) my friends live in Yokohama.

A　Almost of　　B　Almost　　C　Most of　　D　Most

(4)　I am a gentleman, and I will behave (　　　).

A　as such　　B　so like　　C　by it　　D　for that

(5)　Something was wrong with the door; it (　　　) not open.

A　will　　D　would　　C　shall　　D　ought to

(6)　I want you (　　　) what time will be convenient for you.

A　let me know　　B　let me to know

C　to let me know　　D　to let me to know

(7) She has been busy (　　) for the coming trip to the U.S.

A at preparation　　B from preparation
C to be prepared　　D preparing

(8) Cleopatra (　　) the most beautiful woman in the world.

A said to be　　B said to have been
C was said to have been　　D was said to have had been

(9) We gave the road map to (　　) was not familiar with the country.

A wherever　　B whichever　　C whoever　　D whomever

(10) (　　) arriving at the scene of the crime, the police discovered the suspect had already gone.

A As　　B At　　C On　　D With

(C)

次の(1)～(5)の日本語に合うように、カッコ内に与えられた語句を並び替え、英文を完成させ、並べ替えた部分のみを答えよ。なお、文頭にくるべき語も小文字で示してある。

(1) 今朝、たくさんの救援物資がその地域に届けられました。
This morning, (the area / a lot / of / relief / sent / supplies / to / were).

(2) ジョンは上野で間違った電車に乗り換えてしまったに違いありません。
John (at / changed / have / must / the / to / train / wrong) Ueno.

(3) 私たちがそこで昼食を取る時間が十分にあるかどうか知りたい。
I want to know (eat / enough / have / if / lunch / time to / we / will) there.

(4) ボブは違法駐輪をして、自転車を移動されました。
Bob (because / bicycle / had / his / illegally / it / moved / was) parked.

(5) 日本のいかなる都市も東京ほど人口が密集していません。
(as / city / densely populated / in Japan / is / no / other) as Tokyo.

(D)

次の(1)～(5)の英文の下線部(A)～(D)のうち、1か所に誤りがある。誤っている箇所を記号で答え、正しく直しなさい。なお、指摘した下線部のみを修正することで、正しい英文になるようにすること。また、修正前後の語数が必ずしも同じとは限らない。

(1) The doctor advised me (A) to reduce (B) my weight two years ago. So I was (C) on a diet (D) since then.

(2) A clerk should be careful as well as (A) punctual, even though he or she (B) are (C) otherwise (D) efficient.

(3) When it (A) comes to speak (B) English, Yoshio is second to none (C) in his class, I hear (D).

(4) The building where he has been living in (A) is said (B) to have been (C) originally built in the 12th century (D).

(5) Iron and gold are both (A) very useful, but there is no denying (B) that iron is the more useful (C) of two (D).

〔２〕次の空欄(1)〜(10)に当てはまる表現として最も適切なものをＡ〜Ｄの中から一つ選び、記号で答えよ。

編集部注：問題文には個人名が記載されていましたが、本誌への掲載にあたり、個人情報に配慮して個人名を網掛けし「A」に置き換えています。

While many sumo tournaments across Japan have been (1) to throw in the towel amid the novel coronavirus pandemic, a sumo federation in Kashiwa, Chiba Prefecture has organized a unique video contest to showcase the hard work of young sumo wrestlers who have (2) to hone their skills in an era of social-distancing－a term not typically associated (3) the full-contact sport.

Dubbed the National Sumo Kata Competition, the contest will be (4) out of the ring and in the digital arena. Hopefuls have been asked to submit home videos of their performances in three (5) to be judged by a panel of professional sumo stablemasters and wrestlers.

Mr.A, 38, competition chairman and president of the Kashiwa City sumo federation, came (6) with the idea after speaking with a junior member of his alma mater's sumo club. Mr.A also coaches at the prestigious Kashiwa Sumo Junior Club. The club has produced its fair share of notable graduates including Takanosho, (7) attained the rank of sekiwake in November last year.

Yet as the pandemic caused a spate of tournament cancellations, Mr.A noticed that many of the children seemed to have lost interest in their training and even lost (8) of their future goals.

Mr.A said he hoped there would be a large pool of contenders at the tele-tournament, and pointed to the open-ended (9) of air sumo.

"Some kids might even narrate their own performances, or enlist the help of family members for extra commentary," he added. "The process of making submissions should be a fun (10) in and of itself."

Source: The Japan News, February 3, 2021 より抜粋，一部改変

	A	B	C	D
(1)	A forced	B reduced	C turned	D weakened
(2)	A brought	B continued	C forgot	D happened
(3)	A at	B on	C to	D with
(4)	A affected	B conducted	C departed	D failed
(5)	A categories	B conflicts	C divisions	D harmonies
(6)	A down	B off	C over	D up
(7)	A what	B which	C who	D whose
(8)	A eye	B sight	C sound	D watch
(9)	A commercial	B dimensional	C potential	D universal
(10)	A example	B experience	C explanation	D extension

〔3〕次の各英文を読み、設問(1)～(5)に対する答えをそれぞれA～Dの中から一つ選び、記号で答えよ。

〈Section 1〉

Enjoy the thrill of whale watching with Whale Adventures Boat Tours!

・We offer competitive rates and special discounts for early bookings, groups, students, and children under the age of 13.

・We have a viewing success rate of almost 95%. On those rare occasions that we don't find any whales, our Whale Adventures Guarantee offers a voucher that can be exchanged for another trip any time within the next two years.

・Each tour is hosted by a highly knowledgeable marine biologist who will tell you all about the whales and answer questions about marine life.

・Our dock is conveniently located just 10 minutes by city bus from downtown.

Our small-group boat tours last approximately three hours and run several times daily, from April 15 through October 15 (weather permitting). For further details, please visit the information desk before leaving the aquarium. Advance reservations are strongly recommended on weekdays and essential on weekends.

Source: 加藤優他（2019）『TOEIC テスト新形式精選模試リーディング2』ジャパンタイムズ出版 p.132

(1) What is offered to those who do not see whales?

A　A free tour　　　　B　A book on whales

C A meal voucher
D A cash refund

(2) What is NOT indicated about the tours?

A They should be booked in advance.
B They are conducted by experts.
C They run every three hours.
D They are reasonably priced.

(3) Where would the advertisement most likely appear?

A Aboard a ship
B In a travel guide
C In a hotel room
D At an aquarium

〈Section 2〉

For Rent

Spacious suite available starting next month in a small office building in Glasgow. Approximately 140 square metres, with ample storage space and several large windows to brighten your work space. Employee break room with a kitchen shared by three units on the same floor. Monthly rent covers electricity, water, Internet access, alarm system, and after-hours monitoring. Tenants are responsible for their own telephone and janitorial services. Call 0141 496 0199 for more information.

Source: ETS (2021)『公式 TOEIC Listening & Reading 問題集 8』一般財団法人国際ビジネスコミュニケーション協会 p.91

(4) What is suggested about the suite?

A It can be rented immediately.
B It includes a private kitchen.
C It has a lot of natural light.
D It is in a large office building.

(5) What is NOT included in the suite's cost of rent?

A Cleaning
B Electricity
C Security service
D Internet service

〔4〕次の英文の内容に関する質問に対して最も適切なものをSection 1はA～C、Section 2はA～Dの中から一つ選び、記号で答えよ。

〈Section 1〉

Yesterday morning, six lions were killed in Kitengela, just 15 kilometers south of Nairobi National Park. The killings have sent shock waves across Kenya and around the world.

Nairobi National Park is one of the most visited protected areas in Africa. The park is just a ten-minute ride from downtown Nairobi, and is therefore a popular tourist destination. However, the park's location close to residential areas and farmlands has led to conflicts between farmers and lions.

Part of the problem is that the park is fenced only to the east, north, and west − the sides closest to the city. Consequently, zebras and other wild animals are able to migrate across the park's unfenced southern border. Lions and other predators follow them. Some cross into residential areas such as Kitengela, and kill farmers' livestock. As a result, the farmers become angry and kill the big cats. This seems to be the cause of the latest killings.

The Kenyan government says it will find and arrest the killers of the Kitengela Six. Local community leaders, however, argue that the government does not really take seriously the farmers' livestock losses. Because of this conflict, says conservationist Paula Kahumbu, Kenya must find "a lasting solution that will enable people to benefit from living lions."

Kahumbu and other conservationists are afraid for the lions' future. For much of the past decade, Kenya has been losing 100 lions a year. This is largely due to habitat loss, but also because of lion killings. Unless there is a way to solve the human-lion conflict, Kenya's lions could disappear in 20 years.

Source: Longshaw, R., Blass, L., Vargo, M., Yeates, E., Wisniewska, I., & Williams, J. (2015). *21st Century Reading − creative thinking and reading with TED Talks*. Boston, MA : Cengage Learning. pp. 106-113

(1) What is the main problem described in the passage?

A　A recent attack by a lion on livestock farmers.

B　The killing of lions by angry livestock farmers.

C　The falling population of livestock in Kenya.

(2) Who are the Kitengela Six?

A　A team of conservationists.

B　Some lions killed by farmers.

C　A group of local community leaders.

〈Section 2〉

The average Tokyo employee or student spends 68 minutes a day commuting to and from work or school. That's only three minutes longer than commuting times in other large centers such as Osaka and Nagoya. Although some are lucky enough to live within 15-20 minutes of their work or school, they are balanced by those who have to travel two hours or longer each day.

Wouldn't it be wonderful if we could avoid wasting so much time going back and forth each day, especially when our commutes are often on crowded trains or buses?

In fact, there is a solution, called "telecommuting," which more and more companies are using. Instead of commuting to work, telecommuters work at home once or twice a week and keep in touch with their office mostly using the Internet. The Japanese government has set a goal of having 13 million telecommuters by 2010.

Telecommuting seems like a good way to save the time of workers, but that is only one of its advantages. Because Japan is facing a shortage of workers due to the low birth rate and retiring baby boomers, telecommuting provides a way to keep employees working. For example, women who have a baby can continue working while still being able to look after their child at home. Older workers who find commuting too stressful and tiresome can also more easily work from home.

Already several companies have thousands of their employees telecommuting. IBM Japan has 10,000 workers who telecommute. Many of these are women who would have quit when they had a baby. Instead, they have remained working because telecommuting allows them to stay at home with their young children. Matsushita has about 30,000 employees telecommuting. They can borrow company computers and webcams to use at home so that they can keep in good contact with the office.

If telecommuting really becomes popular, it could change the culture of work in Japan. Until now, employees have displayed their fidelity to a company by working long hours. Often they would be reluctant to leave the office before others because they may not seem to be working hard if they did. Unfortunately, in this system, working long hours does not necessarily mean good productivity. On the other hand, when one works from home, employee performance is assessed by how much work is completed and the quality of that work, not how many hours the employee has worked.

Because telecommuting is well-liked by employees, companies that give their workers this option will be popular and able to attract more job applicants. This may mean that telecommuting will quickly become part of the working culture in Japan

Perhaps some day in the future, trains will not be so crowded and a workplace based on performance will become the norm in Japan. People may then have more opportunity to bear an extra child, which will help prevent Japan's declining population. They may also feel less stressed while doing their jobs. Thus telecommuting appears to offer great potential for two of Japan's biggest problems.

Source: Stapleton, P. (2008). *Keywords for Japan Today.* Tokyo: Cengage Learning. pp. 46-49

(3) Which of the following is the long-term benefit of telecommuting?

A It saves the time of commuters who would normally have to take a nap during commuting.

B It is less stressful on older workers who find commuting tiring.

C It helps relieve the problem of retiring baby boomers.

D Women may have more babies, which will help Japan's low birth rate.

(4) Which one of the following statements is <u>NOT</u> true about telecommuters?

A They come to work only one or two days each week.

B They contact their colleagues using the Internet.

C Their numbers are growing each year.

D They can avoid crowded trains and buses.

(5) Telecommuting could change Japan's working culture by

A allowing employees to be working at home when they would normally be on a train.

B putting the emphasis on job performance rather than the number of hours worked.

C letting employees show their loyalty by working hard at home.

D All of the choices, A, B and C are correct.

◀1月24日実施分▶

（2科目 120分）

1 問題〔1〕は必ず解答すること。

2 問題〔2〕～〔4〕の中から2問を選択し、その問題番号を解答用紙の選択問題番号欄に記入して、解答すること。

〔1〕 以下の問題（A）～（D）に答えよ。

(A) ⑴～⑽の英文の空欄に当てはまる最も適切なものをA～Dの中から一つ選び、記号で答えよ。

⑴ The venue can easily be (　　) by public transportation and is near several hotels.

A delivered　B accessed　C increased　D proposed

⑵ Construction of the theater is (　　) finished, and it is scheduled to open soon.

A eventually　B usually　C generally　D typically

⑶ X：Do you know how many guests will come to the party next week?

Y：We probably have 30 people (　　). I'll check the list.

A at the most　B in the past　C on the way　D for a while

⑷ A seventeen-year-old student (　　) setting a series of fires in the state of New Mexico.

A allowed　B argued　C afforded　D admitted

⑸ X：Janice got excellent scores on all of her exams this semester.

Y：She (　　) studies hard, I know.

A kindly　B certainly　C lazily　D vertically

⑹ X：You're (　　), Brian. Why are you so nervous?

Y：This is the first time I'll play the piano in front of such a large audience.

A trembling　B floating　C relaxing　D adjusting

⑺ X：Thanks for letting me stay at your house tonight, Kenneth.

Y：No problem at all. Please make yourself at (　　).

A time　B hand　C front　D home

(8) Many wild animals are put in danger when forests are cut down. Their homes are (　　　), and it is hard for them to find new places to live.

A practiced　B destroyed　C confused　D indicated

(9) X：Tanya, are you still working at Burger World?

Y：No. I (　　　) last month. I have a job at a department store now.

A beat　B shook　C rode　D quit

(10) X：You've spelled my name wrong, Ken.

Y：Oh, sorry, Isaac. I'll (　　　) it.

A correct　B support　C proceed　D share

(B) (1)～(10)の英文の空欄に当てはまる最も適切なものをA～Dの中から一つ選び、記号で答えよ。

(1) You cannot be (　　　) careful in driving a car.

A far　B little　C near　D too

(2) It was on (　　　) that we decided to go on a picnic.

A a such fine day　B so a fine day
C such a fine day　D such fine a day

(3) The population of Tokyo is larger than (　　　) of Paris.

A one　B that　C those　D it

(4) Those of us who are over fifty years old should get (　　　) blood pressure checked regularly.

A her　B our　C his　D your

(5) I (　　　) Mr. Patterson this afternoon, but I forgot.

A should have phoned　B should phone
C will have phoned　D will phone

(6) He was wise (　　　) drive when he was feeling ill.

A not enough to　B enough not to
C to not enough　D enough to not

(7) (　　　) being idle made the teacher angry.

A He　B For him　C His　D He's

(8)　(　　　) you hurry, you'll be late for school, Bill.

A　If not　　B　Unless　　C　Whereas　　D　But

(9)　Emily is (　　　) than beautiful.

A　cute　　B　cuter　　C　more cute　　D　most cute

(10)　(　　　) a severe earthquake happen, what would you do?

A　If it were for　　B　Could　　C　Should　　D　What if

(C)

次の(1)～(5)の日本語に合うように、カッコ内に与えられた語句を並び替え、英文を完成させ、並べ替えた部分のみを答えよ。なお、文頭にくるべき語も小文字で示してある。

(1)　私は花屋に次の日曜日に彼女にバラの花を届けるように頼みました。

I (asked / deliver / the florist / her / next / roses / to / to) Sunday.

(2)　パーティーが始まるまでにアップルパイを２枚作っているでしょう。

I (apple pies / by / have / made / the time / two / will) the party starts.

(3)　幼い頃、この公園で一輪車に乗っていたことを覚えています。

I (in / in / a monocycle / remember / riding / this park) my childhood.

(4)　新しいジャケットをコーヒーで汚してしまったのは残念です。

It is (bad / have / I / jacket / my / new / stained / that / too / with) coffee.

(5)　その問題を解くのは不可能だとわかりました。

(found / I / impossible / it / problem / solve / the / to).

(D)

次の(1)～(5)の英文の下線部(A)～(D)のうち、１か所に誤りがある。誤っている箇所を記号で答え、正しく直しなさい。なお、指摘した下線部のみを修正することで、正しい英文になるようにすること。また、修正前後の語数が必ずしも同じとは限らない。

(1)　It has rained (A) very hard (B) yesterday. I never thought it would (C) turn out to be (D) such a nice day today.

(2)　Every boy and every girl (A) in the class were (B) waiting impatiently (C) for (D) the appearance of the new teacher.

(3) Soon after that, <u>it started to rain</u>(A) <u>very hardly</u>(B), <u>so that</u>(C) we had to <u>take shelter</u>(D) under a big tree.

(4) If you <u>would have</u>(A) studied the problem <u>more carefully</u>(B), you <u>would have found</u>(C) the solution <u>more quickly</u>(D).

(5) She tried hard <u>in vain</u>(A) to <u>make both end meet</u>(B) <u>on</u>(C) so small <u>a</u>(D) salary.

〔2〕次の空欄(1)〜(10)に当てはまる表現として最も適切なものをA〜Dの中から一つ選び、記号で答えよ。

In 2018, there were about 59 million children who couldn't go to elementary school in the world. Half of them were in sub-Saharan Africa. The (1) rate is 69% for boys and 55% for girls in sub-Saharan Africa. There are many reasons why African children can't go to school.

Poverty (2) children from going to school. Children can't go to school because their families don't have enough money to pay (3) and buy books. Another cause is that there are few families that have access to clean water, so they have to (4) water from a well or river. Their children sometimes have to carry water over ten kilometers. They need to go back and (5) to get water. So they don't have time to go to school and study.

Also, there are not enough schools and teachers. Children have to go to schools (6) are far from their homes. On the way to school, there are chances that children get (7) trouble caused by conflicts and civil wars. School facilities are also in bad condition. There aren't enough classrooms. Teachers might not have enough knowledge and skills. The quality of (8) is a big problem.

In Africa, the cycle of poverty has (9) for generations. Many parents don't know the importance of education. There is also gender (10). Poor families tend to make only boys go to school. These factors cause the situation in which girls can't go to school.

Source: 笹島茂他 *CLIL Primary SDGs* 三修社 2022 p.34

(1)	A literacy	B reading	C spoken	D written
(2)	A compels	B makes	C prevents	D promotes
(3)	A function	B position	C question	D tuition
(4)	A bring	B spill	C throw	D waste
(5)	A before	B below	C forth	D under
(6)	A what	B which	C who	D whose
(7)	A by	B in	C of	D on

(8)	A education	B literature	C medicine	D university
(9)	A began	B continued	C stopped	D tormented
(10)	A construction	B discovery	C discrimination	D equality

〔3〕 次の各英文を読み、設問(1)〜(5)に対する答えをそれぞれA〜Dの中から一つ選び、記号で答えよ。

〈Section 1〉

As part of the Ravensburg Transit Authority's five-year project to upgrade all older subway stations on its network, Treadwell Station on the Western Line will be closed for renovations from March 3 through April 28. — [1] —.

During this time, trains will not stop at Treadwell Station. — [2] —. For people traveling to Treadwell Station, a free shuttle bus service will be set up from the neighboring stop, Noakes Station. Buses connecting Noakes and Treadwell Stations will run every ten minutes during regular working hours and every fifteen minutes at other times. — [3] —.

When Treadwell Station reopens, it will feature elevators and additional seats on both platforms. — [4] —. It will also boast new ticket vending machines and have wheelchair access ramps at all entrances. Thank you for your patience during this period of transition.

Source: 加藤優他（2019）『TOEICテスト新形式精選模試リーディング2』ジャパンタイムズ出版 p.14

(1) What will most likely happen on April 29?

A Treadwell Station will be closed for repairs.

B A five-year project will be concluded.

C New subway carriages will be introduced.

D A facility will be reopened to the public.

(2) What is <u>NOT</u> mentioned as an improvement to Treadwell Station?

A Increased seating

B Better lighting

C New vending machines

D Wheelchair access

(3) In which of the positions marked [1], [2], [3], and [4] does the following sentence best belong?

"This alternative service will be available daily from 6:00 A.M. until 11:30 P.M."

A [1]

B　[2]

C　[3]

D　[4]

〈Section 2〉

Section 3 :

Now you are ready to use the XL 500S. Just follow these simple instructions to get started:

1. Turn the machine on using the switch on the left. Place slices of bread into the two slots on the top.
2. Set the timer by rotating the dial on the right of the machine.
3. Press the button on the top of the device and wait while your bread browns.

For bagels, follow the same procedures as above, but use the lever on the left to widen the size of the top slots.

Source: 加藤優他 (2019)『TOEIC テスト新形式精選模試リーディング2』ジャパンタイムズ出版 p.9

(4) What are the instructions most likely for?

A　A microwave oven

B　A coffee maker

C　A heater

D　A toaster

(5) What is the lever on the left used for?

A　Adjusting the size of the slots

B　Changing the temperature

C　Setting the timer

D　Turning the power on and off

〔4〕次の英文の内容に関する質問に対して最も適切なものをＡ～Ｄの中から一つ選び、記号で答えよ。

〈Section 1〉

For a couple of generations after World War II, one of the images that Japan presented to the world was of a nation where everyone was a member of the middle class. Another common image was that most companies offered lifetime employment. Although these two images were not so realistic, there was some relative truth. Compared to most countries, the gap between rich and poor in Japan was actually quite small, and many companies and the government did offer jobs for life.

Now, however, Japan is increasingly becoming similar to other nations where there are clear lower and higher classes. One of the newer groups of people that are part of the lower class is called the "working poor."

The problem of the working poor in Japan is actually not so new. In the mid-1980s new labor laws were introduced. These laws allowed companies to hire employees at their subsidiaries where they worked for low wages and benefits, even though the actual duties were the same as at the main company.

More recently, newer labor laws have allowed companies to employ temporary workers who receive much lower salaries and fewer benefits than full-time employees. Naturally, these workers are cheaper for companies and help their profitability. Such jobs, however, have created the working poor. It is thought that over 13 percent of Japanese people are now living in poverty and many of these make up the working poor. Let's take a look at the life of one of them.

"Kenichi" is a day worker. Often, he is called on his mobile phone by his temp agency the day before a job and told to arrive at a certain train station early in the morning. There, a bus picks him up along with other temporary workers. The bus drops him at a job site and he works until 6 p.m. Sometimes the job is in a warehouse. Sometimes it is construction work. Whatever the job, it is usually either very tiring or very boring. At the end of the day, his wage is usually less than 10,000 yen. A couple of thousand yen of this will disappear on his transportation expenses and lunch. After renting a very cheap room and paying other expenses, Kenichi has very little savings. Therefore, marriage and a family are quite unrealistic dreams. Although the name "Kenichi" is used here, about one-third of Japan's working poor are foreigners.

In fact, the news of Japan's working poor would not be surprising for those coming from outside Japan. Most countries in the world have even larger populations of working poor. In this sense, Japan has been quite late in developing a population of lower class people. In another sense, having a class-based society is quite a natural phenomenon. Therefore, Japan was quite unusual in having few working poor in the past. This may mean that in the future, we can expect to see more working poor similar to other countries.

Finally, the next time you eat a prepared lunch or dinner bought in a convenience store, think about the working poor. They probably made your *bento* or sandwich the same morning before you woke up.

Source: Stapleton, P. (2008). *Keywords for Japan Today.* Tokyo : Cengage Learning. pp. 14-17

(1) Which one of the following statements is true?

A Everyone in Japan used to be a member of the middle class.

B Other countries actually had more members in the middle class than Japan.

C Japan's middle-class society was a bit of a myth.

D In the past, almost everyone in Japan had a job for life.

(2) According to the passage, which one of the following is true regarding Japan's new labor laws?

A They helped companies cut costs.

B They eliminated lifetime employment.

C They have created both a high class and a low class.

D All of the choices, A, B and C are correct.

(3) Which of the following is probably NOT true regarding the types of jobs Kenichi does?

A They often need muscles.

B They usually require brains.

C The salary is minimal.

D Little skill is required.

〈Section 2〉

Thai people's average TOEFL iBT score was 75 in 2010. At the time Thailand ranked 116 out of a total of 163 countries. Of course, TOEFL scores are not representative of English proficiency of the overall Thai population, but the level of English proficiency was low in comparison with many Asian countries.

A number of factors which have contributed to the failure of English teaching-and-learning were examined in detail by researchers. Some say it is due to poorly motivated students, others say it is because of rare opportunities for students' exposure to English outside of the classroom. Most researchers, however, point out that the main cause for failure is unqualified and poorly-trained teachers. Actually, primary and secondary school teachers have heavy teaching loads, inadequately equipped classrooms, lack of education technology, and the university entrance examination system. But above all, most seriously, teachers don't have sufficient English language skills nor cultural knowledge.

Institutions of higher education understand this fact, and try to give assistance to teachers by organizing training sessions, seminars, and conferences. Some universities have been organizing professional development training courses for high school English teachers. Judging from the end-of-course evaluation surveys, teachers who participated in the course are satisfied with it.

Source: Yamashita, I., Nishimura, A., Eberl, D., & Asama, M. (2015). *Global Business Trends*. Tokyo：Nan'un-do. pp. 48-49

(4) Thailand's 2010 TOEFL iBT scores ________.

A were lower than most European countries, but a bit higher than those of other Asian countries.

B were the lowest of all the countries which participated in the test.

C were lower than most Asian countries.

D were not as low as they were expected to be.

(5) English teachers are allowed to ________.

A spend 6 months in any English speaking country to learn teaching skills.

B attend professional development training courses organized by universities.

C organize training sessions, seminars and conferences.

D teach small-sized classes.

◀１月25日実施分▶

（２科目 120分）

1　問題〔１〕は必ず解答すること。

2　問題〔２〕～〔４〕の中から２問を選択し、その問題番号を解答用紙の選択問題番号欄に記入して、解答すること。

〔１〕以下の問題（A）～(D) に答えよ。

(A)　(1)～(10)の英文の空欄に当てはまる最も適切なものをＡ～Ｄの中から１つ選び、記号で答えよ。

(1)　Staying with his grandparents was a great (　　) for Muriel. She learned so many things from them, such as fishing, growing vegetables, horseback riding, and so on.

A　experience　　B　custom　　C　method　　D　opinion

(2)　The (　　) of families in Great Britain are small. Over 80 percent of households with children have only one or two of them.

A　pregnancy　　B　emergency　　C　majority　　D　security

(3)　Martha (　　) down her email address so that she could receive news from her favorite shops.

A　held　　B　looked　　C　put　　D　turned

(4)　X：We have lots of Japanese yen left from this trip.
Y：Let's go to the bank and (　　) it for dollars.

A　exchange　　B　respect　　C　agree　　D　develop

(5)　Whenever the teacher asks the class a question, Sarah is always the first person to (　　) her hand to answer it.

A　raise　　B　follow　　C　attract　　D　press

(6)　Julia told Marshall to (　　) his knees and keep his back straight when lifting the heavy box of books. She said it would be better for his back.

A　trace　　B　bend　　C　leap　　D　charm

(7) The cows on Donaldson farm ( ) a lot of milk every day. He takes it to a local market and sells it there directly.

A complete B produce C conclude D perform

(8) Grace is the company president's ( ). She helps him in many different ways, including planning his meetings.

A immigrant B owner C assistant D entertainer

(9) The two students finished their 100-kilometer walk yesterday. They said that they had to ( ) many problems during the trip.

A introduce B hire C frown D overcome

(10) Randy was sick last week, and he felt very tired and weak. He did not even have the ( ) to get out of bed.

A strength B piece C feature D cost

(B) (1)～(10)の英文の空欄に当てはまる最も適切なものをA～Dの中から1つ選び、記号で答えよ。

(1) Ellen will be able to go to the party if she ( ) her work.

A has done B will do C will have done D had done

(2) It was so nice ( ) you to send me a bunch of flowers.

A to B of C by D about

(3) However ( ) we gave him, he still does exactly what he wants to.

A many advice B much advice C lot of advices D many of advices

(4) Please have the porter ( ) these suitcases to my room.

A take B to take C taking D taken

(5) She is very intelligent. I ( ) her to pass the examination easily.

A hope B expect C wish D desire

(6) It was because he was ill ( ) we decided to return.

A that B for C which D why

(7) My mother may have to go into hospital, in ( ) case she won't be going on holiday.

A where B its C which D whose

(8) We invited ten guests, but there were (　　) seven chairs.

A　no more than　　B　no less than　　C　not less than　　D　as many as

(9) Nancy insisted that she (　　) to the farewell party.

A　be invited　　B　being invited　　C　would invite　　D　is going to invite

(10) Tom almost never studied while he was at college, (　　)?

A　didn't he　　B　did he　　C　wasn't he　　D　was he

(C)　次の(1)~(5)の日本語に合うように、カッコ内に与えられた語句を並べ替え、英文を完成させ、並べ替えた部分のみを答えよ。なお、文頭に来るべき語も小文字で示してある。

(1) BTSのコンサートの最前列の席を取ることができました。

I (a / able / for / front / get / row / seat / to / was) BTS's concert.

(2) 私の母は退職するまでの40年間、看護師をしていました。

My mother (been / for / forty years / had / a nurse / retired / she / when).

(3) 私は叔父が流暢な中国語を話すのを聞いて驚きました。

I (Chinese / fluent / hear / my uncle / speaking / surprised / to / was).

(4) 彼は私がテニスコートにネットを張るのを手伝ってくれました。

(at / he / helped / me / a net / put / the tennis / up) court.

(5) ギターを弾くときは、他人の迷惑にならないように注意しなければいけません。

When you play the guitar, you (as / be / bother / careful / must / not / so / to) others.

(D)　次の(1)~(5)の英文の下線部(A)~(D)のうち、1か所に誤りがある。誤っている箇所を記号で答え、正しく直しなさい。なお、指摘した下線部のみを修正することで、正しい英文になるようにすること。また、修正前後の語数が必ずしも同じとは限らない。

(1) "Which of(A) your parents do you take after(B)?" "Everybody tells me(C) that I am resembling(D) my father."

(2) She felt like(A) crying(B), because she was laughed(C) by most of(D) the boys in the class.

(3) Advertising is so widespread (A) today that none of us (B) can avoid (C) to be (D) influenced by it.

(4) He can make himself understood (A) almost completely in English (B), for he has been studying (C) it since these ten years (D).

(5) Has it ever occurred to you (A) that the climate (B) of Boston is far severer (C) than Tokyo (D)?

〔2〕次の空欄(1)〜(10)に当てはまる表現として最も適切なものをA〜Dの中から1つ選び、記号で答えよ。

Natural disasters, such as earthquakes, tsunami, typhoons, and extreme weather, cause serious damage to our life. Japan is one of the (1) earthquake-prone countries in the world. Japan's geography and climate can (2) the effects of these disasters, which means that we should always consider them. Let's take a look at them.

Geology is closely related to earthquakes. Among seven major tectonic plates* in the world, four of them are (3) the islands of Japan. This means that disasters like earthquakes and volcanic (4) are more likely to happen in Japan than in other countries. In fact, we frequently have lots of disasters.

Geological features may lead to more disasters. Japan's mountainous regions and hills dominate 70% of the islands and (5) beautiful natural scenery. But mountain slopes are steep and fragile, collapsing easily, and river flows from mountains can readily cause (6). Urban structures may also cause disasters. Land development is necessary for urbanization. People have to cultivate* mountains and reclaim* land from the sea in many cases. Many houses have been built (7) to mountains, rivers and the sea.

Climate change can (8) extreme weather. Japan is located in the Asian monsoon zone. It provides rich water resources and supports the agricultural industry, but it can cause flood damage to many homes and industries. In (9) to that, people are concerned that global warming will (10) Asian monsoon rains.

*tectonic plates プレート（地球の表面を覆う岩盤）

*cultivate 開拓する

*reclaim 埋め立てる

Source: 笹島茂他（2022）*CLIL Primary SDGs* 三修社 2022 p.58

	A	B	C	D
(1)	least	less	more	most
(2)	drive	improve	raise	worsen
(3)	on	over	under	up
(4)	constructions	destructions	eruptions	functions
(5)	break	provide	refuse	stop
(6)	drought	earthquakes	floods	tornados
(7)	behind	close	far	near
(8)	affect	affects	affected	affecting
(9)	addition	conclusion	order	sum
(10)	decrease	increase	reduce	shorten

〔3〕 次の各英文を読み、設問(1)~(5)に対する最も適切な答えをそれぞれA~Dの中から1つ選び、記号で答えよ。

〈Section 1〉

Delivery Rates for Purchases from Arko Furniture

Destination	Base Rate	Delivery date	Maximum items**
Markston	$ 90	Same day*	10
Helward Cove	$ 130	Same day*	10
Collings Ridge	$ 150	Same day*	10
Jaceford	$ 180	Following day	10
Bently and Chelmers	$ 220	Within 2 to 3 days	5
Sedgwick Island	$ 255	Within 1 week	5

Notes:

* Same-day delivery is only available on purchases made before 2:00 P.M. Otherwise, delivery will be made the following day.

** An additional charge of $2 will be added to the base rate for each item which exceeds the limit.

Upon delivery, our expert teams will put together any item of furniture free of charge.

Source: 加藤優他（2019）『TOEIC® テスト新形式精選模試リーディング２』p.11　ジャパンタイムズ出版

(1) What is the basic charge for sending a delivery to Jaceford?

A $90.　　B $150.

C $180.　　D $220.

(2) When will an item purchased in the evening be delivered to Collings Ridge?

A　The day of purchase.　　B　The day after purchase.

C　Two to three days after purchase.　　D　One week after purchase.

(3) What is indicated about Arko Furniture?

A　It has branches nationwide.

B　It offers free shipping for certain orders.

C　It closes early on some days.

D　It sells furniture that needs to be assembled.

〈Section 2〉

To：	Alana Whitford ＜awhitford@konraddd.com.au＞
From：	Ivan Tesarik＜ivan.tesarik@osirafab.com.au＞
Subject：	Osirafab project
Date：	18 April

Dear Ms. Whitford,

We have just mailed the amended contract to you by overnight mail. It now reflects the additional graphic design work we added to the project, along with the higher compensation figure that we agreed upon. Please sign and resubmit it at your earliest convenience. As always, we greatly appreciate the strong working relationship we have enjoyed over the years with Konrad Digital Design.

Best regards,

Ivan Tesarik
Osirafab Industries

Source: ETS (2021)『公式 TOEIC® Listening & Reading 問題集 8』p.92 一般財団法人国際ビジネスコミュニケーション協会

(4) What does Mr. Tesarik indicate in his e-mail?

A　A new staff member was hired.

B　An agreement was revised.

C　A deadline was missed.

D　Some company policies were updated.

(5) What does Mr. Tesarik ask Ms. Whitford to do?

A　Return a document.

B　Schedule a meeting.

C　Submit a proposal.

D　Change a design.

［4］次の英文の内容に関する質問に対して、あるいは文の後ろにくるものとして最も適切なものを Section 1 はA～D、Section 2 はA～Cの中から１つ選び、記号で答えよ。

〈Section 1〉

Take a minute and think about your friends. Do any of them have more than one brother or sister? Perhaps you have no friends with three siblings. However, just two generations ago, four children per family was the average. Now at 1.32 babies per woman, Japan has one of the lowest fertility rates in the world. What is the reason for this reluctance to have children and is there any solution to the problem?

To look for reasons, one needs only to visit the average workplace. Two generations ago, most workers were men. Now if you visit the average office, there are often as many women as men. Women naturally have more difficulty raising a child if they have a job. The fact that women are working also gives them more independence, which is another change in society that has caused a lower birth rate. In this sense, the lack of babies reflects the growing status of women.

Linked to this reason is the increasingly late marriage of women. Now the average age is about 28. Such a late marriage means that there are fewer years in which to have a baby because it gets more and more difficult to bear a child after the age of 35.

As one would expect, another reason concerns money. In modern Japan, in order to raise just one child from birth through to university graduation costs about 13 million yen. Such an enormous expense means that some couples decide to stop after having one child, while others don't even have one. Then there are the growing numbers of people who never get married. This trend may be occurring because women are no longer willing to endure the lifestyle of their mothers who would do all of the housework.

If Japan's birth rate remains low, it is clear that there will not be enough young people to enable the economy to grow. Therefore some solutions need to be found. Since many women want to continue working, one possible solution is to provide better and affordable daycare. This would allow women to stay at their jobs after giving birth. Another idea is to give a bonus to parents for each baby they have. Yet another idea is to give further tax breaks to parents for each child or to further subsidize education costs.

Unfortunately, all of these ideas are expensive. Now, especially, the Japanese government is attempting to cut back on its expenses. Therefore, these suggestions are not so realistic.

Actually, among developed countries, Japan is not so special in having this problem. For example, the fertility rate in Hong Kong is even lower than one baby per woman. It is also possible to look at this phenomenon in a positive light. Japan's population will certainly fall and this should be good for the environment. With fewer people driving cars and using energy, there may be less pollution and the cities will be less crowded. Japan is still one of the most densely populated countries in the world, so a smaller population may not be such a bad idea after all.

Source: Stapleton, P. (2008). *Keywords for Japan Today*. Tokyo: Cengage Learning. pp. 10-13

(1) Which one of the following statements is NOT a reason for Japan's declining number of babies?

A The great expense it takes to raise children in modern Japan.

B The increasing number of women that have careers.

C Women are getting married at a later age.

D The fact that young women do not like to do housework.

(2) The solution to increasing the birth rate is:

A offer money for each child born to a couple.

B provide low-cost places where parents can take their young children while they are at work.

C make educational expenses lower.

D All of the choices, A, B and C are correct.

(3) Regarding Japan's lack of children, the author seems to

A feel generally optimistic about Japan's future.

B feel generally pessimistic about Japan's future.

C see both good and bad sides to the issue.

D offer no special feeling about the issue.

〈Section 2〉

In 2011, Kylie Dunn, a writer from Australia, decided to shake up her life. Every month for a year, she decided to try two new activities. In February 2012, for example, one of her goals was to eat less meat for 30 days. Later, she wrote a letter to a friend or relative every day for a month. In just 12 months, she changed her life in more than 20 different ways.

Dunn was inspired to try her project after watching a TED Talk by Matt Cutts. To get ideas for activities, she watched hundreds of other TED Talks. Her first activity, in November 2011, was inspired by Jessi Arrington's talk "Wear Nothing New". Dunn tried each activity for 30 days, and then wrote about her experiences in a blog called "My Year of TED".

Finally, when her project was over, Dunn talked about her experiences at a TEDx conference in Hobart, Australia. Dunn's talk in January 2014 inspired other people to change their attitudes and their lives. Before her project, Dunn says, she didn't think she had the courage to change her life. The project showed her she had more strength than she thought.

"People who watch TED Talks... end up shifting their view of the future", says Chris Anderson, the curator of TED. He says that TED's goal isn't to make a single big change. TED's impact is the millions of stories of small changes. Individual changes like Kylie Dunn's are happening every day. Together, these changes have the power to change the future in a positive way. As Anderson explains, "Instead of thinking of [the future] as an unstoppable force... [people can] play a part in shaping it".

Source: Longshaw, R., Blass, L., Vargo, M., Yeates, E., Wisniewska, I., & Williams, J. (2015). *21st Century Reading – creative thinking and reading with TED Talks*. Boston, MA: Cengage Learning. pp. 8-15

(4) What is the main idea of the passage?

A Many people watch TED Talks online.

B People can try different things for 30 days.

C TED Talks spread ideas that can change lives.

(5) Why did Kylie Dunn do her "year of TED"?

A She was inspired by a TED Talk.

B She started a new job at TED.

C She needed a new challenge.

日本史

◀1月23日実施分▶

（2科目 120分）

1　問題〔1〕～〔5〕のうちから4問選択して解答せよ。

2　選択した問題の番号を解答用紙の選択問題番号欄に記入せよ。

〔1〕次の史料を読み、以下の問いに答えよ。

A　建武中元二年①、倭の[1]、貢を奉じて朝賀す。使人自ら[2]と称す。倭国の極[3]なり。[4]、賜うに[5]を以てす。

[6]の永初元年②、倭国王[7]、[8]百六十人を献じ、請見を願う。

B　夫れ[9]海中に倭人有り、分れて百余国と為る。歳時を以て来り献見すと云ふ。

C　倭人は[10]の東南大海の中に在り、山島に依りて国邑を為す。旧百余国、漢の時朝見する者あり。（略）景初二年③六月、倭の女王、大夫[11]を遣し郡に詣り、（略）今汝を以て[12]と為し、[13]を仮し、

問1　空欄[1]～[13]に当てはまる語句を次から選び、記号で答えよ。

a　金印紫綬	b　大王	c　狗奴国	d　生口	e　難升米等
f　奴国	g　武帝	h　東海	i　光武	j　帥升等
k　奴隷	l　帯方	m　洪武	n　安帝	o　楽浪
p　印綬	q　大夫	r　邪馬台国	s　安東大将軍	t　親魏倭王
u　順帝	v　南界			

問2　下線部①は、西暦何年か答えよ。

問3　下線部②は、西暦何年か答えよ。

問4　下線部③は、西暦何年か答えよ。ただし，景初三年でも可とする。

問5　史料A、史料B、史料Cは中国の歴史書である。その名称を答えよ。

〔2〕次の文章を読み、以下の問いに答えよ。

19世紀、文化・文政期には、江戸の民衆生活に根差した化政文化が花開いた。演劇・舞踊・三味線などの音曲を総合した歌舞伎①は、鶴屋南北②らの活躍で人気を集め、黄表紙③、滑稽本、尋常本などの小説、俳諧、川柳、狂歌などもさかんに出版された。錦絵とよばれる多色刷りの浮世絵は、喜多川歌麿④、葛飾北斎⑤、東洲斎写楽⑥らの登場で全盛期を迎えた。これらの庶民文化は、庶民生活をゆたかにうるおしたが、歌舞伎、小説、浮世絵は、身売りさせられた遊女などを題材とするものも多かった。

いっぽう、19世紀には、小農民が没落して関東地方では荒廃する農村も増えた。農民出身の［ 1 ］は、農民の勤勉・倹約と領主の責任を説いて農村の立て直しをはかった。［ 2 ］は、農民の協同組織である先祖株組合などをつくって、本百姓の農業経営の安定をめざしたが、領主と衝突して挫折した。また、身分にかかわらず人間の値打ちを三千年に一度咲く花にたとえて尊んだ南部三閉伊一揆の指導者三浦命助や、儒学の男尊女卑を批判した［ 3 ］など、社会的に抑圧された人々の主張もあらわれた。

問1　空欄［ 1 ］～［ 3 ］に当てはまる最も適切な人名を次から選び、記号で答えよ。

a　大原幽学　b　安藤昌益　c　二宮尊徳　d　大塩平八郎
e　只野摩葛　f　石田梅岩

問2　下線部①のはじまりとなったのは、17世紀初めに流行した女性を中心とした舞踊であるが、その代表的な人物を漢字4字で答えよ。

問3　下線部②の著した作品として最も適切なものを次から1つ選び、記号で答えよ。

a　曽根崎心中　b　東海道四谷怪談　c　国性（姓）爺合戦
d　里見八犬伝　e　浮雲

問4　下線部③の説明として最も適切なものを次から1つ選び、記号で答えよ。

a　当時の世相に取材し、恋愛・心中・殺人・怪談・盗賊がテーマであるもの
b　歴史上の出来事を題材にしたもの
c　風刺滑稽の絵入り小説であり、大人向きの小説に転じたもの
d　出雲参りなどの流行にともない、道中の様子を描いたもの

問5　下線部④⑤⑥の作者が描いた代表的な作品を次から1つ選び、記号で答えよ。

a　大谷鬼次の奴江戸兵衛　b　十便十宜図　c　ポッピンを吹く女
d　富嶽三十六景　e　雨夜の宮詣　f　雪松図屏風

〔3〕次の文章を読み、以下の問いに答えよ。

反平氏の諸勢力のうち、東国の武士団は武家の棟梁で源氏の嫡流である源頼朝のもとに集結し、もっとも有力な勢力に成長した。頼朝は挙兵すると、［ 1 ］の鎌倉①を根拠として広く主従関係の確立につとめ、関東の荘園・公領を支配して御家人の所領支配を保障していった。1183年には、平氏の都落ちのあと、京都②の［ 2 ］法皇と交渉して、東海・東山両道の東国の支配権の承認を得た。

ついで1185年、平氏の滅亡後、頼朝の支配権の強大化を恐れた法皇が源［ 3 ］に頼朝追討を命じると、頼朝は軍勢を京都に送って法皇にせまり、諸国に守護を、荘園や公領には地頭を任命する権利や1段当り［ 4 ］升の兵糧米を徴収する権利、さらに諸国の国衙の実権を握る在庁官人を支配する権利を得た。こうして東国を中心にした頼朝の支配権は西国にもおよび、武家政権として鎌倉幕府が誕生した。

その後、頼朝は逃亡した［ 3 ］をかくまったとして、奥州③［ 5 ］氏を滅ぼすと、1190年には念願の上洛が実現して［ 6 ］になり、1192年、法皇の死後には、［ 7 ］に任ぜられた。

幕府の支配機構は、簡素で実務的なものであった。鎌倉には中央機関として、御家人を組織し統制する［ 8 ］、一般政務や財務事務をつかさどる［ 9 ］（初めは公文所）、裁判事務を担当する［ 10 ］などがおかれ、京都からまねいた下級貴族を主とする側近たちが頼朝を補佐した。

問1　空欄［ 1 ］～［ 10 ］に当てはまる最も適切な語句を次の空欄ごとの選択肢から1つ選び、記号で答えよ。

空欄［ 1 ］　a　伊豆　b　相模　c　駿河　d　安房
空欄［ 2 ］　a　後三條　b　後白河　c　後鳥羽　d　後醍醐
空欄［ 3 ］　a　頼家　b　義経　c　実朝　d　義仲
空欄［ 4 ］　a　5　b　1　c　10　d　30
空欄［ 5 ］　a　佐竹　b　最上　c　藤原　d　伊達
空欄［ 6 ］　a　検非違使別当　b　内大臣　c　右近衛大将　d　大納言
空欄［ 7 ］　a　太政大臣　b　右大臣　c　関白　d　征夷大将軍
空欄［ 8 ］　a　兵部省　b　武者所　c　評定衆　d　侍所
空欄［ 9 ］　a　政所　b　記録所　c　問注所　d　大蔵省
空欄［ 10 ］　a　問注所　b　刑部省　c　雑訴決断所　d　侍所

問2　下線部①～③は地名であるが、おおよその位置を地図上から選び、記号で答えよ。

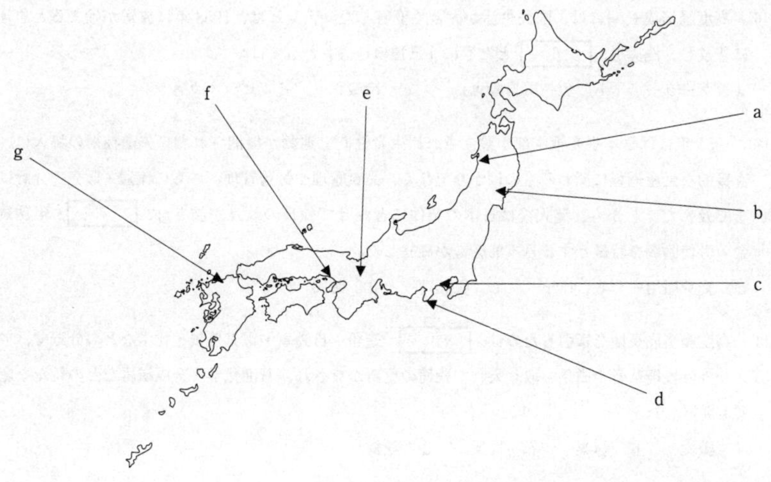

〔4〕 次の文章を読み、以下の問いに答えよ。

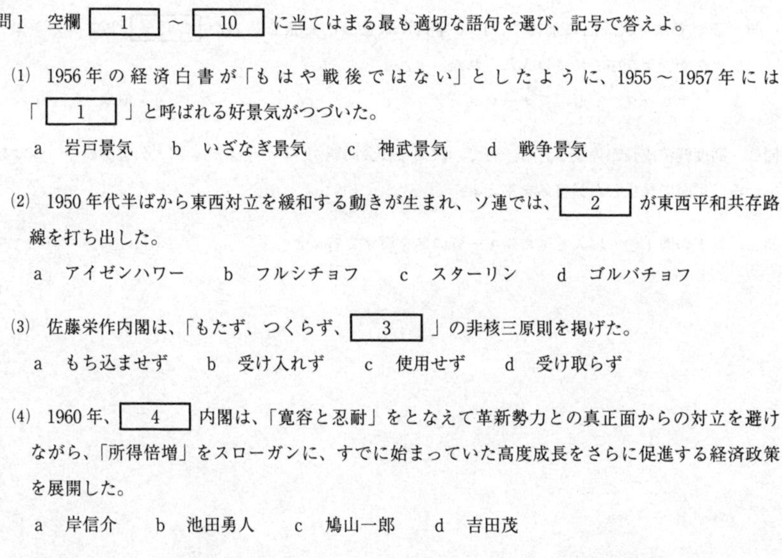

問1　空欄 [1] ～ [10] に当てはまる最も適切な語句を選び、記号で答えよ。

(1) 1956年の経済白書が「もはや戦後ではない」としたように、1955～1957年には「 [1] 」と呼ばれる好景気がつづいた。

a　岩戸景気　b　いざなぎ景気　c　神武景気　d　戦争景気

(2) 1950年代半ばから東西対立を緩和する動きが生まれ、ソ連では、 [2] が東西平和共存路線を打ち出した。

a　アイゼンハワー　b　フルシチョフ　c　スターリン　d　ゴルバチョフ

(3) 佐藤栄作内閣は、「もたず、つくらず、 [3] 」の非核三原則を掲げた。

a　もち込ませず　b　受け入れず　c　使用せず　d　受け取らず

(4) 1960年、 [4] 内閣は、「寛容と忍耐」をとなえて革新勢力との真正面からの対立を避けながら、「所得倍増」をスローガンに、すでに始まっていた高度成長をさらに促進する経済政策を展開した。

a　岸信介　b　池田勇人　c　鳩山一郎　d　吉田茂

(5) 日本経済は、 [5] と呼ばれる経済安定政策によって深刻な不況におちいっていたが、1950（昭和25）年に勃発した朝鮮戦争で活気を取り戻した。

a　金本位制　b　プラザ合意　c　マーシャル・プラン　d　ドッジ＝ライン

(6)　高度経済成長期には、国民生活が大きく変容した。テレビは、1953年に放送が始まると急速に普及し、洗濯機、[6] とともに「三種の神器」ともてはやされた。

a　クーラー　b　カー（自動車）　c　冷蔵庫　d　ビデオカメラ

(7)　1955年には日本生産性本部が設立され、生産性向上運動が展開された。先進技術の導入は、直接的な生産過程に関わるものばかりでなく、品質管理や労務管理、さらに流通・販売の分野にまで及んだ。しかも、導入後は日本の条件に合わせて独自の改良が施され、[7]・年功賃金・労使協調を特徴とする日本的経営が確立した。

a　終身雇用　b　IMF　c　GATT　d　財閥

(8)　高度経済成長期を牽引したのは、[8]・造船・自動車・電気機械・化学などの分野で、アメリカの技術革新の成果を取り入れて設備の更新がなされ、石油化学・合成繊維などの新たな産業も発展した。

a　繊維　b　林業　c　農業　d　鉄鋼

(9)　高度経済成長期の日本では、太平洋側に製鉄所や石油化学コンビナートなどが建設され、京葉・[9]・東海・中京・阪神・瀬戸内・北九州と続く重化学工業地帯（太平洋ベルト地帯）が出現した。

a　京浜　b　八戸　c　道央　d　仙台湾

(10)　音楽では、歌謡曲に加えて、1960年代には社会的主張を込めた [10] やロックミュージックが青年を中心に受け入れられた。

a　クラシック　b　フォークソング　c　ニューミュージック　d　演歌

問2　高度経済成長が達成される一方で、深刻な社会問題が生み出された。四大公害訴訟の一つである三重県で発生した公害名を答えよ。

問3　以下の図1のaに入るエネルギー資源名を漢字で答えよ。

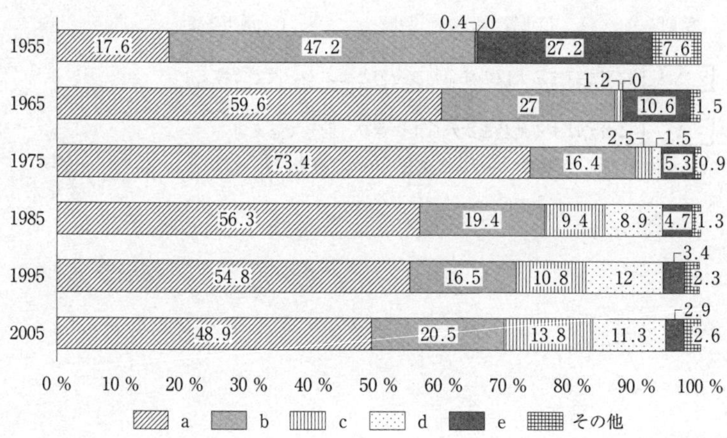

図1　エネルギー需給

(「総合エネルギー統計」平成 15 年度版，資源エネルギー庁 HP「エネルギーバランス表簡易表」より)

〔5〕 次の文章を読み、以下の問いに答えよ。

A　日露戦争後、藩閥勢力を代表する［ 1 ］と、衆議院の最大勢力である立憲政友会総裁の［ 2 ］とが、勢力均衡のもとに交互に政権を担当した。第 2 次［ 1 ］内閣のあと、1911 年に成立した第 2 次［ 2 ］内閣では、1912 年に陸軍大臣が単独で辞職し、陸軍が後任者の推薦を拒んだため［ X ］のもとで陸軍大臣を得られず、総辞職に追い込まれた。その後の第 3 次［ 1 ］内閣に対して、政友会の［ 3 ］と立憲国民党の［ 4 ］が先頭に立ち、閥族打破・憲政擁護を掲げて運動を展開した。その後は、民衆と結びついた政党の力を無視しえなくなり、政友会を与党として第 1 次［ 5 ］内閣が成立した。

B　1911 年、中国では［ 6 ］らの指導する中国同盟会が［ 7 ］を起こし、翌年［ 6 ］を臨時大統領とする中華民国臨時政府を南京に誕生させ、［ 8 ］を滅ぼした。1915 年、［ 9 ］内閣は、ヨーロッパ諸国が戦争をしている機会に、中国政府に 21 か条要求をつきつけた。その内容は、［ Y ］のドイツ権益の継承、［ 10 ］・大連の租借地と南満州鉄道の権益の 99 年間の延長などであった。

問 1　空欄［ 1 ］～［ 10 ］に当てはまる最も適切な語句を次から選び、記号で答えよ。

a　明朝	b　尾崎行雄	c　五・四運動	d　大隈重信
e　桂太郎	f　蔣介石	g　山本権兵衛	h　孫文
i　香港	j　袁世凱	k　原敬	l　西園寺公望
m　辛亥革命	n　犬養毅	o　台湾	p　山東省

q　清朝　　r　福建省　　s　旅順　　t　満州事変

問2　[X] に当てはまる大臣の任命制度を何とよぶか。漢字で答えよ。

問3　[Y] に当てはまる地名を次から1つ選び、記号で答えよ。

ア　山東省　　イ　福建省　　ウ　広東省　　エ　黒竜江省

◀1月24日実施分▶

（2科目 120分）

1　**問題〔1〕～〔5〕のうちから4問選択して解答せよ。**

2　**選択した問題の番号を解答用紙の選択問題番号欄に記入せよ。**

〔1〕 次の文章を読み、以下の問いに答えよ。

日本列島は、およそ［　1　］年余り前を境に［　2　］と［　3　］とに区分される自然環境の変化に見舞われ、以後、現在に近い日本列島が成立した。この大きく変化した新しい環境に対応していった列島に住む人々は、［　4　］文化と呼ばれる特徴的な生活様式を始めていく。この時代の特徴としては、撚糸を転がして土器の表面に文様をつけた［　4　］土器があり、この土器の変遷を基にして、一般的に時代を［　5　］期に区分している。この時代は、食料の獲得法が多様化した①ことから生活は安定し、定住的集落を形成していった。彼らの社会を構成する基本的単位は、［　6　］住居4～6軒程度の世帯からなる20～30人ほどの集団であったと考えられている。こうした集団は近隣の集団と［　7　］し、様々な情報を交換し合った。また、［　8　］などの石器の原材料②や［　9　］などの産地の分布状況から、かなり遠方の集団とも交易がおこなわれていた③ことが知られている。

問1　空欄［　1　］～［　9　］に当てはまる最も適切な語句を次から選び、記号で答えよ。

a　3万　b　通婚　c　ひすい　d　完新世　e　1万
f　横穴　g　鮮新世　h　10万　i　光石　j　5
k　3　l　弥生　m　更新世　n　戦闘　o　中新世
p　6　q　黒曜石　r　縄文　s　旧石器　t　竪穴
u　高床　v　石棒

問2　下線部①について、この時代は狩猟・採集段階といわれるが、栽培もおこなわれていた。栽培品として正しくないものを次から1つ選び、記号で答えよ。

a　クリ　b　エゴマ　c　ヒョウタン　d　ウメ

問3　下線部②について、石器の原材料産地として正しくないものを次から1つ選び記号で答えよ。

a　和田峠　b　白滝　c　茂呂　d　姫島

問4　下線部③について、遠方へは、航海術も使ったとされている。この時代の船の名称を答えよ。

〔2〕次の文章を読み、以下の問いに答えよ。

南北朝期には新しい歴史意識を示す著作が生まれ、その代表作が、南北朝内乱の全体像を描いた壮大な軍記物語『[1]』である。一方、北畠親房は『[2]』で南朝の立場からの皇位継承の道理を主張した。また、承久の乱以降から足利氏の政権成立までの時代を武家の側から描いた『[3]』などの歴史書が生まれた。

文芸では、南北朝期に、摂関家の[4]が撰した『菟玖波集』によって連歌は和歌と並ぶ地位を確立し、応仁・文明の乱後、連歌師[5]を中心に編まれた『新撰菟玖波集』までが最盛期であった。

14世紀末、京都北山に建てられた山荘に三層の舎利殿（金閣）があったが、その初層は[6]風、二層は和様仏堂風、三層は禅宗の仏堂というように、文化の融合を象徴するような構造となっていた。この時代の文化を北山文化という。

15世紀後半の足利[7]時代の文化を東山文化と呼ぶ。これは、[7]が応仁・文明の乱後、京都東山に山荘を造営したことによる。山荘には義満の金閣にならって、現在銀閣と呼ばれる二層の仏殿が建てられ、その初層は書院造風、二層が禅宗様であった。書院造は、同じく東山山荘の持仏堂であった東求堂の一室である[8]にみられ、座敷飾りのための床の間、[9]や付書院をもっている点が特徴である。

現代にまで伝わる文化で、15世紀後半から戦国時代にかけて基礎がつくられたものは多く、茶道・華道はその代表例である。村田珠光は茶の湯に精神的な要素をもたせ、侘茶の祖とされる。この趣向は戦国時代の武野紹鷗に受け継がれ、[10]によって茶の湯は大成された。

問1　空欄[1]～[10]に当てはまる最も適切な語句を次の空欄ごとの選択肢から1つ選び、記号で答えよ。

空欄[1]　a　将門記　b　承久記　c　平家物語　d　太平記
空欄[2]　a　大日本史　b　大鏡　c　神皇正統記　d　本朝通鑑
空欄[3]　a　日本三代実録　b　保元物語　c　応仁記　d　梅松論
空欄[4]　a　信濃前司行長　b　足利尊氏　c　二条良基　d　林羅山
空欄[5]　a　如拙　b　夢窓疎石　c　宗祇　d　雪舟
空欄[6]　a　校倉造　b　数寄屋造　c　寝殿造　d　大社造
空欄[7]　a　尊氏　b　義持　c　義政　d　義昭
空欄[8]　a　如庵　b　鳳凰堂　c　釣殿　d　同仁斎
空欄[9]　a　寝殿　b　違い棚　c　講堂　d　回遊式庭園
空欄[10]　a　千利休　b　高山右近　c　能阿弥　d　栄西

問2　下線部に関する以下の説明の空欄[　　]に当てはまる語句を漢字3字で答えよ。

作庭では、池・遣水などを用いず、石で景色をつくる[　　]が盛んになり、それを代表する一人に善阿弥が挙げられる。

〔3〕 次の江戸時代に関する文章を読み、以下の問いに答えよ。

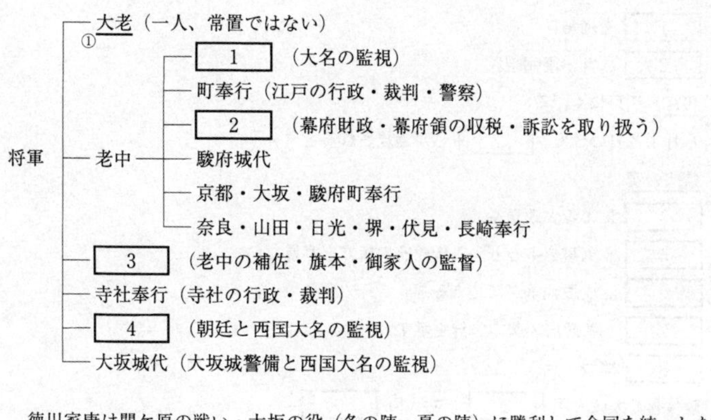

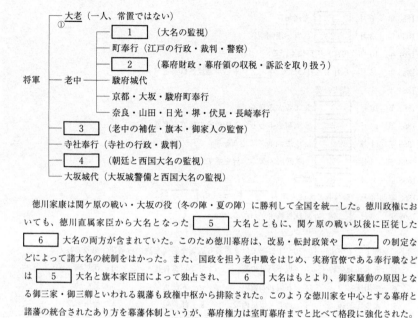

徳川家康は関ケ原の戦い・大坂の役（冬の陣・夏の陣）に勝利して全国を統一した。徳川政権においても、徳川直属家臣から大名となった［ 5 ］大名とともに、関ケ原の戦い以後に臣従した［ 6 ］大名の両方が含まれていた。このため徳川幕府は、改易・転封政策や［ 7 ］の制定などによって諸大名の統制をはかった。また、国政を担う老中職をはじめ、実務官僚である奉行職などは［ 5 ］大名と旗本家臣団によって独占され、［ 6 ］大名はもとより、御家騒動の原因となる御三家・御三卿といわれる親藩も政権中枢から排除された。このような徳川家を中心とする幕府と諸藩の統合されたあり方を幕藩体制というが、幕府権力は室町幕府までと比べて格段に強化された。

このため、徳川幕府で将軍の信任を得た側用人②などが権勢をふるい、［ 5 ］門閥出身の老中③らと対立することはあっても、政権中枢や幕藩体制そのものが分裂するようなことはなく、200年以上も内戦のない時代が続くことになった。

問1　空欄［ 1 ］～［ 7 ］に当てはまる最も適切な語句を次から選び、記号で答えよ。

a　管領　　b　大目付　　c　政所　　d　評定衆　　e　鎮西奉行
f　勘定奉行　　g　守護人奉行　　h　若年寄　　i　国衆　　j　京都所司代
k　九州探題　　l　外様　　m　奉公衆　　n　譜代　　o　武家諸法度
p　御成敗式目

問2　下線部①にある役職に就任した人物として最も適切な人名を次から1つ選び、記号で答えよ。

a　堀田正俊　　b　大塩平八郎　　c　本多正純　　d　大岡忠相

問3　下線部②の役職に就任し、徳川綱吉の寵愛を受けて活躍し、大老格となった人物を漢字4字で答えよ。

問4　下線部③の役職に就任し、寛政の改革を主導した人物を漢字4字で答えよ。

〔4〕 幕末から明治初期の国内・国際情勢について、以下の問いに答えよ。

1858年　6月　[1] を締結
1860年　3月　[2]。井伊直弼暗殺
1861年　10月　和宮①、江戸にくだる
1863年　8月　八月十八日の政変。[3] らが追放される
1864年　7月　禁門の変②
1867年　10月　[4] による大政奉還
1867年　12月　[5]。天皇を中心とする新政府の樹立を宣言
1868年　1月　[6]。戊辰戦争がはじまる
1868年　3月　[7]。新政府の基本方針を示す
1868年　4月　[8] 開城
1868年閏 4月　政体書。太政大臣 [3]、右大臣 [9]
1869年　5月　[10]。戊辰戦争がおわる

問1　空欄 [1] ～ [10] に当てはまる最も適切な語句を次から選び、記号で答えよ。

a	日米和親条約	b	坂下門外の変	c	岩倉具視	d	伏見城
e	徳川慶喜	f	五稜郭の戦い	g	大隈重信	h	若松城
i	大久保利通	j	鳥羽・伏見の戦い	k	江戸城	l	徳川家茂
m	西郷隆盛	n	五箇条の御誓文	o	桜田門外の変	p	三条実美
q	有栖川宮熾仁	r	日米修好通商条約	s	五榜の掲示	t	王政復古の大号令

問2　下線部①の兄にあたる天皇の名前を答えよ。

問3　下線部②においてやぶれた藩の名前を漢字で答えよ。

〔5〕 1930年前後の出来事について、以下の問いに答えよ。

A　1931（昭和6）年9月18日、関東軍は、南満州鉄道の線路を爆破するという柳条湖事件を起こした。これを中国軍のしわざとして軍事行動を開始して満州事変が始まった。第2次若槻礼次郎内閣（[1]党）は不拡大方針を声明したが事態は収拾できなかった。かわって同年12月に立憲政友会総裁[2]が組閣し、中国との直接交渉をめざしたが、翌1932（昭和7）年になると、関東軍は満州の主要地域を占領し、清朝最後の皇帝[3]を執政として、満州国の建国を宣言させた。

B　1929（昭和4）年に成立した[1]党の[4]内閣は、二つの課題をかかえていた。第1は経済の再建である。第一次世界大戦中に、各国は自国の経済をまもろうとして、正貨である金の輸出を禁止したが、大戦後は貿易促進のため、あいついで[5]をしていった。[4]内閣は、大蔵大臣に井上準之助を起用し、財政の緊縮によって物価を引下げ、産業合理化を促進して企業の国際競争力を高めようとした。しかし、1929年の10月、アメリカではじまった恐慌は[6]へと拡大したため、日本の[5]は嵐のなかで雨戸を開くような結果となった。輸出は大きく減り、輸入がふえて予想以上の金が国外へ流出し、株価・物価が下がって企業の倒産があいついだ。これを[7]とよぶ。

C　満州事変の時期には、経済情勢の改善や満州事変に対する政党内閣の姿勢に不満を抱く者たちの動きが活発になっていった。1931（昭和6）年、陸軍青年将校や右翼によって軍事政権を樹立しようとするクーデターがくわだてられた（三月事件、十月事件）。翌1932（昭和7）年には、井上日召率いる右翼団員が井上準之助前蔵相・団琢磨三井合名会社理事長を暗殺する事件（[8]）や、<u>海軍青年将校の一団が首相官邸におし入り、[2]首相を射殺するという事件</u>があいついだ。一連のテロ活動の後、元老[9]は穏健派の海軍大将[10]を後継首相に推薦した。

問1　空欄[1]～[10]に当てはまる最も適切な語句を次から選び、記号で答えよ。

a	立憲民政	b	戦後恐慌	c	金融恐慌	d	昭和恐慌
e	世界恐慌	f	金解禁	g	モラトリアム	h	金輸出禁止
i	労働農民	j	田中義一	k	浜口雄幸	l	農業恐慌
m	幣原喜重郎	n	犬養毅	o	斎藤実	p	清浦奎吾
q	五・三〇事件	r	血盟団事件	s	溥儀	t	張作霖
u	日本国家社会	v	張学良	w	高橋是清	x	西園寺公望
y	二・二六事件	z	三・一五事件				

問2　下線部の事件を何とよぶか。

問3　満州国が日本の傀儡（かいらい）国家であると認定する報告書を出した調査団の名称を答えよ。

◀1月25日実施分▶

（2科目 120分）

1 **問題〔1〕～〔5〕のうちから4問選択して解答せよ。**

2 **選択した問題の番号を解答用紙の選択問題番号欄に記入せよ。**

〔1〕 次の文章を読み、以下の問いに答えよ。

［ 1 ］天皇は、仏教政治の弊害(①)を改め、天皇権力を強化するために、平城京から山背の国の［ 2 ］京に遷都した。さらに10年後に［ 3 ］京に再遷都した。［ 1 ］天皇は、地方政治を改革することに力を入れ、国司の交替に際する事務の引継ぎを厳しく監督させた(②)。また、一般民衆から徴発する兵士の質が低下したことを受けて、東北や九州などの地域を除いて［ 4 ］と［ 5 ］とを廃止し、代わりに［ 6 ］の子弟や有力農民の志願による少数精鋭の［ 7 ］を採用した。

［ 1 ］天皇の子である［ 8 ］天皇は、兄の［ 9 ］太上天皇と対立し、政治的混乱が生じた。この対立を［ 10 ］朝廷とよぶ。また、この対立の際に、天皇の命令を速やかに太政官組織に伝えるために、秘書官長として［ 11 ］が設けられ、［ 12 ］が任命された。また［ 8 ］天皇は、［ 3 ］京内の警察にあたる［ 13 ］を設けた。

問1 空欄［ 1 ］～［ 13 ］に当てはまる最も適切な語句を次から選び、記号で答えよ。ただし、［ 4 ］と［ 5 ］は順不同とする。

a	聖武	b	軍団	c	郡司	d	藤原	e	国司
f	桓武	g	藤原百川	h	長岡	i	押領使	j	北面の武士
k	検非違使	l	蔵人頭	m	藤原種継	n	平城	o	健児
p	淳和	q	平安	r	藤原冬嗣	s	嵯峨	t	兵士
u	国侍	v	滝口の武士	w	難波	x	二所	y	両家

問2 下線部①について、平城京の時代に、天皇が僧侶に皇位をゆずろうとする事件があった。その事件の際の天皇の名前と僧侶の名前を答えよ。

問3 下線部②について、この監督する役職の名称を答えよ。

問4 問題文の［ 1 ］天皇の政治改革の中に農民の貧富の拡大について対策するものがあった。それに関連して以下の①～③に適切な名称を答えよ。

① 農民の苦しみをうたった貧窮問答歌の作者はだれか。

② 租税負担を逃れるため男性でなく女性として記載されることを何というか。

③ 班田収授を励行させるために6年に1班としていた期間を何年に変更したか。

〔2〕次の戦国時代に関する文章を読み、以下の問いに答えよ。

16世紀後半になると、有力な戦国大名が領地を広げ、中には京都にのぼって全国を統一しようとする者もあらわれた。[1]の大名だった織田信長は、1560年、領内に侵入してきた[2]を桶狭間の戦いでやぶり、やがて[3]の斎藤氏を滅ぼして肥沃な濃尾平野を支配した。1568年、信長は支援を頼んできた13代将軍足利義輝の弟[4]を奉じて京都にのぼり、[4]は15代将軍となった。

やがて、信長は[4]と対立するようになり、1570年、姉川の戦いで、[5]の浅井長政と[6]の朝倉義景の連合軍をやぶり、さらに翌年、比叡山[7]を焼き討ちした。1575年には、[8]の武田勝頼を大量の鉄砲をたくみに使った集団戦法でやぶった。これを[9]という。信長は琵琶湖に面した地に新たな五重の天守閣をもつ華麗な[X]城を築き、全国統一の拠点とした。

1580年、信長は途中講和をはさんで10年間にわたって敵対してきた[10]を屈服させ、畿内全域をほぼ支配下に置いた。1582年には、武田氏を攻め滅ぼし、[8]・信濃・駿河・上野をも支配下においた。ところが、同年、家臣の[Y]に背かれ、京都の本能寺で自害した。これを本能寺の変と呼ぶ。

問1　空欄[1]～[10]に当てはまる最も適切な語句を、次の空欄ごとの選択肢から1つ選び、記号で答えよ。

空欄[1]　a 三河　b 尾張　c 近江　d 駿河
空欄[2]　a 上杉謙信　b 小早川隆景　c 今川義元　d 毛利元就
空欄[3]　a 飛驒　b 伊勢　c 美濃　d 河内
空欄[4]　a 義満　b 義持　c 義政　d 義昭
空欄[5]　a 山城　b 加賀　c 近江　d 摂津
空欄[6]　a 越前　b 若狭　c 丹波　d 相模
空欄[7]　a 延暦寺　b 金剛峯寺　c 根来寺　d 興福寺
空欄[8]　a 甲斐　b 下野　c 越後　d 武蔵
空欄[9]　a 長篠の戦い　b 賤ヶ岳の戦い　c 関ヶ原の戦い　d 小牧・長久手の戦い
空欄[10]　a 石山本願寺　b 粉河寺　c 日吉大社　d 四天王寺

問2　空欄[X]・[Y]に当てはまる語句を答えよ。

〔3〕 次の江戸時代に関する文章を読み、以下の問いに答えよ。

開港の条約を結んだのち、幕府内部では、日本の発展には積極的に西洋諸国と通商し、その利益を海岸の防備や西洋技術の輸入にあてることが必要だ、という意見が有力となった。その結果、老中の［ 1 ］にひきいられた幕府は、1857年、オランダやロシアとの条約を改定して正式に通商の開始を取り決めた。翌1858年に、アメリカの［ 2 ］総領事と大老になった井伊直弼とのあいだで、通商だけでなく国交の開始も決めた［ 3 ］を結んだ。この条約で、両国の外交代表をたがいの首都におき、箱館・神奈川（後の横浜）・長崎・新潟・兵庫①の5港と江戸・大坂の2都市を開き、自由な貿易を始めることが決まった。

幕府は一般の日本人の海外渡航はまだ想定していなかったが、アメリカとの批准書の交換をワシントンでおこなうよう提案した②。これは「［ 4 ］」政策をはっきりと放棄しようと考えていたことを示している。

幕府はその後、オランダ・［ 5 ］・イギリス・フランスとも同様の条約を結んだ（安政の五カ国条約）。これらの条約は、相手国だけに［ X ］、［ Y ］および最恵国待遇を認め、日本には認めない不平等条約であった③。

79%　11%　4%　3%　3%

A　B　蚕卵紙　海産物　その他

図1　1865年 横浜・長崎・箱館の3港輸出品の割合

問1　空欄［ 1 ］～［ 5 ］に当てはまる最も適切な語を次から選び、記号で答えよ。

a	堀田正睦	b	小栗上野介	c	陸奥宗光
d	アーネスト・サトウ	e	タウンゼント・ハリス	f	セルゲイ・ウィッテ
g	日米和親条約	h	日米通商航海条約	i	日米修好通商条約
j	朝貢	k	鎖国	l	植民地
m	ロシア	n	オーストラリア	o	ドイツ

問2　下線部①の場所として開港した地域は後に国際的な貿易港となる都市へ発展するが、その都市名を漢字2字で答えよ。

問3　図1は、1865年の横浜・長崎・箱館の3港の輸出品の割合を示したものであるが、輸出品の1位（A）と2位（B）として当てはまる最も適切なものを次から選び、記号で答えよ。

a　綿織物　　b　工芸品　　c　生糸　　d　陶磁器　　e　茶　　f　日本刀

問4　下線部②のために、1806年に正使として新見正興がアメリカに派遣されるが、その際に同行し、咸臨丸の艦長として渡米し、戊辰戦争において江戸開城を決断した人物を漢字3字で答えよ。

問5　下線部③の不平等条約は1899年に治外法権の1つである空欄［ X ］が撤廃され、1911年に空欄［ Y ］が認められ、解消される。この2つの権利を、それぞれ漢字で答えよ。

〔4〕 近代産業の発展について、以下の問いに答えよ。

A　1872年に 1 が中心となって国立銀行条例を定め、紙幣を発行できる準備を整えた。1881年に大蔵卿となった 2 は増税で歳入を増やす一方、政府の歳出を徹底的に減らし、歳入の余りで不換紙幣を整理するデフレーション政策をすすめた。 2 の財政政策がもとで一時は深刻な不況におちいったが、貿易が輸出超過に転じ、1885年に 3 が確立すると、物価は安定していった。日本の産業革命は、 4 などの軽工業を中心として展開した。また、綿織物については農村で手織機の改良がすすみ、 5 が力織機を考案した。工業の発達には、金融・貿易面の支援が欠かせなかった。政府は 6 戦争で得た賠償金を準備金として、1897年に 7 を確立し、貨幣価値の安定と貿易の発展をはかった。

B　1900年代にはいると重工業の生産体制が整えられ、官営の八幡製鉄所を 8 県に建設した。 9 戦争後、 10 業の技術は世界水準に達した。また、このころから発電が本格的にはじまり、大都市に電灯が普及していった。工業の発達とともに労働運動も高まりをみせた。政府は労働者の生活条件の悪化による生産能率の低下や資本家と労働者の階級対立の激化を避けるため1911年に X を制定した。

問1　空欄 1 ～ 10 に当てはまる最も適切な語句を次から選び、記号で答えよ。

a	日露	b	金本位制	c	西南	d	福岡
e	造船	f	製糸	g	豊田佐吉	h	自動車製造
i	絹織物	j	日清	k	銀本位制	l	大分
m	田中正造	n	佐賀	o	毛織物	p	本田宗一郎
q	松方正義	r	鉄鋼	s	渋沢栄一	t	前島密

問2　下線部に該当する当時主流であった発電方法を漢字で答えよ。

問3　空欄 X に当てはまる法律の名称を答えよ。

〔5〕第二次世界大戦に関わる出来事について、以下の問いに答えよ。

○ 1937年7月7日、北京郊外で日中両軍の武力衝突事件（ 1 ）が起き、日中戦争が勃発した。

○ 日中戦争勃発後、日本は大軍をつぎつぎと投入し、1937年末には首都南京を占領し、その際、日本軍が女性や子どもを含む多くの中国一般住民および捕虜を殺害した（ 2 ）。

○ 1938年4月、 3 が制定され、政府は議会の承認なしに、戦争遂行に必要な物資や労働力を動員する権限を与えられた。

○ 1939年5月、日本陸軍とソ連・モンゴル連合軍が満州国西部とモンゴル人民共和国の国境地帯で戦い、日本陸軍は、ソ連の大戦車軍団の前に大打撃を受けた（ 4 ）。

○ 日本の教育面では、1941年に小学校が 5 に改められた。

○ 1941年12月8日、日本陸軍がイギリス領マレー半島に上陸し、日本海軍がハワイの真珠湾を奇襲攻撃して、アメリカ・イギリスに宣戦布告し、 6 が開始された。

○ 1942年、日米の海軍機動部隊同士が戦い（ 7 ）、日本側は主力空母4隻とその艦載機を失う大敗北を喫した。

○ 1943年、大学・高等学校及び専門学校に在学中の徴兵適齢文科系学生を軍に徴集（ 8 ）した。

○ 1943年、アメリカ大統領フランクリン＝ローズヴェルト、イギリス首相チャーチル、中国国民政府主席蔣介石によって連合国が日本の無条件降伏まで徹底的に戦うことや日本領土の処分方針を決めた（ 9 ）。

○ 1945年8月6日に 10 、8月9日に長崎に原子爆弾が投下された。

問1　空欄 1 ～ 10 に当てはまる最も適切な語句を次から選び、記号で答えよ。

a	済南事件	b	盧溝橋事件	c	南京事件
d	西安事件	e	国民徴用令	f	国民精神総動員運動
g	国家総動員法	h	ノモンハン事件	i	ジ（シ）ーメンス事件
j	国民学校	k	尋常小学校	l	日清戦争
m	太平洋戦争	n	朝鮮戦争	o	ソロモン海戦
p	ミッドウェー海戦	q	ガダルカナル攻防戦	r	学徒出陣
s	勤労動員	t	学童疎開	u	ヤルタ会談
v	カイロ宣言	w	広島	x	東京

問2　1940年7月第二次近衛内閣が成立し、積極的な南方への進出（南進）の方針が定まった。同年9月フランス領インドシナ（仏印北部）に軍隊を進駐させた。それとほぼ同時期に締結した同盟を漢字で答えよ。

問3　1945年、アメリカ・イギリス・中国の3交戦国の名で、日本軍への無条件降伏勧告と日本の戦後処理方針が発表された。この宣言名を答えよ。

世界史

◀1月23日実施分▶

（2科目 120分）

1　**問題〔1〕～〔5〕のうちから4問選択して、解答用紙に解答せよ。**
2　**選択した問題の番号を解答用紙の選択問題番号欄に記入せよ。**

〔1〕次の文章を読み、以下の問いに答えよ。

ウクライナ(ア)の首都であるキエフ（キーウ）は、ロシアからベラルーシを通ってウクライナを流れる［ 1 ］川の中流に位置する。9世紀、リューリクを首領とするノルマン人(イ)の一派が［ 2 ］国を建国する。その後、南下してキエフ公国を建国する。このノルマン人たちのことをスラヴ人たちは「［ 3 ］」と呼んだ。

10世紀の末、キエフ公国の大公［ 4 ］は南にあるビザンツ帝国の支配地域に進出を図るが、ビザンツ皇帝との間に婚姻関係を結び、キリスト教(ウ)を受け入れ、［ 5 ］をキエフ公国の国教とした。また、キエフの街や城壁の整備を進めた。そのとき中央門として建築された「黄金の門」は、ロシア人の作曲家ムソルグスキーの組曲『展覧会の絵』の最終曲である「キエフの大門」で知られている。

キエフ公国は11世紀には領土を拡大させるが、13世紀にはキプチャク＝ハン国の侵入を許し、その支配を受けた(エ)。14世紀後半以降はリトアニア大公国やポーランド王国、モスクワ大公国に分割され、［ 3 ］の人々は、それぞれベラルーシ、ロシア、ウクライナの民族に分かれていった。

問1　空欄［ 1 ］～［ 5 ］に当てはまる最も適切な語句を答えよ。

問2　下線部(ア)について、前6世紀ごろ現在のウクライナの一部の地域を中心に独自の文化を発展させたイラン系の騎馬遊牧民の名称を答えよ。

問3　下線部(イ)について、ノルマン人について説明した次の文の空欄［ A ］～［ C ］に当てはまる最も適当な語句を答えよ。

ノルマン人は、もともと［ A ］半島や［ B ］半島に住んでいた［ C ］人の一派である。

問4　下線部(ウ)について、ビザンツ帝国でスラヴ人にキリスト教を布教するために考案された文字の名称を答えよ。

問5　下線部(エ)について、このキプチャク＝ハン国による支配を、後のロシア人たちは何と呼んだか、答えよ。

〔2〕次の文章を読み、以下の問いに答えよ。

東南アジア地域は、太平洋とインド洋のあいだに位置し、ユーラシア大陸の一部とそこから突き出た半島の陸側、大小さまざまな島々、および、いくつもの海峡で構成されている。東南アジアでは［1］世紀後半から中国の経済発展により海上貿易が盛んになり、人や文物の往来が激しくなっていく。この東南アジアにおける海域や海路の支配は、陸側の政治勢力と一体化している。その一方で、マラッカ海峡やマレー半島、スマトラ島沿岸、南シナ海、ジャワ海などとインド洋を結ぶ地域には無数の港市国家(ア)が成立していた。また、陸上部分では、［2］世紀には、大越国（だいえつこく）（李朝）やチャンパー王国、クメール王国（アンコール朝）、バガン王国などが栄えた。

ところが、［3］世紀後半になると、ベトナム、シャム（タイ）、ビルマなどの東南アジアの陸地部分にヨーロッパ列強が進出し、いくつかの国はその植民地となった。また、東南アジアの島嶼部でも同様のことが列強により行われ、商品作物を中心とした農作物を生産させ、それを海外市場で販売して高収益をあげること(イ)で、植民地宗主国(ウ)は大きな経済的利益を得た。こうして植民地化された東南アジアで、支配国に対する抵抗と植民地からの独立の動きがでてくるのは、［4］世紀末になるまで待たなければならなかった。

問1　空欄［1］～［4］に当てはまる最も適切な数字を答えよ。

問2　下線部(ア)について、7～14世紀、スマトラ島のパレンバンを中心として栄えた港市国家の名称を答えよ。

問3　下線部(イ)について、1830年以降ジャワ島を中心として実施された植民地政庁による独占的農作物輸出・販売政策の名称を答えよ。

問4　下線部(ウ)について、フランス領インドシナとオランダ領東インドに当てはまる地名を、それぞれ全て、次の語群から選び、記号で答えよ。

語群

a　北ボルネオ　b　カンボジア　c　スマトラ島　d　ベトナム
e　ビルマ　f　ラオス　g　マラヤ　h　ジャワ島
i　シャム

〔3〕次の文章を読み、以下の問いに答えよ。

西ヨーロッパの封建社会は1000年頃から、300年ほど続く安定と成長の時代に入った。この時代はおおむね気候が温和で、ヨーロッパの気候の特性に合った農法(ア)の普及や犂・水車の改良など農業技術の進歩により農業生産は増大し、人口も増加した。それにともない、西ヨーロッパ世界は、しだいに内外に向けて拡大し始めた。修道院を中心にした開墾運動、オランダの干拓、[1]半島の国土回復運動、巡礼の流行などがそれである。なかでも大規模な西ヨーロッパの拡大が[2]の遠征であった。11世紀に東地中海沿岸に進出し、聖地[3]を支配下に置いたセルジューク朝は、ビザンツ帝国(イ)をもおびやかしたので、ビザンツ皇帝は教皇に救援を要請した。教皇ウルバヌス2世は[4]宗教会議を招集し、聖地回復の聖戦を行うことを提唱した。こうして[5]年、各国の諸公や騎士から成る第1回[2]が出発した。その後、[2]は7回起こされたが、結局、聖地の回復には至らなかった。ただし、結果として東西間の人とものの交流が活発になり、[2]をきっかけに、西ヨーロッパ中世世界は大きく様がわりすることになった。貨幣経済が発展(ウ)し、東西貿易によって都市が経済力を蓄えるようになる(エ)と、封建制は没落し始める。

問1　空欄[1]～[5]に当てはまる最も適切な語句を答えよ。

問2　下線部(ア)について、秋耕地、春耕地、休耕地に分けて、3年で一巡する農法の名称を答えよ。

問3　下線部(イ)について、ビザンツ帝国が滅亡した年を答えよ。

問4　下線部(ウ)について、貨幣の普及にともなって、自給自足の封建社会が動揺し始める。こうして力を付けた農民たちは、独立した自営農民となる。イングランドでは、このような農民を何と呼んだか、その名称を答えよ。

問5　下線部(エ)について、リューベックを盟主とした北ドイツの都市同盟の名称を答えよ。

〔4〕次の文章を読み、以下の問いに答えよ。

春秋・戦国時代には、乱世のなかで社会や政治のあり方が問われ、春秋時代の魯に生まれた孔子(ア)は、家族道徳を社会の規範とする儒家を開き、自らの教説(イ)を様々に示した。孟子(ウ)は性善説を唱えたが、［ 1 ］は性悪説を唱え、規律維持を強調した。［ 2 ］は孔子の教説を差別的な愛であると批判し、血縁を超えた無差別の愛（兼愛）と相互扶助（交利）を説き、戦争を否定した（非攻）。道家も孔子の説く道徳を人為的なものとして批判し、「無為自然」を説いた。法律による管理を説いた法家では、秦の孝公に仕えた商鞅（しょうおう）が官僚による統治をめざす変法（改革）を断行した。さらに［ 1 ］に学んだ［ 3 ］は、［ 1 ］の性悪説を継承して法家思想を統合発展させた。春秋戦国期のこうした諸学派は、諸子百家(エ)と呼ばれる。

戦国時代を制した始皇帝は、［ 3 ］と同門の李斯（りし）を丞相（じょうそう）（最高位の官吏）に登用し、法治主義に基づく中央集権体制を確立した。孔子の徳治主義は反体制的思想とみなされ、焚書坑儒の策がとられた。

前漢の時代になると状況は一転し、漢王朝の中国支配の正統性を擁護した董仲舒（とうちゅうじょ）の提案により儒学は官学となる。儒学の経典として五経(オ)が定められ、その教えが五経博士によって教授された。しかし儒教の国教化は教説の固定化を招き、後漢の時代には、もっぱら経典の字句解釈学に力が注がれた。後漢末期、各地に農民反乱が起こって社会不安が増大すると儒学は衰退し、魏晋時代には老荘思想が歓迎され、老荘思想の流れをくみ、世俗を超越して、政争を避け、個人主義や虚無主義の立場から権力者を批判する清談(カ)が流行した。

問1　空欄［ 1 ］～［ 3 ］に当てはまる最も適切な語句を答えよ。

問2　下線部(ア)について、この人物が編纂したとされる『春秋』という魯の年代記があるが、そこで用いられている年月を追って歴史を記録する編纂形式の名称を答えよ。

問3　下線部(イ)の孔子の教説について述べた文として不適切なものを次から一つ選び、記号で答えよ。

a　親に対する孝や兄に対する悌に基づく仁を重視した。

b　徳治主義に基づく統治が行われた周代を理想とした。

c　修身、斉家、治国を経て天下を平定できるとした。

d　弟子との言行録である『論語』を著し自説を示した。

問4　下線部(ウ)について、この人物が儒教的な統治理念から考察した、相反する2つの統治のあり方について、次の語句を用いて、40文字以内で述べよ。

語句

武力、　仁

問5　下線部(エ)について述べた文として不適切なものを次から一つ選び、記号で答えよ。

a　縦横家の蘇秦は連衡策、張儀は合従策などの外交策を説いた。

b　孫子は、「風林火山」「呉越同舟」などの兵法を講じた。

c　公孫竜ら名家は、「白馬は馬にあらず」などの論理学を説いた。

問6　下線部(オ)について、それに含まれないものを次の語群から一つ選び、記号で答えよ。

a　『詩経』　　b　『中庸』　　c　『易経』　　d　『礼記』

問7　下線部(カ)について、このように清談にふけったとされる人々を何と呼ぶか、その名称を答えよ。

〔5〕次の文章を読み、以下の問いに答えよ。

マルクスと友人［1］は、資本主義体制の没落は歴史の必然であるとする経済学説(ア)を展開し、以後の社会主義運動に大きな影響を与えた。後に、ロシアでは世界初の社会主義国家が誕生することになる。20世紀初頭のロシアでは、農奴解放後も地主への従属が続くことに抗議する農民運動や、工場労働者によるストライキが起きた。1905年、日露戦争(イ)の戦況が不利になり、宮廷警備隊が民衆に発砲、多くの死傷者が発生した［2］事件が起きて、民衆の皇帝に対する信頼は大きくゆらいだ。

1914年に第一次世界大戦が勃発し、ロシアが敗北を重ねると、輸送危機による食料・燃料供給の低下もあいまって戦争継続に反対する声が高まり、［3］年3月、首都ペトログラードで民衆の大規模なデモやストライキが起き、これに軍隊が加わってたちまち各地に拡大、労働者・兵士は［4］（評議会）を組織して革命を推進した(ウ)。皇帝ニコライ2世は退位し、［5］朝は消滅し帝政は崩壊した。その後、ロシアは1919年3月に世界革命を目指して国際組織(エ)をモスクワで創設した。

問1　空欄［1］～［5］に当てはまる最も適切な語句を答えよ。

問2　下線部(ア)について、1867年に第1巻が刊行されたマルクスの著作の名称を答えよ。

問3　下線部(イ)に、日露戦争の停戦の調停にあたったアメリカ大統領の名前を答えよ。

問4　下線部(ウ)について、帝政崩壊後に亡命先のスイスから戻り、革命を指導したのは誰か。その人物の名前を答えよ。

問5　下線部(エ)について、世界革命を推進するために1919年に創設された共産主義インターナショナルの略称を答えよ。

◀1月24日実施分▶

（2科目 120分）

1 問題〔1〕～〔5〕のうちから4問選択して、解答用紙に解答せよ。
2 選択した問題の番号を解答用紙の選択問題番号欄に記入せよ。

〔1〕次の文章を読み、以下の問いに答えよ。

ナザレのイエスは、『新約聖書』によると、洗礼者ヨハネによってヨルダン川でユダヤ教(ア)の洗礼を受けた。当時、イェルサレムを中心とするユダヤの地（パレスティナ）(イ)はローマ帝国によって支配されていた。イエスは、ローマ帝国の支配を受け入れ、民衆の苦しみを省みないユダヤの支配層を批判し、神の愛と隣人愛を説いて、神の国の到来と最後の審判が近いことを説いた。パレスティナのユダヤ人たちは［ 1 ］（ヘブライ語で「救世主」の意味）の出現を待望していたので、イエスの教えはこれらの人びとの多くに受け入れられた。イエスに対する尊称としての「キリスト」とは、［ 2 ］語で救世主を意味する。

このようなイエスとその周辺の動きに危機感を感じたユダヤ教の司祭やパリサイ派の人々はイエスをローマ帝国に対する反逆者としてローマ領ユダヤの総督(ウ)に訴えた。そのため、イエスは十字架にかけられ処刑されたと聖書には記されている。しかし、その後、イエスにつきしたがった女性や弟子たちの間で、イエスは人間の罪を背負って十字架にかけられ、その罪を贖い、復活したという信仰がうまれた。この信仰をもとにキリスト教が成立した。

その十字架とキリストの復活のできごとを信じたペテロやパウロ(エ)などの使徒により、ローマ帝国に支配されていた地中海沿岸の地域にキリスト教が伝えられ、小アジアやシリア、［ 2 ］、そして、ローマにも教会がつくられた。その結果、3世紀頃には、奴隷や女性、貧しい人々などを中心にローマ帝国全土に広がった。

ローマ帝国では、当初、キリスト教は弾圧されたが(オ)、313年、［ 3 ］帝はミラノ勅令でキリスト教を公認した。これ以降、ローマ帝国でキリスト教の体系化が進み、［ 2 ］語による『新約聖書』の編纂なども行われた。

問1 空欄［ 1 ］～［ 3 ］に当てはまる最も適切な語句を答えよ。

問2 下線部(ア)について、ユダヤ教において、唯一の神であるヤハウェと契約した者のみが救われるという思想の名称を答えよ。

問3 下線部(イ)について、前1500年ごろにパレスティナの地に定住し、その後、一部はエジプトに移ったが、前13世紀ごろモーセに率いられてエジプトから脱出し、パレスティナの地に戻った民族の名称を答えよ。

問4　下線部(ウ)について、イエスが処刑された当時の総督の名前を答えよ。

問5　下線部(エ)について、漁師の出身で、ローマでのキリスト教の布教に尽力したが、ネロの迫害で殉教し、のちに初代ローマ教皇になったのはどちらか、答えよ。

問6　下線部(オ)について、この宗教がローマ帝国で迫害を受けていた2～4世紀ごろにローマ市街地の地下に建設され、信者の避難所や礼拝所としても活用された地下墓所の名称を答えよ。

〔2〕次の文章を読み、以下の問いに答えよ。

工業中心の社会を生みだした産業革命は、まず［ 1 ］で起きた。同地では近世に入って商工業が発達し、豊かな国内市場と有利な投資先を求める資本が用意されていた。また、国家が重商主義(ア)政策をとり、17世紀後半にオランダ、18世紀にフランスをおさえて広大な海外市場を確保した。他方、市場向け生産をめざす農業が発達し、産業革命期に急増する都市人口を支えた。大地主は中小農民の土地や村の共同地をあわせて大規模な農地をつくり、進んだ技術を持った農業資本家にこれを貸し出して経営させた。拡大する市場に向けての大量生産を可能にする技術革新は、まず綿工業の分野で、ランカシャー地方の［ 2 ］を中心に始まった。1733年、［ 3 ］によって飛び杼（とびひ）（梭）が発明されると、綿織物の生産量が急速に増えて綿糸が不足した。ハーグリーヴズの多軸紡績機（ジェニー紡績機）、アークライトの［ 4 ］紡績機、クロンプトンのミュール紡績機などがつぎつぎと発明され、良質の綿糸が大量に生産されるようになり、1785年には［ 5 ］によって力織機(イ)が発明され、さらに織機の動力として蒸気機関(ウ)が利用されるようになり、その技術は交通機関(エ)にも応用された。

問1　空欄［ 1 ］～［ 5 ］に当てはまる最も適切な語句を答えなさい。ただし、［ 1 ］は国名、［ 2 ］は都市名が入る。

問2　下線部(ア)について、重商主義政策を批判して、18世紀に自由放任の経済活動を主張し、『諸国民の富』を著したイギリスの経済学者は誰か、答えよ。

問3　下線部(イ)について、1769年に蒸気機関を改良し、力織機などの動力として利用の道を拡大した人物は誰か、答えよ。

問4　下線部(ウ)について、18世紀初めに蒸気力によるポンプを発明した人物は誰か、答えよ。

問5　下線部(エ)について、1814年に蒸気機関車を製作し、1825年に実用化した人物は誰か、答えよ。

〔3〕 次の文章を読み、以下の問いに答えよ。

1961年9月25日、米国の第35代大統領ケネディは、国連で、ギリシア神話の「ダモクレスの剣」の故事を引きながら、偶発的な事故や誤算、あるいは、狂気によって、人類が核戦争の危機に陥ることがあるだろうと警告した。そして、ケネディの警告の通り、1962年10月から11月にかけておきたキューバ危機(ア)では、冷戦関係にあった米ソによる核戦争一歩手前まで、事態が深刻化した。

人類が20世紀になって獲得した原子力(イ)というエネルギーは、ギリシア神話で人類に火に象徴されるさまざまな技術を与えたといわれた神にちなんで「プロメテウスの火」と呼ばれた。原子力はわたしたち人類に新しいエネルギーを与えたが、同時に、そのエネルギーは人類が容易に制御できない力を秘めていた。

第2次世界大戦末期、米国はこの原子力を利用して、それまでに存在しなかった凄まじい破壊力を持った原子爆弾を開発し、日本との戦争で広島と長崎にその原子爆弾を投下した(ウ)。これにより、数十万人の民間人が死傷し、生き残った人々もその後長く被爆の後遺症に苦しむことになった。また、戦後1952年には、より威力の強い水素爆弾が開発された。また、核実験(エ)が大気圏内で盛んに行われるようになり、核兵器の運搬手段も多様化、かつ、高度化し、核保有国による全面核戦争の危機や、核関連技術の流出により、核兵器の保有を宣言する国や核実験をくり返す国が現れるなど核兵器が拡大する事態（核拡散）が起きている(オ)。

一方、戦後、平和利用の名目で、原子力発電所等の開発がすすめられた。しかし、1979年には米国のスリーマイル島原子力発電所で、86年にはソ連（現ウクライナ）のチェルノブイリ（チョルノービル）原子力発電所(カ)で深刻な事故が発生し、地球上の広範囲に放射能が拡散した。また、2011年の東日本大震災では、福島第一原子力発電所が津波の被害に遭い、メルトダウンが起こっている。

問1　下線部(ア)について、キューバ危機をきっかけに米ソ両国は緊張緩和に動きだす。その結果、進められた核軍縮の動きについて、次の文の空欄 [A] ～ [C] に当てはまる語句を、以下の語群から一つ選び、記号で答えよ。

1963年には米・英・ソの3カ国で地下を除く空間での核実験を禁止した [A] が調印され、68年にはその3カ国を含めた62カ国が [B] に調印した。また、米ソ両国間では、69年から [C] が始まり、72年には核兵器の現状凍結協定が、また、73年には核戦争防止協定が締結された。

語群

①　第1次戦略兵器制限交渉　②　核拡散防止条約

③　部分的核実験禁止条約

問2　下線部(イ)について、1957年のローマ条約に基づいて、翌58年にフランス・西ドイツ・イタリア・ベネルクス3国をメンバーとして原子力の平和利用と共同研究を進めるためにつくられた組織の名称を答えよ。

問3　下線部(ウ)について、次の文の空欄 A ～ C に当てはまる最も適切な語句を答えよ。

戦後、広島と長崎は核兵器反対や平和運動の象徴的な都市となった。1955年、被爆地・広島では A が初めて開かれ、長崎で平和大会が開かれた。また、科学者の間に核兵器の禁止・廃絶や戦争反対の気運が高まり、55年に科学者たちによる B 宣言がだされ、この宣言の要請を受けて57年には世界の科学者がカナダで C を開いて、核兵器の驚異を世界にもたらした科学者の責任が議論され、核兵器禁止・廃絶の国際世論の形成に寄与した。

問4　下線部(エ)について、1954年以降アメリカが水爆実験を行い、同年には日本の第五福竜丸が被曝して原水爆禁止運動の国際的きっかけになった南太平洋の珊瑚礁の名称を答えよ。

問5　下線部(オ)について、「包括的核実験禁止条約」ということばを必ず用いて、70字以内で述べよ。

問6　下線部(カ)について、次の文の空欄 A ・ B に当てはまる語句を、以下の語群から一つ選び、記号で答えよ。

1985年ソ連の共産党書記長に就任したゴルバチョフは、 A （立て直し）と B （情報公開）をスローガンに改革を進めたが、この事故で改めて情報隠蔽などが問題になり、改革が加速された。その後、ソ連は79年以降続いているアフガニスタン侵攻も重荷になり、91年、ソ連は解体する。

語群

①　グラスノスチ　　②　ペレストロイカ

〔4〕次の文章を読み、以下の問いに答えよ。

12世紀以降、ヨーロッパにイスラーム文化が翻訳紹介され(ア)、それを介して間接的に古代ギリシアの学問が紹介されたことが、大学の成立や中世後期文化の形成に大きな意味を持った。これとともに「古典の復興」が唱えられ、自由7科(イ)を包括的に学ぶことが奨励された。なかでもプラトンの弟子［ 1 ］のテキストが重要な影響を及ぼした。

中世の代表的な学問は神学であり、スコラ学はカール大帝がアルクィンら諸国の学者を集めて学問を奨励したことに始まるが、当初は［ A ］の思想と新プラトン主義とを基礎として発展した。『［ 2 ］』を著した［ 3 ］は［ 1 ］の哲学を［ A ］の啓示神学と融合して、体系的な神学を樹立した。スコラ学者の間の最大の論争は、いわゆる「普遍論争」であったが、この論争の中でアンセルムスは［ 4 ］の立場を代表し、他方でアベラールは唯名論の立場を代表した。

問1　空欄［ 1 ］～［ 4 ］に当てはまる最も適切な語句を答えよ。

問2　空欄［ A ］に当てはまる語句を次の語群から選び、記号で答えよ。

語群

a　プリニウス　　b　キケロ　　c　プトレマイオス　　d　アウグスティヌス

問3　下線部(ア)について、イスラーム文化は、北イタリア、シチリア、カタルーニャ、コルドバなどを介して西ヨーロッパ世界に伝えられたが、そのほかにイスラーム文化伝播の重要な窓口になった町はどこか、次の語群から一つ選び、記号で答えよ。

語群

a　トレド　　b　アテネ　　c　パリ　　d　カイロ　　e　コンスタンティノープル

問4　下線部(イ)について、自由7科を構成するのは修辞学、論理学、数学、音楽、幾何学、天文学のほかにあと一つは何か、答えよ。

〔5〕次の文章を読み、以下の問いに答えよ。

北アジアの草原での遊牧生活を基盤としていた匈奴(きょうど)は、秦の統一後、一時的に後退していたが、前漢(ぜんかん)の高祖(こうそ)の時ふたたび南下して国境地帯を脅かした。前漢の武帝(ぶてい)は、積極的に軍事力を行使し、西方では四郡を河西回廊に設置し、西域(さいいき)への交通路を確保した。この頃中央アジアには様々な国々が存在し、稲や麦を作り、ぶどう酒や良馬を産していたといわれる。前漢の時代には西域の諸国は［ 1 ］によって治められた。後漢(ごかん)になって一時中断された西域経営のために再び設置された［ 1 ］となった班超は、部下の甘英(かんえい)に命じて西方へ派遣した。甘英は西方に旅し、安息(あんそく)（パルティア）を経て大秦国(たいしん)(ア)に達したといわれる。

中国へ後漢末に伝来した仏教は、西域から来た僧侶によって仏典の漢訳が行われ(イ)、中国社会に浸透していった。東晋の僧侶法顕(ほっけん)は、インドに赴き仏教を学び『［ 2 ］』を著わした。仏教は、その後南北朝時代を経て唐代に中国仏教として発展した。玄奘(げんじょう)(ウ)は西域を経由してインドに赴き、仏典を持ち帰った。その旅行記は、『［ 3 ］』として後世に残された。また、東南アジアの諸国を経由する海路でインドに赴いた［ 4 ］は、『南海寄帰内法伝』を著わした。

問1 空欄［ 1 ］～［ 4 ］に当てはまる最も適切な語句を答えよ。

問2 下線部(ア)について、後漢に南海ルートで大秦国から使節を派遣した皇帝は誰か。次の語群から選び、記号で答えよ。

語群

a ディオクレティアヌス　b ハドリアヌス　c トラヤヌス
d マルクス＝アウレリウス＝アントニヌス

問3 下線部(イ)について、仏典の漢訳を行った、西域から来た僧侶は誰か。次の語群から選び、記号で答えよ。

語群

a 鳩摩羅什(くまらじゅう)　b 鑑真(がんじん)　c 達磨(だるま)　d 寇謙之(こうけんし)

問4 下線部(ウ)について、玄奘が滞在したときに北インドにあった王朝はどれか、次の語群から選び、記号で答えよ。

語群

a クシャーナ朝　b ヴァルダナ朝　c グプタ朝　d サータヴァーハナ朝

◀1月25日実施分▶

（2科目 120分）

1　**問題〔1〕～〔5〕のうちから4問選択して解答せよ。**

2　**選択した問題の番号を解答用紙の選択問題番号欄に記入せよ。**

〔1〕次の文章を読み、以下の問いに答えよ。

20世紀の前半に出現したファシズムという国家体制は、独裁的な権力を背景に<u>議会制民主主義を否定</u>(ア)し、警察力などで国民の人権や自由を抑圧した。また、自民族中心的なナショナリズムをあおりながら対外侵略も進めた。第一次世界大戦後、[A]のヒトラーや[B]のムッソリーニなどのカリスマ性を持った支配者が、ファシズム体制をもとにして独裁的権力を握った。

また、この時期には<u>スペイン</u>(イ)やポルトガルでも独裁的国家が出現した。これらの国では国民の人権や自由は抑圧されたが、強力な国家統制は行われず、もっぱら指導者個人のカリスマ性を前面に押し出した統治が行われていた。その国家権力は指導者の権威に由来するもので、ファシズムとは区別して、権威主義体制といわれる。このような権威主義国家は、1910年代後半以降、東ヨーロッパのハンガリーや<u>ポーランド</u>(ウ)、ユーゴスラヴィアなどでも見られた。

戦後、敗戦国ではファシズムが否定されたが、いくつかの権威主義国家は存続していた。また、戦後復興の過程でアジアなどの発展途上地域では強力な指導者の権威をもって国民を支配・動員しながら、工業化を進める権威主義的国家体制が新たに出現した。このような体制を開発独裁という。大韓民国の李承晩（イスンマン）政権や朴正熙（パクチョンヒ）政権、[C]のマルコス政権、[D]のスハルト政権、[E]のパフレヴィー2世の政権などがその典型である。

しかし、それらの国でも1970年代以降独裁的な支配に対する批判が高まり、産業の発展で経済的に豊かになった中間層からも<u>民主的な体制を望む声</u>(エ)があがった。そして、1990年代になるとそれらの権威主義体制は動揺し、1997年の<u>アジア通貨危機</u>(オ)により開発独裁的な手法は破綻した。

問1　空欄[A]～[E]に当てはまる国名を答えよ。

問2　下線部(ア)について、1933年にナチスの政権下で成立した立法権を政府に委譲することを認めた法律の名称を答えよ。

問3　下線部(イ)について、1936年に始まったスペイン内戦で反乱軍を指揮して、人民戦線政府との戦いに勝利し、独裁的な権力を握ったスペインの軍人の名前を答えよ。

問4　下線部(ウ)について、1926年、ポーランドでクーデターにより実権を握り軍事独裁政権を打ち立てた人物の名前を答えよ。

問5　下線部(エ)について、1980年、大韓民国南西部の都市で発生した民主化要求運動を政府が軍事力を使って鎮圧し、市民に多数の死傷者を出した事件の名称を答えよ。

問6　下線部(オ)について、アジア通貨危機に際してタイや大韓民国などに支援をし、各国の財政や金融に対して管理指導を行った国連の専門機関の名称を答えよ。

〔2〕次の文章を読み、以下の問いに答えよ。

2013年第266代ローマ教皇に就任したフランシスコは、史上初のイエズス会(ア)出身の教皇であり、同時に、史上初めて［ 1 ］以外の地域から選出された教皇である。ローマ＝カトリック教会は世界各地に約13億人の信徒を擁するが、その中心は［ 1 ］であった。

［ 2 ］の片隅にあるパレスチナの地でおこった「イエスは、キリスト（救世主）である」というキリスト教信仰は、『新約聖書』の「使徒行伝（使徒言行録）」によると、イエスの死後、使徒(イ)といわれるイエスの弟子たちによる命を賭した伝道で1世紀のうちにはローマに達した。しかし、キリスト教はローマでは激しい迫害にあう。そのため、キリスト教徒はしばらくの間、地下のカタコンベで集会を開いていた。303年から313年まで、ディオクレティアヌス帝(ウ)による大規模な迫害が行われたが、皇帝は313年に［ 3 ］勅令を出し、キリスト教に信教の自由を保障し、教会を保護した。

325年には［ 4 ］公会議で教義の統一化が図られ、正統な教義が決議された。こうして正統な教義が決められることにより、それ以外の教義は異端とされた。しかし、異端の教えは、ローマの周辺にいる人々へと広がっていった。また、5世紀になってもアウグスティヌス(エ)やペラギウスなどの教父により教義をめぐる論争は続いた。

431年の［ 5 ］公会議で異端とされたネストリウス派のキリスト教はササン朝ペルシャを経て、中国に伝えられ、景教（けいきょう）と呼ばれた。また、451年の［ 6 ］公会議では三位一体説が正統教義として確立した。その一方で、シリア教会やコプト教会などは独自の教義を維持して(オ)、シリアやエジプトで発展した。

問1　空欄［ 1 ］～［ 6 ］に当てはまる地名を次から選び、記号で答えよ。

a　カルケドン　　b　ヨーロッパ　　c　アフリカ　　d　ミラノ　　e　エフェソス

f　カルタゴ　　g　アジア　　h　テサロニケ　　i　ニケーア

問2　下線部(ア)について、1534年、宗教改革に対抗するためにイエズス会を創設し、初代の総長となった人物の名前を答えよ。

問3　下線部(イ)について、使徒のうち、イエスの死後キリスト教徒となり、異邦人伝道に尽力し、『新約聖書』に多くの書簡を残した人物の名前を答えよ。

問4　下線部(ウ)について、ディオクレティアヌス帝が始めたもので、ローマ帝国を分割して正帝と副帝2人ずつが統治する体制の名称を答えよ。

問5　下線部(エ)について、アウグスティヌスの自伝で、自らがマニ教を経てキリスト教にたどり着くまでの歩みを著した著作の名称を答えよ。

問6　下線部(オ)について、シリアやエジプトなどで受け継がれてきたイエスの神性のみを認める説の名称を答えよ。

〔3〕次の文章を読み、以下の問いに答えよ。

国境を越えて移住する人々の歴史を振り返ると、そこには様々な背景があったと考えられる。そもそも人類は［1］大陸において誕生、進化し、そこから世界各地の大陸に移住したとされている。たとえば、フランスで化石が発見され、4万2000年前頃に登場したとされる現生人類の［A］人はその代表格である。生活基盤が狩猟・採集から農業へと移っていくと、組織化された社会が生まれ、政治・経済的目的を持つ計画的な移住が始まった。たとえば、古代ギリシアでは、前2000～前1400年頃に栄えた［2］文明と前1600～前1200年頃の［3］文明が崩壊すると、［B］人が地中海を経由して各所に移住し、スパルタ(ア)などを建設した。また、地中海の東端に本拠を置く［C］人は北アフリカの［4］に入植地を築き、西地中海の交易網を掌握した。

一方イタリア半島では、前10世紀頃までにインド＝ヨーロッパ語系のイタリア人が南下し、前600年頃にはその一派である［D］人が先住の［E］人の王を追放してティベル川河畔に都市国家ローマを建設した。その後、ローマは、［4］との3次にわたるポエニ戦争(イ)などを経て勢力を拡大し、広大な植民地帝国を築き上げた。

しかし、こうした植民地化は、都市国家建設にあたり、労働力不足を補うために奴隷を強制移住させるという一面も持った。なかでも人類史上最大規模のものは、17～18世紀に行われた大西洋［5］貿易の一端をなす奴隷貿易であろう。その頃、奴隷を労働力としたのは、ブラジルの［6］＝プランテーション、北アメリカ南部の綿花および［7］＝プランテーションなどだった。そして奴隷を送り出したのは、アフリカ大陸の現ベナンに位置した［8］王国や現在のナイジェリア西部に存在した［9］王国などである。奴隷貿易は、奴隷狩りを通じてアフリカの伝統的社会を破壊する一方、受入国においても人種差別問題などその後の社会問題を引き起こす原因となった。

問1　空欄［A］～［E］に当てはまる最も適切な語句を答えよ。

問2　空欄［1］～［9］に当てはまる語句を次から選び、記号で答えよ。

a　ユーラシア　b　アフリカ　c　ガリア　d　カルタゴ　e　クレタ
f　ゴム　g　サトウキビ　h　東方　i　三角　j　ソンガイ
k　タバコ　l　ダホメ　m　トルコ　n　ベニン　o　ミケーネ
p　ブガンダ　q　シリア

問3　下線部(ア)について、この都市（ポリス）の政体は、伝説的指導者による改革によって軍国主義体制が確立し、被征服民をおさえて強国化に成功したとされるが、その伝説的指導者は誰か、答えよ。

問4　下線部(イ)について、第2回のこの戦争を開始し、象を率いて冬のアルプスをこえイタリア半島に侵入し、前216年のカンネーの戦いでローマ軍に大打撃を与えたとされる将軍は誰か、答えよ。

〔4〕次の文章を読み、以下の問いに答えよ。

イスラーム（教）は7世紀初めに［ 1 ］のクライシュ族にうまれ、商人であった［ A ］によってとなえられた。しかし、イスラーム（教）を信じる人々（ムスリム）は、クライシュ族のなかでは迫害をうけた。そのため［ A ］は少数の信者をひきいて、622年メディナ（ヤスリブ）に移住したが(ア)、630年には逆に［ 1 ］を征服し、その後アラブの諸部族をイスラーム（教）のもとにしたがえた。

ムハンマドの死後ムスリムがカリフ（後継者）として選んだ、最初の4人を正統カリフ(イ)という。正統カリフの時代には、アラブ人はカリフに指導され、大規模な征服活動をおこない、東方で［ 2 ］をほろぼし、西方では［ B ］帝国からシリア、エジプトを奪い、アフガニスタンまでを征服した。

第4代カリフが661年に暗殺されると、ウマイヤ朝がひらかれた。ウマイヤ朝は、東方は西北インド、西方は北アフリカからイベリア半島までを征服し、フランク王国にもたびたび侵入したが、［ C ］年にトゥール・ポワティエ間の戦いに敗れた。

ウマイヤ朝に対しては、征服地において非アラブ人のイスラーム（教）改宗者（マワーリー）は税負担の面で不満を抱いていた。このような人は、アッバース家の革命活動に協力し、これが成功して750年にアッバース朝(ウ)がひらかれた。アッバース朝は、8世紀末に即位した［ 3 ］の時代に最盛期を迎えた。

問1　空欄［ A ］～［ C ］に当てはまる最も適切な語句、または数字を答えよ。

問2　空欄［ 1 ］～［ 3 ］に当てはまる語句を次から選び、記号で答えよ。

a　ダマスクス　　b　イェルサレム　　c　マッカ（メッカ）
d　アケメネス朝　　e　ササン朝　　f　セルジューク朝
g　ティムール朝　　h　バヤジット1世　　i　ハールーン＝アッラシード
j　マンスール　　k　アル＝アッバース　　l　トゥグリル＝ベク

問3　下線部(ア)について、この移住のことを何と呼ぶか、その名称を答えよ。

問4　下線部(イ)について、正統カリフとして選ばれた人物として不適切なものを次から一つ選び、記号で答えよ。

a　アブー＝バクル　　b　アリー　　c　サラディン（サラーフ＝アッディーン）
d　ウスマーン　　e　ウマル

問5　下線部(ウ)について述べた文として不適切なものを次から一つ選び、記号で答えよ。

A　政治はイスラーム法（シャリーア）に基づくようになった。

B　アラブ人以外のムスリムも人頭税（ジズヤ）が課されなくなった。

C　イラン人の官僚やトルコ人を主とした軍人が活躍した。

D　公用語としてアラビア語以外の言語も採用されるようになった。

〔５〕次の文章を読み、以下の問いに答えよ。

南米原産の［ 1 ］は、大航海時代（大交易時代）(ア)にヨーロッパにもたらされ、18世紀以降は飢饉を救う栄養価の高い食物として見直され、栽培が推奨されるようになった。こうして、この作物は「貧者のパン」と呼ばれ、主食のように広く社会に受け入れられるようになった。ところが、1840年代になるとアイルランド(イ)で、この作物の病気が蔓延（まんえん）し、多くの人が餓死して、アイルランド人によるアメリカへの大規模な移民を招いた。

人間の手によって、世界中に広められた作物は他にもある。サトウキビもその一つである。サトウキビから［ 2 ］が生産され始めたのは1世紀頃のインドで、東方には唐から明代の中国を経て、16世紀に入ると、のちに薩摩に服属する［ 3 ］に伝わり、貴重な品として日本にももたらされた。また西方へは、イラン・イラク、その後、シリア・エジプトを経て12世紀頃までに北アフリカからイベリア半島へとヨーロッパに伝わった。［ 2 ］と出会うことによって広く消費されるようになったものとして、チョコレート、紅茶(ウ)、コーヒーなどが挙げられる。コーヒーを飲む習慣は、15世紀頃に［ 4 ］半島で始まり、17世紀になるとヨーロッパにもたらされて、ロンドンやパリにコーヒーハウス(エ)が出現し、人々の情報交換の場として大流行した。18世紀以降、イギリス上流階級の女性が甘い紅茶を飲む習慣を生み、その後、紅茶はイギリスの国民的飲料としての地位を得た。

問１　空欄［ 1 ］～［ 4 ］に当てはまる最も適切な語句を答えよ。

問２　下線部(ア)について、15世紀までダウ船を使ってインドや東南アジア産の香辛料の貿易で大きな利益を上げた商人は何と呼ばれたか、その名称を答えよ。

問３　下線部(イ)について、アイルランド北部アルスター地方を除き、イギリスの自治領としてアイルランド自由国が成立したのは何年か、答えよ。

問４　下線部(ウ)について、1773年に制定された茶法に反発した植民地側の人々が、東インド会社の船をおそって紅茶の茶箱を海に投げ込んだ事件のことを何と言うか、その名称を答えよ。

問５　下線部(エ)について、コーヒーハウスに集まった人々は、コーヒーハウスで何をし、文化面にどのような影響を与えたか、「新聞」、「世論」、「ジャーナリズム」という単語を用いて80字以内で述べよ。

数学

◀1月23日実施分▶

（2科目 120分）

1　問題〔1〕は必ず解答し，さらに問題〔2〕～〔4〕のうちから2問選択して解答せよ。

2　試験開始後，選択解答する問題を決めたあと，その問題番号を解答用紙の選択問題番号欄に記入せよ。

3　解答の記入に際しては，次の指示に従え。

(1)　解答は，解答用紙の指定された解答欄に記入すること。

(2)　解答用紙の解答欄には解答に関係のない文字，記号，符号などを記入しないこと。

(3)　解答用紙の解答欄外の余白には何も記さないこと。

(4)　数は通常の記数法に従って記すこと。

(5)　0又は正の数には＋を付けないこと。

(6)　有理数は必ず既約分数で表すこと。

(7)　整数には分母を付けないこと。

(8)　式は最も簡単な形で表すこと。

〔1〕 次の各空欄に当てはまる数または式を解答用紙の該当欄に記入せよ。

(1)　$(x-1)(x-3)(x-5)(x-7)+15$ を因数分解すると［ア］となる。

(2)　2次方程式 $2x^2+8x+16=0$ の解を α，β とするとき，$\alpha^3+\beta^3=$［イ］である。

(3)　$\sin\theta+\cos\theta=-\dfrac{1}{2}$ のとき，$\sin\theta\cos\theta=$［ウ］である。ただし，$0^\circ\leqq\theta\leqq180^\circ$ とする。

(4)　$\log_{10}2=0.3010$ を用いると，5^{2023} の桁数は［エ］である。

(5)　$\displaystyle\int_0^2|x^2-1|\,dx=$［オ］である。

〔2〕次の各空欄に当てはまる数または式を解答用紙の該当欄に記入せよ。

座標平面上に動く点Pがある。さいころを投げて，奇数の目が出たときはx軸の正方向に1だけ進み，偶数の目が出たときはy軸の正方向に1だけ進むものとする。なお，点Pは最初原点にあるものとし，以下の問いに答えよ。

(1)　さいころを4回投げたとき，点Pが(2，2)にある確率は［ア］である。

(2)　さいころを4回投げたとき，原点から点Pまでの直線距離が4となる確率は［イ］である。

(3)　さいころを7回投げたとき，点Pがx軸上にもy軸上にもない確率は［ウ］である。

(4)　さいころを7回投げたとき，原点から点Pまでの直線距離が5となる確率は［エ］である。

(5)　さいころを8回投げたとき，原点から点Pまでの直線距離が6以下となる確率は［オ］である。

〔3〕次の各空欄に当てはまる数または式を解答用紙の該当欄に記入せよ。

$x \geqq 10$，$y \geqq 10$，$xy = 10^6$ のとき，以下の問いに答えよ。

(1)　$\log_{10}x + \log_{10}y =$［ア］である。

(2)　$\log_x y$ は $x =$［イ］のとき，最大値［ウ］をとる。

(3)　$(\log_{10}x)(\log_{10}y)$ は $x =$［エ］のとき，最大値［オ］をとる。

〔4〕次の各空欄に当てはまる数または式を解答用紙の該当欄に記入せよ。

関数 $y = 3 \cdot 4^x - 3 \cdot 2^{x+1} + 8\ (-1 \leqq x \leqq 2)$ について以下の問いに答えよ。

(1) $t = 2^x$ とおいて，y を t を用いて表すと $y =$ ［ア］である。

(2) y は $x =$ ［イ］のとき，最大値［ウ］をとる。

(3) y は $x =$ ［エ］のとき，最小値［オ］をとる。

◀1月24日実施分▶

（2科目 120分）

1　問題〔1〕は必ず解答し，さらに問題〔2〕～〔4〕のうちから2問選択して解答せよ。

2　試験開始後，選択解答する問題を決めたあと，その問題番号を解答用紙の選択問題番号欄に記入せよ。

3　解答の記入に際しては，次の指示に従え。

(1)　解答は，解答用紙の指定された解答欄に記入すること。

(2)　解答用紙の解答欄には解答に関係のない文字，記号，符号などを記入しないこと。

(3)　解答用紙の解答欄外の余白には何も記さないこと。

(4)　数は通常の記数法に従って記すこと。

(5)　0又は正の数には＋を付けないこと。

(6)　有理数は必ず既約分数で表すこと。

(7)　整数には分母を付けないこと。

(8)　式は最も簡単な形で表すこと。

〔1〕　次の各空欄に当てはまる数または式を解答用紙の該当欄に記入せよ。

(1)　$\sqrt{2}+3$ の整数部分を a，小数部分を b とするとき，$\dfrac{1}{b}-\dfrac{1}{a+b-2}$ は［ア］である。

(2)　720の正の約数の個数は［イ］個である。

(3)　△ABCにおいて，BC = 8，CA = 3，AB = 7のとき，△ABCの内接円の半径は［ウ］である。

(4)　$\log_5 x+6\log_x 5=5$ の解は，$x=$［エ］である。

(5)　$\displaystyle\int_0^1 x^2(1-x)^3\,dx=$［オ］である。

〔2〕次の各空欄に当てはまる数または式を解答用紙の該当欄に記入せよ。

三角形ABCの頂点上を次の規則に従って動く点Pを考える。

・　点Pは頂点Aを出発する。

・　コインを投げて表が出たら左回りに一つ進み，裏が出たら右回りに一つ進む。

この操作を n 回繰り返した後に点Pが頂点Aにいる確率を P_n で表すとき，以下の問いに答えよ。

(1) $P_2 =$ [ア]，$P_3 =$ [イ]，$P_4 =$ [ウ] である。

(2) P_{n+1} と P_n の満たす関係式は $P_{n+1} =$ [エ] である。

(3) 数列 $\{P_n\}$ の一般項は [オ] である。

〔3〕次の各空欄に当てはまる数または式を解答用紙の該当欄に記入せよ。

辺ABとCDの長さが8，辺BCとDAの長さが9の長方形ABCDがある。この長方形の中に互いに外接する2つの円O，O′がある。円Oは辺ABとDA，円O′は辺BCとCDに接している。ここで，円Oの半径を x，円O′の半径を y，円Oと円O′の面積の和を S とする。また，円Oの中心を通り辺ABに平行な直線と円O′を通り辺BCに平行な直線の交点をHとする。このとき，以下の問いに答えよ。

(1) OHを x，y を用いて表すと，OH = [ア] である。

(2) O′Hを x，y を用いて表すと，O′H = [イ] である。

(3)　$x + y =$ [ウ] である。

(4)　Sの最小値は [エ] である。

(5)　Sの最大値は [オ] である。

〔4〕次の各空欄に当てはまる数または式を解答用紙の該当欄に記入せよ。

kを実数とし，座標平面上に点P(1, 0) をとる。曲線 $y = -x^3 + 9x^2 + kx$ を Cとする。

点 $Q(t,\ -t^3 + 9t^2 + kt)$ における接線が点Pを通るとき，kをtを用いて表すと

$$k = p(t) = \boxed{\quad ア \quad}$$

となる。

このとき，関数 $p(t)$ は $t =$ [イ] で極小値 [ウ] をとり，$t =$ [エ] で極大値 [オ] をとる。

したがって，点Pを通る曲線Cの接線の本数が3本となるのは，[ウ] $< k <$ [オ] のときである。

◀1 月 25 日実施分▶

（2 科目 120 分）

1　問題〔1〕は必ず解答し，さらに問題〔2〕～〔4〕のうちから 2 問選択して解答せよ。

2　試験開始後，選択解答する問題を決めたあと，その問題番号を解答用紙の選択問題番号欄に記入せよ。

3　解答の記入に際しては，次の指示に従え。

(1)　解答は，解答用紙の指定された解答欄に記入すること。

(2)　解答用紙の解答欄には解答に関係のない文字，記号，符号などを記入しないこと。

(3)　解答用紙の解答欄外の余白には何も記さないこと。

(4)　数は通常の記数法に従って記すこと。

(5)　0 又は正の数には＋を付けないこと。

(6)　有理数は必ず既約分数で表すこと。

(7)　整数には分母を付けないこと。

(8)　式は最も簡単な形で表すこと。

〔1〕 次の各空欄に当てはまる数または式を解答用紙の該当欄に記入せよ。

(1)　$4x^4 - 12x^2y^2 + y^4$ を因数分解すると ［ア］ となる。

(2)　2 次関数 $y = 2x^2 - 3x + 5$ のグラフを y 軸に関して対称移動し，さらに x 軸方向に 2，y 軸方向に -3 だけ平行移動した放物線をグラフとする 2 次関数は ［イ］ である。

(3)　$0 \leqq \theta \leqq 2\pi$ のとき，$\cos\theta = -\dfrac{\sqrt{3}}{2}$ を満たす θ は ［ウ］ である。

(4)　$\log_{10}2 = 0.3010$，$\log_{10}3 = 0.4771$ とすると，$\log_{10}\sqrt{24} =$ ［エ］ である。

(5)　関数 $y = x^2 + 2x + 3$ のグラフ上の点 $(3,\ 18)$ における接線の方程式は ［オ］ である。

〔2〕次の各空欄に当てはまる数または式を解答用紙の該当欄に記入せよ。

1個のさいころを4回投げるとき，以下の問いに答えよ。

(1) 出る目の最大値が5以下となる確率は［ア］である。

(2) 出る目の最大値が5になる確率は［イ］である。

(3) 出る目の最小値が5以上になる確率は［ウ］である。

(4) 出る目の最小値が5になる確率は［エ］である。

(5) 出る目の最小値が1で，かつ最大値が6である確率は［オ］である。

〔3〕次の各空欄に当てはまる数または式を解答用紙の該当欄に記入せよ。

$\triangle$ABCにおいて，AB $=5$，AC $=3$，$\angle$A $=120^\circ$ とするとき，以下の問いに答えよ。

(1) 辺BCの長さは［ア］である。

(2) $\triangle$ABCの面積は［イ］である。

(3) $\triangle$ABCの外接円の半径は［ウ］である。

(4) $\triangle$ABCの内接円の半径をr，中心をIとするとき，$r=$［エ］であり，線分ICの長さは［オ］である。

〔4〕 次の各空欄に当てはまる数または式を解答用紙の該当欄に記入せよ。

関数 $f(x) = x^4 - 8x^3 + 22x^2 - 24x$ について，以下の問いに答えよ。

(1) $f'(x) =$ [ア] である。

(2) $y = f(x)$ が極小値をとるときの座標は [イ] と [ウ] であり，極大値をとるときの座標は [エ] である。

(3) 曲線 $y = f(x)$ と x 軸が囲む領域の面積は [オ] である。

物理

◀1月23日実施分▶

（2科目 120分）

(注)　〔1〕(3), (5), 〔2〕(1), (3)～(6), 〔3〕(1)(b), (2)(e), (3), 〔4〕(1)(b), (2)(h)の解答欄は「経過」欄を含む。

1　**問題〔1〕～〔4〕のうちから3問選択して解答せよ。**

2　**選択した問題の番号を解答用紙1枚目の右側の3つの枠内に記入せよ。**

〔1〕 図1のように滑らかな机の上で質量Mの力学台車を動かし，記録タイマーを使って記録テープに記録した点をもとに運動の法則を調べる実験を行った。質量mのおもりが1個，2個，3個のときに，おもりが落下を始めてからの経過時間と台車の進んだ距離を調べたところ，表1～表3のようになった。滑車と糸の重さは無視でき，糸はたるまないものとして以下の問いに答えよ。

(1)　表で空欄となっている，台車の平均の速度をそれぞれ求めよ。　〔解答欄：下表と同じ〕

(2)　台車の平均の速度を中央時刻に対して図示せよ。ただし，おもり1個の場合は黒丸（●）と実線，おもり2個の場合は白丸（○）と実線，おもり3個の場合は×印と実線を用いること。

〔解答欄〕

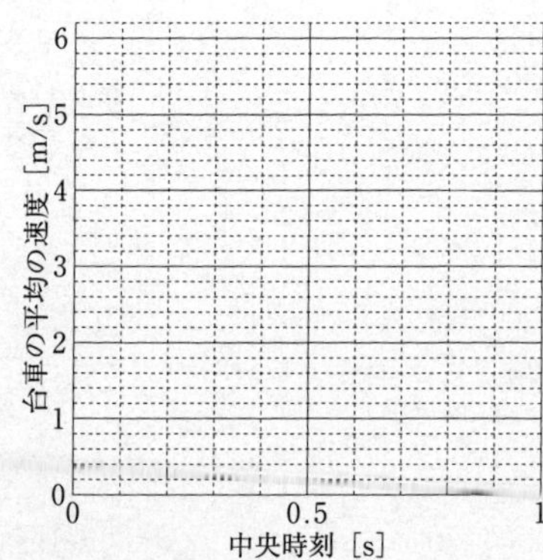

(3)　おもりが1個，2個，3個の場合に対して，(2)のグラフの傾きから台車の加速度の大きさを有効数字2桁でそれぞれ求めよ。

(4) おもり 1 個の場合，台車に働く加速度の大きさを a，張力の大きさを T，重力加速度の大きさを g として，台車とおもりそれぞれの運動方程式を M，m，a，T，g のうち必要なものを含む式で書け。

(5) おもり 1 個の質量は 0.4 kg であった。台車の質量を有効数字 1 桁で求めよ。ただし $g = 9.8\,\mathrm{m/s^2}$ とする。

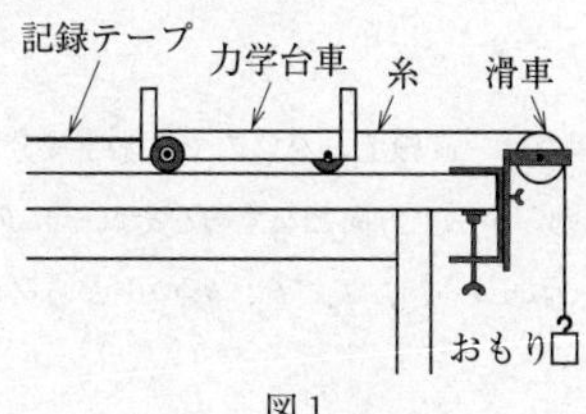

図 1

表 1　おもり 1 個の場合

経過時間 [s]	台車の進んだ距離 [m]	中央時刻 [s]	台車の平均の速度 [m/s]
0	0.00		
		0.1	
0.2	0.08		
		0.3	
0.4	0.31		
		0.5	
0.6	0.71		
		0.7	
0.8	1.25		
		0.9	
1	1.96		

表 2　おもり 2 個の場合

経過時間 [s]	台車の進んだ距離 [m]	中央時刻 [s]	台車の平均の速度 [m/s]
0	0.00		
		0.1	
0.2	0.11		
		0.3	
0.4	0.45		
		0.5	
0.6	1.01		
		0.7	
0.8	1.79		
		0.9	
1	2.80		

表 3　おもり 3 個の場合

経過時間 [s]	台車の進んだ距離 [m]	中央時刻 [s]	台車の平均の速度 [m/s]
0	0.00		
		0.1	
0.2	0.13		
		0.3	
0.4	0.52		
		0.5	
0.6	1.18		
		0.7	
0.8	2.09		
		0.9	
1	3.26		

〔2〕 伸び縮みしない長さ35.0 cmの糸の両端を，図1のように水平な天井の25.0 cm離れた2点A，Bに固定し，Bから15.0 cmの点Cに質量0.200 kgの物体を吊るした。AC間の糸の張力の大きさをT_1，BC間の糸の張力の大きさをT_2として，以下の問いに答えよ。なお，糸の質量は無視できるものとし，重力加速度の大きさを9.80 m/s^{2}とする。

(1) 物体を吊るしている糸の張力の大きさTを求めよ。

(2) 大きさがT，T_1，T_2の3つの張力はつり合っている。3力は一直線上にないので，水平成分と鉛直成分に分解してそれぞれのつり合いを考える。糸AC，BCが水平方向となす角をそれぞれθ_1，θ_2として（図2），つり合いの式の水平成分，鉛直成分をそれぞれT_1，T_2，θ_1，θ_2の中から必要なものを用いて表せ。

(3) $\sin\theta_1$，$\sin\theta_2$，$\cos\theta_1$，$\cos\theta_2$をそれぞれ求めよ。

(4) T_1を有効数字3桁で求めよ。

(5) T_2を有効数字3桁で求めよ。

(6) 物体をすべて水中に入れたところ，T_1とT_2はそれぞれ(4)，(5)の$\frac{1}{2}$になった。物体の体積を求めよ。ただし，水の密度を1.0 g/cm^{3}とする。

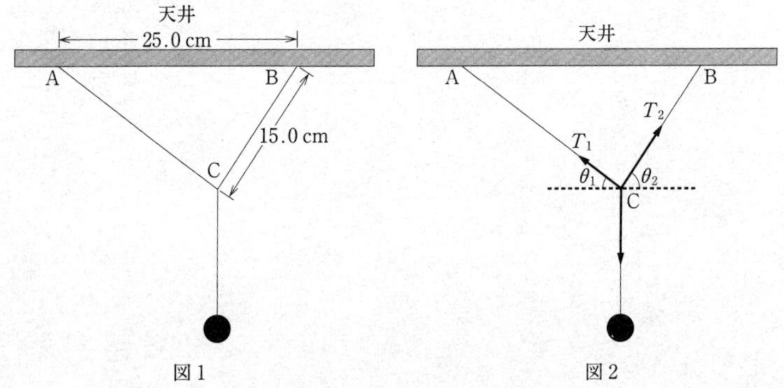

図1　図2

〔3〕電池の作り出す電圧が電池の起電力である。しかし，実際には電池の両端の電圧は起電力の大きさにはならない。これは電池の内部に抵抗があると仮定すると説明できる。この抵抗を内部抵抗という。また，理想的な電圧計では電流は流れないが，実際の電圧計には電圧を表示するために必要な抵抗が存在し，わずかに電流が流れる。この抵抗も内部抵抗と呼ばれる。

図のように，起電力が E［V］で内部抵抗が r［Ω］の電池，1000 Ω の抵抗 R_1，2000 Ω の抵抗 R_2，内部抵抗が 9000 Ω の電圧計をつないだ回路がある。スイッチを a 側に接続すると電圧計は 64 V を示し，スイッチを b 側に接続すると電圧計は 20 V を示した。以下の問いに答えよ。

(1) スイッチを a 側に接続したときを考える。

(a) 点 P を流れる電流を I［A］とする。電圧計が 64 V を示したことを用いて，E，r，I の関係を式で表せ。

(b) 電圧計と電池の内部抵抗を含めた回路全体の合成抵抗 R を，r を用いた式で表せ。

(c) 前問(b)で求めた R を用いて，E，r，I の関係を式で表せ。

(2) スイッチを b 側に接続したときを考える。

(d) 点 P を流れる電流を I'［A］とする。電圧計が 20 V を示したことを用いて，E，r，I' の関係を式で表せ。

(e) 電圧計と電池の内部抵抗を含めた回路全体の合成抵抗 R' を，r を用いた式で表せ。

(3) I，I'，r，E の値を，それぞれ有効数字 2 桁で求めよ。

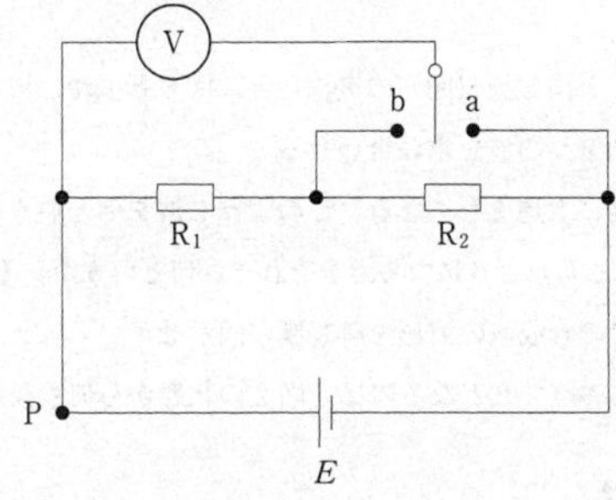

〔4〕波に関する以下の問いに答えよ。

(1) 図1は，x 軸上を正の向きに進む正弦波の，時刻 $t=0$ における波形を示したものである。この波の周期は1.0sであった。

(a) この波の振幅，波長をそれぞれ求めよ。

(b) この波の振動数，速さをそれぞれ求めよ。

(c) 時刻 $t=0.5$s における波形を解答欄に図示せよ。

(d) 位置 $x=0$m における，時刻に対する媒質の振動の様子を解答欄に図示せよ。

〔(c)・(d)の解答欄〕

(c)

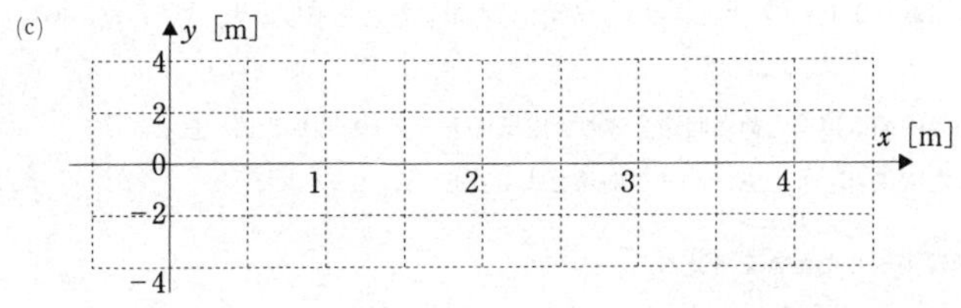

(d)

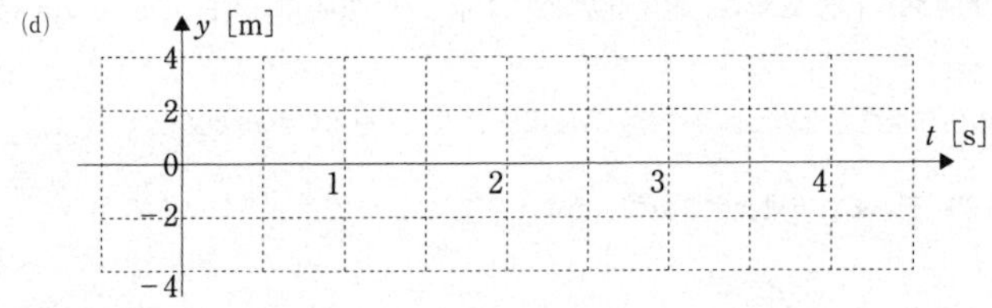

(2) 図2に示すように，図1と同じ波（図2の実線）と，図1と振幅，波長，周期が同じで反対向きに進む波（図2の破線）の2つの波を重ね合わせる。

(e) 合成波はどちらの向きにも進まなくなる。このような波を何というか。

(f) 合成波の振幅が最大になる点と0になる点をそれぞれ何というか。それぞれ漢字1字で答えよ。

(g) 図2に示された時刻での合成波の波形を解答欄に図示せよ。

(h) 合成波の変位がすべての点で0となるのは，図2の状態から何秒後か。最小値を答えよ。

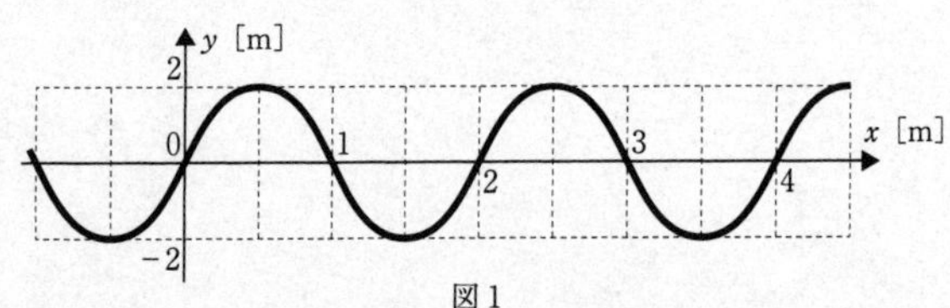

図1

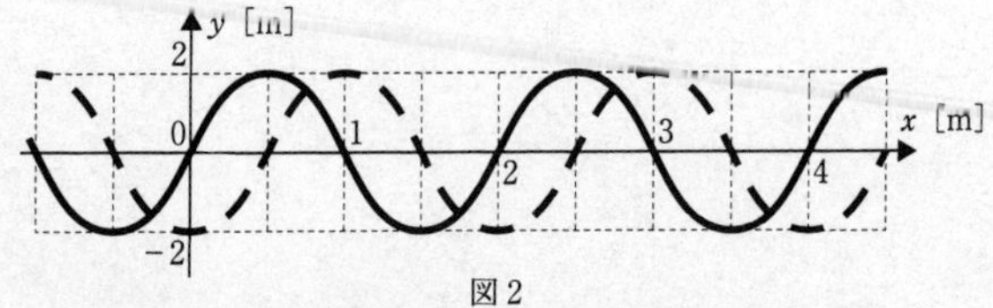

図2

〔(g)の解答欄〕

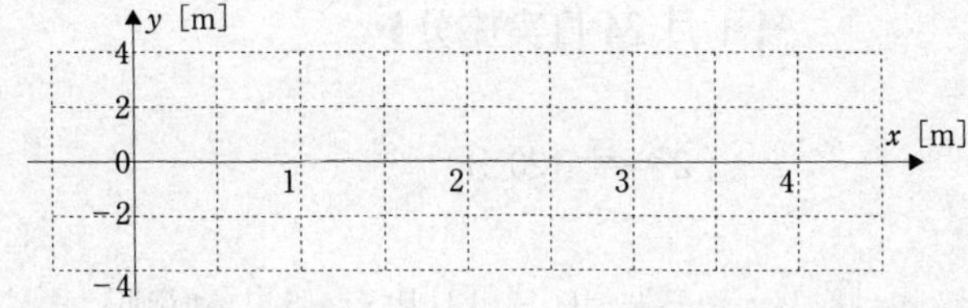

◀1月24日実施分▶

（2科目 120分）

(注)〔1〕(1)(b), (2)(d)・(e), 〔2〕(1)(a)・(b), (2)(c)〜(f), (3), 〔3〕(1)〜(7), 〔4〕(4)の解答欄は「経過」欄を含む。

1　**問題〔1〕〜〔4〕のうちから3問選択して解答せよ。**

2　**選択した問題の番号を解答用紙1枚目の右側の3つの枠内に記入せよ。**

〔1〕重力加速度の大きさをgとして，以下の問いに答えよ。

(1) 図1のように，水平方向に対して角度θをなす斜面上に質量mの物体を静かに置いたところ，斜面上で静止していた。

(a) 斜面からの抗力を斜面に平行な方向と垂直な方向に分解したとき，斜面に平行な分力の大きさをF，斜面に垂直な分力の大きさをNとする。物体に関する釣り合いの式の斜面に平行な成分と斜面に垂直な成分を，g，θ，m，F，Nのうち必要なものを用いた式でそれぞれ書け。

(b) 角度θを増加させると，$\theta = \theta_0$で物体は滑りはじめた。斜面と物体の間の静止摩擦係数μをθ_0を用いた式で表せ。

(2) 図2のように(1)の斜面と平行な板とばね定数kのばねを取り付け，ばねと斜面の間に質量mの物体をはさんだ。$\theta = \theta_1$のとき，ばねは自然長からx縮んだ状態で，物体は静止していた。ばねと物体の間に摩擦力は働かないものとする。

(c) 斜面からの抗力を斜面に平行な方向と垂直な方向に分解したとき，斜面に平行な分力の大きさをF_1，斜面に垂直な分力の大きさをN_1とする。物体に関する釣り合いの式の斜面に平行な成分と斜面に垂直な成分を，g，m，k，θ_1，x，F_1，N_1のうち必要なものを用いた式でそれぞれ書け。

(d) 斜面と板の間隔を広げていくと，ばねの縮んだ長さがx_mのとき物体が滑り始めた。x_mを，g，m，k，θ_1，斜面と物体の間の静止摩擦係数μのうち必要なものを用いた式で表せ。

(e) ばねが自然長からx_L縮んだ状態で，図3のように$\theta = 90°$としたとき物体が落ちないx_Lの条件を，x_Lとg，m，k，斜面と物体の間の静止摩擦係数μのうち必要なものを用いた不等式で表せ。

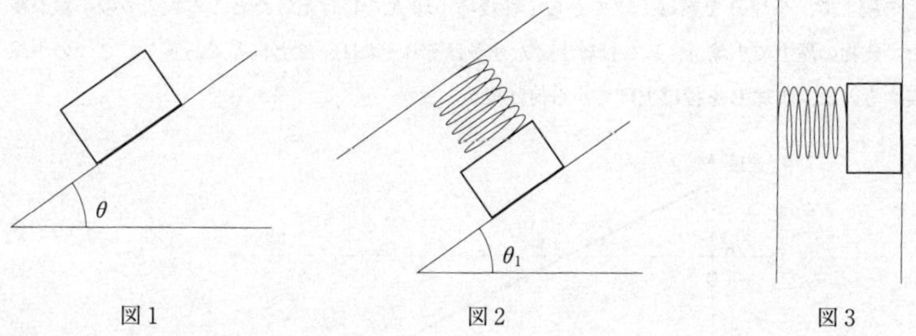

図1　図2　図3

〔2〕 地面からの高さが9.8 mの建物の屋上から，鉛直上向きに小球Aと小球Bを投げ上げた。重力加速度の大きさを9.8 m/s^{2}として以下の問いに答えよ。必要があれば$\sqrt{2}=1.4$，$\sqrt{3}=1.7$，$\sqrt{5}=2.2$を用いよ。

(1) 小球Aだけを投げ上げたときを考える。小球Aを投げ上げたときの速さは19.6 m/sであった。

(a) 小球Aを投げてから，最高点に到達するまでの時間を求めよ。

(b) 小球Aが到達する最高点の，地面からの高さを求めよ。

(2) 小球Bだけを投げ上げたところ，小球Bは最高点に到達したあと建物の屋上を過ぎて地面に落下した。この運動について，鉛直上向きを正の向き，建物の屋上で小球Bを投げた瞬間を時刻0とし，速度と時刻の間の関係を図示すると図のようになった。

(c) 建物の屋上で小球Bを投げたときの速さを求めよ。

(d) 小球Bが到達する最高点の，地面からの高さを求めよ。

(e) 小球Bが地面に到達するときの速さを有効数字2桁で求めよ。

(f) 建物の屋上で投げてから地面に到達するまでの間について，小球Bの地面からの高さと時刻の関係をグラフに図示せよ。ただし，図示の際には以下の値を示し，地面に達する時刻については有効数字2桁で示すこと。

最高点の高さ，最高点に達する時刻，

建物の屋上と同じ高さになる時刻，地面に達する時刻

〔解答欄〕

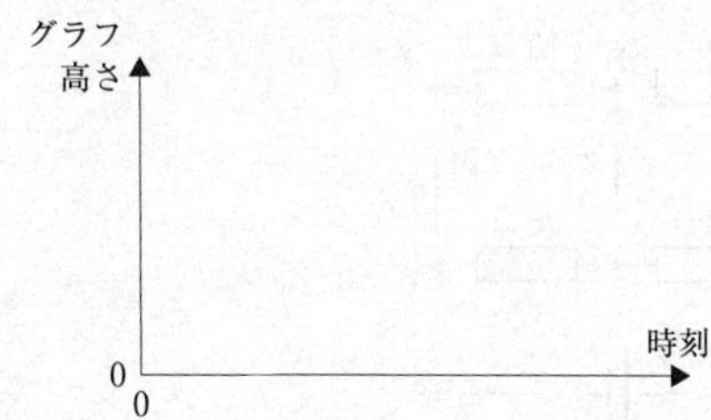

(3)　建物の屋上で，小球Bを投げ上げてから1秒後に小球Aを投げ上げたところ，2つの小球が衝突した。建物の屋上で小球A，Bを投げ上げた速さはそれぞれ(1)，(2)と同じであった。2つの小球が衝突するのは，小球Bを投げ上げてから何秒後か。

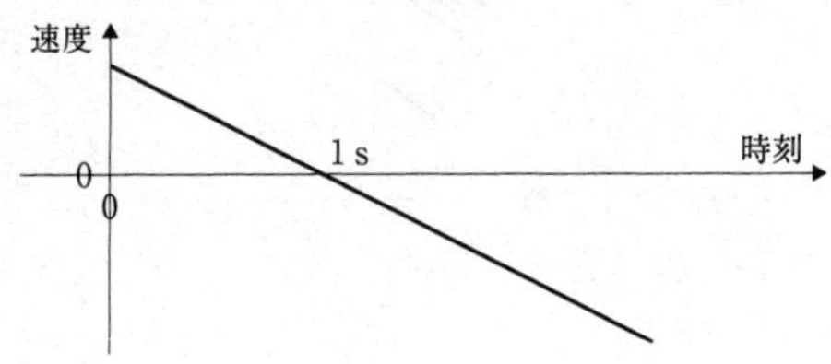

〔3〕 (1)〜(7)に示す電気回路において，AB間に流れる電流とAB間の電圧を各々求めよ。

(1)

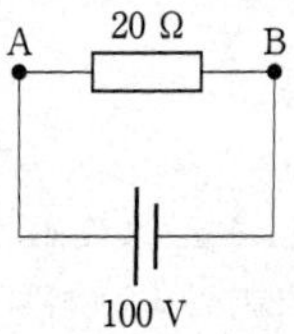

A　20 Ω　B
100 V

(2)

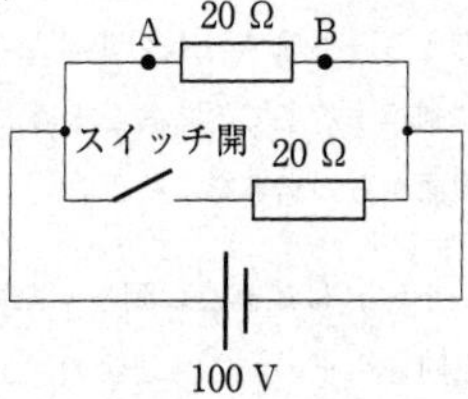

A　20 Ω　B
スイッチ開　20 Ω
100 V

(3)

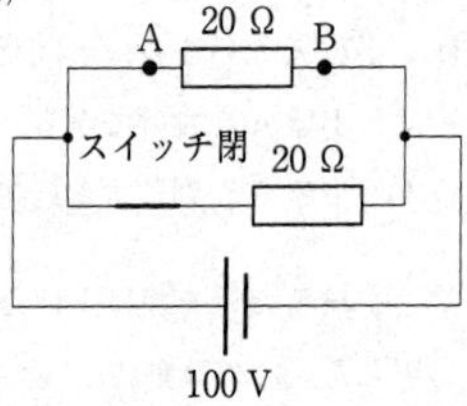

A　20 Ω　B
スイッチ閉　20 Ω
100 V

(4)

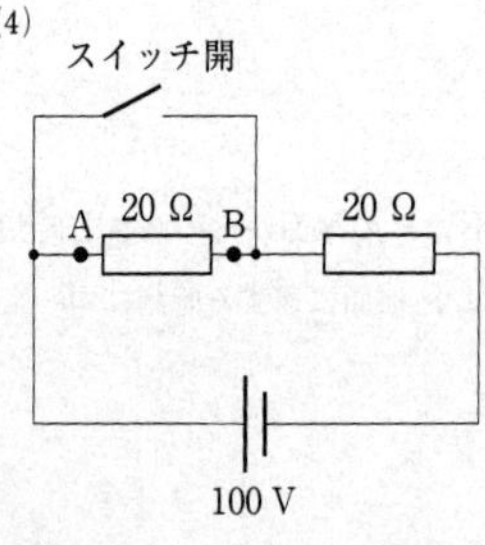

スイッチ開
A　20 Ω　B　20 Ω
100 V

(5)

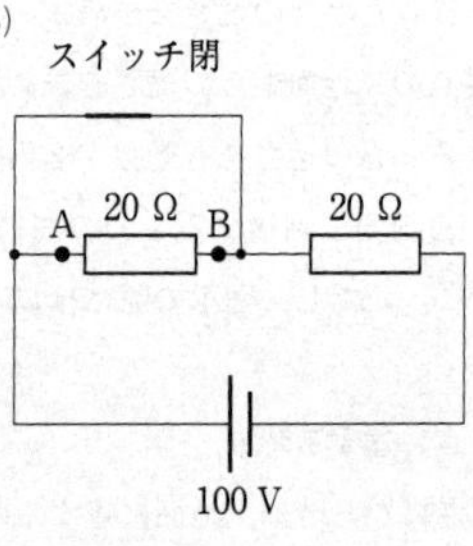

スイッチ閉
A　20 Ω　B　20 Ω
100 V

(6)

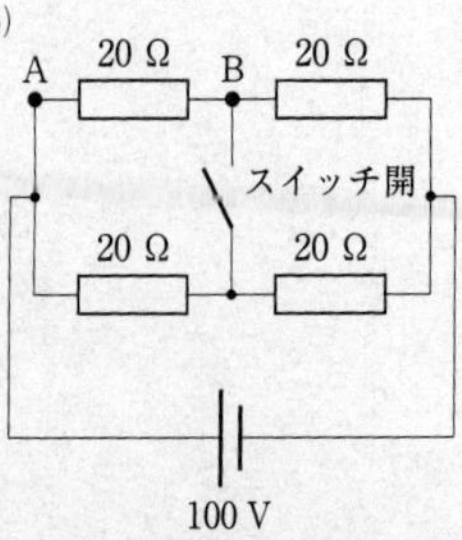

A　20 Ω　B　20 Ω
スイッチ開
20 Ω　20 Ω
100 V

(7)

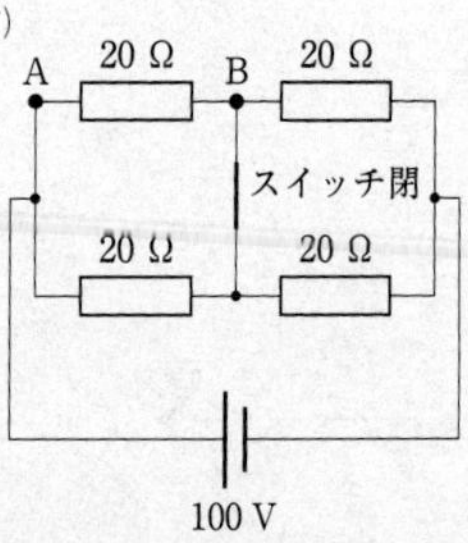

A　20 Ω　B　20 Ω
スイッチ閉
20 Ω　20 Ω
100 V

〔4〕 以下の問いに答えよ。

(1) 変圧器の1次コイルの巻き数をN_1，電圧をV_1，2次コイルの巻き数をN_2，電圧をV_2とすると，変圧器の巻き数と電圧との間に成り立つ関係はどのような式で表せるか。N_1，V_1，N_2，V_2のうち必要なものを含む式で表せ。

(2) 家庭用100Vの交流の電圧は約141Vから約−141Vまで変化している。交流電源に抵抗を接続したときの時間平均した電力を，直流の場合と同じように計算して求めるための値を何というか。

(3) 定常波の腹がm個生じているときの横波の波長をλ_mとすると，弦の長さLはどのように表せるか。m，λ_mのうち必要なものを含む式で表せ。

(4) 質量200gの銅製の容器に水が200g入っている。銅の比熱を0.38J/(g・K)，水の比熱を4.2J/(g・K)として，全体の熱容量を求めよ。

(5) 大気圧をp，水の密度をρ，重力加速度の大きさをgとするとき，水面から深さhの点における圧力p'はどのように表せるか。p，ρ，g，hのうち必要なものを含む式で表せ。

(6) 時間の流れを逆向きにした変化が自発的に起こらない変化のことを何というか。

(7) 熱機関が高温の物体から吸収した熱量をQ_{in}，低温の物体に放出した熱量をQ_{out}とすると，熱効率eはどのように表せるか。Q_{in}，Q_{out}のうち必要なものを含む式で表せ。

(8) 水のように波の振動を伝える物質を何というか。

(9) 1Aの電流が1秒間に運ぶ電気量はいくらか。

(10) 放射性物質から出るおもな放射線の名称を3つ答えよ。また，放射線の測定単位に用いられる主な単位を3つ挙げよ。

◀1月25日実施分▶

（2科目 120分）

(注) 〔1〕(3)(d)，〔2〕(1)，(2)(b)・(c)，〔3〕(4)(c)の解答欄は「経過」欄を含む。

1　**問題〔1〕～〔4〕のうちから3問選択して解答せよ。**

2　**選択した問題の番号を解答用紙1枚目の右側の3つの枠内に記入せよ。**

〔1〕 以下の問いに答えよ。

(1) 浮力について説明した次の文章中の空欄に当てはまる適切な語句を答えよ。

流体中（水など）に物体があるときに物体は浮力を受ける。浮力の大きさは物体がおしのけた体積の［ア］が受ける［イ］の大きさに等しい。これを［ウ］の原理という。

(2) 日常生活の中で浮力を感じられることがある。それはどのような状況か。具体的な例を挙げて説明せよ。

(3) 海に浮かぶ氷山について以下の問いに答えよ。ただし，氷山の密度をρ_1，海水の密度をρ_2，重力加速度の大きさをgとする。

(a) 氷山全体の体積をV_A，海中にある氷山の体積をV_Bとするとき，氷山全体の体積に対する海水面上に出ている部分の体積の割合はどのように表されるか。V_A，V_Bのうち必要なものを用いた式で表せ。

(b) 氷山全体が受ける重力の大きさはどのように表されるか。V_A，V_B，ρ_1，ρ_2，gのうち必要なものを用いた式で表せ。

(c) 海中にある氷山が受ける浮力の大きさはどのように表されるか。V_A，V_B，ρ_1，ρ_2，gのうち必要なものを用いた式で表せ。

(d) 氷山は，全体積の何％が海水面上に現れているか。有効数字2桁で求めよ。ただし，$g = 9.8\,\mathrm{m/s^2}$，$\rho_1 = 9.17 \times 10^2\,\mathrm{kg/m^3}$，$\rho_2 = 1.02 \times 10^3\,\mathrm{kg/m^3}$とする。

〔2〕 重力加速度の大きさをgとして，以下の問いに答えよ。

(1) ばね定数kのばねの一端を天井に取り付け，ばねの長さが自然長になる状態（図1のア）にしたあと，他端に質量mのおもりをつるす。おもりを静かにはなしたところ，おもりは静止したままであった（図1のイ）。この状態での自然長からのばねの伸びを，k，m，gのうち必要なものを含む式で表せ。

(2) (1)の状態から，ばねの伸びがyとなる位置（図1のウ）までばねを引き伸ばし，静かにおもりをはなしたところ，おもりは振動を始めた。yは(1)の結果の2倍よりも大きいものとする。

(a) おもりをはなした瞬間における，おもりの運動エネルギー，重力による位置エネルギー，弾性力による位置エネルギーをそれぞれk，m，g，yのうち必要なものを含む式で表せ。ただし，重力による位置エネルギーはばねが自然長のときのおもりの位置を基準とする。

(b) ばねの長さが自然長であるときのおもりの速さをk，m，g，yのうち必要なものを含む式で表せ。

(c) ばねの伸びが(1)の結果と同じになるときのおもりの速さをk，m，g，yのうち必要なものを含む式で表せ。

(3) 図2のようにおもりをつけたばねを水平でなめらかな台の上に置き，おもりと反対側のばねの端を台に固定した。このおもりにはたらく力は，重力，弾性力，垂直抗力の3つである。

(d) 重力や弾性力は保存力に分類される。保存力とはどのような力のことか。簡潔に説明せよ。

(e) 保存力ではない垂直抗力を受けていても，このおもりについて力学的エネルギー保存の法則を使うことができるのはなぜか。「垂直抗力の向き」という語句を使って簡潔に説明せよ。

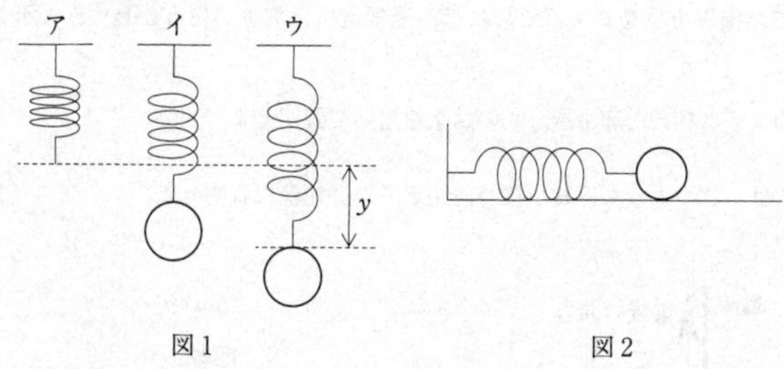

図1　　図2

〔3〕電気と磁気について，以下の問いに答えよ。

(1) 図1は，平面に垂直な導線に図の下から上へ電流が流れている状態を示している。このとき，平面内にできる磁力線の概形と向きを図示せよ。向きについては全体の傾向が分かるように矢印で示すこと。

〔解答欄：図1と同じ〕

(2) 直流と交流の違いを簡潔に説明せよ。

(3) 100 V，50 Hz の交流電圧の時間変化を，時間 t が $0 \leqq t \leqq 0.05$ s の範囲で図示せよ。ただし，電圧の最大値と最小値を整数値で示すこと。また，$t = 0$ での電圧値は0であるとせよ。

〔解答欄〕

(4) 発電所から送電する際の効率を考える。図2のように，発電所を交流電源，送電先で使う電気製品を抵抗値 R の抵抗として，送電線の抵抗を合計で r とする。発電所から送電する電力を P，送電の際の電圧を V，送電線で消費される電力を p とする。

(a) 回路を流れる電流を I とするとき，P を I と V のうち必要なものを用いた式で表せ。

(b) p を r と I の式で表せ。

(c) 前問(a)と(b)の結果から I を消去して，p を r，V，P のうち必要なものを用いた式で表せ。

(d) 送電線での損失を少なくするためには，送電電圧は大きいほうが良いか，小さいほうが良いか。

(e) 前問(d)のように答えた理由を，(c)の結果を用いて説明せよ。

(5) ダイオードは，どのような性質を持つ回路素子か。簡潔に説明せよ。

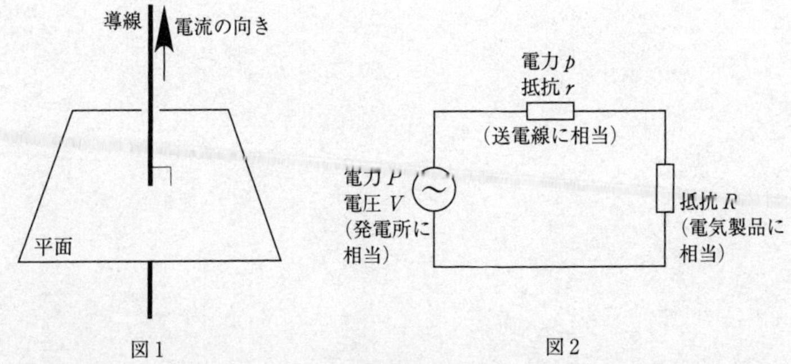

図1　　図2

〔4〕 以下の文章中の空欄 ア ～ ク に当てはまる適切な語句，あるいは数値を答えよ。数値は有効数字2桁で答えること。また，空欄 あ ～ き に当てはまるものを【選択肢】の中からそれぞれ選べ。

【選択肢】ΔU，Q，W，1，Q_1，Q_2，0

(1) 容器に水を入れ，かき混ぜながら水温を測定する。水をかき混ぜる仕事の仕事率が一定ならば，水の温度上昇はかき混ぜる時間に ア する。1847年，ジュールはこのことに注目して，より精密な実験装置を考案して実験を行い，仕事と熱の量的な関係を調べた。その結果， イ Jの仕事は1 calの熱に相当し，このときにかき混ぜた水が100 gならば，水温が ウ K上昇することがわかった。

以上をまとめると，仕事 W [J] と熱量 Q [cal] の間には，

$$W = JQ$$

という比例関係がある。このときの比例係数 J を エ といい，その値は オ J/calである。

(2) 物体の内部エネルギーの増加量を ΔU，物体が吸収する熱量を Q，物体が外部からされる仕事を W とするとき，

$$\Delta U = \boxed{あ} + \boxed{い}$$

という関係が成立する。この関係を カ という。

(3) 熱を仕事に変換する装置を キ という。そのしくみは，熱源から熱（Q_1 とする）を吸収し，装置の外に熱（Q_2 とする）を捨てて，もとの状態に戻る間に仕事（W とする）をし，そしてこれをくり返すことである。このときに熱源から得た熱 Q_1 に対する キ がした仕事 W の割合 e を ク という。これを式で表すと，

$$e = \frac{\boxed{う}}{\boxed{え}} = \frac{\boxed{お} - \boxed{か}}{\boxed{き}}$$

となる。

化学

◀1月23日実施分▶

（2科目 120分）

1　**問題〔1〕～〔4〕のうちから3問選択して解答せよ。**

2　**選択した問題の番号を解答用紙の選択問題番号欄に記入せよ。**

3　**容積（体積）の単位，リットルについては，ここではLを用いて表記する。**

〔1〕 次の設問(1)～(6)に答えよ。各設問に与えられたア～オから一つ選び，記号で答えよ。

(1)　正しいのはどれか。

ア　酸化還元反応において，還元剤とは自分自身が還元される物質のことである。

イ　酸化還元反応では，酸化された原子の酸化数の増加量の総和と還元された原子の酸化数の減少量の総和は等しい。

ウ　アルカリ金属元素の陽イオンが単体になるのは酸化である。

エ　1分子あたりで受け取る電子の数が多い物質ほど，強い酸化剤である。

オ　物質が水素と化合する反応は酸化である。

(2)　右の図は水の状態図である。空欄 [A] ～ [C] に最も適する用語の組み合わせはどれか。

ア　A　液体　　B　気体　　C　固体

イ　A　液体　　B　固体　　C　気体

ウ　A　気体　　B　液体　　C　固体

エ　A　固体　　B　液体　　C　気体

オ　A　固体　　B　気体　　C　液体

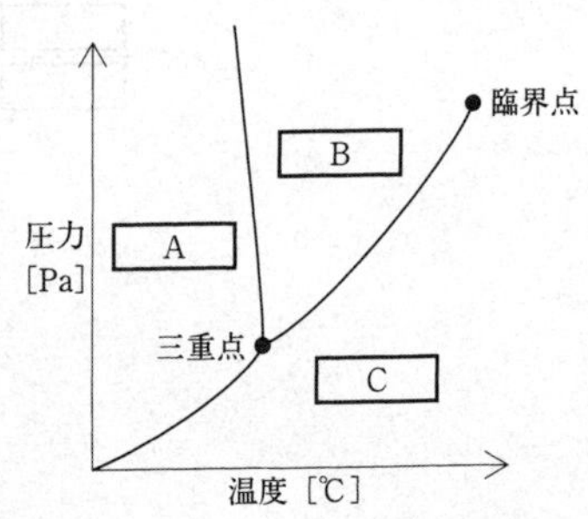

(3)　次の水溶液のうち，同圧のもとで沸点上昇が最も大きいのはどれか。

ア　0.1 mol/kg 塩化カルシウム　イ　0.1 mol/kg 塩化ナトリウム

ウ　0.2 mol/kg グルコース　エ　0.1 mol/kg 硝酸カリウム　オ　0.2 mol/kg 尿素

(4)　鉛蓄電池の充電について，正しいのはどれか。

ア　電解液中の鉛イオン濃度が増加する。

イ　硫酸が生成し，水が消費されるので，電解液の密度が大きくなる。

ウ　電解液の密度は変わらない。

エ　負極と正極の質量がともに増加する。

オ　負極の質量が減少し，正極の質量が増加する。

(5)　常温で希塩酸を加えると，白色沈殿が生じる金属イオンはどれか。

ア　Ca^{2+}　　イ　Cu^{2+}　　ウ　Fe^{3+}　　エ　Pb^{2+}　　オ　Zn^{2+}

(6)　次の反応で生じる気体のうち，上方置換で捕集するのはどれか。ただし，反応に必要な物質は十分にあるものとする。

ア　炭酸カルシウムに塩酸を加える。

イ　酸化マンガン(Ⅳ)に濃塩酸を加えて加熱する。

ウ　銅に希硝酸を加える。

エ　亜硫酸ナトリウムに希硫酸を加える。

オ　塩化アンモニウムと水酸化カルシウムを混合し，加熱する。

〔2〕次の設問(1)～(6)に答えよ。必要があれば，原子量，アボガドロ定数N_A，気体定数Rとして次の値を用いよ。

H = 1.0，C = 12，N = 14，O = 16，S = 32，Cl = 35.5，K = 39，Mn = 55，Fe = 56，
Cu = 64，$N_A = 6.0 \times 10^{23}$/mol，$R = 8.3 \times 10^3$ Pa・L/(mol・K)

(1)　濃度不明の硫酸鉄(Ⅱ) $FeSO_4$ 水溶液25 mLを硫酸で酸性とし，0.020 mol/L過マンガン酸カリウム$KMnO_4$水溶液で滴定したところ，20 mL加えたときに溶液の色が変わった。硫酸鉄(Ⅱ)水溶液のモル濃度(mol/L)を求めよ。答えは有効数字2桁で記せ。

(2)　標準状態で11.2 LのエチレンC_2H_4が完全燃焼した場合に生成するCO_2とH_2O中に含まれる酸素原子の合計数（個）を求めよ。答えは有効数字2桁で記せ。

(3)　ある温度の水41 gに硫酸銅(Ⅱ)五水和物$CuSO_4 \cdot 5H_2O$を25 g加えたときに飽和溶液となった。この温度における水への硫酸銅(Ⅱ)の溶解度を求めよ。答えは有効数字2桁で記せ。

(4)　グルコース$C_6H_{12}O_6$ 18 gを水に溶かして1.0 Lとした水溶液の27℃における浸透圧（Pa）を求めよ。答えは有効数字2桁で記せ。

(5)　0.050 mol/Lの塩酸600 mLと0.020 mol/Lの水酸化カリウム水溶液800 mLを混合したときのpHを求めよ。答えは有効数字2桁で記せ。

(6)　窒素（N_2）からハーバー・ボッシュ法とオストワルト法により硝酸（HNO_3）を1.26 kg製造し

た。このとき必要な窒素（N_2）の標準状態での体積（L）を求めよ。ただし，反応に必要な他の物質は十分にあり，反応は完全に行われるものとする。答えは有効数字3桁で記せ。

〔3〕次の文章を読み，設問(1)～(5)に答えよ。

塩化ナトリウムの結晶のように，陽イオンと陰イオンとが［ア］によって引き合っている結合をイオン結合という。

アンモニア分子中のNとHの結合のように，原子間でそれぞれの原子が所属する価電子を出し合って共有してできる結合を［イ］といい，原子間で共有された電子対を［ウ］という。アンモニア分子中のNは，結合に使われない対となった価電子をもっており，このような電子対を［エ］という。また，アンモニア分子と水素イオンからアンモニウムイオンNH_4^+ができるとき，アンモニア分子中のNの［エ］は水素イオンとの結合に用いられる。このように，［ウ］が一方の原子のみから提供されたとみなせる［イ］を，特に［オ］という。気体の状態で，分子内の［イ］を切断するのに必要なエネルギーを［カ］といい，a)H-H，H-Nの［カ］は，それぞれ436 kJ/mol，391 kJ/mol（298 K）である。

アンモニア分子中のNとH原子間や二酸化炭素分子のCとO原子間の［ウ］はそれぞれ，電気陰性度の大きい原子側にかたよっている。このように，［ウ］が一方の原子にかたよっているとき，「結合に［キ］がある」という。b)アンモニアは他の15族の水素化合物に比べ分子量が小さいにも関わらず融点や沸点が高い。

c)ナフタレンなどの結晶では，［ク］とよばれる分子間力がはたらいて，分子どうしを集合させている。このように，分子からなる物質の結晶を［ケ］という。

設問

(1) 空欄［ア］～［ケ］に最も適する語句を記せ。

(2) アンモニア分子およびアンモニウムイオンを，それぞれ電子式で示せ。

(3) 下線部a）に関して，窒素分子と水素分子からアンモニア分子を生成する熱化学方程式は次のように表される。

N_2（気）＋$3H_2$（気）＝$2NH_3$（気）＋92 kJ

上記の熱化学方程式と下線部a）の［カ］の値を用いて，窒素分子（N≡N）の［カ］を求めよ。答えは整数で記せ。

(4) 下線部b）のように，アンモニアが他の15族の水素化合物に比べ分子量が小さいにもかかわらず高い融点や沸点を示す理由を10～20字で説明せよ。

(5) 下線部c）に関して，［ケ］に一般にみられる性質をA～Dの中からすべて選び，記号で記せ。

A．融点が高い　B．やわらかくもろい　C．昇華しやすい　D．展性・延性に富む

〔4〕次の文章を読み，設問(1)～(4)に答えよ。必要があれば，原子量として次の値を用いよ。
H = 1.0，C = 12，O = 16，Na = 23，Br = 80

油脂は3価のアルコールである［ア］と脂肪酸からなるエステルの総称である。動植物に含まれる油脂を構成する脂肪酸の炭素数は12～26の偶数のものが多く，構成する脂肪酸の割合によって油脂の性質が異なる。低級脂肪酸や不飽和結合をもつ高級脂肪酸を多く含む場合には油脂は常温で液体となり，［イ］という。一方，常温で固体の油脂を［ウ］といい，高級飽和脂肪酸を多く含んでいる。［イ］にニッケルを触媒として水素を付加させると，常温で固体の油脂に変化する。このようにしてできた油脂を［エ］といい，セッケンやマーガリンの原料に使われる。

油脂に水酸化ナトリウム水溶液を加えて加熱すると加水分解が起こり，［ア］と高級脂肪酸のナトリウム塩（セッケン）が生成する。塩基によるこのようなエステルの加水分解反応を，特に［オ］という。a)水にセッケンを加えると［Ⅰ］を示すため，羊毛や絹などの動物性繊維の洗濯には使用できない。b)セッケンは水と混じりにくい［カ］性の炭化水素基と，水と混じりやすい［キ］性の原子団（COO^-とNa^+）をもっている。水中では［カ］性の部分を内側に，［キ］性の部分を外側にして集まり，球状のコロイド粒子として存在する。このコロイド粒子を［ク］という。セッケンを含む水に油を加えて振り混ぜるとセッケン分子は油滴のまわりを囲み，水中に分散して乳濁液となる。この現象を［ケ］といい，この現象を起こさせる作用を［ケ］作用という。この作用によって油汚れなどを落とす洗浄作用を示す。セッケンを海水や［コ］（Ca^{2+}やMg^{2+}を多く含む水）で使用すると洗浄能力は低下する。

設問

(1) 空欄［ア］～［コ］に最も適切な語句を記せ。

(2) 下線部a）について，次の設問①，②に答えよ。

① 空欄［Ⅰ］に入る最も適切な語句を下記から選び記せ。

強酸性　　弱酸性　　中性　　弱塩基性　　強塩基性

② ①のように解答した理由を20字以内で説明せよ。

(3) 下線部b）のように，［カ］性と［キ］性を示す部分を両方もつ分子は表面張力を低下させる。このような性質をもつ物質を何というか。

(4) 次の設問①～③に答えよ。

① ある油脂A 22.0 gを水酸化ナトリウム水溶液中で加熱すると［オ］された。その後に溶液を酸性にしたところ，1分子の［ア］に対して，1分子のオレイン酸$C_{17}H_{33}COOH$と2分子の不飽和脂肪酸Bが存在することがわかった。このとき，完全に［オ］するには3.0 gの水酸化ナトリウムを必要とした。この油脂の分子量を求めよ。答えは整数で記せ。

② 不飽和脂肪酸Bの示性式を，上記①のオレイン酸の示性式にならって記せ。

③ 油脂A 22.0 gに臭素水を通じると臭素水の赤褐色が消えた。この反応で消費される臭素Br_2は最大何gか。答えは有効数字2桁で記せ。

◀1月24日実施分▶

（2科目 120分）

1 **問題〔1〕～〔4〕のうちから3問選択して解答せよ。**

2 **選択した問題の番号を解答用紙の選択問題番号欄に記入せよ。**

3 **容積（体積）の単位，リットルについては，ここではLを用いて表記する。**

〔1〕 次の設問(1)～(6)に答えよ。各設問に与えられたア～オから一つ選び，記号で答えよ。

(1) 正しいのはどれか。

ア 酸性が強くなるほどpHが大きくなる。

イ 同じモル濃度であれば，塩酸と酢酸の水素イオン濃度は同じである。

ウ 一価の酸より二価の酸の方が強い酸である。

エ 酸性塩は水に溶けると酸性を示す塩のことである。

オ 酸性の水溶液は常に $[H^+] > [OH^-]$ である。

(2) 正しいのはどれか。

ア 一定物質量の気体の体積 V は，圧力 P に比例し，絶対温度 T に反比例する。

イ 一定温度における液体の蒸気圧は物質ごとに決まっており，液体の物質量により変化する。

ウ 同じ物質でも外圧が低くなれば，沸点は低くなる。

エ 蒸気圧は温度が高いほど，低くなる。

オ 理想気体は，分子自身の体積があり，分子間力がはたらくと考えた気体のことである。

(3) $N_2 + O_2 \rightleftarrows 2NO$ で表される可逆反応が，一定温度で平衡状態に達している。この状態に関する次の記述のうち，正しいのはどれか。

ア N_2 と O_2 が反応しない状態である。

イ N_2 と O_2 の物質量の和と，NOの物質量が等しい状態である。

ウ N_2 と O_2 とNOの物質量が等しい状態である。

エ NOが分解しない状態である。

オ N_2 の濃度が一定の状態である。

(4) 水溶液が酸性を示すものはどれか。

ア KCl　イ $Ca(NO_3)_2$　ウ Na_2S　エ $NaHCO_3$　オ $(NH_4)_2SO_4$

(5) 次の化合物で不斉炭素をもたないものはどれか。

ア アラニン　イ グルコース　ウ セルロース　エ 乳酸　オ メタン

(6) 次の高分子の性質や用途に関する記述のうち，誤りを含むものはどれか。

ア　合成高分子の中には，酵素や微生物で分解されるものもある。

イ　ナイロン66は縮合重合によって合成され，繊維などに用いられる。

ウ　生ゴムに数%の硫黄粉末を加えて加熱すると，弾性や耐久性が向上する。

エ　フェノール樹脂は熱可塑性樹脂であり，成形・加工が容易である。

オ　ポリエチレンテレフタラートは，合成樹脂として衣服などに用いられる。

〔2〕次の設問(1)～(6)に答えよ。必要があれば，(2)～(6)は，原子量，ファラデー定数Fとして次の値を用いよ。

H＝1.0，C＝12，O＝16，Na＝23，S＝32，Cl＝35.5，Ca＝40，Cu＝64，

$F = 9.65 \times 10^4$ C/mol

(1) カリウムは原子量が39.10であり，^{39}K（相対質量38.96）と^{41}K（相対質量40.96）の二つの同位体が自然界で大部分を占めている。これら以外の同位体は無視できるものとし，^{39}Kの存在比（%）を求めよ。答えは整数で記せ。

(2) 白金電極を用いて，硫酸銅(Ⅱ)$CuSO_4$水溶液を4.0Aの電流で6分26秒間電気分解した。陰極に析出した金属の質量（g）を求めよ。答えは有効数字2桁で記せ。

(3) 分子式C_4H_6の炭化水素がある。この炭化水素67.5mgに触媒を使って水素を付加させたところ，ブタンが生成した。付加した水素の標準状態での体積（mL）を求めよ。ただし，反応は完全に行われるものとする。答えは有効数字2桁で記せ。

(4) 2.0×10^{-4} mol/L水酸化ナトリウム水溶液のpHを求めよ。

ただし，水溶液中の水酸化ナトリウムの電離度を1.0，水のイオン積は$K_w = 1.0 \times 10^{-14}$(mol/L)^2，$\log_{10} 2.0 = 0.30$とする。答えは有効数字3桁で記せ。

(5) 水1.00kgに塩化カルシウム111gを溶かした水溶液の凝固点（℃）を求めよ。ただし，水溶液中の塩化カルシウムの電離度を1.0，水のモル凝固点降下を1.85K・kg/molとする。答えは有効数字3桁で記せ。

(6) セルロース（$[C_6H_7O_2(OH)_3]_n$）1.62gを無水酢酸（$(CH_3CO)_2O$）と反応させて，すべてトリアセチルセルロースにした。このときに少なくとも必要な無水酢酸の質量（g）を求めよ。答えは有効数字3桁で記せ。

〔3〕 次の文章を読み，設問(1)～(6)に答えよ。

物質が液体中に均一に溶ける現象を溶解といい，溶けている物質を溶質，溶かしている液体を溶媒，溶解によってできた混合物を溶液という。

塩化ナトリウムのようなイオン結晶には，水によく溶けるものが多い。固体の NaCl を水に入れると，Na^+ と Cl^- に [ア（電離，へき開，融解）] して，水中に拡散していく。これは，a) Na^+ や Cl^- が [イ（極性，非極性）] 分子である水分子に囲まれ，安定化されるためである。一方で，エタノールは塩化ナトリウムのように [ア] しないが，水によく溶ける。これは，エタノールに [ウ] 基があり，水分子と [エ] 結合を形成して，強く結びつくためである。このように，溶質粒子が水分子と結びつき安定化する現象を [オ] という。塩化ナトリウムやエタノールの水溶液では，溶質分子の大きさは溶媒の水分子の大きさとそれほど大きく変わらず，水溶液中ではこれらが均一に混ざっている。

一方で，沸騰した水に黄褐色の塩化鉄(Ⅲ) $FeCl_3$ 水溶液を加えると水酸化鉄(Ⅲ)が生成し，赤褐色になる。

[　　　　　→　　　　　] ・・・式1

b) この水酸化鉄(Ⅲ)は，[ア] して溶解するわけではないが沈殿もせず，微粒子として分散する。この微粒子は，一般的な溶液の溶質粒子よりも大きく，直径約 1 ～ 100 [カ（mm，μm，nm）] 程度である。このような大きさの粒子をコロイド粒子とよび，コロイド粒子を含む溶液をコロイド溶液という。

c) 水酸化鉄(Ⅲ)のコロイド粒子は水との親和力が小さく，少量の電解質を加えると沈殿する。

コロイド溶液に横から強い光を当てると，光の進路が明るく輝いて見える。このような現象を [キ] 現象という。これは，コロイド粒子が光をよく散乱するために起こる現象である。また，水中のコロイド粒子を限外顕微鏡（暗視野顕微鏡）で観察すると，コロイド粒子が不規則に動いている様子が見られる。このような運動を [ク] 運動といい，この運動の詳細な解析により原子および分子の実在が初めて実験的に証明された。

設問

(1) 空欄 [ア] ～ [ク] に最も適する語句を記せ。ただし，[ア] は（電離，へき開，融解），[イ] は（極性，非極性），[カ] は（mm，μm，nm）の中からそれぞれ選び，記せ。

(2) 式1に最も適する化学反応式を記せ。

(3) 下線部a）について，Na^+ と Cl^- が水分子に取り囲まれて [オ] している様子として適するものを，以下の模式図(A)～(D)の中から2つ選び記号で記せ。

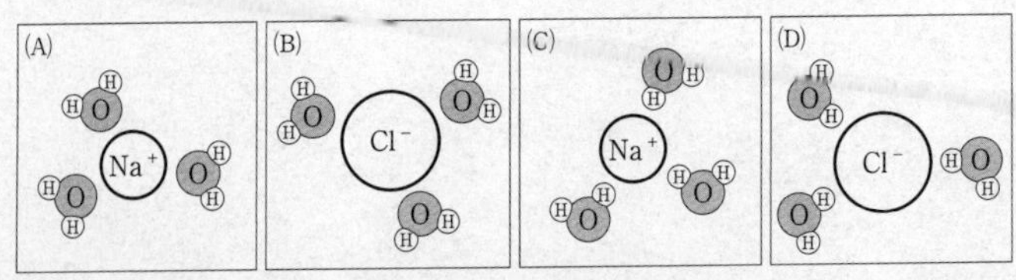

(4) 下線部b）について，水酸化鉄(Ⅲ)の微粒子が互いに集まって沈殿しない理由を，30字程度で記せ。ただし，「(Ⅲ)」は1文字として数える。

(5) 下線部c）について，次の設問①，②に答えよ。

① この現象の名称を記せ。

② 水酸化鉄(Ⅲ)のコロイド溶液をU字管に入れ，直流電圧をかけると，コロイド粒子は陰極側へ移動した。このコロイド粒子を最も少ない物質量で沈殿させることのできるイオンをAl^{3+}，Ca^{2+}，Cl^-，Na^+，$SO_4{}^{2-}$から1つ選び，記せ。

(6) コロイド粒子が水中で［ク］運動をする理由を，30字程度で記せ。

〔4〕次の文章を読み，設問(1)～(7)に答えよ。

炭素Cとケイ素Siは，a)周期表の［A］族元素である。これらの原子は価電子を［B］個もつ。［A］族元素は，原子番号が増すにつれて，［ア（金属，非金属）］性が増していく。ケイ素は，岩石や鉱物の成分元素として，b)地殻中で［C］番目に多く存在する元素である。c)ケイ素の単体は，自然界には存在せず，酸化物を電気炉中で約2000℃で融解し，炭素により［イ（酸化，還元）］することで得られる。ケイ素の結晶は，炭素の同素体の一つである［ウ］と同じ構造の［エ（イオン，共有結合，金属，分子）］結晶である。各Si原子は，隣接する［B］個のSi原子と結合しており，正四面体を基本単位とする立体構造を形成している。電気伝導性は，［ウ］が［オ（絶縁体，半導体，金属）］であるのに対し，ケイ素は［カ（絶縁体，半導体，金属）］の性質を示す。高純度のケイ素の結晶は，コンピュータの集積回路や太陽電池などの材料に用いられる。

二酸化ケイ素SiO_2の結晶は，［キ（イオン，共有結合，金属，分子）］結晶である。主に石英として岩石中に存在する。二酸化ケイ素の結晶は，硬く，薬品に侵されにくいが，［Ｉ］の水溶液には溶ける。石英を約2000℃に加熱して融解し，それを凝固させると石英ガラスが得られる。石英ガラスのSi原子とO原子の配列には，石英の結晶のような空間的な規則性はみられない。このように，構成粒子が規則性を持たずに配列している固体を，［ク］という。結晶は一定の融点を［ケ（示す，示さない）］のに対して，［ク］は一定の融点を［コ（示す，示さない）］。高純度の二酸化ケイ素は，光ファイバーの素材になる。

設問

(1) 空欄［ア］～［コ］に最も適する語句を記せ。ただし，［ア］は（金属，非金属），［イ］は（酸化，還元），［エ］，［キ］は（イオン，共有結合，金属，分子），［オ］，［カ］は（絶縁体，半導体，金属），［ケ］，［コ］は（示す，示さない）の中から，それぞれ選び記せ。

(2) 空欄［A］～［C］に最も適する数字をそれぞれ記せ。

(3)　空欄 [I] に最も適するハロゲン化水素を，化学式で記せ。

(4)　下線部 a）について，炭素とケイ素以外で周期表の [A] 族の元素を，下記から二つ選び，元素記号で記せ。

Al　　Cu　　In　　Pb　　Sn　　Zn

(5)　下線部 b）について，地殻中で最も多く存在する元素を，元素記号で記せ。

(6)　下線部 c）の条件で主に進行する反応を化学反応式で記せ。ただし，酸化物には二酸化ケイ素 SiO_2 を用いよ。

(7)　ケイ素の結晶に関する次の設問①，②に答えよ。

①　結晶中の Si 原子は，面心立方格子と同様に，単位格子の立方体の各頂点と各面の中心に位置し，さらに立方体の内部に 4 個存在している。単位格子には Si 原子が合計何個存在しているか。

②　単位格子の一辺の長さは，5.4×10^{-8} cm である。結晶の密度は何 g/cm^3 か。答えは有効数字 2 桁で記せ。必要があれば，原子量，アボガドロ定数 N_A として次の値を用いよ。

Si = 28，$N_A = 6.0 \times 10^{23}$/mol

◀1月25日実施分▶

（2科目 120分）

1 問題〔1〕～〔4〕のうちから3問選択して解答せよ。

2 選択した問題の番号を解答用紙の選択問題番号欄に記入せよ。

3 容積（体積）の単位，リットルについては，ここではLを用いて表記する。

〔1〕 次の設問(1)～(6)に答えよ。各設問に与えられたア～オから一つ選び，記号で答えよ。

(1) 誤りを含むのはどれか。

ア アンモニウムイオンの4個のN-H結合は，互いに区別できない。

イ 塩化ナトリウムの結晶は，イオン結合からなる。

ウ ナトリウムの固体は，金属結合をもたない。

エ ダイヤモンドは，炭素原子が共有結合でつながっている。

オ ナフタレン分子内の原子間の結合は，共有結合である。

(2) 下記の条件のうちで，実在気体が最も理想気体に近いふるまいをするのはどれか。

ア 100 K，1.0×10^7 Pa　イ 200 K，1.0×10^3 Pa　ウ 200 K，1.0×10^7 Pa

エ 300 K，1.0×10^3 Pa　オ 300 K，1.0×10^7 Pa

(3) 不揮発性の物質を溶かした希薄溶液の性質として，正しいのはどれか。

ア 濃度が増加すると，凝固点が上昇する。

イ 濃度が増加すると，蒸気圧が降下する。

ウ 濃度が増加すると，浸透圧が降下する。

エ 濃度が増加すると，沸点が降下する。

オ ア～エの選択肢すべてが誤りである。

(4) 陽極と陰極に炭素棒を用い，両電極の間を陽イオン交換膜で仕切った装置で，塩化ナトリウム水溶液の電気分解を行った。正しいのはどれか。

ア 陽極から酸素が，陰極から塩素が発生した。

イ 陰極から発生した気体の体積は，陽極から発生した気体の体積の2倍であった。

ウ 陰極付近の水溶液にフェノールフタレイン溶液を加えたところ，赤くなった。

エ 陰極では，気体の発生とともに，単体のナトリウムが析出した。

オ 電子0.1 molを流すと，標準状態で2.24 Lの気体が陰極から発生した。

(5) 水に溶解したときに水溶液が塩基性を示す気体はどれか。

ア CO_2　イ H_2S　ウ HCl　エ NH_3　オ NO_2

(6) 正しいのはどれか。

ア　フッ化水素酸は強酸である。

イ　フッ素，塩素，臭素，ヨウ素の単体は，常温・常圧下でいずれも気体である。

ウ　フッ化水素が水と反応すると，水素が発生する。

エ　フッ化銀，塩化銀，臭化銀，ヨウ化銀は，いずれも水によく溶ける。

オ　ハロゲンの単体の酸化力は，フッ素が最も強く，塩素，臭素，ヨウ素の順に弱くなる。

〔2〕次の設問(1)～(6)に答えよ。必要があれば，原子量，アボガドロ定数 N_A として次の値を用いよ。
H = 1.0，C = 12，N = 14，O = 16，Na = 23，S = 32，Cu = 64，$N_A = 6.0 \times 10^{23}$/mol

(1) 2価の酸 9.0 mg を含む水溶液を完全に中和するのに，0.050 mol/L の水酸化ナトリウム水溶液 4.0 mL を要した。この酸の分子量を求めよ。答えは整数で記せ。

(2) 硫酸銅(Ⅱ) $CuSO_4$ は，水 100 g に 60 ℃ で 40 g，20 ℃ で 20 g 溶ける。60 ℃ の硫酸銅(Ⅱ)飽和水溶液 140 g を 20 ℃ まで冷却したときに析出する硫酸銅(Ⅱ)五水和物 $CuSO_4 \cdot 5H_2O$ の質量 (g) を求めよ。答えは有効数字 2 桁で記せ。

(3) 一定温度，一定体積の容器に酸素 9.6 g と窒素 2.8 g を入れると，混合気体の全圧は 2.0×10^5 Pa を示した。混合気体中の酸素の分圧 (Pa) を求めよ。答えは有効数字 2 桁で記せ。

(4) 硫黄が接触法によりすべて硫酸に変えられたとすると，硫黄 3.2 kg から質量パーセント濃度 98 %，密度 1.8 g/cm^3 の濃硫酸は何 L 得られるか。ただし，反応は完全に行われるものとする。答えは有効数字 2 桁で記せ。

(5) 6.6 g のアセトアルデヒドに含まれる水素原子の数（個）を求めよ。答えは有効数字 2 桁で記せ。

(6) エタン（気体）とエチレン（気体）の生成熱は，それぞれ 84.0 kJ/mol と −52.5 kJ/mol である。エチレン 1.00 mol に水素を付加してエタン 1.00 mol を生成する反応の反応熱 (kJ) を求めよ。答えは有効数字 3 桁で記せ。

〔3〕 次の文章を読み，設問(1)〜(6)に答えよ。

周期表で3〜11族に属する元素を［ア］元素という。これらはすべて金属元素で，鉄Feや銅Cuなど日常生活や工業で重要なものが多い。

鉄Feは，金属元素ではアルミニウムAlに次いで地殻中に多く存在する。単体は，赤鉄鉱（主成分Fe_2O_3）などの鉄鉱石を，高炉内でコークスから生じる一酸化炭素で還元してつくる（式1）。

$$Fe_2O_3 + 3CO \rightarrow 2Fe + 3CO_2 \qquad \cdots\cdots \text{式}1$$

鉄の単体は希硫酸や塩酸とは反応するが，濃硝酸とは［イ］になるため反応が内部まで進行しない。

鉄には酸化数＋2，＋3の化合物があり，一般に水溶液中のFe^{2+}は酸素などにより酸化され，Fe^{3+}となりやすい。i)Fe^{3+}を含む水溶液に塩基を加えると，［a］色の水酸化鉄(Ⅲ)が沈殿する。また，Fe^{2+}，Fe^{3+}ともシアン化物イオン（化学式［A］）と［ウ］結合して，［エ（直線，正方，正四面体，正八面体）］形の錯イオンを生じる。

銅Cuの単体は，銅鉱石（主に黄銅鉱$CuFeS_2$）から得られる粗銅の電解製錬で製造する。銅は湿った空気中では徐々に酸化され，表面に［オ］とよばれる緑色のさびを生じる。Cu^{2+}を含む水溶液に塩基を少量加えると，水酸化銅(Ⅱ)の［b］色沈殿が生じる。ii)この沈殿は，加熱すると［c］色の酸化銅(Ⅱ)になる。また，水酸化銅(Ⅱ)の沈殿にアンモニア水を加えると［B］となって溶解し，［d］色の溶液となる。

設問

(1) 空欄［ア］〜［オ］に最も適する語句を記せ。ただし，［エ］は（直線，正方，正四面体，正八面体）の中から選び，記せ。

(2) 空欄［a］〜［d］に最も適する色を下記から選び，それぞれ記せ。ただし，同じ色を複数回使用してよい。

白　　黒　　深青　　青白　　緑白　　赤褐

(3) 空欄［A］および［B］に最も適する化学式を記せ。また，［B］については，その名称も記せ。

(4) 下線部i）について，Fe^{3+}とOH^-を用いたイオン反応式で記せ。

(5) 下線部ii）について，化学反応式で記せ。

(6) 鉄の製錬について，式1をもとにして次の設問①，②に答えよ。答えは有効数字2桁で記せ。必要があれば，原子量として次の値を用いよ。C = 12，O = 16，Fe = 56

① 2.8kgの鉄Feを得るためには，理論上何kgのFe_2O_3が必要か。

② ①のとき必要な一酸化炭素の体積は，標準状態で少なくとも何Lか。

〔4〕次の文章を読み，設問(1)～(6)に答えよ。

ベンゼンに濃硫酸を加えて加熱すると，［ A ］が生じる。［ A ］は水によく溶け，その水溶液は［ ア ］を示す。ベンゼンに濃硝酸と濃硫酸の混合物（混酸）を作用させると［ B ］を生じる。［ B ］は水に溶けにくく，有機溶媒に溶けやすい。［ B ］をスズと濃塩酸で還元すると［ C ］となる。［ C ］に水酸化ナトリウム水溶液を加えると［ D ］が遊離する。［ D ］は，［ イ ］を示す。

フェノールはベンゼンより［ ウ ］反応を受けやすい。フェノールに混酸を加えて加熱すると，ベンゼン環の *o*- や *p*- の位置がすべて［ ウ ］された［ E ］を生成する。

トルエンを過マンガン酸カリウム水溶液で酸化すると，［ F ］が得られる。［ F ］は冷水には溶けにくいが熱水には溶け，水溶液は［ エ ］を示す。

分子式 C_8H_{10} で表される芳香族炭化水素にはいくつかの異性体がある。その中の異性体Xを過マンガン酸カリウム水溶液で酸化すると化合物Yとなり，$_{a)}$<u>Yを加熱すると分子内で脱水反応が起こり酸無水物Zに変化する。</u>

設問

(1)　空欄［ A ］～［ F ］の化合物の名称と構造式を記せ。

(2)　空欄［ ア ］～［ エ ］に最も適する語句を下記から選び，記せ。同じ語句を複数回使用してよい。

強塩基性　　強酸性　　弱塩基性　　弱酸性　　置換　　中性　　付加

(3)　化合物［ F ］のジエチルエーテル溶液に炭酸水素ナトリウム水溶液を加えたときの変化を化学反応式で記せ。ただし，ジエチルエーテルは反応に関与しない。

(4)　分子式 C_8H_{10} で表される芳香族炭化水素の異性体は何種類あるか。

(5)　異性体Xの名称と構造式を記せ。

(6)　下線部a）について，化学反応式で記せ。

生物

◀1月23日実施分▶

（2科目 120分）

1　**問題〔1〕～〔4〕のうちから3問選択して解答せよ。**

2　**選択した問題の番号を解答用紙の選択問題番号欄に記入せよ。**

〔1〕次の文章を読み，以下の問いに答えよ。

生物の細胞内で作られる酵素は，［ア］が連結したタンパク質(a)からできており，生体内での化学反応を促進させる［イ］作用をもつ。たとえば，ヒトのだ液に含まれる［ウ］(b)という酵素はデンプンにみられるようなグルコースどうしの結合を切断して［エ］やグルコースを生成する反応を促進するが，グルコースからなる多糖以外の物質には反応しない。このように，酵素が特定の物質だけに反応する性質のことを［オ］という。また，酵素が作用を及ぼす物質と結合する部分を［カ］という。酵素は，消化酵素のように細胞外に分泌されてはたらくものもあれば，細胞膜や細胞質基質のほか，ミトコンドリアや葉緑体(c)などの細胞小器官ではたらくものもある。

図は，ある生物において，物質Aが物質B，物質Cを経てより単純な物質Dに分解されるまでの過程を示している。この過程には酵素X，酵素Y，酵素Zの3種類の酵素が必須であり，いずれか一つが欠けても物質Aは物質Dまで分解されなくなる。なお，空欄［キ］～［ケ］には酵素X，酵素Y，酵素Zのいずれかが入るものとする。

それぞれの酵素のはたらきを調べるため，物質Aの溶液に酵素の混合液を加えた後，溶液の変化を観察した。まず，物質Aの溶液に酵素X，酵素Yの2種類の酵素の混合液を加えたところ，溶液には変化がみられず，物質Dも検出されなかった。次に，物質Aの溶液に酵素X，酵素Zの2種類の酵素の混合液を加えたところ，溶液中に物質Cが検出されたが，物質Dは検出されなかった。

物質：　物質A　⇒　物質B　⇒　物質C　⇒　物質D

酵素：　［キ］（物質A⇒物質B）　［ク］（物質B⇒物質C）　［ケ］（物質C⇒物質D）

図

問1　空欄［ア］～［カ］に当てはまる最も適切な語句を答えよ。

問2　下線部(a)について，ヒトの体を構成するタンパク質はおよそ何種類か，次の選択肢から1つ選び，番号で答えよ。

【選択肢】

1　1,000　　2　10,000　　3　100,000　　4　1,000,000　　5　10,000,000

問3　下線部(b)の酵素について，縦軸に反応速度，横軸にpHをとり，反応速度の変化と最適pHを表すグラフを実線で解答欄に記入せよ。同様に，ヒトの胃液に含まれるペプシンについても，反応速度の変化と最適pHを表すグラフを点線で解答欄に記入せよ。

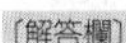

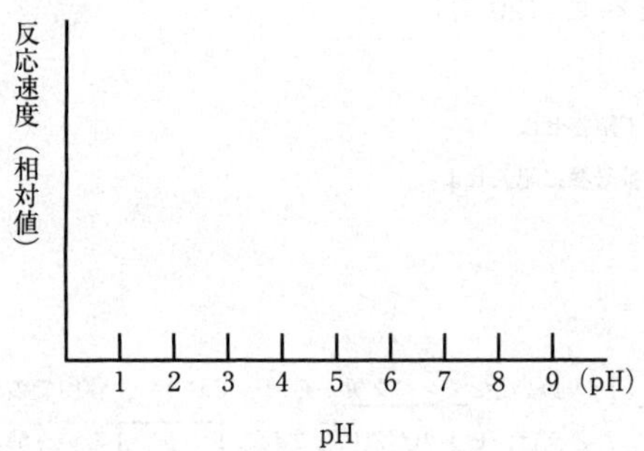

問4　下線部(c)に関する次の1～5の記述について，ミトコンドリアだけに当てはまる特徴には「ミ」を，葉緑体だけに当てはまる特徴には「葉」を，ミトコンドリアと葉緑体の両方に共通して当てはまる特徴には「両」を，ミトコンドリアと葉緑体のどちらにも当てはまらない特徴には「×」を，それぞれ記入せよ。

1　ATPを合成する。

2　独自のDNAをもつ。

3　原核生物の細胞内に存在する。

4　シアノバクテリアを起源とすると考えられている。

5　好気性細菌を起源とすると考えられている。

問5　空欄 キ ～ ケ に当てはまる酵素の名称をX，Y，Zから選んで答えよ。ただし，同一名称を複数回記入してはならない。

〔2〕次の文章を読み，以下の問いに答えよ。

地域ごとの気候の違いは，それぞれの地域でみられる生物の分布に大きな影響を与えている。ある地域にみられるすべての生物の集まりを(a)バイオームといい，(b)年平均気温と年降水量の違いに対応して細かく分けられている。

日本列島は，南北に長いだけでなく標高差も顕著であり，場所によって気温が大きく異なる。そのため日本のバイオームは，緯度の違いによって生じる［ア］分布と(c)標高の違いによって生じる［イ］分布の2つの視点で理解されてきた。［ア］分布に着目すると，低地でみられるバイオームが緯度に沿って変化していき，例えば，北海道北東部では［ウ］などが優占し，一方，屋久島付近から琉球諸島にかけては［エ］がみられる。また，［イ］分布に着目すると，例えば本州中部の高山帯では［オ］がみられる。

日本のバイオームは，暖かさの指数を用いて整理することができる（表1）。暖かさの指数とは，1年間のうち，月平均気温が［カ］℃以上の各月について，それぞれの月平均気温から［カ］を引き，それらを合計した数値である。表2は，日本のある都市における1900年・1950年・2000年の月平均気温を示している。1900年と1950年における暖かさの指数を求めたところ，それぞれ59.4と72.9であった。

表1　暖かさの指数とバイオームの関係

暖かさの指数	バイオーム
15～45	①
45～85	②
85～180	③
180～240	④

表2　日本のある都市における月平均気温（℃）

	1月	2月	3月	4月	5月	6月	7月	8月	9月	10月	11月	12月
1900年	−7.6	−7.4	−3.0	4.9	10.7	14.5	17.2	20.9	16.1	10.0	3.8	−3.5
1950年	−4.8	−3.1	−0.4	6.8	12.5	16.4	22.8	24.0	17.1	8.3	3.7	−2.9
2000年	−3.1	−3.8	0.2	6.1	14.0	16.7	22.2	23.9	18.6	11.6	3.9	−2.5

問1　空欄［ア］・［イ］に当てはまる最も適切な語句を漢字で答えよ。

問2　空欄［ウ］～［オ］に当てはまる最も適切な植物を，次の【選択肢】からそれぞれ1つずつ選び，番号で答えよ。ただし，同一選択肢を複数回選択してはならない。

【選択肢】

1　アカシア類	2　カエデ類	3　ガジュマル	4　ゲッケイジュ
5　コメツガ	6　コルクガシ	7　シラビソ	8　チーク類
9　トドマツ	10　ハイマツ	11　フタバガキ類	12　ミズナラ

問3　空欄 カ に当てはまる最も適切な数字を整数で答えよ。

問4　下線部(a)の別名を漢字4字で答えよ。

問5　下線部(b)に関する次の文A～Dについて，正しい記述には○を，誤った記述には×をつけて答えよ。

A　雨緑樹林は，季節によって降水量が大きく変動する熱帯・亜熱帯地域に成立し，おもに雨季に葉をつけて，乾季に落葉する落葉広葉樹が優占している。

B　硬葉樹林は，冬は比較的温暖で降水量が多く，夏は暑くて乾燥が激しい地中海性気候の地域に成立し，乾燥に適応した小さな硬い葉をもつ常緑針葉樹が優占している。

C　ステップは，年降水量が少ない熱帯地域の内陸部に成立し，イネの仲間の植物が優占し，樹木はほとんど生育しない。

D　ツンドラは，年平均気温が5℃以下となる寒帯地域に成立し，土壌が未発達で栄養塩類も少なく，コケ植物や地衣類などが優占している。

問6　下線部(c)について，本州中部の丘陵帯に対応するバイオームを表1の①～④の中から1つ選び，番号で答えよ。またそのバイオームの名称を答えよ。

問7　表1について，暖かさの指数が240を超え，なおかつ年降水量が2500 mm以上の地域では，①～④とは異なるバイオームが成立する。そのバイオームの名称を答えよ。

問8　表2について，2000年の暖かさの指数を答えよ。ただし，小数点以下第一位まで答えること。

問9　表2について，2000年の月平均気温が，全ての月において4℃ずつ上昇した場合の暖かさの指数を答えよ。ただし，小数点以下第一位まで答えること。

〔3〕次の文章を読み，以下の問いに答えよ。

生物には，外部環境が変化しても内部環境，すなわち体内の状態を一定に保とうとする恒常性という性質がある。動物において内部環境とは体液であり，脊椎動物の体液は，血液，[ア]，[イ]の3つに分けられる。このうち血液は，さまざまな臓器を経て体中をめぐり，その一部が血管外に漏れだして[イ]となり，体液の恒常性に役立っている。さらに[イ]は再び毛細血管において再吸収されるか，あるいは[ア]として血管内へと戻される。一方，細胞内にある細胞内液は，[イ]と細胞膜で隔てられているために組成がだいぶ異なるものの，チャネルなどを通して[イ]と物質のやり取りをすることで，同様に恒常性を保っている。

血液が体中を巡るのは，ポンプとしての心臓と臓器間をつなぐ循環（脈管）系が発達しているためである。ヒトの心臓は，[ウ]から肺に血液を送りだす肺循環と[エ]から体全体に血液を送りだす体循環に分けられ，(a)1分間で体中の血液をほぼ一周させる。肺では，呼吸によって血液中に酸素を取り込み，[オ]を排出する。各細胞は，酵素を用いてグルコースなどの[カ]を分解して[キ]と[オ]を生成するとともに，取り出したエネルギーを[ク]として蓄積する。

私たちが食べた食物の中のグルコースは[ケ]において血液中に吸収され，[コ]を通って[サ]に運ばれる。[サ]は，この血液中のグルコースを[シ]として貯蔵するほか，タンパク質の合成と分解，消化液の一種である[ス]の合成，解毒作用，尿素合成，熱産生など多くの機能を果たしている。

一方，細胞活動によって生じた老廃物は，同様に血液によって[セ]に運ばれる。血液の液体成分である血しょうは[セ]の[ソ]でろ過され[タ]となるが，ろ過されたグルコースやアミノ酸は[チ]で再吸収されるため体外には排出されない。また，(b)[キ]は99％再吸収されるため，尿として排出されるのは1％程度となる。

問1　空欄[ア]～[チ]に当てはまる最も適切な語句を次の語群から選び，番号で答えよ。ただし，同一語句を複数回用いてはならない。

【語群】

1　すい臓	2　粘液	3　有機物	4　腎小体
5　シナプス	6　右心房	7　左心房	8　コラーゲン
9　左心室	10　集合管	11　小腸	12　窒素
13　肝臓	14　胃	15　肝門脈	16　ペースメーカー
17　細尿管（腎細管）	18　リンパ液	19　胆汁	20　右心室
21　グリコーゲン	22　ぼうこう	23　ATP	24　ADP
25　水	26　大腸	27　二酸化炭素	28　毛細血管
29　ペプシン	30　腎臓	31　リンパ節	32　原尿
33　組織液	34　尿管	35　副腎	

問2　末梢組織では，肺とは異なり赤血球のヘモグロビンは酸素を放出しやすい。その理由につい

て，40字以上60字以内で説明せよ。

問3　空欄 ス が一時的に蓄えられる器官と，放出される消化管の部位名をそれぞれ答えよ。

問4　血液中のグルコース濃度（血糖値）の低下時と上昇時に分泌されるすい臓のホルモン名と内分泌腺および細胞の名称をそれぞれ答えよ。

問5　ヒトの血液量を体重の8％，心臓の拍出能力を下線部(a)だとする。体重55 kg，安静時心拍数70拍/分の人の心臓では，1拍あたりの拍出量は何 mL となるか，小数点第2位以下を四捨五入して求めよ。ただし，血液の比重を1とする。

問6　下線部(b)をもとにして，1日の総尿排出量が1.8 L とした時の ソ でろ過される血しょうは，1分あたり何 mL となるか答えよ。ただし，尿として排出される割合を1％とする。

〔4〕次の文章を読み，以下の問いに答えよ。

原核生物では，互いに関連する機能をもつ複数の構造遺伝子が隣り合って存在し，まとまって調節タンパク質による転写制御を受け，1本の mRNA として転写される場合がある。このような転写の仕組みを世界で初めて提唱したのはジャコブとモノーであった(a)。大腸菌において，ラクトースの分解にはたらくβガラクトシダーゼなどの3種類の酵素を指定する遺伝子は，調節タンパク質によって遺伝子発現の制御を受ける構造遺伝子であり，1本の mRNA として転写される。培地中にラクトースがないときには，調節タンパク質であるリプレッサーがオペレーターとよばれる調節領域に結合しているため，RNA ポリメラーゼによる転写が妨げられて3種類の酵素は合成されない。一方，培地中にグルコースがなくラクトースがあるときには，リプレッサーにラクトース代謝産物が結合することで立体構造が変化し，リプレッサーはオペレーターに結合できなくなる。その結果，RNA ポリメラーゼによって構造遺伝子が転写されるようになる。

問1　下線部(a)のジャコブとモノーの提唱した説の名称を，4字で答えよ。　〔解答欄〕□□□□説

問2　RNA ポリメラーゼが結合する DNA 領域の名称を，カタカナ6字で答えよ。

問3　真核生物の多くの遺伝子では，転写直後の RNA の塩基配列に翻訳される配列と翻訳されない配列が含まれる。これら翻訳される領域および翻訳されない領域の名称をそれぞれ答えよ。

問4　ラクトースの有無に関わらず常にβガラクトシダーゼを合成する大腸菌の突然変異株が2株（A株，B株）ある。これらの突然変異株に，ラクトース分解酵素の発現抑制タンパク質（リプレッサー）を指定する DNA（調節遺伝子）を導入して発現させたところ，A株はラクトース存在下でしかβガラクトシダーゼを合成しなくなったが，B株は常にβガラクトシダーゼを合成し続けた。これら突然変異株A株，B株は，それぞれどの DNA 領域に異常があったと考えられ

るか。次の選択肢から最も適切なものを選び，番号で答えよ。

【選択肢】

1　リプレッサー遺伝子配列

2　オペレーター配列

3　RNAポリメラーゼ結合配列

4　βガラクトシダーゼ遺伝子配列

問5　以下の文章は，真核生物における転写調節についての説明である。

空欄［ア］～［エ］に当てはまる最も適切な語句を，選択肢から選んで番号で答えよ。ただし，同一選択肢を複数回選択してはならない。

真核生物において，代謝に関わる酵素など細胞の生存に必須な遺伝子は，常に転写されている。一方，それ以外の遺伝子は細胞周期や［ア］の段階に応じて転写が調節されており，その仕組みは原核生物よりも複雑である。真核生物のDNAは，［イ］タンパク質に巻きついて［ウ］を形成する。［ウ］のつながりは，折りたたまれて凝集した［エ］構造を形づくる。このような状態のDNAにはRNAポリメラーゼは結合できず，そこに含まれる遺伝子は転写されない。したがって，遺伝子が転写されるためには，その遺伝子を含むDNA領域がほどかれる必要がある。

【選択肢】

1　ヌクレオソーム　　2　ペプチド　　3　分化　　4　コロニー　　5　ヒストン

6　クロマチン　　7　エンハンサー　　8　糖　　9　プライマー　　10　細胞壁

問6　真核生物の遺伝子発現には，選択的スプライシングという機構がある。選択的スプライシングとはどのような機構で，遺伝子からタンパク質を作るのにどのような利点があるか，50字以上100字以内で簡潔に述べよ。

問7　以下の文章は，真核生物における転写調節についての説明である。

空欄［オ］～［ク］に当てはまる最も適切な語句を，選択肢から選んで番号で答えよ。ただし，同一選択肢を複数回選択してはならない。

ホルモンは，特定の遺伝子の発現を調節することで体内環境の調節にはたらく。ホルモンには水に溶けやすい水溶性ホルモンと脂質に溶けやすい［オ］ホルモンがある。ステロイドホルモンや甲状腺ホルモンなどは［オ］ホルモンである。［オ］ホルモンは，［カ］を通り抜けて細胞内にある［キ］と結合する。［オ］ホルモンと［キ］の複合体が，［ク］としてDNAと結合することで，特定の遺伝子の転写を促進する。

【選択肢】

1　筋繊維　　2　脂溶性　　3　補酵素　　4　酸性　　5　細胞膜

6　ミトコンドリア　　7　塩基性　　8　抗酸化剤　　9　受容体　　10　ダイニン

11　転写因子　　12　活性酸素　　13　中心体

◀1月24日実施分▶

（2科目 120分）

1 **問題〔1〕～〔4〕のうちから3問選択して解答せよ。**

2 **選択した問題の番号を解答用紙の選択問題番号欄に記入せよ。**

〔1〕 次の文章を読み，以下の問いに答えよ。

生物のもつ特徴を［ア］といい，目に見える形や色だけでなく，酵素などによる生化学的な特徴や，刺激に対する反応性や行動などの生理的な特性も含む。遺伝とは，［ア］が親から子，子から次の世代へと受け継がれる現象であり，受け継がれる［ア］を決定する因子を［イ］という。生物の［イ］の化学的本体はDNAである（図1）。

真核生物の核内では，DNAはヒストンなどの［ウ］と共に染色体を形成する。ヒトの［エ］は，母方と父方に由来する同じ形の1対の［オ］染色体を含む。その対の［オ］染色体は，卵や精子などの［カ］の形成時に分かれ，［キ］で再び対になる。［エ］の染色体数を2nとすると，［カ］の染色体数はnとなる。1920年，ドイツの植物学者Winklerは，［カ］がもつ染色体の1組を［ク］と定義した。染色体内のDNA，核をもたない［ケ］のDNA，ミトコンドリア・葉緑体がもつ独自のDNA，［コ］の遺伝物質であるDNAやRNAが後に発見されたため，［ケ］，細胞小器官，［コ］の全遺伝情報であるDNAやRNAの1組も［ク］として扱われる。

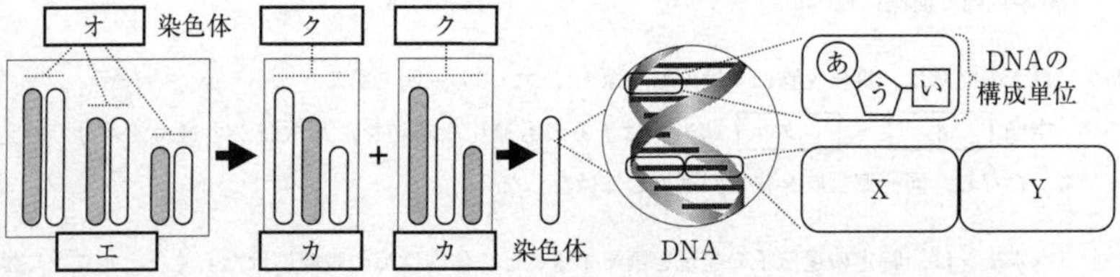

図1

問1 空欄［ア］～［コ］に当てはまる最も適切な語句を次の語群から選び，番号で答えよ。ただし，同一語句を複数回用いてはならない。

【語群】

1 性	2 菌類	3 形質	4 体細胞	5 コドン	6 原核生物
7 X	8 対合	9 受精	10 配偶子	11 ゲノム	12 ウイルス
13 種	14 間期	15 相同	16 遺伝子	17 チミン	18 タンパク質

問２　図１に示すDNAの構成単位の名称をカタカナ６字で答えよ。さらに，このDNA鎖の別の部位で相補的な塩基対をつくるDNAの構成単位の［　X　］と［　Y　］の向きとして正しいものを，次の選択肢のうちから１つずつ選び，番号で答えよ。

【選択肢】

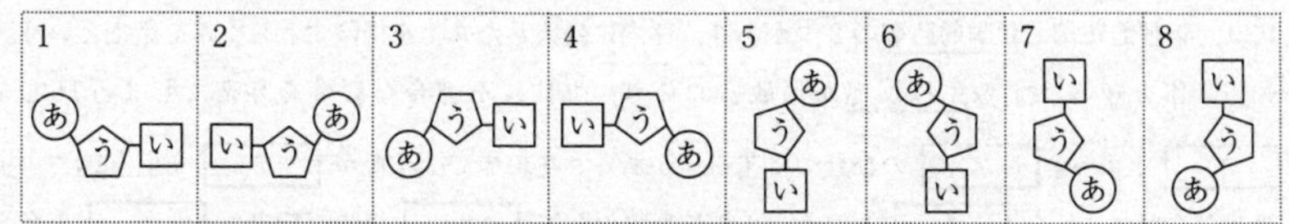

問３　２本鎖DNAに含まれる塩基（アデニン・グアニン・チミン・シトシン）をそれぞれA・G・T・Cとした場合，塩基の数の関係性を正しく示した式を選択肢からすべて選び，番号で答えよ。

【選択肢】

1　C ÷ T = A ÷ G　　2　C ÷ T = G ÷ A　　3　C ÷ A = G ÷ T

4　(G + C) ÷ (A + T) = 1　　5　(G + T) ÷ (A + C) = 2　　6　(C + T) ÷ (G + A) = 1

問４　動物由来の２種類の異なる体細胞を一定の条件下で培養した。次の問いに答えよ。

(1)　ある組織の体細胞の培養細胞の細胞数を時間ごとに調べたところ，図２の結果が得られた。この培養細胞の平均的な細胞周期の長さを求めよ。

(2)　(1)とは異なる組織の体細胞の培養細胞の培養中に8000個の細胞を無作為に採取し，各細胞の細胞あたりのDNA量を測定した結果が図３である。細胞あたりのDNA量の相対値が２をA群，２より大きく４未満をB群，４をC群とする。M期の細胞数は400個であった。この培養細胞のG_1期，S期，G_2期，M期にそれぞれ要する時間を表す式を答えよ。細胞周期の長さをt時間とし，式は最も簡単な形で表すこと。

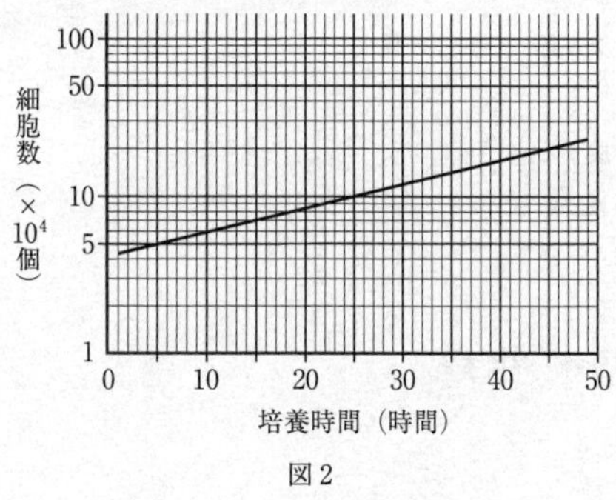

図２

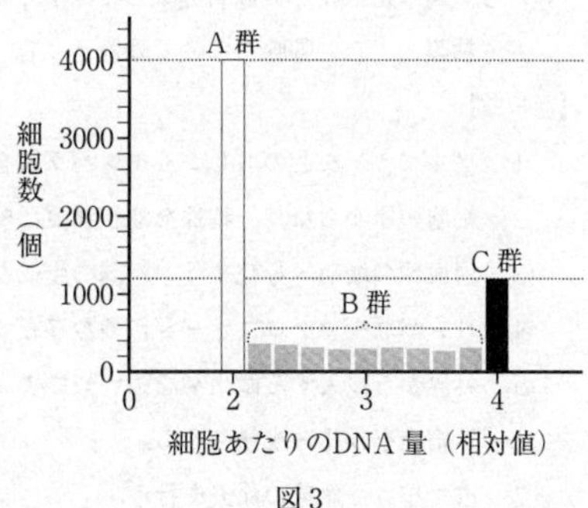

図３

〔2〕次の文章を読み，以下の問いに答えよ。

ヒトの体には，病原体などの異物が外界から侵入することを防いだり排除したりして，自分自身を守る，生体防御というしくみが備わっている。生体防御のうち，体内への異物の侵入を阻止する機構には，物理的防御と化学的防御(a)の２つがあり，体内に侵入した異物を排除するしくみを免疫という。一方，体を守るはずの免疫反応(b)が過敏におこり，生体に不都合な影響を与えてしまう反応を［ア］という。［ア］のひとつに花粉症がある。花粉症では花粉が［ア］を引き起こす抗原となるが，これを［イ］という。この抗原に対して［ウ］細胞が特定の［エ］を産生する。この［エ］は粘膜上皮の近くに存在する［オ］細胞の表面に結合する。結合した［エ］に繰り返し侵入した［イ］が結合すると［オ］細胞から［カ］などの炎症物質が放出され，鼻水やくしゃみ，眼のかゆみなどの症状が引き起こされる。また，ピーナッツやハチ毒などが原因となり，突然の血圧低下や意識障害，呼吸困難などの生命にかかわる重篤な症状(c)を引き起こす急性の［ア］反応がおこることもある。

問１　空欄［ア］～［カ］に当てはまる最も適切な語句を次の語群から選び，番号で答えよ。ただし，同一語句を複数回選択してはならない。

【語群】

1　樹状	2　B	3　MHC	4　ヒスタミン
5　肥満（マスト）	6　T	7　免疫寛容	8　IgE抗体
9　IgG抗体	10　アレルギー	11　好中球	12　アレルゲン
13　マクロファージ	14　チロキシン	15　ヒスチジン	

問２　次のA～Eは生体防御および免疫にかかわる体内の組織および器官である。A～Eのそれぞれの組織あるいは器官の機能や特徴として最も適切な説明文を選択肢から選び，番号で答えよ。ただし，同一選択肢を複数回選択してはならない。

A　粘膜　　B　胸腺　　C　骨髄　　D　リンパ節　　E　ひ臓

【選択肢】

1　アルブミンなどの血しょうタンパク質を合成する。
2　細胞の層からなり，特殊な液状物質に覆われている。
3　白血球の増殖・分化やリンパ球の生成を行う。
4　リンパ球やマクロファージが多数存在する。
5　外界から侵入する微生物を強い酸によって分解・殺菌する。
6　T細胞を分化・成熟させる。
7　古くなった血球の除去を行う。

問３　下線部(a)には，涙やだ液，鼻水，汗などに含まれている細菌の細胞壁を分解する酵素による防御がある。この酵素名を，カタカナ５字で答えよ。

問4　下線部(b)が正常に働かない自己免疫疾患と呼ばれる病気がある。

(1)　これはどのようなしくみで起こるか。次の語句をすべて使用し，句読点を含み25字以上40字以内で説明せよ。

【語句】　抗原　　抗体　　キラーT細胞

(2)　次の選択肢のうち，自己免疫疾患に当てはまるものを3つ選べ。

【選択肢】

1　破傷風　　2　関節リウマチ　　3　Ⅰ型糖尿病

4　Ⅱ型糖尿病　　5　後天性免疫不全症候群　　6　重症筋無力症

問5　下線部(c)を何というか。カタカナで答えよ。

〔3〕次の文章を読み，以下の問いに答えよ。

植物は［ア］により二酸化炭素を吸収し，同時に［イ］により二酸化炭素を放出する。植物を暗黒下に置くと，二酸化炭素の放出だけがみられ，二酸化炭素吸収速度はマイナスとなる。植物に光を当て，その光を次第に強くしていくと，ある光の強さの時に二酸化炭素の出入りがみられなくなる(a)。これは［ア］による二酸化炭素の吸収速度と［イ］による二酸化炭素の放出速度が等しくなるためである。さらに光を強くしていくと，ある光の強さを境にして二酸化炭素吸収速度は変化しなくなる(b)。下の図は，日陰で生育している植物Xと日当たりのよい環境で生育している植物Yにおける光の強さと二酸化炭素吸収速度の関係を示したものである。

ある場所に生育する植物の集まりを植生，植生を外から見たときの様相を［ウ］，植生内において地表を広くおおうなど量的な割合が高い植物種を［エ］という。ある場所の植生が時間とともに変化していくことを植生の［オ］といい，裸地から森林(c)へ至る［オ］においては，林冠を形成する樹種が時間とともに変化する(d)。また［オ］が進行すると，いずれ植生内の植物種の構成が全体としては大きく変化しない状態(e)となる。

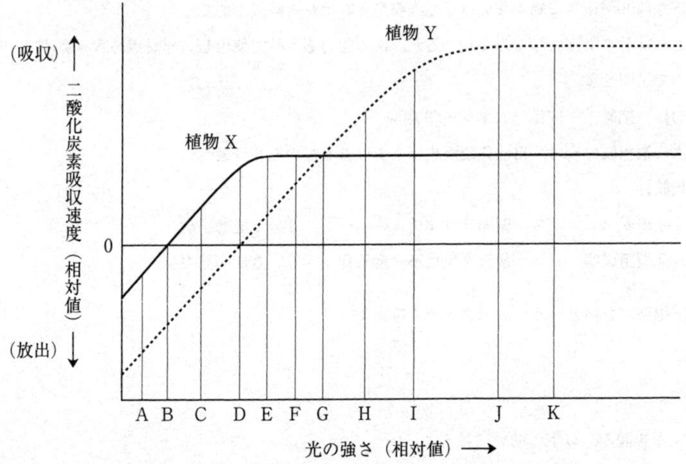

図　植物Xと植物Yにおける光の強さと二酸化炭素吸収速度の関係
なお，A～Kは，それぞれある特定の光の強さを示す。

問1　空欄［ア］～［オ］に当てはまる最も適切な語句をすべて漢字で答えよ。

問2　図の植物Xと植物Yのような特徴をもつ植物の名称を，それぞれ漢字4字で答えよ。

問3　図の植物Xのような特徴をもつ植物を，次の選択肢から2つ選び，記号で答えよ。

【選択肢】

1　アオキ　　2　シラカンバ　　3　ススキ　　4　ベニシダ　　5　ヤシャブシ

問4　下線部(a)が示す光の強さの名称を漢字で答えよ。また植物Xと植物Yにおいて，下線部(a)が示す光の強さを，図のA～Kの中からそれぞれ1つずつ選び，記号で答えよ。

問5　下線部(b)が示す光の強さの名称を漢字で答えよ。また植物Xと植物Yにおいて，下線部(b)が示す光の強さを，図のA～Kの中からそれぞれ1つずつ選び，記号で答えよ。

問6　下線部(c)について，十分に発達した森林においては，林冠から林床にかけて階層構造がみられる。低木層の一段階上に位置する階層の名称を漢字で答えよ。

問7　下線部(d)では，芽生えや幼木の時期に植物Xや植物Yのような特徴をもつ2種類の樹木が，時間とともに入れ替わっていく。その説明として最も適切なものを次の選択肢から1つ選び，記号で答えよ。

【選択肢】

1　植物Xは暗い林床でも成長できるため，林冠木は植物Xから植物Yへと入れ替わる。

2　植物Xは暗い林床でも成長できるため，林冠木は植物Yから植物Xへと入れ替わる。

3　植物Yは暗い林床でも成長できるため，林冠木は植物Xから植物Yへと入れ替わる。

4　植物Yは暗い林床でも成長できるため，林冠木は植物Yから植物Xへと入れ替わる。

問8　下線部(e)の状態にある森林の名称を漢字3字で答えよ。

問9　下線部(e)の状態にある森林であっても，芽生えや幼木の時期に植物Xや植物Yのような特徴をもつ2種類の樹木が，局所的には混在しているのが一般的である。その理由を，次の語句をすべて使用して，句読点を含み25字以上40字以内で述べよ。

【語句】　ギャップ　　林床

〔4〕次の文章を読み，以下の問いに答えよ。

動物は受容器によって刺激を受容し環境中の情報を得る。この時，受容器により受容する刺激の種類が決まっている。これを［ア］と呼ぶ。例えば，ヒトやイヌの場合，「空気の振動」「重力の方向（体の傾き）」「空気中の化学物質」を［ア］とする受容器は，それぞれ［イ］にあるうずまき管，［イ］にある［ウ］，［エ］にある［オ］である。同じ刺激に対する受容器でも，種が違えば受容できる範囲が異なることがある。例えば，ヒトが感じることのできる音の周波数はおよそ［カ］Hzから［キ］Hzであり，イヌの場合はおよそ35 Hzから44,000 Hzである。このことは，イヌはヒトの感じることのできない［ク］も感知できることを示している。

<u>動物が経験を通じて行動を変化させることを学習</u>(a)と呼ぶ。イヌの学習について調べるため，目の粗い金網を用いて図1のような課題をイヌに与える実験1～3を行った。エサは金網の向こう側にあり，スタート地点のイヌからよく見えている。しかし，それを手に入れるためには，イヌはいったん遠ざかる方向に進んでフェンスを回り込まねばならない。それぞれの実験には異なる7頭のイヌが参加し，どの個体も同じ課題に3回取り組んだ。実験1では，イヌをフェンス外側からスタートさせ，内側にあるエサを取りに行かせた（内回り課題）。次に実験2では，逆にイヌをフェンス内側からスタートさせ，外側にあるエサを取りに行かせた（外回り課題）。最後の実験3では，実験1と同じ設定（内回り課題）だが，実験者がエサをもってスタート位置から歩き出し，フェンスを回り込んで所定の位置にエサを置く様子をイヌに見せるデモンストレーションを行った。このデモンストレーションは，イヌが1回目の課題に取り組んだ後，2回目と3回目の取り組みの直前にそれぞれ1度ずつ行った。図2に，実験の結果として，それぞれの7頭がエサへ到達した時間の平均がどのように変化したかを示している。

図1　実験の様子。左のような金網のフェンスを用いた。右の2つは上から見た様子。上から見るとV字型をしている。

問1　空欄 ア ～ ク に当てはまる最も適切な語句または数字を次の語群から選び，番号で答えよ。

【語群】

1　20	2　200	3　2,000	4　20,000	5　200,000
6　紫外線	7　色	8　かぎ刺激	9　適刺激	10　生得刺激
11　固定刺激	12　耳小骨	13　低い音	14　高い音	15　弱い振動
16　弱い匂い	17　磁場	18　耳	19　コルチ器	20　前庭
21　中脳	22　小脳	23　温点	24　半規管	25　舌
26　味覚芽	27　味蕾	28　嗅上皮	29　鼻	30　中耳

問2　下線部(a)について，学習の説明として適切でないものを次の選択肢から1つ選び，番号で答えよ。

【選択肢】

1　アメフラシのような軟体動物は学習を行うことができない。

2　同じ刺激を繰り返し与えられると反応が弱くなってくることも学習の1つである。

3　学習にはシナプスの伝達効率の長期的変化が関係している。

4　刷込みは学習の1つと考えられる。

5　ネズミは試行錯誤によって迷路の通り抜け方を学習する。

問3　これらの実験結果についての説明として適切なものを次の選択肢から2つ選び，番号で答えよ。

【選択肢】

1　3つの実験の結果から，犬種によって学習能力が異なることがわかる。

2　全実験で到達時間が早くなっていることから，イヌの学習能力が他の動物よりも高いことがわかる。

3　実験1と2の結果から，イヌにとって内回り課題よりも外回り課題の方が容易だと考えられる。

4　実験1と2の結果から，イヌにとって外回り課題よりも内回り課題の方が容易だと考えられる。

5　内回り課題と外回り課題のどちらがイヌにとって難しいかははっきりしない。

6　実験2の2回目で到達時間が急に早くなっているのは学習が行われたからだと考えられる。

7　全実験で到達時間が早くなっているのは，イヌが嗅覚によってエサを見つけられるからである。

問4　イヌはヒト（実験者）の行動を見て問題解決の方法を学習できると考えられる。その理由を30字以上40字以内で説明せよ。

問5　実験1，2，3をこの順番で同じ7頭に対して行ったとする。この場合，図2と同じ結果が得られたとしても問4のように結論することはできない。その理由を30字以上40字以内で説明せよ。

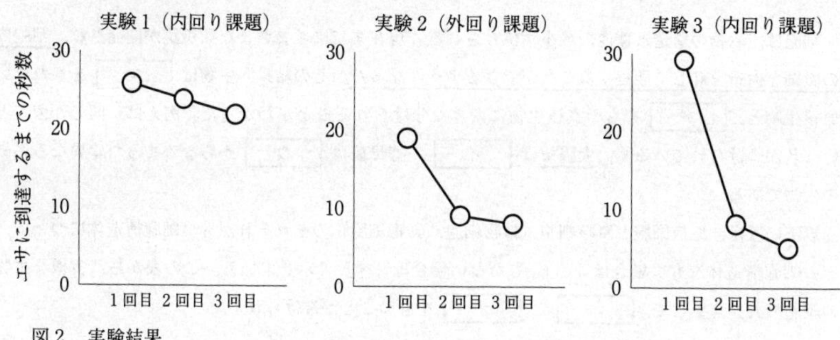

図2　実験結果

◀1月25日実施分▶

（2科目 120分）

1　**問題〔1〕～〔4〕のうちから3問選択して解答せよ。**

2　**選択した問題の番号を解答用紙の選択問題番号欄に記入せよ。**

〔1〕 次の文章を読み，以下の問いに答えよ。

細胞は，生物の構造と機能の最小単位とされる。現在までにさまざまな顕微鏡が開発され，(a)細胞内の微細な構造を詳しく観察することができるようになった。その結果，生物は［ア］をもたない原核生物と，［ア］をもつ真核生物に大きく分けられることがわかった。例えば，同じ「菌」という名がつけられているが，(b)大腸菌は［イ］，酵母菌は［ウ］からなるまったく異なる系統の生物である。

以下の表は，原核細胞と真核細胞（植物細胞，動物細胞）のそれぞれがもつ細胞構造体について，その細胞構造体をもつ場合は「○」，もたない場合は「×」で示している。この表から，多様な生物の細胞の共通点として，［エ］と［オ］をもつことが挙げられる。

表

構造体	原核細胞	真核細胞	
		植物細胞	動物細胞
DNA（遺伝物質）	あ	い	う
核	×	○	○
ミトコンドリア	え	お	か
(c)葉緑体	き	○	×
発達した液胞	く	○	×
細胞壁	け	○	×
細胞膜	こ	さ	し

問1　空欄［ア］～［オ］に当てはまる最も適切な語句について，表中の語句を用いて答えよ。ただし，同一語句を複数回用いてもよい。

問2　下線部(a)について，植物細胞と動物細胞で共通してみられる細胞構造体の名称を二つ答えよ。ただし，表中の語句を用いてはならない。

問3　下線部(a)に関する次の1～4の記述について，観察の対象と染色方法の組み合わせとして適切なものには「○」，適切でないものには「×」を，それぞれ答えよ。

1　核を酢酸オルセイン溶液で染色。

2　ミトコンドリアをサフラニン溶液で染色。

3　デンプンをヨウ素溶液で染色。

4　葉緑体をヤヌスグリーン溶液で染色。

問4　下線部(b)の大きさとして最も適切な数値を次の選択肢から一つ選び，番号で答えよ。

【選択肢】

1　0.3 nm　　2　0.3 μm　　3　0.3 mm　　4　3 nm　　5　3 μm　　6　3 mm

問5　表の空欄［あ］～［し］について，原核細胞，植物細胞，動物細胞のそれぞれがもつ細胞構造体には「○」を，もたない細胞構造体には「×」を記入せよ。

問6　表中の下線部(c)がもつ緑色の色素の名称を答えよ。また，その色素が関与する光合成について，以下の空欄［A］と［B］を埋め，化学反応式を完成させよ。

［A］ + $12H_2O$ + 光エネルギー → $C_6H_{12}O_6$ + ［B］ + $6H_2O$

〔2〕次の文章を読み，以下の問いに答えよ。

ヒトの血液は，凝固しないように処理したのちに遠心分離すると，大きく2つの成分に分けられる。全体の約55％は，水分・タンパク質・無機塩類などを含む液体成分であり，［ア］と呼ばれる。残りの約45％は，赤血球，白血球，および血小板を含む有形成分である。(a)

異物（抗原）が体内に侵入すると初期反応として［イ］，［ウ］，［エ］などの食細胞が食作用によって異物を排除する。(b)これらの食細胞を含めた血球の多くは，骨髄にあってすべての血球に分化することができる［A］からつくられる。［イ］は細胞内に顆粒をもつ顆粒白血球の一種である。［ウ］は取り込んだ抗原の情報を［オ］や［カ］に提示する。［エ］は，血液中の単球が組織へと移動して分化したものである。抗原情報を認識した［オ］は増殖し，抗原に感染している細胞を攻撃する。抗原情報を認識した［カ］も増殖し，［キ］を活性化，増殖させる。一部の［オ］，［カ］や［キ］は［ク］として残り，同じ抗原が再び侵入してきた場合に反応する。(c)

問1　空欄［ア］～［ク］に当てはまる最も適切な語句を次の語群から選び，番号で答えよ。ただし，同一語句を複数回用いてはならない。

【語群】

1　好中球　　2　ヘルパーT細胞　　3　サイトカイン

4　記憶細胞　　5　血清　　6　抗体産生細胞（形質細胞）

7　肥満細胞　8　血ぺい　9　インターフェロン
10　キラーT細胞　11　血しょう　12　フィブリン
13　マクロファージ　14　樹状細胞　15　B細胞
16　主要組織適合遺伝子複合体（MHC）

問2　下線部(a)の赤血球，白血球，血小板の各血球について，以下の問いに答えよ。

(1)　各血球の形状について，最も適切なものを次の選択肢から選び，番号で答えよ。

【選択肢】

1　直径1 μm 程度，無核で不定形
2　直径2～5 μm，無核で不定形
3　直径30～40 μm，無核で球形
4　直径80～120 μm，有核で球形
5　直径7～8 μm，無核で円盤状
6　直径10～15 μm，有核で円盤状
7　直径5～25 μm，有核で球形もしくは不定形
8　直径100 μm 程度，有核で球形もしくは不定形

(2)　各血球の働きについて，最も適切なものを次の選択肢から選び，番号で答えよ。

【選択肢】

1　有害物質の分解　2　生体防御　3　酸素の運搬
4　血糖値の調節　5　血液内老廃物の排出　6　出血を止める

問3　下線部(b)は異物から身を守るために生まれつき備わっている免疫である。この免疫の名称を漢字4字で答えよ。

問4　空欄 [A] に当てはまる細胞名を漢字5字で答えよ。

問5　下線部(c)は二次応答と呼ばれ，この応答を利用した病気の予防方法のひとつに予防接種がある。

(1)　予防接種で用いられる抗原を何と呼ぶか。

(2)　次の文章は，Aさんが接種回数2回の予防接種を受けたときの抗体量検査の概要である。

Aさんは，ある予防接種を受け，その後の体内抗体量について調べた。血液中の抗体量は，1回目の予防接種後18日目が最大であった。その後Aさんは，1回目の予防接種から40日後に2回目の予防接種を受けたところ，二次応答が観察された。

このときの抗体量の変化について，解答欄に曲線で図示せよ。ただし，1回目接種後の最大抗体量を1とし，二次応答の特徴がわかるように描くこと。また，図中の1回目接種時にならって，2回目接種の時期を矢印で記せ。

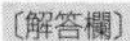
〔解答欄〕

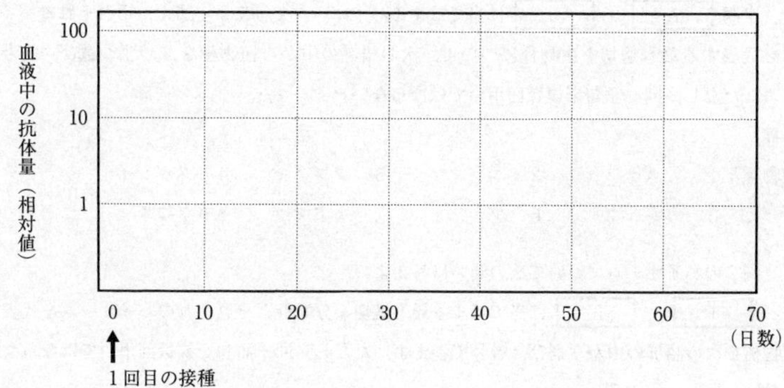

〔3〕次の文章を読み，以下の問いに答えよ。

地球上では，地域ごとに，その環境に適応した植物や動物，藻類，細菌などが，互いに関係をもちながら特徴のある集団を形成している。このような生物の集まりをバイオームという。日本は［ア］が十分に多いことから，そのバイオームの種類と分布を決める主な要因は［イ］である。北半球にある日本列島では，［イ］が北方にいくほど低下する。そのため南北方向にはっきりしたバイオームの［ウ］がみられる。［イ］は標高が［エ］m上昇するごとに5～6℃低下する。そのため，急峻（しゅん）な地形の多い日本列島では，標高の違いに対応したバイオームの分布もみられる。これを［オ］という。図1は，日本のバイオームの［ウ］を，図2は日本の中部地方における［オ］を模式的に示したものである。図1の低緯度から高緯度へのバイオーム変化と図2の［Ⅳ］から［Ⅱ］へのバイオームの変化はよく似ていることがわかる。

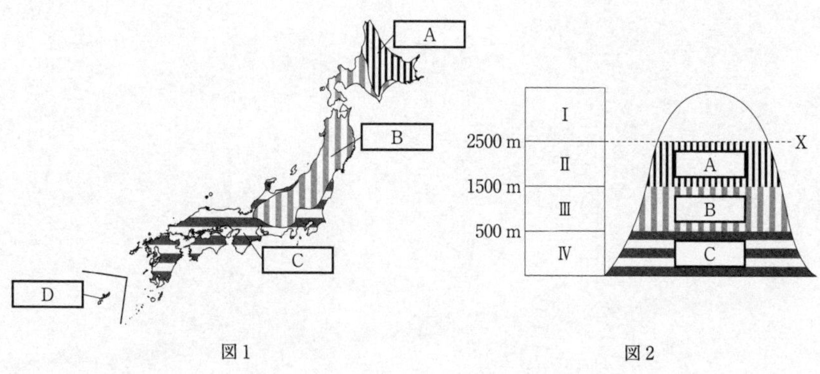

図1　　図2

問1　空欄［ア］～［オ］に当てはまる最も適切な語句・数字を答えよ。

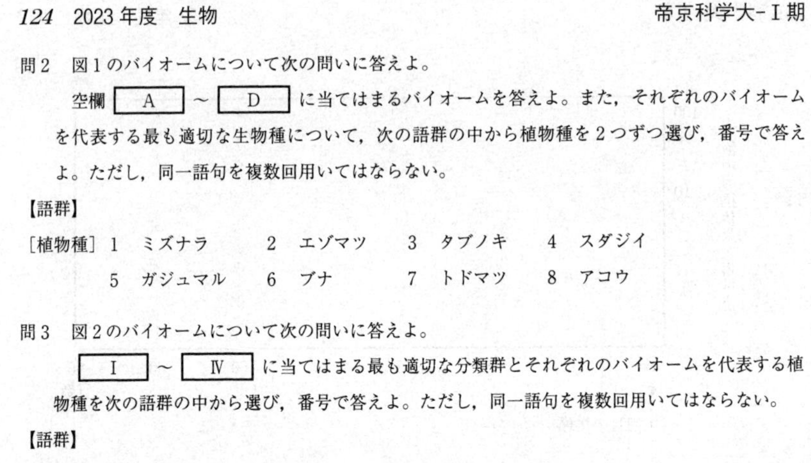

問2 図1のバイオームについて次の問いに答えよ。

空欄 A ～ D に当てはまるバイオームを答えよ。また，それぞれのバイオームを代表する最も適切な生物種について，次の語群の中から植物種を2つずつ選び，番号で答えよ。ただし，同一語句を複数回用いてはならない。

【語群】

［植物種］ 1 ミズナラ　2 エゾマツ　3 タブノキ　4 スダジイ
5 ガジュマル　6 ブナ　7 トドマツ　8 アコウ

問3 図2のバイオームについて次の問いに答えよ。

Ⅰ ～ Ⅳ に当てはまる最も適切な分類群とそれぞれのバイオームを代表する植物種を次の語群の中から選び，番号で答えよ。ただし，同一語句を複数回用いてはならない。

【語群】

［分類群］ 1 高山帯　2 山岳帯　3 丘陵帯　4 丘岡帯
5 山地帯　6 亜高山帯

［植物種］ 1 コマクサとハイマツ　2 クスノキとヤブツバキ
3 カエデ類とトチノキ　4 シラビソとコメツガ

問4 図2のXが示すバイオームの境界を何というか。最も適切な語句を答えよ。

問5 Xよりも標高が高い場所では高木が形成されない。その主要な原因を2つあげよ。

問6 空欄 イ は，過去100年間に徐々に上昇している。この空欄 イ の上昇に及ぼす温室効果ガスのうち，化石燃料の使用増加によって増え続ける温室効果ガスの名称を答えよ。

〔4〕次の文章を読み，以下の問いに答えよ。

大腸菌の遺伝子もヒトの遺伝子も同じDNA(a)からできている。そのため，ヒトからとった遺伝子のDNA断片を，大腸菌のDNAにつなぎ合わせる(b)ことができる。このとき，DNAから特定の遺伝子などを切り出すためによく用いられる酵素が制限酵素である。制限酵素はDNAにある4～8塩基からなる特定の配列を認識し，その部分でDNAの2本鎖を切断する(c)。制限酵素によるDNAの切断は多くの場合，認識配列内の決まった位置で起こり，切断部位では5'突出末端，3'突出末端，平滑末端が生じる。目的の遺伝子の切り出しに使ったものと同じ制限酵素を用いて別のDNAを切断すれば，その切り口の塩基配列は目的の遺伝子の切り口と相補的になる。したがってそれらのDNAを混ぜると，互いに付着する。さらにDNAリガーゼという酵素を使って，DNAの骨格そのものをつなぎ合わせることで，雑種のDNAを作ることができる。

ヒトの遺伝子のDNAを生きている大腸菌のゲノムDNAに直接組み込むのは難しい。そのため，制限酵素を用いて，目的の遺伝子を大腸菌内に運ぶ役割をするDNA（運び手のDNA(d)）に組み込む必要がある。目的の遺伝子を組み込んだ運び手のDNAは，大腸菌内に入ると，大腸菌の増殖とともに複製される。増殖した多数の大腸菌からこの運び手のDNAを回収すれば，目的の遺伝子のDNAを大量に得ることができる。また，この運び手のDNAを大腸菌内で増やし，組み込んだ目的の遺伝子を大腸菌内で発現させれば(e)，目的の遺伝子が指定するタンパク質を大量に生産することができる。この技術を使って，大量に生産できるようになったタンパク質の一例としてインスリンがある。

問1　下線部(a)を構成している糖の名称をカタカナ8字で答えよ。

問2　下線部(b)の技術の名称を6字で答えよ。　〔解答欄〕□□□□□□技術

問3　下線部(c)において，EcoR Ⅰという酵素は6塩基からなる特定の配列（GAATTC）を認識してDNAを切断する。DNAの各塩基の出現頻度が等しいとした場合，EcoR Ⅰが認識・切断するこの6塩基からなる特定の配列の出現頻度を分数で答えよ。

問4　下線部(d)の名称として最も適切な語句を次の選択肢から選び，番号で答えよ。

【選択肢】

1　ホルモン　　2　ベクター　　3　パフ　　4　コロニー　　5　アクチビン
6　ホメオボックス

問5　下線部(d)の一つとしてプラスミドが用いられる。プラスミドDNAの特性として適切なものを次の選択肢からすべて選び，番号で答えよ。

【選択肢】

1　環状の2本鎖DNAである。
2　線状の2本鎖DNAである。
3　ループ構造の1本鎖RNAである。
4　ウイルス由来の1本鎖DNAである。

5 ウイルス粒子の産生と大腸菌への感染を繰り返しながら増殖する。

6 複製の際には，常に大腸菌ゲノムに組み込まれる。

7 大腸菌ゲノムとは独立して増殖することができる。

問6 下線部(e)のように，別の種や系統の遺伝子を細胞内に導入し，導入した遺伝子の形質を発現させることを何というか，漢字4字で答えよ。

問7 本来はその生物にはない外来遺伝子を導入した生物のことを何というか，カタカナ9字で答えよ。 〔解答欄〕 □□□□□□□□□生物

問8 導入した遺伝子を大腸菌内で発現させるためには，転写されるDNA配列の他にRNAポリメラーゼが結合するDNA配列が必要である。このRNAポリメラーゼの結合と転写の開始に必要なDNA配列の名称をカタカナ6字で答えよ。

問9 真核生物の転写では，転写の開始に必要なDNA配列とRNAポリメラーゼの他に，転写の開始を助けるタンパク質が必要である。このタンパク質の名称を漢字6字で答えよ。

問10 大腸菌にヒトのインスリンをつくらせるためには，ゲノムDNAから得たインスリン遺伝子領域ではなく，インスリンのmRNAから合成した相補的DNA（cDNA）を用いなければならない。その理由について，50字以上80字以内で説明せよ。

ア 以来 イ 依頼 ウ 希望 エ 依存 オ 温存 カ 存在 キ 習性 ク 実践

問五 傍線部①「『ハハハッ、オラこんなところでクマの餌つくってたぜぇ』と言って笑う。」とある高齢者の発言から読み取れる考えとして最も適切なものを次のア～エの中から一つ選び、記号で答えよ。

ア ここはもともとクマの生息地で人間が土地を借りているのだから、人間がクマのための餌を計画的につくることは当然だ。
イ クマは山の神様なのでクマにさからったら危ない目にあうから、農作物を取られてくやしいけれど平気をよそおっている。
ウ 農作物をクマにとられたのは残念だが、クマと人が共存するためにもクマの餌をつくってやったのだと思って笑いとばそう。
エ まさかクマに農作物をとられるとは思ってもみなかったが、もうあきらめるしかないので悲しみをさびしい笑いにしている。

問六 本文の内容を踏まえて筆者の主張として適切なものを次のア～オの中からすべて選び、記号で答えよ。

ア 「無住の集落」で生きる人たちは皆毎日クマと戦って生きているので、たくましい。
イ クマによる人への被害は、住民不在が増えたから人間のほうが原因をつくった場合もある。
ウ 図8と図9に載せられた数値は、他の動物はともかくクマについては正確とはいえない。
エ 農林業被害をもたらす率の大きい野生動物を優先して、対策を練るべきだ。
オ これからは人里のクマを許容していったほうが、人にもうま味があるといえる。

住まわせてもらってるんだものな。怖いけども、※クマも生きねぇばねぇんだものしょうねぇごでやぁ」（中略）

クマは、抵抗力のない、自分たちに圧力をかけてこない場所を選んでいるのである。それは市街地においても同様である。リアクションのない場所は、クマにとってはOKと受け止められている。さらにクマにとっては、人里に［Y］したほうが年間を通じてうま味がある。そのうま味のほうが、抱えるリスクよりも大きいと受け止められている。［D］出没が絶えないのである。うま味をつくり出しているのも私たちである。

（田口洋美『クマ問題を考える』による）

※クマも生きねぇばねぇんだものしょうねぇごでやぁ…秋田県の方言で、「クマも生きなくてはならないのだからしかたがないことだ」を意味する。

問一　空欄［A］〜［D］に当てはまる最も適切な語句を次のア〜カの中から一つずつ選び、記号で答えよ。ただし同じ記号は二度使わない。

ア　もともと　イ　関わらず　ウ　それでこそ　エ　同様に　オ　ただ　カ　だから

問二　空欄［a］〜［c］に被害金額の多い順に最も適切なものを次のア〜キの中から一つずつ選び、記号で答えよ。

ア　鳥類　イ　カモシカ　ウ　サル　エ　シカ　オ　クマ　カ　イノシシ　キ　その他獣類

問三　空欄［X］に当てはまる最も適切な語句を次のア〜カの中から一つ選び、記号で答えよ。

ア　かなりの割合を占める　イ　上位三つに次ぐ位置だ　ウ　予想どおりの数字だ
エ　ほんの一部にすぎない　オ　ゼロに等しい数字だ　カ　申告漏れの被害がある

問四　空欄［Y］に当てはまる最も適切な語句を本文の内容を踏まえて次のア〜クの中から一つ選び、記号で答えよ。

図8　平成22年度野生鳥獣による農作物被害金額割合（左）
図9　平成22年度野生鳥獣による農作物被害面積割合（右）

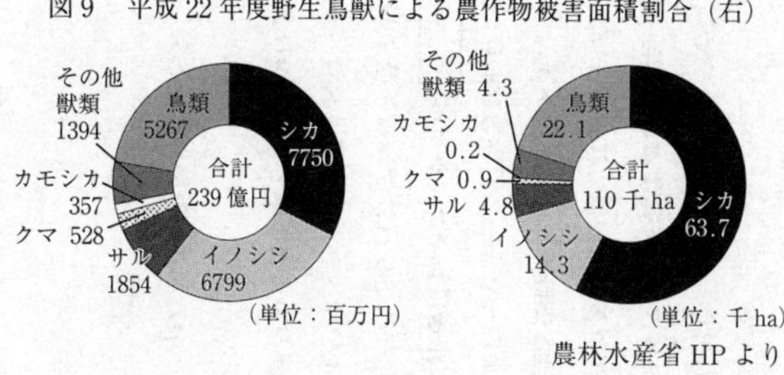

農林水産省HPより

さらに駆除（殺処分）された動物の側からこの数値を見直すと、２０１０年の多発出没で1年間に殺処分されたクマ類は３５４４頭で、1頭当たりが背負わされた平均被害金額は14万８９８４円となる。シカ類は２０１０年に約36万３１００頭捕獲されているので、1頭当たりが背負わされた平均被害金額は2万１３４４円あまりとなる。これを野生動物たちがどう捉えるかはわからない。また問うたところで意味がないかも知れないが、私たち人間がいう被害軽減とは、この1頭当たりが背負わされる金額を引き下げることにほかならない。

もちろん、農林業被害は自己申告である。申告しない農家の被害額は統計から漏れている。つまり、統計に表れた数値以上に被害があるということになる。特にクマ類による農作物被害は全体の比率のなかではごく小さい値しか占めないが、被害に遭ったという認識が農家によってまちまちであり、耕作放棄地、廃村跡地、廃屋周辺の荒れ地に放置されているカキやクリなどの堅果類や果樹への被害は、被害として認識する人々の存在そのものがないため正確なデータは得られていない。ツキノワグマの行動圏のなかにはこうした住民不在の土地も実際には存在しており、私が現場で確認しているだけでもこのような場所がクマを引きつけているのではないかと疑われる所が少なくない。

例を挙げれば、今から10年あまり前の話になるが、山形市の西側の山並みのなかに戸数3戸ほどの集落があった。集落といっても3戸とも空き家であった。いわば「無住の集落」である。集落は空き家ばかりなのだが、春から秋にかけての土日には人の姿がある。（中略）

クマたちは、たぶん、そのような家に人が通ってくるリズムを知っている。人が来ない時に畑や田の作物を頂いているのだろう。人里に［Y］しているクマであれば、そのくらいの観察はするものだ。

山の幸半分、人里の幸半分といったように、人里はクマたちの絶好の餌場となっている。［B］、多くの場合、人はそのことに気付いてはいない。（中略）

高齢者の方々はすこぶる真面目で質素である。そういう方々が、朝食の菜の物をちょっと畑に採りに出て、クマと遭遇し大けがをされている事例がかなりある。にも［C］、このような方々はクマのことを悪くは言わず、農作物被害の申告もされないことが多い。

①「ハハハッ、オラこんなところでクマの餌つくってたぜぇ」と言って笑う。「ここは大昔からクマいるんだもの。クマの住んでるところさ、オレ等は

問五　傍線部④「カフカの『変身』」のあらすじからわかる最も適切なことを次のア～エの中から一つ選び、記号で答えよ。

ア　いとわしい競争
イ　鏡の精神作用
ウ　個人情報の登録・管理の時代
エ　脆いアイデンティティ

〔四〕

次の文章を読んで設問に答えよ。

私たちが暮らす平野部や丘陵地、盆地は、［A］大型野生動物の生息地であった。その生息地を人間が奪い農耕地へと開拓してきた歴史がある。ツキノワグマに限らずイノシシやニホンジカまでも、彼らが生きていく上で最良の土地を目指してUターンがはじまっているともいえる。（中略）

現在盛んに言われている野生動物による農林業被害、特に農業で最も被害を出しているのは、被害金額から見れば［a］と［b］、そして［c］である。ちなみに多発出没が起きた２０１０（平成22）年度の農作物被害金額は総額で２３９億円にのぼる（図8）。この内、この3者による被害は全体の約83パーセントに当たる１９８億１６００万円を占めている。クマ類による農作物被害金額は、５億２８００万円で全体の約２・２パーセントである。これを被害面積の割合で見ると、クマ類は全体の被害面積11万ヘクタールの内の０・０９万ヘクタールである。何と被害面積の６万３７００ヘクタールはシカ類で占められ、１万４３００ヘクタールがイノシシ、鳥類が２万２１００ヘクタールを占めている（図9）。つまり農作物被害の金額や面積から見ればクマ類による被害は［X］ということになる。ただ、割合だけから見るのは危険であろう。被害に遭う農家からすれば多いも少ないもない。心情としてはいずれにしてもたまらない。

問一　傍線部①「安部公房」の『砂の女』が発表された昭和37年（１９６２年）以降に発表された小説を次のア～オの中から二つ選び、記号で答えよ。

ア　吉本ばなな『キッチン』　イ　太宰治『走れメロス』　ウ　村上春樹『ノルウェイの森』
エ　森鷗外『舞姫』　オ　芥川龍之介『羅生門』

問二　傍線部②「よそ様」に当てはまらないものを本文の内容を踏まえて、次のａ～ｅの中からすべて選び、記号で答えよ。

ａ　他者　ｂ　日本人　ｃ　海外の人　ｄ　夫　ｅ　老人や村人

問三　傍線部③「自分を映してくれるものがない状況下」でどのような困難に陥ったのかを次の空欄に当てはまるように本文中から抜き出し、五文字で答えよ。

［　　　　　］することができなくなった。

問四　本文の内容に合致しないものを次のア～オの中からすべて選び、記号で答えよ。

ア　異民族を寄せ付けない満洲の風土で育まれた感性が安部公房を育てた。
イ　自分が他者にどう映っているのかという意識が日本人には強い。
ウ　相手に象られている自分を意識してしまうことは、鏡の精神作用である。
エ　今や個人情報の登録・管理により、自分の存在を証明するアイデンティティの構築が容易となった。
オ　自分で、自分の存在を証明しようとすると人はますます空疎に記号化されていく。

やっているが、あれこそまさにそうした性質が顕在化したものだろう。

だが、よそ様という鏡は、いかようにも自分が歪められて映るものである。たとえば精神状態がよくないときの夫の鏡に映っている私は荒んでいる。相手に象られている自分に腹が立って、こちらの態度も悪くなる。自分では納得のいかないことであっても、誰かが褒めてくれると短絡的に嬉しいのも、けっきょくはそういった鏡の精神作用によるものだ。

そんな風に、他者を鏡として自分のアイデンティティを映し出し、存在を証明しようとする人間の関係性に、安部公房はたぶん早くから気づいていたのだと思う。これは『砂の女』の次の長編『他人の顔』（一九六四年）において典型的に描かれるテーマだが、『砂の女』に関して言えば、※仁木順平はいきなり、③まったく自分を映してくれるものがない状況下に置かれてしまう。それまでの社会生活と違って、話のまるで通じない「女」か、崖の上から見下ろす老人や村人たちしかいない。

誰も自分のことを知らないし、「おれはこんな人間だ」と説明しても、誰も聞いてくれない。他者が認めてくれなければアイデンティティなんかない、ということになってしまう。

作中には、「あらゆる種類の証明書……契約書、免許証、身分証明書、使用許可証、権利書、認可証、登録書、携帯許可証、組合員証、表彰状、手形、借用証、一時許可証、承諾書、収入証明書、保管証、さては血統書にいたるまで……」と列挙するくだりがあるけれど、証明書が羅列されればされるほど、その無意味さが際立つようだ。けっきょくはすり鉢と同じで、人は不自由さに絡めとられていく。そして今やマイナンバーやデジタルによる個人情報の登録・管理の時代である。人はますます空疎に記号化されていくだろう。

安部公房の初期の短編には、人が変形して物質化し、何だかわからなくなって消えてしまう話がいくつもある。そこでは、他者に自分の存在を証明してもらうことの危うさも描かれているのだと思う。④カフカの『変身』の主人公グレゴール・ザムザにしても、他者から見た姿は虫になってしまっているけれども、本人の意識のうえでは人間であるという、引き裂かれたあいまいな状態だ。

つまり、そもそもそんなに脆いアイデンティティというものに、どうして自分という存在は固執せざるをえないのか。そこに安部公房は大きな疑念を抱いたのだろう。満洲育ちの彼にとっては、流動的な砂の中で、人間たちが築いたものがいつぶっ壊れてもおかしくないと、実感として思えたはずだ。この小説でも触れられている通り、かつてのローマ帝国やペルシア帝国の繁栄した古代都市が、砂に亡ぼされ、呑み込まれてしまったように。

（ヤマザキマリ『壁とともに生きる―わたしと「安部公房」』による）

※仁木順平…小説『砂の女』の登場人物

び、記号で答えよ。

ア　偶然を確率論のモデルで数学的に把握すれば運命や因縁からでも確実に逃れられる。
イ　偶然の大きさは確率で把握できないのでごく小さな確率でも事故は必然的に起こる。
ウ　確率計算が正しければ宝くじには外れないので後悔したり悲しんだりしなくてすむ。
エ　運と不運は確率の問題でも科学の問題でもなくて単なる不条理な偶然の結果である。
オ　人々の人生は偶然の積み重ねで独自な価値あるものとなっているから尊重すべきだ。

〔三〕

次の文章を読んで設問に答えよ。

①安部公房という作家の原点は、何といっても少年時代から二十二歳までのほとんどの時間を過ごし、敗戦により失われた故郷、満洲（まんしゅう）にある。いくつもの異民族が共存する都市。そしてその都市のすぐ外側には、何もない広大な荒野が地平線まで広がっている。学校の裏手には砂山があり、すぐそばまで砂漠化が進行していたという。夏の暑さは苛烈で、冬は極寒に凍りつく。ある日突然砂塵（じん）とともにやってくる春の前触れとして、凍った地面の割れ目に小さな緑色の草の芽がのぞくのを、少年はしゃがみこんでじっと眺めていた。そんな風土で育まれた感性と、ありったけの辛酸を舐（な）めた敗戦後の体験が、安部公房の出発点である。

作家についての基本情報として、まずはそのことを押さえておきたい。

さて、「定着」への固執や「いとわしい競争」に満ちたこの社会で生きていくには、自分の存在を証明するアイデンティティが必要になる。人はどうしても、自分が他者にどう映っているのかを意識し、他者を鏡のようにして、自分自身を構築していこうとする傾向がある。日本人は特にその傾向が強そうだ。他者に自分がどのように見えているかなど関係ない、などと思っている人には滅多に出会わない。私ですら日本に滞在している間は、②よそ様にとって自分がどう見えているかが気になってしまう。日本ではよく海外の人から日本や日本人がどう見えているか、というテレビ番組を

べきものとしているのである。

（竹内啓『偶然とは何か―その積極的意味』による）

※期待利益…人が妥当だと思っている賭け率（主観確率）と賭けの結果のもたらす利益（または効用）をかけたもの（積算結果）。

※大数の法則…正しいサイコロを多数回振ると、1の目が出る比率（頻度）が1/6に近づく確率は、回数が大きくなればなるほど1に近づくという規則性のこと。

問一　傍線部①「排除」の対義語を次のア～オの中から一つ選び、記号で答えよ。

ア　摂取　イ　融和　ウ　溶解　エ　包摂　オ　内包

問二　傍線部②「『幸運』や『不運』」と偶然との関係を筆者がどのように考えているかを端的に示している箇所を本文中から三十二文字で抜き出し、始めの六文字を答えよ。

問三　空欄 X に当てはまる最も適切なことわざを本文の内容を踏まえて次のア～オの中から一つ選び、記号で答えよ。

ア　出る杭は打たれる　イ　火のない所に煙は立たぬ　ウ　寝た子を起こす

エ　禍い転じて福となす　オ　船頭多くして船山に上る

問四　傍線部③「『不運』を分け合うことによって、人々は『不運』をもたらす偶然は防ぐことができないとしても、そこから生じる『不幸』を小さくすることができる」理由の説明を「～だから」に続く形で五十二文字で抜き出し、始めの五文字を答えよ。

問五　傍線部④「大きく『偶然』によって規定されている」ということから導かれる最も適切な記述を本文の内容を踏まえて次のア～オの中から一つ選

しかしそれでも人は②「幸運」や「不運」に遭遇することは避けられない。人生においては「運」「不運」はそれぞれに一回限りのもので、相互に打ち消し合うものではないから、※大数の法則は成り立たない。それは「不確実性の下での意思決定の理論」が不十分だからではなく、実はその理論そのものに「運」「不運」が内在しているのである。そうして事後に結果としての「運」「不運」をどのように扱うかは、事前にそれをどのように処理するかとは、また別の問題なのである。

「運」や「不運」は避けられないとしても、「幸運」からできるだけ多くの喜びを見いだし、「不運」のもたらす「惨めさ」や「悲しみ」をなるべく少なくすること、あるいは場合によっては「　X　」ようにすることは、それぞれの人の努力によるところである。このような問題については、多くの人生論、哲学あるいは宗教の本に説かれているから、ここでは深入りしないことにしよう。ただ、このような問題が「科学的」に解決できるものではないことだけは強調しておきたい。

もう一つ重要なことは、「運」や「不運」は他人と分かち合うことができるということである。人は知人が「不運」にあったことを聞けば「慰め」の言葉をかけ、また「お見舞い」を送ったり手助けを申し出たりするであろう。また大きな災害が起こったときなどには、被害を受けた人に関係ない人々からも多くの寄付が寄せられることが少なくない。これには人々が他人の「不運」を悲しむべきこととして受け止め、その被害者にもたらす負担を分かち合うことによって、その人の「不幸」を少しでも軽くしようと望むからである。実際、人はこのような人の親切や同情によって慰められ、被害そのものが少なくならないとしても、そこから生じる「不幸」や「惨めさ」は軽減されるであろう。また助力を申し出た人は、若干の金銭や労働を負担したとしても、他人の感謝を受ければ満足を感じるものであろう。

つまり③「不運」を分け合うことによって、人々は「不運」をもたらす偶然は防ぐことができないとしても、そこから生じる「不幸」を小さくすることができるのである。

人間はその出発点においても人生の途中においても、またその結末についても、④大きく「偶然」によって規定されているのであり、それは人生というものの根源的な「不条理」というべきものである。それはどうしようもないものであり、人はそれを自分のものとして引き受けて、最大限努力するより以外の生き方はない。

しかし、考え方を変えれば、人間がそれぞれ異なった遺伝子をもち、異なった環境に生まれ、異なった偶然に出会うということが、一人一人の人生を独自のものとするのであり、それぞれに価値あるものとするのである。そうして、そのことはまた自分とは異なる他の人々の人生を、それぞれに尊重す

〔二〕　次の文章を読んで設問に答えよ。

偶然を確率論のモデルによって数学的に把握し、それにもとづいて期待利益※（または期待効用）を最大にするような方法を求める「不確実性の下における意思決定の理論」を構築することによって、人は偶然といういわば「気まぐれ」な要素を排除①して合理的に行動することが可能になったといわれることがある。

また、確率や期待効用の計算にもとづいて行動することによって、人は何かわけのわからない「運命」や「因縁」から逃れ、あるいは「運」「不運」というような非合理的な概念を振り払うことができるといわれることがある。

しかし確率が小さいことでも起こることはあるし、現実の結果が期待値通りにならないことも少なくない。十分注意深く行動して、災難にあう確率は小さかったはずなのに、「運悪く」事故に合ってしまったり、何気なく宝くじを買ったら百万円当たった、というようなことは、人生の中でしばしば起こることである。その場合に、確率計算は正しかったのだから、事故にあっても後悔したり悲しんだりする必要はない、あるいは、宝くじの期待獲得金額はマイナスだから、宝くじを買ったのは間違いだったのであり、百万円当たっても喜こんだりすべきではない、などと言っても無意味である。

そもそも「確率」というものは、純粋に偶然の大きさを表現したものであるから、それ以上の追求はできないものである。したがって等しい確率予報のうちのどれが起こるかについては「まったく理由がない」のである。あるいは確率が小さいことが起こったとしても、それがどうしてそうなったかの理由は存在しないのである。交通事故などの場合は、事後的には例えば運転手の不注意、道路の状態などいろいろな原因が解明され、責任が追及されるかもしれない。その結果その場所で事故が起こったことが「必然的」であったということになったとしても、自分がなぜそのときその場所にいて事故に合わなければならなかったのかは、やはり納得できないであろう。

偶然というものは、本来不合理あるいは「不条理」なものである。したがって自分にとって好都合な偶然は「幸運」であり、不都合な偶然は「不運」というよりほかはないのである。

人は生きていく中で、多くの偶然に影響されないわけにはいかない。その場合、事前になるべくくわしく確率を計算し、いろいろな状況のもたらす効用を推定して、期待効用が最大になるように行動することが合理的であるとはいえるであろう。また保険のような制度を利用して、人きい「不運」に襲われたときその損害をなるべく小さくするよう努力することも必要である。

エ　中国から漢字を輸入したように、他言語を活用する場合には、文法規則をしっかりと踏まえる必要があるため。
オ　相手を圧伏することと自己主張ができることは相関しており、その度合いによって言語の優劣が決まるため。

問五　傍線部③「理由があります」として本文中で説明されている理由を文末「ことによる。」に続く形で、三十五文字以上五十文字以内でまとめて答えよ。その際、「日本人」「自己認識」という言葉を必ず入れること。

問六　傍線部④「ひとまず受け入れた上で、自分たちの中でその衝撃を徐々に和らげながら咀嚼し続け、自分たちになじむものに鋳直してきた」と同じ内容を伝えている一文を本文中より見つけ、始めの五文字を答えよ。

問七　空欄［A］～［C］に当てはまる語句の組み合わせとして最も適切なものを次のア～オの中から一つ選び、記号で答えよ。

ア　A　優れた　B　劣っている　C　論理的な
イ　A　劣った　B　優れている　C　非論理的な
ウ　A　優れた　B　より劣っている　C　非論理的な
エ　A　低い　B　高まっている　C　非論理的な
オ　A　優れた　B　より優れている　C　論理的な

c「パン」　ア　半　イ　犯　ウ　班　エ　繁　オ　反

d「ホウ」　ア　報　イ　豊　ウ　抱　エ　奉　オ　方

e「フ」　ア　不　イ　府　ウ　負　エ　普　オ　富

問二　傍線部①「日本人は、特に西洋文化の洗礼を受けた近代以降、日本語の特性をもっぱら自己卑下の相の下に眺めてきた」が示している内容について最も適切なものを次のア〜オの中から一つ選び、記号で答えよ。

ア　日本は中国文化を取り入れているため、欧米社会とは異なった成り立ちをしてきたこと。

イ　日本は深刻な分裂をしなかった社会背景があるので、苦労をしていない負い目があること。

ウ　日本語は高い同質性をキープすることが可能な言語であるため、使いにくい面があること。

エ　日本語は自己主張が出来ない言語であり、国際舞台では通用しないととらえてきたこと。

オ　日本人は黙りがちで、主張をし合わないために、緊張に満ちた社会をつくってきたこと。

問三　空欄［X］に当てはまる四字熟語について本文の内容に合致するものを次のア〜オの中から一つ選び、記号で答えよ。

ア　有名無実　イ　波乱万丈　ウ　以心伝心　エ　一進一退　オ　独立独歩

問四　傍線部②「論理を鍛えなくてはならない」ことの理由として最も適切なものを次のア〜オの中から一つ選び、記号で答えよ。

ア　優れていると認められている言語を使うことで、いろいろな人々が接触する社会では優位に立つことができるため。

イ　対立する相手に、異なる立場や異なる要求をし続けなければならない社会では、自己主張が必要となるため。

ウ　必要以上に言葉を駆使しなくても互いに理解ができるように、わかりやすい仕組みの言語が求められているため。

います。というよりも、その同じ精神の延長上に位置づけられると言ってもよいでしょう。

日本人はもともと島国という地勢のゆえに、等質性の高い文化伝統を維持してきました。そのため、シャイで内向き、外に進出してゆくことが苦手な国民性を持っています。ですから、強い政治的・文化的な力が押し寄せてきたときには、それに対抗して押し返すのではなく、④ひとまず受け入れた上で、自分たちの中でその衝撃を徐々に和らげながら咀嚼（そしゃく）し続け、自分たちになじむものに鋳直してきたのです。

中国語と欧米語とでは、もちろん大きな違いがありますが、その統辞規則はよく似ています。そうして、たしかにこれらの言葉は、「何々は何々である」といった論理的な陳述を表現するのに適しています。生活語、土着語としての「やまとことば」が、漢語や欧米語に遭遇したとき、日本人は、世界のありさまを輪郭鮮やかに分節していく、その一種の硬質な明快さや語彙のdホウ eフさに大きな戸惑いをおぼえたはずです。

しかしその政治力を背景とした強い浸透力に打ち勝つわけにはいきませんでした。そのため先人たちは、これらの言葉との長年にわたる咀嚼の努力を通じて、いやでも自国語との比較を迫られたのです。その結果、漢語や欧米語はたしかに物事の画定や論理性において優れているという結論に達しました。それがいまでも定説となっているわけです。つまり、他国の言葉との関係を通して初めて、「曖昧で非論理的」という自己認識を強いられることになったわけです。

しかし、論理性において優れているということは、必ずしも言葉の体系が全体として優れていることを意味しません。

ここに、**世界のとらえ方、感受の仕方、人とのかかわり方として**、ある国語が、他の国語と比べて、より普遍性を持つかどうかという観点を導入してみましょう。この観点からすれば、論理性の［A］言語が、かえってそのために、人間どうしの心の動きや、自然と人間の関わり方を表現することにおいて［B］ということもあり得ます。こうした表現にとって大切な役割を果たす微妙な感覚、感性、情緒、機微、現実性などを、［C］言語は、十分表現できずに取りこぼしてしまう危険性があるとも言えるのです。

（小浜逸郎『日本語は哲学する言語である』による）

問一　傍線部a～eのカタカナとなっている語について、それぞれ適切な漢字を次のア～オの中から一つずつ選び、記号で答えよ。

a「カン」　ア　感　イ　間　ウ　観　エ　勘　オ　管

b「ヒン」　ア　頻　イ　貧　ウ　敏　エ　品　オ　浜

そもそも日本国内で生きている限り、言葉を必要以上に駆使しなくても、［ X ］、互いにわかり合える部分が大きく、高い同質性をキープすることが可能でした。ですから、数少ない例外を除いて、千数百年もの間、一つの皇統の下に深刻な分裂を経験しないで済んできたのです。平安時代と江戸時代、それぞれ四百年、二百七十年もの間、致命的な争乱もなく平和が保たれたのです。これは長所ではないでしょうか？

②論理を鍛えなくてはならないのは、異なる感情、異なる立場、異なる要求が非妥協的な形で接触することがヒンパンに起きるような場面においてでしょう。そういう場面の累積を基礎に置くような文化は、それだけ争いも多く、緊張に満ちた社会を作り出します。それで確かに論理的に思考する習慣は根付いたかもしれませんが、そのことで、対立する相手を圧伏できたわけではありません。

事実、欧米社会はそういう社会で、日本とは比べものにならないほど激しい宗教闘争や戦争や人種間の軋轢（あつれき）や革命や王朝交代の歴史を繰り返してきました。中国も同じです。これは短所ではないでしょうか？

もちろん、ここで問題とすべきは、どちらの言語が優れているかといったことではありません。日本語がどんな特性を持ち、どういう必然性からそうなっているのかを、まずは内部に深く立ち入って詳しく分析してみることです。

言葉は、自分たち自身を含めて、この世界をどのように把握しているのか、それを示す最も端的な指標です。日本語独特の世界把握の仕方を明らかにすることで、それが、他の言葉ではフォローできていない人間のあり方を発見する可能性につながるわけです。

ところで、先に挙げた、日本人自身による日本語理解、つまり「非論理的で、曖昧で、情緒に流れる」という理解が定着してきたのには、③理由があります。

近代以前には、公式言語や学問教養の基礎はもっぱら漢学に置かれていました。また近代以降は、西洋文明が圧倒的な力のもとに入ってきました。特に覇権国であったイギリスと、それを受け継いだアメリカの影響は大きく、いまでも英語は先進国間で世界共通語として機能しています。

日本は、これらの強大な国々の言葉の力をそれとして受け止めるほかはありませんでした。現在、国際舞台における人と人との交渉では、もっぱら英語力が試されることになっています。それでも日本では、欧米文化をそのまま受け入れたわけではなく、独特の消化吸収と変奏を成し遂げて今日に至っています。

この事情は、かつて中華文明を摂取していく過程で、ヲコト点や返り点による訓読法、万葉仮名、漢字かな混じり文の発明にはじまり、鎌倉仏教に至るまでの独特な日本仏教の確立、江戸期における朱子学批判を通しての儒教の日本的解釈などに象徴されるような特有の文化を築き上げたのとよく似て

▲一月二十五日実施分▼

（二科目一二〇分）

問題〔一〕〜〔四〕のうち、〔一〕は必ず解答せよ。また、〔二〕〜〔四〕のうち二つを自由に選んで解答せよ。
なお、問題の中で字数が指定されている場合は、特に指示のない限り、句読点等を字数に含めること。

〔一〕

次の文章を読んで設問に答えよ。

日本語は、これまで、非論理的な言葉とみられてきました。そもそも日本人自身が、自国語について自己認識を持ったとき以来、曖昧で情緒に流れやすい言語であるという理解をしてきました。この理解は、他国語との関係ではおおむね当たっていると言わざるを得ませんが、当たっていない部分もあります。というよりも、①日本人は、特に西洋文化の洗礼を受けた近代以降、日本語の特性をもっぱら自己卑下の相の下に眺めてきたのです。

そこでは、まず優劣の価値基準が先入カン[a]として立ちはだかるために、その一見するところの「曖昧さや情緒に流れる」特性について、なぜそうなのかがきちんと哲学的に探究されてきませんでした。

短所は同時に長所です。これは、同じ一つの特性が、置かれた状況次第で短所としてはたらくこともあれば、長所としてはたらくこともあるという意味です。日本語の場合がまさにそうで、国際舞台で自己主張をしなくてはならない局面では、日本語を使ってこちらの意思を通じさせようとしても、たいへんな困難にぶつかるでしょう。いきおい、日本人は黙りがちになり、そのため、日本人は何を考えているのかわからないとしばしば批判されます。そう批判されると、日本人による日本語不信は助長され、ますます日本語は国際舞台では通用しないのだという観念に支配されます。悪循環です。

しかし国際基準（この場合は欧米語）から照らして「曖昧で情緒に流れる」と見なされるその日本語を用いて、私たち日本人は、世界でもまれな平和な歴史を築いてきました。

問四 空欄 A ～ C に当てはまる最も適切な語句を次のア～オの中から一つずつ選び、記号で答えよ。ただし、同じ記号は二度使わない。

ア しかし　イ だから　ウ ただし　エ さらに　オ むしろ

問五 傍線部④「ロボットと人間のあいだの『疑似的コミュニケーション』の特色」の説明として最も適切なものを次のア～オの中から一つ選び、記号で答えよ。

ア 人間が繰り返し使う自然言語に絞ればロボットの深層学習によって共通了解をつくりだすことができるということ。
イ 自律的閉鎖系のロボットと他律的開放系の人間はキーボードを利用すれば意味を共有することができるということ。
ウ 意味が伝わっていなくても人間の指示通りにロボットが機能すれば共通了解が成立しているとみなせるということ。
エ 人間の自然言語の多義的な意味内容を一つに絞り込む工夫をすればロボットに対する情報伝達はできるということ。
オ 現実のコミュニケーションはロボットの共感作用と人間の意味解釈の相互交換で動的に形成されているということ。

ケーションは本来、ありえないことになる。機械は他律的に作動する開放系だからだ。
実際、コンピュータ間通信は記号（デジタル信号）を送ればすむし、コンピュータに指令を伝えるにはキーボードからコマンドを入力すればいい。そこに意味解釈などはいる余地はまったくない。この延長で、ロボットに正確な指令をあたえれば、ロボットは、プログラム通りの機能を実行するだろう。つまり原則として、コンピュータにとって「意味」の解釈など無縁のしろものなのだ。
ただ、人間が日本語や英語などの自然言語でコンピュータと会話しようとすると、そこで一種の疑似的なコミュニケーション、疑似的な意味解釈がおこなわれることは事実である。では、④ロボットと人間のあいだの「疑似的コミュニケーション」の特色は何だろうか。
人間が比喩によって言語記号の意味解釈を動的に広げていく傾向をもつのに対し、人工知能は逆に意味解釈の幅をせばめ固定しようとする。そして、論理的な指令（たとえば正確な機械翻訳の出力）に結びつけようとする。人工知能の自然言語処理においても「意味処理」はおこなわれているが、それらはことごとく、多義的な意味内容を一つに絞りこむための工夫なのである。
わかりやすく整理すれば、人間のコミュニケーションは詩的で柔軟な「共感作用」、人工知能の疑似コミュニケーションは指令的で定型的な「伝達作用」に特長があるということになる。むろん、現実の社会的コミュニケーションでは両者が共存し、いりまじっているが、この特色の相違はとても大切である。もし、機械翻訳をふくめ人工知能技術を効率的に利用したいなら、なるべく定型的で機械的な情報伝達の場面に限定するほうが安全だ。

（西垣通『ビッグデータと人工知能』による）

問一　傍線部①「閉じた心をもつ存在同士が、互いに言葉をかわすことで共通了解をもとめていく出来事」と同じ意味をもつ語句を本文の内容を踏まえて本文中から二十五文字で抜き出し、その始めの四文字を答えよ。

問二　傍線部②「腹の探り合い」の「腹」と同じ意味で使われている語句を次のア〜オの中から一つ選び、記号で答えよ。

ア　腹を立てる　　イ　腹が下る　　ウ　腹をかかえる　　エ　腹が出る　　オ　腹を割る

問三　傍線部③「抽象」の対義語を二文字で答えよ。

〔四〕 次の文章を読んで設問に答えよ。

いったい、〝コミュニケーション〟とは何だろうか？

「ロボットと会話する」というが、コミュニケーションが本当に生起しているのかどうか、まずそこから始めなくてはならない。なぜなら、言葉をはじめ、社会でつかわれる記号の「意味」の解釈は、コミュニケーションと不可分だからである。意味解釈が大きく食いちがえば、会話のキャッチボールはできず、コミュニケーションは成立しない。

とりあえずコミュニケーションを、①「閉じた心をもつ存在同士が、互いに言葉をかわすことで共通了解をもとめていく出来事」と定義してみよう。何だかムズカシそうな定義だが、実はそうでもない。

たとえば二人の商人AとBが契約の話をしているとする。「どうです、おたくにとっても、いい話じゃありませんかね」「いやまったく、そちらさんからのお話では、むげにお断りするわけにも行きませんなあ……ただまあ、もう少し景気がよくなるといいんですが。ええと、ちょっとトイレどこですかな」と言葉を濁してBが席を立ったとしよう。はたしてAは、契約の成立をどのくらい見こめるだろうか。

こういった②腹の探り合い、共通了解のための意味解釈の相互交換は、コミュニケーションの典型例である。たえまなく揺れる意味解釈を通じて、推定作業が動的に続けられる。人間の社会的なコミュニケーションの多くはそういうものなのだ。

A、言葉（記号表現）のあらわす意味（記号内容）は、言葉にぴったり付着した固定的なものではない。B人間社会における多様な言語的なコミュニケーションの繰り返しを通じて、動的に形成されていくものだ。

C大切なことがある。人間の言葉は③抽象化をおこなう。一つの言葉があらわす意味の幅は、コミュニケーションによって拡大され、多義的・多次元的にふくらんでいくのである。たとえば座るためのさまざまな形態の家具は、みな「椅子」と呼ばれる。これは、コンピュータにさまざまな画像を見せて、その共通特徴を抽出する深層学習とは逆の作用である。そればかりか、「彼がねらっているのは社長の椅子だ」というように、比喩的に椅子が「地位」を意味することもある。比喩的にイメージを重ね、ふくらませていく詩的作用が、人間の言語コミュニケーションの最大の特色に他ならない。

さて、コミュニケーションを人間の心のような自律的閉鎖系のあいだでおきる出来事と定義すると、機械と人間、または機械同士のあいだのコミュニ

問一　空欄  A ・  B に当てはまる最も適切な語句を次のア～オの中から一つずつ選び、記号で答えよ。ただし、同じ記号は二度使わない。

ア　ところで　　イ　いまだに　　ウ　だから　　エ　それとも　　オ　だが

問二　傍線部①「それ」が指す内容を示す箇所を本文中から十二文字で抜き出し、答えよ。

問三　傍線部a「飢餓」、傍線部b「怠惰」の対義語を次のア～カの中から一つずつ選び、記号で答えよ。ただし、同じ記号は二度使わない。

ア　精励　　イ　豊作　　ウ　精勤　　エ　飽食　　オ　勤勉　　カ　豊富

問四　傍線部②「これらの能力」に当てはまらないものを次のア～エの中から一つ選び、記号で答えよ。

ア　危機感知能力　　イ　同胞との共感力　　ウ　金を稼ぐ能力　　エ　環境適応性

問五　傍線部③「出来事」を指す内容を本文中から二十文字で抜き出し、その始めの五文字を答えよ。

「生き延びる力」と「金を稼ぐ力」は私たちの社会ではイコールに置かれているからである。

（中略）これは人類史の中ではごくごく例外的なことである。人類史の九九％において、「生き延びる力」とは文字通り「生き延びる力」のことであった。細菌や[a]飢餓や肉食獣や敵対部族の襲撃や同胞からの嫉妬をどうやって「生き延びるか」ということが最優先の人間的課題であり、そのために必要な資質を子どもたちは最優先で開発させられたのである。

環境適応性が高いのでどこでも寝られ、なんでも食べられる、危機感知能力が高いので危ない目に遭わない、同胞との共感力が高いので誰とでも友だちになれる……そういう能力が「生き延びる」ためにはいちばん有用である。

けれども、②これらの能力は「金を稼ぐ」という抽象的な作業には直結しない。

だから、現代日本のような極度に安全な社会においては、「生物が生き残るために最優先に開発すべき資質」の開発は顧みられることなく、ごく例外的な歴史的条件下でのみ有意である「金を稼ぐ能力」の開発に教育資源のほとんどが投じられることになったのである。

私はこのような歪(ゆが)みは日本社会が人類史上例外的に安全な社会になったことの「コスト」として甘受せねばならないと考えている。

つねに死の危険に脅かされているために「生物学的に強い子ども」にならなければならない社会と、とりあえず生き死にの心配がないので「生物学的に弱い子ども」でいても平気な社会のどちらが子どもにとって幸福かという問いに答えるのに逡巡(しゅんじゅん)する親はいないであろう。

でも、毎日の新聞を読んでいると、ローンが払えないせいで一家心中したり、進路のことで意見が違ったので親を殺したり、生活態度が[b]怠惰なので子どもを殺したり、いじめを苦にして自殺する事件が起きている。

ローンとか生活態度とか進路とかいじめとかいうのは、すべて社会関係の中で起きている「記号」レベルの出来事であり、生物学的・生理学的な人間の存在にはほとんど触れることがない。

でも、そのような記号レベルの③出来事で現に毎日のように人間が死ぬ。

社会が安全になったせいで、命の重さについて真剣に考慮する必要がなくなった社会では、逆に命が貨幣と同じように記号的に使われる。

社会はあまりに安全になりすぎると却(かえ)って危険になる。

（内田樹『こんな日本でよかったね　構造主義的日本論』による）

※上がり框…玄関の上がり口にある床の縁に水平に取り付けてある横木のこと

〔三〕　次の文章を読んで設問に答えよ。

近世日本が世界でも例外的に「子どもをかわいがる社会」であったことは、幕末に日本に来た西欧の人々が仰天した記録がたくさん残っていることから知られている。これほど子どもが幸福そうに暮らしている社会を他に知らないとさえ書かれている。

寺子屋についても記録はたくさん残っているが、絵を見ると、今の学校であれば「学級崩壊」的な状況である。子どもたちはてんでに好きなことをしている（これは寺子屋の授業が全級一斉ではなく、子どもひとりひとりに与えられた課題が違うせいである）。手習いなんかしないでそこらへんを走り回ったり、まわりの子どもの邪魔をしたり、障子を蹴破ったり、※上がり框（かまち）から転げ落ちたりしている子どももいる。もちろんおおかたの子どもたちはまじめに勉強しているんだけど。

総じて江戸時代までの日本人は子どもに甘かったようである。

理由の一つは幼児死亡率が高かったことにある。江戸時代の平均余命は男子が二〇歳、女子が二八歳である。これほど低いのは、生まれた子どもの七割が乳児幼児のうちに死んだからである。

[A]、元気で遊んでいる子どもというのは、「よくぞここまで育ってくれた」という感懐と同時に「この子は明日も生きているだろうか？」という不安とを同時に親にもたらす存在であったのである。

そういうときには、あまり子どもをびしびし鍛えるとか、そういう気分にはならぬものである。

もちろん西欧だって幼児死亡率は日本と似たようなものであるから、①<u>それだけ</u>では日本人が例外的に子どもを甘やかしたことの理由にはならない。

[B]、少なくとも現代日本の親たちの口から、わが子について「生きてくれさえすればそれでいい」というところまでラディカルな愛情表現のことばを聴くことはまれである。

それだけ子どもをとりまく衛生環境が向上したからである。

子どもが「生物学的に生き残ることが当たり前」になると、今度は「どのような付加価値をつけて、子どもを社会的に生き残らせるか」ということが親にとって切実な問題になる。

今の日本では、「子どもをどうやって社会的に生き残らせるか」という問いは「子どもにどうやって金を稼がせるか」という問いに書き換えられる。

ア 「成功イメージ」　イ 「リラクゼーション」　ウ 「失敗イメージ」

問四 傍線部②「弊害」の意味として最も適切なものを次のア～オの中から一つ選び、記号で答えよ。

ア 体の疲れがいつまでもとれず、ぐったりとなること
イ 礼儀を無視して遠慮がないので、他の人に害になること
ウ 何かをするときに、悪い影響を与えるものごと
エ 「弊社」のように、自分に関する害をけんそんした言い方
オ 他人には害でも、自分にとっては利益や長所となること

問五 筆者の主張として正しい内容を示しているものを次のア～オの中からすべて選び、記号で答えよ。

ア 防衛的悲観主義者のほうが楽観主義者よりも想定する力があるので、生きる力が強い。
イ ポジティブ思考は必ずしも結果を出せるとは限らないので、「万能」といってはいけない。
ウ 悲観主義者への理解が深まったとはいえ、やはりポジティブ思考のほうが望ましい。
エ 楽観主義者も防衛的悲観主義者もいるので、やる気を高める原動力は人によって違う。
オ 悲観的な思考をすることはやる気を高められるので、実はおすすめである。

また、これとは反対に、楽観主義の人に、これから起こる出来事を悪いほうに想像してもらい、洗いざらいのディテールを思い描かせると、途端にパフォーマンスが下がります。

（外山美樹『勉強する気はなぜ起こらないのか』による）

問一　次のA～Dの考え方を左の枠の中にあるア～ウのどれかに分類し、記号で答えよ。同じ記号を何度使ってもよい。

A　この前のテストが不合格だったのは残念だったけれど、この調子でがんばれば今度は合格するだろう。
B　この前のテストが不合格だったのはなぜだかわからないので、この次のテストも合格するかどうか不明だ。
C　この前のテストは不合格だったけれど、英語が得意な仲間に教えてもらえれば今度はうまくいくだろう。
D　この前のテストは不合格だったので今度もいろいろミスしそうで心配だが、その対策も練ってみよう。

ア　楽観主義　イ　防衛的悲観主義　ウ　それ以外

問二　傍線部①「それぞれ」が指している最も適切な語句の組み合わせを次のア～エの中から一つ選び、記号で答えよ。

ア　「防衛的悲観主義者」と「楽観主義者」
イ　「イメージ・トレーニング」と「パフォーマンス」
ウ　「成功イメージ」と「リラクゼーション」と「失敗イメージ」
エ　「ダーツのイメージ」と「ダーツの成績」と「比較」

問三　空欄［X］・［Y］に当てはまる最も適切な語句を、次のア～ウの中から一つずつ選び、記号で答えよ。同じ記号を何度使ってもよい。

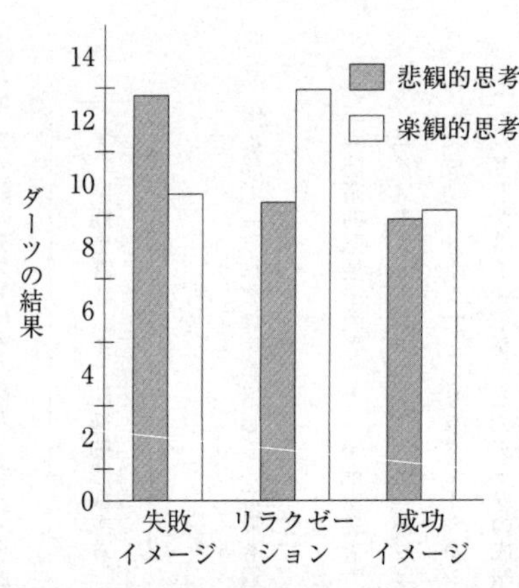

図5－1　防衛的悲観主義者と楽観主義者の各条件によるダーツの成績
出典：Spencer, S.M., & Norem, J.K. (1996). Reflection and distrac : Defensive pessimism, strateg optimism and performance Personality and Social Psych Bulletin, 22, 354-365.

正確な動きが出せ、より良いパフォーマンスにつながるように、完璧なパフォーマンスを鮮明に想像してもらいます。

最後に「リラクゼーション」では、パフォーマンスについては考えないようにして、筋肉をすみずみまで弛緩（しかん）させ、くつろいでもらいました。この実験では、そのために太陽の輝く南国のビーチで、温かい砂に身を沈めている場面を思い描かせるような「リラクゼーション・イメージの音楽」を流しました。このテクニックもスポーツ選手のパフォーマンスを向上させるためによく使われるものです。そこでは、癒しの音楽を聴いたり、リラックスしている自分の姿を思い描いたりします。

その後、参加者にはダーツをやってもらい、その成績を比較しました。もちろん、成功、失敗のイメージについては、ダーツをイメージしてもらっています。

それでは、その結果はどうだったのでしょうか。

図5－1を見てください。

ダーツの成績自体は防衛的悲観主義者も、楽観主義者も変わりありませんでした。そのため、ここに表れている差は、①それぞれの条件の違いということになります。

グレーの棒グラフで示されている防衛的悲観主義者をみると、［　X　］条件において、ダーツの成績が最も良かったことがわかります。

一方で、楽観主義者（白の棒グラフ）は、［　Y　］条件において、ダーツの成績が最も良かったのです。

防衛的悲観主義者が、悲観的思考をせずにダーツ投げを遂行すると（成功をイメージしたり、何も考えないでダーツ投げに臨むと）、途端にパフォーマンスが落ちることがわかりました。（中略）

研究結果からいえることは、防衛的悲観主義者は楽観的になるとできが悪くなり、悲観的なままでいるほうができが良いということです。ポジティブだからといって、みんなうまくいくわけではないのです。

「クヨクヨするな。ポジティブに考えよう。きっとうまくいくから！」と楽観的に考えさせることが、防衛的悲観主義者にとっては、逆に②弊害になるのですね。

す。また、こうした考え方を防衛的悲観主義と呼びます。

このような防衛的悲観主義は、とりわけ、不安傾向が強い人に有効な心理的作戦となりうるのです。

防衛的悲観主義が「物事を悪いほうに考える」ことで成功する理由には、二つのポイントがあります。

まず一つ目は、悲観的に考えることで、不安をコントロールできる点です。（中略）二つ目のポイントは、予想できる最悪の事態を見越して、それを避ける最大の努力を行うというプロセスにあります。

心理学の実験を紹介しましょう。

まず、アンケート調査によって参加者を防衛的悲観主義者と楽観主義者に分類します。

その後、参加者を「失敗イメージ」、「成功イメージ」そして「リラクゼーション」の三つの条件のどれかにランダムに割り当て、それぞれ異なるイメージ・トレーニングを行ってもらいました。

「失敗イメージ」では、パフォーマンスのすべての場面を想定させ、さらにどんなミスをしそうか、もしそのミスをしたら、どうやってそれをリカバーするのかまで思い描いてもらいました。

これは、防衛的悲観主義の考え方に近いものです。

「成功イメージ」では、スポーツ選手が本番前に頭の中で完璧な動きをイメージ・トレーニングすると、それに対応する運動機能が強化されて、自然に

オ　バッタの群れが農作物を襲う時、幼虫は地面から成虫は空から襲ってくる。

問六　虫に関する次のことわざと似た意味のことわざの組み合わせで正しいものを次のア〜エの中からすべて選び、記号で答えよ。

ア　泣き面にはち＝弱り目にたたりめ
イ　あぶはちとらず＝二兎を追う者は一兎をも得ず
ウ　一寸の虫にも五分の魂＝情けは人のためならず
エ　飛んで火に入る夏の虫＝袖ふり合うも多生の縁

〔二〕

次の文章を読んで設問に答えよ。

一般的には、楽観主義と悲観主義では、楽観主義のほうが望ましいと思われていることはみなさんも想像できるでしょう。（中略）

楽観主義者は、将来に良いことが起こるだろうと予想します。当然、自分の行動の結果についても良いものになるだろうと考えます。（中略）

楽観主義者は、自分がその目標に到達する可能性が高いと信じきっているので、他人の助けを借りることを含めて、障害を乗り越える方法をいくつも試し、次々に困難を乗り越えることが多いのです。

「ポジティブに考えるとその通りの結果になる」というポジティブ思考に関する定説は以上のことから導き出されたものなのです。（中略）

ところが、近年、悲観主義者のなかにも、「物事を悪いほうに考える」ことで成功している人がある程度いることがわかってきました。そういった傾向にある人は、前にある行動でうまくいったとしても、「前にうまくいったから、今度もうまくいく」とは考えないで、これから迎える状況に対して、最悪の事態を想定します。（中略）

最悪の事態をあらゆる角度から悲観的に想像しては、失敗を想定するのです。そういった考え方をする人を心理学では、防衛的悲観主義者といいま

e「エン」 ア 援 イ 延 ウ 沿 エ 円 オ 演

問二 傍線部①「ゆうに」の品詞と意味の組み合わせで最も適切なものを次のア～カの中から一つ選び、記号で答えよ。

ア 形容詞―互いに影響し合って
イ 形容詞―十分に
ウ 形容詞―苦しそうに
エ 副詞―互いに影響し合って
オ 副詞―十分に
カ 副詞―苦しそうに

問三 傍線部②「明日以降の糧」が指すものを本文中から漢字三文字で抜き出し、答えよ。

問四 傍線部③「サバクトビバッタでもウバロフ卿の手により長年の謎に終止符が打たれた」とあるが、解明された謎とは何か。「黒いサバクトビバッタ」「群生相」「高い機動力」という三つの語句を用い、三十五文字以上五十文字以内で答えよ。

問五 本文の内容に当てはまらないものを次のア～オの中からすべて選び、記号で答えよ。

ア サバクトビバッタはトノサマバッタに似ており、砂漠や半砂漠地帯に生息している。
イ サバクトビバッタの成虫は自分の体重同様二〇〇グラムの草を消費する。
ウ サバクトビバッタと人類の付き合いは長く、『旧約聖書』にも記載がある。
エ 日本でもトノサマバッタが大発生したという記録が少数ではあるが存在する。

のプロトニコフ所長の実験によると、複数のトノサマバッタの幼虫を一つの容器に押し込めて飼育すると、あの黒い悪魔、*Locusta migratoria*に豹変するというのだ（中略）。ウバロフ卿は、その変身は「混み合い」、すなわちバッタ同士が互いに一緒にいることが引き金になっていることを突き止めた。平穏なときには黒い悪魔は羊の皮をかぶるかのごとく、人々の目をくらましていたのだ。姿形のみならず、動きまでもがまるで違う二種のバッタを誰が同種だと想像できただろうか。ウバロフ卿はこの現象を物理学の相（Phase）になぞらえて相変異と名付け、相説（Phase theory）を提唱した。低密度下で育った個体は孤独相（Solitarious phase）、高密度化で育った個体は群生相（Gregarious phase）と名付けられた。両極端の中間のものは転移相（Transient phase）と呼ばれた。

孤独相の幼虫は生育環境の背景に溶け込んだ緑や茶色などの体色をしており、単独性でおとなしい。一方の群生相の幼虫は黒にオレンジや黄色が混じった目立つ体色になる。そしてお互いに惹かれ合い、群れを成す。幼虫は群れで同じ方向に行進し、成虫は群飛し、高い機動力を誇るようになる。相が違うともはや別の生物だった。相説の発表を皮切りに、別種のバッタでも続々と悪魔の正体が見破られていき、一九二三年には③サバクトビバッタでもウバロフ卿の手により長年の謎に終止符が打たれた（中略）。

ウバロフ卿の発見は、人類を奮い立たせた。大発生時にはすべての個体が群生相になって害虫化する。そのため、どうやって群生相化するのか、その謎を解き明かすことができれば、天災と恐れられたバッタの大発生を阻止できる対抗策が開発できるかもしれないと考えられた。かくして一九四五年、ロンドンに対バッタ研究所（Anti-Locust Research Centre）が設立された（中略）。

（前野ウルド浩太郎『孤独なバッタが群れるとき 『バッタを倒しにアフリカへ』エピソード1』による）

問一 傍線部a～eのカタカナを漢字に、漢字をひらがなに直した時、適切なものを次のア～オの中から一つずつ選び、記号で答えよ。

a「セン」 ア 鮮 イ 選 ウ 線 エ 船 オ 専
b「カイ」 ア 改 イ 怪 ウ 解 エ 快 オ 壊
c「ジン」 ア 仁 イ 陣 ウ 甚 エ 人 オ 腎
d「被」 ア ふる イ し ウ つく エ あじわ オ こうむ

限りだ。私は映像でしか見たことがないので、とにかく想像を絶する規模で大発生するそうだ。最近では二〇〇三〜二〇〇五年に大発生した。とくにジン大なバッタ被害を被った西アフリカの諸国に日本は二〇〇三〜二〇〇八年の間に数億円にも及ぶ緊急エン助をしている。多くの研究者が大発生を予知する方法がないか検討し、ある者は太陽の黒点との関連性を指摘したが明確な関連性はなく、大発生に周期性はないと考えられている。最新の研究では、大雨が降り、エサとなる食草が増えるとそれが引き金となって大発生すると考えられている。

サバクトビバッタの群れは『旧約聖書』にも記載されており、人類とは長い付き合いがある。これから、いくつかの文献を頼りに、バッタと人類との闘いの歴史について語ります。

バッタは世界各地で猛威を振るってきた（中略）。日本でもトノサマバッタが大発生したとの記録が多数ある。人類はバッタの襲来に脅え、不安な生活を余儀なくされていた。バッタに対して成すすべがなかった。

誰が指揮をとっているのだろうか。莫大な数からなるバッタの群れは見事に統制がとられ、幼虫の大群は地面から、成虫は空から次々と農作物に襲いかかってきた（中略）。幼虫たちはふだん目にするような緑色ではなく黒いバッタだった。人々は悲鳴にも似た奇声をあげ、棒を振り回してバッタを追い払おうにも押し寄せるバッタの波を防ぎきることはできず、瞬く間に失われていく②明日以降の糧を呆然と眺めるしかなかった。植物を食い尽くすと、バッタたちはまた新しいエサ場を求め進撃を繰り返していく。彼らが過ぎ去った後には緑という緑は残らない。残るのは人々の深い悲しみだけだった。バッタは人々の平和な生活を一瞬で奈落の底へと突き落とした。ただし、地獄は永遠に続くわけではなかった。バッタの大発生は常に起こるわけではなく、不定期に起こるため平和な時間もあった。人々は平穏な日々が長く続くことを祈り、気まぐれな悪夢の到来を心から恐れた。いつの頃からか人類はこの生き物をバッタ（Locust）と呼び始めた。その語源はラテン語の「焼野原」からきている。漢字では「飛蝗」と記され、虫の皇帝とされていた。また、古代ヘブライ人はサバクトビバッタの独特な翅の紋様は、ヘブライ語で「神の罰」と刻まれていると言い伝えた。

世界各地で起こる神の罰「バッタの大発生」には共通の謎があった。それは、大発生のときに襲い掛かってくる黒いバッタは、このときにしか見られないのだ。平和なときには忽然と姿を消しており、草根をかき分けてもいっこうに見つからない。奇襲をかけようにも敵のアジトを誰も見つけることができなかった。いったい、あの巨大な大群はどこに潜んでいるというのだろうか。姿の見えない黒い悪魔はさらに人々の恐怖心を煽った。

黒い悪魔に屈していた人類の前に、救世主が現れた。突破口を切り開いたのは、ロシアの昆虫学者ウバロフ卿だった。ウバロフ卿は、一九二一年、普段目にする緑色のトノサマバッタ*Locusta danica*こそが悪魔の正体だという驚くべき説を発表した（Uvarov, 1921）。共同研究者の中央アジア昆虫研究所

▲一月二十四日実施分▼

（二科目一二〇分）

問題〔一〕～〔四〕のうち、〔一〕は必ず解答せよ。また、〔二〕～〔四〕のうち二つを自由に選んで解答せよ。なお、問題の中で字数が指定されている場合は、特に指示のない限り、句読点等を字数に含めること。

〔一〕　次の文章を読んで設問に答えよ。

サバクトビバッタ、学名を*Schistocerca gregaria*といい、その名のとおり、サハラ砂漠などの砂漠や半砂漠地帯に生息しているバッタで、西アフリカから中東、東南アジアにかけて広く分布している（中略）。見た目は馴染みのあるトノサマバッタに似ている。成虫は約二グラムほどで自分の体重と同じ量に近い新(a)センな草を食べるので、一トンのバッタは一日に二五〇〇人分の食糧と同じ量だけ消費する計算になる。しばしば大発生して、大移動しながら次々と農作物に(b)カイ滅的な被害を及ぼす害虫として世界的に知られている。飛翔（しょう）能力の高い昆虫に分類され、一日に五～一三〇キロメートルほど移動する。一九八八年一〇月にはアフリカで発生したサバクトビバッタの群れが大西洋を越えカリブ海の島々に辿（たど）り着いたという報告がある。さらに南アメリカの海岸でサバクトビバッタの群れが発見された。サバクトビバッタはアメリカ大陸には生息しておらず、アフリカ大陸からアメリカ大陸までの間には陸地がないため、約四〇〇〇キロメートル以上も飛んだ計算になる。力尽きたバッタが水面に浮かび、後続のバッタがその上で休息した可能性もあるが、いずれにせよ桁外れの距離を移動できる。その驚異的な移動能力をもって、国々を渡り歩くため、「ワタリバッタ」、「トビバッタ」と日本語で訳されている。通常時は三〇ヵ国ほどに分布しているが、大発生時にはサバクトビバッタによる被害は六〇ヵ国にわたり、それは地球上の陸地面積のじつに二〇パーセントにも及ぶ。群れの大きさは、大小あるが巨大な一つの群れは五〇〇キロメートル途切れることなく空を覆うことがあるそうだ。桁は決して間違っていない。(①)ゆうに東京全域を覆い尽くす大きさだ。バッタの群れに巻き込まれると三メートル先が見えなくなってしまうらしい。羨ましい

問五　傍線部③「明確」を和語で言いかえた場合に最も適切な表現であるものを次のア～オの中から一つ選び、記号で答えよ。

ア　ぼんやりしている　イ　ひっそりしている　ウ　はっきりしている　エ　すっきりしている　オ　しょんぼりしている

問六　傍線部④「同時性に依拠したなんらかの時系列情報が含まれている可能性がある」とする根拠として最も適切なものを次のア～オの中から一つ選び、記号で答えよ。

ア　音声による情報伝達のコミュニケーションを文字に起こすことで、新しい情報に出会うことができるため。
イ　他者とのコミュニケーションは、時系列的に断絶した情報でも、不足した分を音声で補い合えるため。
ウ　対話に時差があること及びコミュニケーションの相手次第で、情報を交換する中で間違いが生じていくため。
エ　リアルタイムでの情報伝達にはどうしても欠けてしまうものがあり、後で意味を加える必要があるため。
オ　音声による対話では意味が通じ合っているにもかかわらず、文字に起こすと意味不明な言葉がみられるため。

イ　A　悪い　B　踏む　C　多い
ウ　A　いい　B　読む　C　少ない
エ　A　抜けた　B　取る　C　少ない
オ　A　悪い　B　考える　C　激しい

問二　傍線部①「そのようなこと」の内容として最も適切なものを次のア～オの中から一つ選び、記号で答えよ。

ア　モニターから流れるお母さんの一方的な話しかけでも、赤ちゃんが反応すること。
イ　お母さんがモニターから語りかけることで、赤ちゃんはお母さんの映像を注視すること。
ウ　コミュニケーションが成立するためには、音声と映像が必要不可欠であること。
エ　赤ちゃんとお母さんのコミュニケーションは、時差があるときには成立しにくいこと。
オ　お母さんと赤ちゃんがコミュニケーションをしている過去の映像を見せること。

問三　空欄［X］に入る文意に合致する熟語を本文中から漢字二文字で抜き出し、答えよ。

問四　傍線部②「それは当たり前の機能と言っていい」とする理由として最も適切なものを次のア～オの中から一つ選び、記号で答えよ。

ア　自然環境の中では、時差のある会話が行われることがないため。
イ　認知的に高度な処理を行う状況は自然環境の中で起きるため。
ウ　赤ちゃんとお母さんの会話では、時間の流れが一緒でないため。
エ　時系列的に断絶した情報を意識的につなぎ合わせているため。
オ　お母さんへの注視時間が少ないと自然な会話が生まれないため。

に努力が必要です。ましてや赤ちゃんの場合、それがいったん途切れてしまうと、注意を維持し続けることは難しいでしょう。

さらに、赤ちゃんの実験では、赤ちゃんが見るお母さんの映像を、過去に記録していたビデオに切り替えると、やはり注視時間が短くなります。この場合は、お母さんの映像は、時差があるだけではなく、赤ちゃんの反応にまったく呼応していません。つまり、赤ちゃんがモニターを見るのは、モニターを通じて赤ちゃんとお母さんと間に、「あー」と言えば「うー」のような即時的かつ双方向的なコミュニケーションが成立しているからなのだと考えられます。

この実験は、赤ちゃんとお母さんの間でコミュニケーションを成立させるためには、赤ちゃんとお母さんの時間の流れが同期していないといけないということを示しています。赤ちゃんは大人と違い、いったん途切れた時間の流れを意識的につなげることができないのかもしれません。

すなわち、他者とのコミュニケーションは、同期したリアルタイムの時間で行うということが、脳の中での前提条件となっているようです。もともと、自然環境で、時差のある会話が行われることはほとんどないわけですから、②それは当たり前の機能と言っていいでしょう。

おそらく、時差のある会話への対応力は、生後獲得されるもので、認知的に高度な処理を必要とすると考えられます。この認知的な処理とは、時差を生じさせる間の悪さを間の悪さととらえず、時系列的に断絶した情報を、自分自身の時系列に再度並べ直して理解するという作業になるでしょう。そのコミュニケーションは、実時間で行われるモノと異なる種類のコミュニケーションになるのではないかと思います。

たとえば、二人が対話している様子を録音して、それを音声で聞くと、両者の間で交換される情報の内容は③明確で間違えようがない気がします。しかし、その対話を文字に起こすと、意味が変わってきます。音声では完璧に意味が通っていたはずの会話が、まったく意味が通らなくなることも多いのです。僕も自分の講演を文字に起こしてもらったものを読んで、その意味不明さに愕然（がくぜん）としたことが何度もあります。しかし、その意味不明な言葉も、その場では伝えたいことがきちんと伝わっていたはずなのです。つまり、リアルタイムでの情報伝達には、文字化したときに抜け落ちてしまうような、④同時性に依拠したなんらかの時系列情報が含まれている可能性があるようです。

（藤井直敬『ソーシャルブレインズ入門―〈社会脳〉って何だろう』による）

問一　空欄 A ～ C に当てはまる語句の組み合わせが最も適切なものを次のア～オの中から一つ選び、記号で答えよ。

ア　A いい　B あける　C 多い

〔四〕　次の文章を読んで設問に答えよ。

みなさんは、友だちと会話をしているときに、会話のタイミングがどれほど重要かということは実感として感じているはずです。会話の「間」をいかに適切にとるかというのは、会話を進めるうえで非常に大事ですし、間を外さないためには、けっこうな努力が必要とされます。間のいい人は、会話をどんどん進めてくれるので、そういう人と話をするのは非常に快適です。逆に間が悪いと言われるのは、何となく気恥ずかしいものですし、間の悪い人は実際に会話の流れから脱落してしまうので、生活のうえで損でもあります。間のいい人と話して気持ちよいのは、おそらく、間の［A］人が、こちらが間を［B］手間を省いてくれるリズムを与えてくれるので、会話における脳の負荷が［C］ためなのでしょう。

それでは、この「間」というのは、何でしょうか。

コミュニケーションにおいて「間」が重要な役割を果たしていることを、赤ちゃんとお母さんのコミュニケーションを通して明らかにした研究があります。東京大学の開(ひらき)一夫氏のグループで行われた実験です。

この実験では、赤ちゃんとお母さんをビデオカメラとテレビモニターを介してつなぎます。赤ちゃんは、テレビに映ったお母さんの顔を見ることができ、お母さんもテレビモニターに映った赤ちゃんを見ることができます。お母さんが話しかければ、赤ちゃんはそれを聞くことができますし、赤ちゃんのつぶやきをお母さんが聞くこともできます。

この実験で面白いのは、赤ちゃんが見るお母さんの映像と音声に時差を与える点です。赤ちゃんは、時差がゼロのときは、お母さんが映っているモニターを注視します。そして、そのお母さんに対していろいろな語りかけをしているように見えます。しかし、このお母さん映像に時差を与えて、数百ミリ秒（一ミリ秒は一〇〇〇分の一秒）から数秒遅らせた過去の映像を見せると、赤ちゃんに対するお母さんの反応が遅れることになります。この時差を両者の間に入れると、赤ちゃんがモニターに注意を払う時間が短くなります。つまり、時差がある場合には、赤ちゃんとお母さんの間に双方向性のコミュニケーションが成立しにくいということになります。

なぜ①そのようなことが起きるのでしょうか。

それはおそらく、両者の間に発生しているコミュニケーションの流れが、人為的な時差によって［X］するからです。大人のわたしたちも、国際電話やスカイプなどの時差が発生するデバイスを使った会話では、コミュニケーションがスムーズに進みませんし、最初のうちはその流れを維持するの

問三　傍線部①「紛失」と同じ意味で用いている語句を本文中から漢字二文字で抜き出し、答えよ。

問四　傍線部②「知的」という語句の意味を本文の趣旨を踏まえて説明した部分を本文中から十文字で抜き出し、答えよ。

問五　傍線部③「忘れるのは案外、難しい」理由として本文の内容に合致しないものを次のア～オの中から一つ選び、記号で答えよ。

ア　こどものときから忘れると叱られるという恐怖心が続いているから。
イ　覚えていないと減点する教育で忘れるのをこわがるようになるから。
ウ　記憶力の優秀さが頭の優秀さとほぼ同じ意味だと理解しているから。
エ　人間の頭を知識の倉庫だと考えると保管することが大事になるから。
オ　工場としての人間の頭では知識を処分せずに並べる作業を行うから。

人間の頭はこれからも、一部は倉庫の役をはたし続けなくてはならないだろうが、それだけではいけない。新しいことを考え出す工場でなくてはならない。倉庫なら、入れたものを①紛失しないようにしておけばいいが、ものを作り出すには、そういう保存保管の能力だけではしかたがない。だいいち、工場にやたらなものが入っていては作業能率が悪い。よけいなものは処分して広々としたスペースをとる必要がある。それかと言って、すべてのものをすててしまっては仕事にならない。整理が大事になる。

倉庫にだって整理は欠かせないが、それはあるものを順序よく並べる整理である。それに対して、工場内の整理は、作業のじゃまになるものをとり除く整理である。

この工場の整理に当ることをするのが、忘却である。人間の頭を倉庫として見れば、危険視される忘却だが、工場として能率をよくしようと思えば、どんどん忘れてやらなくてはいけない。

［Z］

そのことが、いまの人間にはよくわかっていない。それで工場の中を倉庫のようにして喜んでいる人があらわれる。工場としても、倉庫としてもうまく機能しない頭を育ててしまいかねない。コンピューターには、こういう忘却ができないのである。コンピューターには倉庫に専念させ、人間の頭は、②知的工場に重点をおくようにするのが、これからの方向でなくてはならない。

それには、忘れることに対する偏見を改めなくてはならない。そして、そのつもりになってみると、③忘れるのは案外、難しい。

（外山滋比古『思考の整理学』による）

問一 空欄［a］に当てはまる最も適切な語句を次のア～オの中から一つ選び、記号で答えよ。

ア 両刃の剣　イ 八方美人　ウ 生き字引　エ 立て板に水　オ 無用の長物

問二 本文中から抜き出した次の段落を挿入するのに最も適切な箇所を空欄［X］～［Z］の中から一つ選び、記号で答えよ。

そこでようやく創造的人間ということが問題になってきた。コンピューターのできないことをしなくては、というのである。

〔三〕　次の文章を読んで設問に答えよ。

こどものときから、忘れてはいけない、忘れてはいけない、と教えられ、忘れたと言っては叱られてきた。そのせいもあって、忘れることに恐怖心をいだき続けている。悪いときめてしまう。

学校が忘れるな、よく覚えろ、と命じるのは、それなりの理由がある。教室は知識を与える。知識をふやすのを目標にする。せっかく与えたものを片端から、捨ててしまっては困る。よく覚えておけ。覚えているかどうか、ときどき試験をして調べる。覚えていなければ減点して警告する。点はいい方がいいにきまっているから、みんな知らず知らずのうちに、忘れるのをこわがるようになる。

教育程度が高くなればなるほど、そして、頭がいいと言われれば、言われるほど、知識をたくさんもっている。つまり、忘れないでいるものが多い。頭の優秀さは、記憶力の優秀さとしばしば同じ意味をもっている。それで、［　a　］というような人間ができる。

ここで、われわれの頭を、どう考えるかが、問題である。

これまでの教育では、人間の頭脳を、倉庫のようなものだと見てきた。知識をどんどん蓄積する。倉庫は大きければ大きいほどよろしい。中にたくさんのものが詰っていればいるほど結構だとなる。

せっかく蓄積しようとしている一方から、どんどんものがなくなって行ったりしてはことだから、忘れるな、が合言葉になる。ときどき在庫検査をして、なくなっていないかどうかをチェックする。それがテストである。

［　X　］

倉庫としての頭にとっては、忘却は敵である。博識は学問のある証拠であった。ところが、こういう人間頭脳にとっておそるべき敵があらわれた。コンピューターである。これが倉庫としてはすばらしい機能をもっている。いったん入れたものは決して失わない。必要なときには、さっと、引き出すことができる。整理も完全である。

コンピューターの出現、普及にともなって、人間の頭を倉庫として使うことに、疑問がわいてきた。コンピューター人間をこしらえていたのでは、本ものののコンピューターにかなうわけがない。

［　Y　］

問二　傍線部①「このとき」とは、どのようなときかを次の空欄に当てはまるように本文中から十三文字で抜き出し、答えよ。

[　　　　　　　　]なとき

問三　傍線部②「決まった砂浜で定期的に産卵」することを可能にするために必要なものは何かを、漢字二文字の熟語で答えよ。

問四　本文の内容に合致するものを次のア～カの中からすべて選び、記号で答えよ。

ア　野性のウミガメの大規模な調査は、多くの研究者によって行われている。

イ　ウミガメは産卵の中であきらめて海に戻ることがある。

ウ　追跡装置をウミガメの甲羅に取り付ける時は、まず、アセトンで磨く。

エ　ウミガメは産卵を始めると、途中でやめることはない。

オ　ウミガメは産卵後、卵を奪う存在から巣を隠すために砂で覆う。

カ　熱帯地方の国々ではかつては、多くの人がウミガメの肉と卵で生計を立てていた。

問五　カメに関することわざで正しいものを次のア～オの中から一つ選び、記号で答えよ。

ア　カメの上にも三年

イ　カメはかすがい

ウ　カメを追う者は山を見ず

エ　カメの甲より年の功

オ　能あるカメは爪を隠す

産卵が終わると、メスガメは後ヒレを使って卵をていねいに砂で覆う。そして力強い前ヒレでボディピットを素早く埋め戻す。このときにあちこちへ飛ぶ砂を浴びないよう、研究者たちは注意しなければいけない。砂が当たると痛いことがあるからだ。この行動の目的は、卵を奪う可能性のある存在から巣を隠すことであり、すっかり砂で覆ったら、メスのウミガメは真っすぐに海へ戻ろうとする。このときに、樹脂がまだ乾いていなかったら、海に戻るのを止める必要がある。

メスのウミガメの意志はとても強いので、力づくで止めるのは決して簡単ではない。それは「小型戦車」を止めようとするようなもので、前進を阻むのは2、3人がかりになる。とはいえ、実際にそうする必要はない。懐中電灯の光を見せるだけで後をついてくるからだ。それは大きくて、歩みの遅いイヌを散歩させているようだとルスチはいう。

過去30年ほどで、この素晴らしい爬虫類が持つ、少なくともサケと同じくらい見事なナビゲーション能力が科学者の手によって明らかにされてきた。しかし1950年代までは、その能力は科学の対象というより、民間伝承で扱われるものだった。

漁師たちの間には、生まれた砂浜に戻ってくるウミガメの話がたくさんあった。しかし、その生活については、②決まった砂浜で定期的に産卵し、その間には広大な範囲を移動していること以外、ほとんど知られていなかった。人々がウミガメに関心を抱いていた主な理由は、食べるととてもおいしいからだ。ロンドンで年1回開かれている、富と権力のある人々の豪華な晩餐会「ロード・メイヤーズ・バンケット」〔ロンドンの金融街「シティ」の名誉職である「市長〔ロード・メイヤー〕」の就任を祝う〕では以前、必ずウミガメのスープが出ていて、これがとても美味だった。このスープが晩餐会メニューから消えて久しいが、ウミガメとその卵は重要な収入源（そしてタンパク質源）であり、ウミガメが産卵することの多い熱帯地方の国々では、多くの人がウミガメの肉と卵で生計を立てている。そのせいで、保護の必要性と人間のニーズの両立という困った問題が生じかねない。

（デイビッド・バリー著　熊谷玲美訳『動物たちのナビゲーションの謎を解く　なぜ迷わずに道を見つけられるのか』インターシフト　による）

※動物ナビゲーション…動物が出発点から目的地まで正確にたどり着くことができる能力。

問一　空欄［A］・［B］に当てはまる最も適切な語句を次のア～オの中から一つずつ選び、記号で答えよ。ただし、同じ記号は二度使わない。

ア　たとえば　　イ　さて　　ウ　まず　　エ　ゆえに　　オ　しかし

〔二〕　次の文章を読んで設問に答えよ。

メスのウミガメが苦しそうに身体を引きずりながら海から上陸して、巣を作るために傾斜のある砂浜を上ってくる光景は、何ともいえないほど感動的だ。そうした努力と献身ぶりは、母性を強く象徴するものだ。こういう言い方は擬人化のしすぎだと思うなら、あらゆる動物が持つ繁殖への衝動の圧倒的な強さをはっきりと象徴するもの、といってもいい。

[A]、※動物ナビゲーションの科学者にとっては、メスのウミガメが魅力的な理由は別にある。それは、同じ砂浜に戻ってくる能力が驚くほど優れていることだ。最近では、そのコースを決めるにあたって、磁気の手がかりに大きく頼っていることが明らかになっているようだ。

ハトの専門家であるパオロ・ルスチは、野生のウミガメについての大規模な調査を実施してきた少数の科学者たちの1人でもある。そうしたウミガメの調査ではふつう、上陸してきたウミガメの甲羅に追跡装置を取り付ける。イタリアのピサで会ったとき、ルスチは私に、そうした調査の苦労を話してくれた。

カメは巨大で、力の強い動物だ。たとえばアオウミガメは、体長が1メートルほどで、体重は200キログラムを超えることもある。たいていは夜に上陸してきて、前ヒレを使って砂浜を上り、植物が生え始めるあたりまでやってくる。

巣を作るのに適当な場所を見つけたら、アオウミガメは[B]、砂を掻(か)き出して「ボディピット」という浅いくぼみを掘る。次に、後ヒレを交互に使って砂を取り除いて、ほぼ円筒形の産卵巣を驚くほど器用に作り上げる（ルスチはそれを「とても見事な建築物」と表現した）。出来栄えが気に入らなければ、あきらめて海に戻ったり、また最初からやり直したりすることも多いので、待っている研究者たちはとてもいらいらさせられるという。

満足できる産卵巣ができると、メスのウミガメは産卵を始める。一度に80個から100個の卵を産み、1個の大きさは卓球のボールほどで、触ると柔らかい。産卵が始まってしまえば、ウミガメは途中でやめることはなく、何かを怖がることもなくなる。産卵は生きる目的なのだ。実際に、ウミガメたちの気をそらすことはほとんど不可能だ。ここまでくると、「ウミガメに何をしても大丈夫」だとルスチはいう。

研究者たちが待っていたのは①このときだ。しかし、産卵にかかる時間はわずか30分ほどなので、手早くやる必要がある。甲羅をきれいにしてからでないと追跡装置を取り付けられないので、紙やすりで磨いてから、アセトンで表面をなめらかにする。そして耐水性のあるエポキシ樹脂で追跡装置を甲羅に接着する。こういうことをしてもウミガメは気にしないらしい。

「体と心の関係」について、ローマの詩人・道元・福沢諭吉は［　Y　］と考えていたのに対して現代は［　Z　］と考えている。

ア　二足歩行によって進化した
イ　10分の運動で集中力が高まる
ウ　運動することはお金よりも大切だ
エ　運動が私たちの脳を成長させている
オ　体が心の土台となっている
カ　運動は生活習慣病を予防する

問六　傍線部②「頭のなかではなにがおこっているのでしょう」とあるが、その答えにあたる内容を三十五文字以上五十文字以内にまとめて答えよ。そのさい、「走る」「活性化」「持久力」「効果」という語句を入れること。

問二　傍線部a～eのカタカナを漢字に、漢字をひらがなに直した時、適切なものを次のア～オの中から一つずつ選び、記号で答えよ。

a「ゼン」　ア 前　イ 善　ウ 然　エ 全　オ 漸

b「備」　ア こだ　イ かか　ウ つた　エ そな　オ よこた

c「育」　ア たた　イ はぐく　ウ いそし　エ きわ　オ つか

d「エ」　ア 穫　イ 獲　ウ 得　エ 肢　オ 恵

e「ジョ」　ア 序　イ 除　ウ 叙　エ 徐　オ 如

問三　傍線部①「それ」が指し示す内容を「～と考えられていたこと」につながる文になるようにし、次の空欄 V ・ W に当てはまる語句をそれぞれ指定された文字数で本文から抜き出して答えよ。

V（十文字） 脳は、 W（十二文字） と考えられていたこと

問四　空欄 X に当てはまる最も適切な一文を次のア～エの中から選び、記号で答えよ。

ア　成績のために「スポーツをするな」ではなく「スポーツも楽しみましょう」とすすめるべきだったのです。

イ　成績のために「勉強しなさい」ではなく「スポーツに専念しましょう」とすすめるべきだったのです。

ウ　成績のために「0時限体育をしなさい」ではなく「心拍数を高めましょう」とすすめるべきだったのです。

エ　成績のために「スポーツをしなさい」ではなく「勉強を優先しましょう」とすすめるべきだったのです。

問五　「体と心の関係」について筆者が文中で最も主張している内容として次の文の空欄 Y ・ Z に当てはまるものを次のア～カの中から一つずつ選び、記号で答えよ。

されています。これらをふまえると、［　X　］

人は猿にくらべ3倍ほど大きな脳をもっています。［　D　］、人がこれほど大きな脳を[c]育むことができたのでしょうか？　人類は、二足歩行によって進化したとする説が有力ですが、人の体のしくみからこの定説をくつがえす説が発表されています。それは、私たち人に備わっているアキレス腱や発汗能力などの体のしくみの多くが、[d]エ物をさがし追いかけ、長く走るために備わったものであるとするものでした。そして、長く走り続ける生活スタイルのなかで人は、多くの情報を記憶し、整理、判断をするための脳を飛躍的に発達させてきたのではないかというものです。

長く走るだけで脳が成長したの？　と思うかもしれませんね。②頭のなかではなにがおこっているのでしょう。歩いたり、走ったりするときに脳のなかでは脚の筋肉を動かすための運動野とよばれる部分が活発になります。そして、[e]ジョ々にそのペースを上げて息が少し弾む程度になったときに興味深いことがおこってきます。走ることで一見関係のない思考や判断、集中力をコントロールしている前頭前野が働きはじめ活性化するのです。しかも、わずか10分の運動で学習の行動や集中力が高まる効果があらわれることもわかっています。それだけではありません。長く走るための体力要素は、持久力ですね。持久力が高いことや持久力を高めるような運動には、脳の神経の成長や脳の安定をうながす効果があることがわかってきています。実際に運動習慣がある人や体力が高い人とそうではない人とをくらべると、運動習慣や体力がある人ほど課題を処理する能力にすぐれ、記憶の形成にかかわる海馬の容量も大きくなっていることがわかっているのです。まさに運動が私たちの脳を成長させているのです。

スポーツと脳の成長に関してその事例や人の進化をふまえ紹介してきました。脳の成長という観点から体育・スポーツに関心をもつことができたでしょうか。体を動かすこと、スポーツを楽しむことは、健ゼンな体につながるだけでなく、健ゼンな脳の土台づくりにつながっています。ぜひ、皆さんにとって楽しいと思えるスポーツをみつけてください。それは生涯にわたって脳を育むたしかな栄養になるはずです。

（佐藤善人編『スポーツと君たち――10代のためのスポーツ教養』より森村和浩「第9章　スポーツと脳の成長」による）

※　獣身…けもののようなたくましい体

問一　空欄［　A　］～［　D　］に当てはまる最も適切な語句を次のア～キの中から一つずつ選び、記号で答えよ。ただし同じ記号は二度使わない。

ア　しかし　　イ　つまり　　ウ　さて　　エ　おそらく　　オ　だから　　カ　もし　　キ　なぜ

たのです。身心の意は、鎌倉時代初期の道元というお坊さんが、坐禅をする際に体を整えた後に心を安定させると教え説いたことに由来していると考えられています。そして、皆さんもよく知っている福沢諭吉も同じように「先ず※獣身をなして後人心を養え」と、さかんに運動を行うことを子どもの教育方針としていました。このように、表現こそさまざまですが、いつの時代においても体が心の土台となっているのではないかと考えられていたようです。

[A]、時代は現代。運動や高い体力を維持することは肥満をはじめとする生活習慣病に対して高い予防効果があることが科学的に明らかにされ、広く知られるところとなっています。さらに近年では、運動・体力がうつや認知症などといった脳のトラブルだけでなく、脳の成長やその働きにも関係していることが明らかになってきました。先人たちが感じとっていた体から心への関係性が科学的にも明らかになりつつあるのです。

前に述べたように、運動を行うと「また運動をしたいなぁ」と思わせるしくみが体には b備わっています。このほかにも、スポーツには数え切れないほどの魅力や価値がありますね。これらをあじわい体感することで、スポーツにのめりこんでいる人も少なくないのではないでしょうか。[C]、スポーツをやることで学校の成績が下がってしまうと心配したことはありませんか？「スポーツをする時間があれば、勉強しなさい」といわれた経験もあるかもしれませんね。ほんとうに体育やスポーツが成績に影響するのでしょうか？

成績にかかわっている脳はどこなのでしょう。いろいろありますが、計画や判断、決断など人らしい行動にかかわる「前頭前野」と情動（急な感情の動き）や記憶の形成にかかわる「海馬」がその中心となります。これまでこれらは、勉強でしかきたえられないと考えられていましたが、①それを一変させるできごとがありました。その事例を紹介しましょう。

肥満者の急増は、わが国だけではなく世界的な社会問題です。特にアメリカは肥満大国とよばれるほど、肥満が問題視されています。そのアメリカの高校で肥満した生徒の多さを不安視した体育教師が学校の授業がはじまる前にスポーツを行う「0時限体育」というものを考案しました。もちろん、肥満解消を目的としているので、心拍数を高めるよう目標をそれぞれ設定して指導をしました。その結果、見事に肥満者はアメリカ全体の肥満率を大きく下まわるまでになり、健康的な体を獲得することができたのです。

と、ここまでは、ある意味では当然の結果だと思われたかもしれません。おどろくべき成果はここからです。0時限体育に取りくんだ生徒たちは成績がぐんぐんと向上し、ＴＩＭＳＳ（国際学力調査）とよばれる世界学力調査でも上位の成績をおさめるまでになってきたのです。つまり、運動が学習や成績に影響をあたえていたのです。このほかにも、学校の運動プログラムや体育の授業を増やすことで学習成績がよくなったことを示す研究も多数報告

国語

▲一月二十三日実施分▼

（二科目一二〇分）

問題〔一〕〜〔四〕のうち、〔一〕は必ず解答せよ。また、〔二〕〜〔四〕のうち二つを自由に選んで解答せよ。
なお、問題の中で字数が指定されている場合は、特に指示のない限り、句読点等を字数に含めること。

〔一〕 次の文章を読んで設問に答えよ。

皆さんのなかには、スポーツで汗を流している人もたくさんいると思います。体育やスポーツが終わった後に疲労感のなかにもなんだかすがすがしく、心地よい気分をあじわった経験があるのではないでしょうか。これは、運動によって分泌される脳内のエンドルフィンとよばれる物質の働きによって心地よさが得られているためです。体が心へ働きかけていることを身近に感じられる瞬間ですね。

［A］、私たちはいつから体と心の関係において、体を大切と考えるようになったのでしょうか。紀元前1世紀、ローマの詩人が残した「健ゼン[a]なる精神は、健ゼンなる身体に宿る」が有名ですね。

では、体と心をあらわす二字熟語を考えてみてください。［B］、「心身」が思いうかんだのではないでしょうか。この「心身」ですが、もし漢字テストで「身心」と書いてしまうと、それは不正解となってしまうかもしれません。［C］、もともとは「身」を前に置く「身心」をつかってい

解答編

英語

◀1月23日実施分▶

1 **解答** (A)(1)—B (2)—D (3)—D (4)—A (5)—D (6)—A (7)—D (8)—D (9)—B (10)—B

(B)(1)—C (2)—B (3)—C (4)—A (5)—B (6)—C (7)—D (8)—C (9)—C (10)—C

(C)並べ替えた英文全体は次のようになる。(　　)部分以外が求められる解答。

(1)(This morning,) a lot of relief supplies were sent to the area(.)

(2)(John) must have changed to the wrong train at (Ueno.)

(3)(I want to know) if we will have enough time to eat lunch (there.)

(4)(Bob) had his bicycle moved because it was illegally (parked.)

(5) No other city in Japan is as densely populated (as Tokyo.)

(D)（誤，正の順に）(1)—(C), have been (2)—(C), is

(3)—(B), to speaking (4)—(A), has been living (5)—(D), of the two

解説 (A)(3) major in ～「～を専攻する」

(5) search「～(場所) を探す」

(6) turn out ～「～だと判明する」

(B)(2) over lunch「昼食をとりながら」

(5)この場合，would は物を主語に取る「どうしても～しなかった」の意。

(7) be busy *doing*「～して忙しい」

(8)「クレオパトラは世界で最も美しい女性だったといわれていた」 be said to have *done* で「～だったと言われている」の意。完了不定詞は述語動詞よりも前の時制を表す。

(C)(1) relief supplies「救援物資」

(2) must have *done*「～したにちがいない」

(4) have *A* *done*「*A* を～される」

(D)(1)「その時以来ずっとダイエットしている」となるには，現在完了でなければならない。

(2) he or she が主語なので，単数扱い。

(3) When it comes to *doing*「～するということになると」

(4)関係副詞 where に導かれる形容詞節内なので，前置詞 in は不要である。

(5)「２者のうちで」は，限定された２つであるから，定冠詞が必要である。

2 解答

(1)―A　(2)―B　(3)―D　(4)―B　(5)―A
(6)―D　(7)―C　(8)―B　(9)―C　(10)―B

解説　≪コロナ禍のなかビデオで相撲の技量を判定するコンテスト≫

(3) be associated with で「～と結びついている」の意。「おもいきり身体がぶつかるスポーツとはふつう結びつかない言葉であるソーシャルディスタンス」となる。

(4) B の conducted を入れると「コンテストが実施されるだろう」となり適切である。

(8) lose sight of ～「～を見失う」

3 解答

〈Section 1〉(1)―A　(2)―C　(3)―D
〈Section 2〉(4)―C　(5)―A

解説　〈Section 1〉≪ホエールウォッチングを楽しもう≫

○手ごろな価格，早期予約および団体・学生・こども割引あり。まれにクジラを観ることができない場合は，もう一度ツアーに参加できる引き換え券を提供。専門家の解説付き。船の乗り場は，街からバスで 10 分。ツアーは約 3 時間，毎日数回運航，4 月 15 日から 10 月 15 日まで。詳細は水族館を出る前に案内所まで。週末は予約必須。

(1)「２年以内ならもう一度ツアーに参加できる引き換え券」がもらえるのであるから，A の「無料のツアー」となる。

(2)ツアーの時間が 3 時間なのであって，3 時間ごとに行われるわけではないので，C が本文には示されていない。

⑶第2段第2文（For further details, …）に「水族館を出る前に，案内所に立ち寄ってください」とあることから，この広告は水族館に掲げられていると思われ，DのAt an aquariumが適切である。

〈Section 2〉≪賃貸案内≫

○グラスゴーの小型オフィスビルで広い部屋が来月より賃貸可能。約140平米で，たっぷりの収納スペースと明るい大きな窓あり。同じ階の他の3戸と共同のキッチン付き休憩室あり。毎月の賃料には，電気，水道，インターネット，警報システム，終業後の監視サービスが含まれる。電話と清掃管理費用が自費となる。

⑷第2文（Approximately 140 square …）に「仕事場を明るくするいくつかの大きな窓」とあるので，Cの「自然光がたっぷり入る」が適切である。

⑸最後から2文目（Tenants are responsible …）から，janitorial services「清掃管理サービス」は，自己負担となり，賃貸料には含まれていないことがわかるので，AのCleaningが適切である。

4　解答

〈Section 1〉⑴―B　⑵―B
〈Section 2〉⑶―BまたはD　⑷―C　⑸―D

解説　〈Section 1〉≪ナイロビ国立公園のライオンが牧畜民に殺された事件≫

⑴第3段（Part of the problem …）に，国立公園の南から来る動物を追って，境界を越えてライオンが人の住む地域に入り，農家の家畜を襲ったため，怒った農民がライオンを殺したと述べられている。したがって，Bの「怒った牧畜農民によってライオンが殺されたこと」が適切である。

⑵第1段冒頭（Yesterday morning, …）に，キテンゲラで6頭のライオンが殺された，と述べられている。また，第4段第1文（The Kenyan government …）にthe killers of the Kitengela Six「Kitengela Sixを殺した者たち」とあることからも，Bの「農夫に殺された数頭のライオン」が適切である。

〈Section 2〉≪日本における在宅勤務の利点≫

⑶第5段第3・4文（Many of these … their young children.）に，子供を産むと仕事を辞めていた女性が，在宅勤務で仕事が続けられることが述

べられており，最終段第2文（People may then …）に，もう一人子供を産む機会が増えて，少子化を防ぐ役に立つ，と述べられているので，Dの「女性が産む子供が増えて，少子化対策に役立つ」が正解と考えられる。また，第4段最終文（Older workers who …）より，歳をとった労働者の通勤が容易となることがわかるので，Bも正解となる。

⑷第3段第1文（In fact, there …）後半に「在宅勤務をますます多くの企業が採用している」とはあるが，在宅勤務をしている人の増減については明確な記述がない。第6段第1文（If telecommuting really …）が仮定法で記されていること，また，第7段第2文（This may mean …）に在宅勤務拡大が未来形で書かれていることからみて，この文章が書かれた2008年時点では，Cの「在宅勤務者数は毎年増えている」とは言い難い状況だったと推測できる。Aの「1週間に1日か2日しか仕事に行かない」は，第3段第2文（Instead of commuting …）に「1週間に1，2回自宅で仕事をする」とあり紛らわしいが，毎日出社するわけではない点を押さえているので相違しているとは言えないだろう。

⑸在宅勤務が，従来の長時間通勤の解決策となること（第1～3段），労働時間の長さで会社への忠誠心を示すのではなく，仕事の質によって評価されるようになること（第6段），この内容から，A，B，Cは，すべて本文に一致しているのでDが適切である。

◀1月24日実施分▶

1 解答

(A)(1)—B　(2)—A　(3)—A　(4)—D　(5)—B　(6)—A　(7)—D　(8)—B　(9)—D　(10)—A

(B)(1)—D　(2)—C　(3)—B　(4)—B　(5)—A　(6)—B　(7)—C　(8)—B　(9)—C　(10)—C

(C)並べ替えた英文全体は次のようになる。(　　) 部分以外が求められる解答。

(1)(I) asked the florist to deliver roses to her next (Sunday.)

(2)(I) will have made two apple pies by the time (the party starts.)

(3)(I) remember riding a monocycle in this park in (my childhood.)

(4)(It is) too bad that I have stained my new jacket with (coffee.)

(5) I found it impossible to solve the problem(.)

(D) (誤，正の順に) (1)—(A), rained　(2)—(B), was　(3)—(B), very hard　(4)—(A), had　(5)—(B), make both ends meet

解説　(A)(1)「開催地は，公共輸送機関で容易に行くことができ，いくつかのホテルが近くにある」 access「～に近づく」

(2)「劇場がついに完成し，間もなくオープンの予定である」 eventually「ついに」

(3) Aの at the most「最大で，多くても」が入れば文意が成立する。

(4)「17歳の学生が，ニューメキシコ州で一連の放火をはたらいたことを認めた」 admit *doing*「～したのを認める」 set fire「火をつける」

(7) Please make yourself at home「どうぞくつろいでください」 make *oneself* comfortable と同意。

(9) quit「(職を) 辞める」

(B)(2) such a ～「こんな～」 形容詞が名詞についている場合も語順は同じであるから，Cの such a fine day が適切である。so の場合は，so fine a day の語順となる。

(6) ～ enough to *do* の否定は，～ enough not to *do* となる。

(7)「彼が怠け者なので，その教師は怒った」 動名詞の意味上の主語がポイント。動名詞が文の主語になる場合，動名詞の意味上の主語となる

（代）名詞は所有格になるので，CのHisが適切である。

⑼「エミリーは美しいというよりもむしろ可愛い」 形容詞を並置して「～というよりもむしろ…」を意味する場合は，-erの比較級変化をする形容詞でも，語形を変えずにmore … than ～となるから，Cのmore cuteが適切である。

⑽ If S should *do*「万一～するようなことがあれば」において，Ifが省略されれば，Should S *do*の語順となる。

(C)⑵未来完了時制 will have *done*「～してしまっているだろう」がポイント。

⑷ It is too bad that ～「～は残念である」

(D)⑴「きのう」なのだから，過去時制でなければならない。

⑵主語となるevery ～は単数扱いであるから，wereは誤り。

⑸「彼女はそんなわずかな給料で帳尻を合わせて暮らそうとがんばったが無理だった」 make both ends meet「帳尻を合わせて暮らす」 endsは複数形になるべきである。

2 解答

⑴―A　⑵―C　⑶―D　⑷―A　⑸―C　⑹―B
⑺―B　⑻―A　⑼―B　⑽―C

解説　≪学校に通えないアフリカの子供たち≫

⑴ literacy rate「識字率」

⑶ tuition「授業料」

⑸ go back and forth「行ったり来たりする」

⑺ get in trouble「困った目に合う」 空所を含む文は「学校へ行く途中で，紛争や内戦のために困難に巻き込まれる可能性がある」の意。

⑽ gender discrimination「性差別」

3 解答

〈Section 1〉⑴―D　⑵―B　⑶―C
〈Section 2〉⑷―D　⑸―A

解説　〈Section 1〉≪地下鉄トレッドウェル駅改修工事のお知らせ≫

○西部線のトレッドウェル駅は，改修工事のため3月3日から4月28日まで閉鎖される。その間列車はトレッドウェル駅には停車しない。同駅を利用する人々のために，隣のノークス駅から無料シャトルバスが就業時間帯に10分ごとに，他の時間帯には15分ごとに運航される。駅再開後には，ホームにはエレベーターが設置され椅子が増える。また新たな切符販売機とすべての入口に車椅子用スロープが備わる。

⑴駅は4月28日まで閉鎖されるのだから，4月29日には，D「施設が人々に対して再開されるだろう」が適切である。

⑵Bの「照明の改善」が駅の工事には含まれていない。

⑶ This alternative service「この代替サービス」とは，工事中のシャトルバス運行を指しているので，そのことを述べている第2段の末尾であるC［3］が適切である。

〈Section 2〉≪XL 500Sの取り扱い説明書≫

○ XL 500Sの使い方。

1．左側のボタンで電源を入れ，上部のスリットに2枚薄切りパンを入れる。

2．右側のダイヤルで時間を設定する。

3．上部のボタンを押してパンが焼き上がるのを待つ。

ベーグルパンの場合は，左にあるレバーで上部のスロットの幅を広げる。

⑷使い方の説明から，トースターであることがわかる。

⑸末尾の文から，レバーはスロットの大きさを調節するためであることがわかり，Aが適切である。

4 解答

〈Section 1〉⑴－C　⑵－AまたはB　⑶－B

〈Section 2〉⑷－C　⑸－B

解説　〈Section 1〉≪日本におけるワーキングプア≫

⑴第1段第1文（For a couple of …）で全員が中流階級であること，第2文（Another common image …）でほとんどの企業での生涯雇用と日本の戦後イメージを2つ記したのち，これらを受けた第3文（Although these two …）でこの2つのイメージは現実的でないと否定している。このことから，Cの「日本が中流階級社会であるとは，いささかでっち上げである」は正しいと判断できる。Dの「過去において日本では，ほぼ誰もが終身雇用されていた」は第2文の内容であり，第3文で否定されているため不適切である。myth「作り話，架空のもの」

⑵新たな労働法についての記述は，第3・4段（The problem of … one

of them.）にある。1980年代中頃の新法で，子会社において比較的よくない労働条件で社員を雇えるようになったこと（第3段），近年さらに新法ができて，企業が正社員よりもずっと安く劣悪な待遇で派遣社員を雇えるようになったため，働く貧民（ワーキングプア）を生み出したこと（第4段）。したがって，Aの「企業がコストを削減するのに役立った」が適切である。また，第4段第1文（More recently, newer …）より，派遣社員が正社員より雇用されるようになったことがわかる。よって，B「終身雇用をおしのけた」も正解となる。

⑶第5段（“Kenichi” is a …）にKenichiの仕事内容が述べられている。倉庫や建設現場で一日中非常に疲れる退屈な作業をして安い賃金を受け取る，とあることからBの「たいてい頭を使う仕事である」はKenichiの仕事に関して一致していない。

〈Section 2〉≪タイにおける英語教育の失敗と対策≫

⑷第1段第3文（Of course, TOEFL …）後半に，「多くのアジア諸国よりも英語力の水準は低い」とあるので，Cが適切である。

⑸第3段第2文（Some universities have …）に「大学が高校の英語教師のための専門家育成訓練講座を設定している」とあることから，同じ内容のBが適切である。

◀1月25日実施分▶

1 **解答** (A)(1)—A　(2)—C　(3)—C　(4)—A　(5)—A　(6)—B　(7)—B　(8)—C　(9)—D　(10)—A

(B)(1)—A　(2)—B　(3)—B　(4)—A　(5)—B　(6)—A　(7)—C　(8)—A　(9)—A　(10)—B

(C)並べ替えた英文全体は次のようになる。(　　) 部分以外が求められる解答。

(1)(I) was able to get a front row seat for (BTS's concert.)

(2)(My mother) had been a nurse for forty years when she retired (.)

(3)(I) was surprised to hear my uncle speaking fluent Chinese (.)

(4) He helped me put up a net at the tennis (court.)

(5)(When you play the guitar, you) must be careful so as not to bother (others.)

(D) (誤，正の順に) (1)—(D), resemble　(2)—(C), was laughed at

(3)—(D), being　(4)—(D), for these ten years

(5)—(D), than that of Tokyo

解説 (A)(3) put down ～「～を書き留める」

(4) exchange *A* for *B*「*A* を *B* と交換する」

(6)「ジュリアはマーシャルに，本の入った重い箱を持ち上げるときは，ひざを曲げて背中をまっすぐにするようにと言った。そのほうが腰には良いそうだ」 bend「～を曲げる」

(8)「グレースは社長の秘書である。会議の予定を含めいろいろと社長を助けている」 assistant「秘書」

(B)(1)条件を表す if 節中では，未来時制は現在形で表す。

(3) advice は不可算名詞なので，B の much advice が適切である。

(5) ～ *A* to *do* の語法が使えるのは，ここでは，B の expect のみである。

(9) insist that S (should) *do* となるので (仮定法現在)，A の be invited が適切である。

(10) almost never studied と否定文となっているから，付加疑問文としては肯定となるので，B の did he が適切である。

(C)(2)「退職した時点で40年間働いていた」と考え過去完了の継続である。
(4) helpは，原形不定詞をとってhelp *A do*「*A*が～するのを手伝う」となる。
(5) so as not to *do*「～しないように」
(D)(1) resembleは状態動詞なので進行形にはならない。
(2) laugh at～の受動態は，be laughed atとなるから，atが欠落している。
(4)「この10年間」という意味にしたい場合，for these ten yearsとするべきである。
(5)「ボストンの気候は東京のそれよりずっと厳しいということが頭に浮かばなかったのか」 ボストンと東京のふたつの気候を比較しているのだから，代名詞thatを用いてthan that of Tokyoとなる。

2 解答

(1)―D　(2)―D　(3)―C　(4)―C　(5)―B
(6)―C　(7)―B　(8)―A　(9)―A　(10)―B

解説　≪日本に自然災害が多い理由≫

(2) worsen「～を悪化させる」
(3)「プレートのうちの4つが日本列島の下にある」となればよいので，Cのunderが適切である。
(4) eruption「噴火」 volcanic「火山の」(←volcano「火山」)
(9) In addition to～「～に加えて」
(10)日本はモンスーン地帯にあり水資源が豊かだが害も与える，と述べ地球温暖化に対する懸念が示されている。温暖化は，アジアのモンスーン性降雨を「増やす」ので，Bのincreaseが適切である。

3 解答

〈Section 1〉(1)―C　(2)―B　(3)―D
〈Section 2〉(4)―B　(5)―A

解説　〈Section 1〉≪Arko家具店の配送料金表≫

(1)配送先欄がJacefordの場合，基本料金（Base Rate）は$180である。
(2)「夕方購入した品物はCollings Ridgeにはいつ配達されるか」 Collings Ridgeの場合，表の下部にあるNotesによれば，Same dayに配達されるのは，午後2時までの購入に限られている。それ以後は翌日配達となるから，BのThe day after purchase.が適切である。

(3)表の末尾に，「配送時に専門チームが無料で家具の組み立てを行います」とあることから，Dの「組み立てが必要な家具を販売している」が適切である。

〈Section 2〉《修正された契約書の送付》

○昨日付で修正後の契約書を送付した。追加したグラフィックデザインの仕事と，より高い対価額を織り込んでいる。署名のうえ急ぎ返送を願う。

(4)契約書の内容が変更されていることがわかり，Bの「合意内容が変更された」が適切である。

(5)署名後に返送を求めていることから，Aの「文書を返送する」が適切である。

4 解答

〈Section 1〉(1)—D (2)—D (3)—C

〈Section 2〉(4)—C (5)—A

解説 〈Section 1〉《日本における少子化と未来》

(1)Dの「若い女性が家事を好まないこと」は，少子化の理由に挙げられてはいない。第4段最終文（This trend may …）に「家事をすべて行っていた母親のライフスタイルに従うことを良しとしない」とあるが，これはライフスタイルの記述であって，家事を好まない性情を述べたものではない。

(2)出生率を上げるための解決策は第5段に述べられている。第5文（Another idea is …）「子供一人を産むごとに親にボーナスを支給する」ことがあげられている。したがってAは正しい。また第3文（Since many women …）で，「手ごろな費用のより良い昼間託児サービスを提供すること」があげられ，Bも正しいとわかる。さらに，同段最終文（Yet another idea …）で，「子供一人に対して税の控除を設けたり教育にかかる費用に補助金を出したりすること」が述べられているのでCも正しい。A・B・Cすべてが正しいので，Dが適切である。

(3)最終段において，著者は少子化による人口減は環境によく，過密も減るという肯定的な面も見ることができる，と述べていることから，Cの「著者はこの問題の良い面と悪い面の両方を見ている」が適切である。

〈Section 2〉《TED Talksによる小さな変化が未来を変える》

⑷ TED Talksは，それを見た人々の生活に小さな変化を起こすことで，彼らの未来にプラスの変化を結果としてもたらすことができる，という主旨の文であるから，Cが適切である。

⑸第2段第1文（Dunn was inspired …）に，あるTED Talkを見た後に自分の計画を試す気になった，とあるのでAが適切である。

日本史

◀1月23日実施分▶

1　解答　≪中国史料に見る古代日本≫

問1．1－f　2－q　3－v　4－i　5－p　6－n　7－j
8－d　9－o　10－l　11－e　12－t　13－a
問2．57年　問3．107年　問4．239年または238年
問5．A．『後漢書』東夷伝　B．『漢書』地理志　C．「魏志」倭人伝

2　解答　≪江戸時代後期の文化と社会≫

問1．1－c　2－a　3－e　問2．出雲阿国　問3．b　問4．c
問5．④－c　⑤－d　⑥－a

3　解答　≪鎌倉幕府の成立≫

問1．1－b　2－b　3－b　4－a　5－c　6－c　7－d
8－d　9－a　10－a
問2．①－c　②－e　③－b

4　解答　≪高度経済成長≫

問1．1－c　2－b　3－a　4－b　5－d　6－c　7－a
8－d　9－a　10　b
問2．四日市ぜんそく　問3．石油

5 解答 ≪大正政変・二十一カ条の要求≫

問1．1－e　2－l　3－b　4－n　5－g　6－h　7－m
8－q　9－d　10－s

問2．軍部大臣現役武官制　問3．ア

◀1月24日実施分▶

1　解答　≪縄文時代≫

問1．1－e　2・3－d・m（2・3は順不同）　4－r　5－p
6－t　7－b　8－q　9－c
問2．d　問3．c　問4．丸木舟

2　解答　≪室町文化≫

問1．1－d　2－c　3－d　4－c　5－c　6－c　7－c
8－d　9－b　10－a
問2．枯山水

3　解答　≪江戸幕府の職制≫

問1．1－b　2－f　3－h　4－j　5－n　6－l　7－o
問2．a　問3．柳沢吉保　問4．松平定信

4　解答　≪幕末～明治初期の情勢≫

問1．1－r　2－o　3－p　4－e　5－t　6－j　7－n
8－k　9－c　10－f
問2．孝明天皇　問3．長州藩

5　解答　≪1930年前後の情勢≫

問1．1－a　2－n　3－s　4－k　5－t　6－e　7－d
8－r　9－x　10－o
問2．五・一五事件　問3．リットン調査団

◀1月25日実施分▶

1　解答　《平安初期の改革》

問1．1－f　2－h　3－q　4・5－b・t（4・5は順不同）
6－c　7－o　8－s　9－n　10－x　11－l　12－r　13－k
問2．天皇：称徳天皇　僧侶：道鏡　問3．勘解由使
問4．①山上憶良　②偽籍　③12年

2　解答　《織田信長》

問1．1－b　2－c　3－c　4－d　5－c　6－a　7－a
8－a　9－a　10－a
問2．X．安土　Y．明智光秀

3　解答　《開　国》

問1．1－a　2－e　3－i　4－k　5－m
問2．神戸　問3．A－c　B－e　問4．勝海舟
問5．X．領事裁判権　Y．関税自主権

4　解答　《日本の産業革命》

問1．1－s　2－q　3－k　4－f　5－g　6－j　7－b
8－d　9－a　10－e
問2．水力発電　問3．工場法

5　解答　《第二次世界大戦》

問1．1－b　2－c　3－g　4－h　5－j　6－m　7－p
8－r　9－v　10－w
問2．日独伊三国同盟　問3．ポツダム宣言

世界史

◀1月23日実施分▶

1　解答　≪キエフ公国の歴史≫

問1．1．ドニエプル　2．ノヴゴロド　3．ルーシ
4．ウラディミル1世　5．ギリシア正教
問2．スキタイ
問3．A・B．スカンディナヴィア，ユトランド（A・Bは順不同）
C．ゲルマン
問4．キリル文字　問5．タタールのくびき

2　解答　≪東南アジアの歴史≫

問1．1．10　2．12　3．18　4．19
問2．シュリーヴィジャヤ王国〔室利仏逝〕　問3．強制栽培制度
問4．フランス領インドシナ：b・d・f　オランダ領東インド：c・h

3　解答　≪十字軍時代を中心とする西欧中世史≫

問1．1．イベリア　2．十字軍　3．イェルサレム　4．クレルモン
5．1096
問2．三圃制　問3．1453年　問4．ヨーマン　問5．ハンザ同盟

4　解答　≪春秋・戦国～魏晋南北朝までの中国思想史≫

問1．1．荀子　2．墨子　3．韓非
問2．編年体　問3．d

問4．武力に基づく政治である覇道を批判し，仁に基づく政治である王道政治を説いた。(40字以内)

問5．a　問6．b　問7．竹林の七賢

5 解答 ≪ロシア革命史≫

問1．1．エンゲルス　2．血の日曜日　3．1917　4．ソヴィエト　5．ロマノフ

問2．資本論　問3．セオドア=ローズヴェルト　問4．レーニン

問5．コミンテルン

◀1月24日実施分▶

1　解答　≪ローマ帝国とキリスト教≫

問1．1．メシア　2．ギリシア　3．コンスタンティヌス
問2．選民思想　問3．ヘブライ人〔イスラエル人〕
問4．ピラト〔ピラトゥス〕　問5．ペテロ　問6．カタコンベ

2　解答　≪産業革命≫

問1．1．イギリス　2．マンチェスター　3．ジョン=ケイ　4．水力
5．カートライト
問2．アダム=スミス　問3．ワット　問4．ニューコメン
問5．スティーヴンソン

3　解答　≪原子力と核兵器≫

問1．A―③　B―②　C―①
問2．ヨーロッパ原子力共同体〔EURATOM〕
問3．A．原水爆禁止世界大会　B．ラッセル・アインシュタイン
C．パグウォッシュ会議
問4．ビキニ環礁
問5．国連総会で地下爆発実験を含む全核実験を禁止する包括的核実験禁止条約が採択されているが，米・中など批准しない核保有国もあり，発効は困難である。(70字以内)
問6．A―②　B―①

4　解答　≪12世紀ルネサンス≫

問1．1．アリストテレス　2．神学大全　3．トマス=アクィナス
4．実在論

問2．d　問3．a　問4．文法学

5 解答 ≪西域と入竺求法僧≫

問1．1．西域都護府　2．仏国記　3．大唐西域記　4．義浄
問2．d　問3．a　問4．b

◀1月25日実施分▶

1 解答 《権威主義的国家》

問1．A．ドイツ　B．イタリア　C．フィリピン　D．インドネシア
E．イラン
問2．全権委任法　問3．フランコ　問4．ピウスツキ
問5．光州事件　問6．国際通貨基金〔IMF〕

2 解答 《ローマ帝国と公会議》

問1．1－b　2－g　3－d　4－i　5－e　6－a
問2．イグナティウス=ロヨラ　問3．パウロ
問4．四帝分治制〔テトラルキア〕　問5．告白録　問6．単性論

3 解答 《植民地帝国と奴隷貿易》

問1．A．クロマニョン　B．ドーリア　C．フェニキア　D．ラテン
E．エトルリア
問2．1－b　2－e　3－o　4－d　5－i　6－g　7－k
8－l　9－n
問3．リュクルゴス　問4．ハンニバル

4 解答 《イスラーム帝国史》

問1．A．ムハンマド　B．東ローマ〔ビザンツ〕　C．732
問2．1－c　2－e　3－i　問3．ヒジュラ〔聖遷〕　問4．c
問5．D

5 解答 ≪ジャガイモ・サトウキビ・コーヒー・茶の歴史≫

問1．1．ジャガイモ　2．砂糖　3．琉球　4．アラビア

問2．ムスリム商人　問3．1922年　問4．ボストン茶会事件

問5．コーヒーハウスには各種の新聞や雑誌などが置かれており，顧客はそれらを閲覧できたために，民衆がジャーナリズムに接する場となることで世論の形成に大きく貢献した。(80字以内)

数学

◀1月23日実施分▶

1

解答 (1)ア．$(x-2)(x-6)(x^2-8x+10)$ (2)イ．32

(3)ウ．$-\dfrac{3}{8}$ (4)エ．1415 (5)オ．2

解説 ≪小問5問≫

(1)
$$\begin{aligned}&(x-1)(x-3)(x-5)(x-7)+15\\&=(x^2-8x+7)(x^2-8x+15)+15\\&=(x^2-8x)^2+22(x^2-8x)+120\\&=(x^2-8x+12)(x^2-8x+10)\\&=(x-2)(x-6)(x^2-8x+10)\quad\rightarrow ア\end{aligned}$$

(2) 解と係数の関係より

$$\alpha+\beta=-\frac{8}{2}=-4,\ \alpha\beta=\frac{16}{2}=8$$

よって

$$\begin{aligned}\alpha^3+\beta^3&=(\alpha+\beta)^3-3\alpha\beta(\alpha+\beta)\\&=(-4)^3-3\cdot8\cdot(-4)=32\quad\rightarrow イ\end{aligned}$$

(3) $\sin\theta+\cos\theta=-\dfrac{1}{2}$ の両辺を2乗して

$$\sin^2\theta+2\sin\theta\cos\theta+\cos^2\theta=\frac{1}{4}$$

$$1+2\sin\theta\cos\theta=\frac{1}{4}$$

$$\sin\theta\cos\theta=-\frac{3}{8}\quad\rightarrow ウ$$

(4)
$$\log_{10}5^{2023}=2023\log_{10}\frac{10}{2}=2023(1-\log_{10}2)$$

$=2023(1-0.3010)=1414.077$

$1414<\log_{10}5^{2023}<1415$ より

$10^{1414}<5^{2023}<10^{1415}$

よって，5^{2023} は1415桁である。　→エ

(5)　$-1\leqq x\leqq 1$ のとき $x^2-1\leqq 0$，$-1\geqq x$ または $1\leqq x$ のとき $x^2-1\geqq 0$ より

$$\int_0^2|x^2-1|\,dx=-\int_0^1(x^2-1)\,dx+\int_1^2(x^2-1)\,dx$$

$$=-\left[\frac{x^3}{3}-x\right]_0^1+\left[\frac{x^3}{3}-x\right]_1^2$$

$=2$　→オ

2　解答

(1)ア．$\frac{3}{8}$　(2)イ．$\frac{1}{8}$　(3)ウ．$\frac{63}{64}$　(4)エ．$\frac{35}{64}$　(5)オ．$\frac{91}{128}$

解説　≪座標平面上の点の移動と反復試行の確率≫

x 軸の正方向に1だけ進むことを→，y 軸の正方向に1だけ進むことを↑で表す。

(1)　点Pが $(2,\ 2)$ にあるのは，→2回，↑2回の順列で

$\frac{4!}{2!2!}=\frac{4\cdot 3}{2\cdot 1}=6$ 通り

よって，求める確率は

$6\times\left(\frac{1}{2}\right)^4=\frac{3}{8}$　→ア

(2)　→4回，または↑4回のときであるから，求める確率は

$2\times\left(\frac{1}{2}\right)^4=\frac{1}{8}$　→イ

(3)　少なくとも1回，→または↑に進めばよい。

→7回，または↑7回となる確率は

$2\times\left(\frac{1}{2}\right)^7=\frac{1}{64}$

よって，求める確率は

$1-\frac{1}{64}=\frac{63}{64}$　→ウ

(4)　点Pが $(4,\ 3)$ または $(3,\ 4)$ にあるときで

$$2\times\frac{7!}{4!3!}\times\left(\frac{1}{2}\right)^7=2\times\frac{7\cdot6\cdot5}{3\cdot2\cdot1}\times\frac{1}{2^7}=\frac{35}{64}\quad\rightarrow エ$$

(5) (i) 点Pが (5, 3) または (3, 5) にあるとき

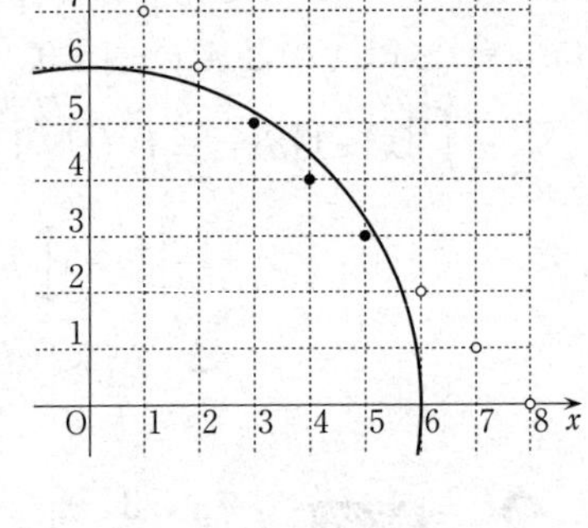

$$2\times\frac{8!}{5!3!}\times\left(\frac{1}{2}\right)^8$$

$$=2\times\frac{8\cdot7\cdot6}{3\cdot2\cdot1}\times\frac{1}{2^8}=\frac{7}{16}$$

(ii) 点Pが (4, 4) にあるとき

$$\frac{8!}{4!4!}\times\left(\frac{1}{2}\right)^8$$

$$=\frac{8\cdot7\cdot6\cdot5}{4\cdot3\cdot2\cdot1}\times\frac{1}{2^8}=\frac{35}{128}$$

(i), (ii)より，求める確率は

$$\frac{7}{16}+\frac{35}{128}=\frac{91}{128}\quad\rightarrow オ$$

参考 さいころを8回投げたあと，点Pは直線 $x+y=8$ 上にあるから，上記の場合以外（図の○）は条件を満たさない。

3 解答 (1)ア．6 (2)イ．10 ウ．5 (3)エ．1000 オ．9

解説 ≪対数関数の最大値・最小値≫

(1) $\log_{10}x+\log_{10}y=\log_{10}xy=\log_{10}10^6=6\quad\rightarrow ア$

(2) (1)より $\log_{10}y=6-\log_{10}x$

$$\log_x y=\frac{\log_{10}y}{\log_{10}x}=\frac{6-\log_{10}x}{\log_{10}x}=\frac{6}{\log_{10}x}-1$$

$x\geqq10$ より，$\log_{10}x\geqq1$ であるから

$\log_{10}x=1$ すなわち $x=10$ のとき，最大値5をとる。 →イ，ウ

(3) $$(\log_{10}x)(\log_{10}y)=(\log_{10}x)(6-\log_{10}x)$$
$$=-(\log_{10}x)^2+6(\log_{10}x)$$
$$=-(\log_{10}x-3)^2+9$$

$\log_{10}x\geqq1$ と $\log_{10}y=6-\log_{10}x\geqq1$ すなわち $\log_{10}x\leqq5$ より $1\leqq\log_{10}x\leqq5$ であるから

$\log_{10}x=3$ すなわち $x=10^3=1000$ のとき，最大値 9 をとる。 →エ，オ

別解　$\log_{10}x+\log_{10}y=6$ を(※)とする。

相加平均と相乗平均の大小関係により

$$\frac{\log_{10}x+\log_{10}y}{2}\geqq\sqrt{(\log_{10}x)(\log_{10}y)}$$

(※)より　$\frac{6}{2}\geqq\sqrt{(\log_{10}x)(\log_{10}y)}$

両辺とも正であるから，辺々 2 乗しても大小関係は変化しないので

$$9\geqq(\log_{10}x)(\log_{10}y)\quad\cdots\cdots①$$

等号が成立するための条件は　$\log_{10}x=\log_{10}y$

(※)より　$\log_{10}x=\log_{10}y=3$

すなわち　$x=y=10^3=1000$　……②

①，②より，$(\log_{10}x)(\log_{10}y)$ は $x=1000$ のとき最大値 9 をとる。

4 解答

(1)ア．$3t^2-6t+8$　(2)イ．2　ウ．32

(3)エ．0　オ．5

解説　≪指数関数の最大値・最小値≫

(1)　$y=3\cdot(2^2)^x-3\cdot2\cdot2^x+8=3\cdot(2^x)^2-6\cdot2^x+8$

よって　$y=3t^2-6t+8$　→ア

(2)　$y=3(t-1)^2+5$

$-1\leqq x\leqq2$ のとき，$2^{-1}\leqq2^x\leqq2^2$ であるから

$$\frac{1}{2}\leqq t\leqq4$$

よって，$t=4$ すなわち $x=2$ のとき，最大値 32 をとる。 →イ，ウ

(3)　$t=1$ すなわち $x=0$ のとき，最小値 5 をとる。 →エ，オ

◀1月24日実施分▶

1

解答　(1)ア．2　(2)イ．30　(3)ウ．$\frac{2\sqrt{3}}{3}$　(4)エ．25，125

(5)オ．$\frac{1}{60}$

解説　≪小問5問≫

(1)　$1<\sqrt{2}<2$ より　　$4<\sqrt{2}+3<5$

よって

$$a=4$$

$$b=\sqrt{2}+3-a=\sqrt{2}-1$$

$$\frac{1}{b}-\frac{1}{a+b-2}=\frac{1}{\sqrt{2}-1}-\frac{1}{\sqrt{2}+1}=\frac{\sqrt{2}+1-(\sqrt{2}-1)}{(\sqrt{2}-1)(\sqrt{2}+1)}$$

$$=\frac{2}{2-1}=2 \quad \to ア$$

(2)　$720=2^4\cdot3^2\cdot5^1$ より正の約数の個数は

$$(4+1)(2+1)(1+1)=5\cdot3\cdot2=30 個 \quad \to イ$$

(3)　余弦定理より

$$\cos A=\frac{7^2+3^2-8^2}{2\cdot7\cdot3}=-\frac{1}{7}$$

$\sin A>0$ より

$$\sin A=\sqrt{1-\cos^2 A}=\sqrt{1-\left(-\frac{1}{7}\right)^2}=\frac{4\sqrt{3}}{7}$$

$$\triangle ABC=\frac{1}{2}\cdot AB\cdot CA\cdot\sin A$$

$$=\frac{1}{2}\cdot7\cdot3\cdot\frac{4\sqrt{3}}{7}=6\sqrt{3}$$

内接円の半径を r とすると

$$\triangle ABC=\frac{1}{2}r(8+3+7)=9r$$

よって　　$9r=6\sqrt{3}$

$r=\dfrac{2\sqrt{3}}{3}$　→ウ

(4)　対数の底と真数の条件より

$x>0,\ x\neq 1$　……①

与式より

$$\log_5 x+\frac{6}{\log_5 x}=5$$

両辺を $\log_5 x$ 倍して整理すると

$$(\log_5 x)^2-5(\log_5 x)+6=0$$
$$(\log_5 x-2)(\log_5 x-3)=0$$
$$\log_5 x=2,\ 3$$
$$x=5^2,\ 5^3$$

$x=25,\ 125$　（これらは①を満たしている）　→エ

(5)
$$\int_0^1 x^2(1-x)^3dx=\int_0^1(x^2-3x^3+3x^4-x^5)\,dx$$
$$=\left[\frac{x^3}{3}-\frac{3}{4}x^4+\frac{3}{5}x^5-\frac{x^6}{6}\right]_0^1$$
$$=\frac{1}{60}$$　→オ

2　解答

(1)ア．$\dfrac{1}{2}$　イ．$\dfrac{1}{4}$　ウ．$\dfrac{3}{8}$　(2)エ．$-\dfrac{1}{2}P_n+\dfrac{1}{2}$

(3)オ．$P_n=\dfrac{1}{3}-\dfrac{1}{3}\left(-\dfrac{1}{2}\right)^{n-1}$

解説　≪三角形の頂点上の点の移動と確率，確率漸化式≫

コインを１回投げて，表が出る確率と裏が出る確率は，ともに $\dfrac{1}{2}$ である。

(1)　２回繰り返した後に点Ｐが頂点Ａにいるのは

Ａ→Ｂ→Ａ，Ａ→Ｃ→Ａ

と動くときで，その確率は

$$P_2=2\times\left(\frac{1}{2}\right)^2=\frac{1}{2}$$　→ア

３回繰り返した後にＰがＡにいるのは

A→B→C→A，A→C→B→A

と動くときで，その確率は

$$P_3=2\times\left(\frac{1}{2}\right)^3=\frac{1}{4}\quad \to イ$$

4回繰り返した後にPがAにいるのは，次の2通りの場合である。

(i) 3回繰り返した後PがBにいて，4回目に裏を出す

(ii) 3回繰り返した後PがCにいて，4回目に表を出す

3回繰り返した後にPがAにいない確率は $1-P_3$ であるから，求める確率は

$$P_4=\frac{1}{2}\times(1-P_3)=\frac{1}{2}\times\frac{3}{4}=\frac{3}{8}\quad \to ウ$$

(2)　n 回繰り返した後にPがBにいる確率，Cにいる確率をそれぞれ Q_n，R_n とする。

$P_n+Q_n+R_n=1$ より　　$Q_n+R_n=1-P_n$

(1)の(i)，(ii)と同様に考えると

$$P_{n+1}=0\times P_n+\frac{1}{2}Q_n+\frac{1}{2}R_n$$

$$P_{n+1}=\frac{1}{2}(Q_n+R_n)$$

$$P_{n+1}=\frac{1}{2}(1-P_n)$$

$$P_{n+1}=-\frac{1}{2}P_n+\frac{1}{2}\quad \to エ$$

(3)　$P_1=0$ で，(2)の漸化式より

$$P_{n+1}-\frac{1}{3}=-\frac{1}{2}\left(P_n-\frac{1}{3}\right),\ P_1-\frac{1}{3}=-\frac{1}{3}$$

よって，$\left\{P_n-\frac{1}{3}\right\}$ は，初項 $-\frac{1}{3}$，公比 $-\frac{1}{2}$ の等比数列である。

$$P_n-\frac{1}{3}=-\frac{1}{3}\left(-\frac{1}{2}\right)^{n-1}$$

$$P_n=\frac{1}{3}-\frac{1}{3}\left(-\frac{1}{2}\right)^{n-1}\quad \to オ$$

3 解答

(1)ア．$8-x-y$　(2)イ．$9-x-y$　(3)ウ．5　(4)エ．$\dfrac{25}{2}\pi$

(5)オ．17π

解説　≪長方形の内部で2円が外接するときの面積の和の最大値・最小値≫

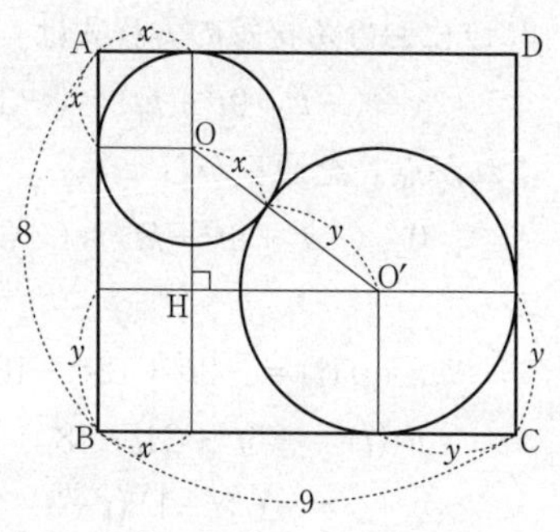

(1)　右図より

$$\mathrm{OH}=8-x-y\quad \to ア$$

(2)　$$\mathrm{O'H}=9-x-y\quad \to イ$$

(3)　2つの円O，O′は外接しているので

$$\mathrm{OO'}=x+y$$

直角三角形OO′Hにおいて，三平方の定理より

$$\mathrm{OH}^2+\mathrm{O'H}^2=\mathrm{OO'}^2$$

$$(8-x-y)^2+(9-x-y)^2=(x+y)^2$$

$$(x+y)^2-34(x+y)+145=0$$

$$(x+y-5)(x+y-29)=0$$

$$x+y=5,\ 29$$

x，yのとり得る値の範囲は

$$0<2x\leqq 8,\ 0<2y\leqq 8$$

すなわち　$0<x\leqq 4$，$0<y\leqq 4$　……①

よって　$x+y=5$　→ウ

(4)　(3)より$y=5-x$であるから，①より

$$1\leqq x\leqq 4,\ 1\leqq y\leqq 4\quad \cdots\cdots②$$

$$S=\pi x^2+\pi y^2=\pi x^2+\pi(5-x)^2$$

$$=\pi(2x^2-10x+25)$$

$$=2\pi\left(x-\frac{5}{2}\right)^2+\frac{25}{2}\pi$$

②より，Sは$x=y=\dfrac{5}{2}$のとき，最小値$\dfrac{25}{2}\pi$をとる。→エ

(5)　②より，Sは$x=1$，$y=4$または$x=4$，$y=1$のとき，最大値17πをとる。→オ

4 解答

ア．$-2t^3+12t^2-18t$　イ．1　ウ．-8　エ．3
オ．0

解説　≪3次関数のグラフに3本の接線を引くための条件≫

$y=-x^3+9x^2+kx$ より

$$y'=-3x^2+18x+k$$

点 Q における接線の方程式は

$$y-(-t^3+9t^2+kt)=(-3t^2+18t+k)(x-t)$$

これが点Pを通るから

$$0-(-t^3+9t^2+kt)=(-3t^2+18t+k)(1-t)$$

よって

$$k=p(t)=-2t^3+12t^2-18t\quad\to ア$$

$$p'(t)=-6t^2+24t-18$$
$$=-6(t-1)(t-3)$$

関数 $p(t)$ の増減表は右のようになる。

t	…	1	…	3	…
$p'(t)$	−	0	+	0	−
$p(t)$	↘	−8	↗	0	↘

よって，$p(t)$ は $t=1$ で極小値 -8 をとり，$t=3$ で極大値0をとる。

したがって，点Pを通る曲線 C の接線の本数が3本となるのは，$-8<k<0$ のときである。　→イ～オ

◀1月25日実施分▶

1 解答

(1)ア．$(2x^2+4xy+y^2)(2x^2-4xy+y^2)$

(2)イ．$y=2x^2-5x+4$　(3)ウ．$\frac{5}{6}\pi,\ \frac{7}{6}\pi$　(4)エ．0.69005　(5)オ．$y=8x-6$

解説　≪小問5問≫

(1)　$4x^4-12x^2y^2+y^4=(4x^4+4x^2y^2+y^4)-16x^2y^2$

$=(2x^2+y^2)^2-(4xy)^2$

$=(2x^2+4xy+y^2)(2x^2-4xy+y^2)$　→ア

(2)　y 軸に関して対称移動すると

$y=2(-x)^2-3(-x)+5$

$y=2x^2+3x+5$

さらに，x 軸方向に2，y 軸方向に-3だけ平行移動すると

$y-(-3)=2(x-2)^2+3(x-2)+5$

$y=2x^2-5x+4$　→イ

(3)　右図より

$\theta=\frac{5}{6}\pi,\ \frac{7}{6}\pi$　→ウ

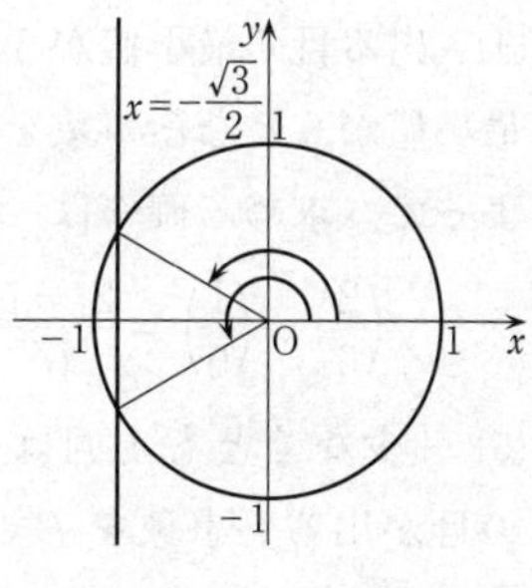

(4)　$\log_{10}\sqrt{24}=\log_{10}(2^3\cdot 3)^{\frac{1}{2}}$

$=\frac{1}{2}(3\log_{10}2+\log_{10}3)$

$=\frac{1}{2}(3\times 0.3010+0.4771)$

$=0.69005$　→エ

(5)　$y=x^2+2x+3$ より　　$y'=2x+2$

$x=3$ のとき　　$y'=2\cdot 3+2=8$

よって，求める接線の方程式は

$y-18=8(x-3)$

$y=8x-6$　→オ

2 解答

(1)ア．$\dfrac{625}{1296}$　(2)イ．$\dfrac{41}{144}$　(3)ウ．$\dfrac{1}{81}$　(4)エ．$\dfrac{5}{432}$

(5)オ．$\dfrac{151}{648}$

解説　≪さいころの目の最大値・最小値の確率≫

(1)　さいころを1回投げるとき，出る目が5以下である確率は$\dfrac{5}{6}$であるから，求める確率は

$$\left(\frac{5}{6}\right)^4=\frac{625}{1296}\quad\to ア$$

(2)　出る目の最大値が5となる事象は，最大値が5以下となる事象から，最大値が4以下となる事象を除いたものである。

よって，求める確率は

$$\frac{625}{1296}-\left(\frac{4}{6}\right)^4=\frac{5^4-4^4}{6^4}=\frac{41}{144}\quad\to イ$$

(3)　5または6の目のみが出ればよいから

$$\left(\frac{2}{6}\right)^4=\frac{1}{81}\quad\to ウ$$

(4)　出る目の最小値が5となる事象は，最小値が5以上となる事象から，最小値が6となる事象を除いたものである。

よって，求める確率は

$$\left(\frac{2}{6}\right)^4-\left(\frac{1}{6}\right)^4=\frac{2^4-1^4}{6^4}=\frac{5}{432}\quad\to エ$$

(5)「少なくとも1回は1の目が出る」事象をA,「少なくとも1回は6の目が出る」事象をBとすると，求める確率は$P(A\cap B)$である。事象$\overline{A}$は「1回も1の目が出ない」，事象$\overline{B}$は「1回も6の目が出ない」であるから

$$\begin{aligned}P(A\cap B)&=1-P(\overline{A\cap B})=1-P(\overline{A}\cup\overline{B})\\&=1-\{P(\overline{A})+P(\overline{B})-P(\overline{A}\cap\overline{B})\}\\&=1-\left\{\left(\frac{5}{6}\right)^4+\left(\frac{5}{6}\right)^4-\left(\frac{4}{6}\right)^4\right\}=\frac{151}{648}\quad\to オ\end{aligned}$$

別解　出る目の組合せを{1, 4, 5, 6}のように表すと，条件を満たすのは以下のいずれかのときである。なお，■は2，3，4，5のいずれかの

目を表す。

(i) $\{1,\ 1,\ 1,\ 6\}$ のとき

どの順番に出るかを考えると　$\dfrac{4!}{3!1!}=4$ 通り

(ii) $\{1,\ 1,\ 6,\ 6\}$ のとき

(i)と同様に考えると　$\dfrac{4!}{2!2!}=6$ 通り

(iii) $\{1,\ 6,\ 6,\ 6\}$ のとき

(i)の1と6を入れかえたものと考えられるから　4通り

(iv) $\{1,\ 1,\ ■,\ 6\}$ のとき

2，3，4，5の目の区別をなくし，どの順番に出るかを考えると

$\dfrac{4!}{2!1!1!}=12$ 通り

それぞれについて，■にどの目が入るかが4通りずつあるから，目の出方は

$12\cdot4=48$ 通り

(v) $\{1,\ ■,\ 6,\ 6\}$ のとき

(iv)の1と6を入れかえたものと考えられるから　48通り

(vi) $\{1,\ ■,\ ■,\ 6\}$ のとき

(iv)と同様に順番を考えると　$\dfrac{4!}{1!2!1!}=12$ 通り

■にどの目が入るかが 4^2 通りずつあるから，目の出方は

$12\cdot4^2=192$ 通り

(i)〜(vi)は同時には起こらないから，条件を満たす目の出方は

$4+6+4+48+48+192=302$ 通り

よって，求める確率は　$\dfrac{302}{6^4}=\dfrac{151}{648}$

3 解答

(1)ア．7　(2)イ．$\frac{15\sqrt{3}}{4}$　(3)ウ．$\frac{7\sqrt{3}}{3}$　(4)エ．$\frac{\sqrt{3}}{2}$

オ．$\sqrt{7}$

解説　≪余弦定理，三角形の面積，外接円の半径，内接円の半径，角の二等分線と線分比≫

(1)　余弦定理より

$$BC^2=5^2+3^2-2\cdot5\cdot3\cdot\cos120°=49$$

BC＞0 より

$$BC=7 \quad \to ア$$

(2)　$\triangle ABC=\frac{1}{2}\cdot5\cdot3\cdot\sin120°=\frac{15\sqrt{3}}{4}$　→イ

(3)　△ABC の外接円の半径を R とすると，正弦定理より

$$\frac{7}{\sin120°}=2R$$

$$R=\frac{1}{2}\cdot7\cdot\frac{2}{\sqrt{3}}=\frac{7\sqrt{3}}{3} \quad \to ウ$$

(4)　△ABC＝△IAB＋△IBC＋△ICA より

$$\triangle ABC=\frac{1}{2}r(5+7+3)=\frac{15}{2}r$$

(2)より　$\frac{15}{2}r=\frac{15\sqrt{3}}{4}$

$$r=\frac{\sqrt{3}}{2} \quad \to エ$$

直線 IC と辺 AB の交点を D とする。直線 CD は∠C の二等分線であるから

$$AD:DB=CA:CB=3:7$$

$$AD=\frac{3}{3+7}AB=\frac{3}{2}$$

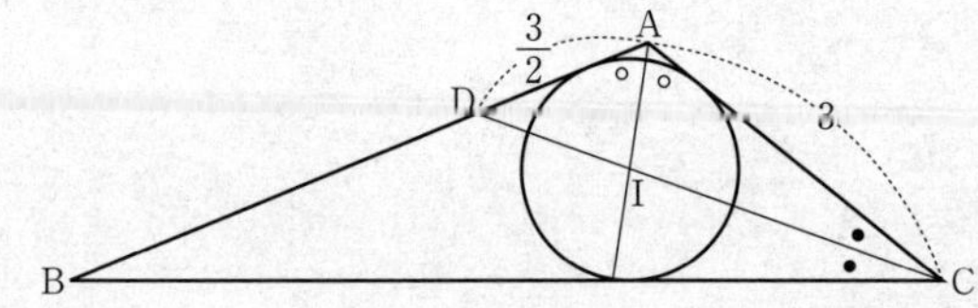

△ACD において，余弦定理より

$$CD^2=\left(\frac{3}{2}\right)^2+3^2-2\cdot\frac{3}{2}\cdot3\cdot\cos120°=\frac{63}{4}$$

CD＞0 より

$$CD=\frac{3\sqrt{7}}{2}$$

直線 AI は∠A の二等分線であるから

$$DI:IC=AD:CA=\frac{3}{2}:3=1:2$$

よって　　$IC=\frac{2}{1+2}CD=\sqrt{7}$　→オ

別解　オ．下図のように，Ｉから辺 BC，CA，AB に下ろした垂線の足を H，Ｊ，Ｋとすると，円の接線の性質から

$$AK=AJ,\ BK=BH,\ CH=CJ$$

ここで

$$AK+BK=AB=5,\ BH+CH=BC=7,\ CJ+AJ=CA=3$$

であるから

$$CH=\frac{1}{2}\{BC+CA-(BH+AJ)\}=\frac{1}{2}(7+3-5)=\frac{5}{2}$$

$IH=r=\frac{\sqrt{3}}{2}$ であるから，△IHC において三平方の定理より

$$IC=\sqrt{\left(\frac{\sqrt{3}}{2}\right)^2+\left(\frac{5}{2}\right)^2}=\frac{\sqrt{28}}{2}=\sqrt{7}$$

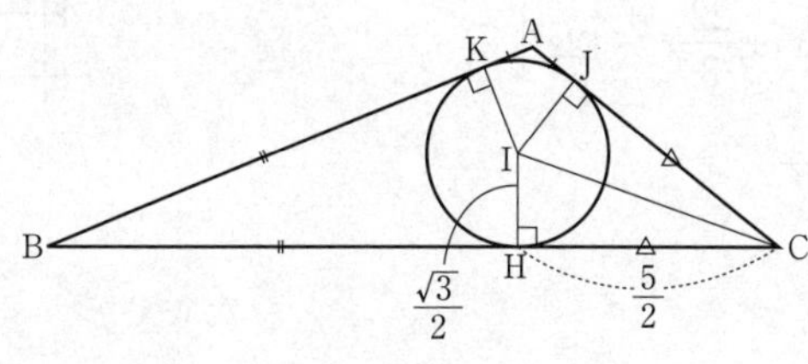

4 解答

(1)ア．$4x^3-24x^2+44x-24$

(2)イ・ウ．(1，−9)，(3，−9)（イ・ウは順不同）

エ．(2，−8)　(3)オ．$\dfrac{448}{15}$

解説　≪導関数，4 次関数の極大値・極小値，グラフと x 軸とで囲まれた部分の面積≫

(1)　$f'(x)=4x^3-24x^2+44x-24$　→ア

(2)　$f'(x)=4(x-1)(x-2)(x-3)$

$f(x)$ の増減表は次のようになる。

x	$\cdots$	1	$\cdots$	2	$\cdots$	3	$\cdots$
$f'(x)$	−	0	+	0	−	0	+
$f(x)$	↘	−9 極小	↗	−8 極大	↘	−9 極小	↗

よって，$y=f(x)$ が極小値をとるときの座標は (1，−9) と (3，−9) であり，極大値をとるときの座標は (2，−8) である。→イ〜エ

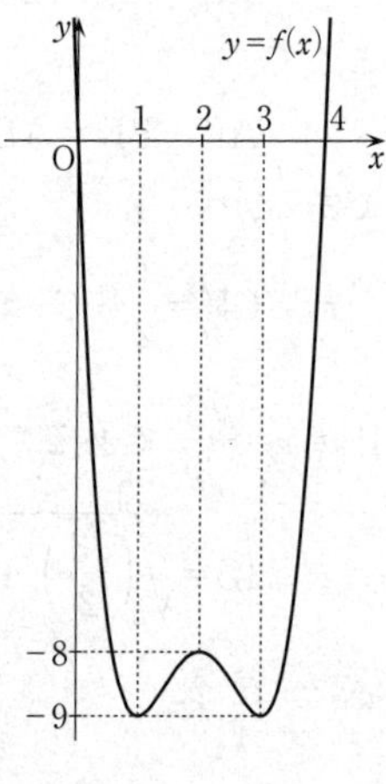

(3)　$f(x)=x(x-4)(x^2-4x+6)$ より，$y=f(x)$ のグラフは，x 軸と原点および点 (4，0) で交わる。$0\leqq x\leqq 4$ のとき，$f(x)\leqq 0$ であるから，求める面積は

$$-\int_0^4 (x^4-8x^3+22x^2-24x)\,dx$$

$$=-\left[\frac{x^5}{5}-2x^4+\frac{22}{3}x^3-12x^2\right]_0^4$$

$$=\frac{448}{15}$$　→オ

物理

◀1月23日実施分▶

1　解答　≪等加速度直線運動，運動方程式≫

(1)　表1　おもり1個の場合

経過時間〔s〕	台車の進んだ距離〔m〕	中央時刻〔s〕	台車の平均の速度〔m/s〕
0	0.00		
		0.1	0.40
0.2	0.08		
		0.3	1.15
0.4	0.31		
		0.5	2.00
0.6	0.71		
		0.7	2.70
0.8	1.25		
		0.9	3.55
1	1.96		

表2　おもり2個の場合

経過時間〔s〕	台車の進んだ距離〔m〕	中央時刻〔s〕	台車の平均の速度〔m/s〕
0	0.00		
		0.1	0.55
0.2	0.11		
		0.3	1.70
0.4	0.45		
		0.5	2.80
0.6	1.01		
		0.7	3.90
0.8	1.79		
		0.9	5.05
1	2.80		

表3 おもり3個の場合

経過時間〔s〕	台車の進んだ距離〔m〕	中央時刻〔s〕	台車の平均の速度〔m/s〕
0	0.00		
		0.1	0.65
0.2	0.13		
		0.3	1.95
0.4	0.52		
		0.5	3.30
0.6	1.18		
		0.7	4.55
0.8	2.09		
		0.9	5.85
1	3.26		

(2)

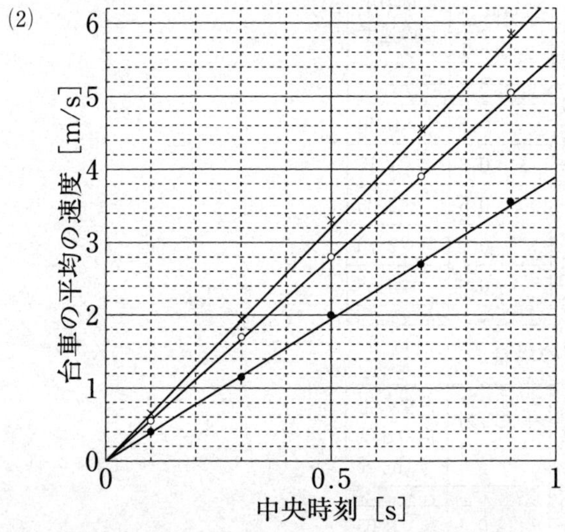

(3) おもり1個：(3.9−0.0)÷1.0≒3.9〔m/s²〕 ……(答)

おもり2個：(5.6−0.0)÷1.0≒5.6〔m/s²〕 ……(答)

おもり3個：(5.2−0.0)÷0.8≒6.5〔m/s²〕 ……(答)

(4) 台車の運動方程式：$Ma=T$

おもりの運動方程式：$ma=mg-T$

(5) (4)の2式より T を消去し，$a=3.9\,\mathrm{m/s^2}$ として M を求めると

$$M=m\left(\frac{g}{a}-1\right)=0.4\times\left(\frac{9.8}{3.9}-1\right)$$

$$=0.60\fallingdotseq 6\times10^{-1}〔\mathrm{kg}〕$$ ……(答)

2 解答 ≪3力のつり合い，浮力≫

(1)　物体のつり合いより

$T = 0.200 \times 9.80 = 1.96$〔N〕　……(答)

(2)　水平成分のつり合い：$T_1 \cos\theta_1 = T_2 \cos\theta_2$

鉛直成分のつり合い：$T_1 \sin\theta_1 + T_2 \sin\theta_2 = 1.96$〔N〕

(3)　ABC は直角三角形で，糸 AC の長さ 20.0 cm，$\angle A = \theta_1$，$\angle B = \theta_2$ より

$\sin\theta_1 = 0.6$，$\sin\theta_2 = 0.8$，$\cos\theta_1 = 0.8$，$\cos\theta_2 = 0.6$　……(答)

(4)　(2)の水平成分のつり合いの式より　$T_2 = \dfrac{4}{3} T_1$

鉛直成分のつり合いの式に代入すると

$$0.6\,T_1 + 0.8 \times \frac{4}{3} T_1 = 1.96$$

∴　$T_1 = 1.176 \fallingdotseq 1.18$〔N〕　……(答)

(5)　(4)の結果より

$T_2 = \dfrac{4}{3} \times 1.176 = 1.568 \fallingdotseq 1.57$〔N〕　……(答)

(6)　物体の体積を V〔cm^3〕とすると，水の密度が $1.0 \times 10^{-3}\,kg/cm^3$ なので，浮力の大きさは

$$1.0 \times 10^{-3} \times V \times 9.80 = 9.80 \times 10^{-3} V\text{〔N〕}$$

(2)のつり合いの式から，T の大きさも $\dfrac{1}{2}$ になる。水中の物体のつり合いより

$$9.80 \times 10^{-3} V + 1.96 \times \frac{1}{2} = 1.96$$

∴　$V = 1.0 \times 10^2$〔cm^3〕　……(答)

3 解答 ≪直流回路≫

(1)(a)　$64 = E - rI$

(b)　抵抗 R_1 と R_2 の直列の合成抵抗は　$1000 + 2000 = 3000$〔Ω〕

電圧計と R_1 と R_2 の合成抵抗を R_V〔Ω〕とすると

$$\frac{1}{R_V} = \frac{1}{9000} + \frac{1}{3000} \text{ より} \qquad R_V = 2250 \text{〔Ω〕}$$

この合成抵抗と電池の内部抵抗は直列なので

$R = 2250 + r$〔Ω〕　……(答)

(c)　$E = (2250 + r)\,I$

(2)(d)　$E - 20 = (2000 + r)\,I'$

(e)　電圧計と R_1 の並列の合成抵抗を R_V'〔Ω〕とすると

$$\frac{1}{R_V'} = \frac{1}{9000} + \frac{1}{1000} \text{ より} \qquad R_V' = 900 \text{〔Ω〕}$$

∴　$R' = 900 + 2000 + r = 2900 + r$〔Ω〕　……(答)

(3)　(a)の結果に，(c)の結果を代入すると

$64 = 2250I$

∴　$I = 2.84 \times 10^{-2} \fallingdotseq 2.8 \times 10^{-2}$〔A〕　……(答)

(e)の結果の合成抵抗を用いた回路の式を(f)とする。

$E = (2900 + r)\,I'$　……(f)

(d)の結果に，(f)の式を代入すると

$(2900 + r)\,I' - 20 = (2000 + r)\,I'$

∴　$I' = 2.22 \times 10^{-2} \fallingdotseq 2.2 \times 10^{-2}$〔A〕　……(答)

(c)の結果に，(f)の式を代入して r を求めると

$(2900 + r)\,I' = (2250 + r)\,I$

∴　$r = \dfrac{2900I' - 2250I}{I - I'} = 7.13 \times 10 \fallingdotseq 7.1 \times 10$〔Ω〕　……(答)

(a)の結果より

$E = 64 + rI = 64 + 2.0 \fallingdotseq 6.6 \times 10$〔V〕　……(答)

4 解答 ≪波の基本，定在波≫

(1)(a)　振幅：2.0m　波長：2.0m

(b)　周期1.0sより　　振動数$=\frac{1}{1.0}=1.0$〔Hz〕　……(答)

波の速さ＝振動数×波長より　　$1.0\times2.0=2.0$〔m/s〕　……(答)

(c)

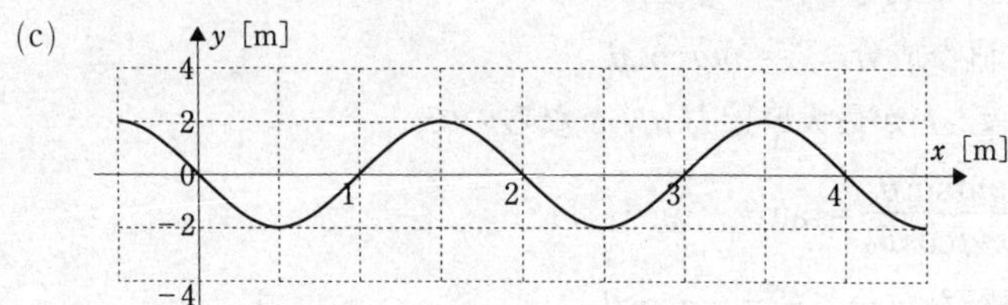

(d)

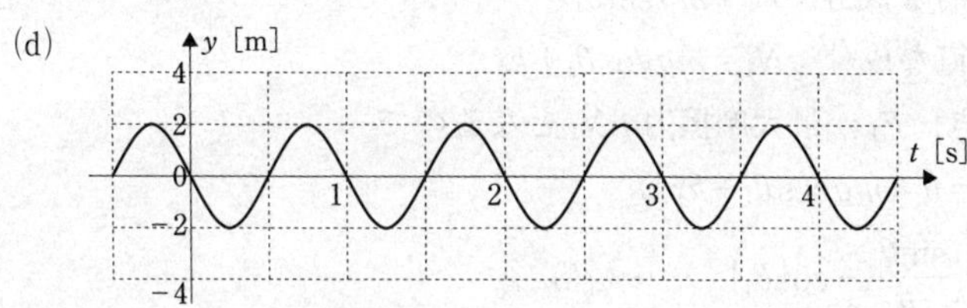

(2)(e)　定在波〔定常波〕

(f)　最大となる点：腹

0となる点：節

(g)

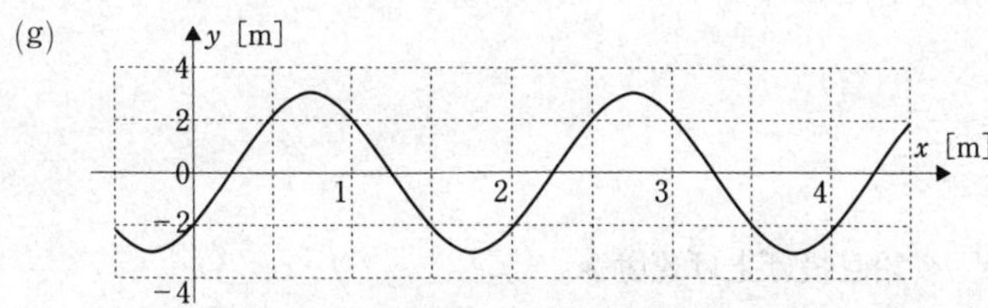

(h)　図2の実線の波の$x=0.5$mの山と破線の波の$x=2.0$mの谷が，$x=1.25$mで重なるときである。波の速さ2.0m/sより

$(1.25-0.5)\div2.0=0.375$〔s〕　……(答)

◀1月24日実施分▶

1 解答 《静止摩擦係数》

(1)(a) 斜面に平行な成分：$F=mg\sin\theta$

斜面に垂直な成分：$N=mg\cos\theta$

(b) $\theta=\theta_0$ のとき，F が最大摩擦力 μN となるので

$$\mu=\frac{F}{N}=\frac{mg\sin\theta_0}{mg\cos\theta_0}=\tan\theta_0 \quad \cdots\cdots(答)$$

(2)(c) 斜面に平行な成分：$F_1=mg\sin\theta_1$

斜面に垂直な成分：$N_1=mg\cos\theta_1+kx$

(d) $x=x_m$ のとき，F_1 が最大摩擦力 μN_1 となるので

$$mg\sin\theta_1=\mu\ (mg\cos\theta_1+kx_m)$$

$$\therefore\quad x_m=\frac{mg}{k}\left(\frac{\sin\theta_1}{\mu}-\cos\theta_1\right) \quad \cdots\cdots(答)$$

(e) (c)のつり合いの式で，$\theta_1=90°$，$x=x_L$ とする。

$$F_1=mg,\ N_1=kx_L$$

物体が落ちない条件 $F_1\leqq\mu N_1$ より

$$x_L\geqq\frac{mg}{\mu k} \quad \cdots\cdots(答)$$

2 解答 《鉛直投げ上げ運動》

(1)(a) 求める時間を t〔s〕とする。鉛直投げ上げの式より

$$0=19.6-9.8t \qquad \therefore\quad t=2.0〔\mathrm{s}〕 \quad \cdots\cdots(答)$$

(b) 鉛直投げ上げの式より

$$19.6\times2.0-\frac{1}{2}\times9.8\times2.0^2=19.6〔\mathrm{m}〕$$

$$\therefore\quad 19.6+9.8=29.4〔\mathrm{m}〕 \quad \cdots\cdots(答)$$

(2)(c) 求める速さを v〔m/s〕とする。図より 1.0s で最高点に到達している。鉛直投げ上げの式より

$0=v-9.8\times1.0$　　$\therefore\ v=9.8$〔m/s〕 ……(答)

(d) 鉛直投げ上げの式より

$$9.8\times1.0-\frac{1}{2}\times9.8\times1.0^2=4.9〔\mathrm{m}〕$$

$\therefore\ 9.8+4.9=14.7$〔m〕 ……(答)

(e) 求める速さを v_1〔m/s〕とする。鉛直投げ上げの式より

$$v_1{}^2-9.8^2=2\times(-9.8)\times(-9.8)$$

$\therefore\ v_1=9.8\times\sqrt{3}=16.6\fallingdotseq1.7\times10$〔m/s〕 ……(答)

(f) 地面に達する時刻を t_1〔s〕とすると

$$-9.8=9.8t_1-\frac{1}{2}\times9.8\times t_1{}^2$$

$t_1>0$ より　　$t_1=1+\sqrt{3}=2.7$〔s〕

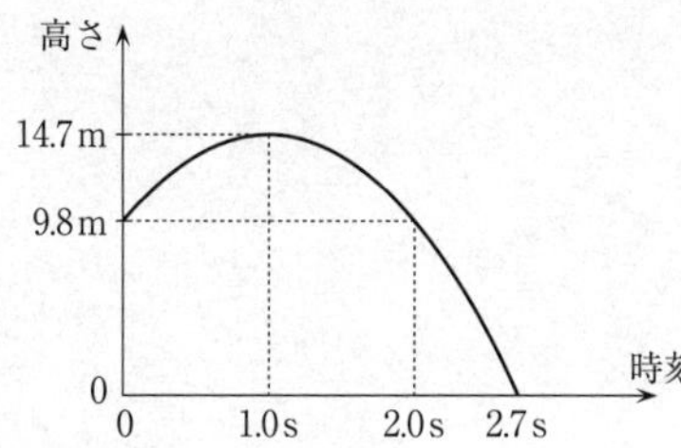

(3) 小球Bを投げ上げてから t_2〔s〕後に衝突するとする。

$$9.8\times t_2-\frac{1}{2}\times9.8\times t_2{}^2=19.6\times(t_2-1)-\frac{1}{2}\times9.8\times(t_2-1)^2$$

$\therefore\ t_2=1.25$〔s〕 ……(答)

3 解答 ≪直流回路≫

(1) AB間の電圧は　　100V ……(答)

流れる電流は　　$100\div20=5$〔A〕 ……(答)

(2) AB間の電圧は　　100V ……(答)

流れる電流は　　$100\div20=5$〔A〕 ……(答)

(3) AB間の電圧は　　100V ……(答)

流れる電流は　　$100\div20=5$〔A〕 ……(答)

(4) AB間を流れる電流を I_4〔A〕とすると

$20I_4+20I_4=100$ より　$I_4=2.5$〔A〕……(答)

AB 間の電圧は　$20\times2.5=50$〔V〕……(答)

(5)　スイッチを閉じているので，AB 間の電圧は　0V　……(答)

流れる電流は　0A　……(答)

(6)　AB 間を流れる電流を I_6〔A〕とすると

$20I_6+20I_6=100$ より　$I_6=2.5$〔A〕……(答)

AB 間の電圧は　$20\times2.5=50$〔V〕……(答)

(7)　AB 間を流れる電流を I_7〔A〕とする。回路の対称性から

スイッチを流れる電流は 0A なので

$20I_7+20I_7=100$ より　$I_7=2.5$〔A〕……(答)

AB 間の電圧は　$20\times2.5=50$〔V〕……(答)

4　解答　≪小問集合≫

(1)　$\dfrac{V_1}{V_2}=\dfrac{N_1}{N_2}$

(2)　実効値

(3)　$L=\dfrac{m\lambda_m}{2}$

(4)　熱容量＝比熱×質量 より

$0.38\times200+4.2\times200=916$〔J/K〕……(答)

(5)　$p'=p+\rho gh$

(6)　不可逆変化

(7)　$e=\dfrac{Q_{in}-Q_{out}}{Q_{in}}$

(8)　媒質

(9)　1C

(10)　名称：α 線，β 線，γ 線

単位：ベクレル（Bq），　シーベルト（Sv），　グレイ（Gy）

◀ 1 月 25 日実施分 ▶

1 解答 《浮　力》

(1) ア．流体　イ．重力　ウ．アルキメデス

(2) 入浴のとき，身体が少し軽くなりリラックスできる。

(3)(a) $\dfrac{V_A - V_B}{V_A}$

(b) $\rho_1 V_A g$

(c) $\rho_2 V_B g$

(d) 氷山全体のつり合いは

$$\rho_2 V_B g = \rho_1 V_A g \qquad V_B = \frac{\rho_1}{\rho_2} V_A$$

$$\therefore \quad \frac{V_A - V_B}{V_A} \times 100 = \left(1 - \frac{\rho_1}{\rho_2}\right) \times 100$$

$$= (1 - 0.899) \times 100 = 10.1$$

$$\fallingdotseq 1.0 \times 10 〔\%〕 \quad \cdots\cdots (答)$$

2 解答 《鉛直ばねの振動》

(1) ばねの伸びを x とする。おもりのつり合いより

$$mg = kx \qquad \therefore \quad x = \frac{mg}{k} \quad \cdots\cdots (答)$$

(2)(a) 運動エネルギーの式：0

重力による位置エネルギーの式：$-mgy$

弾性力による位置エネルギーの式：$\dfrac{1}{2}ky^2$

(b) 求める速さを v とする。力学的エネルギー保存則より

$$\frac{1}{2}mv^2 = -mgy + \frac{1}{2}ky^2$$

$$\therefore \quad v = \sqrt{\frac{k}{m}y^2 - 2gy} \quad \cdots\cdots (答)$$

(c)　求める速さを v' とする。力学的エネルギー保存則より

$$\frac{1}{2}mv'^2-mg\left(\frac{mg}{k}\right)+\frac{1}{2}k\left(\frac{mg}{k}\right)^2=-mgy+\frac{1}{2}ky^2$$

$y>\dfrac{mg}{k}$ より

$$v'=\left(y-\frac{mg}{k}\right)\sqrt{\frac{k}{m}}\quad\cdots\cdots(答)$$

(3)(d)　移動する初めと終わりの位置だけで，力のする仕事量が決まっているような力のこと。

(e)「垂直抗力の向き」が移動する向きと垂直で，垂直抗力のする仕事量は0なので，力学的エネルギー保存の法則を使うことができる。

3　解答　≪磁力線，交流，ダイオード≫

(1)

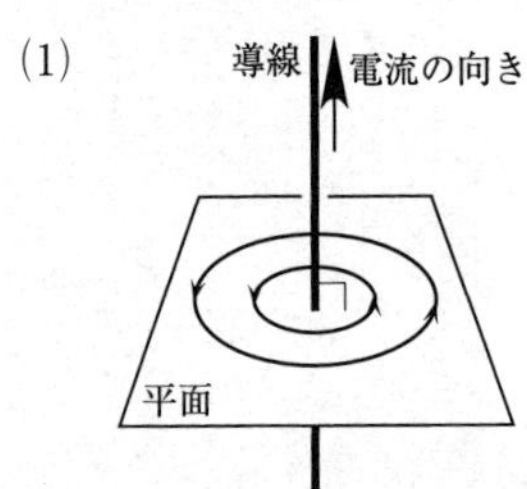

(2)　直流は電流の向きが一定である。交流は電流の向きや大きさが周期的に変化する。

(3)

電圧〔V〕
141
0
−141
0.01　0.02　0.03　0.04　0.05
時間 t〔s〕

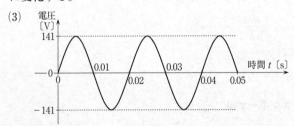

(4)(a)　$P=VI$

(b)　$p=I^2r$

(c)　(a)，(b)の結果より

$$p=\left(\frac{P}{V}\right)^2r=\frac{P^2r}{V^2}\quad\cdots\cdots(答)$$

(d)　送電電圧は大きい方が良い。

(e)　(c)の結果より，送電電圧 V が大きいほど p が小さくなる。

(5)　ダイオードは一定方向の電流を流し，反対方向の電流は流さない回路素子である。

4　解答　≪熱の仕事当量，熱効率≫

(1)　ア．比例　イ．4.2　ウ．0.010　エ．熱の仕事当量　オ．4.2

(2)　あ．Q　い．W

カ．熱力学第一法則

(3)　キ．熱機関　ク．熱効率

う．W　え．Q_1　お．Q_1　か．Q_2　き．Q_1

化学

◀1月23日実施分▶

1 解答 ≪酸化還元，物質の状態図，溶液の性質，鉛蓄電池，陽イオン分析，気体の製法≫

(1)―イ　(2)―エ　(3)―ア　(4)―イ　(5)―エ　(6)―オ

2 解答 ≪酸化還元滴定，反応の量的関係，固体の溶解度，浸透圧，溶液のpH，工業的製法≫

(1)　8.0×10^{-2} mol/L　(2)　1.8×10^{24} 個　(3)　32　(4)　2.5×10^{5} Pa

(5)　2.0　(6)　224L

3 解答 ≪結合，結晶の分類と性質≫

(1)　ア．クーロン力（静電気力）　イ．共有結合　ウ．共有電子対

エ．非共有電子対　オ．配位結合　カ．結合エネルギー　キ．極性

ク．ファンデルワールス力　ケ．分子（性）結晶

(2)　アンモニア：

$$\mathrm{H:\overset{\cdot\cdot}{\underset{\cdot\cdot}{N}}:H}\atop\mathrm{H}$$

アンモニウムイオン：

$$\left[\begin{matrix} & \mathrm{H} & \\ & \cdot\cdot & \\ \mathrm{H}: & \mathrm{N} & :\mathrm{H} \\ & \cdot\cdot & \\ & \mathrm{H} & \end{matrix}\right]^{+}$$

(3)　946kJ/mol

(4)　分子間に強い水素結合を形成するから。(10～20字)

(5)　B，C

4　解答　≪油脂，セッケン≫

(1)　ア．グリセリン　イ．脂肪油　ウ．脂肪　エ．硬化油　オ．けん化
カ．疎水（親油）　キ．親水　ク．ミセル　ケ．乳化　コ．硬水

(2)　①弱塩基性

②水中で塩の加水分解反応を起こすから。(20 字以内)

(3)　界面活性剤

(4)　① 880　② $C_{17}H_{31}COOH$　③ 20 g

◀1月24日実施分▶

1 解答 ≪酸塩基，気体の法則，平衡状態，塩の液性，不斉炭素原子，高分子の性質や用途≫

(1)―オ　(2)―ウ　(3)―オ　(4)―オ　(5)―オ　(6)―エ

2 解答 ≪原子量，電気分解，反応の量的関係，水溶液の pH，凝固点降下，糖の計算≫

(1)　93％　(2)　0.51g　(3)　56mL　(4)　10.3　(5)　−5.55℃
(6)　3.06g

3 解答 ≪溶解のしくみ，コロイド溶液の性質≫

(1)　ア．電離　イ．極性　ウ．ヒドロキシ（水酸）　エ．水素
オ．水和（溶媒和）　カ．nm　キ．チンダル　ク．ブラウン

(2)　$FeCl_3 + 3H_2O \longrightarrow Fe(OH)_3 + 3HCl$

(3)　(A)，(D)

(4)　水酸化鉄(Ⅲ)の微粒子表面が正に帯電しており，電気的に反発するから。(30字程度)

(5)　①凝析　②$SO_4{}^{2-}$

(6)　コロイド粒子に水分子が衝突し進行方向が不規則に変化するから。(30字程度)

4 解答 ≪14族元素，結晶格子≫

(1)　ア．金属　イ．還元　ウ．ダイヤモンド　エ．共有結合　オ．絶縁体
カ．半導体　キ．共有結合　ク．アモルファス（非晶質）　ケ．示す
コ．示さない

(2)　A―14　B―4　C―2

(3)　HF

(4)　Pb，Sn

(5)　O

(6)　$SiO_2 + 2C \longrightarrow Si + 2CO$

(7)　①８個　②$2.4\,g/cm^3$

◀1月25日実施分▶

1 解答 ≪結合，実在気体，溶液の性質，電気分解，液性，ハロゲン≫

(1)―ウ (2)―エ (3)―イ (4)―ウ (5)―エ (6)―オ

2 解答 ≪中和滴定，固体の溶解，気体の法則，工業的製法の計算，物質量計算，ヘスの法則≫

(1) 90 (2) 35g (3) 1.5×10^5Pa (4) 5.6L (5) 3.6×10^{23}個

(6) 137kJ

3 解答 ≪遷移元素，工業的製法，陽イオン分析≫

(1) ア．遷移 イ．不動態 ウ．配位 エ．正八面体 オ．緑青

(2) a．赤褐 b．青白 c．黒 d．深青

(3) **A**．CN^-

B．$[Cu(NH_3)_4]^{2+}$ 名称：テトラアンミン銅(Ⅱ)イオン

(4) $Fe^{3+}+3OH^- \longrightarrow Fe(OH)_3$

(5) $Cu(OH)_2 \longrightarrow CuO+H_2O$

(6) ① 4.0kg ② 1.7×10^3L

4 解答 ≪芳香族化合物，構造異性体，芳香族化合物の分離≫

(1) **A**．名称：ベンゼンスルホン酸 構造式：（ベンゼン環）$-SO_3H$

B．名称：ニトロベンゼン 構造式：（ベンゼン環）$-NO_2$

C．名称：アニリン塩酸塩 構造式：（ベンゼン環）$-NH_3Cl$

D．名称：アニリン 構造式：（ベンゼン環）$-NH_2$

E．名称：ピクリン酸　　構造式：（2,4,6-トリニトロフェノール：ベンゼン環に OH，O_2N，NO_2，NO_2）

F．名称：安息香酸　　構造式：$C_6H_5-C(=O)-OH$

(2)　ア．強酸性　イ．弱塩基性　ウ．置換　エ．弱酸性

(3)　$C_6H_5-C(=O)-OH + NaHCO_3 \longrightarrow C_6H_5-C(=O)-ONa + H_2O + CO_2$

(4)　4種類

(5)　異性体**X**の名称：*o*-キシレン　　構造式：$C_6H_4(CH_3)_2$（CH_3，CH_3 がオルト位）

(6)　$C_6H_4(C(=O)-OH)_2 \longrightarrow C_6H_4(CO)_2O + H_2O$

■生物■

◀1月23日実施分▶

1　解答　≪酵素の成分とはたらき≫

問1．ア．アミノ酸　イ．触媒　ウ．アミラーゼ
エ．マルトース（麦芽糖）　オ．基質特異性　カ．活性部位

問2．3

問3．

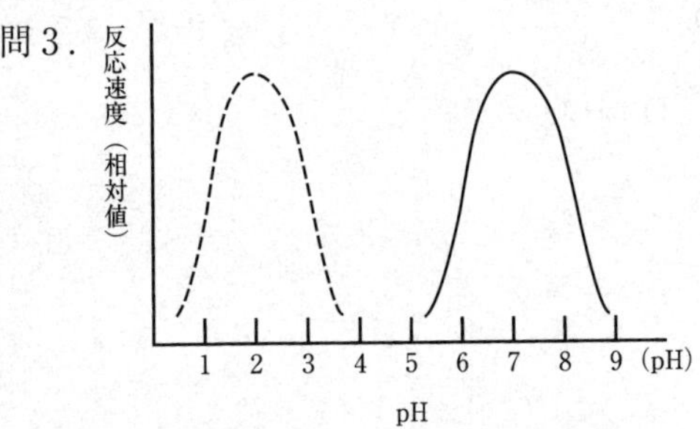

問4．1．両　2．両　3．×　4．葉　5．ミ

問5．キ．酵素Z　ク．酵素X　ケ．酵素Y

2　解答　≪バイオームの水平分布と垂直分布≫

問1．ア．水平　イ．垂直

問2．ウ―9　エ―3　オ―10

問3．5

問4．生物群系

問5．A―○　B―×　C　×　D―×

問6．番号：③　名称：照葉樹林

問7．熱帯多雨林

問8．78.1

問9．109.0

3 解答 ≪恒常性と肝臓・腎臓のはたらき≫

問1．アー18　イー33　ウー20　エー9　オー27　カー3　キー25　クー23　ケー11　コー15　サー13　シー21　スー19　セー30　ソー4　ター32　チー17

問2．赤血球の酸素ヘモグロビンは，二酸化炭素濃度が高く酸素濃度が低い末梢組織では，酸素との結合が弱まり酸素が放出されやすい。(40字以上60字以内)

問3．一時的に蓄えられる器官：胆のう
　　放出される消化管の部位：十二指腸

問4．(ホルモン名，内分泌腺および細胞の名称の順)
低下時：グルカゴン，ランゲルハンス島A細胞
上昇時：インスリン，ランゲルハンス島B細胞

問5．62.9mL/拍

問6．125mL/分

4 解答 ≪遺伝子の発現調節≫

問1．オペロン

問2．プロモーター

問3．翻訳される領域：エキソン
　　翻訳されない領域：イントロン

問4．A株－1　B株－2

問5．アー3　イー5　ウー1　エー6

問6．選択的スプライシングはスプライシングの際に取り除かれる部位が変化する現象で，1つの遺伝子から2種類以上のmRNAが合成されるので，1つの遺伝子から多種類のタンパク質が合成できることになる。(50字以上100字以内)

問7．オー2　カー5　キー9　クー11

◀1月24日実施分▶

1　解答　≪染色体とDNAの構造，細胞周期≫

問1．ア―3　イ―16　ウ―18　エ―4　オ―15　カ―10　キ―9　ク―11　ケ―6　コ―12

問2．構成単位の名称：ヌクレオチド　Xの向き：3　Yの向き：2

問3．2，3，6

問4．(1)20時間

(2)G_1期（時間）：$\frac{t}{2}$　S期（時間）：$\frac{7}{20}t$　G_2期（時間）：$\frac{t}{10}$

M期（時間）：$\frac{t}{20}$

2　解答　≪生体防御≫

問1．ア―10　イ―12　ウ―2　エ―8　オ―5　カ―4

問2．A―2　B―6　C―3　D―4　E―7

問3．リゾチーム

問4．(1)自己の成分が抗原と認識され，抗体やキラーT細胞が反応して生じる疾患。（25字以上40字以内）

(2)―2，3，6

問5．アナフィラキシーショック

3　解答　≪植物の光合成と遷移≫

問1．ア．光合成　イ．呼吸　ウ．相観　エ．優占種　オ．遷移

問2．植物X：陰生植物　植物Y：陽生植物

問3．1，4

問4．名称：光補償点　植物X―B　植物Y―D

問5．名称：光飽和点　植物X―E　植物Y―J

問6．亜高木層

問7．2

問8．極相林

問9．極相林でも倒木などによりギャップが生じると，林床まで光が届くようになるため。(25 字以上 40 字以内)

4 解答 ≪動物の環境応答と学習≫

問1．ア－9　イ－18　ウ－20　エ－29　オ－28　カ－1　キ－4　ク－14

問2．1

問3．3，6

問4．実験1に比べると，実験3では2回目以降の到達時間が急激に早くなっているから。(30 字以上 40 字以内)

問5．前回の実験の経験から学習した結果，到達時間が早くなった可能性があるため。(30 字以上 40 字以内)

◀1月25日実施分▶

1 解答 ≪原核細胞と真核細胞の構造≫

問1．ア．核　イ．原核細胞　ウ．真核細胞　エ．DNA（遺伝物質）
オ．細胞膜

問2．小胞体，ゴルジ体，リボソーム

問3．1－○　2－×　3－○　4－×

問4．5

問5．あ－○　い－○　う－○　え－×　お－○　か－○　き－×
く－×　け－○　こ－○　さ－○　し－○

問6．色素の名称：クロロフィル　**A**．$6CO_2$　**B**．$6O_2$

2 解答 ≪生体防御≫

問1．ア－11　イ－1　ウ－14　エ－13　オ－10　カ－2　キ－15
ク－4

問2．⑴赤血球－5　白血球－7　血小板－2
⑵赤血球－3　白血球－2　血小板－6

問3．自然免疫

問4．造血幹細胞

問5．⑴ワクチン
⑵

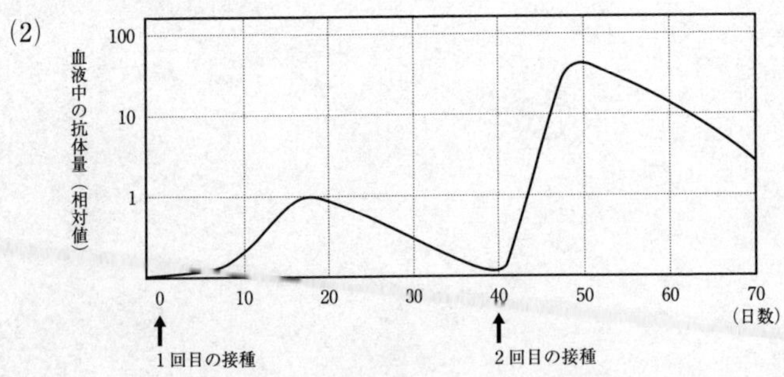

3 解答 ≪バイオームの水平分布と垂直分布≫

問1．ア．降水量　イ．気温　ウ．水平分布　エ．1000　オ．垂直分布

問2．A．針葉樹林　植物種－2，7

B．夏緑樹林　植物種－1，6

C．照葉樹林　植物種－3，4

D．亜熱帯多雨林　植物種－5，8

問3．Ⅰ．分類群－1　植物種－1

Ⅱ．分類群－6　植物種－4

Ⅲ．分類群－5　植物種－3

Ⅳ．分類群－3　植物種－2

問4．森林限界

問5．強風，低温

問6．二酸化炭素

4 解答 ≪バイオテクノロジー≫

問1．デオキシリボース

問2．遺伝子組換え

問3．$\frac{1}{4096}$

問4．2

問5．1，7

問6．形質転換

問7．トランスジェニック

問8．プロモーター

問9．基本転写因子

問10．ゲノムDNAにはイントロンがありスプライシングが必要だが，原核生物の大腸菌はスプライシングしないので，mRNAから作られたイントロンのない相補的DNAを用いる。(50字以上80字以内)

問五　オ

三

出典　ヤマザキマリ『壁とともに生きる――わたしと「安部公房」』〈第一章「自由」の壁――『砂の女』〉（NHK出版新書）

解答

問一　ア・ウ

問二　b・e

問三　存在を証明

問四　ア・エ・オ

問五　エ

四

出典　田口洋美『クマ問題を考える――野生動物生息域拡大期のリテラシー』〈第2章　生息域拡大期の現実〉（ヤマケイ新書）

解答

問一　A―ア　B―オ　C―イ　D―カ

問二　a―エ　b―カ　c―ア

問三　エ

問四　エ

問五　ウ

問六　イ・ウ

▲一月二五日実施分▼

一

出典　小浜逸郎『日本語は哲学する言語である』〈はじめに〉（徳間書店）

解答

問一　a―ウ　b―ア　c―エ　d―イ　e―オ

問二　エ

問三　ウ

問四　イ

問五　日本人の日本語理解は他国の言葉との関係を通して初めて、「曖昧で非論理的」という自己認識を強いられた（三十五文字以上五十文字以内）

問六　それでも日

問七　ア

二

出典　竹内啓『偶然とは何か――その積極的意味』〈第5章　偶然にどう対処すべきか〉（岩波新書）

解答

問一　エ

問二　自分にとって

問三　エ

問四　事後に結果

三

出典 内田樹『こんな日本でよかったね――構造主義的日本論』〈三章　生き延びる力――コミュニケーションの感度　生きていてくれさえすればいい〉（文春文庫）

解答

問一　A―ウ　B―オ

問二　幼児死亡率が高かったこと

問三　a―エ　b―オ

問四　ウ

問五　ローンとか

四

出典 西垣通『ビッグデータと人工知能――可能性と罠を見極める』〈第三章　人工知能が人間を超える!?〉（中公新書）

解答

問一　人間の心

問二　オ

問三　具体

問四　A―イ　B―オ　C―エ

問五　エ

▲一月二四日実施分▼

一

出典　前野ウルド浩太郎『孤独なバッタが群れるとき――『バッタを倒しにアフリカへ』エピソード1』〈第1章　運命との出逢い〉（光文社新書）

解答

問一　a―ア　b―オ　c―ウ　d―オ　e―ア

問二　オ

問三　農作物

問四　黒いサバクトビバッタの大発生は、高い機動力を誇る成虫と地面を進む幼虫が群生相となり引き起こすこと。（三十五文字以上五十文字以内）

問五　イ・エ

問六　ア・イ

二

出典　外山美樹『勉強する気はなぜ起こらないのか』〈第五章　ネガティブでも大丈夫？〉（ちくまプリマー新書）

解答

問一　A―ア　B―ウ　C―ア　D―イ

問二　ウ

問三　X―ウ　Y―イ

問四　ウ

問五　イ・エ

問三 断絶
問四 ア
問五 ウ
問六 オ

二

出典　デイビッド・バリー『動物たちのナビゲーションの謎を解く――なぜ迷わずに道を見つけられるのか』〈第20章　ウミガメの驚きの回帰能力〉（熊谷玲美訳、合同出版）

解答

問一　A－オ　B－ウ

問二　ウミガメに何をしても大丈夫

問三　磁気

問四　エ・オ

問五　エ

三

出典　外山滋比古『思考の整理学』〈整理〉（ちくま文庫）

解答

問一　ウ

問二　Y

問三　忘却

問四　新しいことを考え出す

問五　オ

四

出典　藤井直敬『ソーシャルブレインズ入門――〈社会脳〉って何だろう』〈第2章　これまでのソーシャルブレインズ研究――顔、目、しぐさ〉（講談社現代新書）

解答

問一　ウ

問二　エ

国語

▲一月二三日実施分▼

一

出典　森村和浩「スポーツと脳の成長」(佐藤善人編著『スポーツと君たち――10代のためのスポーツ教養』〈第9章〉大修館書店)

解答

問一　A―ウ　B―エ　C―ア　D―キ

問二　a―エ　b―エ　c―イ　d―イ　e―エ

問三　V、成績にかかわっている　W、勉強でしかきたえられない

問四　ア

問五　Y―オ　Z―エ

問六　走ることにより前頭前野が活性化し、さらに持久力を高めることで脳の成長や安定をうながす効果が見られる。(三十五文字以上五十文字以内)

■一般選抜（Ⅱ期）

問題編

▶試験科目・配点

学部等	教　科	科　　目	配　点
生命環境・医療科（医療福祉を除く）	選　択	「コミュニケーション英語Ⅰ・Ⅱ」，「数学Ⅰ・Ⅱ・A・B」，「物理基礎・物理」，「化学基礎・化学」，「生物基礎・生物」，「国語総合（古文，漢文を除く）」から2科目選択	200点（各100点）
医療科（医療福祉）	選　択	「コミュニケーション英語Ⅰ・Ⅱ」，「日本史A・B」，「世界史A・B」，「数学Ⅰ・Ⅱ・A・B」，「物理基礎・物理」，「化学基礎・化学」，「生物基礎・生物」，「国語総合（古文，漢文を除く）」から2科目選択	200点（各100点）
教育人間科（学校教育－中高英語）	英　語	コミュニケーション英語Ⅰ・Ⅱ	100点
	選　択	「日本史A・B」，「世界史A・B」，「数学Ⅰ・Ⅱ・A・B」，「物理基礎・物理」，「化学基礎・化学」，「生物基礎・生物」，「国語総合（古文，漢文を除く）」から1科目選択	100点
教育人間科（学校教育－中高理科）	選　択	「コミュニケーション英語Ⅰ・Ⅱ」，「日本史A・B」，「世界史A・B」，「数学Ⅰ・Ⅱ・A・B」，「物理基礎・物理」，「化学基礎・化学」，「生物基礎・生物」，「国語総合（古文，漢文を除く）」から2科目選択（ただし「数学Ⅰ・Ⅱ・A・B」，「物理基礎・物理」，「化学基礎・化学」，「生物基礎・生物」のうちいずれか1科目を必須とする）	200点（各100点）
教育人間科（その他）	選　択	「コミュニケーション英語Ⅰ・Ⅱ」，「日本史A・B」，「世界史A・B」，「数学Ⅰ・Ⅱ・A・B」，「物理基礎・物理」，「化学基礎・化学」，「生物基礎・生物」，「国語総合（古文，漢文を除く）」から2科目選択	200点（各100点）

▶備　考

- 「数学Ⅰ」は「データの分析」を除く。「数学A」は「整数の性質」を除く。「数学B」は「数列・ベクトル」から出題する。
- 「物理」は「様々な運動，電気と磁気」から出題する。

- 問題選択について

  「英語」「数学」「国語」はそれぞれ4題中1題必須・2題選択。

  「日本史」「世界史」はそれぞれ5題中4題選択。日本史・世界史とも A または B のどちらかを履修していれば規定数の解答ができる。

  「物理」「化学」「生物」はそれぞれ4題中3題選択。「物理」は「物理基礎」，「生物」は「生物基礎」だけの履修者でも規定数の解答ができる。

- 学力試験2科目（ただし，教育人間科学部こども学科は2科目のうち高得点の1科目を採用し100点満点とする）と書類審査（調査書等）を行い，総合的に合否を決定。

英語

（2 科目 120 分）

1　問題〔1〕は必ず解答すること。

2　問題〔2〕～〔4〕の中から 2 問を選択し、その問題番号を解答用紙の選択問題番号欄に記入して、解答すること。

〔1〕以下の問題（A）～（D）に答えよ。

（A）(1)～(10)の英文の空欄に当てはまる最も適切なものをA～Dの中から1つ選び、記号で答えよ。

(1) Terry volunteered to help rebuild the town after it was (　　) by a tropical storm.

A accepted　　B damaged　　C forced　　D recovered

(2) When Stephan went to Austria on business, he met an old friend (　　) at the airport. They hadn't seen each other for a long time.

A by chance　　B by far　　C on board　　D at first

(3) The President has (　　) nothing to improve the international economic situation.

A accomplished　　B apologized　　C canceled　　D exchanged

(4) On the first day when they moved to London, Linda and Charles (　　) the town. They found a nice restaurant and had dinner there.

A shook　　B invented　　C explored　　D blamed

(5) Jennifer forgot to bring her glasses to school today. She could not (　　) what was written on the blackboard, so she asked her teacher if she could sit closer to it.

A shake up　　B push up　　C sell out　　D make out

(6) Betty wants to spend more time with her family, so she is planning to (　　) the number of hours she works.

A support　　B explain　　C reduce　　D offer

(7) X：Oh, no! Aren't we supposed to get Sarah a birthday present? What should we do?
Y：Let's (　　) her house first. There are a lot of good stores on the way.
A put away　B make up　C fall over　D head for

(8) In college, photography was just Theo's hobby, but now it is his (　　). He works for a fashion magazine.
A guilt　B falling　C occupation　D assessment

(9) Freddie is trying to (　　) sweets because he wants to lose weight. He takes healthy snacks to eat at work, and he never has dessert after meals.
A come up with　B look forward to　C stay away from　D reach out for

(10) Although Tomoko lives with her family in Japan, her brother lives (　　). He's studying at a university in Egypt.
A instead　B abroad　C upstairs　D home

(B) (1)～(10)の英文の空欄に当てはまる最も適切なものをA～Dの中から1つ選び、記号で答えよ。

(1) When I was in junior high school, I (　　) to the basketball club.
A belonged　B belong　C was belonging　D was belonged

(2) We decided (　　) this project.
A continue　B to continue　C continued　D continuing

(3) (　　) from a distance, it looked like a toy tower.
A Seeing　B Saw　C Seen　D Having seen

(4) My sister is in her (　　).
A twenties　B twentieth　C twenty　D twenty-year-old

(5) Ellen has three sisters. One is a student, and (　　) are office workers.
A another　B the other　C others　D the others

(6) I (　　) waited long before she turned up.
A had not　B have not　C should not be　D having not

(7) There is no (　　) spoiled children.

A　satisfied　　B　satisfy　　C　satisfying　　D　satisfaction

(8)　I haven't (　　) for a long time.

A　my hair cut　　B　had cut my hair
C　been cut my hair　　D　had my hair cut

(9)　You won't catch the train (　　) you hurry.

A　and　　B　as　　C　lest　　D　unless

(10)　I (　　) ever go on a trip alone. I like company.

A　almost　　B　hardly　　C　nearly　　D　always

(C)　次の(1)〜(5)の日本語に合うように、カッコ内に与えられた語句を並べ替え、英文を完成させ、並べ替えた部分のみを答えよ。なお、文頭に来るべき語も小文字で示してある。

(1)　この湖はかつて野生の水鳥の楽園でした。

(be / for / lake / a paradise / this / to / used / wild) waterbirds.

(2)　私は夢を追い続けるのが最も重要なことだと思います。

I think (dreams / following / important / is / most / one's / the) thing.

(3)　友人の手助けになることをすべきでしょう。

We (do / friends / help / our / should / to / we can / what).

(4)　怒りっぽくなければ、彼はいい青年です。

(bad / for / if / it / his / not / temper / were), he would be a nice boy.

(5)　その年配の男性は、ボランティアの学生たちに囲まれて座っていました。

(by / man / old / sat / student / surrounded / the / volunteers).

(D)　次の(1)〜(5)の英文の下線部(A)〜(D)のうち、1か所に誤りがある。誤っている箇所を記号で答え、正しく直しなさい。なお、指摘した下線部のみを修正することで、正しい英文になるようにすること。また、修正前後の語数が必ずしも同じとは限らない。

(1)　He shouted at(A) the top of his voice but could not make himself(B) hear(C) over(D) the traffic noise.

(2) Knowing not (A) what to say (B), she could do nothing (C) but remain (D) silent.

(3) When was it that (A) you learned that water is (B) composing (C) of (D) hydrogen and oxygen?

(4) I wanted to know when I can have (A) an answer from him; he told me to wait (B) until (C) the next day (D).

(5) Little did (A) I dreamed (B) that I would meet (C) you here. It's indeed a small world, isn't it (D)?

〔2〕次の空欄(1)～(10)に当てはまる表現として最も適切なものをA～Dの中から1つ選び、記号で答えよ。

What is the secret to a long life? Many people believe that it is positive thinking. Believing in our own ability (1) us happy, experts say. A positive approach to life also makes others want to help us, so we get good results. Above all, positive thinkers say that their (2) attitude keeps them happy and helps them live longer.

Negative thinking, on the other hand, has a (3) effect. If you expect to fail, then you probably will. A negative attitude also means your friends and colleagues are not so interested in (4) you. Pessimistic people tend to be unhappy and (5) successful.

Who can say for sure if positive thinking makes a difference? Scientists at the California Institute of Technology found different activity in the (6) of positive and negative people when they did the same task. The experiment didn't show that positive thinkers were more (7) at the task, but studies like this are helping us to learn more about (8) the brain works. As the research continues, we are getting closer to finding answers.

So for now, how do we (9) from negative to positive thinking? Many believe that the first step is finding our negative habits and (10) ourselves to be more optimistic. This will probably make us happier. Will we live longer? We will have to wait and see!

Source: 宍戸真・Steve Taylor-Knowles・Malcolm Mann *Supreme Reading 1* 2013 成美堂 p.22

(1) A get B gets C make D makes
(2) A harmful B negative C opposed D optimistic
(3) A bad B fine C good D well
(4) A helped B helping C helps D to help
(5) A best B better C least D less
(6) A brains B ears C eyes D stomachs
(7) A succeed B success C successful D successfully

(8)	A how	B what	C where	D who
(9)	A ask	B behave	C change	D demand
(10)	A bringing	B having	C taking	D training

〔3〕 次の各英文を読み、設問(1)～(5)に対する答えをそれぞれA～Dの中から1つ選び、記号で答えよ。

〈Section 1〉

You are invited to our 50th anniversary celebration.

Harlingen Children's Museum

1321 Danforth Street

Saturday, May 11

8:00 P.M. to 11:00 P.M.

Join us at the Harlingen Children's Museum for a special night of recognition and entertainment as we celebrate a half century of providing stimulating educational experiences for area children and their families. The gala will feature a buffet dinner catered by Café Lyon, a performance by local jazz group Nick and the Exchange, and a video tribute to our many staff members and volunteers.

We are also proud to present renowned author Diana Canul as our keynote speaker. A teacher and longtime supporter of educational causes, Ms. Canul has published over two dozen children's books. Signed copies of her latest release, *Cat Tails*, will be available for purchase in the main lobby.

Source: ETS (2021)『公式 TOEIC® Listening & Reading 問題集 8』p.50 一般財団法人国際ビジネスコミュニケーション協会

(1) What type of event is being promoted?

A An industry conference　　B A restaurant opening

C A museum anniversary　　D An awards ceremony

(2) What will NOT be featured at the event?

A A video presentation　　B A musical performance

C A speech　　D A contest

(3) What is indicated about Ms. Canul?

A She will be donating some books to the museum.

B She will receive an award for her achievements.

C She cares greatly about educational matters.

D She is a regular customer of Café Lyon.

〈Section 2〉

Notice to all employees:
March 31

Mandatory physical examinations will be conducted next week. Appointments have been arranged for all employees. Please see the schedule posted outside the first floor conference room. The exams will be conducted across the street at the Goddard Clinic. Please arrive 15 minutes prior to your appointment time to fill out paperwork. The clinic fees have already been paid, so there is no additional cost to you. They will keep a record of your files for the company. If you have any questions in reference to this please call me. My phone extension is 312.

Thank you,
Jill Morrison, H.R.
Jill Morrison

Source: Z会編集部編（2010）『弱点がわかる TOEIC® TEST 模試 600 問』 p.35

(4) When will the physical exams probably be done?

A In March

B In April

C In May

D In June

(5) What is indicated about the cost of the physical exams?

A The employees will pay at the clinic.

B It is paid by the company.

C The employees must pay it in advance.

D The exams are done free of charge.

〔4〕次の英文の内容に関しての文の後ろにくるものとして最も適切なものを Section 1 はA～D、Section 2 はA～Cの中から1つ選び、記号で答えよ。

〈Section 1〉

A bachelor's degree is given to graduates who finish four-to-six year programs at universities or colleges in Vietnam. It takes four years for students studying social science; five years for students of industrial engineering, and six years for students majoring in medical and dental sciences. Since only 15% or less of Vietnamese high school graduates go on to attend university or college, graduates who have bachelor's degrees are in an extremely advantageous position for job-hunting in Vietnam. They are on the career track, and are good candidates for executive positions in the future. Most graduates who have bachelor's degrees are conscious of their elite status, and they take an uncompromising attitude toward finding the right job. Because of this, it's not unusual for graduates to take part-time jobs until they find a satisfying and worthwhile job.

Source: Yamashita, I., Nishimura, A., Eberl, D., & Asama, M. (2015). *Global Business Trends*. Tokyo: Nan'un-do. pp. 40-41

(1) University students receive bachelor's degrees ________

A　when entering a university or college.

B　only if they major in social science.

C　after completing a several-year program at a university or college.

D　from people who have graduated from a university.

(2) The ratio of Vietnamese students advancing to university or college ________

A　is extremely high.

B　has not been determined.

C　proves that 15% of all the universities in Vietnam are national ones.

D　is less than one-fifth of high school graduates.

(3) Some university graduates believe that ________

A　it's better to work part-time than to take an unfulfilling job.

B　universities and colleges should give bachelor's degrees only to elite students.

C　the first impression they give can make or break them at a job interview.

D　working part-time gives them more advantages in job hunting.

〈Section 2〉

What can you do with 20 sticks of spaghetti, one yard of tape, one yard of string, and one marshmallow? Try the "Marshmallow Challenge"!

The Marshmallow Challenge is a team game. The goal is to build the tallest tower you can in 18 minutes. You don't have to use all the spaghetti, string, or tape, but the marshmallow must be at the top of the tower. The tower has to stand up by itself without any support. The team with the highest tower wins the challenge.

The idea for the activity came from a designer named Peter Skillman. Skillman's idea inspired another designer, Tom Wujec. Wujec thought the activity might be a great way to learn how people collaborate, or work together, better.

Wujec noticed that the best teams have three different kinds of people in them: experts, organizers, and experimenters. The experts know how to build strong structures. For example, they tape the spaghetti into small triangle shapes because triangles are stable. The organizers know how to plan a project. They help the team complete the project on time. The experimenters build lots of different towers. They try different prototypes until they find the right one.

Wujec has held more than 70 Marshmallow Challenges around the world—many with business people. Wujec realized that if business people work better as a team, they make better products or provide better services. As he says, "every project has its own marshmallow." With a simple team game, business workers and other groups of people can learn how to collaborate better and become more successful.

Source: Longshaw, R., Blass, L., Vargo, M., Yeates, E., Wisniewska, I., & Williams, J. (2015). *21st Century Reading－creative thinking and reading with TED Talks.* Boston, MA: Cengage Learning. pp. 22-29

(4) When people do the Marshmallow Challenge, they learn how to ________

A plan a large project.

B work as a team.

C design a real building.

(5) Tom Wujec learned that the best teams ________

A have people with different skills.

B plan only one tower.

C have business people in them.

日本史

（2科目 120分）

1　**問題〔1〕～〔5〕のうちから4問選択して解答せよ。**

2　**選択した問題の番号を解答用紙の選択問題番号欄に記入せよ。**

〔1〕 次の文章を読み、以下の問いに答えよ。

［ 1 ］年、［ 2 ］天皇は［ 3 ］京へ遷都した。［ 3 ］京は唐の都［ 4 ］にならい、碁盤の目状に東西・南北に走る道路で区画される［ 5 ］をもつ都市であった。京には貴族・官人・庶民が住み、大寺院が立派な伽藍建築を誇った①。人口は約［ 6 ］人といわれる。都市の中央には南北に走る［ 7 ］で東の左京と西の右京に分けられた。左京・右京には官営の［ 8 ］が設けられ、［ 9 ］がこれを監督した。［ 8 ］では、地方から運ばれた物産、官吏たちに現物給付した布や糸などが交換された。［ 10 ］年、［ 11 ］から銅が献上されると、政府は年号を和同と改め、7世紀の［ 12 ］天皇時代の富本銭に続けて、唐にならい銅銭を鋳造した②。銭貨は都の造営に雇われた人びとへの支給などに利用され、また、政府はさらにその流通をめざすために法令も出した③。

問1　空欄［ 1 ］～［ 12 ］に当てはまる語句を次の語群から選び、記号で答えよ。

a　文武	b　藤原	c　市	d　30万	e　中つ道	f　天武
g　平城	h　筋交道	i　条坊制	j　御料所	k　元正	l　大極殿
m　10万	n　恭仁	o　土倉役	p　元明	q　市司	r　（選択肢削除）
s　相模	t　朱雀大路	u　武蔵	v　陸奥	w　708	x　710
y　723	z　長安				

問2　下線部①について、次の問いに答えよ。

①　遷都以前から存在していた大寺院で、［ 3 ］京に移築されてきたものは元興寺のほか、何があるか2つ答えよ。

②　南都七大寺と呼ばれる寺院の中で、［ 3 ］京の外に存在している寺院は何か、答えよ。

問3　下線部②について、次の問いに答えよ。

①　このとき作られた銅銭の名称を答えよ。

②　①の銅銭以降、平安時代まで、国家により銅銭の鋳造が行われたが、それらを総称して何と呼ぶか、答えよ。

③　②の鋳造貨幣の最後のものを何というか、答えよ。

問4　下線部③について、銭をためることを奨励した法令を何というか、答えよ。

〔2〕次の文章を読み、以下の問いに答えよ。

中世の手工業は農閑期の副業として営まれていたが、農業技術の高まりにあわせてしだいに発達した。鉱業では陸奥の金、対馬の銀、薩摩・豊後の［1］などが採掘され、［2］に輸出された。また、武具や鉄製農具の需要増加に応じて、中国地方などでは［3］が採取された。

14から15世紀には、畑作物や果樹なども商品や手工業の原材料として広く栽培されるようになり、各地に特産物が生まれた。例えば、この時期に盛んになった闘茶を背景に需要の高まった茶は、［4］の室生、［5］の宇治などが特産地となった。［6］の飼料としての桑、［7］原料としての麻・苧、食器や工芸品の塗料としての［8］などの栽培も盛んであった。特に［9］から伝えられた綿花は優れた衣料原料として歓迎された。戦国時代になると、木綿は船舶の帆や火縄銃の導火線などの軍需品としても需要が高まり、主として［10］で栽培されるようになった。

問1　空欄［1］～［10］に当てはまる最も適切な語句を、次の空欄ごとの選択肢から1つ選び、記号で答えよ。

空欄［1］　a　銅　b　鉛　c　硫黄　d　すず
空欄［2］　a　東アジア　b　ヨーロッパ　c　中東　d　南アジア
空欄［3］　a　鉄鉱石　b　砂金　c　砂鉄　d　石炭
空欄［4］　a　和泉　b　河内　c　摂津　d　大和
空欄［5］　a　近江　b　丹波　c　山城　d　伊勢
空欄［6］　a　牛　b　蚕　c　馬　d　鶏
空欄［7］　a　衣料　b　製紙　c　薬品　d　火薬
空欄［8］　a　楮　b　漆　c　藍　d　菜種
空欄［9］　a　朝鮮　b　中国　c　オランダ　d　ポルトガル
空欄［10］　a　東日本　b　北海道　c　西日本　d　東北地方

問2　下線部に関して、14から15世紀の製塩について、次の文章の空欄［X］・［Y］にそれぞれ漢字2字で当てはまる語句を答えよ。

大量の労働力を必要とする［X］式塩田が列島各地の沿海部で広くみられ、とくに、瀬戸内海地方では、その一部で海の干満を利用した［Y］式塩田もみられた。

〔3〕次の文章を読み、以下の問いに答えよ。

ロシアは毛皮などを得るためにシベリアに進出し、18世紀には太平洋岸に達した。北方への関心が高まるなか、1792年、ロシア使節 [1] が根室にきて通商を求め、1804年には [2] が長崎にきて通商を要求した。幕府は江戸湾沿岸の警備を強化し、諸藩にも沿岸警備を命じた。蝦夷地周辺ではロシアとの紛争が続いたが、[3] 事件をきっかけに日露関係は改善された。こうしたなか、[4] は日本沿岸を測量して精密な日本地図を作成し、[5] や間宮林蔵は千島や樺太を探検した。

いっぽう、イギリスの軍艦がオランダ船を追って長崎に侵入するフェートン号事件①も起きた。このころからイギリスやアメリカの捕鯨船が日本近海にあらわれ、沿岸での紛争も起こるようになった②。このため幕府は、1825年に [X] 令を出し、異国船を撃退する強硬策をとった③。こうして日本をとりまく国際環境は変化を見せはじめた。

問1　空欄 [1] ～ [5] に当てはまる最も適切な人名を次から選び、記号で答えよ。

a　レザノフ	b　プチャーチン	c　ラックスマン	d　ゴロウニン
e　シーボルト	f　ハンベンゴロウ	g　津太夫	h　松平康英
i　大黒屋光太夫	j　近藤重蔵	k　伊能忠敬	l　佐久間象山

問2　下線部①が発生した背景となった事件として最も適切なものを次から1つ選び、記号で答えよ。

a　通商要求を拒絶されたイギリスが出島で貿易するオランダ船を襲撃した事件。

b　ナポレオン戦争によってオランダはフランスの属国となったこともあり、英仏戦争の余波を受けて起きた事件。

c　日本に漂流したイギリス人の釈放を求めて、漂流民を移送していたフェートン号を襲撃した事件

d　国外に持ち出しが禁止であった日本地図を入手しようとして起きた事件

問3　下線部②の時期に起きた出来事として適切でないものを次から1つ選び、記号で答えよ。

a　イギリス人ゴルドンによる通商要求

b　常陸大津浜でのイギリス捕鯨船暴行事件

c　薩摩藩の行列に対し、イギリス人の非礼を咎め、イギリス人を殺傷した生麦事件

d　薩摩宝島でのイギリス捕鯨船暴行事件

問4　空欄 [X] に当てはまる最も適切な語句を、漢字5字で答えよ。

問5　下線部③の結果、起きた事件として、最も適切なものを次から1つ選び、記号で答えよ。

a　ノルマントン号事件　　b　大津事件　　c　エルトゥール号事件　　d　モリソン号事件

〔4〕 次の文章を読み、以下の問いに答えよ。

A　明治政府は、1887年にアメリカ人 [1] や、[2] の影響のもと、伝統美術育成の立場から [3] を設立した。その後、フランスで学んだ [4] の帰国によって西洋画もさかんになった。一方、西洋音楽は軍楽隊で最初に取り入れられ、[5] らの努力によって小学校教育に西洋の歌謡を模倣した唱歌が採用された。1887年に東京音楽学校が設立されて専門的な音楽教育が始まり、[6] らの作曲家が現れた。

B　日清戦争前後には、啓蒙主義や合理主義に反発して、感情・個性の躍動を重んじる [7] 文学が日本でもさかんになった。[8] らの雑誌『文学界』がその拠点をなし、森鷗外①・[8] らの小説のほか、詩歌の分野でも『若菜集』などを発表した [9] の新体詩や『みだれ髪』を著した [10] などが注目された。また、『たけくらべ』など底辺の女性たちの悲哀を数編の小説に描いた [X] も [7] の運動の影響下にあった。

問1　空欄 [1] ～ [10] に当てはまる最も適切な語句を次から選び、記号で答えよ。

a　東京美術学校　　b　写実主義　　c　国木田独歩　　d　与謝野晶子
e　北村透谷　　f　土井晩翠　　g　フェノロサ　　h　自然主義
i　日本美術院　　j　滝廉太郎　　k　伊沢修二　　l　森鷗外
m　モース　　n　工部美術学校　　o　泉鏡花　　p　島崎藤村
q　岡倉天心　　r　フルベッキ　　s　黒田清輝　　t　ロマン主義

問2　下線部①について、この人物の著作でないものを次から1つ選び、記号で答えよ。

a　阿部一族　　b　舞姫　　c　金色夜叉　　d　山椒大夫

問3　空欄 [X] にあてはまる人物名を漢字で答えよ。

〔5〕 次の文章を読み、以下の問いに答えよ。

A　GHQは、軍国主義の温床になったとみて、財閥・寄生地主制を問題視し、それらの解体を経済民主化の中心課題とした。1945（昭和20）年11月、まず三井・三菱・住友・安田など15財閥の資産の凍結・解体が命じられ、翌年には［ 1 ］が発足した。さらに1947（昭和22）年には、いわゆる［ 2 ］によって持株会社やカルテル・トラストなどが禁止され、［ 3 ］によって巨大独占企業の分割がおこなわれることになった。

B　低賃金構造にもとづく国内市場の狭さを解消して対外侵略の基盤を除去する観点から、GHQの労働政策は労働基本権の確立と労働組合の結成支援に向けられた。1945（昭和20）年12月には［ 4 ］が制定され、労働者の団結権・団体交渉権・争議権が保障された。さらに、1946（昭和21）年に［ 5 ］、1947（昭和22）年には8時間労働制などを規定した［ 6 ］が制定された。

C　教育制度の自由主義的改革も民主化の重要な柱の一つであった。［ 7 ］・日本歴史・地理の授業を一時禁止し、［ 8 ］の勧告により、1947（昭和22）年に教育の機会均等や男女共学の原則をうたった［ 9 ］が制定され、義務教育が6年から9年に延長された。同時に制定された学校教育法により、4月から六・三・三・四制の新学制が発足した。1948（昭和23）年には、都道府県・市町村ごとに、公選による［ 10 ］が設けられ、教育行政の地方分権化がはかられた。

問1　空欄［ 1 ］～［ 10 ］に当てはまる最も適切な語句を次の語群から選び、記号で答えよ。

a　新民法　　b　過度経済力集中排除法　　c　持株会社整理委員会
d　鉄道国有法　　e　安全保障理事会　　f　独占禁止法
g　地方自治法　　h　傾斜生産方式　　i　経済安定九原則
j　労働関係調整法　　k　労働組合法　　l　日本労働組合総評議会
m　公害対策基本法　　n　労働基準法　　o　道徳
p　数学　　q　教育委員会　　r　アメリカ教育使節団
s　岩倉使節団　　t　日米行政協定　　u　教育基本法
v　文化財保護法　　w　教育令　　x　教育に関する勅語
y　修身　　z　シャウプ

問2　1946（昭和21）年11月に公布、1947（昭和22）年5月に施行された日本国憲法は、3原則を明らかにした画期的なものであった。その3原則とは、主権在民と基本的人権の尊重と何であるか。漢字で答えよ。

問3　GHQは農民層の窮乏が日本の対外侵略の重要な動機になったとして、寄生地主制を除去し、安定した自作農経営を大量に創出するよう求めた。その政策を何というか。漢字で答えよ。

世界史

(2科目 120分)

1 問題〔1〕～〔5〕のうちから4問選択して解答せよ。

2 選択した問題の番号を解答用紙の選択問題番号欄に記入せよ。

〔1〕 次の文章を読み、以下の問いに答えよ。

中世末期の西ヨーロッパでは都市が発展し、そこから中世の文化を引き継ぎながら、人間性の自由・解放を求め、各人の自由を尊重しようとする文化運動があらわれた。これがルネサンス(「 1 」の意味)で、およそ14世紀から16世紀にわたってヨーロッパ各地に広まった。ルネサンスは近現代につながる文化の出発という側面から理解されることが多いが、中世の文化の継承・発展という面もある。 2 教会の権威のもとにあった中世盛期の文化と比べて、ルネサンスでは現世に生きる楽しみや理性・感情の活動がより重視されたが、これを支えたのがヒューマニズム、すなわち人文主義(人間主義)の思想である。

この思想の背景にあった重要な出来事として、 3 帝国の滅亡(1453年)がある。同帝国の学者たちが、オスマン帝国(ア)の脅威から逃れるためにイタリアに移り、ギリシア語の知識を広め、古典研究の発展を導いたのである。それにより、ヨーロッパにおけるギリシア哲学(イ)の研究が深まり、人間中心主義的で自由な論理的思考が広がって、当時のキリスト教の権威主義的傾向を批判する契機となった。ルネサンス文芸は、まずイタリアで展開し、『神曲』で知られる 4 、「ヴィーナスの誕生」で知られるボッティチェリ(ウ)などが現れた。ルネサンス芸術の最高峰としては、絵画では「最後の晩餐」(エ)などで知られるレオナルド=ダ=ヴィンチ、彫刻では「ダヴィデ像」などで知られる 5 が挙げられよう。

問1 空欄 1 ～ 5 に当てはまる最も適切な語句を答えよ。

問2 下線部(ア)について、スルタン制が廃止され、ついにオスマン帝国が滅亡したのは何年か、答えよ。

問3 下線部(イ)について、『国家』などの作品でルネサンス文化に影響を与え、ソクラテスの弟子で『ソクラテスの弁明』を著わしたのは誰か、答えよ。

問4 下線部(ウ)について、ボッティチェリが生まれた都市の名称を答えよ。なお、ボッティチェリは当地の領主であるメディチ家のためにヴィーナスの誕生を描いたとされる。

問5 下線部(エ)について、この作品は、15世紀前半に編み出された絵画手法により、奥行きを持った大傑作である。その手法とは何か、答えよ。

〔2〕次の文章を読み、以下の問いに答えよ。

キリスト教の正典である『旧約聖書』は、キリスト教の母体となったユダヤ教の正典でもあった。その『旧約聖書』は、もともと［ 1 ］語系のヘブライ語で書かれているが、一部、［ 2 ］語の部分もある。この［ 2 ］語は［ 2 ］人たちの活動によって周辺にひろまり、古代オリエントの共通語となった。また、［ 2 ］文字は、アラビア文字やヘブライ文字だけではなく、東方のウイグル文字や突厥文字(ア)などの母体となったといわれる。

『旧約聖書』には、天地創造の物語（「創世記」）のほか、律法と、ヘブライ人の由来と歴史などが書かれている。そのなかでも、「ノアの方舟（洪水）」の伝説のようにメソポタミア文明の［ 3 ］人が残した「ギルガメッシュ叙事詩」(イ)が原型となっているものもある。

ヘブライ人たちは、前1500年ごろには現在のパレスチナに移住したが、その一部はさらにエジプトに移住した。しかし、エジプトではファラオの圧政に苦しめられたため、前［ 4 ］世紀、指導者モーセ(ウ)に率いられてエジプトを脱出した（出エジプト）。その後、前11世紀末にヘブライ王国を建設し、前10世紀ごろにはダヴィデ王とソロモン王の時代に繁栄を迎えた。しかし、前10世紀末には、王国は南北に分裂し、北のイスラエル王国は前722年に［ 5 ］によって滅ぼされ、南の［ 6 ］王国は前586年に新バビロニア王国(エ)に滅ぼされた。そのため、［ 6 ］王国の住民はバビロンに強制的に移住させられた。もともと、ヘブライ人は周辺民族による他称であって、自らはイスラエル人と称していた。そして、このバビロン捕囚のころから、ユダヤ人といわれるようになった。

このようにユダヤ人たちは受難の歴史を経験するなかで、唯一神への信仰や自分たちの民族のみが救われるという選民思想(オ)、そして、救世主（メシア）を待望する信仰をもつようになったが、こうしてユダヤ教が形成されていく。そして、その後もユダヤ人たちの苦難は続き、前1世紀末には［ 7 ］帝国の属州となった。1～2世紀には2度にわたって［ 7 ］帝国の支配に抵抗をこころみるが鎮圧され、ユダヤ人たちは故郷の地を追われて地中海各地に散らばってしまった。

問1　空欄［ 1 ］～［ 7 ］に当てはまる語句、または数字を次から選び、記号で答えよ。

a　アラム　　b　ユダ　　c　シュメール　　d　12
e　セム　　f　13　　g　アッシリア　　h　オスマン
i　アルタイ　　j　フェニキア　　k　ローマ　　l　インド＝ヨーロッパ

問2　下線部(ア)について、これらの文字を使用した突厥やウイグルの民族系統について正しいものを次から一つ選び、番号で答えよ。

①　スラヴ系　　②　アラブ系　　③　トルコ系　　④　モンゴル系

問3　下線部(イ)について、「ギルガメッシュ叙事詩」はメソポタミア文明で記録用に使用された文字で書かれている。その文字の名称を答えよ。

問4　下線部(ウ)について、モーセは出エジプトの途上、シナイ山で唯一の神から十戒を授かったといわれるが、そのユダヤ教の唯一の神の名称を答えよ。

問5　下線部(エ)について、新バビロニア王国の最盛期の王で、シリアを征服して最大領土を築いた王の名前を答えよ。

問6　下線部(オ)について、イエス=キリストはユダヤ教の中から新しい教えをうち立てたが、この選民思想とは対極にあり、のちのキリスト教の中核となる教えは何か、答えよ。

〔3〕次の文章を読み、以下の問いに答えよ。

13世紀末、トルコ系の武将オスマン=ベイによって小アジアの西北部に建国されたオスマン朝は、バルカン半島に領土を拡大していった。ムラト1世は、1362年、アドリアノープルを征服してここを首都に定め、1389年、コソヴォの戦いでセルビア・ボスニア等の連合軍を破り、ドナウ川以南の地を征服した。さらに1396年にはバヤジット1世がハンガリー王ジギスムントを中心とする西欧諸国連合十字軍を破り、ドナウ川下流域を支配下に入れたが、1402年、東方から拡大してきたティムール朝との［ 1 ］の戦いに敗れ、オスマン朝は一時存亡の危機におちいった。しかし、国力を回復したメフメト2世は、ビザンツ帝国の首都コンスタンティノープルを陥落させ、ビザンツ帝国を滅亡させた。メフメト2世はここに首都を移し［ 2 ］と称し、ムスリムの都市へと変えた。

その後、第9代スルタンのセリム1世は、1517年、［ 3 ］朝を滅ぼしてシリア、エジプトおよびアラビア半島の大部分を支配下におさめるとともに、二聖都の保護者としての地位を手に入れた。(ア)次の［ 4 ］は、ハプスブルク家に対抗するためにフランス王フランソワ1世と同盟を結び、(イ)ハンガリーを征服して属国とし、1529年にはウィーンを包囲してヨーロッパ諸国に大きな脅威を与えた。さらには［ 4 ］は、1538年には［ 5 ］の海戦でスペイン・ヴェネツィア等の連合艦隊を破り、地中海の制海権を握る一方、イラン・イラクに遠征してペルシア湾岸への交易ルートをおさえ、チュニジア・アルジェリア等北アフリカにも支配をひろげた。こうしてオスマン朝は東地中海を中心に三大陸にまたがる大帝国となった。

領内に多様な民族・言語・宗教が存在することになったオスマン帝国は、イスラーム法に基づく政治を行い、官僚制度を整備し、強力な中央集権体制をとった。バルカン半島や小アジアなどは州・県・郡に分けられ、中央から派遣されたウラマーたちによって行政が行われ、整然とした行政機構が整えられた。各郡にはカーディー（裁判官）が任命され、彼らはイスラーム法に基づいて裁判を行うとともに、行政の責任を負った。一方、帝国内に住むムスリム徒以外のキリスト教徒やユダヤ教徒(ウ)に対しては［ 6 ］制がとられ、それぞれの宗教共同体を認めた上で、各共同体の長が内部の規約や紛争に関しては責任を負い、政府に対して徴税に協力する形で自治を認めることにより、ムスリムとの共存が図られた。

問1　空欄［ 1 ］～［ 6 ］に当てはまる語句を次から選び、記号で答えよ。

a　レパント　　b　アンカラ　　c　ファーティマ　　d　アクティウム

e　プレヴェザ　　f　アフメト3世　　g　アッバース1世　　h　ニコポリス

i　マムルーク　　j　セリム2世　　k　イスタンブル　　l　マワーリー
m　タンジマート　　n　タラス河畔　　o　イズミル　　p　ミッレト
q　スレイマン1世

問2　下線部(ア)について、これら二つの聖都の都市名を答えよ。

問3　下線部(イ)について、1569年に、オスマン帝国が友好関係にあったフランスと通商関係を深めるため恩恵的措置として、フランス商人に領内での居住・通商の自由などを認めた。この特権の名称を答えよ。

問4　下線部(ウ)について、オスマン帝国のユダヤ教徒の人口が1492年以降、飛躍的に増加した理由を40字以内で述べよ。

〔4〕次の文章を読み、以下の問いに答えよ。

第一次世界大戦末期の1918年(ア)、アメリカで発生したインフルエンザは、瞬く間に全世界に広がりパンデミック（伝染病（感染症）の爆発的流行）を起こした。この伝染病はスペインかぜと呼ばれ、世界中で約5億人の感染者と1億人ともいわれる死者を出した。このように戦争は激しい人の流れを必然的に創り出すので、時として伝染病を引き起こすことがある。1270年に始まった第7回［　A　］ではチフスとも赤痢とも思われる伝染病の流行で遠征軍は壊滅したという。

パンデミックは戦争だけではなく、国際間の貿易や植民地支配などでも起こる。［　B　］世紀後半から本格化する大航海時代（大貿易時代）には、天然痘やインフルエンザがヨーロッパからアメリカ大陸(イ)に持ちこまれ、梅毒などがアメリカ大陸からヨーロッパに持ちこまれた。この時、アメリカ大陸では、先住民(ウ)がそれらの外来の伝染病に対する免疫や抵抗力を持っていなかったので、一説によると人口の90％以上が失われたという。そのため、ヨーロッパ列強は失われた労働力を補うためにアフリカ大陸から黒人を強制的に連れてきた(エ)ともいわれる。

このような伝染病に対して科学的な取り組みがされるようになったのは、［　C　］世紀にヨーロッパで本格化する科学革命の時代であった。このころ［　D　］は天然痘の予防のために種痘法を開発した。19世紀になると、［　E　］のパストゥールや［　F　］のコッホ、日本の北里柴三郎などにより細菌学が発達し、伝染病の予防や治療に貢献した。

問1　空欄［　A　］～［　F　］に当てはまる最も適切な語句を答えよ。ただし、［　B　］と［　C　］には数字が、［　E　］と［　F　］には国名が入る。

問2　下線部(ア)について、1918年に起こった出来事について、次から当てはまるものを全て選び、記号で答えよ。

a　ロシア革命　　b　三・一独立運動　　c　シベリア出兵（対ソ干渉戦争）

d　ドイツ革命　　e　バルフォア宣言　　f　ウィルソンの14か条

問3　下線部(イ)について、アメリカ大陸でエンコミエンダ制による鉱山やプランテーションでの先住民たちの惨状をスペイン国王に訴えたドミニコ会の修道士（聖職者）の名前を答えよ。

問4　下線部(ウ)について、アメリカ大陸を支配したヨーロッパ人たちは、先住民のことを何と呼んだか答えよ。

問5　下線部(エ)について、西アフリカに拠点を持たないスペインが、ポルトガル・オランダ・イギリス・フランスなどとの条約で奴隷の供給について交わした請負契約の名称をカタカナで答えよ。

〔5〕次の文章を読み、以下の問いに答えよ。

「航海王子」エンリケは、1415年にアフリカ西北端の港市［1］を占領し、これをきっかけにポルトガルの海外進出が本格化した。

ジョアン2世の治世であった1488年には、［2］がアフリカ南端の岬であった喜望峰に到達した。ジョアン2世は、スペイン王国(ア)との間で1494年に［3］条約を結び、海外領土を分割することを内容とした協定を締結した。この条約は、前年に教皇アレクサンデル6世が設定した教皇子午線を修正するものであった。

マヌエル1世の治世になると、ヴァスコ＝ダ＝ガマが喜望峰を経由してアフリカ東岸を北上し、1498年、インド西岸に到達してインド航路開拓に成功した(イ)。また、1500年にはインドを目指したポルトガルの航海者である［4］が現在のブラジルにあたる地域に漂着し同地をポルトガル領と宣言したことで、ポルトガルは南アメリカへの進出もはたした。ブラジルは、前述の［3］条約によって南アメリカで唯一ポルトガル領となった。

1510年にインド西岸にある港市を占領したポルトガル(ウ)は、1511年にはマレー半島南部に位置するマラッカを占領した。1550年には九州の平戸にポルトガル船が来航し、ポルトガルと日本の間で貿易が始まった。ポルトガルは、1557年には、中国大陸南部の珠江河口沿いの町である［5］の居留権を明朝から得てそこを対明貿易の拠点とした。

問1　空欄［1］～［5］に当てはまる最も適切な語句を答えよ。

問2　下線部(ア)について、ポルトガル王国とならんで新航路を開拓し海外進出の先鞭をつけたスペイン王国は、1479年にイベリア半島中央部のカスティリャ王国とその隣国でイベリア半島北東部にあった王国が合併して成立したが、このイベリア半島北東部にあった王国の名称を答えよ。

問3　下線部(イ)について、ヴァスコ＝ダ＝ガマが1498年に到達したインド西岸の港市の名称を答えよ。

問4　下線部(ウ)について、1510年にインド総督アルブケルケの占領によりポルトガル領となり、アジア貿易やキリスト教布教の拠点となったインド西岸にある港市の名称を答えよ。

数学

（2 科目 120 分）

1 問題〔1〕は必ず解答し，さらに問題〔2〕～〔4〕のうちから 2 問選択して解答せよ。

2 試験開始後，選択解答する問題を決めたあと，その問題番号を解答用紙の選択問題番号欄に記入せよ。

3 解答の記入に際しては，次の指示に従え。

(1) 解答は，解答用紙の指定された解答欄に記入すること。

(2) 解答用紙の解答欄には解答に関係のない文字，記号，符号などを記入しないこと。

(3) 解答用紙の解答欄外の余白には何も記さないこと。

(4) 数は通常の記数法に従って記すこと。

(5) 0 又は正の数には + を付けないこと。

(6) 有理数は必ず既約分数で表すこと。

(7) 整数には分母を付けないこと。

(8) 式は最も簡単な形で表すこと。

〔1〕 次の各空欄に当てはまる数または式を解答用紙の該当欄に記入せよ。

(1) $(a-b)^3+(b-c)^3+(c-a)^3$ を因数分解すると [ア] となる。

(2) a, b, c を定数とし，$a \neq 0$, $b \neq 0$ とする。2 次関数 $y=ax^2+bx+c$ のグラフと $y=-2x^2+16bx$ のグラフが同じ軸をもつとき，$a=$ [イ] である。

(3) 円に内接する四角形 ABCD において，各辺の長さが AB = 2, BC = 4, CD = 5, DA = 8 のとき，$\cos A=$ [ウ] である。

(4) 対数法則を使って $\frac{1}{2}\log_2 18-\log_2\frac{3}{8}$ を簡単にすると，[エ] となる。

(5) $0<\alpha<\pi$ で，$\cos\alpha=-\frac{4}{5}$ のとき，$\sin 2\alpha=$ [オ] である。

〔2〕次の各空欄に当てはまる数または式を解答用紙の該当欄に記入せよ。

青球4個，白球4個，赤球4個の合計12個の球が箱の中に入っている。各色の球には1から4までの整数が1つずつ書かれている。この箱から同時に4個の球を無作為に取り出すとき，以下の問いに答えよ。

(1) 4個の球の色がすべて同じである確率は［ア］である。

(2) 4個の球に書かれた数がすべて異なる確率は［イ］である。

(3) 4個の球の中に赤球が含まれる確率は［ウ］である。

(4) 4個の球の中に偶数が書かれた球が含まれる確率は［エ］である。

(5) 4個の球の中に赤球が含まれ，かつ，偶数が書かれた球が含まれる確率は［オ］である。

〔3〕次の各空欄に当てはまる数または式を解答用紙の該当欄に記入せよ。

2次関数 $y = -x^2 + 2x + 2$　……①　について以下の問いに答えよ。

①のグラフの頂点の座標は，［ア］である。

また，①のグラフを x 軸方向に p，y 軸方向に q だけ平行移動した放物線をグラフとする2次関数を $y = f(x)$ とする。

このとき，$2 \leqq x \leqq 4$ における $f(x)$ の最大値が $f(2)$ になるような p の値の範囲は $p \leqq$［イ］であり，最小値が $f(2)$ になるような p の値の範囲は $p \geqq$［ウ］である。

また，2次不等式 $f(x) > 0$ の解が $-2 < x < 3$ になるのは $p =$［エ］，$q =$［オ］のときである。

〔4〕次の各空欄に当てはまる数または式を解答用紙の該当欄に記入せよ。

放物線 $y = 1 - x^2$ 上の点 $\mathrm{P}(a,\ 1 - a^2)$ における接線を l とする。

このとき，l の方程式は $y =$ [ア] である。

また，直線 l と原点 O の距離を h とすると，$h = \dfrac{a^2 + 1}{\boxed{イ}}$ となる。

ここで，$t =$ [イ] とおくと，

$$h = \frac{1}{4}\left(t + \frac{\boxed{ウ}}{t}\right)$$

と表される。

相加平均と相乗平均の関係により，h は $t^2 =$ [ウ] のとき，すなわち，$a = \pm$ [エ] のとき，最小値 [オ] をとる。

■物理■

（2科目 120分）

（注）〔1〕(1)(c)・(d)，(2)〜(4)，〔2〕(1)(a)・(c)，(2)，(3)(e)，〔3〕(2)(c)，(3)(d)・(f)，〔4〕(2)〜(7)の解答欄は「経過」欄を含む。

1 **問題〔1〕〜〔4〕のうちから3問選択して解答せよ。**

2 **選択した問題の番号を解答用紙1枚目の右側の3つの枠内に記入せよ。**

〔1〕 質量が無視できるばね定数kのばねCと質量が無視できる糸を用いて，質量mのおもりを吊るした。重力加速度の大きさをgとして，以下の問いに答えよ。

(1) ばねCと糸Bはどちらも天井と45°の角度をなしていた（図1）。

(a) 糸Aの張力の大きさT_1をm，g，kのうち必要なものを用いた式で表せ。

(b) 糸Bの張力の大きさをT_2，ばねCの弾性力の大きさをFとして，糸とばねの接合点での力のつり合いを考える。接合点でのつり合いの式の水平成分と鉛直成分を，F，T_1，T_2のうち必要なものを用いた式で書け。

(c) 糸Bの張力の大きさをm，g，kのうち必要なものを用いた式で表せ。

(d) ばねCの伸びをm，g，kのうち必要なものを用いた式で表せ。

(2) 次に，吊るす物体を異なる質量のおもりに変えたところ，ばねと糸，おもりは図2のような形でつり合った。ばねの伸びがyのとき，新しいおもりの質量をg，k，yのうち必要なものを用いた式で表せ。

(3) ばねCをばねDに変えたところ，もとの質量mのおもりでも，図2のようにつり合った。ばねDの伸びが(1)(d)と同じとき，ばねDのばね定数をkを用いた式で表せ。

(4) さらに，ばねをばね定数$2k$のばねEに変えたところ，もとの質量mのおもりでも，図2のようにつり合った。ばねEの伸びをm，g，kのうち必要なものを用いた式で表せ。

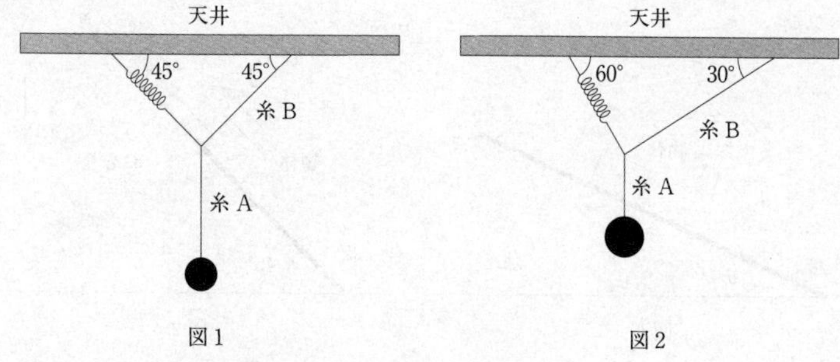

図 1　　図 2

〔2〕以下の問いに答えよ。

(1) 図 1 のように，摩擦のある板を水平に対する角度 θ に傾けて，質量 m の物体を静かにおいたところ，物体は静止した。重力加速度の大きさを g，物体と板の間の静止摩擦係数を μ とする。

(a) 物体が受ける垂直抗力の大きさを m，θ，μ，g のうち必要なものを用いて表せ。

(b) 摩擦力の大きさを F として，物体のつり合いの式（運動方程式）の板と平行な方向の成分を m，θ，μ，g，F のうち必要なものを用いて書け。

(c) $m = 1.00\,\mathrm{kg}$，$\theta = 30°$ のときに物体が動きはじめた。板と物体の間の静止摩擦係数 μ はいくらか。$g = 9.80\,\mathrm{m/s^2}$，$\sqrt{3} = 1.73$ とし，有効数字 2 桁で求めよ。

(2) $\theta = 45°$ としたとき，(1)で用いた質量 $1.00\,\mathrm{kg}$ の物体は加速度 $3.5\,\mathrm{m/s^2}$ で斜面を下向きに滑った。板と物体の間の動摩擦係数はいくらか。$\sqrt{2} = 1.41$，重力加速度の大きさを $g = 9.80\,\mathrm{m/s^2}$ とし，有効数字 2 桁で求めよ。

(3) $\theta = 45°$ に傾けた摩擦のある斜面に質量 m の物体を置き，図 2 のように滑車に軽い糸をかけて，質量 M のおもりにつなぎ手で支えた。おもりから静かに手をはなしたところ，物体とおもりはそれぞれ図の矢印の向きに大きさ a の加速度で等加速度直線運動をした。重力加速度の大きさを g，糸の張力の大きさを T，物体と板の間の動摩擦係数を μ' とする。

(d) 物体の運動方程式の斜面に平行な成分，おもりの運動方程式の鉛直成分を，それぞれ m，M，a，g，T，μ' のうち必要なものを用いた式で書け。

(e) $m = 1.00\,\mathrm{kg}$，$M = 2.00\,\mathrm{kg}$，$g = 9.80\,\mathrm{m/s^2}$ のとき，a と T の値を有効数字 2 桁で求めよ。ただし，$\sqrt{2} = 1.41$ とし，μ' には(2)で求めた値を用いること。

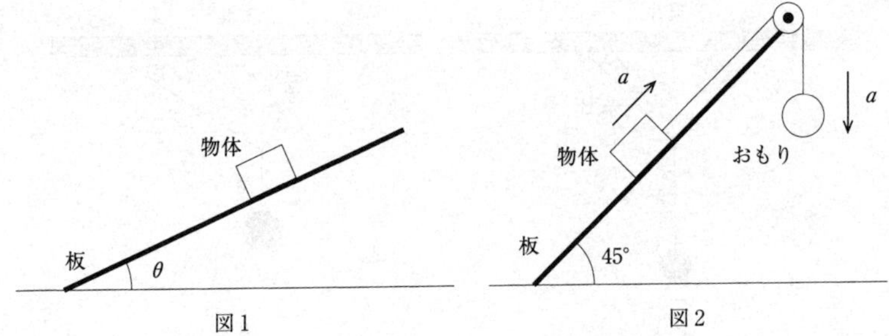

〔3〕以下の問いに答えよ。

(1) 図1のような回路を使って実験を行った。実験を説明した次の文章中の空欄にあてはまる適切な語句，または式を答えよ。

電源装置を調節して金属線の両端の電圧 V を変化させたとき，回路に流れる電流 I は図2のように変化した。図2から，金属線に流れる電流はその両端の電圧に［ア］することがわかる。この法則を［イ］という。

図2のグラフの傾きは I と V を含む式で［ウ］と与えられるが，その逆数は電流の［エ］を表しており，これを［オ］という。したがって，［オ］を R で表せば，［イ］は［カ］のように表される。［オ］の単位には記号［キ］を用い，［ク］と読む。

(2) 図3のように2つの抵抗を直列接続した回路を考える。

(a) 抵抗値 R_1, R_2 の抵抗両端の電圧 V_1, V_2 はそれぞれどのような式で表されるか。V, I, R_1, R_2 のうち必要なものを用いた式で表せ。

(b) 電源電圧 V と V_1, V_2 の関係はどのような式で表されるか。

(c) 以上から2つの抵抗を直列接続したときの合成抵抗 R はどのような式で表されるか。R_1, R_2 のうち必要なものを用いた式で表せ。

(3) 図4のように2つの抵抗を並列接続した回路を考える。

(d) 抵抗値 R_1, R_2 の抵抗に流れる電流 I_1, I_2 はそれぞれどのような式で表されるか。V, I, R_1, R_2 のうち必要なものを用いた式で表せ。

(e) I, I_1, I_2 の関係はどのような式で表されるか。

(f) 以上から2つの抵抗を並列接続したときの合成抵抗 R はどのような式で表されるか。R_1, R_2 のうち必要なものを用いた式で表せ。

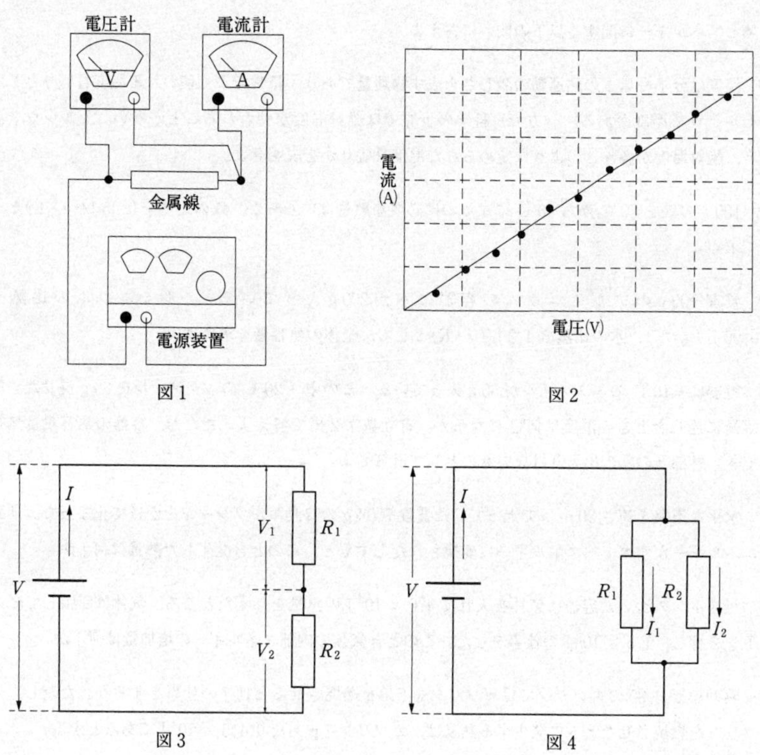

図 1　図 2　図 3　図 4

〔4〕 熱とエネルギーに関する以下の問いに答えよ。

(1) 温度は分子や原子の熱運動の激しさを表す物理量であり，日常でよく使われる温度目盛りとしてセルシウス温度がある。一方で，科学の世界では絶対温度が使われることが多い。セルシウス温度，絶対温度が各々どのように定められた温度目盛りかを説明せよ。

(2) 100 g の鉄を 20 ℃ から 80 ℃ にするのに必要な熱量はいくらか。鉄の比熱を 0.45 J/(g・K)として求めよ。

(3) 質量 100 g のアルミニウムの容器に水が 200 g 入っている。アルミニウムの比熱を 0.90 J/(g・K)，水の比熱を 4.2 J/(g・K)として，全体の熱容量を求めよ。

(4) 容器に −10 ℃ のエタノールが 50 g 入っている。この中へ 20 ℃ のエタノールを 80 g 混ぜた。熱平衡に達したときの温度は何℃ になるか。有効数字 2 桁で答えよ。ただし，容器の熱容量は無視でき，外部との熱の出入りはないものとして計算せよ。

(5) 水平な道路を速さ 20 m/s で走っていた質量 700 kg の自動車がブレーキをかけて止まった。運動エネルギーがすべて熱エネルギーに変換されたとすると，このとき発生した熱量は何 J か。

(6) ピストンのついた容器に気体を入れて 4.0×10^2 J の熱量を与えたところ，気体は膨張してピストンを押し，1.5×10^2 J の仕事をした。このとき気体の内部エネルギーの増加量は何 J か。

(7) 熱効率が 0.30 のエンジンではガソリンを 5.0 g 燃焼させると何 J の仕事をするか。ただし，ガソリンを燃焼させたときに発生する熱量は，ガソリン 1 g あたり 4.5×10^4 J であるとする。

化学

（2 科目 120 分）

1 **問題〔1〕～〔4〕のうちから 3 問選択して解答せよ。**

2 **選択した問題の番号を解答用紙の選択問題番号欄に記入せよ。**

3 **容積（体積）の単位，リットルについては，ここでは L を用いて表記する。**

〔1〕 次の設問(1)～(6)に答えよ。各設問に与えられたア～オから一つ選び，記号で答えよ。

(1) 誤りを含むのはどれか。

ア ダイヤモンドと黒鉛は互いに同素体である。

イ 黒鉛は電気伝導性を示す。

ウ ダイヤモンドは共有結合結晶である。

エ 黒鉛を構成する層の間にはたらくのは分子間力のみである。

オ 黒鉛は，炭素原子が 4 個の価電子を使って隣接する 4 個の炭素原子と共有結合している。

(2) 水に対する気体の溶解度の記述として，誤りはどれか。

ア 同一圧力では高温になるほど，溶解度は大きくなる。

イ 同一圧力・同一温度では，塩化水素の溶解度は二酸化炭素の溶解度よりも大きい。

ウ 同一圧力・同一温度では，二酸化炭素の溶解度は窒素の溶解度よりも大きい。

エ ヘンリーの法則は，アンモニアでは成り立たない。

オ 同一温度では，水に接している気体の圧力が高いほど溶解度は大きくなる。

(3) 正しいのはどれか。

ア 青銅は銅と亜鉛の合金で，延ばしたり曲げたりしやすい。

イ 黄銅は銅とスズの合金で，さびにくく硬い。

ウ ステンレス鋼は鉄にクロムを添加した合金で，表面にクロムの酸化被膜を生じてさびにくい。

エ ジュラルミンは鉄に銅やマグネシウムなどを添加した軽合金で，比較的加工しやすい。

オ 無鉛はんだは亜鉛に銅や銀などを添加した合金で，金属接合剤として利用される。

(4) 弱酸はどれか。

ア HI　　イ H_2S　　ウ H_2SO_4　　エ HNO_3　　オ NH_3

(5) 有機化合物の分子式（一般式）に関する記述のうち誤りを含むのはどれか。

ア アルキンは，C_nH_{2n-2} で表される。

イ　鎖式で飽和の一価アルコールは，$C_nH_{2n+1}O$ で表される。

ウ　鎖式で飽和の一価カルボン酸は，$C_nH_{2n}O_2$ で表される。

エ　鎖式で飽和のケトンは，$C_nH_{2n}O$ で表される。

オ　シクロアルカンは，C_nH_{2n} で表される。

(6)　スチレンを重合させたときに得られる高分子の構造式はどれか。

ア　$\left[CH_2-CH(C_6H_5) \right]_n$

イ　$\left[CH_2-CH_2 \right]_n$

ウ　$\left[CH_2-CH(Cl) \right]_n$

エ　$\left[NH-(CH_2)_5-C(=O) \right]_n$

オ　$\left[CH_2-CH(CH_3) \right]_n$

〔2〕 次の設問(1)～(6)に答えよ。必要があれば，原子量，アボガドロ定数 N_A，気体定数 R として次の値を用いよ。

H = 1.0，C = 12，N = 14，O = 16，Na = 23，Cl = 35.5，Br = 80，$N_A = 6.0 \times 10^{23}$/mol，

$R = 8.3 \times 10^3$ Pa・L/(K・mol)

(1)　2.00 mol/L 水酸化ナトリウム水溶液 12.50 mL に，気体の塩化水素を吸収させた。未反応の水酸化ナトリウムを，1.00 mol/L 塩酸を用いて中和滴定したところ，15.00 mL を要した。吸収させた塩化水素の標準状態の体積（mL）を求めよ。答えは有効数字3桁で記せ。

(2)　6.0 g の水素 H_2 に含まれる水素原子の数（個）を求めよ。答えは有効数字2桁で記せ。

(3)　27℃ で，内容積 8.3 L の真空容器に窒素を 3.5 g 入れたときの容器内の圧力（Pa）を求めよ。答えは有効数字2桁で記せ。

(4)　水素と臭素から臭化水素が生じる反応 $H_2 + Br_2 \rightarrow 2HBr$ がある。この反応を内容積 1.0 L の容器中で行ったところ，水素のモル濃度が実験開始から1分後に 6.0×10^{-3} mol/L 減少した。この間の，臭化水素の平均の生成速度（mol/(L・s)）を求めよ。答えは有効数字2桁で記せ。

(5)　135 g のフルクトース $C_6H_{12}O_6$ をアルコール発酵させたときに得られるエタノールの最大の質量（g）を求めよ。答えは有効数字2桁で記せ。

(6)　ある炭化水素 1.0 mol を完全燃焼させたところ，二酸化炭素 88 g，水 54 g が生成した。この化合物の組成式を記せ。

〔3〕次の文章を読み，設問(1)〜(6)に答えよ。必要があれば，原子量として次の値を用いよ。
H = 1.0，C = 12，O = 16

エタン C_2H_6 を完全燃焼させると二酸化炭素と液体の水が生じる。この燃焼反応を化学反応式で表すと式1のようになる。

［ア］C_2H_6 + ［イ］O_2 → ［ウ］CO_2 + ［エ］H_2O　・・・式1

通常，物質が燃えると熱が放出される。例えば，気体のエタン1 molを完全燃焼させたとき Q_1 kJの熱量が発生する。化学反応式の矢印を等号に置きかえ，右辺に反応熱を書き加えた式を，熱化学方程式という。物質のもつ化学エネルギーは，物質の状態によって異なるので，固体は（固），液体は（液），気体は（気）などの状態を化学式の後に付記する。

よって，エタンの燃焼は，熱化学方程式では式2として表される。

C_2H_6（気）+ ［オ］O_2（気）=［カ］CO_2（気）+［キ］H_2O（液）+ Q_1 kJ　・・・式2

熱化学方程式は，左辺の反応物のエネルギーの和が，右辺の生成物のエネルギーの和に反応熱を加えたものに等しいことを示している。

a）物質が変化するとき出入りする熱量（反応熱）は，最初と最後の状態だけで決まり，反応経路には無関係であるという法則を利用すると，反応熱は，反応に関与する物質（反応物と生成物）の生成熱から求めることができる。反応物であるエタン1 molがその成分元素の単体から生じるときの生成熱は，表1から式3のように表される。

2C（黒鉛）+ $3H_2$（気）= C_2H_6（気）+ 84 kJ　・・・式3

同様に，生成物である二酸化炭素と液体の水のそれぞれの生成熱は，表1から式4と式5で表される。

C（黒鉛）+ O_2（気）= CO_2（気）+ 394 kJ　・・・式4

［　　　　　　　　　　］　・・・式5

エタンの燃焼の反応熱 Q_1 は，図1に示すように生成物の生成熱の和 Q_3 と反応物の生成熱の和 Q_2 の差として計算できる。

表1　生成熱［kJ/mol］（25 ℃，1.013 × 10^5 Pa）

物質		生成熱
水	H_2O（液）	286
水蒸気	H_2O（気）	242
二酸化炭素	CO_2（気）	394
エタン	C_2H_6（気）	84

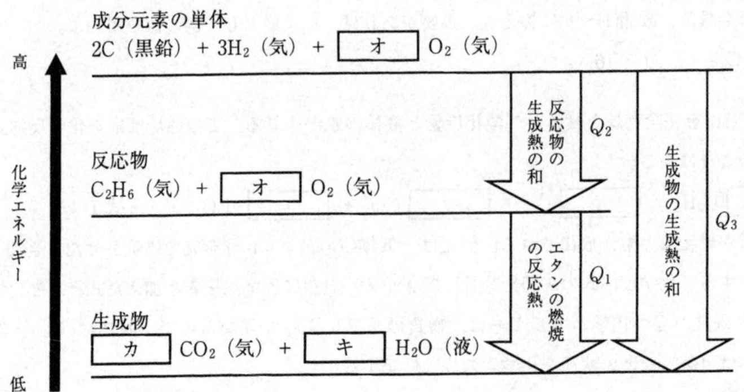

図1　生成熱と反応熱の関係

設問

(1) 空欄 ア ～ キ に最も適する係数を記せ。

(2) 下線部 a）の法則の名称を記せ。

(3) 表1をもとに，水の生成熱を表す熱化学方程式（式5）を記せ。ただし，それぞれの物質が25℃，1.013×10^5 Pa において液体，気体あるいは固体のいずれであるかを式3，式4にならって示せ。

(4) 図1の反応物の生成熱の和 Q_2 を求めよ。

(5) エタンの燃焼の反応熱 Q_1 を求めよ。

(6) エタンの完全燃焼で生じる反応熱 Q_1 を利用して20℃の水20 kg を80℃に上げるには，標準状態のエタンは何L必要か。有効数字2桁で答えよ。ただし，熱はすべて水の温度上昇に用いられ，水の比熱は4.2 J/(g・K)とする。

〔4〕 次の文章を読み，設問(1)～(7)に答えよ。必要があれば，原子量として次の値を用いよ。
H = 1.0，O = 16，K = 39，Mn = 55，Fe = 56

過酸化水素は反応する相手によって次のように変化する。

$H_2O_2 + 2H^+ + 2e^- \rightarrow$ [A]　・・・式1

$H_2O_2 \rightarrow$ [B] $+ 2H^+ + 2e^-$　・・・式2

a)過酸化水素水に硫酸酸性の過マンガン酸カリウム水溶液を加えると，過マンガン酸イオンは次のように変化する。

$MnO_4^- + 8H^+ +$ [C] $\rightarrow$ [D] $+ 4H_2O$　・・・式3

このとき過酸化水素は電子を放出して [ア] されるので，[イ] 剤としてはたらく。一方，過マンガン酸イオンは電子を受け取り [ウ] されるので，[エ] 剤としてはたらく。

過酸化水素水に硫酸酸性の硫酸鉄（Ⅱ）水溶液を加えると，鉄（Ⅱ）イオンは次のように変化する。

$Fe^{2+} \rightarrow$ [E] $+ e^-$　・・・式4

このとき過酸化水素は [オ] 剤としてはたらき，過酸化水素に含まれる酸素原子の酸化数は [カ] から [キ] に変化する。

b)濃度不明の過酸化水素水10.0 mLを [①] を用いて正確にはかり取り，100 mL用の [②] に入れ，標線まで純水を加えて正確に10倍に薄めた。この水溶液10.0 mLを別の [①] を用いて正確にはかり取り，[③] に入れて，希硫酸を加えた。次に，0.0120 mol/Lの過マンガン酸カリウム水溶液を褐色の [④] に入れて，[③] 中の水溶液に滴下した。その結果，25.0 mLを滴下したところで c)過不足なく反応して終点となった。

設問

(1) 空欄 [A] ～ [E] に最も適する化学式あるいは電子（e^-）を，係数も含めて記せ。

(2) 空欄 [ア] ～ [オ] に（酸化，還元）のどちらか適する語句を選び，記せ。

(3) 空欄 [カ] と [キ] に適する酸化数を記せ。

(4) 空欄 [①] ～ [④] に，下記の器具から最も適するものを選び，記せ。

コニカルビーカー　　駒込ピペット　　ビュレット　　ホールピペット　　メスフラスコ

(5) 下線部a）について，過酸化水素水に硫酸酸性の過マンガン酸カリウム水溶液を加えたときの反応を化学反応式で記せ。

(6) 下線部b）の過酸化水素水のモル濃度（mol/L）を求めよ。答えは有効数字2桁で記せ。

(7) 下線部c）は水溶液の色のどのような変化から知ることができるかを30字程度で説明せよ。

■生物■

（2科目 120分）

1　**問題〔1〕～〔4〕のうちから3問選択して解答せよ。**

2　**選択した問題の番号を解答用紙の選択問題番号欄に記入せよ。**

〔1〕 次の文章を読み，以下の問いに答えよ。

タンパク質は，アミノ酸同士が［ア］結合によって長く直鎖状に連結した物質である。タンパク質を構成するアミノ酸は［イ］種類あり，このアミノ酸の種類や数，配列の違いによって様々なタンパク質がつくられ，生体内で重要なはたらきをしている。例えば，私たちの骨や軟骨のように体の構造の保持にはたらくもの(a)，筋肉の収縮にはたらくもの(b)，出血時に血液凝固にはたらくもの(c)などがある。タンパク質を主成分とする酵素は，生体内での化学反応を促進する(d)［ウ］としてはたらく。また，赤血球中にある色素タンパク質［エ］は，酸素の運搬にはたらく。

こうしたタンパク質は，DNAの遺伝情報にもとづいて合成される。この過程を遺伝子発現という。遺伝子発現は，DNAの塩基配列の一部がRNAに写し取られる［オ］，［オ］されたRNAの塩基配列がアミノ酸に読みかえられる［カ］の2段階からなる。RNAは，DNAと同じように，リン酸，糖，塩基からなる［キ］を構成単位としている。RNAは塩基として［ク］をもつ［キ］が含まれるのに対し，DNAは［ク］のかわりに［ケ］をもつ［キ］が含まれる。

問1　空欄［ア］～［ケ］に当てはまる最も適切な語句を答えよ。ただし同一語句を複数回用いてはならない。

問2　下線部(a)～(c)に示す「タンパク質の役割」に該当するタンパク質として適当なものを，それぞれ次の語群からすべて選び，番号で答えよ。ただし，同一語句を複数回用いてはならない。

【語群】

1　アルブミン　　2　ミオシン　　3　アドレナリン　　4　アクチン

5　バソプレシン　　6　リゾチーム　　7　コラーゲン　　8　フィブリン

問3　下線部(d)に示す酵素の一つに，過酸化水素を分解する化学反応を促進するカタラーゼがある。このカタラーゼのはたらきを調べるため，試験管を6本用意し（表①～⑥），それぞれに3％過酸化水素水5mLを入れ，以下の実験をおこなった。

表に示すように，試験管①②に物質A，試験管③④に物質B，試験管⑤⑥に物質Cを加えて気泡の発生を調べた。なお，試験管②④⑥に加える物質は，実験前に十分な煮沸処理（表：物質の煮沸あり○，なし×）をおこなった。実験の結果，気泡の発生がみられた試験管（＋）と見られなかった試験管（－）があった（表：気泡の発生）。以下の問いに答えよ。

表

試験管	①	②	③	④	⑤	⑥
加えた物質	A	A	B	B	C	C
物質の煮沸	×	○	×	○	×	○
気泡の発生	－	－	＋	＋	＋	－

⑴　表の結果から物質A～Cとして最も適切なものを，次の語群から選び，番号で答えよ。ただし，同一の番号を複数回用いてはならない。

【語群】1　ブタの肝臓　　2　酸化マンガン（Ⅳ）　　3　石英砂

⑵　気泡の発生した試験管に火のついた線香を入れると激しく燃え上がった。気泡に含まれる物質は何か，その物質名を答えよ。

⑶　実験結果から，煮沸処理に対する物質Bと物質Cの性質の変化には違いがあることが分かる。このような違いがみられた理由について30字以上50字以内で答えよ。

⑷　気泡が出なくなった試験管⑤に，過酸化水素水を追加すると再び気泡が発生した。この理由について10字以上20字以内で答えよ。

〔2〕次の文章を読み，以下の問いに答えよ。

ヒトの膵臓(すい)の実質部分は，数mmの小葉（いくつかの小片が集まった一つの塊）に分けられる(図)。膵小葉は，多数の［ア］分泌組織と1～数個の［イ］分泌組織の2種類の腺組織で構成されている。膵臓の99％を占める［ア］分泌組織では，腺細胞(a)がつくった［ウ］液が膵管細胞からなる膵管を通して［エ］腸に分泌される。一方，［イ］分泌組織は，直径が約0.1～0.3mmの球状の細胞群からなり，発見したドイツの病理学者の名にちなんで［オ］島や膵島と呼ばれる。膵島には異なる種類の［カ］を産生して［キ］液に分泌するA細胞やB細胞などの膵島細胞が含まれる。

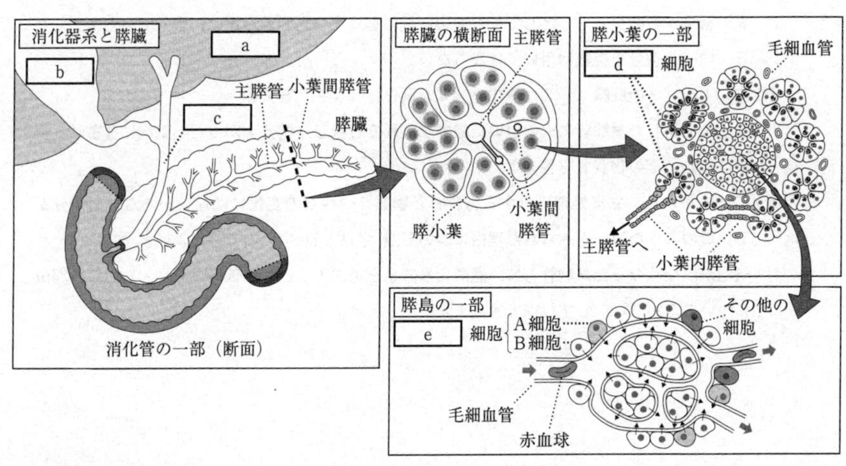

図

膵島のB細胞は，出生前後において活発に増殖するが，成長と共に分裂能が急速に失われ，成体になるとほとんど分裂・再生しない。したがって，何らかの原因でB細胞が破壊されて失われると［ク］の分泌が不足して［ケ］病を発症する。そのため，体内で不足する［ク］を注射で補充するか膵島を移植するなどの治療をすることになるが，膵島移植にはさまざまな問題が伴う。

東京大学らの研究チームは，成体の膵島細胞を再び分裂させる治療ができないかと考えた。そこで，マウスを対象として，①胎児の未熟な膵島細胞を見つけ，②膵島細胞の分裂能に直接関わる遺伝子を探し，③その遺伝子を発現させて成体の膵島細胞の分裂を促し，④増えた膵島細胞で［ケ］病が治療できるか否かを調べるため，次の実験を行った。

実験①　成体の腺細胞ではP遺伝子（仮の名称），膵管細胞ではQ遺伝子，膵島細胞ではR遺伝子が各々特異的に発現する。これらの遺伝子発現を指標にして，胎児の膵臓から取り出した細胞集団1～3から膵島細胞の細胞集団を同定した（表1）。

実験②　実験①で用いた細胞集団1～3について調べた結果，細胞分裂を活性化させるMYCファミリー遺伝子群（c-Myc，n-Myc，l-Myc）のうち，［f］のみが膵島細胞に特異的に発現していた（表2）。そこで［ f ］の遺伝子発現を阻害したところ，胎児マウスの膵島細胞の増殖が著しく［ コ ］されることが確かめられた。

実験③　通常分裂しない成体の膵島細胞に［ f ］を過剰に発現させると，活発に分裂した。

実験④　膵島細胞を壊す薬剤を用いて［ ケ ］病を発症したマウスを作った。この疾患モデルマウスに，実験③の［ f ］を過剰に発現させた膵島細胞を移植した結果，疾患マウスの血糖値が正常となり，それが維持されることが明らかとなった。

表1（＋：発現あり，－：発現なし）

胎児の細胞＼目印遺伝子	P	Q	R
細胞集団1	－	－	＋
細胞集団2	－	＋	－
細胞集団3	＋	－	－

表2（＋：発現あり，－：発現なし）

胎児の細胞＼MYC遺伝子群	c-Myc	n-Myc	l-Myc
細胞集団1	－	－	＋
細胞集団2	－	＋	－
細胞集団3	＋	－	－

問1　空欄［ ア ］～［ コ ］に当てはまる最も適切な語句を次の語群から選び，番号で答えよ。ただし，同一語句を複数回用いてはならない。

【語群】

1　大	2　内	3　消化	4　吸収	5　リンパ	6　グルカゴン
7　外	8　十二指	9　糖尿	10　分化	11　ボーマン	12　インスリン
13　盲	14　血	15　神経	16　促進	17　ホルモン	18　ランゲルハンス
19　結	20　中	21　血友	22　抑制	23　甲状腺	24　マルピーギ

問2　下線部(a)が分泌し，タンパク質，脂肪，炭水化物を分解する酵素の名称をそれぞれ答えよ。なお，炭水化物を分解する酵素は，唾液に含まれる酵素と同じ名称である。

問3　図の空欄［ a ］～［ c ］に当てはまる最も適切な語句を答えよ。なお，空欄［ b ］内に蓄えられている物質は空欄［ a ］でつくられるものとする。

問4　図の空欄［ d ］と［ e ］，及び本文の空欄［ f ］に当てはまる最も適切な語句を本文中から選び，答えよ。

問5　血糖値の低下時に分泌される［ カ ］のうち，筋肉などでのタンパク質の分解を促す物質Xとそのの分泌を直接促す物質Yとは何か，それぞれの名称を答えよ。

〔3〕次の文章を読み，以下の問いに答えよ。

地球に生命が誕生して以来，多くの生物種が誕生し，同時に多くの生物種が絶滅してきた。その絶滅のスピードとして，100万種のうち何種が1年間に絶滅しているかを見積もった値が用いられる。生命の歴史全体で見た平均絶滅スピードは1年間に0.1種／100万種である。一方，(a)現在の絶滅スピードはこの1000倍に達していると見積もられている。地球の生物多様性は急激に失われつつある。

絶滅のおそれのある生物について，その危険性の程度とともにまとめたものをレッドリストと呼ぶ。国際的には国際自然保護連合（IUCN）が，日本国内では環境省がまとめている。このレッドリストには，最近絶滅したことが確認された種も掲載されている。環境省作成のレッドリストによれば，日本国内では(b)哺乳類7種，鳥類15種，昆虫類4種，貝類19種が絶滅種としてあげられている。また，絶滅の危険性の高い種として哺乳類34種，鳥類98種，昆虫類367種，貝類629種があげられている。

国内の生物多様性の減少の原因として，まず開発による生息地の減少があげられる。例えば，メダカは流れの緩やかな淡水域に生息し，水草に産卵する習性を持つ。しかし現在の(c)川や用水路の多くは直線化・コンクリートの護岸化が進み，メダカの生息が困難になってきている。海では海岸に道路が作られたり，干潟が埋め立てられたりして，自然海岸が急速に減少した。次に，里山里地の荒廃があげられる。里山里地とは人の集落の周りに広がる自然であり，(d)適度に人の手が入ることによって多様な環境が維持されていることが特徴である。しかし，近年の生活スタイルの変化により人の手が入らなくなった。このため荒廃が進み，そこに生息していた多様な生物が住処（すみか）を奪われている。特に，世界的にも希少な野生生物が生息する水田面積の減少は，日本固有の水辺の生き物の脅威となっている。水田は，栽培期に灌水することで，メダカやゲンゴロウなどの多くの生物が繁殖する。しかしながら近年は，水田面積の減少に加え，農薬や化学肥料の多用により，魚や昆虫だけでなく，トキやコウノトリなどの鳥類をも絶滅または絶滅の危機に追い込んでいる。また，(e)外来種問題や(f)地球温暖化の影響も考えられる。

一方で生物多様性を守るための努力も行われている。ワシントン条約，［　A　］，生物多様性基本法，外来生物法など，生物多様性を守るための法的仕組みが整備されてきている。各地で里山里地を守るための市民活動が展開され，(g)コウノトリなど，絶滅のおそれのある生物を人工的に繁殖させて野生復帰させる試みも進められている。さらに，自然と共生した生活スタイルへの転換を目指す個人や企業も増えてきている。

問1　下線部(a)の現在の絶滅スピードとして間違っているものを次の選択肢から一つ選び，番号で答えよ。

【選択肢】

1　1年間に100種／100万種　　2　10年間に1000種／100万種

3　1年間に1種／1万種　　4　10年間に10種／1万種

5　100年間に100種／10万種

問2　下線部(b)に含まれる最も適切な動物名を次の語群から一つ選び，番号で答えよ。

【語群】

1　アライグマ　　2　トキ　　3　ニホンカワウソ
4　オガサワラリョコウバト　　5　シロナガスクジラ　　6　アムールトラ
7　ツシマヤマネコ

問3　下線部(c)によってメダカの生息が困難になる理由を40字以内で説明せよ。

問4　下線部(d)について，多くの生物が利用する季節的な湿地を作り出すことで，里山里地の多様な環境を維持している人の活動はどれか。最も適切なものを次の選択肢から一つ選び，番号で答えよ。

【選択肢】

1　竹林の管理　　2　薪の利用　　3　落ち葉の堆肥化　　4　稲作
5　無農薬農業　　6　水路の清掃　　7　雨水の利用　　8　化学洗剤の利用抑制
9　ダムによる貯水と放水

問5　下線部(e)について，奄美大島および徳之島の固有種であるアマミノクロウサギを絶滅の危機に追いやっている外来種の名前を答えよ。

問6　下線部(f)は，地表から大気圏外へ熱が出ていくのを妨げる効果をもつ物質が大気中に増えることで起こる。その効果の名称と，そのような効果をもつ物質を2つ答えよ。

問7　空欄［　A　］には湿地を守るための国際条約名が入る。適切な名前を答えよ。略称や通称で答えても構わない。

問8　下線部(g)について，コウノトリの野生復帰のため「水田の冬季灌水」「減農薬農業」「ヨシ原の保全」などがおこなわれている。なぜこれらがコウノトリの野生復帰につながるのか30字以内で説明せよ。

〔4〕次の文章を読み，以下の問いに答えよ。

動物の細胞膜では，水となじみやすい部分(a)と水となじみにくい部分(b)からなるリン脂質が集まって脂質二重層を構成している。脂質二重層は，酸素や二酸化炭素などの一部の低分子および脂溶性のステロイドホルモンなどの透過を可能にするが，基本的に水分子やイオン，糖，アミノ酸などは透過させない。そのため，これらの分子が細胞膜を通り抜けるためには，チャネルや担体といった特別な仕組みが必要となる。

K^+，Na^+，Cl^-，Ca^{2+} といった多くのイオンには，細胞膜内外で大きな濃度差が存在する。このとき特定のイオンのみを通す(c)チャネルが開くとイオンは濃度の高い方から低い方へと移動する(d)。この濃度勾配に従う移動の場合，イオンの移動にはエネルギーを必要としない。一方，細胞は，ナトリウムポンプのようにエネルギーを使って濃度勾配に逆らったイオンの移動(e)も行うことで，細胞内外の濃度差を維持している。

動物のニューロンは，これら細胞内外のイオン濃度差を利用して膜の興奮を引き起こす。ニューロンの細胞膜は，刺激を受けずに安定した状態(f)では外側が正（+），内側が負（−）に帯電している。細胞膜内外の電位（膜電位）を測定すると，膜外に対して膜内はおよそ −70 mV の電位差がある。このとき，他のニューロンからシナプス結合部より興奮性の化学信号(g)が入ると，膜電位がわずかに正（+）側に変化する興奮性シナプス後電位（EPSP）が生じる。このわずかな変化は，ニューロンの細胞膜に大きな変化を起こすことなく，そのまま減衰してしまうこともある。しかし，ひとつの興奮性シナプスからの入力が立て続けに起こる(h)，あるいは複数の興奮性シナプスから入力が同時に起こる(i)と，それらのEPSPが重なり合い，膜の電位変化がある値を超えて(j)電位依存性 Na^+ チャネルと電位依存性 K^+ チャネルという2種類のチャネルが反応する。

電位依存性 Na^+ チャネルは反応が速く，直後にチャネルが開き Na^+ の流入による膜電位の［　ア　］が生じるが，このチャネルはすぐに不活性化してしまう。一方，電位依存性 K^+ チャネルは，わずかに遅れて反応が始まるため，K^+ の流出により膜電位は［　イ　］し，さらにこのチャネルの反応の持続時間が長いために興奮前の電位レベルを超えてしばらくの間，膜電位は［　ウ　］となる。ニューロンの細胞膜における一連の電位変化を活動電位という。

問1　下線部(a)〜(c)のような性質を何というか，それぞれ漢字で答えよ。

問2　細胞膜を通しての物質の移動は，下線部(d)や(e)のように2種類に分類される。それぞれ何というか，漢字4字で答えよ。

問3　細胞膜が下線部(f)の状態にあるときの電位を何というか。

問4　下線部(g)で信号として働く分子を何というか。

問5　下線部(h)や(i)によってEPSPが重なる現象をそれぞれ何というか。

問6　下線部(j)のようにニューロンを興奮させる最小限の刺激の強さを何というか。

問7　空欄 ア ～ ウ に当てはまる最も適切な語句を答えよ。

問8　EPSPは問6の値を超えなければ減衰してしまうが，その値を超えると一定の大きさの活動電位が生じる。このような法則を何というか。

問9　ニューロン同士のシナプスには，EPSPではなく抑制性シナプス後電位（IPSP）が生じるものもある。IPSPは，他のニューロンからのシナプスにおける活動電位の発生に対してどのような作用を果たすか，EPSPと活動電位という語を用いて40字以上60字以内で説明せよ。

問四 傍線部③「対立」について本文に合致しないものを次のア～オの中からすべて選び、記号で答えよ。

ア 「学習の組織化」と「自己教育」

イ 「カリキュラムを組み、順番に教えること」と「本人が関心を持った所を入り口に発展させること」

ウ 「個人中心主義」と「社会中心主義」

エ 「カリキュラム」と「教育方法」

オ 「ゆとり教育」と「アクティブラーニング」

問五 傍線部④「権力が作用している」理由を「～から」に続く形で本文中から十三文字で抜き出し、最初の五文字を答えよ。

□ から

（広田照幸『学校はなぜ退屈でなぜ大切なのか』による）

問一　傍線部ａ・ｂの品詞として最も適切なものを次のア〜キの中から一つずつ選び、記号で答えよ。ただし、同じ記号は二度使わない。

ア　名詞　イ　動詞　ウ　形容詞　エ　形容動詞　オ　副詞　カ　連体詞　キ　感動詞

問二　傍線部①「意図」に含まれないものを本文の内容を踏まえて次のア〜オの中からすべて選び、記号で答えよ。

ア　他者の学習を組織化する。
イ　自分を客観視して、自ら自分のためのカリキュラムをつくる。
ウ　ヒマラヤ山脈に出かけていって、感動を与えられる。
エ　ヒマラヤ山脈に関心を持った子どもに山の植生について学ばせる。
オ　「ゆとり教育」

問三　傍線部②「是非」の熟語の構成として正しいものを次のア〜オの中から一つ選び、記号で答えよ。

ア　意味が似ている漢字の組み合わせでできている。
イ　意味が対になる漢字の組み合わせでできている。
ウ　上の漢字が下の漢字を修飾している。
エ　下の漢字が上の漢字の目的や対象を示している。
オ　主語と述語の関係になっている。

山脈が「教育」についての意図を持って、私に働きかけてくれたわけではないですよね。「ああ、これだ！」というのは私自身が自ら気づくわけです。そこには教育しようとする誰か他者の意図は存在しませんから、この定義に沿えば、そこに「教育」は基本的には存在しないのです。

教育には教える側の意図が存在する、という点から、一つの難題が生じます。どういう意図を込めて教育するかという点に、多種多様な考え方があるということです。そのため、何を学ばせるべきか、どう学ばせるべきかについて、果てしない論争や対立が生まれてきます。たとえば、「教育される側が嫌がっていても、無理やり学習させるべきだ」という議論もできれば、「本人が望むまで待って、やりたいと思ったときにやらせればいい」という議論もできます。また、「しっかりとしたカリキュラムを組んでおいて、どんどん順番に教えるのがいい」という意見もあれば、逆に、「本人が関心を持ったところを入り口にして、そこからどんどんつなげて発展させていけばいい」など、いろいろな考え方ができます。

教育学の議論の中では、たとえば、子どもが自身の経験の中から学ぶことをスタートにしていく経験主義の考え方と、あらかじめ知識の体系をつくっておいて、それを教えていく系統主義の考え方とがあり、経験主義対系統主義の果てしない対立がずっと続いています。二〇〇〇年前後の「ゆとり教育」改革をめぐる議論の対立は、その例の一つだったと思います。「アクティブ・ラーニング」という教え方の②是非をめぐる最近の議論も、そういう対立の例です。

また、何かをやろうとする本人の側に焦点を当てて、教育で何をどう教えるかを考えていく個人中心主義の考え方がある一方で、社会の側で今の子どもにこういうことを学んでほしいからこれを学ばせようという社会中心主義の考え方もあります。どちらの立場に立つのかによって、カリキュラムや教育方法の考え方が、まったく違ってきます。

どういう「意図」を込めるのかについては、近代の教育のスタートから、さまざまな論や説が出てきていて、いろいろなところで、果てしない③対立が続いているわけです。

これはなかなか大変なことです。シンプルな定義では、複数の考え方の間の対立は表面には見えません。しかし、いざ実際に何をどう学ばせるべきかという「意図」の中身を議論し始めると、私たちは非常に複雑な対立の中でものを考えなければいけなくなるのです。

「教育」についての私の定義におけるポイントの二つ目は、「他者の学習」です。教育には他者が存在します。というか、教育は他者を変えようとするお節介な営みなのです。だから、他人に押し付けるものであるという意味で、権力性を持っています。私が学生たちに、「これを覚えろ」「これについて考えろ」と言うのは、それ自体が一つの権力的な作用です。それどころか、「おとなしく座って、まずは俺の話を聞け」というふうになっている段階で、教育には④権力が作用していることになります。

問六　この文章にタイトルをつける場合、本文の内容を踏まえて最も適切に伝えているものを次のア～カの中から一つ選び、記号で答えよ。

ア　すごいぞ、ハチミツ
イ　ハチミツに未来はあるのか
ウ　ハチミツはなぜとれなくなったのか
エ　産業的な食品システムとしてのハチミツ
オ　砂糖と共に価値を変えるハチミツ
カ　ハチミツと環境問題と味のニュアンス

〔四〕

次の文章を読んで設問に答えよ。

そもそも「教育」とは何なのでしょうか。私は、「教育（education）」を定義するとき、「教育とは、誰かが①意図的に、他者の学習を組織化しようとすることである」という定義を与えています（広田 二〇〇九）。「教育とは何か」については、いろいろな人がいろいろな定義をしていますが、おそらく、最もシンプルな定義の一つだと思います。いろいろなものをそぎ落としてみて、最後まで残る重要な性質を、私は「教育」の定義に使っています。

なお、たまに「自己教育」という言葉を使う人がいますが、私の右の定義では、残念ながら、それは「教育」の枠から外れてしまいます。「自己教育」という考え方自体は、自分を客観化・対象化することなど、興味深い主題を[a]いっぱい含んでいるのですが、これを含まない形で教育を定義した上で、論を進めていくことにします。

「教育とは、誰かが意図的に、他者の学習を組織化しようとすることである」という定義には、重要なポイントがいくつかあります。

一つ目は、「意図的に」です。つまり、こうなってほしい、こういうことを理解してほしいという、教育しようとする誰かの意図が存在しています。

たとえば、私が何かを求めてヒマラヤ山脈に出かけていって、広大な山並みをみて感動して、「[b]ああ！」と何かを感じ取ったとしても、別にヒマラヤ

ウ　ハチミツ人気は一度さがってからあがって、結局もとの水準に戻った。
エ　ハチミツ人気は一度完全になくなってから、復活してもとの水準に戻った。
オ　ハチミツ人気は少しずつ世界を回ってゆき、最後にブームが始まった国に戻った。

問二　傍線部②「それ」が指している内容を「〜こと」につながるように本文中から三十七文字で抜き出し、その始めの五文字を答えよ。

問三　傍線部③「あたりまえのやり方がかえってCCDの蔓延を招き」と言える理由として最も適切なものを次のア〜オの中から一つ選び、記号で答えよ。

ア　養蜂箱をあちこちに移動する伝統的な方式は、グローバル化した産業的な食品システムには相いれないものだから。
イ　養蜂箱をあちこちに移動する方式に伴い、農薬のあるところにいる天敵のダニが働きバチにとってダブルパンチになるから。
ウ　養蜂箱をあちこちに移動する方式のため、別種のハチと混じり働きバチが逃げ出していなくなってしまうから。
エ　養蜂箱をあちこちに移動することによって、農薬の影響を受けた働きバチが元の場所に戻れなくなるから。
オ　養蜂箱をあちこちに移動することによって、神経障害を引き起こした働きバチが働きすぎてしまうから。

問四　傍線部④「懸念」の類義語を次のア〜キの中から一つ選び、記号で答えよ。

ア　懸命　　イ　懸賞　　ウ　遠慮　　エ　配慮　　オ　憂慮　　カ　観念　　キ　執念

問五　この文章を「ハチミツ」という食品や「ミツバチ」にとって「よいこと」と「よくないこと」の二つの視点で分けたとき、「よいこと」について書かれた段落の番号をすべて答えよ。

に深刻な神経障害を引き起こす。巣を出たミツバチは帰り道がわからなくなってしまうのだ。ハチを特定の穀物に受粉させるため、養蜂家は養蜂箱をあちこちに移動する――③こうしたあたりまえのやり方がかえってCCDの蔓延を招き、ミツバチが弱ったところに天敵であるダニがここぞとばかりに攻撃をしかけてくる。その結果、ミツバチの個体数はさらに減少する悪循環に陥ってしまう。また、世界のいくつかの地域では、天然ハチミツを得る伝統的な方法が営巣地や群れを破壊してしまった。

5　現在、こうした事態への解決策のひとつとして、ミツバチの繁殖に力が入れられている。その一例がバックファスト・ビーだ。デボン（イングランド南西部）のバックファスト修道院にちなんで名づけられたハチである。イギリス諸島で寄生ダニが猛威を振るっていた20世紀初め、それに対抗できるミツバチを、この修道院の修道士ブラザー・アダムが育てた。イギリスのミツバチとイタリアから輸入した女王バチを交配させたのを皮切りに、ブラザー・アダムは70年以上も研究を重ね、世界中のさまざまな種を取り寄せてバックファスト・ビーを作り上げた。

6　ブラザー・アダムは新たな種を作るためにさまざまな種を交配したが、現代では産業化された農業で広く使われている殺虫剤や除草剤の影響と戦うために、行きすぎた技術を使って遺伝子操作されたミツバチを育てる是非をめぐって議論が紛糾している。失敗例がブラジルの「キラーミツバチ」だ。これが北に移動して在来種を脅かす可能性が④懸念されている。気候変動で気温が変化したら、そういったことも十分起こりうるのだ。

7　グローバル化や新自由主義の通商政策も、私たちの食べ物すべて（ハチミツも含む）の品質と安全性と味に影響を及ぼしている。産業的な食品システムのなかでは、ハチミツは単なる商品となり、どれだけの利益を生むかで評価される。ひとまとめにして安い値段で売ったり、生産や流通を管理できたりする巨大企業の台頭により、小規模生産者は消えていく。その結果、薄められたハチミツが多くなり、消費者は安価だが質の悪いものを選ぶようになった。製品は標準化・均質化され、特定の場所や植物源を示す味のニュアンスは失われた。

（ルーシー・M・ロング（大山晶訳）『ハチミツの歴史』原書房による）

問一　傍線部①「ハチミツ人気は一周してもとの水準に戻った」の意味として最も適切なものを次のア～オの中から一つ選び、記号で答えよ。

ア　ハチミツ人気はほとんど変化がないくらいの上下を繰り返してもとの水準に戻った。

イ　ハチミツ人気は一度あがってからさがって、結局もとの水準に戻った。

〔三〕　次の文章を読んで設問に答えよ。なお、文章の上にある算用数字は段落番号を指す。

1　①ハチミツ人気は一周してもとの水準に戻ったように思われる。料理の分野では、ここ3～4世紀で砂糖がハチミツに取って代わったものの、ハチミツは古代文明の時代から培ってきた健康、薬、宗教、儀式との関係を決して完全に失ったわけではない。よくあることだが、そういったつながりの多くは民間の慣習として生き残り、今、科学によって正当性を立証されつつある。一方、養蜂や天然ハチミツ採取の伝統は個人やグループによって世界中で続けられており、さまざまな社会運動や文化運動（とくに世界の変化と自然環境の関係を意識している運動）、食材の製造、そして各地域での起業支援は、ハチミツに対する新たな関心を呼び起こすのに役立っている。

2　産業的な食品システムと食の安全への疑問、食べ物（と生活全般）に対する西洋独特な姿勢を見直そうという考え、自由市場資本主義に対する政治的な抗議、そして総合的で自然なライフスタイルへの方向転換、さらには新たな味わいを試してみたい欲求が世界的に広がっていることがハチミツに新たな関心を向ける一因となり、人々にもっとハチミツを食べるよう促している。新たなメディアや技術が生まれ、人々の移動が盛んになり、世界が狭くなった現在、ハチミツに多種多様の風味があることが広く知られ、入手することも容易になった。②それがますます人々の好奇心をそそり、特別なハチミツや、こぢんまりと個人的な規模で作られる地方のハチミツへの評価にもつながっている。ハチミツに再び関心が向けられているのは根無し草のような心もとなさを人々が感じているから、と言ってもよいかもしれない。そういった感覚はグローバル化した現代社会にあまねく広がっているが、おそらく特定の地域と強く結びついた食べ物を食べることによってそんな気持ちが軽減され、その土地ならではの味わい（テロワール）が生まれ、精神的な土台が形作られるのだろう。

3　残念ながら、現在市販されているハチミツの安全と品質、さらにはミツバチの群れ（コロニー）とハチミツ生産の未来は、薔薇（ばら）色とは言えない。病気、害虫、ダニ、生息地の減少、農薬（とくにネオニコチノイド）、単一栽培、気候変動、別種のハチの流入――アメリカでも他の国々でも、ミツバチの群れ（コロニー）に脅威を与えている問題は数多い。

4　２００６年から翌年にかけて、アメリカの養蜂家は養蜂箱の30～90パーセントを失ったという。巣のなかにハチミツと花粉は十分あるのに、突然働きバチが減少したのである。これは蜂群（ほうぐん）崩壊症候群（ＣＣＤ）と呼ばれ、アメリカのみならず、ヨーロッパの養蜂家の間でも問題になっている。科学者は、いくつかの園芸植物がネオニコチノイドを使って栽培され、それが植物の組織に浸透していることを突き止めた。この殺虫剤はミツバチ

る。純度一〇〇パーセントの自分への想いをどこかで断ち切らない限り、このジレンマから逃れる道を見つけだすことは難しいだろう。

（土井隆義『友だち地獄──「空気を読む」世代のサバイバル』による）

※アイロニカル…皮肉なさま、皮肉っぽい

問一　空欄［A］・［B］に当てはまる最も適切な語句を次のア〜オの中から一つずつ選び、記号で答えよ。ただし、同じ記号は二度使わない。

ア　さらに　イ　いまだに　ウ　ところが　エ　一般的に　オ　なぜなら

問二　空欄［X］・［Y］に当てはまる語句を本文中から抜き出し、それぞれ漢字二文字で答えよ。

問三　傍線部①「優しい関係」が示す内容について、筆者の考えと異なるものを次のア〜オの中から一つ選び、記号で答えよ。

ア　互いの理解可能性を素朴に信じることを前提として、築いていく人間関係である。
イ　現代社会に適応するために編み出された工夫の産物である。
ウ　不確かな自己肯定感に安定した錨を下ろすために、彼らに残された最後の資源である。
エ　自己欺瞞を強く感じたとしても、この危うい関係を死守していかなければならない。
オ　互いの対立の回避を最優先の課題として、若者たちが身につけた人間関係のテクニックである。

問四　傍線部②「実態はむしろ逆」を指す内容を本文中から二十三文字で抜き出し、その始めの五文字を答えよ。

問五　傍線部③「現代的なメンタリティ」が指す内容を示す箇所を本文中から十五文字で抜き出し、答えよ。

しくなっている。互いの理解可能性を素朴に信じて、それを前提に人間関係を築いていくことはもはやできない。「分かりあえない感」と若者たちが表現するように、むしろ理解不可能性を前提とした人間関係を築いていく技術の必要性が高まっている。彼らは、じゅうぶんには分かりあえないかもしれないことを、じゅうぶんに分かりあっている。①「優しい関係」とは、このような※アイロニカルな状況を乗り切るために、互いの対立の回避を最優先の課題として、彼らが身につけた人間関係のテクニックである。その意味において、この現代社会に適応するために編み出された工夫の産物である。

この人間関係は、気分に応じて浮遊する脆弱(ぜいじゃく)な自己の存在感を支えるために、すなわちその不確かな自己肯定感に安定した錨(いかり)を下ろすために、彼らに残された最後の資源である。だから、身近な人びとからつねに受け入れてもらえるように、自分のキャラを巧みに演出していかなければならない。そして、たとえそこに自己欺瞞(ぎまん)を強く感じたとしても、この危うい関係を死守していかなければならない。

大人たちの目には、現在の若者たちの人間関係が、コミュニケーション能力の不足から希薄化しているように映るかもしれない。しかし、②実態はむしろ逆であって、かつてより葛藤の火種が多く含まれるようになった人間関係をスムーズに営んでいくために、高度なコミュニケーション能力を駆使して絶妙な距離感覚をそこに作り出そうとしている。(中略)現代の若者たちは、互いに傷つく危険を回避するために、人間関係を儀礼的にあえて希薄な状態に保っているのである。

昨今の若者たちは、可能ならどこまでも純粋な自分でありたいと願っている。そして、純粋な関係を築きたいと願っている。しかし現実には、その想いが強ければ強いほど、かえって自己欺瞞に満ちた人間関係を営んでいかざるをえなくなる。ひきこもりの問題も、この解消しがたい矛盾から派生したものだろう。そこには、純粋な関係に対する過剰な期待が透けて見えるようである。だから、かえって現在の人間関係に偽りの感覚を抱き、「この人間関係は本物ではない」と絶望を募らせてしまうのではないだろうか。

したがって、ひきこもりの青年たちは、必ずしも対人関係を築く能力の低い人びとではない。たとえば、生きづらい日本社会から脱出して、アジアの都市に長期滞在するバックパッカーの青年たちには、ひきこもりの青年と似たメンタリティを示す人びともけっこう多い。ジャーナリストの下川裕治は、こうした青年たちを「外こもり」と評している(『日本を降りる若者たち』講談社現代新書、二〇〇七年)。彼らは、そうした状況を自ら「沈没」と表現するが、実際にはずっと宿のなかにひきこもっているわけではなく、むしろ現地での「本物っぽい」人間関係を楽しんでいたりもする。

このように、ひきこもり状態への移行の容易さには、純粋な関係に対する期待値の高さという、まさに③現代的なメンタリティが投影されている。ひきこもりの青年たちは、「優しい関係」に付随する自己欺瞞に耐えきれず、純粋な自分を守ろうとして他人とのコミュニケーション回路を切断しているのかもしれない。しかしその結果、今度は他人からの承認という支えを失って、その純粋な自分の肯定感を維持しづらくなっているようにも見受けられ

問六　傍線部④「明治時代までは、多くの日本人が一生にたびたび改名していた」理由を説明している一文を抜き出し、その始めの七文字を答えよ。

問七　傍線部⑤「名前という『ことば』には、指している人を作り上げ、時として、アイデンティティを与える力がある」と筆者が考えるのはなぜか。筆者の考え方を本文の内容を踏まえて、「名実一体観と名前符号観」と「名前」という二つの語句を用いて三十五文字以上五十文字以内で記述せよ。

〔二〕　次の文章を読んで設問に答えよ。

純粋な自分に強い憧れを覚える現代の若者たちは、かえって自分を見失い、自己肯定感を損なうという事態におちいっている。そのため、人間関係に対する依存度がかつてよりも格段に高まっている。しかも、自分の本質を生まれもった固有のものと感じているため、付きあう相手もそれと合致した人でなければならないと考えるようになっている。こうして、互いの関係も狭い範囲で固定化される傾向にある。　A　、特定の関係だけに過剰に期待をかけすぎると、それは逆に息苦しいものともなる。

　B　、自分の純粋さを脱社会的に求めるメンタリティは、そのまなざしを自分の内へと向ける傾向が強いため、他人と共有できる部分がどんどん減っていき、欲求の対象や価値観もおのずと多様化してくる。ある似かよった傾向を示す若者たちの一群をさして、かつては「○○族」のような括り方をすることが可能だったが、昨今ではそこまでの強い同質性が見られなくなり、「○○系」といった緩やかな括り方しかできなくなっている。その結果、狭く　X　化された人間関係の内部においてすら、ものごとの判断をめぐって相手と衝突する可能性が高くなっている。

多くの人びとの関心が似かよっており、ほぼ同じ方向を見ていた時代なら、たとえ各人が自由にふるまったとしても、そこには重なり合う部分が少なくなかった。しかし、それぞれが内閉的に自分らしさを追求するようになると、互いの価値観や欲求の内実も　Y　化する。かくして、浜崎あゆみが歌う「flower garden」の詞にあるように、「君と僕とは歩く速さも 見てきた景色も 想い告げる術もまるで違って／例えばそうね 僕が絶望感じた場所に君は奇麗な花見つけたりする」といった光景が日常茶飯事のものとなる。

このように、純粋な自分に対する憧れはかつて以上に高まっているのに、それをサポートするための人間関係を維持する条件のほうはかつて以上に厳

a「キ」　ア　既　イ　貴　ウ　木　エ　規　オ　寄
b「セイ」　ア　製　イ　制　ウ　生　エ　性　オ　成
c「カツ」　ア　勝　イ　活　ウ　括　エ　割　オ　喝
d「ヤク」　ア　役　イ　約　ウ　躍　エ　薬　オ　訳
e「ダイ」　ア　代　イ　題　ウ　大　エ　第　オ　台

問二　空欄 A ～ C に当てはまる最も適切な語句を次のア～オの中から一つずつ選び、記号で答えよ。ただし、同じ記号は二度使わない。

ア　また　イ　しかし　ウ　すると　エ　ところで　オ　さらに

問三　傍線部①「目上の人は下の人を名前で呼んでも良い」理由として本文の内容を踏まえて最も適切なものを次のア～エの中から一つ選び、記号で答えよ。

ア　目上の人は名実一体観に従っている人が多いので相手を名前で確認したいと思うから
イ　職名で呼ぶと誰に指示しているかがわからないので人物を特定するために必要だから
ウ　目上の人が目下の人を名前で呼ぶのは部下として従わせる立場を示すことになるから
エ　社員の呼び方は一般に社長が決定するので名前で呼んでも良いとする場合もあるから

問四　傍線部②「必然」の対義語を二文字で答えよ。

問五　傍線部③「一人にひとつの名前」を使う考え方を意味する語句を本文の内容を踏まえて文中から六文字で抜き出し、答えよ。

や、健康保険に加入するときには、戸籍に登録した氏名を使っているはずだ。

一人一名主義は、名前を、個人を識別する符号のようにみなす考え方に結び付いた。その結果、現代の私たちは名前に関して名実一体観と名前符号観の両方をあわせもつにいたったのだ。

（中略）

このように、名実一体観と名前符号観が混在している地域では、人の変化と名前の間に二つの関係を想定することができる。

ひとつは、人が変化したから名前を変えるという関係だ。名実一体観によれば、人物が変われば、それに合わせて名前も変わらなければいけないことになる。実際、先に見たように、④明治時代までは、多くの日本人が一生にたびたび改名していた。

もうひとつは、名前を変えることで、自分も変化しようとするという関係だ。最初の考え方では、人物が変身したので名前も変更しているが、この考え方では、人物はまだ変身していないのに、先に名前を変えることによって、人物にも何らかの変化が起きることが期待されている。

これは、病気・厄除けのげん直しのための改名に見られる。滝沢馬琴も六一歳の厄年に篁民（こうみん）と改名した。現在でも、事故や病気の後に改名する人がいる。

また、ペンネームや芸名など、個人のイメージが重要な職業の人は別の名前を用意する。美空ひばりの本名が加藤和枝だと聞いて驚く人もいるだろう。

このように、名前を変えることによって、名前を付けられたものも変更してしまうという現象は、一般的なことばの働きにもひんぱんに観察されるものである。たとえば、それまで「中村アパート」と呼んでいた建物を「リバーサイドパレス」と呼び直すと、同じ建物でもかなり異なって認識される。商品名が重要なのは、ネーミングによって売り上げが変わってくるからなのである。

さらに、こうなってほしいという願いを名前に託す、親が子どもに命名する場合がある。親は、姓名判断や字画を考慮して、子どもが幸せになるように命名する。美しくなってほしければ「美」をつけ、大きく飛び立ってほしければ「翔」をつける。⑤名前という「ことば」には、指している人を作り上げ、時として、アイデンティティを与える力があるのだ。

（中村桃子『「自分らしさ」と日本語』による）

問一　傍線部a～eのカタカナに当てはまる最も適切な漢字をそれぞれア～オの中から一つずつ選び、記号で答えよ。

私たちは名前の言い間違い、読み間違い、書き間違いは、他のことばの間違いと比べて、失礼なことだと認識している。卒業式で、名前を読み間違えられたら、がっかりだ。「スマホ」「パソコン」など、なんでも省略して短く言う時代でも、人の名前は本人の承諾がなければ省略しない。

先日公園に行ったら、「シロ！」と呼ぶ声がした。［　C　］、声の主をめがけて真っ黒な犬が走り寄ってきた。ちぎれるほどにしっぽを振って飼い主に頭をなでてもらっている黒い犬を見て、飼い主のユーモアに、ほっこりした。そして、「シロ」の意味など関係なく、自分の名前に反応する犬をかわいらしく思った。これも、「シロという名前ならば白い犬だろう」という名実一体観を裏切る命名だったからこその感慨だろう。

名実一体観は、日本に限ったことではない。ファンタジー文学のベストセラー『ハリー・ポッター』シリーズでも、多くの魔法使いが、闇の帝王「ヴォルデモート」を「名前を言ってはいけないあの人」と呼び、その名前を口にしないばかりか、ハリーがその名前を言うと、あたかも、名前そのものが本人であるかのように恐ろしがる。

グリム童話の中には、自分の名前を当てられると怒って自分自身を引き裂いてしまう小人が出てくる、『がたがたの竹馬こぞう』という話がある。

名実一体観を大きく変更させたのが、明治五（一八七二）年に明治政府が発布した改名禁止令と複名禁止令である。それまでの日本では、元服、襲名、出家、隠居など立場が変わるごとに改名していた。元服をすれば幼名から成人名へ（伊達梵天丸→伊達政宗）、隠居をすれば改名（滝沢馬琴→滝沢笠翁）、出家をすれば俗名から戒名へ、職業、立場、地位の変更が②必然的に改名をともなっていた。このうち、戒名は現在でも機能している。仏壇の中の位牌に書いてある名前だ。

さらに、官名や国名など一人の人が同時に複数の名前を使うこともまれではなかった。「赤穂浪士」で有名な大石内蔵助の「内蔵助」は官職を指し、元の名は、大石良雄だ。宮本武蔵の武蔵は、武蔵の国からきている。

江戸時代まで日本は多くの藩に分かれていた。しかし、明治時代になって、日本をひとつの国に統合しようとしていた明治政府にとっては、国民を把握してしっかり徴兵・徴税することが重要であった。そのためには、国民が名前を変えたり、同じ人が複数の名前を使っていたのでは困る。そこで、一人がひとつの名前を使って戸籍を編製するように定めたのだ。改名するためには、国に届けて承認してもらわなければならなくなった。

私たちにとって当たり前になっている③「一人にひとつの名前」が生まれた背景には、国家が国民を管理する目的があった。以降、国家は国民の名前をさまざまな形でキ[a]セイ[b]していくようになる。

これを読んで、「そんなことはない。私の好きなアーティストは、みんな、個性的な名前でカツ[c]ヤク[d]している」と、思った人がいるかもしれない。その通りだ。私など、どちらが歌のダイ[e]名で、どちらが歌手の名前なのか、わからないときがある。しかし、そんなアーティストも、税金を納めるとき

（二科目一二〇分）

問題〔一〕～〔四〕のうち、〔一〕は必ず解答せよ。また、〔二〕～〔四〕のうち二つを自由に選んで解答せよ。
なお、問題の中で字数が指定されている場合は、特に指示のない限り、句読点等を字数に含めること。

〔一〕

次の文章を読んで設問に答えよ。

私たちの名前に対する考え方は、大きく二つに分けることができる。ひとつは、名は体を表す、名前はその人そのものであるという「名実一体観（めいじついったいかん）」。もうひとつは、名前は人物を特定する符号に過ぎないという「名前符号観」とでも呼べる考え方。私たちの名前に対する感覚は、この二つの考え方の間をさまざまな程度で行き来している。

日本の「名実一体観」は、すでに古代から神々、ミカド、天皇の名を書いたり口に出すことを避ける「実名敬避（じつめいけいひ）」の伝統にみられる。［ A ］、古代・中世においては、自分の名前を知らせることが、その人の弟子や従者になる、あるいは、敵に降伏する意味を持っていた。

実名敬避の伝統は、現代でも、目上の人を名前で呼ぶことを避けるという形で残っている。会社では、下の人は上の人を名前ではなく職名で呼ぶが、上の人は下の人を名前で呼ぶ。社員は、社長を「社長」と呼ぶ。［ B ］、社員に、「社員」と呼びかける社長はいない。「中村さん」と名前で呼ぶ。①目上の人は下の人を名前で呼んでも良いのだ。家庭でも、弟は兄を「兄さん」と呼ぶが、弟を「弟さん」と呼ぶ兄はいない。学校でも、生徒は先生を「先生」と呼ぶが、生徒を「生徒」と呼ぶ先生はいない。

それ以外にも、名実一体観は、さまざまな所に顔を出してくる。

解答編

英語

1 解答　(A)(1)―B　(2)―A　(3)―A　(4)―C　(5)―D　(6)―C　(7)―D　(8)―C　(9)―C　(10)―B

(B)(1)―A　(2)―B　(3)―C　(4)―A　(5)―D　(6)―A　(7)―C　(8)―D　(9)―D　(10)―B

(C)並べ替えた英文全体は次のようになる。(　) 部分以外が求められる解答。

(1) This lake used to be a paradise for wild (waterbirds.)

(2)(I think) following one's dreams is the most important (thing.)

(3)(We) should do what we can to help our friends (.)

(4) If it were not for his bad temper (, he would be a nice boy.)

(5) The old man sat surrounded by student volunteers (.)

(D) (誤，正の順に) (1)―(C)，heard　(2)―(A)，Not knowing　(3)―(C)，composed　(4)―(A)，when I could have　(5)―(B)，I dream

解説　(A)(2) by chance「偶然に」

(5) make out ～「～を判読する」

(6) reduce「～を減らす」

(7)「まず彼女の家に向かおう。途中にいい店がたくさんあるよ」 head for ～「～に向かう」

(9)「フレディは減量したいので甘いものを食べないようにしている」 stay away from ～「～に近づかない」

(B)(3)受動態の分詞構文。When it is seen from a distance を分詞構文で表すと，過去分詞から始まり Seen from a distance となる。通常文頭の Being は省略される。

(4) in *one's* twenties「20代に」複数形となることに注意。

(6)「まもなく彼女は現れた」が文意。「彼女が現れる前に私は長くは待っていなかった」が文字通りの意味だから，過去完了時制である。

⑺「甘やかされた子供を満足させることはできない」 There is no *doing*「〜することができない」 spoiled「甘やかされた」

⑽「私はひとり旅をすることはまずない。連れがいてほしい」 否定文になるべきなので，Bの hardly が適切である。

(C)⑴ used to be「かつては〜だった」

⑷ If it were not for 〜「〜がもしなければ」 bad temper「かんしゃく」

⑸ sit surrounded by 〜「〜に囲まれて座る」 能動か受動か次第で，sit *doing* または sit *done* となる。

(D)⑴ make *oneself* heard「相手に自分の声を届かせる」なので，hear は誤り。

⑵否定分詞構文は，Not が文頭に来る。

⑶ be composed of 〜「〜から構成されている」

⑷ when 節が，時制の一致で過去になるべきである。

⑸ little を文頭に置くと，助動詞が倒置されるので疑問文語順と同様に Little did S *do* となるから，dreamed は原形 dream となるべきである。

2 解答

⑴―D　⑵―D　⑶―A　⑷―B　⑸―D
⑹―A　⑺―C　⑻―A　⑼―C　⑽―D

解説　≪前向きな考え方は幸福をもたらす≫

⑹「前向きな人と悲観的な人の脳内の異なる活動がわかった」となれば文意が成立する。

⑻「脳がどのようにはたらくか」となればよい。

⑽ train *oneself* to *do*「〜するように自分を訓練する」

3 解答

〈Section 1〉⑴―C　⑵―D　⑶―C
〈Section 2〉⑷―B　⑸―B

解説　〈Section 1〉≪ハーリンゲン子供博物館50周年記念祭への招待≫

○ハーリンゲン子供博物館の50周年の感謝を込めて楽しい一夜の催しが行われる。

ビュッフェ形式の夕食，ジャズの演奏，スタッフとボランティアに贈られたビデオによる賛辞などが行われる。また，多くの児童書を出版し，教育

解答編

界に尽力してきた有名女性作家の講演があり，そのサイン入りの新刊書の即売会がある。

(2)この催しでコンテストは行われないので，Dが適切である。

(3)この作家が教育に長い間関わってきたことが，第2段（We are also …）から読み取れるので，Cの「彼女は教育上の事柄に大いに関心がある」が適切である。

〈Section 2〉≪全従業員に対する健康診断実施のお知らせ≫

○来週に社内健康診断実施の予定。全従業員につき診察予約されている。1階会議室の外に張り出された予定を参照のこと。向かいにあるゴダードクリニックで行われる。自分の予約時間の15分前には到着し必要事項を記入すること。料金は払い込み済みで追加費用負担なし。記録は会社用として保存される。

(4)3月31日付の通達である。1週間後に実施されるから4月であることがわかる。

(5)クリニックの費用はすでに支払い済みとあることから，Bの「会社によって支払われる」が適切である。

4 解答

〈Section 1〉(1)―C　(2)―D　(3)―A

〈Section 2〉(4)―B　(5)―A

解説　〈Section 1〉≪ベトナムの大学卒業生≫

○4年から6年の課程を終えるとベトナムでは学士号を得られる。社会科学は4年，工学は5年，医学と歯学は6年かかる。高校卒業生の15パーセント以下しか大学に進学しないので，就職には大変有利である。キャリア組であり，重役候補。卒業生たちはエリート意識が強く，希望通りの満足のできる就職口を見つけるまで妥協しないでアルバイトをすることも珍しくない。

(1)「大学で数年の課程を終えた後」学士号を得るのである。

(2)高校卒業生の15パーセント以下なのだから，5分の1以下となってDが適切である。

(3)「満足できない仕事に就くよりもアルバイトとして働くほうがましだ」と考える大学卒業生もいるのである。

〈Section 2〉≪マシュマロチャレンジゲーム≫

○ 20本のスパゲティと1ヤードのテープおよび紐，1個のマシュマロで，18分以内にマシュマロが上にのっている自立する高いタワーを作るチームゲーム。最も高いタワーを作ったチームが優勝。人が協力する方法を学ぶ手段として発案された。構造を考える専門家，時間内に終える計画を立てるまとめ役，いろいろなタワーを試みる実験家の三様の人材が協力するチームがベストだと，発案者は気付いた。仕事をする人々が，チームとして力を合わせて成功をおさめるにはどうすればよいかを学べるものとなっている。

⑷「チームとして作業する」方法を学ぶのであるから，Bが適切である。

⑸「いろいろな技量を持っている人がいる」チームがベストなのでAが適切である。

日本史

1 解答 《平城京遷都》

問1．1－x　2－p　3－g　4－z　5－i　6－m　7－t
8－c　9－q　10－w　11－u　12－f
問2．①薬師寺，大安寺，興福寺のうち２つ　②法隆寺
問3．①和同開珎　②本朝十二銭〔皇朝十二銭〕　③乾元大宝
問4．蓄銭叙位令

2 解答 《中世の手工業》

問1．1－c　2－a　3－c　4－d　5－c　6－b　7－a
8－b　9－a　10－c
問2．X．揚浜　Y．入浜

3 解答 《列強の接近》

問1．1－c　2－a　3－d　4－k　5－j
問2．b　問3．c　問4．異国船打払〔無二念打払〕　問5．d

4 解答 《明治の美術・音楽・文学》

問1．1－g　2－q　3－a　4－s　5－k　6－j　7－t
8－e　9－p　10－d
問2．c　問3．樋口一葉

5 解答 《戦後の民主化改革》

問1．1－c　2－f　3－b　4－k　5－j　6－n　7－y

8－r　9－u　10－q

問2．平和主義　問3．農地改革

世界史

1　解答　≪ルネサンス≫

問1．1．再生　2．カトリック　3．ビザンツ　4．ダンテ
5．ミケランジェロ
問2．1922年　問3．プラトン　問4．フィレンツェ　問5．遠近法

2　解答　≪イスラエル人とユダヤ教≫

問1．1－e　2－a　3－c　4－f　5－g　6－b　7－k
問2．③　問3．楔形文字　問4．ヤハウェ〔ヤーヴェ〕
問5．ネブカドネザル2世　問6．隣人愛

3　解答　≪オスマン帝国史≫

問1．1－b　2－k　3－i　4－q　5－e　6－p
問2．メッカ〔マッカ〕，メディナ　問3．カピチュレーション
問4．国土回復運動の完成によりイベリア半島を追われたユダヤ人が亡命してきたため。（40字以内）

4　解答　≪パンデミックの歴史≫

問1．A．十字軍　B．15　C．17　D．ジェンナー　E．フランス
F．ドイツ
問2．c・d・f　問3．ラス=カサス
問4．インディオ〔インディアン〕　問5．アシエント

5 解答 ≪大航海時代のポルトガル≫

問1．1．セウタ　2．バルトロメウ=ディアス　3．トルデシリャス
4．カブラル　5．マカオ

問2．アラゴン王国　問3．カリカット　問4．ゴア

数学

1

解答 (1)ア．$3(a-b)(b-c)(c-a)$ (2)イ．$-\frac{1}{8}$ (3)ウ．$\frac{3}{8}$

(4)エ．$\frac{7}{2}$ (5)オ．$-\frac{24}{25}$

解説 ≪小問5問≫

(1) $a-b=A$，$b-c=B$，$c-a=C$ とすると，$A+B+C=0$ より

$$(a-b)^3+(b-c)^3+(c-a)^3$$
$$=A^3+B^3+C^3$$
$$=(A+B+C)(A^2+B^2+C^2-AB-BC-CA)+3ABC$$
$$=3ABC$$
$$=3(a-b)(b-c)(c-a) \quad \to ア$$

参考 $A^3+B^3+C^3-3ABC=(A+B+C)(A^2+B^2+C^2-AB-BC-CA)$ である。

別解 $(a-b)^3+(b-c)^3+(c-a)^3$
$$=a^3-3a^2b+3ab^2-b^3+b^3-3b^2c+3bc^2-c^3+c^3-3c^2a+3ca^2-a^3$$
$$=3\{(c-b)a^2+(b^2-c^2)a-b^2c+bc^2\}$$
$$=-3\{(b-c)a^2-(b+c)(b-c)a+bc(b-c)\}$$
$$=-3(b-c)\{a^2-(b+c)a+bc\}$$
$$=-3(b-c)(a-b)(a-c)$$
$$=3(a-b)(b-c)(c-a)$$

(2)
$$y=ax^2+bx+c=a\left(x+\frac{b}{2a}\right)^2-\frac{b^2-4ac}{4a}$$
$$y=-2x^2+16bx=-2(x-4b)^2+32b^2$$

より，グラフの軸はそれぞれ $x=-\frac{b}{2a}$，$x=4b$ であるから

$$-\frac{b}{2a}=4b$$

$b\neq 0$ より

$a=-\frac{1}{8}$（これは $a\neq 0$ を満たす）　→イ

(3)　四角形 ABCD は円に内接しているので

$A+C=180°$ より　　$C=180°-A$

△ABD において，余弦定理より

$$\mathrm{BD}^2=2^2+8^2-2\cdot 2\cdot 8\cos A$$
$$=68-32\cos A \quad \cdots\cdots ①$$

△BCD において，余弦定理より

$$\mathrm{BD}^2=4^2+5^2-2\cdot 4\cdot 5\cos C$$
$$=41-40\cos(180°-A)$$
$$=41+40\cos A \quad \cdots\cdots ②$$

①，②より

$$68-32\cos A=41+40\cos A$$

$$\cos A=\frac{3}{8} \quad →ウ$$

(4)　$$\frac{1}{2}\log_2 18-\log_2\frac{3}{8}=\log_2\sqrt{18}-\log_2\frac{3}{8}$$
$$=\log_2\left(\sqrt{18}\div\frac{3}{8}\right)$$
$$=\log_2 8\sqrt{2}=\log_2 2^{\frac{7}{2}}=\frac{7}{2} \quad →エ$$

別解　$\frac{1}{2}\log_2 2\cdot 3^2-\log_2\frac{3}{2^3}=\frac{1}{2}(1+2\log_2 3)-(\log_2 3-3)=\frac{7}{2}$

(5)　$0<\alpha<\pi$ のとき，$\sin\alpha>0$ であるから

$$\sin\alpha=\sqrt{1-\cos^2\alpha}=\sqrt{1-\left(-\frac{4}{5}\right)^2}=\frac{3}{5}$$

よって

$$\sin 2\alpha=2\sin\alpha\cos\alpha$$
$$=2\cdot\frac{3}{5}\cdot\left(-\frac{4}{5}\right)=-\frac{24}{25} \quad →オ$$

2

解答　(1)ア．$\frac{1}{165}$　(2)イ．$\frac{9}{55}$　(3)ウ．$\frac{85}{99}$　(4)エ．$\frac{32}{33}$

(5)オ．$\frac{137}{165}$

解説　≪色の付いた球を取り出す組合せと確率≫

(1)　青球，白球，赤球がそれぞれ4個ずつあるので，求める確率は

$$3\times\frac{{}_4C_4}{{}_{12}C_4}=3\times\frac{1}{495}=\frac{1}{165}\quad\rightarrow ア$$

(2)　数の組合せは $\{1,\ 2,\ 3,\ 4\}$ の1通り。色は，それぞれ青，白，赤の3色のうち1色を選べばよいから 3^4 通りある。

よって，求める確率は

$$\frac{3^4}{{}_{12}C_4}=\frac{9}{55}\quad\rightarrow イ$$

(3)「4個の球の色が青と白のみ」という事象を A とする。「4個の球の中に赤球が含まれる」事象は $\overline{A}$ であるから，求める確率は

$$P(\overline{A})=1-P(A)=1-\frac{{}_8C_4}{{}_{12}C_4}=1-\frac{14}{99}=\frac{85}{99}\quad\rightarrow ウ$$

(4)「4個の球に書かれた数字が奇数のみ」という事象を B とする。「4個の球の中に偶数が含まれる」事象は $\overline{B}$ であるから，求める確率は

$$P(\overline{B})=1-P(B)=1-\frac{{}_6C_4}{{}_{12}C_4}=1-\frac{1}{33}=\frac{32}{33}\quad\rightarrow エ$$

(5)「4個の球の中に赤球が含まれ，かつ，偶数が書かれた球が含まれる」事象は $\overline{A}\cap\overline{B}$ であるから，求める確率は

$$\begin{aligned}P(\overline{A}\cap\overline{B})&=P(\overline{A\cup B})=1-P(A\cup B)\\&=1-\{P(A)+P(B)-P(A\cap B)\}\\&=1-\left(\frac{14}{99}+\frac{1}{33}-\frac{{}_4C_4}{{}_{12}C_4}\right)\\&=1-\frac{28}{165}=\frac{137}{165}\quad\rightarrow オ\end{aligned}$$

3 **解答**　ア．(1，3)　イ．1　ウ．2　エ．$-\dfrac{1}{2}$　オ．$\dfrac{13}{4}$

解説　≪頂点の座標，平行移動，最大値・最小値となるための条件，2次不等式≫

$$y=-x^2+2x+2=-(x-1)^2+3$$

よって，①のグラフの頂点の座標は，(1，3) である。→ア

①のグラフを x 軸方向に p，y 軸方向に q だけ平行移動した放物線の方程式は

$$f(x)=-(x-1-p)^2+3+q$$

となり，この放物線の軸は直線 $x=1+p$ である。

$2\leqq x\leqq 4$ における最大値が $f(2)$ となるためには

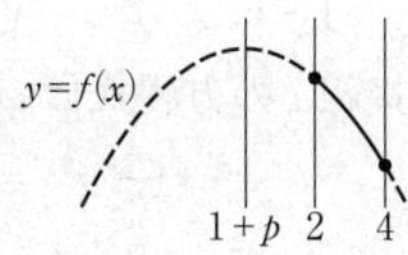

$$1+p\leqq 2$$

すなわち　　$p\leqq 1$　→イ

最小値が $f(2)$ となるためには

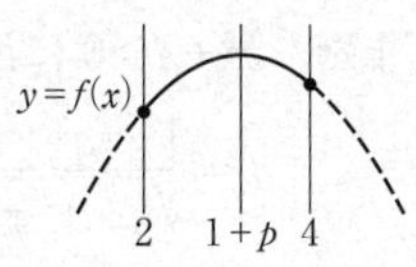

$$\frac{2+4}{2}\leqq 1+p$$

すなわち　　$p\geqq 2$　→ウ

2次不等式の解について

$$2\text{次不等式の解が}-2<x<3$$
$$\iff (x+2)(x-3)<0$$
$$\iff x^2-x-6<0$$
$$\iff -x^2+x+6>0$$
$$\iff -\left(x-\frac{1}{2}\right)^2+\frac{25}{4}>0$$

よって，求める条件は $y=f(x)$ のグラフが $y=-\left(x-\dfrac{1}{2}\right)^2+\dfrac{25}{4}$ のグラフに一致することである。

したがって

$$-(x-1-p)^2+3+q=-\left(x-\frac{1}{2}\right)^2+\frac{25}{4}$$

この式が x についての恒等式になればよく

$$1+p=\frac{1}{2},\ 3+q=\frac{25}{4}$$

これを解いて

$$p=-\frac{1}{2},\ q=\frac{13}{4}\quad \to エ，オ$$

4

解答　ア．$-2ax+a^2+1$　イ．$\sqrt{4a^2+1}$　ウ．3　エ．$\dfrac{\sqrt{2}}{2}$

オ．$\dfrac{\sqrt{3}}{2}$

解説　≪接線の方程式，点と直線との距離，相加平均・相乗平均の大小関係≫

$y=1-x^2$ より　　$y'=-2x$

接線 l の方程式は

$$y-(1-a^2)=-2a(x-a)$$

$$y=-2ax+a^2+1\quad \to ア$$

また，$a^2+1>0$ に注意すると，直線 l と原点Oの距離は

$$h=\frac{|-(a^2+1)|}{\sqrt{(2a)^2+1^2}}=\frac{a^2+1}{\sqrt{4a^2+1}}\quad \to イ$$

$t=\sqrt{4a^2+1}$ とおくと　　$a^2=\dfrac{1}{4}(t^2-1)$

$$h=\frac{4(a^2+1)}{4\sqrt{4a^2+1}}=\frac{t^2+3}{4t}=\frac{1}{4}\left(t+\frac{3}{t}\right)\quad \to ウ$$

$t=\sqrt{4a^2+1}>0$ より $\dfrac{3}{t}>0$ であるから，相加平均・相乗平均の大小関係より

$$h=\frac{1}{4}\left(t+\frac{3}{t}\right)\geqq\frac{1}{4}\times 2\sqrt{t\cdot\frac{3}{t}}=\frac{\sqrt{3}}{2}$$

等号成立は，$t>0$，$t=\dfrac{3}{t}$ のときで　　$t^2=3$

このとき，$a^2=\dfrac{1}{2}$ より　　$a=\pm\dfrac{\sqrt{2}}{2}$

したがって，h は $t^2=3$ のとき，すなわち，$a=\pm\dfrac{\sqrt{2}}{2}$ のとき，最小値 $\dfrac{\sqrt{3}}{2}$ をとる。 →エ，オ

物理

1　解答　≪力のつり合い，ばね定数≫

(1)(a)　おもりのつり合いより　$T_1=mg$　……(答)

(b)　つり合いの式の水平成分：$T_2\cos 45^\circ=F\cos 45^\circ$

つり合いの式の鉛直成分：$T_2\sin 45^\circ+F\sin 45^\circ=T_1$

(c)　水平成分のつり合いより　$F=T_2$

鉛直成分のつり合いの式に代入すると

$$2T_2\sin 45^\circ=T_1$$

(a)の結果より

$$T_2=\frac{T_1}{2\sin 45^\circ}=\frac{\sqrt{2}}{2}mg\quad\text{……(答)}$$

(d)　ばねCの伸びを x とすると　$F=kx$

(c)の水平成分のつり合いと結果より

$$x=\frac{F}{k}=\frac{T_2}{k}=\frac{\sqrt{2}\,mg}{2k}\quad\text{……(答)}$$

(2)　おもりの質量を M，糸Bの張力の大きさを T_B とする。糸Aの張力の大きさは Mg となる。

水平成分のつり合い　$ky\cos 60^\circ=T_B\cos 30^\circ$

鉛直成分のつり合い　$ky\sin 60^\circ+T_B\sin 30^\circ=Mg$

水平成分のつり合いより　$T_B=\dfrac{\sqrt{3}}{3}ky$

鉛直成分のつり合いの式に代入して M を求めると

$$M=\frac{2\sqrt{3}\,ky}{3g}\quad\text{……(答)}$$

(3)　ばねDのばね定数を k_D，弾性力の大きさを F_D，糸Bの張力を T_D とする。

水平成分のつり合い　$T_D\cos 30^\circ=F_D\cos 60^\circ$

鉛直成分のつり合い　$T_D\sin 30^\circ+F_D\sin 60^\circ=mg$

2式より F_D を求めると　$F_D=\frac{\sqrt{3}}{2}mg$

一方，ばねDの伸びは x なので

$$F_D=k_Dx=\frac{\sqrt{2}k_Dmg}{2k}$$

$$\therefore\quad k_D=\frac{\sqrt{6}}{2}k\quad \cdots\cdots(\text{答})$$

(4)　ばねEの伸びを x_E とする。弾性力の大きさは(3)の F_D に等しい。

$$2kx_E=\frac{\sqrt{3}}{2}mg\qquad \therefore\quad x_E=\frac{\sqrt{3}mg}{4k}\quad \cdots\cdots(\text{答})$$

2　解答　≪摩擦係数，運動方程式≫

(1)(a)　垂直抗力の大きさは，重力の板面垂直方向の成分とつり合う。

$mg\cos\theta$　……(答)

(b)　$F=mg\sin\theta$

(c)　このとき F は最大摩擦力である。$\theta=30°$ として，すべり出す直前の板面平行方向のつり合いより

$$\mu mg\cos 30°=mg\sin 30°$$

$$\therefore\quad \mu=\tan 30°=\frac{\sqrt{3}}{3}=0.576\fallingdotseq 5.8\times 10^{-1}\quad \cdots\cdots(\text{答})$$

(2)　動摩擦力の大きさを F'〔N〕とする。物体の運動方程式より

$$1.00\times 3.5=1.00\times 9.80\times\sin 45°-F'$$

$$\therefore\quad F'=\frac{9.80}{\sqrt{2}}-3.5\,[\text{N}]$$

動摩擦係数＝動摩擦力の大きさ÷垂直抗力の大きさ

$$=\left(\frac{9.80}{\sqrt{2}}-3.5\right)\div(1.00\times 9.80\times\cos 45°)$$

$$=0.496\fallingdotseq 5.0\times 10^{-1}\quad \cdots\cdots(\text{答})$$

(3)(d)　物体の運動方程式の斜面に平行な成分：

$$ma=T-mg\sin 45°-\mu' mg\cos 45°$$

おもりの運動方程式の鉛直成分：$Ma=Mg-T$

(e)　(d)の2つの式より T を消去して，a を求めると

$$a=\frac{1}{M+m}(M-m\sin 45^\circ-\mu' m\cos 45^\circ)g$$

$=3.06 \fallingdotseq 3.1$〔m/s²〕 ……(答)

この値を(d)のおもりの運動方程式に代入して

$T=M(g-a)=2.00\times(9.80-3.06)=13.4 \fallingdotseq 13$〔N〕 ……(答)

3 解答 ≪直流回路≫

(1) ア．比例　イ．オームの法則　ウ．$\frac{I}{V}$　エ．流れにくさ

オ．（電気）抵抗　カ．$V=IR$　キ．Ω　ク．オーム

(2)(a) $V_1=IR_1$，$V_2=IR_2$

(b) $V=V_1+V_2$

(c) $V=IR$ より(a)(b)と比較して

$R=R_1+R_2$ ……(答)

(3)(d) $V=I_1R_1$，$V=I_2R_2$ より

$I_1=\frac{V}{R_1}$，$I_2=\frac{V}{R_2}$ ……(答)

(e) $I=I_1+I_2$

(f) $I=\frac{V}{R}$ より　$\frac{1}{R}=\frac{1}{R_1}+\frac{1}{R_2}$

∴ $R=\frac{R_1R_2}{R_1+R_2}$ ……(答)

4 解答 ≪熱の小問集合≫

(1) セルシウス温度は 1 気圧での水の凝固点を 0℃，沸点を 100℃とした温度目盛りである。

絶対温度は原子の熱運動が 0 となる温度を 0K として，セルシウス温度と同じ目盛り 1K＝1℃ とした温度目盛りである。

(2) $100\times 0.45\times(80-20)=2700$〔J〕 ……(答)

(3) $100\times 0.90+200\times 4.2=930$〔J/K〕 ……(答)

(4) t〔℃〕になったとする。熱量保存則より

$80\times(20-t)=50\times\{t-(-10)\}$

∴ $t=8.46\fallingdotseq 8.5$〔℃〕 ……(答)

(5) $\frac{1}{2}\times 700\times 20^2=1.4\times 10^5$〔J〕 ……(答)

(6) 熱力学第一法則より

$4.0\times 10^2-1.5\times 10^2=2.5\times 10^2$〔J〕 ……(答)

(7) $0.30\times 5.0\times 4.5\times 10^4=6.75\times 10^4$

$\fallingdotseq 6.8\times 10^4$〔J〕 ……(答)

化学

1 解答 ≪炭素の同素体，気体の溶解，合金，酸の分類，有機化合物の分類，合成高分子化合物≫

(1)―オ　(2)―ア　(3)―ウ　(4)―イ　(5)―イ　(6)―ア

2 解答 ≪逆滴定，物質量計算，気体の法則，反応速度，反応の量的計算，元素分析≫

(1)　224 mL　(2)　3.6×10^{24} 個　(3)　3.8×10^{4} Pa　(4)　2.0×10^{-4} mol/L·s

(5)　69 g　(6)　CH_3（ただし C_2H_6 も可）※

※(6)については，CH_3 と C_2H_6 のいずれを解答した場合でも正解として扱われた。

3 解答 ≪熱量計算，熱化学方程式，ヘスの法則≫

(1)　ア．2　イ．7　ウ．4　エ．6　オ．$\frac{7}{2}$　カ．2　キ．3

(2)　ヘスの法則

(3)　H_2（気）$+\frac{1}{2}O_2$（気）$=H_2O$（液）$+286$ kJ

(4)　（$Q_2=$）84 kJ/mol

(5)　（$Q_1=$）1562 kJ/mol

(6)　72 L

4 解答 ≪酸化還元滴定≫

(1)　**A**．$2H_2O$　**B**．O_2　**C**．$5e^-$　**D**．Mn^{2+}　**E**．Fe^{3+}

(2)　ア．酸化　イ．還元　ウ．還元　エ．酸化　オ．酸化

(3)　カ．－1　キ．－2

(4)　①ホールピペット　②メスフラスコ　③コニカルビーカー　④ビュレット

(5)　$2KMnO_4 + 5H_2O_2 + 3H_2SO_4 \longrightarrow 2MnSO_4 + 8H_2O + 5O_2 + K_2SO_4$

(6)　0.75mol/L

(7)　滴下した過マンガン酸カリウム水溶液の赤紫色がうすく残る。(30字程度)

生物

1 解答 ≪タンパク質の合成と酵素のはたらき≫

問1．ア．ペプチド イ．20 ウ．触媒 エ．ヘモグロビン オ．転写
カ．翻訳 キ．ヌクレオチド ク．ウラシル ケ．チミン

問2．(a)—7 (b)—2，4 (c)—8

問3．(1)A—3 B—2 C—1 (2)酸素

(3)酸化マンガンは煮沸しても触媒作用を示すが，タンパク質のカタラーゼは煮沸すると変性して触媒作用を失う。(30字以上50字以内)

(4)カタラーゼ自身が変化しないから。(10字以上20字以内)

別解 枯渇した基質が再び加えられたから。

2 解答 ≪すい臓の構造と消化酵素，ホルモン≫

問1．ア—7 イ—2 ウ—3 エ—8 オ—18 カ—17 キ—14
ク—12 ケ—9 コ—22

問2．タンパク質：トリプシン（キモトリプシン）
脂肪：リパーゼ 炭水化物：アミラーゼ

問3．a．肝臓 b．胆のう c．胆管

問4．d．腺 e．すい島 f．l-Myc

問5．物質X：糖質コルチコイド 物質Y：副腎皮質刺激ホルモン

3 解答 ≪レッドリストと生物多様性保全≫

問1．5

問2．3

問3．水流が速くてメダカが生息しにくく，水草が生育しにくい環境のため産卵場所が少ない。(40字以内)

問4．4

問5．マングース

問6．効果名：温室効果　物質名：二酸化炭素，メタン

問7．ラムサール条約

問8．１年を通じて餌の小魚，カエルなどの生息場所を確保するため。（30字以内）

4 解答 ≪ニューロンでの興奮と伝達≫

問1．(a)親水性　(b)疎水性　(c)選択的透過性

問2．(d)受動輸送　(e)能動輸送

問3．静止電位（静止膜電位）

問4．神経伝達物質

問5．(h)時間的加重　(i)空間的加重

問6．閾値

問7．ア．脱分極　イ．再分極　ウ．過分極

問8．全か無かの法則

問9．ニューロンはEPSPの加重で閾値に達するが，IPSPが生じるとその効果が弱められ，活動電位が抑制される。（40字以上60字以内）

問四 人間関係を

問五 純粋な関係に対する期待値の高さ

三

出典 ルーシー・M・ロング『「食」の図書館 ハチミツの歴史』〈第7章 ハチミツの未来〉（大山晶訳、原書房）

解答

問一 ウ

問二 ハチミツに

問三 エ

問四 オ

問五 1・2・5

問六 イ

四

出典 広田照幸『学校はなぜ退屈でなぜ大切なのか』〈第1章 教育と社会化〉（ちくまプリマー新書）

解答

問一 a－オ b－キ

問二 イ・ウ

問三 イ

問四 ア・エ・オ

問五 他人に押し

国語

一

出典　中村桃子『「自分らしさ」と日本語』〈第2章　名前――「わたし」を示すことばの代表〉（ちくまプリマー新書）

解答

問一　a―エ　b―イ　c―イ　d―ウ　e―イ

問二　A―オ　B―イ　C―ウ

問三　ウ

問四　偶然

問五　一人一名主義

問六　それまでの日本

問七　名実一体観と名前符号観が混在し、名前を変えると名付けられた人物にも変化が起こると考えられたから。（三十五文字以上五十文字以内）

二

出典　土井隆義『友だち地獄――「空気を読む」世代のサバイバル』〈第3章　ひきこもりとケータイ小説のあいだ〉（ちくま新書）

解答

問一　A―ウ　B―ア

問二　X、固定　Y、多様

問三　ア

////////////////////// · memo · //////////////////////

//////////////////// · memo · ///////////////////

/////////////////// · memo · ///////////////////

////////////////////// · memo · //////////////////////

教学社 刊行一覧

2025年版 大学赤本シリーズ

国公立大学（都道府県順）

374大学556点
全都道府県を網羅

全国の書店で取り扱っています。店頭にない場合は，お取り寄せができます。

1 北海道大学（文系－前期日程）
2 北海道大学（理系－前期日程） 医
3 北海道大学（後期日程）
4 旭川医科大学（医学部〈医学科〉） 医
5 小樽商科大学
6 帯広畜産大学
7 北海道教育大学
8 室蘭工業大学／北見工業大学
9 釧路公立大学
10 公立千歳科学技術大学
11 公立はこだて未来大学 総推
12 札幌医科大学（医学部） 医
13 弘前大学 医
14 岩手大学
15 岩手県立大学・盛岡短期大学部・宮古短期大学部
16 東北大学（文系－前期日程）
17 東北大学（理系－前期日程） 医
18 東北大学（後期日程）
19 宮城教育大学
20 宮城大学
21 秋田大学 医
22 秋田県立大学
23 国際教養大学 総推
24 山形大学 医
25 福島大学
26 会津大学
27 福島県立医科大学（医・保健科学部） 医
28 茨城大学（文系）
29 茨城大学（理系）
30 筑波大学（推薦入試） 医 総推
31 筑波大学（文系－前期日程）
32 筑波大学（理系－前期日程） 医
33 筑波大学（後期日程）
34 宇都宮大学
35 群馬大学 医
36 群馬県立女子大学
37 高崎経済大学
38 前橋工科大学
39 埼玉大学（文系）
40 埼玉大学（理系）
41 千葉大学（文系－前期日程）
42 千葉大学（理系－前期日程） 医
43 千葉大学（後期日程） 医
44 東京大学（文科） DL
45 東京大学（理科） DL 医
46 お茶の水女子大学
47 電気通信大学
48 東京外国語大学 DL
49 東京海洋大学
50 東京科学大学（旧 東京工業大学）
51 東京科学大学（旧 東京医科歯科大学） 医
52 東京学芸大学
53 東京藝術大学
54 東京農工大学
55 一橋大学（前期日程）
56 一橋大学（後期日程）
57 東京都立大学（文系）
58 東京都立大学（理系）
59 横浜国立大学（文系）
60 横浜国立大学（理系）
61 横浜市立大学（国際教養・国際商・理・データサイエンス・医〈看護〉学部）
62 横浜市立大学（医学部〈医学科〉） 医
63 新潟大学（人文・教育〈文系〉・法・経済科・医〈看護〉・創生学部）
64 新潟大学（教育〈理系〉・理・医〈看護を除く〉・歯・工・農学部） 医
65 新潟県立大学
66 富山大学（文系）
67 富山大学（理系） 医
68 富山県立大学
69 金沢大学（文系）
70 金沢大学（理系） 医
71 福井大学（教育・医〈看護〉・工・国際地域学部）
72 福井大学（医学部〈医学科〉） 医
73 福井県立大学
74 山梨大学（教育・医〈看護〉・工・生命環境学部）
75 山梨大学（医学部〈医学科〉） 医
76 都留文科大学
77 信州大学（文系－前期日程）
78 信州大学（理系－前期日程） 医
79 信州大学（後期日程）
80 公立諏訪東京理科大学 総推
81 岐阜大学（前期日程） 医
82 岐阜大学（後期日程）
83 岐阜薬科大学
84 静岡大学（前期日程）
85 静岡大学（後期日程）
86 浜松医科大学（医学部〈医学科〉） 医
87 静岡県立大学
88 静岡文化芸術大学
89 名古屋大学（文系）
90 名古屋大学（理系） 医
91 愛知教育大学
92 名古屋工業大学
93 愛知県立大学
94 名古屋市立大学（経済・人文社会・芸術工・看護・総合生命理・データサイエンス学部）
95 名古屋市立大学（医学部〈医学科〉） 医
96 名古屋市立大学（薬学部）
97 三重大学（人文・教育・医〈看護〉学部）
98 三重大学（医〈医〉・工・生物資源学部） 医
99 滋賀大学
100 滋賀医科大学（医学部〈医学科〉） 医
101 滋賀県立大学
102 京都大学（文系）
103 京都大学（理系） 医
104 京都教育大学
105 京都工芸繊維大学
106 京都府立大学
107 京都府立医科大学（医学部〈医学科〉） 医
108 大阪大学（文系） DL
109 大阪大学（理系） 医
110 大阪教育大学
111 大阪公立大学（現代システム科学域〈文系〉・文・法・経済・商・看護・生活科〈居住環境・人間福祉〉学部－前期日程）
112 大阪公立大学（現代システム科学域〈理系〉・理・工・農・獣医・医・生活科〈食栄養〉学部－前期日程） 医
113 大阪公立大学（中期日程）
114 大阪公立大学（後期日程）
115 神戸大学（文系－前期日程）
116 神戸大学（理系－前期日程） 医
117 神戸大学（後期日程）
118 神戸市外国語大学 DL
119 兵庫県立大学（国際商経・社会情報科・看護学部）
120 兵庫県立大学（工・理・環境人間学部）
121 奈良教育大学／奈良県立大学
122 奈良女子大学
123 奈良県立医科大学（医学部〈医学科〉） 医
124 和歌山大学
125 和歌山県立医科大学（医・薬学部） 医
126 鳥取大学 医
127 公立鳥取環境大学
128 島根大学 医
129 岡山大学（文系）
130 岡山大学（理系） 医
131 岡山県立大学
132 広島大学（文系－前期日程）
133 広島大学（理系－前期日程） 医
134 広島大学（後期日程）
135 尾道市立大学 総推
136 県立広島大学
137 広島市立大学
138 福山市立大学 総推
139 山口大学（人文・教育〈文系〉・経済・医〈看護〉・国際総合科学部）
140 山口大学（教育〈理系〉・理・医〈看護を除く〉・工・農・共同獣医学部） 医
141 山陽小野田市立山口東京理科大学 総推
142 下関市立大学／山口県立大学
143 周南公立大学 新 総推
144 徳島大学 医
145 香川大学 医
146 愛媛大学 医
147 高知大学 医
148 高知工科大学
149 九州大学（文系－前期日程）
150 九州大学（理系－前期日程） 医
151 九州大学（後期日程）
152 九州工業大学
153 福岡教育大学
154 北九州市立大学
155 九州歯科大学
156 福岡県立大学／福岡女子大学
157 佐賀大学 医
158 長崎大学（多文化社会・教育〈文系〉・経済・医〈保健〉・環境科〈文系〉学部）
159 長崎大学（教育〈理系〉・医〈医〉・歯・薬・情報データ科・工・環境科〈理系〉・水産学部） 医
160 長崎県立大学 総推
161 熊本大学（文・教育・法・医〈看護〉学部・情報融合学環〈文系型〉）
162 熊本大学（理・医〈看護を除く〉・薬・工学部・情報融合学環〈理系型〉） 医
163 熊本県立大学
164 大分大学（教育・経済・医〈看護〉・理工・福祉健康科学部）
165 大分大学（医学部〈医・先進医療科学科〉） 医
166 宮崎大学（教育・医〈看護〉・工・農・地域資源創成学部）
167 宮崎大学（医学部〈医学科〉） 医
168 鹿児島大学（文系）
169 鹿児島大学（理系） 医
170 琉球大学 医

2025年版　大学赤本シリーズ

国公立大学 その他

171 〔国公立大〕医学部医学科 総合型選抜・学校推薦型選抜※ 医 総推
172 看護・医療系大学〈国公立 東日本〉※
173 看護・医療系大学〈国公立 中日本〉※
174 看護・医療系大学〈国公立 西日本〉※
175 海上保安大学校／気象大学校
176 航空保安大学校
177 国立看護大学校
178 防衛大学校 総推
179 防衛医科大学校（医学科） 医
180 防衛医科大学校（看護学科）

※No.171～174の収載大学は赤本ウェブサイト（http://akahon.net/）でご確認ください。

私立大学①

北海道の大学（50音順）

201 札幌大学
202 札幌学院大学
203 北星学園大学
204 北海学園大学
205 北海道医療大学
206 北海道科学大学
207 北海道武蔵女子大学・短期大学
208 酪農学園大学（獣医学群〈獣医学類〉）

東北の大学（50音順）

209 岩手医科大学（医・歯・薬学部） 医
210 仙台大学 総推
211 東北医科薬科大学（医・薬学部） 医
212 東北学院大学
213 東北工業大学
214 東北福祉大学
215 宮城学院女子大学 総推

関東の大学（50音順）

あ行（関東の大学）

216 青山学院大学（法・国際政治経済学部－個別学部日程）
217 青山学院大学（経済学部－個別学部日程）
218 青山学院大学（経営学部－個別学部日程）
219 青山学院大学（文・教育人間科学部－個別学部日程）
220 青山学院大学（総合文化政策・社会情報・地球社会共生・コミュニティ人間科学部－個別学部日程）
221 青山学院大学（理工学部－個別学部日程）
222 青山学院大学（全学部日程）
223 麻布大学（獣医、生命・環境科学部）
224 亜細亜大学
226 桜美林大学
227 大妻女子大学・短期大学部

か行（関東の大学）

228 学習院大学（法学部－コア試験）
229 学習院大学（経済学部－コア試験）
230 学習院大学（文学部－コア試験）
231 学習院大学（国際社会科学部－コア試験）
232 学習院大学（理学部－コア試験）
233 学習院女子大学
234 神奈川大学（給費生試験）
235 神奈川大学（一般入試）
236 神奈川工科大学
237 鎌倉女子大学・短期大学部
238 川村学園女子大学
239 神田外語大学
240 関東学院大学
241 北里大学（理学部）
242 北里大学（医学部） 医
243 北里大学（薬学部）
244 北里大学（看護・医療衛生学部）
245 北里大学（未来工・獣医・海洋生命科学部）
246 共立女子大学・短期大学
247 杏林大学（医学部） 医
248 杏林大学（保健学部）
249 群馬医療福祉大学・短期大学部
250 群馬パース大学 総推
251 慶應義塾大学（法学部）
252 慶應義塾大学（経済学部）
253 慶應義塾大学（商学部）
254 慶應義塾大学（文学部） 総推
255 慶應義塾大学（総合政策学部）
256 慶應義塾大学（環境情報学部）
257 慶應義塾大学（理工学部）
258 慶應義塾大学（医学部） 医
259 慶應義塾大学（薬学部）
260 慶應義塾大学（看護医療学部）
261 工学院大学
262 國學院大學
263 国際医療福祉大学 医
264 国際基督教大学
265 国士舘大学
266 駒澤大学（一般選抜T方式・S方式）
267 駒澤大学（全学部統一日程選抜）

さ行（関東の大学）

268 埼玉医科大学（医学部） 医
269 相模女子大学・短期大学部
270 産業能率大学
271 自治医科大学（医学部） 医
272 自治医科大学（看護学部）／東京慈恵会医科大学（医学部〈看護学科〉）
273 実践女子大学 総推
274 芝浦工業大学（前期日程）
275 芝浦工業大学（全学統一日程・後期日程）
276 十文字学園女子大学
277 淑徳大学
278 順天堂大学（医学部） 医
279 順天堂大学（スポーツ健康科・医療看護・保健看護・国際教養・保健医療・医療科・健康データサイエンス・薬学部） 総推
280 上智大学（神・文・総合人間科学部）
281 上智大学（法・経済学部）
282 上智大学（外国語・総合グローバル学部）
283 上智大学（理工学部）
284 上智大学（TEAPスコア利用方式）
285 湘南工科大学
286 昭和大学（医学部） 医
287 昭和大学（歯・薬・保健医療学部）
288 昭和女子大学
289 昭和薬科大学
290 女子栄養大学・短期大学部 総推
291 白百合女子大学
292 成蹊大学（法学部－A方式）
293 成蹊大学（経済・経営学部－A方式）
294 成蹊大学（文学部－A方式）
295 成蹊大学（理工学部－A方式）
296 成蹊大学（E方式・G方式・P方式）
297 成城大学（経済・社会イノベーション学部－A方式）
298 成城大学（文芸・法学部－A方式）
299 成城大学（S方式〈全学部統一選抜〉）
300 聖心女子大学
301 清泉女子大学
303 聖マリアンナ医科大学 医
304 聖路加国際大学（看護学部）
305 専修大学（スカラシップ・全国入試）
306 専修大学（前期入試〈学部個別入試〉）
307 専修大学（前期入試〈全学部入試・スカラシップ入試〉）

た行（関東の大学）

308 大正大学
309 大東文化大学
310 高崎健康福祉大学
311 拓殖大学
312 玉川大学
313 多摩美術大学
314 千葉工業大学
315 中央大学（法学部－学部別選抜）
316 中央大学（経済学部－学部別選抜）
317 中央大学（商学部－学部別選抜）
318 中央大学（文学部－学部別選抜）
319 中央大学（総合政策学部－学部別選抜）
320 中央大学（国際経営・国際情報学部－学部別選抜）
321 中央大学（理工学部－学部別選抜）
322 中央大学（5学部共通選抜）
323 中央学院大学
324 津田塾大学
325 帝京大学（薬・経済・法・文・外国語・教育・理工・医療技術・福岡医療技術学部）
326 帝京大学（医学部） 医
327 帝京科学大学 総推
328 帝京平成大学 総推
329 東海大学（医〈医〉学部を除く－一般選抜）
330 東海大学（文系・理系学部統一選抜）
331 東海大学（医学部〈医学科〉） 医
332 東京医科大学（医学部〈医学科〉） 医
333 東京家政大学・短期大学部 総推
334 東京経済大学
335 東京工科大学
336 東京工芸大学
337 東京国際大学
338 東京歯科大学
339 東京慈恵会医科大学（医学部〈医学科〉） 医
340 東京情報大学
341 東京女子大学
342 東京女子医科大学（医学部） 医
343 東京電機大学
344 東京都市大学
345 東京農業大学
346 東京薬科大学（薬学部） 総推
347 東京薬科大学（生命科学部） 総推
348 東京理科大学（理学部〈第一部〉－B方式）
349 東京理科大学（創域理工学部－B方式・S方式）
350 東京理科大学（工学部－B方式）
351 東京理科大学（先進工学部－B方式）
352 東京理科大学（薬学部－B方式）
353 東京理科大学（経営学部－B方式）
354 東京理科大学（C方式、グローバル方式、理学部〈第二部〉－B方式）
355 東邦大学（医学部） 医
356 東邦大学（薬学部）

2025年版　大学赤本シリーズ

私立大学②

357 東邦大学(理・看護・健康科学部)
358 東洋大学(文・経済・経営・法・社会・国際・国際観光学部)
359 東洋大学(情報連携・福祉社会デザイン・健康スポーツ科・理工・総合情報・生命科・食環境科学部)
360 東洋大学(英語〈3日程×3カ年〉)
361 東洋大学(国語〈3日程×3カ年〉)
362 東洋大学(日本史・世界史〈2日程×3カ年〉)
363 東洋英和女学院大学
364 常磐大学・短期大学 総推
365 獨協大学
366 獨協医科大学(医学部) 医

な行(関東の大学)

367 二松学舎大学
368 日本大学(法学部)
369 日本大学(経済学部)
370 日本大学(商学部)
371 日本大学(文理学部〈文系〉)
372 日本大学(文理学部〈理系〉)
373 日本大学(芸術学部〈専門試験併用型〉)
374 日本大学(国際関係学部)
375 日本大学(危機管理・スポーツ科学部)
376 日本大学(理工学部)
377 日本大学(生産工・工学部)
378 日本大学(生物資源科学部)
379 日本大学(医学部) 医
380 日本大学(歯・松戸歯学部)
381 日本大学(薬学部)
382 日本大学(N全学統一方式－医・芸術〈専門試験併用型〉学部を除く)
383 日本医科大学 医
384 日本工業大学
385 日本歯科大学
386 日本社会事業大学 総推
387 日本獣医生命科学大学
388 日本女子大学
389 日本体育大学

は行(関東の大学)

390 白鷗大学(学業特待選抜・一般選抜)
391 フェリス女学院大学
392 文教大学
393 法政大学(法〈I日程〉・文〈II日程〉・経営〈II日程〉学部－A方式)
394 法政大学(法〈II日程〉・国際文化・キャリアデザイン学部－A方式)
395 法政大学(文〈I日程〉・経営〈I日程〉・人間環境・グローバル教養学部－A方式)
396 法政大学(経済〈I日程〉・社会〈I日程〉・現代福祉学部－A方式)
397 法政大学(経済〈II日程〉・社会〈II日程〉・スポーツ健康学部－A方式)
398 法政大学(情報科・デザイン工・理工・生命科学部－A方式)
399 法政大学(T日程〈統一日程〉・英語外部試験利用入試)
400 星薬科大学 総推

ま行(関東の大学)

401 武蔵大学
402 武蔵野大学
403 武蔵野美術大学
404 明海大学
405 明治大学(法学部－学部別入試)
406 明治大学(政治経済学部－学部別入試)
407 明治大学(商学部－学部別入試)
408 明治大学(経営学部－学部別入試)
409 明治大学(文学部－学部別入試)
410 明治大学(国際日本学部－学部別入試)
411 明治大学(情報コミュニケーション学部－学部別入試)
412 明治大学(理工学部－学部別入試)
413 明治大学(総合数理学部－学部別入試)
414 明治大学(農学部－学部別入試)
415 明治大学(全学部統一入試)
416 明治学院大学(A日程)
417 明治学院大学(全学部日程)
418 明治薬科大学 総推
419 明星大学
420 目白大学・短期大学部

ら・わ行(関東の大学)

421 立教大学(文系学部－一般入試〈大学独自の英語を課さない日程〉)
422 立教大学(国語〈3日程×3カ年〉)
423 立教大学(日本史・世界史〈2日程×3カ年〉)
424 立教大学(文学部－一般入試〈大学独自の英語を課す日程〉)
425 立教大学(理学部－一般入試)
426 立正大学
427 早稲田大学(法学部)
428 早稲田大学(政治経済学部)
429 早稲田大学(商学部)
430 早稲田大学(社会科学部)
431 早稲田大学(文学部)
432 早稲田大学(文化構想学部)
433 早稲田大学(教育学部〈文科系〉)
434 早稲田大学(教育学部〈理科系〉)
435 早稲田大学(人間科・スポーツ科学部)
436 早稲田大学(国際教養学部)
437 早稲田大学(基幹理工・創造理工・先進理工学部)
438 和洋女子大学 総推

中部の大学(50音順)

439 愛知大学
440 愛知医科大学(医学部) 医
441 愛知学院大学・短期大学部
442 愛知工業大学 総推
443 愛知淑徳大学
444 朝日大学 総推
445 金沢医科大学(医学部) 医
446 金沢工業大学
447 岐阜聖徳学園大学 総推
448 金城学院大学
449 至学館大学 総推
450 静岡理工科大学
451 椙山女学園大学
452 大同大学
453 中京大学
454 中部大学
455 名古屋外国語大学 総推
456 名古屋学院大学 総推
457 名古屋学芸大学 総推
458 名古屋女子大学 総推
459 南山大学(外国語〈英米〉・法・総合政策・国際教養学部)
460 南山大学(人文・外国語〈英米を除く〉・経済・経営・理工学部)
461 新潟国際情報大学
462 日本福祉大学
463 福井工業大学
464 藤田医科大学(医学部) 医
465 藤田医科大学(医療科・保健衛生学部)
466 名城大学(法・経営・経済・外国語・人間・都市情報学部)
467 名城大学(情報工・理工・農・薬学部)
468 山梨学院大学

近畿の大学(50音順)

469 追手門学院大学 総推
470 大阪医科薬科大学(医学部) 医
471 大阪医科薬科大学(薬学部) 総推
472 大阪学院大学 総推
473 大阪経済大学 総推
474 大阪経済法科大学 総推
475 大阪工業大学 総推
476 大阪国際大学・短期大学部 総推
477 大阪産業大学 総推
478 大阪歯科大学(歯学部)
479 大阪商業大学 総推
480 大阪成蹊大学・短期大学 総推
481 大谷大学 総推
482 大手前大学・短期大学 総推
483 関西大学(文系)
484 関西大学(理系)
485 関西大学(英語〈3日程×3カ年〉)
486 関西大学(国語〈3日程×3カ年〉)
487 関西大学(日本史・世界史・文系数学〈3日程×3カ年〉)
488 関西医科大学(医学部) 医
489 関西医療大学 総推
490 関西外国語大学・短期大学部 総推
491 関西学院大学(文・法・商・人間福祉・総合政策学部－学部個別日程)
492 関西学院大学(神・社会・経済・国際・教育学部－学部個別日程)
493 関西学院大学(全学部日程〈文系型〉)
494 関西学院大学(全学部日程〈理系型〉)
495 関西学院大学(共通テスト併用日程〈数学〉・英数日程)
496 関西学院大学(英語〈3日程×3カ年〉) 新
497 関西学院大学(国語〈3日程×3カ年〉) 新
498 関西学院大学(日本史・世界史・文系数学〈3日程×3カ年〉) 新
499 畿央大学 総推
500 京都外国語大学・短期大学 総推
502 京都産業大学(公募推薦入試) 総推
503 京都産業大学(一般選抜入試〈前期日程〉)
504 京都女子大学 総推
505 京都先端科学大学 総推
506 京都橘大学 総推
507 京都ノートルダム女子大学 総推
508 京都薬科大学 総推
509 近畿大学・短期大学部(医学部を除く－推薦入試) 総推
510 近畿大学・短期大学部(医学部を除く－一般入試前期)
511 近畿大学(英語〈医学部を除く3日程×3カ年〉)
512 近畿大学(理系数学〈医学部を除く3日程×3カ年〉)
513 近畿大学(国語〈医学部を除く3日程×3カ年〉)
514 近畿大学(医学部－推薦入試・一般入試前期) 医 総推
515 近畿大学・短期大学部(一般入試後期) 医
516 皇學館大学 総推
517 甲南大学 総推
518 甲南女子大学(学校推薦型選抜) 新 総推
519 神戸学院大学 総推
520 神戸国際大学 総推
521 神戸女学院大学 総推
522 神戸女子大学・短期大学 総推
523 神戸薬科大学 総推
524 四天王寺大学・短期大学部 総推
525 摂南大学(公募制推薦入試) 総推
526 摂南大学(一般選抜前期日程)
527 帝塚山学院大学 総推
528 同志社大学(法、グローバル・コミュニケーション学部－学部個別日程)

2025年版　大学赤本シリーズ

私立大学③

529 同志社大学(文・経済学部－学部個別日程)
530 同志社大学(神・商・心理・グローバル地域文化学部－学部個別日程)
531 同志社大学(社会学部－学部個別日程)
532 同志社大学(政策・文化情報〈文系型〉・スポーツ健康科〈文系型〉学部－学部個別日程)
533 同志社大学(理工・生命医科・文化情報〈理系型〉・スポーツ健康科〈理系型〉学部－学部個別日程)
534 同志社大学(全学部日程)
535 同志社女子大学 総推
536 奈良大学 総推
537 奈良学園大学 総推
538 阪南大学 総推
539 姫路獨協大学 総推
540 兵庫医科大学(医学部) 医
541 兵庫医科大学(薬・看護・リハビリテーション学部) 総推
542 佛教大学 総推
543 武庫川女子大学 総推
544 桃山学院大学 総推
545 大和大学・大和大学白鳳短期大学部 総推
546 立命館大学(文系－全学統一方式・学部個別配点方式)／立命館アジア太平洋大学(前期方式・英語重視方式)
547 立命館大学(理系－全学統一方式・学部個別配点方式・理系型3教科方式・薬学方式)
548 立命館大学(英語〈全学統一方式3日程×3カ年〉)
549 立命館大学(国語〈全学統一方式3日程×3カ年〉)
550 立命館大学(文系選択科目〈全学統一方式2日程×3カ年〉)
551 立命館大学(IR方式〈英語資格試験利用型〉・共通テスト併用方式)／立命館アジア太平洋大学(共通テスト併用方式)
552 立命館大学(後期分割方式・「経営学部で学ぶ感性＋共通テスト」方式)／立命館アジア太平洋大学(後期方式)
553 龍谷大学(公募推薦入試) 総推
554 龍谷大学(一般選抜入試)

中国の大学(50音順)

555 岡山商科大学 総推
556 岡山理科大学 総推
557 川崎医科大学 医
558 吉備国際大学 総推
559 就実大学 総推
560 広島経済大学
561 広島国際大学 総推
562 広島修道大学
563 広島文教大学 総推
564 福山大学／福山平成大学
565 安田女子大学 総推

四国の大学(50音順)

567 松山大学

九州の大学(50音順)

568 九州医療科学大学
569 九州産業大学
570 熊本学園大学
571 久留米大学(文・人間健康・法・経済・商学部)
572 久留米大学(医学部〈医学科〉) 医
573 産業医科大学(医学部) 医
574 西南学院大学(商・経済・法・人間科学部－A日程)
575 西南学院大学(神・外国語・国際文化学部－A日程／全学部－F日程)
576 福岡大学(医学部医学科を除く－学校推薦型選抜・一般選抜系統別日程) 総推
577 福岡大学(医学部医学科を除く－一般選抜前期日程)
578 福岡大学(医学部〈医学科〉－学校推薦型選抜・一般選抜系統別日程) 医 総推
579 福岡工業大学
580 令和健康科学大学 総推

医 医学部医学科を含む
総推 総合型選抜または学校推薦型選抜を含む
DL リスニング音声配信　新 2024年 新刊・復刊

掲載している入試の種類や試験科目，収載年数などはそれぞれ異なります。詳細については，それぞれの本の目次や赤本ウェブサイトでご確認ください。

akahon.net
赤本｜ 検索

難関校過去問シリーズ

出題形式別・分野別に収録した
「入試問題事典」

定価2,310～2,640円(本体2,100～2,400円)

61年，全部載せ!
要約演習で，総合力を鍛える

東大の英語
要約問題 UNLIMITED

国公立大学

東大の英語25カ年[第12版] 改
東大の英語リスニング20カ年[第9版] DL 改
東大の英語 要約問題 UNLIMITED
東大の文系数学25カ年[第12版] 改
東大の理系数学25カ年[第12版] 改
東大の現代文25カ年[第12版] 改
東大の古典25カ年[第12版] 改
東大の日本史25カ年[第9版] 改
東大の世界史25カ年[第9版] 改
東大の地理25カ年[第9版] 改
東大の物理25カ年[第9版] 改
東大の化学25カ年[第9版] 改
東大の生物25カ年[第9版] 改
東工大の英語20カ年[第8版] 改
東工大の数学20カ年[第9版] 改
東工大の物理20カ年[第5版] 改
東工大の化学20カ年[第5版] 改
一橋大の英語20カ年[第9版] 改
一橋大の数学20カ年[第9版] 改
一橋大の国語20カ年[第6版] 改
一橋大の日本史20カ年[第6版] 改
一橋大の世界史20カ年[第6版] 改
筑波大の英語15カ年 新
筑波大の数学15カ年 新
京大の英語25カ年[第12版]
京大の文系数学25カ年[第12版]
京大の理系数学25カ年[第12版]
京大の現代文25カ年[第2版]
京大の古典25カ年[第2版]
京大の日本史20カ年[第3版]
京大の世界史20カ年[第3版]
京大の物理25カ年[第9版]
京大の化学25カ年[第9版]
北大の英語15カ年[第8版]
北大の理系数学15カ年[第8版]
北大の物理15カ年[第2版]
北大の化学15カ年[第2版]
東北大の英語15カ年[第8版]
東北大の理系数学15カ年[第8版]
東北大の物理15カ年[第2版]
東北大の化学15カ年[第2版]
名古屋大の英語15カ年[第8版]
名古屋大の理系数学15カ年[第8版]
名古屋大の物理15カ年[第2版]
名古屋大の化学15カ年[第2版]
阪大の英語20カ年[第9版]
阪大の文系数学20カ年[第3版]
阪大の理系数学20カ年[第9版]
阪大の国語15カ年[第3版]
阪大の物理20カ年[第8版]
阪大の化学20カ年[第6版]
九大の英語15カ年[第8版]
九大の理系数学15カ年[第7版]
九大の物理15カ年[第2版]
九大の化学15カ年[第2版]
神戸大の英語15カ年[第9版]
神戸大の数学15カ年[第5版]
神戸大の国語15カ年[第3版]

私立大学

早稲田の英語[第11版] 改
早稲田の国語[第9版] 改
早稲田の日本史[第9版] 改
早稲田の世界史[第2版] 改
慶應の英語[第11版] 改
慶應の小論文[第3版] 改
明治大の英語[第9版] 改
明治大の国語[第2版] 改
明治大の日本史[第2版] 改
中央大の英語[第9版] 改
法政大の英語[第9版] 改
同志社大の英語[第10版]
立命館大の英語[第10版]
関西大の英語[第10版]
関西学院大の英語[第10版]

DL リスニング音声配信
新 2024年 新刊
改 2024年 改訂

2025年版　大学赤本シリーズ　No. 327

帝京科学大学

2024年7月30日　第1刷発行
ISBN978-4-325-26383-9
定価は裏表紙に表示しています

編　集　教学社編集部
発行者　上原 寿明
発行所　教学社
〒606-0031
京都市左京区岩倉南桑原町56
電話　075-721-6500
振替　01020-1-15695
印　刷　太洋社